教育資本論

私教育과 平生教育의 資本化

한준상 저

Educationnnal Capital

학지사

서언

배움학적 접근

이 책은 사회가 교육자본화의 실천적인 가능성을 제공할 수 있음을 배움(erudition)이라는 관점에서 논의하는 책이다. 이 책에서는[1] 교육자본이 무엇인지를 설명한 후 인적자본, 사회자본, 교육자본 간의 이론적인 연관성을 검토한다. 욕심 같아서는 노벨상 수상자인 베커(Gary S. Becker)의 『인간자본(Human Capial)』과 비슷한 이론적 구조로 경제학적 계량화 논리를 개발하고 싶었으나, 대신 이론적 토대로서 배움학을 택했다. 배움학은 인간의 배움문제를 개인의 동기유발 문제로 국한시켜 설명하는 기존의 학습이론과는 논의의 출발점을 달리한다.

배움학에서는 배움을 교육의 결과로 인한 부산물로 파악하는 것이 아니라 인간이 가진 본능, 즉 그 누구도 어쩔 수 없는 인간의 본성으로 간주한다. 인간은 누구든 배움의 씨앗을 가지고 태어나기에 배울 수 없는 사람은 존재할 수 없음을 기본 전제로 한다. 사람이 '제대로' 배우지 못하는 것은 인위적인 요소가 그의 배움을 가로막고 있기 때문이다. 누군가를 향해 그가 배울 수 없다고 단죄하는 것은 그에게 생존할 이유가 없다고 정죄하는 것이나 마찬가지다. 인간은 누구나 생존할 권리가 있듯이 각자 배울 권리가 있다. 배움의 권리는 인간에게는 원초적인 생존권이기에, 그것이 보장될 때 배움의 힘, 즉 배움력이 모든 인간에게 발현되게 마련이다.

들어가는 말

한국의 언론들이 하나같이 이 시대의 화두로 내놓고 있는 것이 사회의 양극화 문제다. 그들에 의하면 양극화 문제는 한국 사회를 앞으로도 끊임없이 괴롭힐 문제며, 이를 해소하는 것이 복지사회의 지름길이다. 그들이 제시한 교육의 양극화를 해소하기 위한 해결책은 낙후된 교육 시스템의 개혁과 기업 및 가진 자들의 왕성한 투자－소비 조성, 복지 혜택의 증가, 그리고 정부 크기의 축소와 세금과 같은 부담 감소다. 낙후된 교육 시스템을 고쳐야 하는 이유는 기본적으로 현재의 교육 시스템이 실용성이 없기 때문이라는 것이다. 시장의 작동원리에 맞춰 교육 시스템을 고쳐서 초·중등교육에도 시장의 논리가 적용되도록 하고, 불필요하게 긴 교육기간도 대폭 줄여야 한다는 것이다. 한국의 청년들은 군복무까지 마치고 나면 20대 중반을 넘는다. 그제서야 겨우 사회에 진출할 수 있기 때문에, 이 역시 국가 경쟁력을 떨어뜨릴 수밖에 없다고 진단한다. 건장한 청년이 군 제대 후 대학원에 진학할 경우 거의 서른 가까운 나이에 사회에 진출하게 되는데, 20대 초반에 사회에 진출하는 선진국의 경우와 비교해 볼 때, 한국의 대학교육이나 교육과정이 매우 불합리하다는 것이다.[2]

이러한 문제 제기 모두는 사회에 산재하고 있는 교육자본을 어떻게 자본화할 수 있느냐에 관한 문제로 귀착된다. 초·중등학교, 대학, 도서관, 각종 평생교육기관, 학원, 교육 산업체 등 다양한 교육환경이 모든 이를 위한 교육자본으로 재활용될 수 있다면 우리 사회의 양극화와 교육의 양극화에 대한 해답을 찾을 수 있을 것이다. 교육을 권력기관이나 특정 지위집단이 독점하게 놔둘 것이 아니라 배움의 주체이자 소비자인 시민에게 되돌릴 수만 있다면 특정 기구의 교육 독점

현상이나 교육의 통제가 옛날처럼 쉽지는 않을 것이다. 이는 실현 가능성이 높은 이야기다. 왜냐하면 교육의 양극화를 해소하기 위한 초기 조치로서 사회 이곳저곳에서 개별적으로 교육적 작용을 하고 있는 모든 교육자본의 활용을 마치 사회보험제도처럼[3] 만들어 모든 국민을 위한 교육자원으로 만들 수 있다면 교육의 양극화 해소에 대한 해답이 자연스럽게 도출되기 때문이다. 이런 식으로 사회에 산재한 교육자원과 교육공간을 교육자본화하면 교육의 양극화는 손쉽게 해결될 수 있다. 지역사회의 가용할 수 있는 모든 교육적 자본을 학습용 도구로 활용하고 이를 위한 '학습보험' 제도의 도입과 활용이 가능해진다면 그때부터 한국 사회는 배움의 사회, 학습사회, 학습국가로 거듭날 수 있을 것이다. 배우려고 하는 사람이 어디서 배우든 배움을 교정하고 보완하고 강화하기 위해 해당 교육자본을 활용하고자 할 때, 학습활동을 위한 경비를 학습보험료로 처리해 주는 학습국가가 가능하기 때문이다.

인간 사회에서 일어나는 모든 교육활동은 본질적으로 교육자본의 축적과 연관되어 있기에 교육자본은 인적자본 개발을 위한 토대가 된다. 자본은 의식적이든 무의식적이든 일을 하도록 만드는 힘이며, 또 그 힘을 발생시킬 수 있는 수단과 도구다. 자본의 속성에서 일반적으로 나타나는 것처럼 자본이 부족하면 에너지가 발생하지 않는다. 가정과 기업도 마찬가지다. 가계와 회계상의 자본에 적자 표시가 나기 시작하면 가정과 기업은 흔들리기 시작한다. 재정자본과 마찬가지로 인적자본 개발을 위한 교육자본 역시 비슷한 기능을 가진다. 교육자본의 잔고가 고갈되어 적자가 될 경우 국가 경쟁력도 흔들리기 시작하여 양질의 인적자본을 축적하기가 어려워진다.

인간이 나름대로 지니고 있는 '각자적(各自的)' 생존과 생존방식은 인간을 둘러싼 인적자본의 개발문제, 사회자본의 축적문제, 그리고 교육자본의 확장문제와 밀접하게 관련된다. 한 나라가 원하는 인적자본의 개발 가능성은 그 나라의 교육자본이나 사회자본의 총량과 비례한다. 한 국가의 경쟁력 역시 그 나라의 정치, 경제, 사회, 문화의 각 부문에서 쌓아 놓은 사회자본과 교육자본의 총량에 비례한다는 점에서 인적자본의 개발, 사회자본의 축적, 교육자본의 확대는 상호 보완적이다.

국가에서 필요한 인적자본은 '인간의 능력'에 관련되며, 사회자본은 '인간의 신뢰'에, 교육자본은 '인간의 배움'에 그 초점을 맞춘다. 그래서 인간의 능력개발 문제를 인적자본의 핵심 개념으로, 사람들 간의 신뢰개발 문제를 사회자본의 핵심 개념으로, 인간의 배움문제를 교육자본의 핵심 개념으로 설정할 수 있다. 인간의 능력과 신뢰, 그리고 배움은 상호 배타적인 개념이 아닌 상호 포섭적인 개념이다. 각각의 개념은 사회과학의 이론적 틀이 지닌 개별 과학의 속성에 따라 교육현실에 응용될 때 항상 상호 '관여적'인[4] 것으로 작동한다. 인적자본, 사회자본, 교육자본이라는 개념이 사회 이곳저곳에서 드러내는 각각의 양태는 차별화되어 있는 것 같지만, 실제로 그것을 연구하는 과정에서는 상호 보완적이고 상호 관여적인 것으로 나타난다.

인적자본이라는 말은 인간이 가지고 있거나 적절한 훈련 혹은 개별적인 배움 아래 개발할 수 있는 인간의 능력을 총칭한다. 인적자본이란 인간이 자신을 위해 그 무엇인가를 항상 (그리고 즉시) 접하고 익히고 만들어 낼 준비가 되어 있는 상태와 힘을 말한다.[5] 그에 비해 교육자본은 인적자본이 효력을 발휘하도록 조력하는 환경이나 조건 혹은 과정을 의미한다. 인적자원 개발을 위한 교육적 구조와 내용 및 활동은 교육자본을 구성하기 때문에 그 종류가 다양할 수밖에 없다. 사회자본은 특정 개인이 독점하는 것이 아니라 사회적 관계를 맺은 행위자들이 공유하는 것이기에 바르게 사용할 경우 공공의 이익에 도움이 된다. 이러한 점 때문에 사회자본은 교육적인 성격이 강하다. 사회자본 역시 인적자원의 경쟁력을 강화한다는 점에서 사회자본의 확충은 인적자원 개발의 목표와도 일치한다. 사람들이 사회자본의 생성이나 활용에 관한 것을 공유할수록, 그리고 활용방법을 익힐수록 개인과 지역공동체의 결속과 인적자원 개발을 위한 사람들 간의 만남은 서로의 배움을 촉진시킨다.

인적자본, 사회자본, 교육자본이 사회 이곳저곳에 널려 있다고 해서 그것들이 즉각적으로 하나가 되어 국가나 개인을 위한 힘과 기능을 발휘하는 것은 아니다. 인적자본이 있다고 하더라도 인간의 능력개발에 작용하기 위해서는 '자본화' 의 과정을 거쳐야 한다. 사람들이 실제로 무엇이든 쉽게 만들어 낼 수 있는 힘으로 변화되도록 인적자본화의 과정이 있어야 하는 것이다. 사회자본 역시 자동적으로 신뢰와 믿음으로 전환되는 것이 아니라 '사회자본화' 의 과정을 거쳐야 신뢰라는 이름으로 타인과의 의식소통을 매개할 수 있다. 마찬가지로 학교, 교사, 교과서, 학습도구, 교육행정, 평생교육센터, 평생학습도시, 교육산업체 등의 교육자본이 있다고 해서 그것들이 자동적으로 사람들에게 배움력을 길러 주는 것은 아니다. 교육자본이 사람들의 배움력을 길러 주기 위해서는 교육적으로 자본화될 수 있는 교육적인 과정을 거쳐야 한다. 이런 '교육자본화' 가 가능하기 위해서는 교육자본이 사회적으로나 개인적으로 쓰일 수 있게 해 주는 구체적인 활동들이 곳곳에서 발생하여 한다. 그런 교육적 활동이 곳곳에서 작동하여 교육자본화가 되었을 때 사회적인 실체로서 영향력을 가질 수 있다.

단편적인 교육환경이 하나의 사회적이며 교육적인 실체로서 작동할 때 비로소 각각의 교육산업체가 가지고 있는 교육적 기능에 대한 구상력(構想力)이 교육자본으로 현실화될 수 있다. 교육권력의 구상력, 학교와 학원의 구상력, 평생학습도시의 구상력, 각종 민간단체의 구상력, 기업교육의 구상력, 개인적 학습활동의 구상력 역시 마찬가지의 과정을 거쳐야 한다. 구상력이란 서로 떨어져 있는 것, 서로 상관없어 보이는 것들을 하나로 묶거나 결합시켜서 새로운 기능이 발휘되도록 만드는 의도적인 과정과 노력을 의미한다. 그런 점에서 교육산업체의 구상력이란 교육산업체가 지니고 있는 교육자본화의 힘, 즉 배움력을 지칭하는 것이라고 이해할 수 있다.

교육자본론의 이해와 구조

교육자본의 종류와 양태가 다양한데도 교육자본에 대한 개념화 작업과 이론화는 미약하기만 하다. 그 이유는 교육학자나 인적자원 개발을 연구하는 학자들이 이 문제를 기대 이상으로 다뤄 오지 않았기 때문이다. 교육자본화에 대한 지적 호기심이 기존 교육학의 논리와 이해의 관행 속에서 교육학자들에게 지적 관심을 불러일으키지 않았기 때문이다. 그들에게는 교육자본이 무엇을 의미하며, 그 기능이 무엇인지 등에 대한 이론화보다는 교육, 학교, 교육과정, 프로그램과 같은 개념이나 그에 관한 개별적인 논리 구축이 더 중요했을 뿐이다.

교육자본화에 대한 이론화가 본격화되기 시작하면 교육의 기능이나 학교의 역할에 대한 새로운 논의가 불가피하게 되었다. 왜냐하면 인적자본 개발의 관점과 더불어 학교와 같은 기존의 교육자본에 대한 활용의 비효율성 문제가 논리적으로 거론될 수밖에 없고, 동시에 교육의 기능과 인적자본 개발 간의 새로운 관계 정립이 필요해졌기 때문이다. 또한 인적자본의 개발, 교육자본의 개발, 그리고 인간의 배움력 간에 일어나는 상호작용이나 상관성에 대한 이론화 역시 새로운 시각에서 논의되어야 하기 때문이다.

교육자본에 대한 논의는 사실 기존 교육학의 이론적 틀을 벗어난 전혀 새로운 이론적 작업을 필요로 하지 않는다. 그동안 교육학자들이 끈질기게 논의해 온 인간 교육의 가능성, 전인교육의 가능성, 그리고 평생학습이 바로 교육자본의 성격을 드러내 줄 논의의 핵심 영역들이기 때문이다. 한 사회에 교육자본이 쌓이지 않으면 인간교육이나 전인교육의 실현 같은 것은 원리적으로 불가능할 수밖에 없다. 인적자본 개발과 교육의 역할 및 기능에 대한 논의에서 수없이 반복해 온 인간의 능력과 배움에 관한 새로운 해석과 활용의 문제 역시 교육자본의 축적과 밀접하게 연관되어 있다. 평생학습론 역시 교육자본이 모든 이를 위한 배움의 토대로 구축되어야 함을 강력하게 요구한다.

기존의 학교교육 이론의 틀 속에서는 교육자본에 대한 논의가 더 이상 새롭게 진화될 수 없을는지 모른다. 학교의 교육자본 기능에 대한 이해가 거의 없었거나 있었다 하더라도 교육자본을 단순히 국민의 평균학력 혹은 학생들의 학업성취력을 높이기 위한 도구로 여겨 왔기 때문이다. 혹은 대학 졸업자들이 졸업 후 써먹을 수 있는 기술이나 지식 활용의 수준 정도 등으로 이해하려고 하였기 때문이다.[6] 교육자본을 한 국가의 학습자 개인이 활용할 수 있는 기술이나 지식의 총량 혹은 그것의 잔고 정도로 파악해 왔기에 교육자본과 국가 경쟁력, 교육자본과 사회, 정치, 경제, 문화 경쟁력 간의 상관성, 혹은 교육자본과 학습국가 구축 간의 상관성 같은 것에 대한 이해는 더 이상 진화될 수 없었다. 사회현상의 논리를 개발해 온 사회과학 이론의 진화에 비해 교육학의 주류 이론은 아직도 학교교육론을 벗어나지 못하고 있다. 교육학자들에게는 인간의 배움이 무엇을 의미하는지에 대해 본질적으로 규명해 보고, 인적자본의 개발 문제를 새로운 관점에서 논의하게 할 수 있는 이론적 틀을 만들어 보려는 노력이 미약하기만 한 것이다.

1) 배움의 본질과 인간 능력

배움학에서 이야기하는 '배움(erudition)' 이라는[7] 개념은 기존의 학습심리학자들이 다루었던 '학습(learning)' 의 개념과는 그 속성이 다르다. 배움학에서 말하는 배움은 유아독존적 존재인 인간의 삶을 끊임없이 개조하기 위한 의미 생성의 과정이며 의미의 변환활동을 지칭한다. 인간의 배움은 인간 삶의 과정에서 부인할 수 없는 본능이자 본성이다. 인간의 시작이 배움이며, 인간의 종결이 배움의 종결이기에 인간으로 태어난 이상 배울 수 없는 사람은 하나도 없다. 누구든 배우도록 되어 있으며, 사람인 이상 배우며 살아갈 수밖에 없다. 만약 제대로 배우지 못하는 사람이 있다면 이는 어떤 인위적인 요소가 그의 배움을 가로막고 있기 때문이다. 다시 강조하지만, 어떤 사람에게 배울 수 없다고 하는 것은 그가 생존할 이유가 없다고 하는 비인간적인 단죄와 비슷하다. 인간에게는 생존할 권리가 있듯이 배울 본성이 짜여 있다. 이 배움의 권리는 원초적인 인간 생존의 기본권이기에, 그것이 보장되기 시작하면 모든 인간의 배움의 힘은 성장하기 시작한다. 인간에게 배움은 언제나 자기주도적이며 자기평가적이다. 그런 배움의 속성에 비해 학습이라는 개념은 배움을 위한 보조수단이나 방법에 지나지 않는다. 학습 도구나 수단은 인간의 배움을 위해 유용하게 쓰일 수 있는 방법임에는 틀림없지만, 결코 그 자체가 인간의 배움력을 능가할 수는 없다. 단순히 학습 도구나 방법이 많이 있다고 해서 인간에게 배움이 더 많아지거나 배움의 질이 높아지는 것은 아니다. 배움은 학습보다 선행하는 상위 개념이자 토대 개념이다. 배움은 학습에 대한 사상이자 철학이라 할 수 있다. 사람이 문자를 익히지 않았다고 해서 그에게 배움이 없는 것은 아니다. 문맹일 수는 있지만 삶의 지혜마저 없을 수는 없기 때문이다. 예수가 문해자였다는 자명한 증거는 없지만, 그렇다고 그에게 지혜나 배움이 없었다고 할 수 없는 것과 마찬가지다.

학습이라는 말은 영어의 'learning' 을 동양의 교육자들이 필요에 따라 그냥 학습이라는 단어로 번역해 놓은 것으로, 그 개념이 우리의 정서를 자연스럽게 대변한다고 볼 수는 없다. 실제로 영어권에는 배움을 지칭할 때 'learning' 이라는 단어가 유일하지만 동양에서는 복합적이다. 동양권에서는 인간의 배움을 지칭하는 단어로 '배움과 학습' 이라는 두 단어를 서로 다른 개념으로 활용하고 있다. 서양에서는 배움을 학습이라는 개념으로 대신하는 듯하나, 동양에서 두 단어의 개념적인 차이는 상당히 사상적이다. 예를 들어, 영어권에서는 '강아지가 장애물 넘기를 학습했다.' 와 '두 살배기 어린애가 엄마에게 뽀뽀하는 것을 배웠다.' 고 이야기할 때 모두 'learn' 이라는 단어로 표현한다. 그러나 동양권에서는 배움의 상태와 조건에 따라 '학습했다' 는 말과 '배웠다' 는 말을 서로 다르게 활용한다. 배웠다는 말은 '알았다', '익혔다' 는 뜻일 수도 있고, 때로는 '반성했다', '깨달았다' 는 말을 대신할 수도 있다. 고대 인도 사회의 배움의 화법에서는 배움에 대한 의미의 확장성이나 중첩성이 더욱더 뚜렷하게 나타났다. 인도 사회에는 수많은 방언이 있지만, 놀랍게도 영어권에서 상용하는 단어인 가르침, 즉 'teach' 혹은 'teaching' 에 해당되는 단어가 없다. 그들에게는 배움만이 우선한다. 서로 배우는 것이 곧 서로 가르치는 것일 수 있기 때문이다. 서양에서 학습이라는 말은 일반적으로 필요한 정보나 지식을 가르치는 활동을 지칭하지만, 동양에서 상용하는 배움은 단순한 지식뿐 아니라 삶의 전반에 걸친 각성과 깨우침 같은 것을 함께 포함한다.

생활현장에서 인간의 배움력은 자신의 삶 가운데 겪고 있는 문제들에 대한 해법 찾기와 연결된다. 인간에게 닥친 문제상황을 극복하기 위해 그가 무엇을 해낼 수 있느냐, 어떻게 대처할 수 있느냐에 대한 해법과 연결된다. 말하자면 그런 문제해결에 동원될 수 있는 지식, 기술, 태도를 총괄적으로 활용할 수 있는 복합적인 문제해결력으로 집약된다.

인간의 배움력, 배움의 힘은 인간 삶살이의 쓰임새와 직결되어 있기에 삶이나 일상생활 속에서 다음의 세 가지 '각자적' 능력의 성장과 개발의 토대가 된다. 첫째, 인간의 배움력은 직업능력(職能, career capacity)에 직결된다. 일상생활과 구체적으로 연결되거나 실제화되는 정도에 따라 그가 가지고 있는 직업능력의 수준은 결정된다. 둘째, 인간의 배움력은 학습능력(學能, learning capacity)으로 구체화된다. 말하자면 문제해결을 위해 인간 스스로 활용할 수 있고 선택할 수 있는 도구나 학습전략, 문제해결을 위한 수단성 정도에 따라 배움력의 정도와 수준이 결정된다. 셋째, 정치적 참여력(政能, civic capacity)의 정도와 수준에 따라 인간의 배움력의 양태가 달라진다. 개인이 사회정치적인 공동체에 어느 정도로 참여하고 있는지 혹은 참여할 수 있는지에 따라 그 사람의 사회적 참여력과 배움의 정도는 다르게 발현된다. 인간 개인의 삶 전체에 걸쳐 이러한 능력이 활용될수록 더욱더 크고 새로운 배움의 힘과 가능성을 만들어 내기에 개인의 삶은 풍요롭고 생산적일 수밖에 없다.

교육자본론의 이론화와 가능성은 인간의 배움이 가진 '배움력 불변원칙' 을 근거로 확장되어 왔다. 인간의 배움력은 활용할수록 더욱더 새로운 배움의 힘을 생산해 내기에 물리학에서 말하는 열역학의 법칙으로는 인간의 배움력, 배우려는 힘의 위력을 제대로 설명할 수 없다. 배움의 법칙은 물리학에서 통용되는 열역학제1, 제2 법칙의 효용성을[8] 정면으로 거부한다. 왜냐하면 인간이 지닌 배움력의 불변원칙은 이 세상 물질의 에너지를 변형할 경우 그 에너지의 힘을 감소시키는 엔트로피가 증가한다는 열역학 제1, 제2법칙을 언제나 무기력하게 만들기 때문이다.

인간의 배움력과 배움의 에너지 총량은 무한정이다. 인간이 제아무리 배움의 힘을 소모한다고 해도 그것은 절대로 고갈되지 않을 뿐더러 그 어떤 엔트로피도 증가하지 않는다. 이 세상에 존재하는 모든 물질이 그 쓰임새에 따라 각기 다른 형태를 지니듯, 사람 역시 서로 다른 배움을 위한 실현 가능성을 가지고 있기에 더욱더 그러하다. 이는 첫째로 모든 사물이 각각 개체적인 에너지를 가지고 있는 것처럼 사람 역시 각각 서로 다른 배움의 가능성을 실현해 주는 에너지를 가지고 있기 때문이다. 둘째로 각 물질의 개체별 에너지가 고정됨 없이 서로 다르게 변형된 상태로 머무르는 것은 그 나름대로의 에너지 변환이 있기 때문인 것처럼 사람의 배움력 역시 고정되지 않고 제각기 변형된 상태로 존재하며 그것이 바뀐다 해도 배움을 위한 에너지 변환만이 있을 뿐이기 때문이다.

자신이 지닌 나름대로의 재능과 가능성을 현실적으로 구현하는 것을 인간의 자아실현이라고 할 때, 모든 사람은 자아실현을 위한 개인적인 가능성과 역량을 가진 독립적이며 각자적인 존재다. 인간의 자아실현 가능성은 개인이 가지고 있는 지문의 차이만큼 서로 다르며 각자적이다. 이 세상에 유전인자(DNA)의 구성 배열이 동일한 사람은 존재하지 않는다. 쌍둥이 형제, 자매로 태어나도 DNA의 차이에 따라 서로 다른 지문을 가지는 것처럼 모두가 각자적이다. 그래서 이 세상에 태어나는 인간은 생물학적으로 온전히 서로 다르며 서로가 각자적인 존재로 누구든 한 번 태어나면 나름대로의 고유한 능력을 가진 '최초의 인간' 으로 살아갈 뿐이다. 내가 죽으면 최초의 인간 역시 죽는 것이다.

인간은 누구나 최초의 인간으로 태어나고 최초의 인간으로 죽기 때문에 물이나 철, 다른 생물과는 그 속성이 다를 수밖에 없다. 댐 안에 고여 있는 물은 한 번 써 버려도 다시 모아 터빈을 돌리면 전기를 다시 발생시킬 수 있다. 먼저 쓴 물이나 나중에 쓸 물이나 어차피 같은 속성이고 터빈 역시 망가져도 속성이 똑같은 철로 다시 만들어 쓰면 된다. 그러나 사람은 물이나 철과 같은 물질과는 속성이 완전히 다르기에 똑같은 사람을 만들어 낼 수 없다. 겉으로는 모두 사람의 모습을 하고 있지만, 각자적인 능력이나 역량은 엄청나게 다르기 때문이다. 예를 들어, 제아무리 서로 다른 곳에서 퍼온 물이라고 하더라도 100리터의 물을 모아 최대한 활용함으로써 생산해 낼 수 있는 전기량은 언제나 일정하다. 그에 비해 사람들이 각각 드러내 보일 수 있는 힘은 물의 총량과는 다르다. 서로 다른 사람 100명을 모아 그들의 힘으로 만들어 낼 수 있는 전기의 총량도 다르고 그것을 활용하는 힘도 다르다. 개인이 가지고 있는 각자적인 지능이 다르고, 무엇인가 만들어 낼 수 있는 역량이 다르다. 가능성이 서로 다르기 때문에 생기는 인간 능력의 법칙이 바로 인간의 배움력이다.

따라서 사람의 힘을 활용하는 사람들은 기존의 구태의연한 생각부터 버려야 한다. 사람으로 태어난 이상 모두가 속성이 동일한 존재라는 발상을 폐기해야 한다. 사람은 사람으로 태어났으므로 서로 다른 재능, 서로 다른 아이디어, 서로 다른 가능성, 서로 다른 역량을 가질 수밖에 없다는 생각으로 사람에 대한 관점부터 바꾸어야 한다.

교육자본은 이와 같은 인간이 지닌 배움 본능의 쓰임새를 교육환경과 연결하는 작업이다. 교육자본에 대한 가능성을 찾는 논의는 인간의 배움 에너지가 물리적 현상과는 달리 쓰면 쓸수록 오히려 새로운 배움의 에너지가 더욱더 생성되도록 되어 있다는 점에 대한 끊임없는 확인이다. 인간의 배움력은 농업이나 일부 경제적 현상에서 나타나는 수확체감의 법칙이 적용되는 것이 아니라 정반대로 쓰면 쓸수록 더욱더 자기 치유와 사회 치유에 도움이 되는 수확체증의 법칙이 적용된다는 점에서 교육자본화의 과정에서 빼놓을 수 없는 주제다. 이 세상의 모든 사물이 서로 형태가 다르고 서로 다른 에너지를 가지고 있듯이, 인간 역시 서로 다른 배움 에너지와 그것에 기초한 배움력을 가지고 있다. 개인의 배움력은 수확체증의 원리대로 각자적으로 쓰인다는 점에서 교육자본은 바로 인간의 배움력을 뒷받침하기 위한 토대이자 조건, 그리고 환경들의 교육적 변용에 관한 논리를 제공한다.

2) 교육자본의 개념과 양태

배움학은 인간의 배움과 관련된 다양한 장(場)과 그 장들의 기능과 역할, 그리고 긴장관계에 주목한다. 장이라는 개념은 '자본의 경쟁이 일어나는 부분'이나 거점을 지칭하는 것이기에 정치의 장, 종교의 장, 학문의 장, 문화의 장 같은 개념으로 무한하게 확장될 수 있다. 각 장은 고유한 규칙과 작동원리를 가지고 있으며, 각각의 경쟁방식과 그에 따른 '에너지원'을 갖는다. 이 에너지원이 바로 자본이다. 각 장은 에너지원인 자본을 가지고 서로 경쟁한다. 일반적으로 자본이라는 용어를 쓸 때 그것이 드러나는 양태는 다양하다. 각각의 양태와 장의 차이에 따라 일어나는 사회적 경쟁 형식도 달라진다. 속성이 다르더라도 각 장에서 의식적 혹은 무의식적으로 발생하는 모든 에너지가 자본이기 때문에 그 자본의 양태는 여러 가지로 나타나게 된다. 자본은 일반적으로 경제자본을 지칭하지만 다른 에너지도 다양하게 존재한다. 말하자면 가정이나 학교 같은 교육기관에서 훈련을 통해 얻어지는 지적 자본, 미학적 능력과 자격과 같은 문화자본, 연고와 사교활동으로 맺는 사회적 관계로서 심리자본, 신용이나 명예, 인정 같은 사회심리적이고 상징적인 사회자본 등 그 발생 근원에 따라 다양하다. 이런 자본 중에서 경제자본은 생산적 자본과 비생산적 자본을 구별하지 않고 직접 돈으로 환산될 수 있는 모든 재화를 가리킨다. 문화자본은 심미적 즐거움, 일상의 쾌락과 같이 개인의 정신적·심리적 잠재력을 다루는 것을 가능하게 하는 모든 능력과 기술을 지칭한다.[9]

교육자본은 이런 경제자본이나 문화자본과는 속성이 다르다. 경제적 자본 축적을 가능하게 만들어 주는 인적자원의 능력과 그것을 여러 가지 형식으로 함양해 주는 문화자본을 축적하게 해 주는 토대가 교육자본이다. 교육자본의 질과 양태에 따라 문화자본이나 인적자본의 질과 양태가 달라지는데도 그동안 교육학자들은 교육자본의 질이나 양태, 활동에 대한 점검 없이 인적자본 개발이나 문화자본 축적에 대한 일반론만을 이야기해 왔다. 배움학이 기존 교육학의 태도와는 다르게 교육환경을 교육자본화하려는 노력은 경제학을 넘어서고자 하는 신경경제학의 진화와 엇비슷하다. 마치 신고전파 경제학을 극복하기 위해 경제학에 신경과학의 이론을 접목시킨 새로운 관점에서 인간의 경제활동을 설명하는 신경경제학(neuroeconomics)의[10] 이론적 분화를 닮았다. 배움학의 이론적 틀은 교육자본을 학교교육 같은 기관의 교육과정을 거치면서 취득하는 기술이나 지식의 총량 같은 것으로 축소시켜 이해하는 것을 극복하려고 한다. 배움학의 입장에서는 교육자본의 속성을 단순하게 교육환경으로 이해하는 입장을 넘어서서 국가의 인적자본과 사회자본의 축적을 가능하게 해 주는 토대로 파악한다.

교육자본은 인간의 배움을 위한 공간과 토대가 되므로 교육자본의 장은 언제나 긴장의 장으로 작동한다. 그런 긴장과 갈등은 우리에게 이미 친숙하다. 공교육과 사교육 간의 긴장이 바로 그러한 예다. 장은 경제자본을 위한 장이든 문화자본을 위한 장이든 서로 다른 입장이 구조화된 공간으로 드러난다. 그렇게 드러나는 장에는 전유와 배제의 법칙이라는 일반적인 갈등의 법칙이 개입된다. 모든 장에서는 입회권의 빗장을 부수려고 애쓰는 신참자와 독점을 옹호하고 경쟁을 배제하려는 지배자 사이의 투쟁이 불가피하다. 하나의 장이 가동되기 위해서는 게임의 목표와 그 게임을 행할 사람들이 필요하다. 다시 말해, 게임의 내재적인 법칙과 목표 등에 대한 인식과 인정을 함축하는 아비투스의 소유자, 즉 취향이나 습속을 지닌 사람이 존재해야 한다. 장의 구조는 투쟁에 참여한 주체자 혹은 제도 사이의 역학관계, 이전의 투쟁을 통해 축적되어 이후 전략의 방향을 결정짓는 특정 자본의 분배관계의 상태를 보여 준다. 장에서 발생하는 긴장과 투쟁은 해당 장의 특징을 나타내는 합법적인 폭력의 독점, 말하자면 특정 자본의 분배구조의 전복 혹은 보존을 최종 목표로 삼는다.

교육자본에서의 긴장과 갈등은 크게 공간, 관계, 활동의 세 가지 양태를 띠며, 그에 따라 나타나는 긴장과 갈등의 내용은 서로 다르다. 첫째 양태는 교육시설, 교육환경처럼 인적자본의 훈련과 배출의 공간으로 포착된다. 이것이 교육자본의 공간적 요소이므로 '공간의 교육자본'이라고 부를 수 있다. 공간으로서 교육자본이 지역사회에서 어떻게 나타날 수 있는지를 구체적으로 보여 주는 사례가 바로 '학교복합화 시설'을[11] 설치하거나 학교 도서관이나 전시장 등을 지역주민에게 개방하는 일 등이다. 학교복합화 시설은 주민의 교육, 문화, 복지 수요에 대한 서비스를 원스톱으로 충족시켜 줄 뿐만 아니라 지역주민이 평생교육시설로 활용할 수 있다. 이런 복합시설은 일차적으로 공공시설을 입체적·효율적으로 이용할 수 있게 하면서 궁극적으로는 교육자본을 늘려 주는 사례가 된다. 학교복합화 시설과 같은 교육자본은 주민에게 친화력과 신뢰를 높여 사회자본을 형성할 뿐 아니라 주민이 배움과 나눔의 삶을 일상화하는 데에도 기여한다. 이런 공간의 교육자본은 인적자본이 배양될 수 있는 조건을 마련해 준다는 점에서 인적자본과 연결된다. 그래서 교육자본의 공간적 요소를 고려하지 않는 인적자원 개발은 의도한 결과를 얻기 어려울 수밖에 없다.

공간적인 범주 속에서 교육자본의 구축을 이론화할 수밖에 없는 이유는 토플러(A. Toffler)의 말처럼, 공간이 바로 새로운 지식을 만들어 내는 토대이자 기반이기 때문이다. 토플러는[12] 부를 창출하게 만드는 요인으로 시간, 공간, 지식의 세 가지를 꼽았다. 시간적 요소, 공간적 요소, 지식의 요소는 사회 전반에서 매일같이 부를 만들어 내기 때문에 폐기할 수 없는 부의 기반이다. 공간과 시간, 그리고 지식의 다양한 결합에 따라 지식의 효용성도 달라지며, 그에 따라 부의 생산도 달라진다. 공간은 쓸모 있는 지식과 쓸모없는 지식을 구별해 주는 곳이기도 하다. 말하자면 '압솔리지(obsoledge)'를 갈라 내는 능력을 키워 주는 곳이 교육적 공간이다. 이 능력 때문에 교육환경은 교육자본화의 핵심 요소가 된다. 압솔리지가 적은 개인이나 기업 혹은 국가가 경쟁력이 뛰어날 수밖에 없듯이, 압솔리지가 적은 교육환경 역시 경쟁력이 뛰어난 교육자본이 된다. 압솔리지는 '쓸모없다'는 뜻의 obsolete와 '지식'이라는 뜻의 knowledge를 결합한 새로운 개념으로서 쓰레기 지식을 총칭하기 위해 만들어진 신조어다.

지식은 다른 지식과 상호작용하고 그로부터 더 거대하고 더 힘 있는 새로운 응용지식으로 재편된다. 그런 상황에서 무용지식과 유용지식, 거짓과 진실을 구별하는 방법을 익히는 일은 삶의 질, 기업의 질, 국가의 질이 어떤지를 결정해 준다. 이런 혁명적 변화의 연속 속에서는 지금과 같은 방식으로 생산된 수많은 자투리 정보, 지식, 산업시대적인 발상의 지식이 쓸모없어진다. 이렇게 쓸모없어진 지식들의 조합으로 만들어진 정보의 홍수는 쓸모없는 쓰레기 지식을 만들어 낸다. 기업의 성패, 국가의 경쟁력, 개인의 배움능력은 모두 이런 압솔리지의 판별능력에 따라 달라진다. 사회에 널려 있는 이런저런 교육환경이나 공간들이 압솔리지의 곳간으로만 활용된다면 그것은 더 이상 교육적 자본으로서 가치나 효용성을 갖지 못한다. 이런 관점에서 볼 때, 초등학교든 대학교든 학교기관의 공간은 기업에 비해 지식활용과 지식생산에서 압솔리지의 곳간과 같은 기능을 발휘해 왔다고 볼 수 있다.

또한 법률과 행정 등과 같은 제도적인 측면에서 교육자본의 형성을 지원하는 교육자본이 가능하다. 이런 교육자본의 양태는 교육자본의 관계적 요소를 강조하기에 '관계의 교육자본' 이라고 할 수 있다. 관계의 교육자본이라 할 수 있는 유형 중 가장 대표적인 것은 교육권력이다. 인적자본의 규모, 질, 산출방향 등을 제시해 주는 교육정책적 결정들은 일차적으로 교육권력에서 나온다. 그래서 인적자본의 총량이나 질은 결코 교육권력이라는 관계적 교육자본의 총량이나 수준 또는 질과 무관할 수 없다. 교육권력의 질적 수준은 관계적 교육자본의 질을 결정해 주는 중요 부문이기도 하다. 관계적 교육자본의 핵심은 신뢰와 같은 사회자본의 구축과 밀접하게 관련되어 있다. 관계의 교육자본에서 신뢰와 같은 사회자본이 뒷받침되지 않으면 교육권력의 신뢰 잔고는 적자를 기록하게 된다.[13]

마지막으로 인적자본을 배출하는 데 결정적인 영향을 끼치는 교육자본의 요소는 교육자본의 활동적인 양태에 관한 것이다. 이런 교육자본의 양태를 교육자본의 활동적 요소, 즉 '활동의 교육자본' 이라고 부른다. 인적자원 개발을 위해 사회 곳곳에서 누가 어떤 활동을 주도하는지, 인적자원 개발정책의 대상집단이 누구인지 등에 관련된 교육환경이 바로 활동적 교육자본의 주요 요소다. 활동적 교육자본은 일반적으로 개별적 배움력 증진에 도움이 되는 교육 프로그램들로 나타난다. 말하자면 학교 교육과정에의 참여나 각종 학원교육산업의 프로그램 같은 것들로 나타난다. 사회적인 수준에서는 평생학습도시운동, 지방자치단체가 전개하는 각종 평생교육활동, 사회 곳곳에서 일어나는 평생학습활동, 기업에서 발견되는 인력개발훈련 프로그램, 각종 사회운동이나 모든 계층을 위한 국가적 차원의 직업능력 개발 프로그램 같은 것들이 모두 활용성이 큰 활동성 교육자본에 포함된다.

이러한 세 가지 교육자본, 즉 '공간의 교육자본', '관계의 교육자본', '활동의 교육자본' 을 모두 포섭하는 교육자본을 갖추지 못한다면 그 어느 나라도 인적자본을 제대로 개발할 수 없다. 교육자본은 기본적으로 모든 이를 위한 배움의 활성화가 핵심이기 때문이다. 예를 들어, 광복 전후의 사정으로 볼 때 우리나라만큼 사회정치적 갈등과 혼돈을 극심하게 겪은 나라도 드물다. 국민에게 교육적 관심은 언제나 정치적 관심 뒤로 밀려나 있었다. 당시에도 인재양성의 필요성은 절실했지만 그것을 실질적으로 추진하기는 어려웠다. 인재를 개발할 수 있는 교육자본을 가지고 있지 못하였기 때문이다. 무엇보다도 먼저 교육권력 스스로 인적자본 개발의 의욕은 있었지만 구체화할 수 있는 방법을 마련하지 못하였다. 그 당시 우리에게는 '관계의 교육자본' 이라는 교육권력 집단의 역량이 부족하였기 때문이다. '공간의 교육자본' 역시 부족하기만 했다. 학교시설이나 학습환경, 훈련공간 등과 같은 인적자원 개발기관이나 훈련기관이 절대적으로 부족했다. 인적자본을 개발하기 위한 수단, 프로그램, 방법 역시 제대로 갖고 있지 않았다. 그리고 인적자본 개발을 위한 교육훈련과 인력, 그것을 뒷받침하는 학습활동 역시 부족하기만 했다. 이러한 '활동적 교육자본' 의 부족으로 우리 사회에서 인적자본의 개발은 언제나 기대 이하의 수준에 머물 수밖에 없었다.

현재 한국 사회가 가지고 있는 현대적인 인적자본, 사회자본, 교육자본은 광복 당시에 비해 그 규모나 자본의 총량, 그리고 질적 성숙 면에서 엄청나게 비대해진 것이 사실이다. 그렇다고 오늘날의 교육자본이 당시보다 쓰임새 높은 인적자본의 축적이라고 단언하기도 어렵다. 광복 당시 인적자본의 총량에 비해 지금의 인적자본 총량이 더 커졌다는 사실은 인적자본, 사회자본, 교육자본의 질적 성숙이나 수월성을 의미하지 않는다. 그 이유는 인적자본을 개발하는 데 중심이 될 수 있는 인적자본 형성의 철학이 없었다는 것에서 찾을 수 있다. 또한 인적자본 개발을 위한 교육자본이 비효율적으로 활용되어 온 것에서도 찾을 수 있다. 이 두 가지 문제는 비단 한국만의 문제는 아니며, 세계 각국이 직면한 공통적인 현상이기도 하다. 개발도상국들은 인적자본 개발전략을 갖추지 못한 채 자원 확보에 어려움을 겪고 있는 데 반해, OECD 회원국인 미국, 영국, 일본과 같은 선진국은 상대적으로 인적자본 개발을 위한 교육자본의 축적과 활용의 비효율성을 더 큰 문제로 인식하고 있다.

교육자본이 충분히 축적되고 효율적으로 활용되면 인적자본의 개발은 그만큼 더 용이해진다. 개인이 유별난 재능, 개별적인 가능성, 각자적인 역량을 독특하게 발휘하게 하면서 한편으로 하나로 모아 전체의 이익을 위해 시너지 효과를 내도록 인적자본에 교육자본을 접목시키는 궁리와 방법이 인적자본 개발이기 때문이다. 사람들의 개별적인 에너지의 최적화된 가공을 위해 개인이 각자 선호하는 방법이 바로 배움과 학습활동이기에 인적자본의 가능성이나 질은 교육자본의 품질이나 총량에 따라 달라진다.

3) 통합적 인적자본 개발의 원리

인간의 교육활동은 인적자본의 질을 향상시키기 위한 교육자본의 총량의 요소로 나타난다. 교육권력은 교육의 표준을 공교육에 두고 있다. 교육권력은 국가가 재정을 중점적으로 지원하는 학교교육 중심으로 인적자본의 개발을 추진한다. 그들은 가능한 공교육과 사교육 간의 차이를 가르고 공교육을 사교육을 능가하는 인적자본의 기본 모형으로 받아들이도록 국민을 설득한다. 이렇게 공교육과 사교육을 가르고 공교육을 교육의 기준 축으로 삼아 다른 교육과 구별하는 것이 바로 후진적인 인적자본 개발전략의 한 속성이다. 사교육, 공교육, 민간교육, 형식교육, 비형식교육, 평생교육, 지역사회 교육, 대안교육 등 어떤 개념으로 교육활동을 지칭하든 간에 인적자본의 기틀이 되는 한 모든 활동이 교육자본의 토대이자 방법이 된다. 그것 간의 질적 차이를 가르고 그것에 대해 편견을 드러내는 일은 교육자본의 약화를 가져오는 일이며 교육자본의 장에 긴장과 갈등을 초래하는 일일 뿐이다.

지역사회에서의 교육자본과 인적자본, 그리고 교육적 자본의 통합에 대한 필요성은 바로 '사이의 미학' 혹은 '경계의 교육', 말하자면 '경계의 배움학' 이라는 새로운 문화적 패러다임의 출현으로 더욱더 분명해지고 있다. '경계의 배움학' 은 공교육과 사교육 간의 경계를 허무는 것에서 시작된다. 이는 공교육의 벽을 허무는 인위적인 파괴가 아니라 지식경제사회가 요구하고 있는 자연스러운 요구다. 그동안 지역사회는 공교육과 사교육, 학교교육과 그 외의 것들의 차이를 구별함으로써 학교교육을 교육의 타당성과 절대성을 판단하는 표준으로 내세우고, 그 이외의 학습환경이나 교육환경을 주변적인 것, 부수적인 것, 이차적인 것, 학교교육에 기생하며 살아갈 수밖에 없는 학교 보조적인 환경으로 간주해 왔다. 이러한 관점은 지식경제사회에서 더 이상 유효하지 않다. 인간의 삶에 유용한 지식과 지혜는 그렇게 학교와 학교가 아닌 것 간의 경계나 구획 속에서 만들어지는 것이 아니기 때문이다.

지식경제사회에서 요구되고 있는 공교육 해체현상은 교육자본화를 이해하기 위한 '사이의 배움학' 이라는 새로운 패러다임의 출현을 불가피하게 만들었다. 인간의 배움을 위해서는 그 배움이 개인의 자아실현을 돕고 사회발전의 가능성을 촉진하는 것에서 일탈하지 않는 한 그 어떤 배움의 현장이나 활동도 상관없다는 경계해체의 배움학이 지식경제사회에서 인적자원 개발을 위한 새로운 교육의 패러다임으로 자리를 잡기 시작했다.

'사이의 배움학' 은 이렇게 등장한다. 지역에 따라 다소 편차가 있기는 하지만, 사교육기관을 대표하는 학원은 이제 더 이상 주먹구구식으로 운영되지 않는다. 교육산업도 마찬가지다. 차별적인 경영전략과 한발 앞선 교육 프로그램 없이는 생존할 수 없기에 학원업계나 학습 서비스업계는 일반 대기업 못지않은 경영 능력과 전략을 가지고 있다. 학원들이 보여 주고 있는 한발 앞선 경영과 교육 서비스에는 오히려 학교가 배워야 할 것이 더 많다. 사교육자들은 사교육을 죽이면 공교육이 살아날 것 같은 착각과 유혹 자체가 한국교육을 죽이는 일이라면서 오히려 공교육론자들을 비판한다. 사교육은 누른다고 해서 눌러지는 것도 아니고, 사교육이 줄어든다고 해서 공교육이 살아나는 것도 아니라는 것이다. 그래서 공교육이니 사교육이니 구별하면서 인위적인 울타리와 경계를 짓는 시대는 더 이상 유효하지 않다는 것이다. 공교육의 존재 이유와 정당성 이상으로 사교육기관의 존재 가치와 기능들이 인적자본과 사회자본을 개발하기 위한 교육자본의 요소로 투입되고 있기 때문이다. 사교육기관, 사교육환경, 공교육기관, 공교육환경 모두가 한국의 인적자원 개발을 위한 교육활동이기에 이들의 새로운 활용도 국가적인 책무에 속한다는 것이 그들이 주장하는 경계 해체의 배움론에 배어 있다.[14]

인간의 교육이나 배움은 어디에서든 일어나는 것이며, 그렇게 작동할 때 비로소 누구에게나 인적자본 개발을 위한 교육자본으로서의 효용성이 높아진다. 어떤 교육활동이든 모든 이를 위한 교육자본으로 쓰일 수 있는 것이라면 용어의 차이에 관계없이 교육자본의 기능이 100% 발휘되도록 만들어야 한다. 공교육과 사교육이라는 개념의 차이는 권력공간의 경계를 말하는 것이지 교육자본으로서 질이 좋고 나쁨을 말하는 것이 아니다. 공교육이 사교육보다 우선한다고 하는 것, 다시 말해 사교육이라는 교육자본이 공교육이라는 교육자본에 비해 질이 낮다고 하는 것은 행정편의상 혹은 정치권력의 유지를 위한 정치적 게임일 뿐이다. 또는 교육학자들이 학문적 연구를 위해 만들어 낸 개념적 분류에 지나지 않는다.[15]

물론 교육활동이 모든 이를 위한 교육으로 쓰이게 함으로써 교육자본을 활용하고 총량을 늘린다고 해도 바로 인적자본에 직접적인 효과를 줄 수 있는 것은 아니다. 교육자본과 인적자본 간의 직접적인 인과관계가 아무런 조건 없이 성립되는 것이 아니기 때문이다. '교육자본이 곧 인적자본의 원인이다.' 는 식으로 교육자본과 인적자본 간의 인과관계에 관한 주장을 하기 위해서는 교육자본과 인적자본을 중간에서 적절하게 매개해 주는 장치가 있어야 한다. 그런 매개체가 결여되어 있으면 아무리 교육자본이 좋더라도, 아무리 교육자본의 총량이 풍부하더라도 인적자본의 질이 그에 걸맞게 좋아지기만 한다고 볼 수는 없다. 이는 마치 원자폭탄이 있다고 해도, 우라늄에 핵분열을 시킬 수 있는 기폭장치가 작동하지 않으면 그 원자폭탄은 터지지 않는 고철에 지나지 않는 이치와 흡사하다.

아무리 수력발전을 위한 수차가 있고 댐에 풍부한 양의 물이 고여 있다고 하더라도 수차에 설치되어 있는 발전기가 제 기능을 발휘하지 못하면 전기를 생산할 수 없는 것과 마찬가지다. 원자폭탄이 터지기 위해서는 기폭제가 필요하고, 수력발전에서 전기를 생산하기 위해서는 수차에 달린 터빈이 필요하다. 이런 것들은 원자폭탄의 핵분열이나 수차의 전기 생산을 위한 매개체라고 할 수 있다. 이런 이치는 교육자본이 인적자본의 질을 높이는 과정에서도 마찬가지로 적용된다. 교육자본과 인적자본을 매개하는 요인이 바로 사회자본인데, 사회자본은 순환적으로 다시 교육자본과 인적자본의 영향을 받는다. 인적자본 개발에서 사회자본이라는 것은 개인에 대한 믿음, 제도에 대한 신뢰, 개인 능력에 대한 기대와 같은 사회심리적 요인을 일컫는다. 사회자본은 인적자본의 개발과 교육자본의 축적에 영향을 줄 수 밖에 없다.

개인적인 인적자본과 사회자본이 서로 다른 성질의 것임에는 틀림없다. 그 차이는 소유의 주체 종류, 노력의 지속성 정도, 독점 정도, 그리고 호혜의 대상이 누구며 그것의 이익이 어느 정도냐 등에 따라 분명해진다. 자본이 행위자의 관계 속에서 형성된다거나, 그 자본을 유지하는 노력이 지속적이어야 한다거나, 자본이 공공에게 귀속된다거나, 자본이 공동체 구성원 각자에게 돌아간다는 기대의 보상적인 성격이 바로 사회자본의 속성이다. 이에 반해 인적자본은 개인 당사자의 이해관계에 우선한다. 개인의 지식 및 기술 습득의 정도와 효과를 인적자본이라고 본다면, 개인이 몸담고 있는 사회적 네트워크의 기능과 효과는 사회자본이라고 볼 수 있다. 상호 활용적인 네트워크의 총화인 신뢰와 믿음 혹은 소통력은 개인이 조직이나 공동체와 같은 일정한 사회적 기관의 틀 속에서 가시적, 비가시적으로 인적자본의 축적과 역량을 촉진시킬 수 있는 사회자본이다. 그래서 인적자본과 사회자본은 상호 배타적일 수 없다. 인적자본에 대한 투자는 사회자본의 축적을 염두에 두고 발생한다. 인적자본에 대한 투자는 개인이 종사하고 있는 사회 조직과 네트워크 형성에서 개인이 쌓아 갈 수 있는 개인적인 능력과 사회적인 연결 가능성을 강화할 수 있다. 사회자본에 대한 투자 역시 개인이 인적자본을 쌓아 가는 동안 그들이 가지고 있는 사회적 연결의 그물망을 더욱더 확장시키고 그로부터 사회적 가동력을 발휘하게 하는 데 도움을 준다.

사회자본이 인적자본의 효과를 극대화하는 데 도움을 준다는 것은 우라늄의 핵분열을 활용한 원자폭탄의 위력이나 물로 만들어 내는 전기 발전의 예를 들어 설명할 수 있다. 사회자본과 인적자본 간의 관계는 원자폭탄의 제조방식과 비슷하고 전기 발전방식의 원리와 비슷하기 때문이다. 원자폭탄은 우라늄과 플루토늄 등의 원자핵 분열로 얻는 에너지를 이용한 폭탄이다. 원자폭탄은 우라늄 235, 플루토늄 239를 용기에 넣고 임계상태가 되도록 만든다. 이 기폭장치는 포신형(砲身型, gun type)과 내폭형(內爆型, implosion type)으로 나뉜다. 포신형은 원통 속에 임계량의 분열물질을 2개로 나누어 넣고, 화약의 힘으로 한쪽 분열물질을 다른 한쪽의 것에 합치게 해 임계상태가 되도록 하는 폭탄이다. 내폭형은 밀도가 성긴 해면체의 분열물질을 중심에 두고 주위에 폭약을 배치해 두었다가 폭약을 한꺼번에 폭발시켜 빠르게 압력을 가함으로써 임계상태가 되도록 만든 폭탄이다. 이 속에서 핵분열은 단순한 절차로 발생한다. 우라늄 235, 플루토늄 239와 같은 핵분열 물질의 원자핵에 중성자를 충돌시키면 원자핵에 분열반응이 일어난다. 그리고 핵분열을 일으킨 원자핵에서는 다시 2개 이상의 중성자가 튀어 나와 다른 원자핵에 충돌하는 식으로 핵분열이 일어난다. 핵분열 반응이 확대되어 나가면서 연쇄반응을 일으켜 방대한 에너지를 방출하게 된다. 핵분열의 연쇄반응을 일으키는 상태를 임계상태라 하고, 이러한 상태가 될 핵분열 물질의 양을 임계량이라고 한다.

원자폭탄에 대한 설명에 비해 원자폭탄의 제조원리는 간단하다. 우라늄이라는 자원의 고유한 성질인 핵분열의 원리를 최대한 활용하도록 우라늄과 기폭제라는 폭탄 폭발장치에 관한 아이디어가 결합된 것이 바로 원자폭탄이기 때문이다. 우라늄은 핵물리학자가 가치를 인정하기 전까지는 그저 하나의 철광석으로 남아 있을 뿐이다. 가치를 모르는 사람에게 우라늄은 단순한 돌덩어리일 뿐이다. 만일 집에 그런 돌덩어리가 굴러다닌다면 쓰레기일 뿐이다. 기폭제가 될 강철과 선, 각종 연결물질 역시 하나의 체제로 모아져서 연결되기 전까지는 재료와 부속에 불과하다.

물의 힘을 이용한 전기 생산의 경우도 마찬가지다. 수력발전이란 물의 위치에너지와 운동에너지를 이용해서 전기를 얻는 발전방식을 말한다. 즉, 흐르는 물의 위치에너지를 수차를 이용해 기계에너지로 변환한 후 다시 전기에너지로 변환하는 발전방식이다. 물이 떨어지는 힘으로 수차를 돌리면 수차의 축에 붙어 있는 발전기가 돌아가면서 전기가 발생한다. 산골짜기나 호수에서 흘러가는 물을 댐에 고이게 한 후 그 물의 힘으로 수차와 전기 터빈을 돌려 전기를 생산해 내기 전까지 그 모든 것은 결코 전기가 아니다. 전기라는 에너지가 아니라 그저 물, 돌, 흙, 쇠와 같이 세상 곳곳에 널려 있는 산발적이고 개별적인 원료들이다. 사람들의 삶에 도움이 되지 않는 한 그것들은 한낱 원료나 쓰레기로 취급받을 뿐이다. 물과 댐, 그리고 전기 터빈은 서로 아무런 연관없는 골짜기와 물, 흙과 시멘트, 철선과 같은 물질로 자연 곳곳에 방치될 뿐이다.

사람도 자원의 관점에서 보면 마찬가지다. 사람들은 누구나 나름대로 자아실현의 가능성을 가지고 있다. 무엇을 새롭게 만들어 낼 수 있는 가능성, 무엇을 독창적으로 표현해 낼 수 있는 가능성, 무엇을 유별나게 잘해 낼 수 있는 가능성 등 온갖 가능성을 각자 가지고 있다. 일부 교육심리학자들은 그런 유별나고 고유한 가능성을 드러낼 수 있는 요소를 '인간의 다중지능'이라고 부르기도 한다. 다중지능론에 따르면 인간의 능력은 음악적 지능(musical intelligence), 신체-운동적 지능(bodily-kinesthetic intelligence), 논리-수학적 지능(logical-mathematical intelligence), 언어적 지능(linguistic intelligence), 공간적 지능(spatial intelligence), 대인관계 지능

(interpersonal intelligence), 자기이해 지능(intrapersonal intelligence), 자연탐구 지능(naturalist intelligence), 실존적 지능(existential intelligence) 등으로 나눌 수 있다. 이외에도 인간의 능력은 얼마든지 있을 수 있는데, 그런 것을 또 다른 용어, 새로운 개념으로 명명할 수도 있다.

다중지능론자들은 기존의 학습심리학자들이 아이큐(IQ)라고 부르는 일반지능과 같은 단일한 능력만을 중요하게 여기지 않는다. 대신 인간이 가진 다수의 능력이 인간의 지능을 구성하며, 그 다양한 능력의 중요성은 서로가 엇비슷하고 각자적임을 강조한다. 인간의 능력에 대한 다중지능론은 기존의 지능점수가 함축하고 있는 의미보다 더 넓은 시각에서 인간의 잠재적 능력을 이해하도록 만들어 주었다는 점에서 인간의 배움에 대한 이론적 기저를 이루었다. 동시에 다중지능론은 이 세상에 태어난 사람치고 배울 수 없는 사람은 없다는 점과 어떤 능력이든 자기 나름대로의 각자적인 능력을 갖지 않은 사람은 없음을 밝혀 주었다.

교육자본화의 가능성

교육환경이나 학습활동의 자본화가 가능하려면 교육적 자본에 대한 사람들의 '학습거래'가 빈번해야 한다. 말하자면 그런 교육시설을 학습자들이 매일 활용하는 일이 활성화되어야 한다. 교육환경의 자본화 문제는 마치 청계천 복원을 통해 청계천을 자본화한 것과 마찬가지의 생각이라고 볼 수 있다. 청계천 복원은 환경 복원이기도 하지만 한편으로는 사라진 청계천의 자연성을 되살려 경제적 가치를 증대시키는 배경요소를 최대한 활용한 결과이기도 하다. 청계천의 복원은 '자연의 상품화' 혹은 '자연의 자본화'로 부를 수 있다. 자연을 시장적 질서와 거래의 영역으로 끌어들였다는 점에서 청계천의 자본화라는 말이 가능한 것처럼 사회에 산재한 모든 교육적 기능을 발휘하는 교육산업체를 시장적 질서와 거래, 그리고 그것의 교육적 역할과 기능을 극대화한다면 교육적 자본화의 가능성이 현실화될 수 있다.

지역사회 내의 모든 교육적 환경은 자본화할 수 있다. 즉, 학교나 평생학습도시, 문화센터 등 지역사회 곳곳에 있는 각종 배움공동체, 학원, 학습 클리닉과 같은 학습산업, 각양각색의 교육방송매체, 교회나 사찰의 배움 모임, 갖가지 동호회의 여가활동과 교육적 친교활동, 지역사회 운동체가 주도하고 있는 교육활동들이 교육자본으로 바뀔 수 있다. 자본화하기 위해서는 교육적 자본을 활용하는 지역주민이나 교육적 자본 간에 사회적 거래가 활성화되어야 한다. 그로부터 교육적 가치와 교육적 상품화의 가능성이 현실화되어야 한다. 이런 교육적 자본을 교육적으로 자본화하려면 그들 간의 사회적 거래의 활성화 문제를 논의하기 위한 교육적 자본에 대한 재개념화가 필요하다. 우선 알튀세(L. Althusser)가 교육적 자본을 마르크스의 자본론적 관점에서 파악했던 것처럼 그런 교육적 기제나 환경을 단순하게 이념적 국가장치로만 이해하려는 생각에서 벗어나야 한다. 알튀세 같은 신마르크스주의자들은 지역사회 곳곳에 있는 다양한 교육적 자본을 이데올로기적인 국가기구로서의 권력 통제기구로 제한해서 이해했다. 교육자본이 자본주의자의 잉여가치의 생산과 재생산을 위한 국가적 도구임을 드러내 보이기 위해서였다.

신마르크스주의자인 알튀세는 지역사회 내 교육적 자본의 한 부문인 각종 교육기관이나 환경을 이념적 국가기구로 해석하고, 그런 교육기관을 계급혁명을 위한 소도구로 간주하였을 뿐이다. 그의 계급혁명론은 각종 교육기관로 구성되는 국가기구가 끝내 계급투쟁의 목표이자 현장이라는 것을 확인하는 이론이었다. 피착취계급은 가진 자의 경제적 재생산을 위해 활용되어 왔던 각종 이념적 국가기구의 모순을 최대한 활용해서 계급 전복의 장으로 만들어야 한다는 메시지를 전하기 위해서였다. 국가기구는 내부에서 끊임없이 분출하는 갈등과 긴장을 경험할 수밖에 없는데, 그런 긴장과 갈등을 통해 피지배계급이 국가기구 내에서 유리한 전투진지를 정복하여 국가기구에 자신들의 표현수단과 기회를 최대한 발현함으로써 이념적 국가기구가 피지배계급을 위한 선전선동 수단이 되도록 만들어야 한다는 것이다.

알튀세식의 이념적 국가기구로 해석할 경우, 지역사회의 교육적 환경이나 기구들은 영원한 긴장과 갈등의 문화적 자본으로 기능하게 되어 교육적 자본의 속성을 상실하게 된다. 알튀세가 간주하였던 국가기구론에 해체가 일어난다면 국가기구의 고유 기능들, 어쩌면 그동안 질식상태에 있던 국가 이념기구들의 교육적 기능이 모든 이를 위한 새로운 문화적 활력소로 복원되어 교육자본으로 기능할 수 있을 것이다. 그렇게 하기 위해서는 국가기구들의 본래의 역할을 지니고 있는 교육적 자본들의 역할과 기능을 모든 이를 위한 자본으로 새롭게 해석할 수 있어야 한다.

이를 위해서는 우선 알튀세의 국가기구론에 붙어다니는 이데올로기를 해체해야 한다. 그가 설파한 국가기구론의 주요 부문을 이루고 있는 지역사회의 여러 교육기관들과 교육환경의 역할 및 기능을 교육적 자본과 관련하여 재해석하는 일을 시작해야 한다. 일은, 사회에 산재한 교육적 자본을 하나의 지배적 수단을 위한 국가적 장치로 국한하여 이해하는 것이 아니라, 구성원을 위한 교육적 자본의 장을 형성하여 모든 이를 위한 교육적 자본의 장으로 활용할 수 있음을 이해하는 것부터 시작해야 한다. 이러한 이해는 학교나 교회, 정당, 가족 등을 애초부터 이데올로기적 국가장치로 규정하였던 알튀세의 논의와는 다르게 해석하고, 그런 교육적 공간은 시민이 활용할 수 있는 실천의 공간임을 증명하는 일부터 시작할 수 있다.[16]

지역사회 이곳저곳에서 주민들의 배움력을 길러 줄 수 있는 교육적 환경이 국가권력을 위한 이념기구가 아닌 배움의 장으로 작동하도록 하기 위해서는 사람들 사이에 왕성한 교육적 거래가 필요하다. 이데올로기적인 국가기구가 아닌 모든 이를 위한 배움의 장으로 작동하도록 만들기 위해 지역주민과 교육적 자본 간에 사회적 거래가 활성화되어야 한다. 학교, 마을, 도시, 국가권력, 각종 민간단체의 운동, 교육산업, 다양한 학습 프로그램을 총칭하는 교육적 자본이 주민의 배움을 위해 실질적으로 작동되도록 만들어야 한다. 평생학습도시 운동에서 볼 수 있듯이, 개인의 각자적인 배움력이 끊임없이 작동되도록 하기 위해서는 교육적 자본의 활동과 학습자, 그리고 그런 교육적 자본 간의 사회적 거래가 활성화되어야 한다. 왜냐하면 장이란 개인적으로나 사회적으로나 개인의 서로 다른 사회적, 정치적, 문화적 입장이 구조화된 공간을 말하는데, 이런 장에 거래활동이 중단되면 장의 역할과 기능 역시 중지되기 때문이다.[17] 사회적 거래라는 말은 그 의미가 다층적이다. 시장사회에서 일어나는 사람들과 장 사이의 단순한 교환활동뿐만 아니라 구조의 변환까지도 포함하기 때문이다. 이런 거래는 때때로 긴장과 갈등 혹은 타협의 과정을 거치기도 하지만, 이런 긴장과 타협 자체가 참여자에게는 새로운 배움의 기회가 되기도 한다.

사회에 산재한 배움의 장에서 일어나는 사회적 거래의 양태는 다양하지만 그것을 가능하게 만드는 원칙은 하나다. 긴장과 갈등, 결속, 그리고 변형을 하나로 작동하게 만드는 통합의 원칙으로서 지행합일적인 습(習)의 원칙이 필요하다. 학교, 마을, 국가, 정부와 그들의 권력, 교회, 사찰, 학습도시, 각종 사회단체, 교육산업체, 각종 사회·정치·교육운동들로 구성할 수 있는 모든 교육적 자본은 개별적으로 구조화된 공간으로서 장을 형성한다. 교육적 자본의 장에는 교육적 자본의 장을 고수하려는 힘과 배제하려는 힘, 그리고 그것에 맞서는 긴장, 경쟁, 주도권 탈환을 위한 법칙이 작동한다. 사회적 거래와 사회적 작용의 일반적인 현상들이 있는 그대로 그 장에서도 작동한다. 기존의 이해관계를 고수하려는 기득권자의 배제논리와 어떻게든 독점을 거부하고 새롭게 점유하려는 이해관계의 긴장과 투쟁 역시 불가피하다. 그런 배제와 점유의 투쟁을 관망하려는 집단도 있겠지만, 일단 그들이 이해관계의 장에 진입하면 사람들은 순간 어느 하나의 입장을 갖게 된다. 말하자면 배제와 점유 중 한 가지 논리를 가지게 되기에 그런 논리를 개발하고 고수하려는 집단의 출현과 그들이 태도 표명과 유지를 피하기는 어렵다. 그런 태도 유지와 취향을 총칭해서 아비투스(habitus), 혹은 삶의 품(品)이라고 부른다. 아비투스는 아는 것과 행하는 것을 하나로 만드는 익히기의 원칙이다. 다시 말해, 하나의 장이 인간의 삶에서 점유와 배제의 장으로 작동하기 위해서는 장의 활동과 목표에 대해 동의해 주는 일관된 익히기 관행이 필요하다. 그 장에서 활동하려고 하는 주체들이 나름대로 각자적인 장을 가동시키는 내재적인 법칙과 목표 등에 대해 엇비슷한 인식과 인정을 드러내는 합일적인 태도와 취향, 그리고 그것의 습관화가 필요한 것이다. 교육자본의 각 장에는 그런 아비투스를 의식적으로 표출하는 사람들이 있어야 한다.[18] 그런 취향의 동일성, 합의된 태도의 동질적인 장을 학습집단이라고 부를 수도 있고, 그들이 가지는 교육자본화의 틀거리라고 부를 수 있다. 이들은 장의 주도권, 장의 활동이나 구조의 활성화를 위한 패권을 가지기 위해 서로 긴장하기도 하고 갈등하기도 한다. 이는 교육적 환경이 자본으로 머물지 않고 자본화되기 위한 참여자 간의 긴장, 경쟁 혹은 주도권 선취를 향한 노력들일 뿐이다.

교육적 자본의 장에서 일어나는 활동은 투쟁에 참여한 개인이나 제도 사이의 역학관계로 표현된다. 이 역학관계는 특정 장과 관련된 자본의 분배관계와 활성화 상태를 의미한다. 장에서 발생하는 모든 긴장이나 갈등 혹은 탈환은 해당 장의 특징을 나타내는 합법적인 활동의 독점이나 활성화를 의미한다. 그것은 특정 자본의 분배구조의 전복 혹은 보존을 통한 이해관계의 활성화로 나타나기도 한다. 또한 그것은 하나의 장에 참여한 모든 사람의 기본적인 이해관계의 공유와 그런 이해관계의 작동과도 직결된다. 이런 장의 활성화를 통해 적대관계로 감추어져 있는 객관적인 태도의 표현들, 말하자면 아비투스의 공모들은 정치적 권력 쟁취를 위한 것이라기보다는 모든 이를 위한 배움에 관계된 것이다. 그런 공모는 이해관계 당사자 사이에 명시적으로 합의된 것이라기보다는 구조화된 장에서 무의식으로 생겨난 것들이기에 그들 각자에게는 자아실현적이다. 그래서 장의 활성화에 참여하는 사람들에게서는 자신이 공모했다는 사실을 깨닫지 못하는 경우를 흔히 볼 수 있다. 참여자들은 그 장이 주관하는 활동에 참여하고 있다는 사실 때문에 자신들의 이해관계가 배움을 위한 하나의 공모된 이해관계라는 것을 알지 못한다.

1) 교육자본과 사회자본의 결합

교육자본은 직업능력 개발, 학습능력 개발, 그리고 정치적 참여능력 개발을 촉진하는 토대 요소다. 교육자본을 제대로 활용하는 사람들이 언제나 의미 있는 배움을 경험한다는 점에서 교육자본은 개인에게 배움력 증진을 위한 토대이자 조건이 된다. 교육자본의 기능이 활성화되기 위해서는 사회자본과 밀접한 연관성을 가져야 한다. 사회자본은 구성원 간의 배움과 신뢰를 매개해 주기 때문에 교육자본과 어떤 형태로든지 연계된다. 사회자본은 사람들의 만남, 배움, 그리고 새로운 인적자본의 형성을 촉진하는 상호 배움의 매개이므로 그 내면적인 기능은 교육적일 수밖에 없다. 사회자본은 사회 구성원 간의 상호 배움을 배려 · 촉진 · 공유하는 능력이며, 토대를 제공한다는 점에서 교육자본의 기능을 보완해 준다. 사회자본은 한 공동체 속에서 개인과 공동체가 배움의 활동을 통해 신뢰를 형성하기 위한 소통고리, 매개고리, 접착고리의 기능을 발휘한다. 바로 이 세 가지 기능은 배움의 기능과도 중첩된다. 사회자본의 교육적 기능은 모두 개인의 배움력 증진에 직결된다.

교육자본은 한 공동체가 가지고 있는 배움력의 가능성이 어느 정도인지를 드러내 주는 사회적 지표로 쓰일 수도 있다는 점에서 공동체의 성장과 밀접한 관계를 맺는다. 사회자본의 축적 역시 지역사회의 배움공동체 형성과 밀접한 관계가 있다. 사회자본의 형성과 축적과정은 본질적으로 '교육체증적(教育遞增的)'이다. 사회자본이 쌓일수록 사람들 간의 빈번한 만남과 배움이 가능해지고, 그로부터 더욱더 새로운 배움이 요구되며 그 배움을 서로 나누는 일이 빈번해지기 때문이다. 배움의 관점에서 사회자본의 형성과정은 교육체증적이기에 지역사회에서 적절하게 활용하는 것은 지역공동체를 배움의 공동체로 바꾸는 지름길이기도 하다.

모든 인간 사회에는 권력, 돈, 지식, 사람, 제도의 힘이나 기능과는 달리 그 작동원리가 손쉽게 드러나지 않는 힘이 있게 마련이다. 이런 힘 중에서도 사회 구성의 토대가 되는 기본적인 힘은 겉으로 드러나지 않는다고 해도 사람들이 어떻게든 그 힘에서 벗어나지 못한다. 그런 힘일수록 사람들을 한 곳으로 '이끌리게 만드는 힘' 이나 흡인력, 매력과 같이 큰 위력을 발휘한다. 매력 있는 사람이나 제도, 프로그램 같은 것은 지역사회에서 사람에게 접착력과 연결력을 발휘한다. 이 접착력과 연결력을 많이 가지고 있는 사람이나 제도 혹은 요소는 물리적 네트워킹, 인간적 네트워킹, 사회문화적 네트워킹 등의 다양한 양태로 나타난다. 예를 들어, 책, 디지털, 언론, 혹은 각종 연결망은 물리적 네트워킹에 속하며, 친구, 동료, 상사, 지역 인사는 인간적 네트워킹에 속한다. 그리고 도서관이나 문화원, 각종 동호회를 통해 얻는 연결과 접착은 사회문화적 네트워킹에 속한다. 사람들은 이런 네트워크를 필요에 따라 다양하게 활용하지만, 그중에서도 가장 위급한 상황에서 가장 먼저 접촉하게 만드는 네트워크가 바로 그 사람에게는 가장 친밀하고 활용 가능한 네트워크다. 예를 들어, 보통 급하게 돈을 빌려야 할 때 사람들은 가장 먼저 도움을 청할 사람으로 부모나 친구를 찾는데,[19] 이 경우 그가 의지하는 것은 인간적인 네트워킹으로 그의 삶에서 중요한 사회자본의 기능을 발휘한다.

사회자본이 사람들에게 우편배달부 같은 매개고리가 될 때, 비로소 사람들 간의 빈번한 교통과 소통이 가능해진다. 예를 들어, 미국에서는 기업들이 프레드(Fred)라는 평범한 우편배달부 한 사람에게 열광하고 있다. 각 기업은 '프레드상' 을 제정하여 직원들에게 그를 본받으라는 듯이 활용하고 있다. 여기에는 사연이 있다. 보통 우편배달부들은 우편물을 배달하지만 그는 믿음을 배달한 것이다. 프레드는 우편물을 통해 각 가정에 믿음이 무엇인지를 전달해 왔기에 다른 우편배달부와는 달랐다. 그는 우편물이 고객과의 인간관계를 쌓는 매개고리라고 간주하고 우편물을 배달하였다. 그는 우편물을 통해 고객에게 기쁨을 전달하였고 그 기쁨 속에는 행복과 따뜻함이 함께 전달되었다. 빈 집에 우편물이 자꾸 쌓여도 그는 다른 우편배달부들과 다르게 행동하였다. 그는 집주인을 만날 때까지 우편물을 따로 분류해 두었다가 전달해 주었다.

우편배달부 프레드는 우편배달이라는 것을 통해 인간관계의 소중함과 믿음이라는 가치를 창조해 냈다. 그가 그런 믿음을 전달하는 데에는 돈이 더 들거나 유별난 기교가 필요하지 않았다. 열정과 배려, 그리고 헌신이 있었기에 그런 인간적인 네트워크가 가능했던 것이다. '환경미화원으로 부름을 받은 사람이면 그 역시 미켈란젤로가 그림을 그리고 세익스피어가 시를 쓰듯이 거리를 청소해야 한다.'는 마틴 루터 킹 목사의 말처럼, 믿음은 그런 보잘것없는 일에서 시작된다. 남들이 다 시시하다고 여기는 일을 오랫동안 정성을 들여 해낸다면 그 일은 끝내 커다란 가치를 만들어 내기 마련이다. 배우는 사람이 되기 위해서는 오늘 당장 배우는 일을 시작해야 한다는 것과 마찬가지 이치다. 2,000년 전에 이미 소크라테스도 그렇게 말했고, 아리스토텔레스도 그렇게 행동하였다. 그들은 그것을 선으로, 덕으로 불렀으며, 그것을 가능하게 해 주는 것을 헥시스(hexis)라고 보았다. 평범한 것에서 의미를 찾아내어 열정적으로 수행하다 보면 옛날에 생각해 보지도 못했던 엄청난 가치가 만들어지듯이, 사회자본은 사람들을 서로 이어 주는 평범한 연결과 믿음에서 만들어진다.

2) 교육자본의 확장과 일상화

지역사회가 배움이라는 활동이 주도적으로 전개되는 공간이기에 이들의 활동은 지역사회의 평생학습활동이라고 볼 수 있다. 지역사회의 배움공동체가 수행하는 교육활동은 사회변화에 대처하기 위한 자구책들이다. 말하자면 지역공동체 중심의 평생학습활동이나 프로그램을 만들어 내는 일, 지역공동체 중심의 거버넌스를 구축하는 일들이 바로 그런 것들이다. 평생교육 프로그램과 지역공동체의 배움망이 제대로 작동될 때, 지역공동체는 지속 가능한 공동체, 개인의 배움력을 증진시키는 희망의 배움공동체로 변화될 수 있다. 개인의 배움력을 계속 증진시킬 수 있는 공동체란 지역주민을 위해 여러 가지 교육적 자본을 만들어 내는 교육적 공간을 지칭한다. 지역사회에서 요구되는 교육적 프로그램은, 첫째 지역주민에게 일자리를 제공할 수 있고, 둘째 지역주민에게 자긍심을 심어 줄 수 있으며, 셋째 지역공동체 주민의 민원을 적극적으로 해결해 주고, 넷째 지역주민에게 개인복지를 보장해 주며, 마지막으로 지역주민 개개인의 배움력을 증진시킬 수 있는 각종 교육 프로그램을 포함한다.

인류문화의 발달과정을 살펴보면 배움을 위한 지역의 공동체는 고대 아테네의 아고라(agora)나 로마의 포름(forum)처럼 하나의 국가공동체로 통합되어 있었다. 이런 것을 보면 지역공동체가 지니는 '배움기능'에 대해 기존 교육학자들이 가지고 있는 편견에 대한 교정이 불가피하다. 지역공동체가 배움의 기능을 발휘한다고 해서 단순하게 그것을 '학교'라는 제도로 이해해서는 곤란하기 때문이다. 이런 입장을 견지하고 있는 교육자 중 한 사람이 이반 일리히(Ivan Illich)인데, 그는 사회를 학교로 비유하였지만 그의 논지는 지역공동체를 학교공동체로 만들어야 한다는 일반론을 의미하지 않는다. 그의 주장은 지역공동체의 학습을 완성해야 한다는 식의 주장을 펴는 학습주의론자들의 학습도구론과도 다르다. 왜냐하면 학습주의론자들은 학습이라는 말을 내걸면서 그 토대가 교육의 본질이라고 이야기하고 있으나, 그러한 논리는 끝내 학교교육의 관점 속에서 맴돌게 되기 때문이다. 이러한 점은 인력개발론자, 지역공동체론자, 평생학습주의자들이 주장하는 학습주의론과도 다를 것이 하나도 없다.

일리히가 사회를 학교로 빗댄 것은 지역공동체가 학교기관처럼 제도적이 되어야 한다는 것이 아니라, 이제는 사회가 학교에서 하던 것을 무기력하게 만들고 있기 때문에 사회가 바로 배움의 터전이 되어야 함을 의미한 것이다. 사회가 모든 이를 위한 배움의 터전과 사회자본의 토양이 될 때 인간은 더 이상 학교교육이라는 질곡으로 신음하지 않게 된다는 뜻이다. 일리히는 지역공동체를 학교로 비유하였기에 그렇게 말할 수밖에 없었다. 그래서 사회가 학교라고 주장하는 그의 수사학적 진의를 단순히 학교교육의 완성에 대한 열망으로 이해하면 곤란하다. 적절한 용어가 부족하여 지역의 배움공동체를 큰 의미에서 하나의 학교 틀로 바라보았더라도, 그 핵심은 '배움'과 '나눔', 그리고 '참여'에 있는 것을 밝힌 것이다. 사회를 통해 표출되는 배움이 바로 삶의 표현이라는 것이 그의 핵심이었다. 지역공동체의 의미를 학교교육 같은 것으로 축소시키는 것은 지역공동체의 풍부한 자연적 기능을 인위적으로 축소하는 것과 같다. 지역공동체는 삶이자 배움이며, 개인의 배움력을 실천하기 위한 삶의 품격이자 '아비투스' 이기도 하다. 그것은 고대 그리스인들에게 아고라와 같은 지역공동체가 배움의 매개이자 과정이며 산출물이었던 것과 똑같은 논리일 수 있다.

사회나 공동체가 바로 배움의 터가 될 수밖에 없는 것은 사람들이 자신의 삶의 중심과 가장 가까운 것에서 가장 많이, 그리고 가장 잘 배우기 때문이다. 인간은 무엇보다 보고 질문하고 생각하고 선택하고 행동하는 배움의 동물이기에 최대한 자유롭게 마음껏 보고 질문하고 생각하고 선택하고 행동할 수 있는 배움의 분위기가 필요하다. 지역공동체는 바로 그런 배움의 분위기를 만들어 주는 연결의 고리, 매개의 고리, 소통의 고리가 진열되는 배움의 공간이다. 이런 배움의 사회를 만드는 것이야말로 우리 시대에 '가장 사회적이고 정치적인 과업일 뿐만 아니라 가장 교육적인 과업' 이라는 것이 인간의 배움과 그것의 가능성에 대한 배움학자들의 한결같은 열린 입장이다. 이는 바로 고대 그리스 사회의 철학자이며 사상가들이었던 소크라테스나 그와는 논리가 달랐던 프로타고라스와 아리스토텔레스 같은 안드라고구스(andragogus)에게 각인되었던 생각의 현대적 표현들이다.

교육자본의 사회적 기능은 가정교육에서도 그대로 나타난다. 가족 내 사회자본은 '사회구조 내에 위치한 가족 내 부모-자녀 간의 관계를 통하여 자녀의 학업성취에 긍정적인 영향을 끼치는 역동적인 힘' 으로 나타난다.[20] 이런 역동적인 힘에는 부모의 인적자본, 교육적 관심, 대화 및 지원, 부모-자녀 간의 상호작용 및 학생교육에 대한 부모의 개입, 부모의 교육적 기대, 가족 구성원 간의 친밀감과 소통 같은 것이 개입되게 마련이다.

자녀들의 학업성취에 도움이 되는 유형, 무형의 자원으로써 작동하는 가족 내의 교육자본은 열거하기 어려울 정도로 수없이 많다. 그중에는 가정의 사회경제적 지위, 자녀에 대한 부모의 심리적 지원이나 인간관계, 교육적 지원이 중요하다. 자녀에게 좋은 교육, 의미 있는 교육, 자녀들의 사회적 성공을 위해 필요하다고 판단되는 모든 교육환경은 그들에게 도움이 된다. 그렇게 본다면 각종 학원교육 프로그램 같은 민간교육이나 사교육활동, 그것을 위한 사회심리적이며 경제적인 지원활동 모두가 가족 내 교육자본 형성을 위한 요인이 된다. 그동안 자녀의 학업성취에 큰 영향을 끼치는 것 중 하나가 학원과외 같은 사교육이라는 것이 정설이었지만, 그것은 늘 학교교육의 그늘 속에 가려져 왔다.[21] 가족 내 교육자본과 사회자본이 자녀들의 사회적, 직업적 성취에 강한 영향을 주고 있다는 점은 여러 형태의 조사연구에서도 확인되고 있었지만 공인된 적이 없었다. 예를 들어, 한국노동연구원의 7차 한국노동 패널 조사(2,463명)를 재해석한 것도 그중의 하나다. 이 조사에서는 부모의 직업이 아들의 직업에 큰 영향을 미치는 것으로 나타났다.[22] 바로 이러한 점은 가족에게 쌓인 사회자본이 자녀들의 미래에 긍정적으로 작동하고 있음을 보여 주는 사회적 증거 중 하나다. 이 조사에 따르면 상급 정신근로자 아버지를 둔 아들은 하급 육체근로자 아버지를 둔 경우보다 상급 정신근로자가 될 확률이 3.62배나 높았다. 하급 정신근로자의 아들이 아버지와 같은 계층으로 편입될 확률은 상급 정신근로자 아버지를 둔 아들이 하급 육체근로자가 될 확률보다 2배 이상이나 높았다.

이런 가족 내 사회자본의 축적과 형성은 인위적인 것이라기보다는 인간의 삶살이, 특히 자녀교육을 위해 부모들이 쌓아 가는 자연스러운 사회적 현상에 속한다. 자녀의 교육을 지원하고자 하는 어머니의 교육열은 교육자본 축적의 이해를 돕는 전형적인 사례다. 이것은 자녀교육을 위한 교육자본의 형성활동인 동시에 어머니들 간의 믿음을 다지는 사회자본의 축적과정이기도 하다. 교육자본을 쌓아가는 동안 만들어지는 어머니들 간의 사회적 연결망은 자녀의 교육자본 형성과정에서 사회계층적으로 서로를 경계하게 만들기도 한다. 동시에 서로가 서로에게 도움을 주는 식으로 연결되어 경우에 따라서는 그들의 배타적인 사회적 연결이 교육자본 형성의 불평등으로 이어지기도 한다. 자녀들의 교육지원을 위한 어머니들의 모임은 일반적으로 '끼리끼리' 공유하는 면대면 정보교환 조직으로 구성되는 현상이 자연스럽게 나타나기 때문이다. 아파트에 사는 엄마들끼리나 주택에 사는 엄마들끼리 만들거나 자녀가 같은 학원에 다닐 경우 자연스럽게 만들어지는 자녀교육 지원조직들이 대표적인 예라고 하겠다. 자녀교육 지원조직들이 이렇게 사적으로 가동되기 때문에 사교육활동을 하지 않는 부모는 자녀교육열이 상대적으로 낮은 것으로 인지되거나 교육열을 위한 사회자본 축적이 낮은 집단으로 간주되기도 한다. 실제로 자녀교육 지원조직에 속하지 못할 경우 자녀들은 친구들의 서클에서 소외되거나 배제되는 느낌을 갖는 것도 사실이다.[23] 학부모들 간의 믿음이나 기대감 같은 것도 일방적인 소외나 일방적인 지원 방식으로 차별화되기도 한다. 이들 어머니들의 사회적 연결을 위한 정보망의 구축과정이나 작동과정은 계층에 따라 다르기까지 하다. 엇비슷한 형식의 자녀지원모임이라고 하더라도 교육지원 형태가 사회계층적으로 서로 다르다. 때로는 자녀교육의 정보를 공유하는 데 서로 배타적이고 상호 차별적인[24] 형태로 나아가기도 한다. 사회적 지위가 비슷한 학부모 조직은 주거별로 학교 선택, 전학, 이사, 과외, 학습지, 구인에 이르는 정보를 서로 다르게 공유함으로써 자녀교육 지원의 양과 질과 형태에서 경계 만들기와 구별하기로 이어지는 교육자본 형성의 차별화 기제를 만들기도 한다.

이런 점을 총체적으로 고려하면 사교육 영역의 확대가 교육자본 축적의 긍정적인 모습을 보여 주는 것만은 아님을 알 수 있다. 그래서 사교육비의 사회적 부작용 문제를 교육자본 형성의 한 기능으로 간주하거나 사교육이 가지고 있는 기능 또는 효과와 같은 것으로 혼동하는 일은 교육자본의 본질이 무엇인지를 이해하는 데 어려움을 줄 수도 있다. 그렇지만 이런 사적 교육자본의 토대 없이는 그 어떤 인적자원의 질적 향상이나 국가 경쟁력 등은 크게 기대할 수 없다는 점만큼은 무시할 수 없다.

3) 교육자본의 토대 구축

사회자본의 교육적 효능은 지역공동체의 활성화에서 찾을 수 있다. 실제로 교육자본과 연결된 사회자본은 우선 사회 구성원 서로에 대한 믿음을 높여 주며 정보공유를 통한 학습활동을 촉진시킨다. 둘째, 고객과의 관계에 믿음과 협동정신을 높이고 업무처리에 드는 비용을 최소화함으로써 상호 배움의 효과를 극대화한다. 셋째, 조직 내의 갈등과 긴장을 줄여 주고 고용 및 훈련에 드는 비용을 최소화함으로써 조직경영의 합리화를 촉진시킨다. 넷째, 조직의 안정성과 서로에 대한 이해를 통해 조직원의 결합력을 촉진함으로써 학습조직 형성과 평생교육의 사회자본적 효과를 경험하게 만든다. 마지막으로 조직의 분화와 세계화에 효율적으로 대처하기 위해 상호 배움의 사회자본 구축과 활용을 위한 학습조직활동의 중요성을 감지하게 해 준다.

지역공동체는 공동체의 유대의식을 가지고 상호 교류하며 생활하는 인간 집단이며, 지역을 단위로 이루어진 사회이기에 주민 상호 간의 협력과 배움은 불가피하다.[25] 공동체는 사람들이 자신의 이익뿐 아니라 공동의 이익까지 최대화하기 위해 함께 모이는 자연스러운 과정이며 구조이기에 더욱더 그렇다. 원래 공동체라는 말은 '동료애(fellowship)' 를 뜻하는데, 이는 '서로 함께' 라는 의미가 합성된 용어로서 지리적 개념뿐만 아니라 사람도 포함하는 인적 네트워크의 개념이다.

지역공동체를 구성하기 위해서는 다음의 네 가지 중요한 요인이 작용해야 한다. 첫째, 공동체는 사람을 포함하고 있어야 한다. 둘째, 공동체는 장소 또는 지리적 영역이다. 공동체는 지역주민이 공동체에서 생활하는 기초를 제공하기 때문에 더 큰 사회와 긴밀한 연계를 가져야 한다. 셋째, 공동체는 사회적 상호작용에 근거한다. 사회적 상호작용은 사람들의 상호관계에 의존하는 것으로 기업체, 학교, 경찰서, 소방서, 산업체, 은행, 병원, 지방정부와 같은 집합적 조직체를 통해 이루어진다. 공동체의 행동력은 주민들이 위협상황에 대처하려 할 때 드러나며, 주민들의 상호작용과 행동으로 이어진다. 넷째, 공동체에 대한 공동의 애착심과 심리적 유대감이 공동체 작동에서 중요하다. 주민들은 일상생활에 필요한 재화와 용역의 구매, 공공서비스, 레크리에이션, 취업 및 사회화를 위하여 특정 지역에 의존한다. 지역공동체는 주민들이 필요할 때 서로 모이고 단결을 도모하면서 서로가 지역에 동질감을 느끼고 변화에 영향을 주는 공간이다. 그래서 '공동체란 자신들이 거주하고 있는 장소와 서로에 대해 하나 또는 그 이상의 심리적 유대감을 가지고 사회적 상호작용에 관여하면서 지리적으로 경계가 있는 지역에 살고 있는 사람' 으로 정의되기도 한다.

지역공동체는 지역공동체의 지식, 사회지식을 발생시키고 축적하며 활용하는 교육의 장이자 배움의 공간이다. 지역주민들이 공동체의 지식을 축적하고 활용하여 그들의 삶을 의미 있게 영위하려면 두 가지 조건이 필요하다. 하나는 지역공동체가 지속되도록 만드는 데 활용되는 공동체지식의 주체가 바로 지역주민이라는 것에 대한 확인이다. 주민은 각자가 자아실현을 위한 학습자임을 확인하고 그에 대한 확신을 가져야 하며, 이를 통해 지역공동체라는 사회지식과 밀접한 관계를 맺어야 한다. 다른 하나는 지역공동체가 주민에게 사회지식을 생성하는 데 필요한 최적의 환경임을 주민 스스로 확신하는 일이다. 지역공동체가 주민의 배움을 최적화하는 데 도움이 되도록 주민 스스로 배움의 생태계를 유지해야 한다.

공동체의 지식은 추상적인 담론부터 정보와 통계에 이르기까지 다양한 부분을 포괄한다. 공동체지식은 단순한 자료나 정보가 아니라 공동체가 지속적인 사회로 발전하는 데 필요한 지역주민의 생활지혜 등을 일컫는다. 말하자면 바람직한 공동체는 무엇이며, 지역주민에게 바람직한 삶은 무엇인가 등을 파악하는 데 활용될 수 있는 가치 규정 같은 것이 바로 공동체지식에 속한다. 공동체지식은 각양각색의 사회 제도와 기관을 서로 묶어 주기 위한 연결고리이기도 하다. 지역주민 사이를 매개하는 인과관계에 대한 설명 등도 공동체지식에 속한다. 그래서 공동체지식은 교육자본이 형성되거나 주민에게 영향을 주기 위해 필요한 사회적 행동지침의 토대가 된다.

교육자본, 사회자본과 매개되는 공동체지식은 단순한 정보나 아이디어가 아니라 지역주민끼리 소통하게 만들어 주는 사회현실에 대한 매개체며 의식소통의 통로다. 이런 공동체지식은 어떠한 지역사회가 주민이 살아 줄 만한 공동체인지를 알려 준다. 지역공동체의 수많은 사회 제도와 기관들이 지역주민과 어떤 나눔과 섬김의 관계를 유지해야 하는지도 알려 준다. 동시에 지역사회의 교육기관들이 주민의 배움을 위해 어떠한 활동을 해야 하는지와 같은 지역공동체의 교육자본화를 위한 상생과 품앗이를 위한 지표 같은 것으로 작동한다.

공동체지식이 교육자본의 한 기능이 되려면 지역공동체에서 배움의 생태계가 보존되어야 한다. 생태학은 생태계의 공동 생존 및 성숙과 발전에 기여할 수 있는 지역공동체의 생존논리를 제공한다. 학습생태계의 핵심 주체는 지역주민인데, 이들은 지역공동체가 지속될 수 있도록 만드는 사회지식의 창출자이며 활용자다. 지역주민이 학습생태계에서 제외되면 그 어떤 배움공동체도 현실적으로 작동할 수 없다. 그러므로 지역주민이 지역공동체가 추진하는 학습 솔루션, 플랫폼, 시스템 구성에서 참여와 논의의 중심이 되어야 한다. 공동체지식, 생활지식을 담는 그릇과 형식들이 디지털 기술과 접목되어 더욱더 발전하고 있지만, 그 쓰임새가 끝내 학습자의 친화성을 거역하면 디지털의 첨단성은 인간의 배움과 무관하게 된다. 공동체지식이 지역주민과 괴리되면 그 학습생태계는 균형감각을 잃게 된다. 공동체지식을 활성화하는 배움생태계의 본질적 속성이 지역공동체에서 보존되기 위해서는 지역주민을 서로 이어 주는 학습 네트워크의 구성이 필요하다.

학습 네트워크는 학습자와 학습자, 배움과 배움, 그리고 지식과 지식 간의 연결을 의미한다. 시대적 조류와 교육공학적 기술의 발달 수준에 따라, 온라인과 오프라인의 속성과 종류에 따라 학습 네트워크도 다르게 진화되어 왔다. 포스트모던의 사회는 이런 교육공학적 매체 발달의 진화를 통한 학습매체의 네트워크와 진화를 극명하게 보여 주고 있다. 앞으로 더욱더 발달 · 진화하겠지만, 온라인 학습의 경우 '허브 사이트로서 토털 러닝 포털(total learning portal) 사이트'가 학습 네트워크의 장으로 굳어져 오면서 학습 네트워크의 새로운 형식으로 개발되고 있다. 오프라인의 경우 각종 학습시설과 사람들의 면대면 만남이 가능한 배움터가 지역사회에서 보편화되어 왔다. 지역공동체의 다양한 평생배움터가 사회지식의 생성과 확산을 촉진시켰던 학습망의 매개체였기 때문이다. 앞으로도 이들이 교육자본의 구축 안에서 발휘하게 될 다양한 학습기능은 결코 감소되지 않을 것이다.[26] 이런 첨단 학습 네트워크는 지역주민이 필요로 하는 디지털 리터러시

(literacy) 관련 사회지식이나 그것을 활용할 수 있는 데 도움이 되는 한, 학습자원을 언제 어디서든 누구나 쉽게 접속해서 다양한 학습활동을 제공하는 효과적인 수단의 기능을 결코 상실하지 않을 것이다.

물론 이런 학습 도구나 수단의 진화가 자동적으로 인간의 배움을 촉진시키는 것은 아니다. 배움의 주체는 개인이고 개인이 자신의 배움력을 증진하기 위해 교육자본을 축적해 나가는 것이기 때문에 그런 학습매체는 언제나 학습자의 배움을 위한 보조장치로 존재할 뿐이다. 그들은 배움의 주체가 아닌 보조물일 뿐이다. 교육자본이 지역사회의 배움공동체와 개인의 배움력 증진에 도움이 되기 위해서는 몇 가지 원칙이 필요하다. 즉, 지역 배움공동체의 프로그램과 교육활동의 '통합화', 지역 학습시설의 '표준화', 그리고 지역학습활동의 '지역화' 라는 세 가지 원칙이[27] 지역사회에서 교육자본의 토대 구축을 위해 일관되게 지켜져야 한다.

4) 교육자본의 촉진과 유통

교육자본의 토대는 지역주민 간에 일어나는 문화적, 교육적, 정치적 소통의 결과로 형성되기 시작한다. 지역주민이 서로의 언어적인 의사소통이나 마음을 읽어 낼 수 있도록 도와주는 의식소통의 질과 양이 사회자본을 형성하기 위한 정신적 토대를 이룬다. 그런 의사소통과 의식소통이 가능해야 사람들 간에 보다 강력한 신뢰와 믿음, 그리고 나눔과 즐김, 배움이 가능하기 때문이다. 배움의 나눔이 결여되면 교육의 양극화가 나타나게 된다. 이를 막기 위해서는 주민 간의 의식소통을 활성화하는 학습수단이 필요하다. 그것을 도와줄 수 있는 프로그램들이 바로 취약계층을 위한 교육 프로그램이나 여성교육 프로그램 혹은 직업능력 개발 프로그램 등이다. 그런 교육 프로그램들이 지역공동체에서 개발되기 위해서는 주민들을 교육적 신뢰와 믿음으로 이어 줄 교육자본의 실제적인 촉진과 유통을 가능하게 하는 기제도 필요하다. 사회자본의 축적을 위한 도구로 많은 지역사회에서 구축되고 있는 '지역학습통화' 와 사람들 나름대로 지니고 있는 개인적인 배움에 대한 아비투스 혹은 삶살이를 상징하는 '품(品)' 같은 것이 바로 그러한 기제다. 품이라는 개념은 존재하는 물건이라는 뜻도 있지만 '마신다', '먹어 본다', '길들여진다' 는 뜻도 가지고 있기에 헥시스나 아비투스를 상징하는 단어이기도 하다.

지역학습통화는 주민들 간의 배움을 촉진시키고 나누게 하는 수단으로서 지역사회가 임의적으로 발행한 지역사회의 화폐를 일컫는다. 즉, 국가가 발행하는 통화와는 달리 지역에서 유통되는 유사화폐 단위로, 지역주민의 교육활동을 위해 지역 내에서만 쓸 수 있게 만들며 지역주민 간의 신뢰와 믿음의 증표가 된다. 지역공동체 구성원 간에 신뢰가 없으면 그런 신용의 지역통화의 발행이나 유통은 이루어지기 어렵다.

배움과 삶의 품은 지역주민 각자가 가지고 있는 배움에 대한 기질이나 성향, 습관 같은 것이다.[28] 마치 아침에 해가 뜨면 모든 식물이 해를 향하듯, 배움을 향한 사람의 열망과 그에 대한 각자의 고유한 기질을 지칭하는 것이 바로 인간이 가지고 있는 배움에 대한 품이다. 품은 아리스토텔레스의 헥시스를 현대적 의미로 바꾸어 놓은 번역어이자 조어다. 헥시스라는 말은 많은 우여곡절을 거쳐 지금에 이르러서는 습관이라고 번역되는 아비투스로 귀착되었다.

지역학습통화 같은 것이 지역공동체 안에서 사회자본과 교육자본을 형성하는 데 활용될 수 있는 구체적인 매개체라고 한다면, 배움에 대한 각자의 품이나 습관은 사회자본을 개인의 자본으로 만들어 내는 능력과 정신을 의미하는 개인적 테크놀로지(self technology)라고 부를 수 있다. 품과 학습통화 같은 개인의 습관이나 수단만이 사회자본이나 교육자본을 형성하기 위한 유일한 방법은 아니다. 교육자본을 형성하는 데 주축이 되는 '개인적 테크놀로지' 의 핵심 구성요소가 배움을 향한 사람의 각자적인 성향이고 그것을 공동체에서 의도적으로 형성하는 데 도움을 주는 방법이 지역학습통화가 될 수 있다는 점에서, 품과 지역학습통화에 대한 이해는 사회자본과 교육자본 간의 상관성과 형성을 위해 필수적이다.

사회자본의 개발이나 인적자본의 개발을 교육자본과 통합하려는 노력은 지역사회마다 조금씩 다르지만, 평생학습도시운동이나 품앗이운동 등을 통해 하나둘씩 본격화되고 있다. 일부 지역에서는 사회자본과 인적자본, 그리고 교육자본 간의 통합적 개발이 현대적 품앗이운동과 더불어 추진되기도 한다. 예를 들자면, 전문적인 지식을 교환하는 '지식 품앗이', 삼삼오오 짝을 지어 도움을 주고받는 '생활편의형 품앗이', 심지어 아침에 잠을 깨워 주는 '모닝콜 품앗이', 골프가 대중화되면서 번갈아가며 부킹을 책임지거나 공동구매한 회원권을 교환해 가며 활용하는 '부킹 품앗이' 등이 그 예다.[29] 이런 배움의 품앗이들은 지역사회 주민들의 상생과 협동적인 삶을 촉진하는 교육자본의 네트워크이기도 하다.

미주

1 이 책은 인간의 배움을 목적으로 하는 여러 가지 학습활동이 교육자본의 축적을 위한 수단이며 토대라는 것을 보여 주기 위한 하나의 이론적인 시도다. 이 책에서 다루는 교육자본의 토대요소에 관한 단상이나 관점은 그동안 학회나 학술모임에서 주제발표 혹은 논문들로 다룬 것들을 수정 · 보완한 것이다. 그간 발표하였던 학술적인 논문들이 이 책에서는 교육자본화에 관한 이론으로 재구성되었다. 또 이 책에서는 교육산업활동에서 특수교육을 위한 평생교육활동에 이르기까지 광범한 범위의 교육활동을 교육자본화의 한 요소로 간주하였다. 그런 다음 그 부문에서 전개되는 학습활동을 인간의 배움이라는 관점에서 공간적 요소, 관계적 요소, 활동적 요소로 갈라 놓은 후, 그것과 관련된 교육적 쟁점을 배움학이라는 새로운 관점에서 교육자본으로 이론화하려고 노력하였다. 이 책은 교육자본의 개별적 요소를 여러 부문으로 나누어 논의하기는 하지만, 교육자본에 관련된 실천적인 방법이나 기술개발 혹은 프로그램의 개발 등은 시도하지는 않았다. 대신 공간으로서의 교육자본, 관계로서의 교육자본, 활동으로서의 교육자본이 전개되고 있는 인간의 배움현상을 자유롭게 서술하면서, 그것들이 함의하고 있는 각각의 교육자본적 양태를 인간의 배움이라는 관점에서 보다 교육의 자본으로 받아들이도록 노력하였다. 그런 맥락 속에서 제1장에서는 교육자본화의 의미를 이해할 수 있도록 사회자본의 속성을 인간의 배움의 관점으로 설명하였다. 제1장은 전반적인 이해를 도와주는 얼개가 되는데, '신뢰' 라는 주제가 논의의 핵심이 되는 사회자본의 형성이 교육자본과 매우 밀접한 관계를 맺고 있음이 서술되어 있다. 국가권력이든 개인이든 그 어떤 교육자본을 형성해 가는 과정에서 신뢰라는 접촉제가 결여되면 교육자본의 축적은 더 이상 진행되기 어렵다. 그런 점에서 교육자본이나 인적자본의 형성 역시 지역사회 곳곳에 산재한 교육적 환경과 활동들을 통해 신뢰와 믿음을 모아 간다는 점에서 그것들은 끝내 사회자본을 쌓

아 가는 교육적인 과정일 수밖에 없다. 그래서 그것을 이해하기 위한 첫 번째 과제로서 사회자본에 대한 이론화를 제1장에서 시도하였다. 이어 각 장에서는 주제별로 교육자본화의 가능성을 여러 부문에서 다양한 관점으로 논의하였다. 이 책 역시 수많은 분의 격려와 지원으로 이루어졌다. 그들은 늘 나의 지적 호기심이나 새로운 학문적 가지치기가 이론적으로 가능하며, 동시에 그런 이론적 진화가 한국 교육의 발전을 위해 매우 당연하다는 것을 격려해 주었다. 이번에도 그들의 격려로 교육적 자본에 대한 나 나름대로의 이론화를 할 수 있었다. 지적 호기심이 하나의 작품이 되도록 재정적으로나 정신적으로나 지원을 아끼지 않은 대교의 송자 총장님과 강영중 회장님에게 감사드린다. 그분들의 지원이 없었더라면 이 책의 아이디어는 그 어딘가에 사장된 채 잠자고 있었을 것이다. 또한 서로 나아가는 학문의 이 길 저 길과 앞뒤에서 끊임없이 자극을 통해 지적인 작업에 도움을 준 학문의 친구이자 동료들인 배움의 동지들에게 감사한다. 그들 모두는 배움이라는 것은 언제든 나 홀로, 그리고 더불어 하는 것이라는 것을 느끼게 해 주었다. 그중에서도 이관춘 박사, 이명준 박사, 한상길 박사, 박원희 박사, 이준학 박사, 이해성 박사, 백일우 박사, 박순용 박사, 차동춘 박사, 이규민 박사, 황금중 박사, 최운실 박사, 허정무 박사, 김진한 박사, 김정일 박사, 박복선 박사, 강학중 박사, 신정철 박사, 김복순 박사, 김응래 박사, 조진 박사, 이로미 박사, 유은영 박사, 김선희 박사, 남승희 박사, 차갑부 박사, 권두승 박사, 조아미 박사, 서정화 박사, 윤정일 박사, 박인종 박사에게 감사를 전한다. 더불어 배움학의 이론화에 일가견을 갖고 있는 김성길, 조해경, 민선향 박사, 배움학의 사회학적 이론화에 남다른 열성을 보이고 있는 최항석 박사, 인간의 배움을 인적자원 개발의 현장에서 실천적으로 구축하려고 노력하고 있는 장원섭 박사는 모두 인간의 배움이 결코 사변적이거나 헛된 것이 아니라는 것을 교육이론의 연구와 실천을 통해 확실하게 드러내 보이고 있다. 그들 모두가 나에게 학문적으로 빚지는 법을 알려 주었으며, 그것을 어떻게 갚아야 하는지도 함께 알려 주고 있는 배움의 선도적인 학자들이다. 그동안 학문적으로 늘 부족하기만 하던 나를 격려해 준 고마운 분들도 한두 분이 아니다. 정범모 명예교수님, 김인회 명예교수님, 오인탁 명예교수님, 이종성 명예교수님, 문용린 교수님, 이천수 총장님, 정창영 총장님이 바로 그들이었다. 학문 권역의 밖에서는 이정균 회장을 비롯한 변재용, 편도욱, 하영호, 엄홍식, 원종남, 전학열, 박상진, 황태홍, 김영호, 유태동, 윤태경, 배화진, 김정호 사장들이 보여 준 호의에도 깊은 감사를 전한다. 여러 가지 궂은 일을 마다하지 않고 늘 옆에서 도와주면서 학자의 길로 나아가고 있는 대학원생들에게도 늘 빚을 지고 있다. 특별히 맞춤법상의 오탈자와 참고문헌 표기법 등 원고에서 미진한 것들을 새로 변경된 미심리학회(APA) 편집규정에 따라 하나도 빠짐없이 바로 잡아 준 박신영 양을 비롯해서 여러 가지 지적인 작업을 도와준 김가영, 한진상, 이승준, 신범철, 김사훈, 김정환 군에게는 더 큰 감사와 격려의 말을 함께 전한다.

2 참고: 곽호성(2006. 7. 27). 왜 이리 사는 것이 힘들까?

3 사회보험은 사회보장정책의 주요 수단으로서 근로자나 그 가족을 상해, 질병, 노령, 실업, 사망 등의 위협에서 보호하기 위하여 실시하는 것이다. 사회보험은 국가가 보험제도를 활용하

여 법에 따라 강제성을 띠고 시행하는 제도로, 크게 노동능력의 상실에 대비한 산업재해보험, 건강보험, 노동기회의 상실에 대비한 연금보험, 실업보험으로 구분할 수 있다. 사회보험은 개인보험처럼 자유의사로 가입하는 것이 아니며 보험료도 개인, 기업, 국가가 서로 분담하는 것이 원칙이다. 보험료의 계산에서도 위험의 정도보다 소득에 비례하는 사회보험은 국가가 보험제도를 활용하여 법에 따른 강제성을 띠고 시행함으로써 소득의 재분배 기능을 가진다. 한국에서는 산업재해보험과 건강보험을 실시하고 있으며, 국민연금제도는 1988년 1월부터, 실업보험은 1995년 7월부터 시행되고 있다. 의료보험제도는 사회보험의 한 분야로서 상병(傷病)을 보험사고(保險事故)로 하는 제도를 총칭하는 말이다[참고: 네이버 백과사전].

4 사회과학자들이 관여적(pertinent)이라는 개념을 사용할 때는 일반적으로 어떤 과학분과에서 해당 관심대상을 연구하기 위해 학자들이 취하고 있는 특정한 관점을 의미한다. 예를 들어, 나무를 연구하기 위한 문학적 관여성, 회화적 관여성, 통계적 관여성, 과학적 관여성 같은 입장이 그런 것인데, 이때의 관여적이라는 말은 연구자 스스로 어떤 연구대상에 대해 나름대로의 확실한 관점을 취한다는 것을 의미한다. 똑같은 한 그루 나무를 앞에 놓고 어떤 관찰자는 나무의 거창함과 잎새의 품격에 주목할 것이지만, 어떤 관찰자는 줄기의 빠드득 하는 소리와 잎새의 살랑거림에 더 많은 관심을 기울일 것이다. 또 어떤 관찰자는 수학적인 정확성을 꾀할 것이고, 어떤 관찰자는 각 기관의 특징적인 형태를 지적할 것이다. 이러한 모든 기술은 관찰자의 논리적인 일관성만 있고 그 스스로 일정한 어떤 관점을 취했다면 그 나름대로 받아들일 수 있게 된다. 어떤 관점이 채택되기만 하면 그 연구현상에서 관여적인 어떤 특징은 면밀히 고찰되어야 하지만 다른 특징, 말하자면 비관여적(non-pertinent) 특징은 배제되어야 한다. 매일 통나무를 켜는 목수의 관점에서 볼 때는 나무 잎새의 빛깔이나 형태는 비관여적이라는 것이 분명할 것이다. 화가의 관점에서 볼 때는 나무의 열량은 전혀 관여적이지 않을 것이다. 모든 학문은 독자적인 관점을 먼저 채택할 것을 전제로 하기에, 관여적이라는 말은 그 학문의 성격을 결정해 주는 주요 지표가 된다. 수학에서 관여적인 것은 숫자뿐이고, 기하에서 관여적인 것은 형태뿐이다. 열량 측정법에서 관여적인 것은 온도뿐이다. 이런 관점에서 보면 교육문제에서도 학문적 속성과 관점에 따라 사회학자들은 사회자본이라는 이름 아래 '신뢰' 라는 개념만이 관여적이 될 것이고, 인력개발학자들은 '능력' 이 관여적이 될 것이다. 그리고 '배움' 이라는 개념은 배움학을 연구하는 전문가들의 학문에 관여적이 될 것이다[참고: Fages, J. B. (1981). 구조주의의 이해(역)].

5 용이함 혹은 쉬움이라는 말을 지칭하는 라틴어 'facilitas' 는 인간의 능력을 말하는 'facultas' 에서 유래되었다. 중세 사람들은 인간의 작용력이 작용에 도달할 때까지의 용이함을 바로 인간의 능력이라고 보았다. 그래서 읽는 능력을 가지고 있다는 말은 다양한 종류의 책에 대한 독서의 용이함을 말하는 것이며, 연구능력이 있다는 말은 그 어떤 연구문제 상황에 놓이더라도 연구문제의 설정, 연구설계, 연구방법, 그리고 글쓰기에 어려움을 겪지 않는 것을 말한다.

6 국가의 경쟁력 제고를 교육의 핵심과제로 삼고 있는 서구의 사회과학자들 역시 교육자본의

속성을 '학교' 교육의 결과물 정도로 이해하고 있을 뿐이다. 그들은 국가의 정치적, 경제적, 사회적, 문화적 삶에 영향을 끼치는 기술과 지식의 총량('educational capital' : the reservoir of knowledge and skills that is nation's greatest asset or the store of nation's high-level knowledge and skills, which affects every contour of political, economic, social, and cultural life)으로 한 국가의 교육자본 수준을 파악해 왔다. 이런 태도는 교육자본을 교육기관이나 졸업자의 능력 정도로 파악하려는 협소한 입장에 지나지 않는다.

7 배움학과 그것이 말하는 배움이 무엇인지 더 잘 이해하기 위해서는 『학습학(學習學)』을 참고하기 바란다. 이 책은 인간이 원초적으로 가지고 있는 배움력과 그 논의를 가능하게 하는 이론적 틀을 만들어 내려는 시도이자 노력이다[참고: 한준상(2001b). 학습학].

8 열역학(熱力學)에는 제1법칙과 제2법칙이 있는데, 열역학 제1법칙을 흔히 '에너지 보존법칙' 이라고 한다. 이 법칙에 따르면 에너지는 창조되거나 소멸되지 않고 단지 다른 형태로 바뀌기만 한다. 열역학 제2법칙은 조금 다르다. 이 세상의 어떤 에너지든 다른 것으로 변환될 때 자유롭게 변환될 수 있지만, 변환될 때마다 에너지가 가지고 있던 능력인 가능성은 예외없이 사라진다. 이때 가능성이 사라지는 에너지, 새로운 일로 변환시킬 수 없는 에너지가 곧 엔트로피다. 에너지를 변환시킬 때마다 엔트로피가 발생한다. 그 결과 엔트로피의 총량은 증가하며 에너지의 가치는 점점 줄어든다. 이 열역학 제1, 제2법칙에 따르면, 이 세상과 이 우주에 있는 전체 에너지의 양은 일정하더라도 그 힘의 변형이 일어나면 엔트로피의 증가는 불가피하게 되고, 그로부터 에너지의 가치는 점점 줄어들게 된다. 예를 들어, 자동차는 휘발유를 태워서 움직이는 기계다. 자동차에서 휘발유가 연소되는 과정은 단순하다. 자동차가 소비하는 휘발유의 에너지 총량에는 변화가 없다. 그 대신 태워진 휘발유는 탄산가스, 물, 그 밖의 기체 등으로 변환된다. 공기 속으로 흩어져 버릴 것은 공기 속으로 흩어지고 땅으로 스며들 것은 땅으로 스며든다. 자동차가 일단 소비한 휘발유의 힘은 다시 쓸 수 없다. 이미 태워 버린 휘발유의 에너지를 새롭게 복원시켜 다시 태울 수 없는 것이다. 또 이미 태워 버린 휘발유의 힘을 이용하여 자동차를 앞으로 나아가게 할 수 없다. 이때 이미 써 버린 에너지, 활용이 가능하지 않은 에너지, 다시는 쓸 수 없는 상태의 에너지를 엔트로피라고 한다.

9 참고: Bourdieu, P. (2005). 구별짓기(역).

10 신경경제학(神經經濟學)은 사람들이 어떤 작업을 하기 위해 협동하기 시작할 때 서로에게 요구되는 신뢰 같은 것이 인간의 뇌 안에서 어떻게 생기고 작동하는지에 관련된 생리적 메커니즘을 탐색하는 새로운 학문 분야다. 이인식(2006)은 신경경제학의 가능성과 실용성을 재미있는 예를 들어 가며 설명하고 있다.

신경경제학을 연구하는 미국의 폴 자크 교수는 인체에서 신뢰와 관련된 화학물질은 오로지 한 종류뿐이며 그것이 바로 옥시토신(oxytocin)이라고 주장한다. 옥시토신은 뇌의 시상하부에서 합성되어 뇌하수체를 통해 혈류로 방출되는 호르몬이다. 이 호르몬은 여자가 아기를 낳을 때 자궁을 수축시켜 태아의 분만을 쉽게 해 준다. 또한 아기의 울음소리가 들리면 어머니의 몸에서 옥시토신이 분비되기 시작하는데, 그 결과 젖꼭지가 꼿꼿이 서게 되어 당장 젖을 먹일 채비를 하게 된다. 말하자면 옥시토신은 출산과 수유 등 모성애와 직결된 호르몬이다. ……자크 교수는 이처럼 사랑과 유대감을 안겨 주는 호르몬인 옥시토신이 신뢰행동을 일으키는 화학물질이라고 주장해 경제학계의 주목을 받았다. 만일 시상하부, 곧 원시적인 뇌에서 합성되는 옥시토신이 신뢰행동에 관련된 유일한 호르몬이라면, 경제 주체가 완전한 합리성을 갖고 있다고 전제하는 신고전파 경제학은 도전을 받게 된다. 다시 말해, 자크 교수는 인간의 신뢰행동이 이성에 따라 의식적으로 결정되는 것이 아니라 정서에 따라 무의식적으로 유발된다고 주장한 셈이다. 자크 교수는 자신의 이론이 국가경제에 적용되기를 희망한다. 미국의 미래정치학자인 프랜시스 후쿠야마가 저서 『트러스트(Trust)』에서 말한 것처럼, 신뢰는 한 나라의 경제적 번영에 가장 강력한 영향을 끼치는 문화적 덕목이기 때문이다. 서로 믿지 못하는 사회일수록 개인이나 기업이 경제활동에 소극적이므로 국가경제가 침체될 수밖에 없는 것이다. 사회의 신뢰 수준은 나라마다 크게 차이가 난다. 특히, 신뢰가 한계 수준인 30%를 밑도는 나라는 빈곤의 수렁에서 빠져나오기가 쉽지 않다. 자크 교수는 나라의 정책 입안자들이 사회의 신뢰 수준을 끌어올리는 방법으로 옥시토신 이론을 활용할 것을 권유한다. ……자크 교수의 주장을 신뢰하든 안하든 그것은 전적으로 독자 여러분의 자유일 테지만…… [참고: 이인식(2006. 6. 6). 부부 성교 잦아야 '신뢰 사회' 된다].

11 일본에서는 이런 학교복합화 시설을 교육자본으로 만들어 내는 정책이 주류가 되고 있다(최동규, 2006).

"얼마 전 출장차 방문한 일본 지바현 이치가와 시에 위치한 제7중학교. 1층에는 지역 맞벌이 엄마들이 아이를 맡길 수 있는 보육원이 있었고, 4~5층에는 지역 노인이 모여 다양한 여가활동을 즐길 노인요양시설(care house)이 있었다. 일본의 임대형 민자사업(Build Transfer Lease: BTL)의 일환으로 민간업체가 학교 부지 위에 노인요양시설, 문화공간, 보육시설 등의 시설을 효율적으로 건설해 지역주민의 접근성을 높이고 편의를 제공하는 대표적인 학교복합화 시설, 요즘 말로 '멀티플렉스' 학교다. 특히, 저출산으로 아이가 하나뿐인 가족에게 보육원은 가장 참여하고 싶어 하는 프로그램으로 환영받고 있다고 한다. 멀티플렉스 학교는 저출산과 고령화가 사회경제적 핵심 키워드로 부상한 우리나라에도 시사하는 바가 크다. 국내에서도 2005년부터 민간자본을 이용하여 교육환경을 개선하기 위한 정책을 발표하면서 학교복합화 시설을 중심으로 한 BTL이 본격적으로 진행되고 있다. 최근 서울 금호초등학교는 국내 BTL의 첫 대상학교로 선정되어 1층에 문화센터를 만들고, 실내체육관은 방과 후 주민에 개방하는 등 새로운 변신을 꾀하고 있다" [참고: 최동규(2006. 7. 3). '멀티플렉스' 학교가 필요하다].

12 앨빈 토플러(2006)는 세계가 직면하고 있는 위기상황을 속도 충돌의 결과로 간주한다. 경제발전의 속도를 사회제도나 정책 등이 보조하지 못하기 때문에 생기는 지체현상이 발전과 성장의 흐름을 저해한다. 예를 들어, 기업은 시속 100마일의 속도로 혁신에 혁신을 거듭하고 있지만 정부와 관료조직, 정책과 법 제도는 30마일도 안 되는 속도로 거북이 걸음을 걷

고 있기에 상호 충돌은 불가피하다. 부를 생성하는 또 다른 요인이 공간적 이동문제인데 이것은 인류 역사가 증명한다. 역사적 관점에서 아시아가 가지고 있던 부의 주도권(발달된 기술)이 산업혁명이라는 변혁으로 유럽으로 넘어갔으며, 제2차 세계대전으로 말미암아 미국으로 옮겨 갔고, 지식혁명이라는 제3물결과 함께 그 흐름이 다시 아시아로 움직이고 있다는 것이 그의 견해다. 개개인이 영향을 받고 미치는 공간이 이전과는 비교할 수 없을 만큼 넓어지고 있기 때문에 더 이상 지역적인 경제 파워로는 승부를 낼 수 없으며, 그런 견지에서 진행되고 있는 세계화의 재편성과 우주공간을 향한 도약과 활용이 부 창출 면에서 혁명적 전환을 가져올 것이라고 단언한다. 이어 토플러는 지식이 자본주의의 존립 기반인 공급의 유한성을 뛰어넘는다고 강조한다[참고:Toffler, A., & Toffler, H. (2006). 부의 미래(역)].

13 이런 신뢰 잔고의 사례를 한 평론기자는 우스갯소리를 들어 가며 지식인에 빗대어 소개하고 있다. 그는 마이너스 신뢰 잔고가 교육권력자뿐만 아니라 지식인이 보여 주는 오버액션 속에서 오히려 더 잘 발견된다고 고발하고 있다(이규연, 2006).

"북경오리를 맨손으로 때려잡고 떡볶이를 철근같이 씹어 먹으며 달리는 마을버스 2-1에서 뛰어내린 나는……." 얼마 전 KBS 개그콘서트 '제3세계' 코너에서 '육봉달' 이라는 우스꽝스러운 인물이 늘 내뱉는 말이다. '오버' 멘트가 나올 때면 우리 집 아이들은 자지러지게 웃곤 한다. 재능 있는 배우의 과장 연기는 사람들에게 한바탕 웃음을 준다. 멘트나 몸짓을 보며 논리적으로 틀렸다고 따질 이는 거의 없다. 코믹 프로의 오버액션은 누구나 예측하기 때문이다. 오버액션은 경우에 따라 강력한 설득의 수단이 된다. 심리학자들은 어머니의 과장된 손짓과 음성이 아기에게 훌륭한 교재가 된다고 한다. 독재자 히틀러의 과장된 몸짓과 말투가 강력한 지도력의 원천 중 하나였다는 연구가 있다. 황우석 박사의 사례도 그랬다. 정치인과 경제인에게 식상하던 무렵 화려한 말솜씨와 확신에 찬 몸짓의 과학자가 대중 앞에 나타났다. 그는 '우리는 '월화수목금금금' 으로 이어지는 달력에 따라 연구한다.', '6~7개 문 가운데 4개를 한꺼번에 열었다.', '(생명윤리학자의 지적에 대해) 남대문에 가 보지 않은 사람이 남대문을 묘사한 것' 등 확신에 찬 말을 했다. 권총에서 뿜어져 나온 탄환이 표적에 명중되듯, 어머니와 독재자의 '오버' 가 아기와 국민의 가슴에 강력한 메시지로 꽂히듯, 황 박사의 단정적인 표현은 그를 털끝만큼도 검증할 필요가 없는 영웅으로 만드는 데 기여하였다. 이처럼 사회와 그 구성원의 이성이 무뎌져 있을 때 권력자와 지식인의 오버액션은 일종의 카리스마로 작용할 수 있다. 하지만 일반적인 상황에서 과장은 '불신의 기호' 로 작용한다. 사회조사를 해 보면 '오버' 를 자주 하는 직업군일수록 신뢰도가 떨어지는 추세가 보인다. 지난해 한국종합사회조사에 따르면, 높은 신뢰도 기관은 학계(1위), 의료계(2위), 대법원(3위)이었고, 낮은 신뢰도 기관은 국회 부처, 청와대, 노조 등이었다. "사람들은 대개 대화할 때 과장된 몸짓을 하거나 '틀림없다' 등을 연발하는 상대를 믿지 않는다."는 심리연구 결과가 있다. 일단 흠집이 나면 카리스마의 오버액션은 불신의 기호로 돌변하기 십상이다. 논문 조작 파문 이후 '확신한다', '대한민국의 기술' 같은 황 박사의 말투에 많은 사람이 거부감을 보인 것도 이 때문이다. 지식인의 '오버' 는 신뢰도만 떨어뜨리는 게 아니다.

황 박사의 현란한 수사는 난치병 환자들에게 깊고 큰 절망을 안겨 주었다. 신경세포가 마비되는 루게릭병 환자, 박승일(농구인) 씨는 최근 자신의 홈페이지에 이런 글을 남겼다. "코와 입에서 가래와 침이 화산 폭발하듯 뿜어져 흐른다. 얼마 전까지 이런 고통은 문제가 되지 않았지만 그런 희망을 빼앗긴 지금 고통은 두 배가 되고……." 과장된 희망이 사라졌을 때 절망은 과장된 만큼 커질 수밖에 없음을 지식인이라면 명심해야 한다. 며칠 전 유시민 의원이 보건복지부 장관에 내정되었다. 의원선서를 하는 자리에 라운드 티셔츠에 면바지 차림으로 나타난 그였다. 또 공격적인 제스처와 거침없는 그의 말투는 끊임없이 논란의 대상이 되어 왔다. 이런 '오버' 에 대해 '소신이 있다' 는 평가도 없지 않지만 '믿음직스럽지 못하다' 는 시각이 우세했다. 계층, 직종 간 이해관계가 얽혀 있는 복지행정의 수장(首長)은 국민과 공무원에게서 신뢰를 받지 않고서는 제대로 유지하기 어려운 자리다. 그가 어떤 장관의 모습을 보여 줄지는 모르겠지만 '오버' 를 하면 업무조정력을 확보하기는 어려울 것이다. '개콘' 의 육봉달이면 몰라도 지식인은 오버액션을 삼가야 마땅하다[참고: 이규연(2006. 1. 8). 지식인의 오버액션].

14 참고: 박경실(편)(2006). 이름 있는 학원들의 학원 경영 이야기.

15 예를 들어, 정부기관인 통계청은 교육에 관한 표준산업을 크게 초 · 중등 공교육과 이에 대해 대립형 분류인 사교육 학원, 독립 · 보완형 사교육 학원으로 나누어 놓고 있다. 이런 분류는 어디까지나 교육자본의 질을 가르는 절대 기준이 아니라, 그것들의 속성을 단순히 나누는 임의적인 분류일 뿐이다. 어쨌거나 그들의 교육표준산업 분류표에 따르면 초 · 중등 공교육은 첫째 분류인 초등학교(분류번호 80120)로 대표되는 초등교육기관(8012)으로 분류되기 시작한다. 두 번째 큰 분류인 일반 중등교육기관(8021)은 중학교(80211)와 일반 고등학교(80212)로 다시 더 작게 분류되는데, 인문계고교, 과학고, 종합고, 방송통신고, 외국어고, 예술고, 체육고 등이 있다. 세 번째 부류인 기술 및 직업 중등교육기관(8022)은 상업 및 정보산업 고등학교(80221), 공업고등학교(80222), 기타 기술 및 직업 고등학교(80229)로 분류된다. 농업고 · 수산고 · 해양고 등이 기타 기술 및 직업 고등학교에 포함된다. 다음으로 대립형 사교육 학원은 기타 교육기관(809)으로 분류되는데, 이는 다시 일반 입시학원(80931)과 방문 및 통신 교육학원(80933)으로 분류된다. 일반 입시학원에는 입시학원, 고시학원, 일반교과교습소, 속셈학원 등이 포함되고, 방문 및 통신 교육학원에는 방문교육, 학습지활용 방문교육, 통신 이용교육, 인터넷 이용교육 등이 포함된다. 마지막으로 독립 · 보완형 사교육 학원 역시 기타 교육기관(809)으로 분류된다. 그리고 이는 다시 컴퓨터 학원(80911), 언어학원(80932), 예술학원(80992), 그 외 기타 분류의 교육기관(80999)으로 나뉜다. 음악, 미술, 무용, 연기, 예술, 입시, 모델 학원 등은 예술학원에, 속독, 웅변, 체육 전문강사 교육, 체육입시 학원 등은 그 외 기타 분류의 교육기관에 속한다.

16 이 점을 부르디외는 『구별짓기』에서 다음과 같이 강조하고 있다.

장과 기구의 차이는 혁명 속에서 잘 나타난다. 사람들은 근본적으로 새로운 사회질서를 획득하기 위해 정부기구를 점령하고 주요 조직의 프로그램을 바꾸는 것으로 충분한 것처럼 행동하지만, 실상 정치의 의지는 그 정치적 의도가 왜곡되고 역전될 수 있을 정도로 대단히 복잡한 세계인 사회의 여러 장의 논리를 고려해야 한다. 다시 말해 피지배자들이 투사나 군인이 되어 버린 조직체와 관련될 때만 바라는 결과를 얻으리라고 확신할 수가 있기에 정치적 행위에서 기구는 사람들이 비정상적인 것으로 간주할 수 있는 장의 어떤 상태를 말하는 것이다[참고: Bourdieu, P. (2005). 구별짓기(역)].

17 부르디외가 학교제도, 정부, 교회, 정당 등을 기구가 아닌 장으로 보고 있다는 점은 알튀세(1977, 1971)가 '이데올로기적 국가장치'로 간주하는 것과 이론적으로나 이념적으로 다르다. 장을 지배하는 사람들은 자신에게 이익이 되도록 그 장을 작동시킬 수 있는 수단을 가지고 있는 주체들인데, 그들은 하나의 장에서 발생하고 있는 이해관계나 특별한 이익을 차지하기 위해 그 장을 구성하는 규칙에 따라 투쟁관계를 조절한다. 실천이 끊임없이 진행되고 작동되면 장은 장으로서 활성화되지만, 장에서 이런 기능이 폐기되거나 이해관계 당사자들의 이해관계로 그 장이 굳어지면 그 장은 장이 아닌 기구로서 기능하게 된다. 특정 이해관계 당사자들이 다른 이해관계 당사자들의 이해관계를 완전하게 진압하고 그들의 저항과 반발을 무마시킬 수 있는 수단과 권력을 장악하면, 그 장은 더 이상 서로 다른 이해관계를 표출시키는 장의 활성화가 아니라 특정 이해 관계자들의 권력행사를 위한 국가기구가 된다. 자본이 자본화되어 있는 상태가 아니라 누군가의 독점자본으로 굳어져 버리는 상태가 됨으로써 더 이상 모든 이를 위한 자본으로 전환될 수 없다. 특정 이해관계자들이 다른 이해관계자들의 지배 아래 놓이거나 그것을 구조적으로 승인할 때 장의 구조와 활동에 관한 모든 움직임이 위에서 아래로 향하고, 장의 지배 효과가 장의 구조와 유일한 활동 원리로 강력하게 작동할 때 장은 국가 기구화된다고 볼 수 있다[참고: Althusser, L. (1971). Lenin, philosophy and other essays; Althusser, L. (1977). Politics and history].

18 아비투스는 어떤 입장에서 보면 이데올로기와 엇비슷한 개념이라고 볼 수도 있다. 두 개념 간의 차이는 마르크시스트와 비마르크시스트의 일상적인 삶에서의 차이를 보여 주는 것이기도 하다. 아비투스를 개인의 취향 안에 구조화되거나 내재화된 체계로 이해하는 것이 비마르크스주의자인 부르디외의 입장인 데 반해, 마르크스주의자인 알튀세의 의미에서 이데올로기는 개인의 외부에 존재하는 '하나의 기구 및 그 실행들 속에서 존재하는' 외부의 물질적인 체계의 일부를 의미한다. 이때 마르크시스트들은 이데올로기가 구체적인 개인을 구체적인 주체로 호명한다는 식으로 이해하는데, 이 말은 이데올로기가 개인을 주체로 전환시키는 외부의 기제이기에 타율적인 삶의 운동기제임을 말한다. 이에 비해 아비투스는 개인의 일상생활 속에서 스스로 가지는 개인의 내적 성향이나 일종의 습관화된 태도를 의미한다는 점에서 '상황'에 따라 만들어지는 자율성의 삶의 지표나 기제 같은 것이다[참고: Bourdieu, P. (2005). 구별짓기(역)].

19 여론조사 전문기관인 나우앤퓨처(Now & Future)가 전국 네티즌 1,204명을 대상으로 '납하

게 돈을 빌려야 할 때 가장 먼저 떠오르는 사람'을 조사한 결과에서도 이것은 마찬가지였다(Am7, 2005. 10. 19). 돈을 빌려 줄 사람으로 가장 많이 떠올리는 사람이 부모라는 것이다(부모님(37.4%), 친한 친구(31.1%), 형제자매(22.6%), 애인(4.0%), 직장동료나 선배(3.5%), 친지(0.8%), 이웃(0.7%) 순). 이 같은 사정은 경제적으로 자립하지 못한 10대와 20대는 물론, 부모를 모셔야 할 30, 40대도 정도의 차이만 있을 뿐 마찬가지였다. 대부분의 부모가 세상을 떠난 50대에 이르러서도 부모에 대한 의존도는 형제에 이어 2위다. 친한 친구에 이어 형제자매 등의 혈육에 대한 의존도도 높은 편이다. 이에 반해 하루 중 깨어 있는 시간의 대부분을 함께 보내는 직장동료나 선배를 떠올린다는 응답은 3.5%에 불과하다. 역시 직장은 어려움을 나눌 수 있는 공동체라기보다 살벌한 생존경쟁 터에 지나지 않는다.

20 참고: 안우환(2005). 가족 내 사회적 자본과 학업성취와의 관계.

21 참고: 김경식, 안우환(2003). 학업성취결정 요인으로서 가족의 사회적 자본 탐색; 안우환, 김경식(2005). 가족 내 사회적 자본을 통한 학부모교육열 탐구.

22 이 패널조사의 해석에 참여한 연구원들은 한국노동연구원의 7차 한국노동패널조사(2004년)에 포함된 2,463명의 직업을 상 · 하급 정신근로자, 상 · 하급 육체근로자, 농민의 5개 계층으로 나눠 부자간 계층이동을 분석하였다. 그들이 분석한 사교육비는 2001~2004년에 이루어진 노동패널 1,500가구의 사교육비 총액이었다. 분석 결과, 가구당 월평균 사교육비 지출은 2001년 월평균 26만 8,000원에서 2003년 39만 2,000원으로 꾸준히 증가하다가, 2004년 36만 9,000원으로 약간 감소한 것으로 나타났다. 이런 점을 총괄적으로 고려해서 가족 내 사회자본의 축적과 자녀의 사회적 진출 간의 관계를 논할 때, 가족 내 사회자본의 불평등이 사회적 양극화의 원인이라고 보아야 하는지에 대해서는 교육의 사회적 기능에 대한 이데올로기의 차이에 따라 그 해석의 관점이나 처방이 달라질 수밖에 없다. 이런 유형의 패널조사의 재해석에서 교육자본 형성과 사회계층 간의 상관성을 드러내 보이는 것 중의 하나는 아버지와 아들 간의 직업계층 차이가 거의 이루어지지 않는다는 점이다. 상위 직업계층일수록 부자간 세습 비율은 높았고, 상 · 하급 정신근로자의 세습 비율은 30%가 넘는 반면에 상 · 하급 육체근로자의 세습 비율은 20%대였다는 점이 그 사실을 뒷받침한다. 이 점은 가족이 자녀의 교육을 위해 개인적으로 투자하는 사교육비 분석에서 더욱더 사실로 확인된다. 즉, 사교육비의 투자에서 상 · 하위층의 격차가 커지고 있는데, 이것이 바로 가족의 사회자본 축적이 자녀들의 사교육에도 그대로 작동하고 있다는 것을 보여 주는 것이다. 예를 들어, 사교육비 지출 하위 20%의 월평균 사교육비는 2001년 7만 4,000원에서 2004년 9만 8,000원으로 2만 4,000원 정도 늘었지만, 상위 20%는 56만 8,000원에서 83만 7,000원으로 약 27만 원 늘었다. 교육비 지출의 불평등을 나타내는 지니계수도 2001년 0.37에서 2004년 0.39로 높아졌는데, 지니계수가 1에 가까울수록 불평등 정도가 심한 것으로 해석된다. 결국 이것은 이 패널조사에서 보여 준 사실, 즉 사교육비 지출 하위 20%와 상위 20% 간의 월평균 사교육비 지출 격차는 2001년 7.6배에서 2004년 8.6배로 점차 확대되는데, 이것은 경제

적 상황의 유무에 관계없이 가족 내 사회적 자본축적의 과정은 변함이 없다는 사실을 확인해 주는 것이다[참고: 동아일보, 2006년 1월 28일자].

23 참고: 박소진(2003). 한국의 교육열과 모성: 신자유주의적 변화 속에서 본 어머니들의 자녀 교육지원의 계층적 다양성.

24 이런 자녀교육의 사회자본 축적의 차별화는 1990년대를 넘으면서 점차 계급 간의 경계짓기로 더욱더 공고해지고 있다. 이제는 학교교육이 사회적 이동의 기제로 작동한다기보다는 오히려 사회적 계층의 고착기제로 작동하고 있음을 드러내 보이고 있다. 이는 사회적 양극화와 학교교육 간의 인과관계를 단순하게 설명할 수 없다는 점을 시사하기에 충분하다[참고: 최샛별(2002). 상류계층 공고화에 있어서의 상류계층 여성과 문화자본].

25 원래 공동체는 교환(exchange)이라는 뜻의 'mei', 함께(with)라는 뜻의 'kom'을 합쳐서 'kommein'이 되었다. '함께 나눈다(shared by all)'는 어원은 '고통과 이득을 모든 구성원이 함께 나누어야 한다.'고 보는 오늘날의 공동체 의미와 매우 유사하다. 랜덤하우스 영어대사전(Random House English Dictionary)에서는 공동체의 의미를 ① 문화적 · 역사적 유산을 공유하는 지역공동사회(예: 촌락공동체), ② 공동의 특질, 이익을 갖는 사람들에 의한 특수사회(예: 실업계, 예술계, 학계), ③ 계율에 따라 공동생활을 영위하는 단체(예: 수녀원 공동체), ④ 식물 또는 동물의 군집, ⑤ 공유, 공동책임, ⑥ 동일성, 유사, 일치, ⑦ 공중, 사회 등의 일곱 가지로 해석하고 있다. 공동체의 유형은 다양하다. 일반적으로 학계에서 채택하고 있는 공동체의 유형에 대한 분류는 다음과 같다(한준상, 2003).

공동체는 지역사회가 지니고 있는 역사적, 사회적, 문화적, 정치적, 경제적, 인종적, 지리적 성격에 따라 여러 종류로 나뉠 수 있다. 또한 그 지역의 특성이 아울러 가미될 수 있다. 이러한 특성을 고려하여 공동체를 크게 여덟 가지로 나눌 수 있다. ① 전통적 공동체(traditional community): 특정 지리적 장소에서 태어났기 때문에 형성된 공동체로서 지역사회 주민은 혈연, 지연, 공통의 가치관, 공통의 종교관 등으로 통합되어 있다. 규모가 작은 공동체의 경우 다른 사람의 가족문제까지도 자세히 알고 있는 경우가 많다. 이 전통적 공동체에서는 개인들의 문제가 집단의 문제로 인식되기도 한다. 도시화 이전의 농촌부락이 전형적인 예다. ② 결속적 공동체(solidarity community): 전통적 공동체와 비슷하지만 전통적 공동체에 비해 개인이 다른 사람들의 삶에 미치는 영향이 약하다는 면에서 조금 차이가 있다. 국적, 종교, 언어, 인종 등의 공통유산을 가진 사람들이 특정 지역에 함께 남기를 원할 때 이루어진다. 보통 이웃에 거주하며 살게 되고, 그 구성원들은 스스로 그 집단에 속한 것으로 인식하며 그 집단에 대하여 충성심을 느낀다. 전통적 공동체보다 정의적 연계의 정도는 낮은 편이다. ③ 근린집단(neighborhood): 동일 지역의 거주에 기초한 연합을 근린집단이라 한다. 종교나 인종이라는 공통적 특성에 따라 결집된 공동체가 아니라 같은 지역에 산다는 것 때문에 생기는 연대감으로 형성된 공동체다. 특정 공동체에서 함께 오래 거주했다는 것은 같은 학교를 다니거나 졸업하고, 자녀를 같은 학교에 보내고, 같은 종교시설과 같은 복지시설 등의 공동시설을 이용하였다는 것을 의미한다. 따라서 한 지역사회에서 오랫동안 같이 살아가다 보면 그들을 연계시켜 주는 공동의 문제가 있기 마련이다. 근린집단에 기초한 공동체는 전통적 공동체나 결속적 공동체처럼 강력한 애착심은 없지만 공동의 관심사에 기초한 일종의 통합성을 지니고 있다. 사람들은 거주지에 대하여 애착심을 느끼지만 보통 이사 등으로 애착심이 약해진다. 따라서 근린집단에서는 거주지에 대한 애착심이나 개인적 연대보다는 공통의 문제에 기초한 통합이 이루어진다. ④ 유한책임 공동체(community of limited liability): 유한책임 공동체는 근린집단처럼 강력한 애착심이 근원이 아니고, 단지 공통의 관심에 따라 지역사회의 결속이 생기는 것을 확대시킨 개념이다. 근린집단의 범위를 넘어 자신들에게 직접적으로 영향을 주는 주제별로 근린집단에 참여하는 연합으로 파악할 수 있으며, 시간과 사안에 따라 문제를 해결하기 위한 실제적 협동과 상호작용을 한다. ⑤ 잠재적 이익집단(latent interest groups): 실재하는 공동체가 아닌 잠재적 이익집단으로서, 문제해결을 위한 사회적 연계나 상호관계의 실재성보다는 가능성에 초점을 둔 개념이다. 잠재적 이익집단이라고 말하는 것 자체가 진정한 의미의 공동체는 아니다. 공통의 지리적 영역 없이 공통의 이익을 공유하는 주민집단이지만, 이들 주민은 공유하는 문제나 이익을 잘 알지 못할 수도 있다. 잠재적 이익집단의 구성원은 문제해결을 위한 공통의 관심을 소유하고 있다는 것 외에는 공통점이 없을 수도 있다. 예를 들면, 환경문제나 여권신장운동을 벌이는 사람들은 환경이나 여성운동 이외의 공통점은 전혀 소유하고 있지 않을 수 있다. ⑥ 네트워크(networks): 구체적 주제에 기초하여 공통의 이익을 나누고, 나누어진 이익에 기초하여 서로 연결된 사람들로 구성된다. 다시 말해, 구체적 주제에 대한 공유된 이익을 기초로 서로 연결된 사람을 의미하며, 친구, 친척, 정부기관이 포함될 수 있다. 또한 네트워크는 같은 질병, 알코올 중독에 걸린 가족의 존재 등 유사한 문제를 가지고 있는 사람들이 자신들과 같은 처지의 사람을 찾아서 형성할 수 있다. 인터넷이 발달함에 따라 네트워크의 형성이 과거 어느 때보다 용이해지면서 보다 확산되고 있으며, 많은 정보를 공유하고 힘을 형성하는 공동체라 할 수 있다. ⑦ 사회적 계급(social class): 유사한 태도, 소득, 직업의 종류, 사회적 지위 및 권력 수준 등에 기초하여 연결된 공동체다. 이론적으로 공통의 문제가 조직화의 기초가 되지만, 계층 구성원들이 문제를 인식하지 못하고 서로 접촉하지 않는다면 주제가 광범위하다는 것을 제외하고는 잠재적 이익집단과 유사하다. ⑧ 이해공동체(community of interest): 특정 이해에 기초하여 가장 견고하게 통합된 공동체다. 공통의 문제인식과 그 문제해결을 위한 공동의 행동을 통해서 확립된다. 이해공동체는 지역사회 조직화의 산물이다 [참고: 한준상 외(2003). 지역공동체문화발전론].

26 지역주민의 배움을 위해 활용되는 다양한 학습 네트워크는 지역주민의 평생학습을 위해 여러 가지 기능을 발휘한다. 즉, 학습활동 촉진기능, 학습활동 유지 및 관리 기능, 학습활동 결과 평가 등 여러 가지 기능을 발휘한다. ① 학습활동 촉진기능: 학습 네트워크의 첫 번째 기능은 디지털 리터러시 관련 학습활동을 위해 다양한 정보를 검색, 수집, 편집, 가공, 활용할 수 있도록 지원하고 촉진하는 기능이다. 이를 위해서 학습 네트워크는 디지털 리터러시 관

련 프로그램 정보, 교재 정보, 관련 시설 정보, 기관 및 단체 정보, 디지털 리터러시 관련 사이버 교육 등과 같은 정보 데이터베이스를 정보제공 시스템 자체 내에 보유하고 있거나 인접 유관기관들의 관련 정보를 연계시킬 수 있어야 한다. 이를 기반으로 전자도서관 자료 검색, 디지털 리터러시 학습 관련 정보 및 교육 프로그램 검색, 관련 기관 및 단체 검색기능을 확보할 필요가 있다. 학습 네트워크는 전통적인 교육에 대한 새로운 교육적 대안으로 부각되고 있는 사이버 교육 프로그램을 개발 또는 아웃소싱하여 학습자의 자기주도적 학습활동을 촉진시킬 필요가 있다. 학습 네트워크를 통한 디지털 리터러시 관련 학습활동의 촉진은 관련 정보를 공급자 입장에서 일방적으로 제공하는 패러다임에서 벗어나, 모든 지역사회 주민이 정보의 소비자이면서 동시에 생산자 역할을 할 수 있도록 개인적 차원은 물론 집단적 의식화를 촉진하여야 한다. 따라서 학습 네트워크는 상호 간의 무지를 깨우치고 학습활동을 방해하는 구조적 기제를 파헤쳐서 이를 극복할 수 있는 대안을 함께 마련해 나가는 것이다. 즉, 학습 네트워크는 지역사회 주민들이 활발한 학습활동을 촉진하는 매개체로서 온라인은 물론 오프라인상에서 일어나는 학습활동과도 직·간접적으로 관련된다. ② 학습활동 유지 및 관리 기능: 학습 네트워크의 두 번째 기능은 지역주민의 학습활동이 원활하게 추진될 수 있도록 디지털 리터러시와 관련된 다양한 학습활동을 체계적으로 유지하고 관리함으로써 관련 학습자원이 항상 최근의 변화 추세 및 학습자의 요구에 부응하는 학습정보제공 시스템으로 자리매김할 수 있도록 하는 기능이다. 이를 위해서는 디지털 리터러시 학습 관련 정보 및 각종 통계자료가 지속적으로 업데이트되고 그 결과를 유지하고 관리할 수 있는 정보 시스템이 필요하다. 예를 들면, 기업 차원에서 추진되고 있는 지식관리 시스템(Knowledge Management Systems: KMS)을 통해 새로운 지식을 지속적으로 수정·보완할 수 있도록 하며, 학습관리 시스템(Learning Management Systems: LMS) 또는 학습내용관리 시스템(Learning Content Management Systems: LCMS)을 통해 학습내용을 추가하거나 삭제함으로써 항상 최신의 학습자원을 제공해 줄 수 있어야 한다. 지역사회 주민들이 자체적으로 공통 학습공간을 자유롭게 만들어서 자신들이 학습한 결과를 수시로 게재하는 등 집단학습활동을 촉진시킬 수 있도록 배려해 주어야 한다. 지역사회 중심의 디지털 리터러시가 향상되기 위해서는 지역사회 주민의 자발적인 참여와 지속적인 관심을 유도할 수 있어야 할 뿐만 아니라 실제 생활에 유용한 정보를 지속적으로 수혈받아 함께 나누는 공동체 구현의 기반으로 작용할 수 있어야 한다. 이를 위해서는 인식과 관심을 한군데로 모을 수 있는 지역사회 고유의 이슈를 개발·관리할 필요가 있다. ③ 학습활동 결과 평가 기능: 학습 네트워크의 세 번째 기능은 개인별 학습활동 결과를 평가하고 그 결과를 누적·관리하여 다른 평생학습 유관 기관 및 단체에서 수행했던 학습 결과와 연계시킴으로써 지역주민의 학습활동이 지속적으로 일어날 수 있는 기반 시스템을 확보하는 기능이다. 이를 위해서는 지역주민의 학습활동을 인증할 수 있는 기준 설정과 그 방법에 대한 정부 차원의 제도적 대안 마련이 시급하다. 평생학습자로서 지역주민의 학습이력 관리, 즉 개인의 평생학습활동 결과를 누적·관리하고 그 결과를 학점은행제와 연계하여 개인의 지식 이력서 작성과 자기계발에 유용한 기반 자료를 제공해 줄 수 있는 시스템을 갖출 필요가 있다. 구체적으로 개인별 지식 이력서를 관리하여 학점은행제 등과 연계하여 개인이 평생 어떤 분야를 어느 정도 학습했는지에 대한 결과를 누적 · 관리해 준다.

27 여기서 말하는 지역학습시설의 표준화 및 통합화와 지역화는 여러 가지 활동으로 구성된다. ① 지역학습활동의 통합화: 이것은 디지털 리터러시 관련 정보 및 정보제공 서비스, 교육 프로그램, 원활한 평생학습활동을 위한 각종 상담과 지도 등 인적 · 물적 자원의 집약적 활용전략을 의미한다. 학습자가 원하는 장소에서 필요로 하는 정보와 서비스를 손쉽게 받을 수 있는 허브 사이트로서 토털 러닝 포털 사이트를 구축함으로써 학습자에게 원스톱 솔루션을 제공하는 기능을 말한다. 지역주민의 지속적인 학습활동을 지원하고 촉진하기 위해서는 지역주민이 필요한 정보를 필요로 하는 시기에 필요한 장소에서 손쉽게 접근할 수 있어야 한다. 접속의 용이성과 효율성을 제고시켜 학습활동의 효과를 극대화하기 위해서는 허브 기능을 수행할 수 있도록 디지털 리터러시와 관련된 다양한 인적 · 물적 자원을 한 곳에 통합시키는 원스톱 해결기능을 갖출 필요가 있다. ② 지역학습시설의 표준화: 학습정보 활용의 편의성 및 정보 제공기관 간의 호환성이 이루어지기 위해서는 정보제공 시스템의 표준화, 정보 가공방식 표준화, 데이터베이스 구축 및 운영방식의 표준화, 검색방식의 표준화 등이 필요하다. 이러한 표준화는 새로운 학습정보의 신속한 업데이트를 통해 새로운 정보를 제공할 수 있게 하는 기술적 기반이 된다. 이는 디지털 리터러시 관련 학습정보 제공기관 및 단체 간에 정보를 호환할 수 있는 학습 네트워크 간의 연계성을 확보하기 위한 필수적인 요소다. 학습 네트워크가 보유하고 있는 디지털 리터러시 학습 관련 정보를 공유하기 위해서는 정보를 검색하고 가공하며 분류하고 축적하는 방식이 표준화될 필요가 있다. 학습 네트워크는 학습자가 필요한 시기에 필요한 장소에서 필요한 정보를 검색하고 접근하여 학습활동을 전개할 수 있는 산재된 다양한 디지털 리터러시 유관 기관 및 단체의 연계망이다. 다양한 학습자원을 보유하고 있는 유관 단체 및 기관 간의 네트워킹 체제를 구축함으로써 시 · 공간의 한계를 초월하여 원스톱 러닝 솔루션을 제공할 수 있다. 이를 위해서는 디지털 리터러시 유관기관 및 단체에 종사하는 사람들 간의 파트너십 형성이 전제되어야 한다. 지역 내에서 작동하고 있는 중앙도서관과 지방도서관 간에 유기적인 네트워킹 체제가 확립되고, 각 기관 및 단체가 보유하고 있는 각종 데이터베이스 간의 공유도 필요하다. 이를 통해 일어나는 학습 결과의 상호 인정체제도 확립되어야 한다. ③ 지역학습활동의 지역화: 지역사회 기반의 학습 네트워크는 지역사회 주민의 학습 요구와 해당 학습자가 몸담고 있는 지역의 특성을 지닌다. 개별 학습자의 다양한 학습 요구를 충족시켜 주기 위해서 지역사회의 특수성을 반영하는 학습기반이 구축되어야 한다. 학습활동 및 학습기반의 지역화는 지역사회 자체가 가장 훌륭한 평생학습의 무대이자 평생학습 자원이라는 전제에서 가능하다. 이러한 학습활동 및 학습기반의 지역화는 평생학습도시 만들기와 평생학습마을 만들기라는 지역사회중심 평생학습의 활성화와 직결된다. 평생학습의 활성화가 가능하기 위해서는 지역사회 내에서 일어나는 학습활동이 중요한 촉발점이 된다. 사안에 따라서 다른 지역사회와의 연대 속에서 특정 학습활동이 일어날 수 있다. 중앙정부 기관과의 연계 속에서도

다양한 학습활동이 발생할 수 있다. 그래서 지역사회는 학습활동의 출발점이자 다른 지역사회 또는 중앙기관과의 학습활동을 연계하는 교두보이기도 하다[참고: 한준상 외(2003). 지역공동체문화발전론].

28 헥시스(hexis)에 대한 아리스토텔레스의 어법과는 달리, 임어당(1992)은 품을 "일정한 행동에 나타난 개인의 인격에 관한 표현의 온 범위"라고 정의한 바 있다. 말하자면 품은 '인간의 오성(悟性), 넓은 도량, 탈속(脫俗)을 존중하고, 사소한 일이나 범용(凡庸) 혹은 저열을 극복하는 정신' 같은 것을 뜻한다는 것이다. 임어당은 그런 개인의 버릇 중에서도 사회적인 가치가 높거나 격을 갖춘 속성을 품의 진수로 간주했다[참고: 임어당(1992). 생활의 발견(역)].

29 다음은 한 일간신문의 기사로 사회 이곳저곳에서 전개되고 있는 현대적 품앗이와 상부상조의 활동과 과정을 잘 보여 주고 있다.
"늘품은 삶의 의미예요." 대구시 달서구에 살고 있는 권금자 씨(51). 한쪽 손을 쓰지 못하는 그녀이지만 50평생 살면서 요즘처럼 신명나는 때가 없었단다. 그녀에게 삶의 희망을 찾아 준 것은 다름 아닌 늘품 통장. '늘품'은 대구 · 경남지역을 중심으로 급속히 퍼지고 있는 지역화폐를 말한다. 자신이 제공한 품에 대한 대가를 늘품이라는 가상화폐로 돌려받는 방식이다. 기술뿐만 아니라 시간이나 노동력이 있는 시민은 누구나 참여해 품을 적립하고 교환해 마치 돈처럼 쓸 수 있도록 한 것이다. 차곡차곡 그녀의 통장에 쌓인 늘품은 어느새 30만 품. 1,000여 명에 달하는 늘품 회원 중에서는 저축왕으로 통한다. 과천 외국어고등학교에서 영어 과목을 맡고 있는 문성희 씨(37)는 공동육아 덕에 아이 키우는 짐을 싹 덜었다. 동네 어머니들끼리 돌아가며 맡는 '품앗이 육아'를 하다가 최근에는 마음 맞는 학부모들이 모여 아예 공동조합을 결성하고 '열리는 공동육아 어린이집'이라는 어린이집을 만들었다. 조합원 숫자만 35가구에 아이들이 40명을 넘어선 중견어린이집 주주가 된 셈이다. 요즘 유행처럼 번지고 있는 현대판 품앗이의 단면들이다. 품앗이가 돌아오고 있다. 글자 그대로 '품앗이 전성시대'다. 하지만 그 유형은 눈에 띄게 달라지고 있다. 단순 노동만 교환하던 재래식 품앗이가 현대판 품앗이로 새롭게 탈바꿈하고 있어서다. 노동을 교환하는 고전적인 품앗이는 기본. 현대판 품앗이는 여기에 전문적인 지식이나 시간 등 추상적인 가치교환까지 포괄한다. 현대판 품앗이의 대표적인 유형은 품의 교환가치를 극대화한 지역화폐제도. 이 제도는 일종의 릴레이 품앗이로 보면 된다. 예컨대, 전업 주부 A씨가 맞벌이 주부 B씨의 아이를 돌봐 주고, 컴퓨터 회사에 다니는 B씨는 C씨에게 컴퓨터를 가르쳐 주는 것이다. 물론 이 과정에서 품을 제공한 A와 B씨는 지역화폐 공동체 내에서 회원들끼리만 통용되는 가상화폐를 대가로 받는다. 이 가상화폐는 통장에 적립돼 필요할 때 빼 쓸 수 있다. 대구 · 경남지역 늘품 외에도 △대전지역 중심의 한밭레츠, △경기 안양 고잔1동 '고잔품앗이', △경남 진주 상봉서동 '상봉레츠', △서울 송파구 '송파 품앗이' 등 지자체별로 조금씩 다른 지역화폐들이 만들어지고 있다. 사실 이 운동은 1983년 캐나다에서 처음 시작되고 외환위기 직전 한국으로 전파된 레츠(Local Exchange trade system)제도'에 근간을 두고 있는데, 한국에서는 전통 품앗이 문화가 녹아나면서 독특한 '한국적 레츠'로 뿌리 내리고 있다. 한국적 레츠의 대표적인 예가 동작구에서 실시하고 있는 '품앗이 뱅크'다. 지역화폐제와 유사하기는 하지만 더 나아가 '시간 교환'의 의미를 살린 방식이다. 자원봉사자에게 자신이 일한 '시간의 품'을 가상화폐로 돌려받을 수 있게 '사랑나눔 통장'을 발급한다. 자원봉사를 하는 은방아 씨(애칭)는 복지관 식사지원 배급 등으로 145시간을 봉사한 후 자녀 학습지도로 품을 되돌려받는 등 유용하게 활용하고 있다. 은씨는 '1,000시간 이상 적립된 봉사자만 200여 명에 달한다. 미리 품을 쓰면 마이너스 통장처럼 마이너스가 찍힌다.' 며 봉사도 하고 나중에 필요하면 그 대가를 돌려받을 수 있으니 일석이조라고 말했다[참고: 매일경제, 2006년 12월 22일자].

| 차 례 |

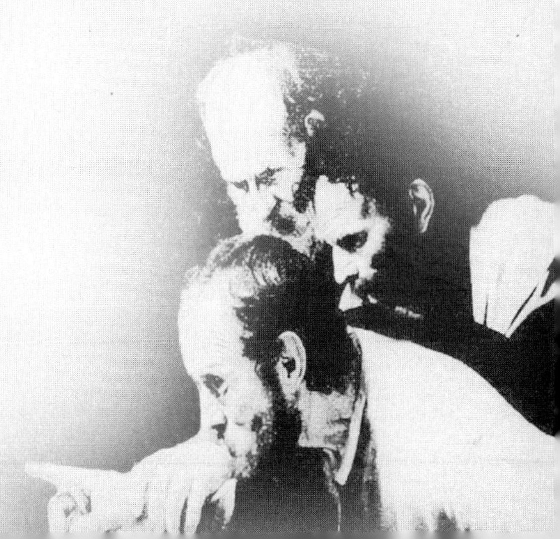

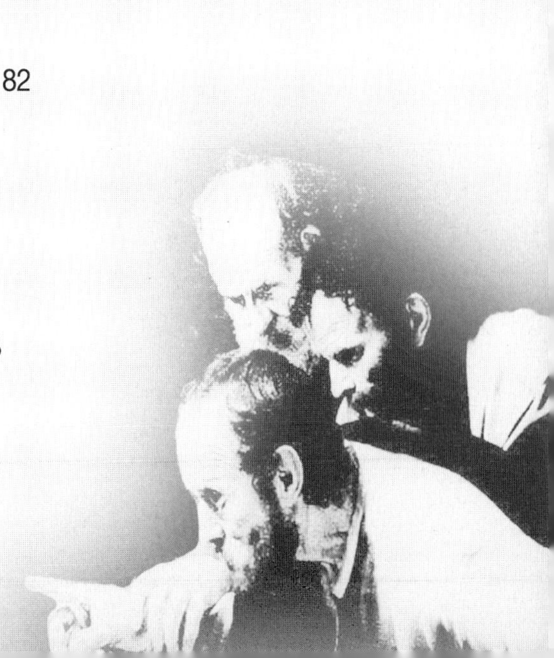

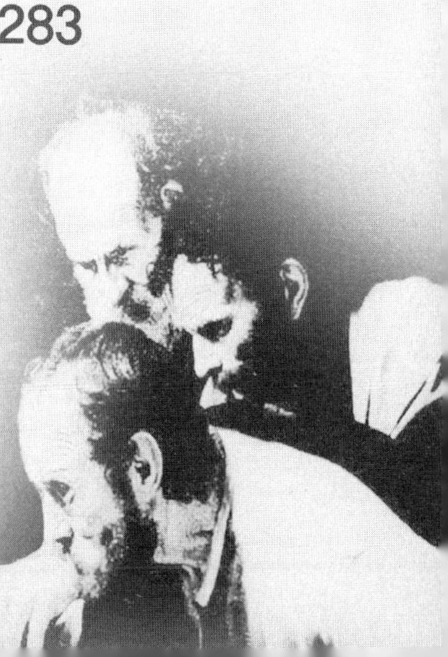

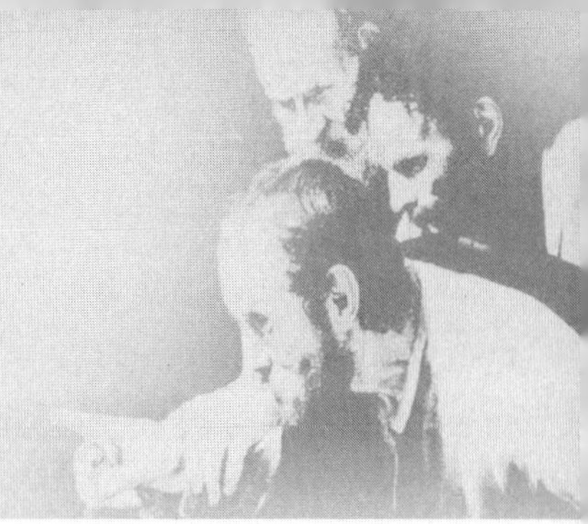

제1부 | 교육자본론의 이해

제1부에서는 사회자본의 교육화 문제와 전인교육의 자본화 문제를 다룬다.

제1장에서는 사회자본이 교육자본과 밀접한 관계를 맺고 있다는 점을 논의한다. 또한 사회자본의 형성은 지역사회에 산재하고 있는 각종 교육기관이나 교육공간과 같은 교육자본의 활용과 불가분의 연관성을 가지고 있다는 점을 다룬다. 일반적으로 사회자본은 인간 간의 믿음과 신뢰를 말하는 것인데, 이 믿음과 신뢰는 일을 생성하도록 만드는 에너지로 작동한다. 일을 만들어 가게 하는 신뢰도 그 등급에 따라 생성하는 에너지의 힘이 달라질 것이다. 자동차 연료로 쓰이는 가솔린의 열량과 등급을 결정해 주는 화학적 요소가 옥탄가(octane number)이듯이 신뢰의 등급을 결정해 주는 요소는 사람의 됨됨이다. 됨됨이를 갖추지 못하면 그 어떤 믿음이나 신뢰도 쉽사리 생기기 어렵다. 사람의 됨됨이는 개인적인 기질에 속하기도 하지만 상당 부분이 교육과 배움의 틀 속에서 길러지기에 교육자본의 질은 사회자본의 질을 결정하는 요소 중 하나이기도 하다.

이어 제2장에서는 전인교육과 교육자본 간의 상관성 문제를 논의한다. 전인교육은 삶의 교육이며 생활의 교육을 말한다. 원래 교육은 그 속성상 삶의 교육이었다. 이런 홀리스틱(holistic) 교육활동이 교육자본의 토대라는 것은 자명한 일이다. 전인교육은 사람에게 바로 떡잎교육이기 때문이며, 이를 통해 삶에 대한 모든 가능성과 일상적인 생활을 위한 도구 활용의 기능성이 현실적으로 드러나기 때문이다. 전인교육은 인력개발을 위한 질 좋은 에너지 원천이기도 하다. 그래서 제2장에서는 전인교육이 하나의 교육적 활동으로서 인적자본과 사회자본, 그리고 교육자본의 토대이자 방법임을 밝히기 위해 홀리스틱 교육에 대한 이론화를 인간의 품과 관련시켜 시도한다. 이어 홀리스틱 교육의 사회과학적 기반에 대해서도 논의한다.

홀리스틱 교육의 핵심은 생명존중, 생활친화, 배움친화성 등에 있는데, 기존의 교육학적인 이론으로는 그 본질에 접근하기가 어렵다. 이는 기존의 교육학 이론이 인간의 배움을 마치 선형적인 단순계 사회과학의 관점처럼 자극에 잇댄 반응의 상관성으로만 설명하려는 경향이 있기 때문이다. 홀리스틱 교육은 기존의 인습적인 사회과학적 처방이나 주문과는 결별할 수 있어야 한다. 즉, 홀리스틱 교육을 이론화하겠다는 사회과학적인 결단이 필요하다. 홀리스틱 교육은 배우는 동물인 인간의 배움력을 위해 만들어 가는 새로운 교육자본의 토대이기에, 인간의 배움에 대한 기존의 교육학 이론과는 사상적으로 다른 이해가 필요하다.

제 1 장

사회자본

들어가는 말

이 장에서는[1] 무엇보다도 인간의 배움력, 말하자면 직업능력, 학습능력, 그리고 정치적 참여능력의 총합체가 인적자본을 구성해 주는 일반 공통 요인임을 논의한다. 인적자본의 수단과 요소들은 인간 능력의 특수 요인인 사회자본의 형성 정도와 질에 따라 그 쓰임새가 달라진다. 인적자본의 공통 요인은 개인이 처한 문화권이나 생활권과 같은 상황적 요소의 차이에 따라 서로 다르게 나타나기 때문에 이런 것들은 개인의 처세방법, 개인의 문제해결 전략이나 방법론에 해당된다. 개인의 방법론, 테크놀로지는 개인이 자신의 삶을 완성하기 위한 선택적 도구이며, 개인이 당면하고 있는 삶의 질을 나름대로 완성하게 도와주는 개인의 지도와 엇비슷하다. 문화권마다 삶에 대한 관점이나 삶의 경로가 서로 다르기에 개인이 택할 수 있는 삶의 지도나 수단 역시 개별적이다. 결국 개인 인적자본의 공통 요인과 그런 인간 능력의 효과는 사회자본을 구성하는 특수 요인이 무엇인지에 따라 달라진다.

사회자본은 인적자본의 효과를 극대화하는 데 도움이 되는 개인의 배움력이라는 능력구조를 구성해 주는 요소 중 하나다. 인간의 배움력을 이루고 있는 능력구조 중에서도 개인의 배움을 위해 자유롭게 선택할 수 있는 개인의 학습방법론을 자아의 테크놀로지(technology of selves)라고 부른다. 이 개인의 테크놀로지는 크게 세 가지 범주로 나뉠 수 있다. 개인이 능력발휘를 위해 스스로 선택할 수 있는 '자아의 학습방법' 은 개인의 행동력, 개별적 수단 선택력, 개인적 참여력 등의 요소로 분류된다.

개인의 행동력이라는 자아의 테크놀로지는 개인이 자신의 문제를 풀어 가기 위해 취할 수 있는 자율적 행동의 범위와 수준, 그것을 해낼 수 있는 개인적 정체성의 수준 등을 의미한다. 예를 들어, 문제해결을 위한 문제파악 능력부터 문제해결 전략의 채택, 문제해결을 위한 자원 활용, 문제해결을 위한 상황 점검과 평가에 이르기까지 개인이 능동적으로 선택할 수 있는 방법과 수단의 범위 같은 것들이다.[2] 개별적 수단 선택력은 개인이 문제해결을 위해 구체적으로 선택할 수 있는 물리적인 도구와 학습방법이나 학습도구를 말한다. 말하자면 문제해결을 위해 활용할 수 있는 지식, 정보, 수리 및 논리, 리터러시 능력 같은 학습 수단이나 방법 등이다. 개인적 참여력이라는 자아의 테크놀로지는 개인이 타인과 어느 정도로 상호작용할 수 있는지, 다른 사람과 어느 정도로 공감능력을 형성할 수 있는지에 관련된 개인의 인간관계 기술의 정도와 수준을 의미한다.[3]

개인이 처한 조건과 상황에 따라 구사할 있는 개인의 학습방법과 테크놀로지가 서로 다를 수밖에 없다는 점은 교육자본의 유형에 따라 개인의 배움력이 서로 달라질 수 있음을 보여 준다. 이와 동시에 사회자본의 형성이 개인의 배움과 그것을 가능하게 만들어 주는 교육자본의 축적과 분리될 수 없음을 알려 준다. 후에 다시 논의하겠지만, 개인에게 인적자본과 사회자본의 내면화는 배움의 핵심 구성요소인 품(品)을 지칭하는 헥시스(hexis)와 인간의 버릇이나 습관과 관련된 아비투스(habitus)의 형성과 직결된다는 점에서 인간의 배움은 단순한 학습도구의 선택문제가 아님을 알려 준다. 왜냐하면 사람들 사이에 서로 배움, 서로 즐김,

서로 나눔이 가능하기 위해서는 신뢰, 정직, 단결, 개방성 같은 덕목이 필요한데,[4] 바로 이런 덕목이 사회자본의 핵심을 이루고 있으며 학습도구나 특정 학습 방법의 선택과는 무관하기 때문이다. 이런 사회자본은 기업의 생산성뿐만 아니라 공동체의 번영을 위해서 빼놓을 수 없는 핵심요소로서 인간과 인간, 인간과 조직, 조직과 조직 간을 서로 잇대어 놓게 만드는 결집요소이기도 하다.

결국 인간의 배움력과 그것의 가능성을 사회자본의 문제 및 그 형성과정과 연관시켜 이야기하는 것은 교육자본의 형성문제와 사회자본, 그리고 인간의 배움력 간의 상관성을 이야기하는 것이나 마찬가지인 셈이다. 개인이나 사회에서 교육자본의 핵심을 이루고 있는 요소가 바로 인간의 '배움력', 즉 배움의 힘인데, 이 배움의 힘은 어디서나, 언제나, 누구나, 무엇으로든 가능할 수 있기 때문이다. 인간의 배움력은 공적인 구조로 나타나든 사적인 구조로 나타나든 사회자본 형성을 위해 모두 긴요하기 때문에 공교육 못지않게 사교육 혹은 민(民)교육 모두가 사회자본의 토대를 만들어 준다. 다시 말해, 인간의 모든 배움활동과 그것을 통해 발휘되는 인간의 배움력이 사회적인 쓰임새와 제대로 연결되기만 한다면 사회자본 축적의 요소로 작동할 수 있다는 점에서 사회자본은 교육자본의 결과물이기도 한 것이다.

사회자본, 더 나아가 교육자본의 결과물이 생성되는 과정을 배움의 관점에서 논의하면 인간이 가지고 있는 배움력의 네트워크 형성과 사회 구성원을 매개하는 상호 배움력의 문제로 다시 새롭게 정의된다. 왜냐하면 교육적인 입장에서 사회자본은 사회 구성원 간의 상호 배움을 배려하는 능력의 총화이며 동시에 배움력을 극대화하기 위한 자아 테크놀로지의 활용을 말하는 것이기 때문이다. 이런 뜻에서 미시적으로 본다면 사회자본은 한 공동체 속에서 개인과 공동체가 가진 배움의 매개능력, 배움의 접착능력, 배움의 소통능력을 지칭하는 것과 같다. 평생교육활동을 통해 길러지는 사회자본의 축적은 사람과 사람, 사람과 기관, 기관과 제도를 서로 이어 주는 매개고리와 접착고리를 통한 상호 소통력, 말하자면 배움을 위한 매개, 배움을 위한 접착, 배움을 위한 소통의 정도와 수준을 의미하게 된다.[5]

즉, 사회자본은 사람과 공동체와 인간의 배움력을 떠나서는 무의미하다. 사회자본은 사람을 위한 것이기에 사람의 생활 및 삶과 무관할 수 없다. 사회자본은 그것이 형성될 수 있는 공간을 필요로 한다. 그 가장 원시적인 형태가 바로 가정이며 가족이다. 예를 들어, 아동의 성장과정에서 중요한 장이 바로 가정이고 부모를 중심으로 이루어지는 가족이다. 가정과 가족은 믿음의 공동체며 사회자본의 기초 토양이다. 이런 원시 형태의 장에서 지역사회, 국가라는 공간 확대를 통해 사회자본의 축적은 넓어진다.

가족, 학교, 친구, 그리고 지역사회에서의 믿음, 네트워크, 호혜관계가 강해지면 아동들에게 사회자본의 형성이 가정 밖에서도 가능함을 알게 해 준다. 그들은 보호받을 기회, 교육받을 수 있는 선택, 행동변화와 성장에서의 도움을 제공받을 수 있으므로 지역사회에 대한 믿음의 농도 역시 강해진다. 지역주민의 태도가 달라지고 지방자치단체와 지역주민에 대한 믿음이 생겨난다. 예를 들어, 사회자본이 풍부한 지역공동체에서는 여러 가지 긍정적인 사회작용이 나타나는데, 그 중 하나가 바로 공공질서와 민주시민 의식의 회복이다. 공공장소가 더욱더 청결해지고 사람들 간에 친절과 도움이 빈번해진다. 또한 지역사회에서 단체활동의 참여가 늘어나고 사람들 간에 상호 연결의 고리가 회복됨으로써 서로에 대한 배려가 회복되므로 범죄율도 감소된다.

사회자본의 교육적 쟁점

교육자본은 인적자본과 사회자본의 개발과 직결되어 있다. 이를 광범위하게 드러내 보여 주는 것이 배움공동체의 학습활동과 그 효과에 관한 연구다. 학교가 교육자본의 전형으로 간주되어 왔지만, 그것 못지않게 교육자본으로 작동해 온 것이 지역공동체의 가시적, 비가시적 평생학습활동이다. 일반적으로 한 지역사회에서 전개되는 주민을 위한 평생학습활동은 무엇보다도 지역주민이 배움활동에 참여하면 할수록 주민 간의 의견 수렴이 쉬워짐을 알려 주고 있다. 그 외에 지역의 학습활동이 강화되면 주민 간의 협동력도 높아지며, 지식이나 기술의 공유도 높아지는 것이 사실이다. 그로부터 실업문제를 해결하거나 건강문제와 범죄를 줄이는 데 도움이 된다. 둘째로 배움력이 높은 사람일수록 지역공동체에 대한 소속감이 높다. 즉, 사회적 네트워크 형성과 참여기술의 공유가 손쉬워진다. 셋째로 평생학습 참여율이 높은 지역사회일수록 시민의식도 높으며 지역문화의 보존이나 특화도 용이하다. 교육자본의 축적이 지역사회의 모든 곳에서 가능한 것처럼, 사회자본의 축적 역시 교육자본의 토대가 형성되는 곳이면 어디에서든지 가능하다.[6]

교육 부문에서 밝혀진 이런 연구 결과들은 교육활동과 참여가 사회자본과 불가분의 관계를 맺고 있음을 알려 준다. 이런 연구가 사회자본의 관점에서 지속적으로 의미를 갖기 위해서는 사회자본의 성격이나 효용성을 교육학적인 관점에서 정리하여야 한다. 아울러 교육학자들 역시 사회자본의 교육학적 성격, 말하자면 인간의 배움력과 지역사회의 배움공동체 활동에 대한 관점 정리에 일차적인 관심을 가져야 한다.

사회자본을 교육자본의 관점에서 연구해야 하는 또 다른 이유는 사회자본의 교육적 효용성과 교육자본의 구축이 서로 밀접한 상관성을 갖기 때문이다. 사회자본의 교육적 쓰임새를 위해서 사회자본의 교육적 기능과 역할에 대한 연구 역시 필요하다. 사회자본에 대한 한국인의 의식이나 사회자본의 축적은 다른 선진국에 비해 상대적으로 빈약하다. 그동안 교육학계에서 회자되고 있는 제한된 연구에 따르면 한국인은 시민적 규범 지키기나 정부에 대한 신뢰감이 스웨덴이나 덴마크, 미국, 영국 등에 비해 상대적으로 낮다.[7] 한국인은 교회활동이나 그와 관련된 사회봉사에는 열성적이나 스포츠에의 참여, 정치적 활동, 환경운동에의 참여 같은 활동에는 선진국 국민에 비해 상대적으로 소극적이다.

국내 연구진도 이런 연구 결과를 부인하기 어려운 사실로 확인하고 있다. 이런 연구 결과를 통해 한국인은 그들 스스로에게도 믿음을 주는 사람들이 아니며, 그렇다고 국가나 정부와 같은 사회제도에 대해서도 별다른 신뢰감을 가지고 있는 사람들이 아니라는 사실이[8] 확인되고 있다. 이런 연구 결과는 연구방법상 몇 가지 치명적인 오류가 있는데도 사회자본의 축적이나 수준 정도가 국가의 부, 민주화, 경쟁력, 교육 세력과 밀접한 관계를 맺고 있기에, 사회자본을 제대로 축적하고 의미 있게 활용하지 않고서는 국가의 선진화를 실질적으로 이루어 내기 쉽지 않음을 부분적으로 알려 주고 있다.

사회자본의 문제를 교육적인 관점에서 논의해야 할 마지막 이유는 사회자본과 교육자본의 상관성을 밝힘으로써 인간의 배움문제를 사회실현의 관점으로 확장시킬 때 인간의 배움에 대한 새로운 사회적 관점도 가능해질 수 있기 때문이다. 그동안 인간의 배움문제는 주로 개인의 자아실현 문제로 제한시켜 이해해 왔다. 교육학자들 역시 배움의 사회적 목적이나 인적자원 개발과의 상관성에 대해 커다란 관심을 두지 않았다. 따라서 배움의 사회적 쓰임새와 배움의 사회적 효용성에 대한 논의가 더 이상 확장될 수 없었다.

그동안 인적자본과 사회자본 간의 통합 가능성을 교육적인 관점에서 시도하거나 그것의 함의를 드러내 준 국내외 연구는 많은 편이었지만,[9] 그런 연구들이 배움의 관점에서 인적자원 개발을 위한 유용한 자료로 활용된 적은 별로 없었다. 그런 와중에서 슐러(Schuller)와 그의 동료들이 수행한 인간의 능력구조 규명에 관한 연구는 사회자본과 인간의 배움을 서로 이어 주는 학문적인 확장의 고리를 새로운 시각으로 제공하는 주목받을 만한 결과를 제시하였다. 슐러가 인적자본과 사회자본 간의 통합이 가능하다고 믿게 만든 것이 바로 평생학습의 개념이었다. 그는 인적자본과 사회자본이 평생학습으로 매개되고 있음을 증명하려고 노력하였다. 말하자면 평생학습 참여 같은 교육경험이 개인의 생애에서 인적능력과 사회자본 간의 통합을 촉진하는 매개요소임을 증명하려고 노력했다. 사회자본과 인적자본의 통합과정에 대한 논의를 토대로 그가 진행한 연구는 인간의 능력구조를 파악하기 위한 '디세코 프로젝트(DeSeCo Project: Definition and Selection of Competencies: Theoretical and conceptual foundations)' 에서[10] 잘 드러나고 있다.

디세코 프로젝트는 지식기반사회가 인간에게 요구하는 핵심능력이 무엇인지 인간의 능력구조를 밝혀내려는 노력이었다. 이 프로젝트는 기존의 연구가 개인의 기초적인 생존기술을 규명하려고 노력한 것과는 다르다. 그는 인간의 능력 중에서 기존의 인적자본만으로 다룰 수 없는 영역이 무엇인지를 규명하려고 노력하였다. 그가 관심을 가졌던 것은 바로 사회자본이었다. 사회자본이 개인에게 내면화되어 가면서 나타나는 능력이 무엇인지를 밝힘으로써 인적자본과 사회자본이 어떤 식으로 연결되는지, 즉 인적자본과 사회자본의 통합과정과 그것의 일반적인 구조를 규명해 내려고 하였다.

그렇지만 그의 노력은 그리 크게 성공하지는 못한 듯하다. 첫째, 무엇보다도 슐러는 끝내 그 연구를 지식기반사회가 요구하는 핵심능력이 무엇인지를 파악해 내는 것으로 만족할 수밖에 없었다. 즉, 개인이 자신의 삶을 위해 활용하는 기초기술, 그 이상의 핵심기술을 사회자본의 관점에서 추출하려고 노력하였는데도 그가 밝혀낸 것은 다른 연구 결과와 질적으로 차별화되지 않았다. 인간의 능력구조 규명 프로젝트에서 사회자본으로 나타난다고 판단된 개인의 내면화된 능력은 예전의 연구처럼 그렇게 단순하게 일반화할 수 없다는 것을 알았기 때문이다. 슐러 스스로 지식기반사회를 대비한 개인의 핵심능력과 이를 능가하는 사회자본의 특별한 속성을 추출하려고 하였지만, 실제로 디세코 프로젝트에서 밝혀낸 것은 그런 것이 아니었다. 개인이 가지고 있어야 될 인적자원 능력은 작업상황에서 요구되는 핵심적인 기능과 그것을 확대 · 응용하는 데 도움이 되는 특수상황적인 능력이 서로 병존하고 있는 것들임을 확인해 주는 정도였을 뿐이었다.

둘째, 슐러가 주장하는 평생학습과 사회자본이 개인의 생애 발달과정에서 통합되는 관계라는 전제 역시 인적자본에서 강조되는 인간의 능력과 사회자본 간의 구조적 상관성을 이론화하는 데 역부족이었다.[11] 왜냐하면 인적자본과 사회자본이 평생교육의 관점에서 서로 관련성이 있다는 견해는 사회자본의 성격을 교육적 관점에서 확장하기 위해 필요한 견해이기는 하지만, 곧바로 인적자본과 사회자본이 같은 값어치임을 주장하거나 인적자본과 사회자본이 동일한 개념임을 의도하는 것이 아니었기 때문이었다.

슐러는 그가 수행한 디세코 프로젝트에서 개인에게 작용하는 평생교육의 효과, 즉 개개인에게 내면적으로 나타나는 배움의 효과를 개인적 정체성, 인적자본의 속성, 사회자본의 속성으로 나누었다. 그는 이 세 요소를 서로 다른 개별적인 속성으로 간주하고 있지만, 이 세 요소는 인간의 삶 속에서 상호 배타적이거나 독립적인 요소라기보다는 상호 중복되거나 상호 의존적인 요소일 뿐이었다. 그는 개인적 정체성의 최종 지표로 자아에 대한 확인을, 인적자본의 최종 지표로 자질과 자격을, 사회자본의 최종 지표로 사회적 참여와 시민능력으로 보았지만, 이들 요인은 개인에게 병치적인 것이거나 독립적인 것이 될 수 없었기 때문이다.[12]

사회자본의 교육적 속성

사회자본의 속성을 간단하게 요약하면, "기대 가능한 이익을 추구하기 위해 요구되는 사회적 관계에 대한 투자"라고 할 수 있다. 이런 정의가 가능하였던 것은 사회자본의 속성을 연구해 온 콜먼(Coleman)의 연구,[13] 퍼트남(Putnam)의 연구가[14] 사회자본은 결코 자연발생적인 것이 아니라 사회적 결속이나 매개를 위한 사회 구성원의 의도적인 노력이라는 것을 한결같이 지지하였기 때문이다. 곧 사회자본은 개인 자신에게는 부족하거나 소유하고 있지 않은 것을 타인을 통해 얻어 낼 수 있는 능력이 된다. 타인을 설득하고 믿음을 주고받으면서 서로 간의 이해관계를 조절할 수 있는 것이 바로 사회자본이기 때문이다. 이러한 주장들은 사회자본의 교육적 기능과 작동과정의 교육적 함의를 드러내 줌으로써 사회자본 안에 내재된 교육적인 성격을 부인할 수 없게 한다.

사회자본이 작동하기 위해서는 사람들 간의 소통과 상호 배움의 과정이 요구된다. 함께 어떤 일을 하기 위해서는 서로 간의 소통과 배려가 필요하듯이, 사회자본이 형성되기 위해서는 상호 배움의 과정이 필요하다. 사람들 간의 배움을 촉진하기 위해서는 무엇보다도 배움의 접점이 마련되어야 한다. 말하자면 교육, 훈련, 개발의 정도, 환경, 학습환경이 조성되어야 한다. 이런 배움의 지점들은 인적자본과 사회자본을 연결할 수 있게 만들어 준다. 왜냐하면 개인의 인적자본은 교육과 훈련에 투자한 개인적 노력과 성과에 분석의 초점이 있는 반면, 사회자본은 그런 인적자본을 가지고 있는 개인을 하나의 지점으로 연결하는 관계와 접속의 규범을 요구하기 때문이다. 사회자본의 가치는 인적자본의 기능을 더욱더 확장시키는 데 있으므로 가정과 지역사회 내에서 사회자본을 촉진시키는 학습의 장이나 학습활동은 인적자본 양성의 수행기능을 확산시킬 수 있다.

이렇게 되면 사회자본은 개인이나 사회 단위를 서로 연결하는 가시적, 비가시적 상호 배움의 네트워크를 통해서 만들어지는 자원으로 가동된다. 사회자본은 사람들 간의 만남과 그 만남의 네트워크 속에 내재한다. 상호 믿음의 네트워크 속에서 형성되는 것이기에 사람들 간의 사회적 배려와 배움은 필수적이다. 사회자본의 형성은 구성원이 협력하여 공동의 목표를 실행해 가려는 의지와 능력, 그리고 그것이 가능하도록 만들어 주는 가시적이거나 비가시적인 배움의 과정에 있을 때 보다 활성화된다. 그런 점에서 사회자본과 교육자본은 동전의 양면이라고 할 수 있다.

사회자본은 민주주의 발전을 위한 교육적 기반이기도 하다. 불완전한 민주주의를 완전한 민주주의로, 권력중심의 정치체제를 배려중심의 정치체제로 만드는 접착제가 사회자본이기도 하다. 동시에 사회자본은 사람들이 서로서로 왕성하게 만나고 서로서로 배우는 기회가 만들어질 때 더욱더 의미 있는 교육적 기능을 발휘한다. 이렇듯 '사회자본의 교육적 기능'에 대한 것은 얼 쇼리스(Earl Shorris)가 노숙자에게 인문학을 가르치는 과정에서도 잘 드러났다. 그는 노숙자에게 인문학을 가르치면서 인문학에 대한 배움이 마침내 그들에게 자유로워지는 법을 깨닫게 만든다는 것을 역설하였다. 쇼리스는 그들을 사람답게 살아가게 만드는 정치체제를 윤리적 민주주의(ethical democracy)라고 말했다. 그가 말하는 윤리적 민주주의란 공산주의나 파시즘 혹은 아나키즘과는 아무런 관계도 없는 그저 사람이 사람을 돌보는 방식, 사람과 사람이 관계를 맺는 방식을 의미한다. 윤리적 민주주의가 확립된 사회에서는 소외가 있을 수 없다. 서로 간에 갈등하고 반목하는 나뉨도 어렵다. '나뉨' 보다는 '나눔' 을, '소외' 보다는 '배려' 를 우선하기 때문이다. 그렇기에 쇼리스는 윤리적 민주주의가 모든 사람에게 합법적이고 정당한 힘을 갖게 함으로써 권력을 가진 자, 남을 부리려고 하는 자, 지식을 독점하고 위세를 부리려는 자들을 '위험한' 존재로 만드는 정치체제라고까지 주장한다.[15]

민주주의 사회라면 정치지망생이나 정당에 대해서 늘 새롭게 판단할 수 있어야 합니다. 민주주의라는 것은 그 사회의 '변화할 수 있는 능력' 에 따라 제대로 자리 잡을 수 있고, 그 사회 구성원이 스스로를 새롭게 하는 것처럼 그 자체도 늘 자기혁신을 할 수 있을 때 가능한 것이기 때문입니다. 민주주의라는 것은 세계에 대해서 생각할 줄 아는 사람들의 힘으로 유지됩니다. 정치세계에서는 '무력(force)' 과 '힘(power)' 이 서로 다른 뜻을 가지고 있습니다. '무력' 은 즉각적이고 생각 없이 반응하며 폭력적인 성격을 지니는 반면, '힘' 은 '무력' 을 사용하고 싶은 충동을 거부하면서 서서히 움직이는 특징이 있습니다. 자유가 허용되고, 자유 위에 기초하며, 사회 스스로 늘 자신을 새롭게 하고, 그 사회 구성원이 향유하는 자유에 기대어 자신을 안정시키는 그런 사회체제 안에서만 합법적이고 정당한 '힘' 이 제 기능을 할 수 있습니다. 민주주의는 '위험한' 사람들로 유지됩니다. 그들은 자유롭기 때문에 '위험' 하고, 자기 자신을 항상 새롭게 하기 때문에 '위험' 하며, 여러분과 저처럼 유권자이고 참여자이며, 지금의 민주주의에 늘 새로운 생각을 더하는 사람들이기 때문에 '위험' 합니다. 늘 되풀이되는 삶을 살게 만드는 사회를 지탱하는 힘인 '억압' 과 '무능력화' 에 여러분과 저와 같은 사람은 참으로 '위험한' 존재입니다. 우리는 시민입니다. 시민에는 법률적 의미의 시민과 실제로 시민다운 삶을 산다는 의미의 시민이 있습니다. 가난한 이들은 자유롭지 못하고, 법보다 주먹이 앞서는 풍토 속에서 살아가며, 매사에 생각 없이 단순반응만을 반복합니다. 마치 화학물질들이 규칙적으로 반응하는 것이나, 어떤 사물이 외부 자극에 조건반사하는 것처럼 말입니다. 이처럼 가난한 이들은 진정한 시민이 아닙니다. 그래서 위험하지도 않습니다. 우리는 가난한 이들에게 인문학을 가르칩니다. 인문학이야말로 가난한 사람들을 '위험한' 사람들로 변화시키고, 그들로 하여금 합법적이고 정당한 '힘'을 갖게 해 주기 때문입니다. 합법적인 '힘'이나 민주주의와 같은 것들은 언제나 '위험한' 것으로 간주되어 왔습니다만, 그런 종류의 '위험'은 기꺼이 감수할 가치가 있습니다.

1) 사회자본의 고리기능

교육자본이 사회자본과 밀접한 관련성을 갖는 것은 사회자본의 세 가지 기능 때문이다. 바로 매개(bridging)의 기능, 접착(bonding)의 기능, 소통(inter experience)의 기능으로서, 이러한 사회자본의 기능이 제대로 교육자본과 연결되면 우수한 인적자본의 질을 보장하게 된다.

사회자본의 세 기능이 인간의 배움력을 증진시키는 것은 사회자본 안에 있는 연결고리의 작용 때문이다. 말하자면 대인관계를 통한 사회적 네트워크와 호혜관계, 그것에 기초를 둔 믿음이 바로 사회자본의 연결고리로 작동한다. 사회자본은 일반적으로 공동체 안에서 요구되는 '시민의 덕' 혹은 시민이 갖추어야 할 자질 같은 것을 중요시한다. '시민의 덕'은 사회적 관계가 호혜적일 때 힘을 발휘한다. 소외된 개인 혹은 시민들이 서로에게 등을 돌리는 사회, 이에 연유되어 소외된 시민들로 구성된 사회는 사회자본이 빈약한 사회다. 사회자본은 한 사회의 상호작용의 양과 질을 구성하는 사회제도와 기관, 그것에 참여하는 사람들 간의 상호관계, 그리고 그것을 이끌어 가는 규범을 의미한다는 점에서 단순히 한 사회에 존재하는 사회제도와 기관의 수 또는 이들의 합을 지칭하는 것이 아니다. 사회 제도 및 기관, 사람들의 상호관계, 규범 등이 서로 연결되고 붙어서 서로 성장하게 하는 접착제 역할을 발휘하는 것이 바로 사회자본이다. 이렇게 파악되는 사회자본의 개념에서 중요한 요소는 사람들 간에 서로 살아 움직이는 동적인 연관관계와 그것의 질적인 수준이다. 사회 구성원 간의 믿음, 서로에 대한 이해, 인간적인 네트워크, 서로 나눔과 같은 소통의 활동들은 지역공동체를 하나로 만드는 사회자본의 가치와 행동규칙 같은 것이다.

가. 접착의 고리

사회자본은 지역공동체에서 사람들의 일상생활에 매일같이 기여하는 실제적인 과정이며 접착제 같은 심리적 물질이다. 사회자본은 세계은행이 주장하였던 것처럼 사회가 경제적으로 발전하고 지속적으로 번창하기 위해 요구되는 사회적 결합제와 같다. 사회자본을 조직의 유지와 발전의 핵심으로 보기 시작한 것은 그리 오래된 일이 아니다. 이 점은 프랜시스 후쿠야마(Francis Fukuyama)의 신뢰 연구에서 잘 드러났다. 후쿠야마에게 사회자본은 '협동을 전제로 한 집단 구성원 간에 공유되고 있는 비공식적 가치 기준이나 규범의 집합'을 의미한다.

사회자본은 시민사회의 결속력, 사람과 사람 간의 정서적 유대감을 다져 주는 데도 도움이 된다. 즉, 가족과 국가 사이를 이어 줄 수 있고 그러한 집단 접착을 지속시키기 위한 중개 영역을 넓혀 주는 데도 필수적이다. 사회자본은 복합사회에서 국가권력으로 무시될 수도 있는 자신의 이익을 지키기 위해 서로가 접착·단결하는 데 도움을 준다. 이 점은 세계은행이[16] 사회자본을 한 지역사회가 가지고 있는 사회적 상호관계의 수준과 질을 결정해 주는 사회제도, 상호 관계성, 규범이라고 주장한 것과 일맥상통하는 것으로서 모두 사회자본의 접착기능을 설명하고 있는 것이다.

세계은행은 교육을 바로 사회적 접착고리로 간주하고 사회자본의 자원이 된다고 보았다. 세계은행이 지적한 교육은 지역공동체의 평생학습 같은 것이 아니라 단순히 학교교육을 지칭하는 것이었다. 세계은행은 학교교육이 사회자본이 되는 이유를 세 가지 점을 들어 설명하고 있다. 첫째, 학생들이 학교에서 사회활동에의 참여나 상호 부조를 통해 사회자본의 기술을 매일 활용하기 때문이라는 것이다. 둘째, 학교가 학생들에게 지역사회에의 참여와 같은 태도나 기술을 가르치기 때문이라는 것이다. 셋째, 학생들은 학교가 교육과정으로 제공하는 민주시민 교육을 통해 질서 지키기나 공동체 가꾸기 등을 익히기 때문이라는 것이다.[17]

나. 매개의 고리

사회자본의 매개고리 기능은 접착기능과 서로 중복되기도 하지만, 여기서 강조하는 기능은 생산성 지향적인 기능 혹은 시장기능 중심적인 연결(linking)의 상호 작동을 의미한다. 사회자본이 사회활동에서 매개고리 기능을 발휘한다는 점은 린(Lin)의 연구에서도 분명하게 드러난다. 그는 사회자본의 본질을 '시장에서의 이익을 기대하고 그것을 극대화시키도록 사회적 관계에 투자된 것' 이라고 제안하였는데,[18] 그것은 바로 사회자본의 매개고리 기능이 이해관계의 조정과 긴밀한 연관관계가 있음을 알려 주는 것이다. 이런 유의 사회자본에 대한 기능주의적 정의는 김용학의 연구에서도 엇비슷하게 나타났다. 그 역시 연결망과 규범, 그리고 신뢰의 넓은 범위 중에서 경제적 효용성을 제고하거나 경제를 성장시키는 등의 긍정적인 영향을 미치는 측면만을 사회자본이라고 한정 지었다. 이는 자본이라는 개념체가 생산성이라는 개념과 직결되어 있다고 보았기 때문이다.[19]

사회자본을 경제적 행위 혹은 생산성 향상과 관련시켜 의미를 제한하는 것은 사회자본의 경제적 효용성이나 구매력의 탄력도 등을 연구하는 데는 도움을 줄 수 있다. 동시에 그것이 매개하는 형식이나 구조를 파악하는 데도 도움을 준다. 이런 매개고리 기능은 사람과 사람, 사람과 제도, 제도와 제도 간의 교류, 연결, 정보교류(referral)를 가능하게 한다는 점에서 조직 간의 신뢰와 상호 교류의 통로를 이해하는 데 도움을 준다. 그럼에도 불구하고 사회자본의 의미를 경제적 거래행위 등으로 축소시키는 것은 사회자본이 가진 속성의 일부분만을 설명하는 것과 같다. 그것은 인적자본이라는 말을 사용할 때 인적자본 자체를 경제적 생산성을 위한 단일 조건으로 국한시켜서만 해석할 수 없는 것과 비슷하다.

다. 소통의 고리

사회자본은 사람들 간의 정서적 느낌을 서로 통하게 만드는 네트워크이자 서로가 서로에게 심리적 믿음의 토대가 되게 만드는 의식소통의 매개체다. 사람들이 서로 의사를 전달하는 방식은 여러 가지로 나타난다. 그중에서 일반적으로 활용되는 의사소통의 방식을 유형화해 보면 서로 다른 두 가지 형태가 있음을 알 수 있다. 하나는 '언어교통(言語交通)'과 같은 말의 거래상황이고, 다른 하나는 사람들 간에 살아 있는 감정이입과 같은 '의식소통(意識疏通)' 상황이다. 매일 서로서로 무엇인가 알리고 알리고자 하는 사람들 간의 믿음은 이 양극단의 서로 다른 두 가지 교환 형태 사이 어딘가에 자리매김하고 있다.

먼저, 언어교통 상황은 말 그대로 도로상의 자동차 질주로 비유할 수 있다. 도로 위를 달리는 자동차의 행렬을 보면 운전자들은 앞만 보고 달린다. 여간해서는 서로 만나지 않는다. 불필요하게 만나는 경우는 사고가 날 경우다. 도로 위에서는 앞으로 만나건 앞뒤로 만나건 부주의하게 서로 만나면 대형사고로 이어지게 마련이다. 도로 위에서는 서로 부딪쳐 불필요하게 접촉하는 만남은 가능한 피해야 한다. 길거리에서, 심지어 같은 직장에서 일어나는 수많은 경우의 의사소통은 서로 만나지 않는 말의 교통들, 즉 언어교통 수준의 만남들이다. 대학 강의에서 교수와 학생 사이가 그렇고, 대규모 학술대회의 발표자, 토론자, 청중 사이도 그렇다. TV 토론 프로그램을 봐도 대담자들 사이의 이야기는 '너는 너의 말로, 나는 나의 말로, 서로 다른 말로 이야기하고 있어서' 서로 만나지 않는다. 의사소통 기술에 관한 서적들이 대형서점의 스테디셀러 코너에서 상위를 차지하는 것을 보면 의사소통이 현실적으로 얼마나 잘 이루어지지 않는지를 알 수 있다. 이것이 더욱더 의도적으로 굳어지는 것이 바로 동상이몽의 상태다.

이에 비해 의식소통은[20] 서로가 눈빛만 봐도 무엇을 원하고 말하고 있는지를 알 수 있는 감정의 교환 같은 것이다. 어쩌면 서로 쳐다보지 않아도 마음으로 서로를 이해하며 통하게 되는 역지사지(易地思之)의 경우에 속한다고 할 수 있다. 이들은 굳이 언어가 필요 없을 수도 있다. 어쩌면 글자 자체가 무의미한 불립문자(不立文字)의 수준일 수도 있다. 언어교통 수준을 넘어선 이심전심의 마음으로 서로 나누고 서로 즐기고 서로 보듬는 관계가 바로 의식소통의 경우다. 의식소통이라고 해서 점 하나 틀리지 않고 모든 것을 전달하고 이해할 수 있다는 뜻은 아닐 것이다. 의식소통의 경우라도 얼마든지 오해와 이해 밖의 이해를 할 수 있다.

여기에서 중요한 것은 오해가 아니라 소통의 만남이다. 사람과 사람이 이해하는 과정에서 이해의 편차는 불가피하다. 그런 편차에도 불구하고 서로 기꺼이 만나고 서로 즐기며 서로 성장하는 관계맺음의 여백과 서로 배움의 이유가 있기에 의식소통의 장이 가능해지는 것이다.

인간의 배움은 서로 간의 역지사지와 같은 의식소통의 가능성에서 시작하고 거기서 새로운 배움이 발생한다. 상대방의 언어를 이해하지 못하고 그저 자신의 말만 쏟아 붓는 언어교통의 상황을 넘어선 의식소통의 경지에서 배움이 가능해진다. 의식소통의 관계에서 한 사람의 말은 다른 사람의 말과 대화관계를 맺는다. 대화는 서로의 말이 가지고 있는 내면으로 침투해 들어가 서로 다른 의미를 끊임없이 접촉시킨다. 이런 끊임없는 접촉 속에서 의미의 심장성(深長性)이 커지고 배움의 의식소통이 시작된다.

의식소통에서 타자의 의미 있는 역할은 불가피하다. 타자가 존재하지 않는 의식소통은 불가능하기 때문이다. 타자가 배제된 대화는 대화라고 볼 수 없다. 대화 속의 타자는 그저 단순히 말을 주고받는 목적물로서 상대가 아니다. 목적물로서의 상대방은 타자로 존재하는 것이 아니라 유령으로 기능하고 있는 것이다. 대화에서 타자라고 지칭되기 위해 그 타자가 화자로서 상대방과 모든 것이 같거나 일치할 필요는 없다. 의식소통에서는 감정이입이나 공동체험, 기계적인 합의 같은 것을 넘어선다. 그런 것을 강요하는 대화는 그 형식이나 내용에서 이미 빈곤한 대화에 머무를 뿐이다. 의식의 소통은 감정이입이나 공동체험이 최종 목표가 아니다. 의식소통이 지향하는 것은 서로의 생성이고 서로의 성장이며 서로의 상생이고 서로의 배움이다. 인간에게 이런 의식소통이 가능한 것은 인간이 바로 '자기의 마음으로 자기의 마음을 성찰하는 존재' 이기 때문이다.

온갖 인공물들로 가득 차 있는 지금 같은 세상에서는 사람들 간의 의식소통이 용이하지 않다. 그저 언어교통만이 가능할 뿐이다. 농업이 주종을 이루던 농경사회에서는 인공물과 사람들의 관계가 무척 단순하였다. 사람들은 기계장치를 자신이 원하는 대로 손쉽게 제어할 수 있었다. 모든 것을 그런 수준으로 믿으면서 서로 간의 일을 처리했다. 그러나 산업사회와 정보사회로 접어들면서 기계와 인간의 관계가 역전되기 시작하였다. 기계와 인간 간의 역전관계라는 말도 이제는 지나간 말이다. 이제는 기계와 인간 간의 불안한 관계가 시작되고 있다. 사람들은 기계 없는 자신의 삶을 불안해하고 있다. 휴대전화에서 인터넷에 이르기까지 기계와 인간의 관계는 종속의 관계로, 불안의 관계로 엮이고 있다.

사람들은 언어소통의 신속성이라는 말로 이런 기계와 인간 간의 관계를 표현하기도 한다. 이런 편리한 기계장치로 새롭고 드넓은 언어소통의 장을 얻었다고 주장하는 사람들이 있는가 하면 철저히 거부하는 사람들도 있다. 그들은 현재 기계와 인간의 관계를 의사소통의 신속함이 아닌 언어교통의 대형사고로 표현한다. 왜냐하면 사람들이 거대 통신업체들이 구축한 망 속에 스스로를 편입시켜 기계들 사이의 신호교환을 모방하며 무의미한 것들을 마치 의미 있는 것으로 착각하면서 만족하고 있기 때문이다.

이런 정보화 사회의 문제를 마이어슨(Myerson)은[21] 세계적인 이동전화업체의 광고를 분석하면서 지적하고 있다. 그는 세계적인 이동통신업체인 노키아의 선전문구, 즉 '의사소통에 탁월하다.' 를 문제의 예로 들며 터무니없는 언어적 유희라고 지적하였다. 이 비판은 하이데거(Heidegger)와 하버마스(Habermas)가 제기하였던 '이야기함' 과 '의사소통' 의 본원적인 의미가 제기되면서 그 의미가 더욱더 분명해진다. 하이데거는 '이야기하기에 곧 인간' 이라고 했는데 이동전화는 사람들 간에 이야기를 촉진시키는 것이 아니고 언어를 전달해 주기만 한다. 사람 간에 일어나는 본원적인 '이야기함' 이 기계장치를 통해 이동전화화되면서 의사소통의 효력이 상실되고 있는 것이다. 말하자면 인간이 자신을 둘러싼 사회를 '이해' 하기 위해서 대화한다는 적극적이고 풍부한 의미는 상실된 채, 대화가 단순한 메시지의 전달수단으로 전락되어 버렸기 때문이다. 의식소통이 거세되고 언어교통이 그 자리를 대신하게 된 것이다. 뉴욕타임스는 오늘날 휴대전화의 '사용자들이 그 어느 때보다 많은 이야기를 하고 있다.' 고 보도했지만, 그것은 하이데거가 지적한 것처럼 사람 간의 이야기가 아니라 기계장치를 통한 단순한 통신이동에 불과할 뿐이다. 이런 언어교통의 과정에서는 이해를 시도하는 긴 통화가 휴대전화 요금이라는 압박과 통화 정체로 말미암아 오히려 죄악시된다.

인간은 빈번한 통신과 메시지 교환이라는 언어교통 속에서 기계와 그 기계적인 언어교통의 통로를 닮아가고 있는 셈이다. 이 지점에서 마이어슨은 "시간당 20~30개의 메시지를 주고받으며 다른 업무를 처리하는 사회는 사람들 간에 의미 있는 의식소통은 불가능한 사회"라고 낙인 찍고 있다. 왜냐하면 사람들 스스로 어디까지 말할 수 있고, 말해야 하는지를 머지않아 잊게 될 병적인 상태로 변할 수밖에 없기 때문이다.

2) 신뢰, 연결망, 기대감의 상호작용

교육자본에 대한 믿음을 주려면 서로에게 의미 있는 연결이나 기대, 배려와 소통이 가능해야 한다. 사람에 대한 연결, 기대, 배려, 지원, 그리고 소통은 배움을 촉진시키는 요소며 교육자본 형성의 씨앗이다.[22] 믿음을 동기화하는 양태로서 신뢰, 연결망, 기대감 같은 사회규범, 그리고 사람들 간의 소통 같은 사회자본의 요소는 서로 어떻게 작동하는가에 따라 사회자본의 형성과정을 달리 이해하게 만든다. 사회자본의 형성과정에서는 이들 요소 간의 상관성을 서로 떼어서 생각할 수 없는데, 서로 중첩되어 있고 서로가 서로에게 직·간접적인 영향을 주기 때문이다.

사회자본을 구성하는 각 요소 간에 위계성이 있는 것은 아니지만, 그 모두는 신뢰라는 핵심요소로 흡인된다. 신뢰라는 요소는 사람들 간의 소통으로 성장한다. 소통이라는 실핏줄이 막히면 신뢰는 괴사한다. 신뢰는 개인에게 배움을 촉진하는 힘이며 요소다. 서로 간에 믿음과 지원이 결여되면 배움은 일어나지 않는다. 신뢰는 사람들의 머리가 아닌 가슴과 마음을 열게 해 주며, 사람들을 활기차게 움직이게 만드는 동력이 된다. 신뢰는 공동체를 하나로 결속시키기 때문에 신뢰가 부족하면 조직은 활력을 잃어 간다. 지역주민과 지역공동체, 지역정부 간에 소통과 배움을 촉진시켜 주는 요소가 바로 신뢰다. 사회자본이 공동체 구성원 전체의 이익을 위해 공헌하도록 신뢰의 규범을 내면화하고 촉진하는 과정에 예외없이 연결과 교섭, 서로 배움과 같은 학습의 기제가 작용하듯이, 교육자본에서도 그것은 마찬가지로 작동한다. 그런 교육적 요인은 소통이라는 사회심리적인 배움의 요소에 따라 더욱더 서로 배움의 틀을 만들어 놓는다.

이런 신뢰는 크게 세 가지 양태로 나뉜다. 첫째는 귀속적 신뢰며, 둘째는 교환적 신뢰이고, 마지막 신뢰는 제도적 신뢰다. 귀속적 신뢰는 개인이 특정 조직이나 집단의 특정 과정을 거쳐 소속됨으로써 얻거나 얻게 만드는 믿음과 배움이다. 이런 귀속적 신뢰를 가장 극명하게 보여 주는 사례는 혈족, 인종, 학연 같은 것이다.[23] 교환적 신뢰는 사람들이 일정한 틀이나 형식 속에서 끊임없이 서로 교제, 교호하는 동안 형성되는 일종의 거래지향적이고 심리적인 기대감의 총화이며 서로 배움의 농도를 의미한다. 이 교환적 신뢰는 거래나 교환이라는 특정 이해관계를 주고받음으로써 형성되는 것이다. 따라서 이 과정에서는 거래 당사자 간의 평판이나 거래방식이 중요하다. 제도적 신뢰는 개인의 평판이나 귀속적인 속성과는 관계없이 신뢰가 제도적으로 혹은 법률적으로 보장·축적되는 기관보증(인증)의 공식적 믿음과 그것에 대한 배움의 의미를 지칭한다. 말하자면 학위나 각종 법률적으로 유효한 인증 등이 이에 속한다. 이런 신뢰는 법리적으로 구매와 투자를 통해 거래가 가능하다. 인맥은[24] 이런 귀속적 신뢰, 교환적 신뢰, 제도적 신뢰 모두를 포괄하는 개념이기는 하나, 실제로 작동하여 제 효과를 얻기 위해서는 이미 언급한 '의식의 소통' 이 전제되어야 한다.

사회자본을 형성하는 데는 신뢰의 축적이 중요하지만, 이것이 가능하기 위해서는 사람들을 이어 줄 수 있는 의미 있는 연결망을 만들어야 한다. 사회자본의 형성과정은 연결망의 지속성 정도, 접촉 빈도의 수준, 연결망의 조밀성, 상징의 공유 정도, 연결망의 동질성 등에 따라 서로 다르게 나타난다. 사람들 간의 연결망이 조밀하여 연속성이 생기면서 사람들의 이해관계를 교호하는 일이 장기간 지속되고, 빈번한 상호작용을 통해 서로 간의 배움이 활발해질 때 신뢰 구축이 가능해진다. 또한 사람이나 조직들이 여러 종류의 연결망을 통해 서로 중첩적으로 연결될수록 사람들 간의 신뢰는 더욱 강해진다. 이 점은 가족의 경우도 마찬가지다. 가족 구성원은 다양한 모임과 행사, 의례를 통해 서로 배움의 과정에 참여하게 되며, 이를 통해 서로 간의 믿음에 대한 상징적 정체감 및 접촉과 연결의 의미들이 만들어진다. 교육을 통한 사회자본은 구성원 모두가 서로 연결된 수평적인 관계고, 서로에게 정서적으로나 물질적으로 도움이 된다는 생각이 생길 때, 동시에 그로부터 그 어떤 형식이든 배움의 장이 형성될 때 더욱더 용이하게 형성될 수 있다. 사람중심 혹은 특정 인물중심의 카리스마로 강요되는 연결망보다 서로가 서로에게 열려진 배움의 연결망에서 사람들 간의 신뢰와 배움의 의미는 더욱더 커진다. 신뢰의 의미를 다지게 만드는 사회 규범이나 규약은 사람들 간의 반복적인 상호작용의 연결망이 어느 정도로 작동하는지에 따라 서로 다르게 생성된다. 한편, 연결망의 결속을 강화한다는 것은 불신 대상자는 연결망에서 배제하거나 제재한다는 의미도 포함하고 있다. 연결망이 제대로 작동하기 위해서는 연결망 내의 위험요인을 일차적으로 제거해야 한다.

연결망이 신뢰 축적의 중요한 장이 된다고 해도 사회자본 형성을 위한 배움의 장으로 기능하기 위해서는 사람들 간에 일종의 기대감이 생겨야 한다. 사람들이 만나야 서로에게 연결의 의미가 살아날 수 있기 때문이다. 연결망 안에서 상호작용의 경험을 통해 서로 간에 기대감이 쌓이며 거기서 서로 간의 믿음이 만들어진다. 이 기대감은 자기 자신에 대한 기대감이기도 하고 타인에 대한 기대감이기도 하다. 자기 자신에 대한 기대감이 없으면 개인은 절망하게 마련이고, 타인에 대한 기대감이 없으면 허탈해지게 마련이다. 이런 믿음은 바로 사회자본의 핵심이며 배움의 토대이기도 하다. 어린 학생이 학교에서 공부하는 것은 부모에 대한 기대감 때문이다. 부모에 대한, 부모에 의한 기대감이 결여되면 아이의 배움은 제대로 일어나기 어렵다. 회사원들이 공부를 게을리하지 않는 것은 자기 자신에 대한 기대감 때문이다. 사람들이 일류대학에 진학하려고 치열하게 경쟁하는 것은 그 대학이나 교수들에 대한 기대감과 자신에게 돌아올 이득에 대한 기대감이 있기 때문이다.

사회자본과 교육자본의 상관성

사회자본은 배우는 사람들에게 배움의 토양을 만들어 준다는 점에서 교육자본 형성에 관련된다. 사회자본이 쌓여 갈수록 사람들의 삶을 위해 쓸 수 있는 교육자본의 토대도 단단하게 굳어져 간다. 사회자본과 교육자본이 인간 배움의 틀 속에서 서로 결합될 때, 개인적으로나 공동체적으로 인적자원 개발을 위한 새로운 가능성도 함께 모색할 수 있다.[25] 사회자본의 형성과정이 인간 배움의 틀 속에서 밝혀지면 사회통합을 위한 교육의 효용성과 지역배움공동체의 활동으로 얻게 될 인적자원 개발의 효과 역시 극대화될 수 있다. 사회자본의 속성이 배움의 틀 속에서 평생교육과 매개될 때 개인적, 사회적 쓰임새가 높은 교육자본을 형성할 수 있다. 이것을 논리적으로 증명하기 위해서는, 첫째 사회자본과 배움력, 둘째 사회자본과 교육 리더십, 셋째 사회자본과 배움공동체 간의 상관성에 관한 명제를 논의할 필요가 있다.

1) 사회자본과 배움력

명제 1: 사회자본이 축적될수록 지역주민과 지역학습공동체 간의 수평적 유대감이 높아진다. 지역공동체의 사회자본 축적을 위한 대형 프로젝트나 행사들이 주민의 자발적인 참여로 이루어진다. 지역공동체에 사회자본이 축적될수록 지역사회의 범죄도 줄어들고, 민주시민 정신이 고양된다.

이 점은 가정이나 가족관계에서도 마찬가지로 작동한다. 가족 안에 교육의 사회자본 기능이 축적될수록 자녀의 학업성취는 높아지며 가족 간의 일탈이나 불화도 감소된다. 사람들이 서로 간의 믿음에 기초하면서 대인관계를 원만하게 전개하면 경제적으로도 높은 생산성을 갖는다. 경제활동 참여율이나 성장률도 높다. 사회자본은 지역주민이 겪는 사회경제적인 불이익도 해소해 주며, 지역주민의 건강 유지에도 긍정적인 영향을 미친다. 사람들이 홀로 지내다가 지역사회 활동에 참여하기 시작하면 정신건강도 자연스럽게 좋아진다. 그래서 자살률이 감소한다. 사람들은 독거생활, 소외된 생활에서 벗어나 지역사회 활동을 향해 접근하기 시작한다. 사람들은 어떠한 단체에 규칙적으로 참여하고 봉사활동에도 참여하게 되면서 서로가 서로의 힘이라는 것을 알아간다.

이런 관점에서 세계은행은 사회자본이 사회적, 경제적으로 줄 수 있는 이익을 조사했다. 일차적으로 학교교육의 효과를 사회자본의 축적이라는 관점에서 연구하였는데 결론은 간단했다. 바로 학부모와 지역사회가 자녀의 학교교육과 학교활동에 적극적으로 참여하면 자녀교육이 더욱 효과적이었다는 점이었다. 학생의 교육에 대한 관심이 많은 지역사회에서는 학생들의 교육에 대해 교사들의 관심이 무엇보다도 높았다. 학생들에 대한 그들의 교육활동은 헌신적이었다. 따라서 학생들은 학업성취에 대해 더욱더 높은 기대를 갖게 되었다. 교사에 대한 지역주민의 믿음도 높았고, 학교시설을 효율적으로 활용하였다. 사회자본의 축적, 즉 교사와 학부모 간의 신뢰 회복, 지역사회에 대한 주민의 참여가 지역공동체의 삶이나 교육에 긍정적으로 기여한다는 것을 보여 주었다. 동시에 사회자본은 바로 주민의 교육자본의 토대라는 점을 밝혀 주었다.

세계은행이 정규 학교교육과 사회자본 간의 상관성을 논의한 것과는 달리, 평생학습을 연구하는 학자들의 연구 결과 역시 이 점을 증명한다. 그들의 연구에 따르면 평생학습은 개인 간의 인간적 신뢰 형성에 직결된다. 또한 국가의 신뢰 수준과 평생학습 간의 상관성에 관한 연구에서도 같은 결과가 나타났다. 시민들의 평생학습 참여율이 높은 북유럽에서는 시민들의 평생학습 참여율이 상대적으로 낮은 동구의 여러 나라의 시민들이 보여 주는 신뢰 수준에 비해 개인적 신뢰 수준이 월등히 높았다는[26] 사실이 바로 사회자본은 교육자본과 불가분의 관계에 있음을 보여 주는 것이다.

이런 점 때문에 사회자본의 중요성을 자각한 영국은 사회자본을 형성하기 위한 평생교육적 전략을 세워 놓고 실행에 옮기고 있다. 영국에서 사회자본 축적의 방법으로 세워 놓은 세계적 수준의 학습전략은 크게 다섯 가지다.[27] 첫 번째 핵심전략은 사람들의 학습에 대한 흥미도 증진과 지역 전반에 걸친 생애학습 문화의 조성에 관한 것이다. 그 실현을 위해서 먼저 지역과 국가 단위의 협력을 통해 나이에 상관없이 사람들에게 배움의 기회를 부여하기 위한 지역 마케팅 캠페인을 활발히 전개한다. 이 일환으로 산업대학과의 연계를 통한 학습혁신센터를 개발・운영한다. 나아가 학습기술원, 경력개발센터, 산업대학 등과 함께 교육, 훈련, 기술 습득 기회에 대한 상담과 가이드를 제공하는 데 필요한 정보와 접근 수단을 개발한다. 여기에서 정보와 접근 수단의 다양화 및 확대는 쇼핑센터나 도서관 같은 공공장소에서도 누구나 언제든지 정보와 기술을 이용할 수 있게 만드는 것이다. 마지막으로 사람들과 고용주 간의 학습에 대한 장려책을 촉진하고 개인학습계좌 및 고용 프로그램의 개발을 촉진한다.

두 번째 핵심전략은 학습 및 학습기회 제공에의 참여를 확대시키는 것이다. 이를 위해 최신 정보 및 분석을 제공할 지역연구 기술팀을 발족하고, 국가훈련원-산업대학-고등교육기관-성인교육기관 등을 포함하는 지역 네트워크의 활성화를 촉진시킨다. 더불어 고등교육-성인교육-학교-기업 간의 효과적인 연계체제를 개발하는데, 이는 기업 허브 구축의 필수 요소다. 학습, 기술 기금을 신청한 모든 입찰자를 고용주 집단 또는 고용주 대표 집단에 활발히 참여시키도록 한다.

세 번째 핵심전략은 경제와 산업의 핵심 분야에서 필요로 하는 고품질의 학습을 제공・개발하는 핵심전략을 들 수 있다. 긴밀한 기업 허브와의 연계를 통해 우수한 연구센터를 성장시켜 질적 수준이 높은 분야 및 특정화된 훈련개발을 이끌어 낸다. 여러 분야에서 정보통신 기술자에 대한 요구가 증가하고 있는데, 지역기술 개발기금 및 기타 자원 등의 활용을 통해 기초부터 고급까지 전 단계의 정보통신기술을 발전시킨다.

네 번째 핵심전략은 세계적 수준의 관리자를 양성하는 것이다. 기업 및 학습

제공자와의 파트너십 관리개발 방법을 마련하고 관리자들에게 국제 경쟁국 수준의 능력을 지니도록 지원하는 것이 필요하다. 나아가 젊은 기업 프로그램 및 창업계획 등과 연결된 지원 네트워크 창출을 위해 학교와 대학, 우수한 연구센터, 기업 허브, 공급 체인 및 기업군을 이용하여 잠재력 있는 관리자 간의 기업 발전 및 혁신을 고취한다. 또한 유선지역 네트워크에 기반을 둔 가상관리센터 설립을 추진한다.

다섯 번째 핵심전략은 고용확대 정책의 추진에 있다. 모든 사람이 일하는 데 필요한 기술습득의 기회를 개발하는 것이다. 이를 위해 미시적으로는 초기 학습을 고취시키는 역할을 수행하는 지역단위의 기관들의 기능을 조사한다. 가족중심 학습 제공자 및 고용주들의 영향을 조사하는 것도 필요하다. 반면에 거시적으로는 지역학습기술원 및 기타 핵심 파트너 등의 지역경제 파트너십 활동을 통해 학습의 질을 높인다.

2) 사회자본과 교육 리더십

어떤 유형의 교육자본이든 만들어 내기 위해서는 조직에서 가동할 수 있는 리더십이 필요하다. 밀착형 사회자본이나 결합형 사회자본과는 달리, 연결형 사회자본의 토대인 민간단체의 경우 사회자본을 증대시키기 위해서는 변혁적 리더십을 가지고 있는 지도자가 필요하다.[28] 물론 그들에게는 거래적 리더십도 필요하지만, 그런 지도자들이 필요할 경우 그들이 해야 되는 일은 구성원의 활동에 대해 적절한 노력의 대가를 지불하거나, 활동 성과에 대해 포상하거나, 포상할 마음을 지니고 있어야 한다. 물론 리더라면 당연히 어떤 사건에 직면하였을 때 신속하게 결정할 수 있는 능력을 겸하고 있어야만 한다.

교육자본으로서 사회자본은 크게 세 가지 형식을 취한다. 이 세 가지 사회자본은 자생적으로 만들어지는 것이 아니라 그것이 생성 가능하도록 하는 어떤 리더십을 필요로 한다. 아동에게는 부모와 교사가 될 수도 있고, 친족의 어른이 될 수도 있다. 또는 친구나 기관장 혹은 사적 기관의 장이나 단체가 그 리더십의 핵심이 될 수도 있다. 교육자본의 형성을 촉진시켜 주는 첫 번째 사회자본은 밀착형 교육자본이다. 이것은 혈연이나 종교연과 같은 인간의 원초적인 유대감을 중심으로 만들어지며 서로 간의 의례적인 배움과 배움의 전수를 촉진시켜 주는 자본들이다. 두 번째 사회자본은 사람들 간의 깊은 정서적 소속감을 중심으로 만들어지는 사회자본과는 성격이 조금 다른 결합형 교육자본이다. 이런 교육자본은 친구, 직장동료 간에 맺어지는 일종의 연결과 상호 배움력 같은 것이다. 이 교육자본은 친밀한 사람들의 연계 등으로 결합되거나 접착됨으로써 만들어져 동호회의 성격을 지닌다. 이런 접착중심의 교육자본은 다른 유형의 사회자본에 비해 연결이나 상호 배움의 파급 효과가 크다. 세 번째 교육자본의 유형은 연결형 교육자본이다. 이런 교육자본은 참여하는 사람들의 이해관계를 중심으로 형성된다. 서로가 호혜적인 목적을 가지고 일정한 모임에서의 빈번한 접촉과 상호 배움의 형성을 통해 신뢰와 배움을 축적해 나가는 자본이다.[29] 연결형 교육자본은 이렇게 서로 다른 사회적 지위를 가지고 있는 사람들이나 세대감각이 다른 사람들이 모여 문화감각이나 이해의 차이를 인정한 상태에서 서로가 서로에게 호혜적인 관계를 맺음으로써 교육자본을 만들어 낸다. 연결형 교육자본은 밀착형이나 결합형 교육자본의 축적보다 사회적이며 공개적이다. 학교교육과 형식화된 각종 평생교육활동 같은 것이 바로 이런 연결형 교육자본 형성의 구체적인 장이라고 볼 수 있다. 이런 교육자본의 형성을 고려하면 다음과 같은 명제가 가능해진다.

> 명제 2: 사회자본이 축적될수록 배움공동체를 이끌어 갈 수 있는 새로운 리더십이 쉽게 나타난다. 학습공동체는 새로운 리더십 개발 프로그램을 운영하며 새로운 회원들에게 전수함으로써 사회자본의 유대기능과 접속기능이 강화된다.

일반적으로 변혁적 리더십은 지도자와 추종자 간에 높은 수준의 동기부여를 갖추도록 하는, 사람들에게 무엇인가 해낼 수 있는 마음의 전환을 가능하게 만드는 지도력을 의미한다. 변혁적 리더십은 변화와 변혁의 과정을 중시하기 때문에 지도자와 추종자 간의 관계뿐만 아니라 동료 간이나 하위 리더 간의 영향력을 주고받는 권한의 교환과정도 중요하다. 변혁적 리더십은 리더십 과정에 초점을 둔 것이므로, 개인적인 리더십을 강조하기보다는 조직 내의 여러 동조 수준과 하위 체제에서 작동하고 있는 다양한 수준의 리더들과의 연결행동이 포함된다. 따라서 변혁적 리더십은 조직 전체의 변혁을 촉진하는 리더십 과정을 의미한다. 사회자본이 효과적으로 축적되기 위해서는 이런 변혁적 리더십이 요청된다.

변혁적 리더십과는 달리, 거래적 리더십은 추종자에 의한 지도자의 행위나 동기에 대한 인식과 기대를 중요하게 다룬다. 조직의 목표달성을 위해 조건적 보상과 상황중심적인 예외관리가 필요하기 때문이다. 조건적 보상은 약속의 관계다. 조직의 목표달성을 위해 부하직원에게 과업을 명확히 할당하고, 그들이 만족스러운 과업수행을 한 경우 그들에게 보상을 약속하거나 실제로 보상을 해 주는 것이 중요하다. 예외에 의한 관리는 조직 목표달성을 위한 적극적 예외관리와 소극적 예외관리로 나눌 수 있다. 적극적 예외관리에서 리더는 부하의 순응을 얻기 위해 그의 실수에 대해 교정적 행동을 취하는 방식을 선호한다. 소극적 예외관리에서는 리더가 부하의 과업수행에서의 일탈, 실수, 오류를 발견하기 위한 조치(기준) 들을 설정하고, 기준을 벗어나는 실수가 발생할 때까지 소극적으로 기다리며, 문제가 발생하면 교정조치를 취한다.

어떤 리더십이든 한 조직에서 활용되는 리더십은 조직의 목표달성과 관련을 맺게 되기에 조직 구성원 간의 협력체계를 필요로 한다. 협력이 증대되면 조직원 사이에 신뢰가 쌓인다. 이는 조직의 사회자본이 증대된다는 말이다. 결국 리더십은 리더와 추종자 구성원 간의 신뢰성을 구축하는 데 결정적인 영향을 미침으로써 의식소통과 매개, 그리고 접착의 기능이 활성화되게 만든다. 리더십을 집단 내 다른 구성원의 행동을 자극하고 영향을 미치는 과정이라고 보았을 때, 이는 공식조직 계층의 관리자뿐만 아니라 동료 간 또는 하위직 구성원이 행사하기도 하여 구성원 간의 수평적 신뢰성 또는 협력관계를 증대시켜 그 조직의 사회자본 형성에 영향을 미친다. 리더십을 통한 조직원 상호 간의 의미 있는 상호작용과 의식소통의 과정을 통해서 문제해결이 가능해지고, 그로부터 조직원 간의 믿음과 자발적인 참여가 촉진된다.

지역사회를 발전시키기 위한 리더십의 유형과 정도에 따라 사회자본이 축적되는 방식 역시 다양하다. 사회자본을 사회자본 개념이 지칭하는 요소인 신뢰(①), 연결망(②), 사회규범(③), 그리고 사회자본이 축적되는 장소 단위로서 개인(ⓐ), 모임(ⓑ: 동호회/작은 구조), 사회(ⓒ: 문화, 제도/기관)라는 두 가지 분류 축을 활용하여 아홉 가지 정도의 사회자본 형태가 가시화될 수 있다.

이 아홉 가지 사회자본을 분류하면, 첫째 ①-ⓐ신뢰(신뢰와 개인)가 개인 안에서 축적되는 형식의 사회자본이다. 이런 사회자본은 신뢰 성향이 개인마다 다른 사람들이 쌓아 가는 유형의 사회자본이다. 개인의 신뢰 성향의 평균이 높은 사회일수록 이런 유형의 사회자본이 많은 사회로 나타난다. 둘째, ①-ⓑ신뢰(신뢰와 관계구조)가 일정한 공동체 속에서 생겨나는 사회자본이다. 대상에 따라 신뢰 수준이 달라진다는 점에서 알 수 있으며, 사회자본을 이런 관계적 신뢰의 총량으로 개념화할 수도 있다. 셋째, ①-ⓒ신뢰(신뢰와 사회제도)가 사회적으로 축적되는 사회자본이다. 즉, 한 사회가 신뢰할 만한 사람에 대한 평판을 얼마나 오래 잘 기억하는지에 따라 그 사회의 사회자본의 양도 달라질 수밖에 없는 유형의 사회자본이다. 넷째, ②-ⓐ신뢰(연결망과 개인)는 자신이 알고 있는 사람을 통해 동원할 수 있는 사회적 자원(관계적 자리매김)도 가능한데, 그것의 총량은 그 개인이 소유한 사회자본과 같아진다. 다섯째, ②-ⓑ(연결망과 관계구조)의 신뢰로서 동창회와 같은 연결망 공동체가 공동체 내부와 외부에서 동원할 수 있는 사회자본(구조적 자리매김)의 총량을 의미한다. 이 총량은 그 공동체의 사회자본의 크기와 같다. 여섯째, ②-ⓒ(연결망과 사회)의 신뢰는 사회가 얼마나 많은 연결망을 활성화하고 있는가에 따라 달라진다. 이 역시 그 사회가 가지고 있는 사회자본이다. 퍼트남이 연구한 사회 내의 자발적 결사체의 숫자 등은 이런 사회자본 형성을 판단하는 지표가 될 수 있다. 일곱째, ③-ⓐ(사회규범과 개인)의 신뢰와 같은 사회자본도 가능하다. 이것은 사회규범이 개인에게 내면화된 정도에 따라 개인에게 축적되는 사회자본의 양도 달라지는 사회자본이다. 여덟째, ③-ⓑ(사회규범과 관계구조)의 신뢰 같은 것이다. 이것은 반복되는 상호작용의 관계성 자체에 축적되는 규약과 같은 종류의 사회자본을 말한다. 이런 신뢰는 사회규범이 관계망 안에 내재하도록 촉진한다. 아홉째, ③-ⓒ(사회규범과 사회문화)의 신뢰 같은 것을 만들어 낸다. 이런 사회자본은 사회규범이 어느 정도로 사회문화에 축적되는가를 알려 준다. 신뢰를 저버린 자들에 대한 가혹한 제재가 인정되는 것은 신뢰가 바로 사회규범으로 작용하도록 되어 있기 때문이다.[30]

리더십은 지역사회의 틀 속에서 이런 유형 중 어느 하나 또는 그 이상을 만들어 내기 위한 동력이다. 리더십이 그런 사회자본을 만들어 내기 위해서는 이 밖에도 물질적 자본, 재정적 자본, 인적자본, 환경자본이 필요하다. 조직이나 단체 혹은 지자체의 재정 자립도가 높다 하더라도 공동체를 구성하는 주민들의 사회문화적 유대가 결여되어 있으면 그 공동체의 의미 있는 발전과 성장에는 한계가 있다. 이런 어려움을 해결하기 위한 수단으로 변혁적 리더십이 요구된다.

사회자본을 위해 작동하는 리더십은 지역공동체와 주민들에게 서로 참여하는 방법과 생산적으로 간섭하는 방법이 무엇인지를 여러 가지 방식으로 알려 준다. 왜냐하면 무엇보다도 사회자본은 주민들과 지자체에게 그들이 추구해야 되는 지자체의 비전을 갖게 만들어 주기 때문이다. 둘째로 사회자본은 지자체가 실천해야 될 장기적인 지역사회 발전계획과 활동을 용이하게 만들기 때문이다. 셋째로 사회자본은 지자체의 발전계획을 현장에 효과적으로 실천하기 위해 요구되는 주변 두뇌집단과의 연계를 용이하게 만들기 때문이다. 인근 대학의 연구소나 다양한 연구 자문기관들과의 도움을 받아 지자체가 필요로 하는 각종 연구조사를 쉽게 할 수 있다. 넷째로 사회자본의 형성이 강할수록 지자체 사회문화의 지속적인 발전과 성장을 촉진할 수 있는 실행계획을 현장에서 점검하고, 그것의 환류를 통해 기존의 지자체가 설정한 비전이나 실행계획을 용이하게 조정 · 보완할 수 있기 때문이다.

3) 사회자본과 배움공동체

지역주민이 선택하는 평생교육활동의 방법은 기본적으로 두 가지 방식 중 하나다. 코드(code)체제 방법이거나 클릭(click)체제 방법이다. 이 두 가지 방법은 서로 다르지만 평생학습을 위해 서로 보완적일 수 있다. 클릭체제 방법은 말 그대로 원터치 연결방식이다. 한 번의 클릭으로 간편하게 서로 연결되어 필요한 정보와 필요한 노하우를 공유할 수 있는 학습방법이다. 클릭체제는 열린사회의 열린교육을 지향하는 키워드 중심의 평생학습망을 구성한다. 이런 클릭 평생학습 방법은 모든 이에게 열려 있는 평생학습시설에서 공공기관(예: 도서관, 학교시설, 문화, 교육, 복지, 의료, 각종 기관)에 이르기까지 지역주민의 학습을 위해 열려 있는 배움의 망을 제공한다. 이를 가장 잘 대표하는 것이 바로 지방자치단체가 중심이 되어 전개하고 있는 학습도시운동 같은 것이다.

코드체제 평생학습 방법은 클릭체제 평생학습 방법과는 달리 일종의 닫힌 학습사회로 성장한다. 코드학습망에 접근하기 위해서는 코드에 접근하기 위한 비밀번호인 패스워드가 필요하다. 말하자면 연고중심(예: 혈연, 학연, 지연, 종교연)의 평생학습망에 연결하기 위해서는 그들만이 요구하는 일종의 패스워드가 필요한 것이다. 지역마다 갖가지 취미나 여가활동을 중심으로 회원들에게 학습망을 제공하고 있는 각종 동호회도 경우에 따라 코드중심의 학습망을 구성하는 경우가 많다. 물론 각종 동호회가 점점 디지털화되면서 클릭중심의 평생학습망을 가지고는 있지만, 그런 동호회에서 신분집단을 유지하기 위해서는 일종의 키워드가 요구된다. 지역공동체에서 흔히 발견되는 각종 사교육시장이나 사교육 클리닉들도 일종의 코드중심 평생학습망으로 기능하고 있으나, 이들의 학습망은 다른 유형의 코드형 평생학습망에 비해 그 구속력이 약한 편이다. 이런 것들은 교육자본의 생성 가능성을 가늠하게 만드는 요소들인데, 그런 교육자본의 생성 가능성은 다음과 같은 명제로 점검해 볼 수 있다.

> **명제 3:** 지역 내 사회자본이 축적될수록 지역학습공동체의 학습 프로그램의 생성은 자생적이면서 동시에 지역별로 특화된다. 회원 간의 상부상조를 위한 새로운 학습 프로그램이 출현 가능하면서 그것을 실천하기 위한 다양한 수단이 출현한다. 즉, 지역학습 통화의 출현과 활용이 구체화되는 것이다. 지역학습공동체들 간의 우선권이 보장되어 학습이 지역화되도록 더욱더 가지치기의 노력이 시도된다. 새로운 프로그램의 개발, 다양한 활동의 전개, 지역학습공동체의 활동 결과와 성과에 대한 평가와 반영이 지속적으로 이뤄진다.

클릭형 평생학습 방법이나 코드형 평생학습 방법 모두 지역공동체의 평생학습망에서 활동하는 사람들에게는 긴요하다. 어떤 방법을 선호하는지는 개인의 사정에 따라 다르지만, 사람들은 급여, 승진, 작업환경 등이 좋아지면 스스로 학습에 참여한다는 점만큼은 부인하기 어렵다. 그런 배움이 더욱 지속적으로 이루어지고 평생교육에 대한 만족감이 더 높아지기 위해서는 배움에 대한 경험의 유용성이나 성취감 같은 내적인 동기요인이 중요하다. 다시 말해, 사람들은 자신이 학습상황에서 얻게 되는 이득, 즉 경제적 혹은 심리적 이득에 따라 학습활동에의 참여를 달리한다. 그들 스스로 학습상황에 노출되지 않았을 때 득과 실을 나름대로 치밀하게 생각하고 그것에의 참여 수준과 정도를 탐색한다. 학습을 통해서 유익성이 발견될 때 사람들은 교육활동에 적극적으로 몰입하게 된다.

가. 배움공동체의 거버넌스

지속될 수 있는 지역공동체를 만들기 위해서는 평생학습활동이 가능하도록 거버넌스(lifelong education governance)를 세우는 일이 필요하다.[31] 평생학습을 활성화하는 거버넌스의 실현은 모든 지역주민을 위한 평생학습활동으로 나타날 수밖에 없다. 지속 가능의 지역공동체를 위한 거버넌스는 전통적으로 전문 행정

관료들이 관장해 온 것도 사실이지만, 실제로 자본주의 시장원리 속에서의 경쟁의 최대화와 서비스의 최적화라는 두 개의 축 속에서 다양한 모습으로 발전해 왔다. 행정관리들의 주도 아래 근대화와 경제발전이 진행되어 왔지만, 그들도 비효율성의 제거문제가 지역 평생학습의 거버넌스를 구축하는 데 결정적인 요소임을 알고 있었다. 부패, 불신, 무능, 비효율, 규제들이 주민들에게 서비스의 최적화를 가로막아 왔고, 이 때문에 관료제에 대한 불신이 더욱더 악화되었다는 점을 그들 스스로 잘 인지하고 있었다. 그런 점이 손쉽게 교정되지 않음으로써 지역공동체의 붕괴가 뒤따랐다. 지속 가능의 공동체에 대한 현실과 이상 간의 괴리도 심각해졌다.

따라서 관료제 주도의 지역공동체, 지역평생학습의 거버넌스가 가지고 있는 한계를 극복하기 위한 새로운 지속 가능의 공동체 개발이 요구되기 시작했다. 모든 이를 위한 평생학습의 가능성을 촉진하기 위해 사람들은 새로운 공동체의 네 가지 목표를 정하고 그 대안 마련에 고심하였다. 첫째는 지속적인 경제개발, 둘째는 지역공동체 혁신, 셋째는 주민참여, 넷째는 사회적 배려정신의 체질화 같은 것이었다. 이런 네 가지 목표에 도달하기 위한 지역공동체의 노력이 지역공동체의 가능성 혹은 역량으로 표출된다.

지역공동체의 역량을 키우는 일은 정부와 관료의 주도만으로는 역부족이었다. 지역공동체의 역량이 커지거나 가능하기 위해서는 무엇보다도 지역공동체와 주민의 삶을 새로운 관점의 사회정의로 조망해야만 했다. 지역공동체는 지역주민에게 되돌려 주어야 한다는 지역사회 복지와 정치적 결단이 적용되어야 한다. 이것의 시작은 지역공동체의 성장과 발전, 그리고 한계를 극복하는 일에 대한 지역주민의 참여에서 출발해야 한다.

나. 지역공동체의 교육 역량

지역공동체가 사회자본 축적의 역량을 키운다는 것에는 두 가지 의미가 있다. 첫째는 사회변화에 대응하는 국가 혹은 지역공동체 거버넌스의 기능성을 키운다는 말이며, 둘째는 지역공동체 주민들이 누려야 할 생활의 질을 높인다는 것을 의미한다. 그런 지역공동체 역량의 크기와 발전은 주민의 역량 수준과 크기와 정비례한다.

지속 가능한 지역공동체의 역량을 키우는 데 필요한 주민의 역량은 세 가지로 구성된다. 첫째, 주민의 삶, 즉 주민 개개인의 생활력(living capability)이다. 주민의 생활력은 지역공동체의 사회문화적 질이 어느 수준일 수 있는지를 가늠하게 만든다. 둘째, 주민의 노동력(laboring capacity) 정도다. 일에 대한 주민의 관점과 그것을 실제적으로 그들의 생계에 의미 있게 연결시킬 수 있는 경제 활용력이 중요하다. 셋째, 주민의 학습력(learning desirability)이 지역공동체의 역량 키우기에 결정적으로 개입된다. 지역주민의 개인적 역량은 바로 개인의 생활 역량을 최적화시키고, 자신의 노동력을 최대화하며, 마지막으로 개인적 학습 역량을 극대화할 수 있는 힘과 노력의 총화를 말한다. 지역공동체 역량 키우기의 핵심은 개인적인 수준에서는 개인이 가지고 있는 인적자본의 질을 함양하는 일, 공동체 수준에서는 (지역) 사회자본의 질을 높이는 일로 집약된다.

지역공동체의 역량이 최적화 · 최대화되었을 때 지역주민의 민주시민 역량 형성에 영향을 미친다. 주민이 지역공동체 거버넌스 운영에 원동력이 되는 정치참여, 지역복지, 지역문화, 지역교육에 참여하고 그에 대한 책임을 지는 것이다. 지역공동체 거버넌스에 주민의 정치적 참여가 본격화될 때 그들의 참여 허용 수준은 지역공동체의 역량이 어느 수준과 정도인지를 가늠할 수 있다. 일반적으로 자원배분이나 정치적 의사결정에의 주민참여가 제한될 때, 다시 말해 지역공동체의 거버넌스가 지역화되지 않을 때는 예외 없이 주민과 지역공동체 거버넌스를 장악하고 있는 관료 간에 정치적 긴장과 심리적 갈등이 불가피하게 일어난다. 이런 긴장과 갈등을 막기 위해서는 지역공동체 거버넌스의 지역화가 선결되어야 한다. 지역공동체 거버넌스를 지역화하는 데 가장 효과적인 방법이 바로 지역학습공동체 거버넌스를 구축하는 일이며, 이를 통해 지역평생학습활동을 본격화하는 일이다. 이런 일들이 평생학습도시(lifelong education cities)에서 활성화되기 시작한 것이다.

다. 평생학습도시운동

학습도시의 개념은 지역주민의 교육자본 형성과 직결되어 있다. 교육은 도시기능의[32] 활성화에도 크게 작용한다. 도시기능은 도시가 지역적으로 수행하는 역할과 여러 활동을 말한다. 도시는 인구 유입뿐만 아니라 기술 개발과 응용에도 기여하지만, 그것을 조력하는 것이 바로 교육적 조건과 문화적 조건이다. 대도시 지역에서 새로운 기술의 창조와 확산이 가장 잘 이루어지는 것이 바로 그 증거다.

알프레드 마샬(Alfred Marshall)과 제인 제이콥스(Jane Jacobs)의 연구에 따르면 지역사회 간의 거리가 멀어질수록 지적 정보의 흐름은 줄어든다. 미국의 경우 매사추세츠 주의 128번 도로, 캘리포니아의 실리콘 밸리, 노스캐롤라이나의 리서치 트라이앵글, 텍사스 오스틴 근교의 리서치센터 등의 대규모 과학기술 단지들은 모두 주요 연구중심 대학들이 있는 대도시 중심 부근에 있다. 정부는 때때로 연구소와 대학의 위치를 대도시에서 떨어뜨려 놓으려고 하지만, 대학은 대도시와의 거리가 멀어질수록 연구활동에 지장을 받는다. 산학협동이 요구되는 경우는 더욱더 그렇다. 이런 점에서 사회자본의 축적을 위한 도시와 도시를 기능적으로 묶는 기능도시의 클러스터 전략과 학습도시 형성운동은 평생교육의 지역화를 위해서도 의미 있는 국토발전 전략이 된다.

이런 식의 학습도시 구축운동은 1990년대부터 유럽을 중심으로 전개되어 왔다. 그들은 학습도시를 지역사회 구성원이 능동적으로 지식을 습득하고 공유함으로써 지역사회의 발전을 도모하는 수단과 방법으로 활용하였다. 1970년대 초에는 학습도시라기보다는 교육도시의 개념이 더 강했다. 이후 1990년 바르셀로나에서 열린 제1회 국제교육도시회의를 통해 본격적인 의미의 학습도시가 정립되기 시작하였다. 1992년 발간된 OECD/CERI의 공동 보고서인 평생학습을 위한 도시전략, 1994년 유럽평생학습운동회의 등을 통해 교육도시와는 구분되는 학습도시의 개념이 구체화되었다. 이러한 과정에서 스웨덴의 고텐부르크, 영국의 리버풀, 에든버러, 셰필드 등이 학습도시를 표방하는 도시정책을 수립하였다.

학습도시 형성에 관한 몇 가지 생각은 세계적으로 공통적이다. 첫째, 평생학습도시는 주민의 학습성취도를 정량적으로 평가하는 제도화된 시스템을 의미하는 것이 아니다. 주민을 스스로 변화시킴으로써 스스로에게 중요하다고 판단되는 목적을 달성하고자 하는 배움의 과정과 그것을 통한 사회자본 형성을 목표로 삼는다. 둘째, 학습도시는 많은 수의 고등교육기관을 보유하거나 기술교육, 직업교육 등 교육사업에 대규모 재정을 투입하는 도시 이상의 의미를 갖는다. 도시는 시민들이 노동, 여가, 교육, 문화를 경험하는 삶의 터전이고, 이 과정에서 학습도시는 시민들의 욕구를 만족시킬 수 있는 다양한 학습자원을 제공한다. 학습도시는 개인의 학습, 나아가 지역공동체의 학습을 통해 지역사회의 문제점을 지역공동체가 스스로 해결할 수 있는 방안을 모색하여 스스로 진화하는 도시다. 셋째, 학습도시 프로젝트를 구현하기 위해서는 파트너십, 참여, 실행이라는 세 가지 요소를 필수적으로 고려해야 한다. 지역사회를 구성하는 각 부문, 즉 공공과 민간 부문, 비즈니스 영역과 공익적 영역, 제도권 교육과 비제도권 교육 간에 비전과 목표를 공유하고 프로젝트 실행에 협력하여 파트너십을 형성해야 한다. 동시에 지역 구성원이 '학습을 통한 개인과 지역사회의 발전' 이라는 개념에 동의하면서 적극적으로 프로그램에 참여하도록 유도해야 한다. 또한 프로젝트 실행 결과를 측정하고 이를 통해 프로그램을 개선해야 프로젝트 자체도 학습을 통한 발전을 도모할 수 있게 된다.

라. 도시공간의 교육자본화

사회자본은 지역공동체의 문화적 탈바꿈과도 밀접한 관계를 맺는다. 현실적으로 이런 것을 위한 노력은 공립학교 문턱 없애기, 대학의 담 허물기, 학교공간을 지역주민의 문화공간으로 만들기, 대학과 기업의 산학연계 집합체인 클러스터 만들기 등으로 입증되고 있다.[33]

지역주민을 위한 공간 마련과 이를 통한 지역주민의 평생학습화운동은 이미 유럽의 수많은 도시들이 학습도시를 선언할 때 구체화되었다. 1998년부터는 학습도시 정책을 수립하면서 각 프로젝트 간 교류를 위한 다수의 네트워크가 본격화되었다.

현재 영국에서만 10곳 이상의 도시가 '학습도시'라는 명칭을 사용하고 있다. 아울러 이미 100여 개가 넘는 학습도시의 사회자본화에 관한 프로젝트가 진행 중이다. 유럽평생학습운동(ELLI)이 파악하고 있는 유럽 전체의 관련 프로젝트는 이미 1,000여 개 이상으로 늘어나고 있다.[34] 네덜란드의 로테르담이나[35] 영국의 뉴캐슬,[36] 노리치 시[37]같은 평생학습도시들은 다른 도시들과 평생학습도시 형성의 노하우를 주도적으로 확산시키고 있다.

한국 역시 유사한 형식의 평생학습도시를 가꿔 오고 있다. 교육인적자원부도 2001년부터 평생학습도시를[38] 본격화하고 있다. 2005년 현재 평생학습도시로 선정된 기초자치단체는 전국적으로 33개에 달한다. 평생학습도시의 사업목적은, 첫째 지방자치단체와 지역교육청의 인적·물적 평생학습 자원을 공동으로 활용하는 지역학습공동체를 구축하고, 둘째 지역사회의 평생교육 시설과 단체 간의 협력을 바탕으로 지역주민의 평생학습 기회를 확대함으로써 교육 서비스 품질 향상을 위한 평생학습 인프라를 구축하는 것이었다. 예를 들어, 청주의[39] 지역공동체는 평생학습도시로 전환하면서 그들 스스로 주민을 평생교육의 틀 안에서 사회자본을 형성하기 위한 노력과 사회통합 기능을 강력하게 실천하고 있다. 이 모두는 평생학습도시로서 사회자본을 형성해 가면서 지속 가능한 공동체를 만들어 보려는 노력이다. 그들은 이런 지속 가능한 공동체 형성을 겨냥하면서 모든 이를 위한 직업능력 개발, 모든 이를 위한 학습능력 개발, 그리고 지역공동체에 속한 모든 이를 위한 정치능력 개발을 촉진하는 평생교육 파트너십 프로그램을 작동하려고 노력하고 있다.

지역공동체의 운영체제에 대한 주민들의 참여 정도와 수준은 주민들의 가치관에 따라 다르게 나타난다. 주민들의 가치관을 사회, 정치, 문화, 경제, 교육에 대한 주민들의 관점과 입장의 총화라고 이야기할 때, 지역주민의 가치관은 그 폭과 내용에서 상당한 차이를 보일 수 있다. 주민들의 교육 수준이나 사회경제적 지위, 삶에 대한 관점에 따라 서로 다르게 나타날 수밖에 없는 것이다.

지역공동체의 지배체제에 대한 주민들의 참여방식은 일반적으로 네 가지 양식으로 갈라진다. 네 가지 서로 다른 참여방식은 보수주의적 방식,[40] 기능적 방식, 개선주의적 방식, 그리고 혁신적 방식이다. 주민의 참여방식을 서로 다르게 만드는 요인 역시 여러 가지다. 말하자면 개인적 이해관계와 공적 이해관계 추구에서의 선호도, 지역주민의 역량을 우선하느냐 혹은 관료 전문가의 역량을 우선하느냐의 정도, 그리고 경제적 이해관계 대 정치적 이해관계 중에서 주민 개개인이 어느 것을 더 선호하느냐에 따라 주민 참여방식의 편차가 커진다. 일반적으로 지역공동체의 거버넌스에 대해 보수주의적인 입장을 가지고 있는 주민들은 경제적으로 보수적인 성향이 강하다. 그들은 지역공동체의 거버넌스 자체에 대해 별로 호감도 없다. 그들은 경제적으로는 개인주의적 성향이 강하고 경제관도 합리주의적이다.

지역공동체가 지역주민에게 제공할 수 있는 공적인 서비스에 대해서도 상당히 부정적이다. 그런 서비스나 주민의 자원봉사 같은 활동을 오히려 주민 개개인의 권리를 제한하는 행위로 이해한다. 지역공동체의 활동은 지역경제의 활성화를 위해서도 바람직한 행위가 될 수 없다고 간주한다. 보수적이고 경제적인 관점에서 지역공동체의 지배구조를 바라보는 주민은 지역의 경제활동에서 지역정부의 적극적인 간섭이나 개입을 원하지 않는다. 정치적이거나 행정적인 간섭보다는 주민 개인에게 경제적 보상이 우선해야 한다고 믿는다. 말하자면 단순한 지역정부라는 공급자 중심의 서비스 제공보다는 세제혜택 등을 선호한다. 이들 보수주의자들은 지역공동체 지배구조에의 참여와 사회정의 간에 별다른 상관성을 발견하지 못한다. 그들은 지역공동체의 교육문제에서도 학력주의, 경쟁과 선발 같은 방법의 채택을 선호한다.[41]

그들에 비해 지역공동체 거버넌스에 기능적으로 참여하기를 바라는 지역주민은 지역공동체를 안정된 정치적, 경제적, 문화적, 사회적 연결체로 간주한다. 지역공동체에 대한 참여를 중요시하기는 하지만, 그 참여는 개인의 경제적 이해관계를 적극적으로 충족 · 보호해 주는 선에서의 참여를 의미한다. 그들은 지역공동체에 정치적인 이해관계를 추구하는 입장보다는 비정치적인 입장으로 참여한다. 그들의 전략은 '최소한의 혼란으로 최대한의 문제해결' 로 집약된다. 말하자면 자신들에게 필요한 이해관계나 현안인 사회문화적인 이해관계를 충족시키기 위해 활용할 수 있는 가장 효율적인 방법으로 지역공동체의 거버넌스를 활용한다. 그들에게 지역공동체의 참여는 지역주민 이해 당사자와 지역문제 해결 전문가나 관료와의 상담 또는 회의 같은 것을 의미한다. 지역사회의 문제해결이 우선해야 하기에 그들의 이해관계를 제대로 반영할 수 있는 지역대표 선출이나 활용이 지역공동체의 참여와 같은 의미를 갖는다. 그들이 지역공동체의 교육문제를 바라보는 관점은 다소 보수적이다. 경제적 보수주의자와 입장을 같이하는 선에서 학력주의를 엇비슷하게 선호한다. 그들은 자신들의 자녀가 자신들의 사회문화적 성향이나 가치관 정도를 재생산하는 선에서 교육 경쟁과 선발을 선호하기에 자녀들의 사회적 출세에 대단히 민감하다. 그들에게 교육은 사회적 출세의 가장 확실한 도구며 수단과 같다.

기능주의적인 이해관계 해결식의 주민참여에 비해 개선주의적 참여방식을 선호하는 지역주민은 지역공동체의 존재 자체를 사회정의의 표현으로 간주한다. 즉, 지역공동체 자체를 지역사회 문제, 환경문제, 교육문제를 해결하는 데 필요한 의사결정기구며 자원으로 간주하는 것이다. 그들은 지역사회 문제해결에 적극적으로 참여한다. 그들은 지역사회 문제해결을 위해 다양한 종류의 민간단체, 이익단체를 결성한다. 문제해결을 위해 대학이나 전문단체와의 협의나 조력도 최대한 활용한다. 그들은 지역주민의 역량, 특별히 사회정치적 역량을 키울 것을 강조한다. 주민들의 사회정치적 역량을 키우기 위한 수단이나 방법도 다양하다. 인맥 만들기에서 공청회, 토론회, 디지털 홍보에 이르기까지 활용 가용한 모든 방법을 활용한다. 그들은 지역주민과의 연결고리를 만들기 위해 지역사회의 문제를 쟁점화하는 데 총력을 기울인다. 그들이 그렇게 하는 것은 지역공동체의 거버넌스를 제대로 활용하는 것이 사회정의 구현과 지역공동체의 개량을 촉진하는 지름길이라고 믿기 때문이다. 그들은 지역공동체의 교육문제를 사회적 쓰임새의 관점에서 이해한다. 말하자면 개인의 출세를 위한 학력주의보다는 지역공동체 문제해결과 참여를 위한 교육의 기능성을 강조한다. 자원봉사, 지역문제 해결에 참여하는 지역교육의 활성화를 강조한다. 그들은 교육에 대한 사회적 압력을 어쩔 수 없이 수용하기는 하지만, 교육의 민주화, 교육과정의 지역화 같은 것을 요구하며 대안교육의 실천을 추구하기도 한다. 지역경제의 활성화를 위한 직능개발을 위한 교육의 중요성이나 지역주민의 평생교육을 선호한다. 이런 직능개발과 평생교육이 지역사회 문화의 새로운 창출을 위해 활용 가능한 도구들이기 때문이다.

마지막으로 지역공동체의 참여를 혁신의 관점에서 바라보는 사람들은 지역공동체의 거버넌스는 사회정치적 소외계층, 경제적 취약계층의 복지를 위한 것이어야 한다고 생각한다. 그들은 개개인의 복지문제를 지역공동체에서 발의하기 시작해 국가적 차원에 이르기까지 쟁점화하여 해결하려는 전략을 취한다. 지역공동체의 일차적인 역할은 바로 그런 취약계층의 복지를 위한 문제해결에 두어야 한다는 것이다. 혁신적인 지역공동체의 참여를 강조하는 사람들의 이론적·정치적 성향이나 관점은 좌파적인 생각에서 여성해방론에 이르기까지 다양하다. 그들은 개별적인 정치적 관점이나 성향들은 달라도 지역공동체의 개혁이 사회정의 실현의 시작이라고 보는 데는 의견을 같이한다. 그들은 국가나 지역공동체의 관료들이 가진 지역공동체 문제해결력 의지에 커다란 기대나 믿음을 가지고 있지 못하다. 지역공동체의 관료나 국가기관은 사회부정의를 호도하는 성향이 강하다고 보고 있다.

국가권력은 본질적으로 사회쟁점이 문제화되는 것을 생리적으로 거부하며 그런 문제 출현에 연막을 친다고 간주한다. 혁신주의적인 지역사회 참여론자들은 상향식 문제해결보다는 하향식 문제해결, 지역주민의 합의제 의사결정, 현장 참여와 개선 같은 방법을 선호한다. 관건이 되고 있는 문제에 대한 지역주민 간의 격의 없는 면대면 논의, 공개토론, 열린 대화 등도 최대한 활용한다. 그들은 지역사회 자원의 공평분배, 재분배에 일차적인 관심을 가지고 있다. 혁신주의 지역공동체 참여론자들은 정의로운 사회, 서로 더불어 사는 사회에 대한 커다란 정치적 밑그림을 만들어 내려고 노력한다. 이들 혁신적 지역공동체 참여론자들은 교육이 지역문화의 불평등을 야기하는 원인이라고 보고 있다. 그들은 학력주의 철폐를 주장한다. 그들은 경쟁과 선발을 철폐하고 완전무결한 평준화 교육정책 혹은 보상교육 같은 것을 선호한다. 그들이 대안교육을 이야기할 때, 그들이 원하는 대안교육은 교육적 소외, 취약계층을 위한 의미 있는 현실적인 보상교육을 의미한다.

마. 학습통화

사회자본의 기능을 지역공동체의 평생교육과 관련시킬 때, 지역공동체의 평생학습은 모든 사람이 가지고 있는 '기여할 수 있는 능력' 혹은 기여할 수 있는 새로운 방법을 찾아낼 수 있는 능력을 길러 주는 활동으로 그 범위를 조정할 필요가 있다. 모든 이를 위한 평생학습이 제도적으로 가능하려면 지역사회 구성원을 한데 모아 서로 돕고 지지하는 네트워크가 필요하고, 이를 촉진시킬 수 있는 강력한 수단이 마련되어야 한다. 그래야 사회자본이 모든 이를 위한 접착, 연결, 소통의 고리로 작동할 수 있다. 사회자본이 지역사회의 '어느 누구도 고립된 섬처럼 버려져 있지 않도록' 작동하기 위한 강력한 수단으로 생각하게 된 것이 바로 화폐경제의 위력이다.

사람들은 돈이라는 화폐를 통해 경제활동을 영위한다. 화폐가 신용과 상호 거래의 합법적인 수단이 되면서 사람들은 상거래에서 돈이라는 화폐를 사용한다. 화폐는 지역사회의 거래망을 구속하기도 하고 풀어놓기도 한다. 화폐경제에 지역경제가 구속을 받는다. 이처럼 지역의 교육을, 지역에서 요구되는 사회자본을 유사화폐 거래로 구속시키면 사람들은 자유롭게 교육활동을 거래할 수 있게 된다. 이를 통해 지역단위의 사회자본도 함께 거래되고 생성될 수 있다.

이런 지역학습활동을 활성화하기 위한 수단으로 지역화폐, 지역통화의 한 유형인 타임달러(time dollar)를[42] 들 수 있다. 이것을 처음으로 주창한 칸(Cahn) 교수는 타임달러가 모든 이를 위한 지역공동체의 사회심리 혹은 교육지원 체계로 쓰일 수 있으며, 그로부터 모든 이를 위한 사회자본이 형성될 수 있음을 보여 주고 있다.

타임달러 프로그램(Time Dollar Programe)에 참여하는 노인들은 식사준비, 장보기, 일상화된 집안일, 돈 관리, 빨래, 여행, 약 챙겨 먹기, 산보, 특히 '삶의 질'을 유지하는 데 매우 필수적인 집안일 등을 스스로의 힘으로 할 수 없는 상태의 다른 노인을 돕고 있다. 교도소 수감자 중에서 '시간은행제'에 참여하고 있는 사람이 있는데, 그는 개발도상국에 수출하는 중고자전거를 수선하면서 번 '타임달러'를 가족에게 보내서 가족이 지역 이웃들에게서 필요한 물품이나 서비스를 구입할 수 있도록 돕고 있다. 타임달러 프로그램에 참여하지 않았더라면 분명 교도소에 가 있었을 한 청소년은 지금 다른 청소년에게 수학을 가르치면서, 그리고 지역사회를 위해서는 청소년 문화시설 보수하는 일 돕기, 소방서 화재 예방교육 돕기, 기금모금 캠페인 돕기, '장애아동과 빈곤아동 지원을 위한 대안교육 프로그램'에 참여하고자 하는 청소년을 위한 안내교육 프로그램 짜기 등 봉사활동을 매우 적극적으로 하면서 타임달러를 벌고 있다. 시간은행제 프로그램은 이 프로그램이 없었더라면 서로 만날 수 없었을 청소년과 노인, 서로 다른 인종의 사람들, 서로 다른 언어를 쓰는 사람들이 서로 만날 수 있게 다리 역할을 해 주고, 장애인들이 자기 가족과 이웃공동체 안에서 함께 살 수 있는 길을 열어 주고 있다. 노인환자들 중에서 시간은행제 프로그램에 참여하면서 다른 노인환자들을 돕고 있는 사람들은 그러한 봉사활동을 통해서 자신의 정신건강을 잘 유지할 수 있게 되었을 뿐만 아니라 퇴원 후 재입원 비율이 매우 낮아졌으며, 특히 요양시설을 필요로 하는 경우가 많이 줄었다. 초등학교 1, 2학년 후배들의 숙제를 도와주면서 '타임달러'를 버는 5, 6학년 초등학생들에게는 그러한 봉사활동이 학업성취도에 상당히 긍정적인 영향을 주고 있음이 밝혀졌다. 특히, 가난한 지역의 학교에 다니는 학생들의 경우는 학교 출석률도 좋

> 고 학교폭력이나 비행문제를 일으키지 않는 것으로 나타났다. 전과가 있는 십 대 중에서 초범인 경우, 청소년 법정에서 타임달러를 받고 봉사를 하면 재범 가능성이 현격하게 줄어든다는 사실이 밝혀졌다. 타임달러 프로그램은 이전에는 한 번도 남을 돕겠다는 생각을 해 본 적이 없는 사람들을 지속적으로 남을 돕는 일에 끌어들이고 있다. 그런데 이렇게 타임달러 프로그램을 통해서 이전에는 단지 다른 사람이 주는 서비스를 소비만 하는 '소비자(customer)' 에서 자신도 남을 돕는 서비스를 생산하는 공동생산자(co-producer)가 되면, 자원봉사자들을 활용할 때 늘 나타나는 '도중하차', '지쳐 나가떨어지는 것' , 그리고 이러저러한 마찰 등의 문제가 나타나는 비율이 현저하게 낮아진다(pp. 25-26).

지역학습 통화들이 지역공동체의 교육자본 형성뿐만 아니라 지역주민 간의 신뢰구조를 만들어 가는 데 유용하다는 점은 여러 연구 결과를 통해 사실로 드러나고 있다. 예를 들어, 세이팡(Seyfang)은 미국에서 개발된 타임달러를 영국으로 가져와 타임뱅크이라는 지역통화로 명명하고 사회적 효용성을 검증하였다. 세이팡은 이 타임뱅크의 사회적 실용성 문제를 스코틀랜드 글래스고의 지역공동체에서 실험하였다. 세이팡은 12명에게 적용된 사례연구를 통해 타임뱅크라는 지역통화가 주민들의 소외감과 무력감을 해소하는 데 크게 기여함을 발견했다고 보고하였다. 지역통화가 지역주민들에게 하나의 교육자본으로서 평생학습을 활성화시켜 주며, 그들의 사회적 거래를 원만하게 수행해 줄 수 있는 신뢰 형성의 기제가 된다는 것을 보여 주었다.

교육통화들이 지역사회에서 모든 이를 위한 교육자본 형성의 효과적인 도구라는 점을 입증하는 연구들은 끊임없이 보고되고 있다. 이는 교육통화의 기능이 '시민사회 주도의 학습 네트워크' 개념과 '사회자본 간의 관계를 자연스럽게 매개' 하고 있다는 점을 확인시켜 주는 것이다. 교육통화가[43] '교육 서비스' 의 대안적 유통체계라는 의미뿐만 아니라 학습자와 지식 창출 간의 상관성, 그리고 사회적 신뢰 형성을 위한 교육자본으로 작동하고 있기 때문에 모든 이를 위한 평생교육을 실행하기 원하는 지도자들은 그런 학습통화의 구축을 갈망하고 있다. 지역주민이 서로 배움과 서로 도움, 서로 나눔의 유통과정을 매개하는 일정한 수단인 교육통화를 사용 · 개입할 수 있게 함으로써 삶의 질 개선과 지역공동체의 지속 가능성을 촉진할 수 있기 때문이다. 돈을 들이지 않고 모든 이를 위한 평생학습의 완성을 위한 자본을 쌓는 도구가 바로 학습통화다.

칸 교수는 평생학습, 지역공동체, 그리고 지속적인 발전 가능성 간의 상관성을 강력하게 지지하고 있다. 그는 "평생학습을 진작시키는 것은 궁극적으로는 경제를 발전시키는 것이다."라고 주장하고 있다. 그가 말하는 경제는 일반적인 의미의 경제라기보다는 지역공동체에서 일상적으로 요구하는 경제활동이나 교육활동을 말한다. 그는 그 경제를 토대경제 혹은 '주축경제(core economy)' 라고 부르며,[44] 그런 기초경제가 활성화될 때 지역사회에는 사회자본이 의미 있게 사회적 결속을 위해 작동한다고 본 것이다. 그에 따르면 지역공동체의 지속 가능성을 촉진해 주는 기초경제가 주축경제인데, 이런 기초경제 요소는 화폐를 거래의 중심으로 삼는 일반시장에서는 그 가치에 대해 크게 주목받지 않는 것들이지만, 지역사회에서 사회자본이나 교육자본의 축적을 위해서는 효용가치가 큰 요소들이다.

그는 주축경제 요소, 즉 지역공동체의 발전 가능성과 지속 가능성을 드러내는 사회자본을 위한 노동으로 네 가지를 꼽고 있다. 첫째 돌봄의 노동(예: 집안일하기, 자녀양육, 노인봉양 등), 둘째 지역사회를 위한 노동(예: 시민사회 참여활동, 민주주의 실천활동 등), 셋째 사회정의를 위한 노동(예: 부정부패를 척결하고 좀 더 나은 세상을 만들기 위한 활동 등), 넷째 환경과 생태를 위한 노동(예: 환경보호활동, 지구의 생명체 존속을 위한 활동 등)이다. 이런 사회자본 형성을 위한 노동이 지역사회에서 능동적으로 작동하면 모든 이를 위한 평생학습이 생산되기 시작한다. 이런 사회자본 축적을 위한 봉사, 배려 혹은 노동이 지역공동체에서 유지되기 위해서라도 평생학습활동은 지속되어야 한다. 지역공동체에서 지역주민의 일상적인 필요를 충족시키는 데 중요하게 기능하는 사회자본 축적적인 노동은 '평생학습을 통해서 가능할 수 있고, 평생학습을 통해서 유지될 수 있으며, 또 평생학습을 통해서 그 노동의 질이 향상' 될 수 있다.

미주

1 참고: 나영선 외(2006). 사회적 자본과 인적자본 개발.

2 참고: Foucault, M. (1988). Technologies of the self: A Seminar with Michel Foucault.

3 이것을 의미 있게 분석하려고 하였던 사람이 바로 슐러(Schuller)다. 그가 파악하고자 노력한 인간 능력구조 규명 프로젝트(DeSeCo Project)는 인간의 능력을 형성하는 구조 중에서 인간 능력의 특수 요인을 겨냥하고 있다. 그의 프로젝트는 개인의 특수상황적인 생활능력의 수단과 도구성이 무엇인지를 파악하게 도와주고 있으며, 동시에 그것으로 개인의 능력이 사회적으로 어느 정도까지 확장될 수 있는지를 알려 준다. 슐러는 디세코 프로젝트에서 이런 부문에 관해 명쾌하게 예시하고 있지는 않다. 단지 개인의 자율성을 증거한다는 사례를 "-identifying, evaluating and defending one' s resources, rights, limits and needs; -forming and conducting projects; -developing strategies including learning strategies; -analyzing situations, systems, relationships and force fields" 등으로 서술하고 있을 뿐이다. 이는 개별적 수단을 서술하는 데에서도 마찬가지인데, 말하자면 "-using technology to accomplish goals; -gathering, analyzing and using knowledge and information; -literacy; -numeracy" 등으로 나열하고 있다. 슐러가 마지막으로 들고 있는 개인의 개별적 수단의 사례 역시 "-relating well to others; -managing and resolving conflict; -acting in synergy; -cooperating, working in groups; -guiding and supporting others; -participating in a collective" 같은 서술의 수준이었다[참고: Schuller, T. (2002). Integrating human/knowledge capital and social capital].

4 윤석철 서울대 명예교수는 사회자본을 신뢰, 정직, 단결, 개방이라고 정리한다. 신뢰성(trust)은 동화 속의 양치기 소년에서도 사회자본의 첫 번째 요소인 신뢰성의 예를 볼 수 있다. 거짓을 일삼은 이의 말을 믿어 주는 이는 없듯이 말이다. 두 번째 구성요소인 정직성(integrity)은 규범을 지키는 것이다. 우리나라가 IMF 구제금융을 받던 1997년 외국 언론에서는 한국의 CPA들이 정직하지 못한 것이 원인이라고 입을 모았다. 공정한 회계와 감사를 등한시한 것에서 외환 위기의 원인을 찾은 것이다. 사회자본의 세 번째 요소는 단결성

(solidarity)이다. 공동체에서의 단결성은 큰 이익을 실현하기 위한 자기 희생의 뜻을 포함하고 있다. 간단히 말해, 자기가 속해 있는 공동체 전체의 입장에서 양보 또는 희생할 수 있는 마인드가 형성되어 있냐는 것이 중요하다. 마지막 사회자본 구성요소인 개방성(openness)은 정보 공개의 중요성을 뜻한다[참고: 윤석철(2005. 10. 25). 도요타 배우면 살고 GM 따르면 망한다].

5 참고: Schuller, T. (2002). Integration human/knowledge capital and social capital.

6 사회자본은 가정에서 국가에 이르기까지 다양한 층위의 사회적 집단을 통해 형성된다. 이는 사회자본이 시민사회와 연계된 개념이며 공적 조직과 제도 또한 신뢰의 관계망으로 표시되기 때문이다. 법이나 행정 등의 규율이나 체제 속에도 이미 사회자본의 속성이 배태되어 있기 마련이다. 사회자본의 형성이 다층적이기에 직업, 방언, 지역, 시민사회, 지역공동체와 같은 다양한 범주로도 확장하여 파악할 수 있다. 그런 상황 속에서 사회자본의 창출 및 개발을 위해 쉽게 파악할 수 있는 교육자본의 원천과 영역으로는 가정, 교육기관, 지역단체, 기업, 시민사회, 각종 사적인 모임, 공공 분야 등을 들 수 있다. 첫째로 가정은 사회자본 형성의 초석이다. 가족은 친밀함의 관계며 믿음의 관계로 구성된다. 가정 내의 인적 관계는 물질적 · 정서적 필요충족 및 호혜성에 기초하며, 가정 외에 다른 사람들이나 사회기관과의 신뢰와 협력을 촉진한다. 가족 구성원 간에 공유하는 물질적 · 정서적 지원은 가정 안팎에서 서로 주고받을 수 있는 암묵적 헌신과 기대를 끊임없이 조성하기 때문이다. 가족 구성원에게 가정은 배움의 자원이기도 하다. 우선 정규 교육기관에서의 학업성취를 위한 잠재적 촉매로 기능하는 일에서 지역공동체에서 일어나는 사회자본의 축적에 이르기까지 다양한 방향으로 사회자본의 형성에 긍정적인 영향을 미친다. 물론 가정의 유대가 지나치게 강할 경우는 사회자본의 형성에 부작용이 생길 수도 있다. 말하자면 가족이 일종의 파당으로 굳어져 다른 가족과의 폭넓은 관계 맺음을 방해함으로써 사회자본의 축적을 방해할 수도 있는 것이다. 역으로 편부모나 이혼 등의 가정 해체는 경우에 따라 사회자본의 형성을 약화시킬 수도 있다. 학교를 위시한 여러 교육기관 역시 가정과 마찬가지로 사회자본의 조성에 기여한다. 학교는 사람들에게 다양한 사회적 관계가 교차될 수 있는 접점을 제공할 뿐만 아니라 협력의 가치도 고양시킨다. 학교, 대학, 성인 교육기관은 사회의 여러 이질적인 단체나 구성원을 연계하는 사회자본 형성의 구심점 역할을 할 수 있다. 학교뿐만 아니라 각종 직업훈련기관, 학원, 각종 문화센터, 교습소, 각종 교육산업과 같은 사교육, 민간교육 부문 역시 사회자본 형성의 자원으로 활용된다.

7 참고: Knack, S., & Keefer, P. (1997). Does social capital have an economic payoff? A cross-country investigation.

8 Inglehart et al.(2000)을 참고하면 도움이 된다. 국내에서도 유석춘이나 김태준의 연구를 들 수 있다. 특히 김태준(2005)의 연구는 교육적인 관점에서 한국인이 가지고 있는 사회자본과

교육 간의 상관성을 다소 부분적으로 파악했는데, 그 연구 결과는 경험적인 관점에서 사회자본과 교육 간의 상관성을 파악하는 데 의미 있는 정보들을 제공하고 있다. 그의 연구 결과에 따르면 한국인들은 사회자본에 관한 몇 가지 속성을 가지고 있음을 알 수 있다. 첫째, 연령이 낮은 사람일수록 시민적 참여가 낮으며, 남자일수록 시민적 참여율은 높다. 둘째, 연령이 높을수록 지역에 대한 믿음이 높으며, 여성일수록 지역환경에 대해 민감하다. 셋째, 대도시에 거주하는 사람일수록 사회적 제도와 기관에 대해 신뢰하고 있으며, 여성들은 남성에 비해 사회 제도와 기관에 대해 호의감을 가지고 있다. 동시에 대도시 사람일수록 사람에 대한 믿음이 높으나, 연령이 낮으면 이웃에 대한 신뢰도가 낮아지고 있다. 넷째, 대도시인일수록 사회적 네트워크에 대한 신뢰가 낮은 경향이 있으며, 남성일수록 타인에게 도움을 줄 의사들이 높아진다[참고: Inglehart, R., et al. (2000). World value surveys and European value surveys, 1981-1984, 1990-1993, and 1995-1997; 김태준(2005. 11). 사회적 자본과 평생교육정책].

9 사회자본과 교육 간의 상관성에 관해 여러 가지 관점과 부문별로 논의한 연구들을 개괄적으로 조감하면 다음과 같다. 이창기(2004). 사회자본 형성을 통한 교육공동체 협력증진 방안: 학교현장의 교육력 제고를 중심으로; 박희봉(2004). 사회자본이 교육성과에 미치는 영향 분석: 시론적 연구; 이정선(2005). 사회자본 구축을 통한 농어촌 학생의 학업격차 개선방안; 이정선(2001a). 가정-학교-지역사회의 사회·문화적 관계: 콜먼의 사회자본을 중심으로; 이정선(2001b). 초등학교에 있어서 학업성공과 사회자본의 관계: 문화기술적 연구; 박희봉(2002). 조직 내 사회자본 형성요인에 관한 연구; 조영복(2004). 기업조직의 사회자본 증진에 대한 연구: 조직몰입과의 관계를 중심으로; 김천기(2004). 중등학생의 중퇴 방지를 위한 사회자본론적 접근에 대한 연구; 박희봉, 강제상, 김상묵(2003). 조직 내 사회자본과 지적자본의 형성 및 조직성과 관리에 대한 효과; 김남선, 원용숙(2003). 평생교육관련 민간조직의 리더십 활성화를 통한 사회자본 극대화 방안; 김경근(2000). 가족 내 사회적 자본과 아동의 학업성취; 황순희(1993). 학력의 사회적 기능: 아이덴티티의 준거·사회적 자본의 축적.

10 디세코 프로젝트(DeSeCo: Definition and Selection of Key Competencies)는 1998년부터 2002년까지 OECD 지원 아래 진행되었다. 이 프로젝트는 인간의 생애능력으로 요구되는 핵심능력에 관련된 개념적, 이론적 기초를 마련하기 위한 것이었다. 이 프로젝트를 하나의 연구로 태동시킨 것은 PISA(the Programme for International Student Assessment), ALL(the Adult Literacy and Life-skills Survey) 등에서 다루어 온 핵심능력의 구조에 대한 여러 나라의 현실적인 요구였다.

11 참고: Schuller, T. (2002). Integrating human/knowledge capital and social capital.

12 참고: Schuller, T. & Bynner, J. (2001. 9). Measuring the benefits of learning: Theoretical and conceptual considerations.

13 콜먼(Coleman)에게 사회자본의 의미는 사회적 결속력으로 제한된다. 사회자본을 사회 구성원이 자발적으로 자신들과 사회구조를 위해 그 어떤 행동을 유발해 내도록 만들 수 있는 사회구조와 능력으로 파악했기 때문이다. 그는 사회자본을 사회적 목적 달성을 용이하게 만들어 주는 힘이자 동력이라고 간주한다. 사회자본은 개인 간의 관계 속에 내재한다는 점에서 다른 자본과 차별성을 지니지만, 사회 속에서 그 효력을 얻는다는 점에서는 다른 자본과 동질성을 지닌다. 콜먼은 사회자본의 의미를 부각하기 위해서 물적자본, 인적자본 간의 차이를 부각시킨다. 어떤 자본이든 자본은 사회의 생산성을 높이는 데 중요한 역할을 하지만, 물적자본은 생산에 필요한 도구와 기자재 같은 인프라를 제공함으로써 그 일을 감당한다. 인적자원은 인간의 능력, 즉 기술과 지식 등을 최적화함으로써 생산성을 증가시키는 데 도움이 된다. 이와 달리 사회자본은 사람과 사회구조 간에 자연발생적으로 나타나는 사회적이거나 사회심리적인 관계를 최대한 활용함으로써 생산성을 증가시키는 데 기여한다. 사회자본은 가구를 만들려면 목재가 필요하듯이 사회구조를 벗어날 수가 없다. 사회구조의 틀 속에서 발생하는 사회 구성원의 사회적 행위는 사회자본의 토대가 된다. 물론 모든 사회적 관계가 사회자본으로 편성되는 것은 아니다. 사회자본이 되기 위해서는 어떤 목적 달성을 위한 사회적 결속이 우선해야 한다. 콜먼은 그 목적 달성을 위해 사회정치적으로 어떤 종류의 이데올로기를 취해야 하는지에 대해서는 유보적인 입장을 취하고 있다. 그가 의미를 두는 사회자본은 현 사회구조에 정치적으로 긍정적 속성을 가진 것으로 가정하고 있다. 그것은 콜먼이 사회자본의 실증적 사례로 들고 있는 신용이나 믿음, 의무감처럼 사회적 결속에 직접적으로 작용하고 있는 것들이기 때문이다. 사회 구성원 간에 생기는 믿음과 신뢰는 사회적 분위기의 질을 의미하는 것이며, 사회적 결속의 강도를 드러내는 척도다. 예를 들어, 우리 사회에서 전통적으로 민간자본 형성의 씨앗이 되었던 계모임 같은 활동은 구성원 간의 친밀도뿐만 아니라 믿음의 강도, 구성원 간에 지켜야 할 의무감 등을 내적으로 규제하고 있다. 그런 규제는 보이거나 보이지 않게 구성원 간에 높은 구속력과 강제력을 드러낸다는 점에서 계모임 등이 대표적인 사회자본의 사례에 속한다. 구성원 간에 믿음의 강도가 낮으면 계모임 같은 사회자본은 손쉽게 구축될 수 없다. 이런 믿음이 사회자본의 축적과정에서 결정적으로 중요한 것은 무엇보다도 구성원 간의 믿음과 신뢰가 공동체에 잔류하고 있는 사회적 문화의 차이, 심리적 이질감을 극소화시켜 주는 데 결정적인 역할을 하기 때문이다. 사회자본이 축적될수록 지역공동체에게는 여러 가지 혜택이 돌아간다. 첫째, 사회자본이 축적되면 사회 구성원은 사회공동체에 대한 깊은 소속감과 그 공동체에 속해 살아간다는 지역주민으로서의 사회심리적 보상을 느끼게 된다. 둘째, 지역주민 간의 정보공유가 원활해져서 구성원들의 삶에 직접적으로 영향을 줄 수 있는 정보도 공유한다. 삶에 유용한 정보를 직접적으로 얻게 됨으로써 시간을 절약하게 되고, 이에 구성원은 서로 유대감을 갖는다. 셋째, 사회자본은 사회 구성원에게 사회적 안전망 혹은 사회적 안전잠금장치로도 활용된다. 사회가 지향하는 비전을 공유하게 만들어 주는 데 필요한 규범이나 가치관을 심어주기 때문이다. 사회자본은 사회 구성원이 가질 수 있는 이기주의적 행동을 억제하기도 하

고, 문화적 일탈을 예방해 주는 부수적인 효과도 갖는다. 이렇게 사회자본이 공동체 구성원에게 사회문화적 일탈을 예방하는 장점도 있지만, 반대로 독창적인 혁신력이나 창의적 문제해결력을 억제하는 단점을 가지고 있는 것도 사실이다. 따라서 사회자본의 긍정적 기능이 발휘되도록 사회자본의 성격을 구성원에게 분명히 숙지시킬 필요가 있다. 결국 콜먼은 사회자본의 본질을 기능적인 측면으로 제한하여 논의한 것이다. 이런 기능적인 규정의 틀로 해석하면 사회자본은 단일의 실체로 파악할 수 있는 것이 아니다. 그것은 일정한 사회적 구조의 측면과 사회적 구조에 속한 개인들이 보여 주는 특정한 행동양식과 활동들로 드러난다. 그런 것을 드러내는 사회자본의 기능 중 하나가 바로 생산적 기능이다. 사회자본의 기능 중 대표적인 것은 사회구조가 임의적으로 획득할 수 없는 특정한 목표를 성취하도록 만들어 주는 것이다. 사회자본은 물적자본과 인적자본처럼 어떤 것을 직접적으로 구매하거나 대체할 수 있는 것이 아니다. 사회자본은 사회구조 안에서 사회 구성원이 보여 주는 특정 활동에 따라 요구되는 것을 대체할 수 있도록 만드는 사회적인 힘이다. 그런 점에서 사회자본은 사회 구성원을 하나로 묶어 주는 사회 구성원의 사회심리적 선택과 그것으로 얻는 사회적 위력일 뿐이다. 이에 사회자본은 사회구조 안에서 두 사람 이상의 많은 사람 간의 관계를 하나의 틀로 구조화하는 힘이며 구속하는 사회심리적인 마력 같은 것이다.

14 퍼트남(Putnam)은 콜먼과는 다르게 실천적인 입장에서 사회자본을 이론화하였다. 그에 따르면 한 국가의 실패와 성공은 사회자본의 유무와 형성 정도에 달려 있다. 그는 사회자본을 이탈리아 경제의 발전을 연구하는 과정에서 밝혀내려고 노력하였다. 그는 이탈리아 남부의 경제파탄과 북부의 경제번영을 사회자본의 관점에서 파악하였다. 사회자본이 없는 이탈리아 남부지역에서는 민주적 자치정부를 운영할 수 없었는데, 이것은 남부지역에 사회자본이 결여되어 있다는 것을 의미했다. 사회자본이 결여된 결과, 이탈리아 남부에는 부패와 무능, 극심한 빈곤이 만연하였다. 이에 반해 이탈리아 북부지역에는 사회자본이 풍부했다. 이탈리아 북부에는 주민 간에 협동, 참여가 일상화되어 있었으며, 사회의 각 기관은 사회자본의 기반 위에서 나름대로의 경제적 효율성을 최대한으로 달성하고 있었다. 퍼트남은 이 연구를 통해 사회자본이 사람들의 협력관계와 행위를 촉진시켜 사회적 효율성을 향상시키는 조직생산의 원동력이 된다고 파악했다. 이 경우 사회자본은 공동체 구성원 간의 호혜성에 바탕을 둔 신뢰나 약속, 관계망 등으로 만들어지는 공공재의 기능을 발휘한 것이었다. 사회적 관계를 통해 다른 사람들의 관심이나 도움을 얻어내고, 이를 기반으로 하나의 공동체가 이루려고 하는 사회적 목표를 달성하는 데 도움을 주는 동원력처럼 사회자본은 사회 곳곳에서 작동하고 있는 살아 있는 사회적 기능이다.

15 쇼리스(Earl Shorris)는 작가로서 1995년 뉴욕형무소의 죄수들을 대상으로 개최한 '가족폭력예방 워크숍' 에서 할렘가 출신의 한 여죄수와의 대화를 통해 영감을 받고 그들에게 인문학을 가르치기 시작했다. 그는 노숙자들이 스스로 성찰하고 사고할 수 있는 능력을 키울 수 있도록 사회 최하층 빈민을 위한 '인문학 코스' 를 '로베르토 클레멘트 가족보호센터' 에 개

설했다. 이후 노숙자 숙소, 마약재활센터, 교도소 등을 돌아다니며 수강생을 모집하여 1995년에 17~35세의 노숙자, 전과자, 마약복용자, 실업자 등 31명을 대상으로 첫 강의를 개설했고 17명이 이 과정을 수료하였다. 이 인문학 과정을 통해 미국 사회의 최하층에 속했던 사람들은 스스로 더 나은 삶에 대해 적극적으로 사고할 수 있게 되었고, 민주주의 사회의 일원으로 행동하도록 자긍심을 가지게 되었다. 인문학 수료생들 중 어떤 이들은 대학에 진학하거나 취업에 나섬으로써 마약복용자와 전과자, 노숙자의 신세를 자발적으로 벗어나고 있다. 최하층 최빈민층을 대상으로 한 사회복지 교육 프로그램으로 유례없는 성공을 거두자, 그의 교육활동에 동의하는 사람들이 캐나다, 호주, 멕시코를 중심으로 30개 도시에 40개의 코스를 개설하였다. 그들은 모든 이를 위한 평생교육과 교육자본이 무엇인지, 사람들에게 사람으로서 살아가는 데 필요한 배움력의 진수가 어떤 것인지를 간결하게 보여 주고 있다[참고: Shorris, E. (2006. 1). 인문학과 민주주의(역)].

16 세계은행(World Bank)이 사회자본을 이렇게 규정하였던 것은 세계은행 스스로 사회자본 접근법으로 빈곤과 실업 문제를 해결하기 위해서였다. 세계은행은 저개발국의 발전과 투자를 위한 핵심 키워드로 사회자본 개념을 채택했다(World Bank, 1997; 1998)[참고: World Bank (n.d). What is a social capital?].

17 세계은행은 교육이 사회자본임을 다음처럼 간략하게 소개하고 있다.
"Education as a Source of social capital: Recent research indicates that social capital is not only a critical input for education but also one of its valuable byproducts. In addition to strengthening the human capital needed for economic development, social development and state accountability, edcation fosters social capital-rich networks. Social capital is produced through education in three fundamental ways: ① students practice social capital skills, such as participation and reciprocity, ② schools provide forums for community activity, ③ through civil edcation students learn how to participate responsibly in their society. Education can also promote societal cohesion and strengthen citizenship when children of all socio-economic backgrounds are enrolled in the public decation system."

18 참고: Lin, N. (2002). Social capital: A theory of social structure and action.

19 참고: 김용학(2004). 사회연결망 이론, p.133.

20 이때 말하는 소통은 이미 지적한 것처럼 사람들 간의 빈번한 언어교환이나 언어교통(communication)을 의미하는 것이 아니라 사람들 간의 의식소통 혹은 상호 경험(inter experience)을 말한다. 언어교통과 의식소통 간의 차이에 대해 예를 들면, 서울-부산 간 왕복 고속도로에는 수많은 다른 종류의 자동차들이 지나간다. 각자의 이해관계도 다르고 종착지점도 다르다. 그렇지만 자동차들은 끊임없이 서로 앞다투어 나가고 빠지고 한다. 한 방

향을 향해 앞서거나 뒤처지기도 하지만, 각 자동차는 교통을 하였을 뿐이지 서로 의미를 만들어 주는 소통을 한 것은 아니다. 그럴 경우 대구를 향해 달리는 나는 똑같이 대구를 종착지로 삼고 달리는 다른 자동차 운전사들과 아무런 관련도 없다. 홀로 경부선을 달리는 나의 심정이나 기분은 마치 100차선의 고속도로에서 그 어느 한 차선에 끼어 있는 외로운 나그네 이상의 감정을 갖기는 어려울 것이다. 마치 연세대학교 교수로 소속되어 있어 연세대학교 직원들과 다른 조직의 사람들에 비해 상대적으로 유리하게 언어교통을 할 수는 있지만, 그들과 엇비슷한 언어, 엇비슷한 정감, 상호 이해적인 배려를 주고받고 있다고 말할 수 없는 것과 같다. 교육학과 학생이 교육학을 공부한다고 할 때도 이 점은 마찬가지로 작동한다. 그가 교육학과라는 연결망에서 다른 학생들과 더불어 교육학을 전공하였을 때 얻을 수 있는 여러 가지 이익에 대해 엇비슷하게 동의하면 교육학과에 속한 학생이나 교수들에 대한 학문적 기대감이 서게 될 것이다. 그리고 교육학을 공부하는 동안 서로 엇비슷한 개념과 정감을 가지게 됨으로써 교육학이라는 학문공동체에 대한 나름대로의 정체성을 확보할 것이고, 그에 따라 서로 간에 교육학에 대한 믿음이 설 것이며, 그것을 통해 서로가 서로에게 의미 있는 언어와 이해를 주고받을 것이다. 여기에서 중요한 것은 연결망이 있다고 해서 자동적으로 믿음이 생기는 것은 아니라는 점이다. 내가 교육학과에 소속했다고 해서 교육학과의 동료들에 대해 신뢰를 자동적으로 가지고 있는 것이 아닌 것처럼 말이다. 그렇게 되려면 일종의 여러 가지 물질적이고 정신적인 여과과정을 거쳐야 되고, 그로부터 일종의 정서적 끈끈함 같은 것들이 축적되어야 한다. 그런 끈끈함이 개인의 이해관계에 언제나 긍정적으로 작동하는 것은 아닌데도 그런 정서적 유대감의 축적 때문에 서로가 서로를 이해하며 필요한 경우 어떤 형태의 배려도 할 수 있게 된다[참고: 한준상(2001b). 학습학].

21 참고: Myerson, G. (2003). 하이데거, 하버마스, 그리고 이동전화(역).

22 참고: 한준상(1999c). 호모 에루디티오; 한준상(2001b). 학습학.

23 참고: Zucker, L. G. (1986). Production of trust: Institutional sources of economic structure, 1840-1920.

24 한국인들은 직장이나 사회생활에서 성공하기 위해 자신의 능력 다음으로 가장 필요한 것으로 인맥을 꼽고 있다. AM7과 리서치 전문기관인 ㈜아이클릭이 지난 2005년 10월 4~10일에 전국 네티즌 549명을 대상으로 설문조사를 실시한 결과, 능력 이외의 성공요인으로 '인맥' 이 1위를 차지했다. 성별로는 남성(40.5%)과 여성(36.5%)이 모두 '인맥' 을 1위로 꼽았다. 남성의 경우 2위로 '성격' (18.7%)을 꼽은 반면, 여성은 '학벌' (22.6%)을 2위로 꼽았다. '외모' 의 경우 남녀 모두 4위를 차지했다. 연령별로는 10대의 경우 '학벌' 과 '성격' 이 33.3%로 공동 1위를 차지한 반면, '인맥' 은 16.7%로 '외모' 와 함께 공동 3위에 그쳤다. 그러나 20, 30, 40대는 모두 '인맥' 을 1위로 꼽았고, 50대 이상은 오히려 '성격' 을 1위에 올렸다. 응답자들이 중요하다고 꼽은 것은 인맥(39.3%), 학벌(18.6%), 성격(18.6%), 외모

(10.4%), 집안배경(7.7%), 능력을 제외하고는 아무것도 없다(4.9%), 출신지역(0.5%) 순이었다.

25 평생교육과 사회자본 간의 상관성을 연구하는 국내 연구진들 역시 서구의 같은 연구들과 엇비슷하게 평생교육의 정책을 위한 사회자본의 쓰임새를 지적해 주고 있다. 첫째, 사회자본은 평생교육과 그것에 참여하는 사람들 간의 호혜성, 신뢰, 의견수렴, 협동 등 사회적 통합을 위한 긍정적 가치를 형성시키는 근원이 된다고 보고 있다. 사회자본을 형성하는 가치들이 강하게 발현될 때 교육을 통한 결과가 긍정적일 가능성이 높아진다. 그래서 평생교육은 실업, 건강, 범죄 등의 사회문제를 감소시키는 데 도움이 될 수 있다. 둘째, 평생교육에의 참여는 지역사회에 대한 소속감 형성, 참여와 호혜성과 같은 사회자본과 관련된 기술을 습득·연마하여 사회적 네트워크를 구축할 수 있는 기회를 제공한다. 셋째, 평생교육 차원에서 학부모의 학교 참여는 지역사회 차원의 네트워크 구축에 영향을 준다. 동시에 자녀들에게는 책임 있는 시민의 참여의식을 창출할 기회가 되고, 더불어 학생들의 학습활동이 지역 차원에서 중요하게 다루어지고 있음을 알려 준다. 넷째, 평생교육에 대한 지속적인 참여를 통하여 사회적 네트워크가 구축되고 지역의 중요한 이슈들을 논의할 기회가 마련될 수 있다. 이러한 연구는 사회자본과 평생교육 성과 간의 관계에 대한 중요한 지표를 제공할 수 있다는 차원에서 관련 프로그램과 서비스를 구상하고 제공하는 데 큰 도움을 줄 수 있다[참고: 김태준 외(2004.12). 지역인적자원 개발을 위한 사회적 자본 측정 및 형성전략의 국제비교연구].

26 참고: Field, J. (2005). Social Capital and Lifelong Learning; Field, J., Schuller, T., & Baron, S. (2000). Social capital and human capital revisited; Field, J., & Spence, L. (2000). Social capital and informal learning.

27 참고: 김태준 외(2004.12). 지역인적자원 개발을 위한 사회적 자본 측정 및 형성전략의 국제비교연구.

28 이런 연구 결과는 대구와 경북 지역에 있는 민간단체, 그중 비영리 민간단체로 등록한 426개의 민간단체가 표본으로 삼아 밝힌 리더십과 민간단체의 사회자본 증대 간의 상관성에 관한 연구에서 나타난 것이다(김남선, 원용숙, 2003). 연구자들이 발견한 것은, 첫째 민간단체의 사회자본 증대를 위해서는 거래적 리더십 유형보다 변혁적 리더십 유형을 지닌 리더가 요구된다는 것이었다. 둘째, 변혁적 리더십 유형 중에서 카리스마적 유형과 지적 자극 유형을 지닌 리더의 발굴과 육성이 요구된다. 특히, 카리스마적 유형을 지닌 리더는 그 조직의 비전을 제시하고 조직 구성원이 자부심을 느낄 수 있도록 해야 한다는 점이었다. 지적 자극 유형을 지닌 리더는 민간단체의 업무에 새로운 동기를 부여하거나 새로운 아이디어를 지속적으로 부여하는 특성을 지니고 있어야 한다. 지적 자극 유형을 지닌 리더는 조직에서 발생하는 문제점을 해결하기 위해 다양한 방법을 제시할 수 있는 능력을 지니고 있어야 한

다. 셋째, 거래적 리더십 유형의 리더는 민간단체의 구성원들에게 조건적 보상 유형을 지니고 있어야 한다는 사실이었다[참고: 김남선, 원용숙(2003). 평생교육관련 민간조직의 리더십 활성화를 통한 사회자본 극대화 방안].

29 참고: Woolcock, M. (1999, April). Social capital.

30 참고: 김용학(2004). 사회연결망이론.

31 사회자본을 인간의 배움문제, 그중에서도 지역사회에서 전개되는 배움공동체활동과 사회자본의 축적을 서로 관련시켜 논의해야 하는 이유는 다음 세 가지다. 첫째, 교육을 통해 형성되는 사회자본이 지역개발을 위한 지역주민의 주인의식, 정체감을 촉진시켜 주기 때문이다. 둘째, 지역사회의 교육활동으로 형성되는 사회자본은 지역사회 문제해결에 도움이 되는 새로운 리더십 개발과 훈련에 유용하기에, 사회자본을 배움의 관점에서 제대로 파악한다면 인간의 배움활동을 통한 사회적 문제해결과 인적자원 개발이 용이할 수 있기 때문이다. 셋째, 사회자본이 교육과 결합되어 사람들 간에, 사람과 사회제도 간에 인간적인 매개와 공동체 지향적인 접착의 기능을 발휘하면 그것은 지역사회의 질 향상과 지속적인 발전이 가능한 공동체 건설을 약속하는 것이나 마찬가지이기 때문이다. 이 역시 인간의 배움을 통한 사회통합의 새로운 가능성을 보여 줄 수 있다.

32 인류발달 과정에서 도시는 대체로 기원전 3,000~4,000년경부터 발생한 것으로 나타난다. 그런 도시들은 서구에서 산업혁명을 계기로 획기적으로 발달·확장되었다. 촌락지역의 많은 노동력이 신흥공업도시로 집중해 도시의 규모는 더욱 확대되었다. 노동의 분화, 산업의 발달은 인구 유입과 도시 확대를 촉진시켰다. 철도와 전철의 등장으로 통근지대가 확대되자 도시의 형태 역시 주요 간선교통로를 축으로 별 모양의 시가지를 이루었다. 주거지와 직장이 분리되면서 도시의 규모가 더욱 커졌으며, 20세기 중반부터는 자동차 교통이 발달하고 도로망이 확충됨에 따라 교외화가 활발하게 진행되었다. 도시의 성장은 더욱더 가속화되었고 이에 따라 거대도시, 즉 메갈로폴리스가 등장했다. 말하자면 미국 북동부, 서부, 유럽, 일본 등의 거대도시처럼 메갈로폴리스는 확장되어 연속적으로 발달하고 있다. 우리나라에서 도시는 고대국가의 형성과 더불어 발달하기 시작하였으며, 고구려의 국내성과 평양, 백제의 위례성과 공주 및 부여, 신라의 경주 등이 대표적인 도시 형태다. 이런 도시들은 생산력을 갖춘 도시라기보다는 행정의 중심지가 되었다. 조선시대에는 한양과 지방행정 중심지에 도시가 발달하였고, 후기에는 상업적 기능을 갖춘 도시가 급속히 성장하였다. 광복 이후에도 도시발달은 전국적으로 진행되었다. 1980년대부터는 서울, 부산과 같은 대도시 주변에 여러 위성도시가 발달하였다. 그런데 이들 도시들이 사회자본 형성을 위한 평생학습 기능을 발휘하기에는 조직에서 기능에 이르기까지 아직 역부족이다.

33 학생과 교사만의 공간으로 여겼던 학교가 지역주민을 위한 문화공간으로 탈바꿈하고 있다. 경기여고 경운박물관의 경우 2003년 4월에 문을 연 이래, '영부인 예복으로 본 한복의 흐

름', '사진으로 보는 근세 풍물전' 등의 기획전을 열고 인근 주민에게 문을 열어 놓고 있다. 관람료는 없다. 각 전시회 설명은 동창회원들로 구성된 약 150명의 자체 도슨트(docent: 교육을 받고 무보수로 박물관, 미술관 등에서 관람객을 안내하면서 전시물 및 작가 등에 대한 설명을 제공하는 사람) 요원이 돌아가면서 맡는다. 이번 물고기 민화전에서 도슨트 업무를 맡고 있는 이광애(59) 씨는 '집안일을 하면서 비는 시간을 이용해 이곳 일을 돕고 있다.' 며 '지역사회에 기여할 수 있다는 데서 일하는 보람을 느낀다.' 고 말했다. 경기도 분당 정자동에 위치한 계원예술고등학교 벽강예술관에서는 학생 공연은 물론 굵직굵직한 지역문화행사를 개최한다. 2003년 5월에 개관한 이 예술관은 약 1,200평 규모의 지하 2층, 지상 3층으로 된 건물에 960석 규모의 객석을 갖추고 있어 일반 공연을 유치하기에 손색이 없다. 올해에만 성남시립교향악단의 정기연주회, 분당구 어머니합창단 정기연주회 등의 행사가 이곳에서 열렸다. 이 학교 관계자는 '대관료는 냉난방에 들어가는 비용을 감안해 적자가 나지 않을 정도로만 받고 있다.' 고 말했다. 서울 이화여고 내에 자리 잡은 32년 전통을 자랑하는 '류관순기념관' 은 학교가 지역문화 공간의 역할을 해 온 원조라고 할 수 있다. 3층 건물에 1,765석 규모의 공연장 및 전시실 등으로 구성된 기념관은 그간 3 · 1절 기념행사의 단골 행사장이 되었을 뿐 아니라 문화공연시설이 부족했던 시절 지역주민의 문화 욕구를 해소하는 역할을 해 왔다. 최근에는 과거만큼 자주는 아니지만 '장애인의 날' 기념연주회 등을 통해 꾸준히 지역민 문화생활의 한 축을 담당하고 있다. 최근 들어 정책적으로 학교 건물에 체육관 등 문화시설을 짓고 지역주민이 이용할 수 있도록 하는 사례가 늘고 있다. 서울시 교육청과 서울시 이하 각 구청이 공동으로 투자하는 학교시설 복합화 사업이 그것이다. 학교시설 복합화 사업이란 학교의 여유공간을 활용해 체육 · 문화시설을 짓고 학생과 지역주민이 함께 이용할 수 있도록 하는 것이다. 체육시설 외에도 주차공간이 부족한 지역에서는 학교운동장 지하에 주차장을 건설함으로써 지역 주차난 해소를 도모하기도 한다. 학생은 이렇게 지어진 시설을 수업시간에 이용할 수 있고, 지역주민은 학교수업과 겹치지 않는 시간대에 문화 · 체육생활을 즐길 수 있다. 보통 교육청과 서울시 해당 구청이 건립비용을 공동으로 부담하고 건물에 대한 소유권은 학교에서 갖는다. 마찬가지로 학교시설 복합화 사업의 일환으로 2003년 10월 체육관과 실내수영장을 갖추게 된 서울 성북구 돈암초등학교 역시 지역문화 · 체육센터로 이용되고 있다. 이곳에서도 수영과 헬스는 물론 에어로빅, 요가, 벨리댄스 등의 강좌를 수강할 수 있다. 가격은 성인 기준으로 4만 7,000원선. 10월부터는 최근 요가와 함께 각광을 받고 있는 필라테스 강좌가 새로 개설된다. 헬스장과 수영장은 민간 위탁업체가 학교에 일정액의 대관료를 지급해 운영하고 체육관, 시청각실 등은 학교에서 직접 관리한다. 현재 복합화 사업을 통해 체육관이나 실내수영장 등을 운영하는 서울 시내 초 · 중 · 고등학교는 18곳. 공사가 진행 중이거나 예정에 있는 곳도 25곳이다 [참고: 주간조선, 2005년 2월 4일자].

34 참고: Yamit, M. (2000). Towns, cities and regions in the learning age: A survey of learning communities.

35 로테르담은 인구가 약 60만으로 네덜란드 제2의 도시며, 유럽 최대 규모의 무역항이다. 높은 실업률, 도심지역의 슬럼화, 다양한 거주민 집단 간의 사회적 불평등 등의 사회문제가 심각했던 로테르담 시 당국은 이를 해결하기 위해 1997년부터 학습도시 프로젝트를 구상했다. 시는 '로테르담 시민의 새로운 세기를 준비한다.' 는 거시적 목표를 가지고 2010년까지의 마스터플랜을 수립하였다. 2000년부터 실시된 초기 프로그램은 1990년대 중반부터 급속히 상승하기 시작한 실업률, 도시 경제활동의 큰 부분을 차지하는 무역항의 제반 업무가 전산화 · 자동화되면서 시급하게 된 ICT(Information and Communication Technology) 인력공급의 문제, 그리고 인구의 약 40%를 차지하는 이민자의 교육 및 취업 문제에 실질적 · 효율적으로 대응할 수 있는 ICT 역량 배양에 집중하고 있다. 로테르담에서 진행되고 있는 프로그램 내용은 크게 학습센터 설립, 학습구좌 프로그램 도입, 알베다 칼리지(Albeda College) 프로그램 및 이민자를 위한 프로그램 등으로 나눌 수 있으며, 그 활동은 학습센터 설립에서 이민자의 문해교육에 이르기까지 매우 폭넓다. ① 학습센터 설립(주민의 배움과 사회통합의 장/참여 촉진): 2000~2002년 초까지 30개의 학습센터가 도시 전역에 설립되었는데, 컴퓨터 5~6대를 구비한 작은 규모부터 대학 내의 대단위 학습센터에 이르기까지 총 60여 개소의 학습센터가 설립되었다. 학습센터 프로그램은 장애인, 이민자, 저소득층, 노년층 등 기존의 제도권 교육 프로그램의 혜택을 받지 못했던 사회적 소수자들에게 ICT 학습기회를 제공하는 것을 일차적 목표로 하고 있다. '유럽 컴퓨터 드라이빙 라이선스(European Computer Driving License: ECDL)' 등 각각의 학습 프로그램은 개인별로 내용과 진도를 조정할 수 있으며, 학습 프로그램에 참여하지 않는 사람들도 자유롭게 시설을 이용할 수 있다. 이러한 학습센터들은 도심의 비즈니스 지구를 비롯해 각급 학교, 보육시설, 노숙자 보호시설, 커뮤니티센터, 모스크와 같은 종교기관 등 다양한 장소에 설립되며, 편안한 분위기에서 누구든지 방문할 수 있도록 하는 것을 목표로 하고 있다. 점자 키보드, 음성인식 소프트웨어와 같은 장애우를 위한 시설 및 이민자를 위한 다언어 학습 프로그램을 구비하고 있다. ② 학습구좌 프로그램 도입(배움의 자율화): 로테르담 시 당국은 2002년부터 '개인학습구좌' 의 개념을 시험적으로 도입하였다. 최저임금 노동자를 대상으로 우리 돈으로 약 100만 원에 해당하는 학습구좌를 개설해 주고 대상자 스스로 자신에게 필요한 학습을 수행할 수 있도록 하는 것이다. 현재는 직업기술훈련에 집중되어 있으나 앞으로는 직업기술과 직접적인 관련이 없는 분야까지 확대하는 것을 검토하고 있다. ③ 알베다 칼리지 프로그램(주민자치대학의 중요성): 로테르담 시내에 위치한 알베다 칼리지에는 정규 교육을 중도에 포기한 청소년을 위한 대규모 학습센터가 개설되어 있다. 매년 3~4만 명이 이 프로그램에 참여하고 있다. 로테르담에서 정규 교육을 중도에 포기하는 비율은 40%에 달하는데, 이들 중 절반 이상이 학습기회와 함께 지원금을 제공하는 알베다 칼리지 프로그램의 혜택을 받는 것으로 알려져 있다. ICT 트레이닝을 중심으로 한 학습 프로그램은 사회계층 간의 정보 불평등, '디지털 양극화' 를 타개하고자 하는 로테르담 시 당국과 중앙정부의 의지를 반영하고 있다. 로테르담의 ICT 관련 기업들도 프로그램의 운영 및 수료

생 고용에 참여하고 있다. ④ 이민자를 위한 프로그램(리터러시와 직능교육): 인구의 약 40%가 이민자이고 신생아의 50% 이상이 이민가정에서 태어나고 있는 로테르담은 다민족 사회로 급속하게 변화하고 있다. 이러한 상황 속에서 시 당국은 이민자들에게 네덜란드 문화에 동화될 것을 강요하기보다는 각각의 고유한 문화적 배경을 유지하면서 지역사회에 공헌할 수 있도록 유도하는 방향으로 정책을 전환하였다. 'Old Comers' 프로그램은 네덜란드 사회에 적응하지 못한 이민 1세대들이 각각의 모국어로 진행되는 학습 프로그램을 통하여 네덜란드어 및 네덜란드 사회에 대한 이해를 높이는 것을 목표로 한다. 한편, 2002년부터 로테르담 시는 급격하게 늘어나는 망명 신청자들이 거주허가를 받기 이전에도 각종 학습센터를 이용한 직업교육과 사회적응 프로그램의 혜택을 받을 수 있도록 하였다. 이러한 프로그램들은 이민자들의 다양한 문화와 경험을 국제도시 로테르담의 중요한 학습자산으로 포용하는 동시에 이민자들이 지역사회에 대한 소속감과 책임감을 가지도록 유도한다는 목적을 가지고 있다. 로테르담의 프로그램들은 유럽의 대도시들이 공통적으로 직면하고 있는 사회통합의 문제를 ICT를 중심으로 한 학습 프로그램을 통하여 해결방안을 모색하고자 한다는 특징을 가지고 있다. 2000년 이후 진행된 프로그램들은 '학습도시' 라는 주제를 명시적으로 강조하기보다는 지역사회의 문제점을 명확하게 인식하고 그에 대한 해결방안을 모색한다는 프로그램 중심적 관점에서 진행되고 있다. 내용적 측면에서는 개인과 지역공동체의 학습을 통해 도시의 발전된 미래상을 구현하고자 하는 학습도시 프로젝트의 핵심적 성격을 강조하고 있다.

36 영국에서 다른 지역에 비해 경제적으로 낙후된 북동부의 뉴캐슬에는 약 30만의 인구가 거주하고 있다. 1980년대 영국 경제의 전반적인 침체와 함께 지역의 대표적인 경제활동이었던 석탄산업이 쇠퇴하면서 높은 실업률, 낮은 임금, 청장년 인구 유출 등의 문제가 지속되었다. 1990년대 후반부터 이를 타개하기 위한 전면적인 재개발(regeneration) 전략을 추진하고 있다. 뉴캐슬 시 당국은 2001년 발간한 정책보고서 『Building Bridges』 및 도시발전 전략 보고서 『Going for Growth』에서 '문화' 와 '교육' 을 도시 미래의 번영을 위한 핵심 주제로 천명하였다. 이에 따라 유럽 문화수도 프로젝트 등 문화도시로의 리브랜딩 전략과 함께 정규 교육의 질적 향상, 영유아 보육환경 개선, 청소년 학습동기 부여, 도서관과 학습센터 등의 학습 기반시설 강화, ICT 기반 확대 및 평생학습을 통한 지역민의 역량 강화를 목표로 하는 학습도시 전략을 추진하고 있다. 뉴캐슬 학습도시 전략의 중심적인 주제는 '평생학습' 으로서 여러 가지 프로젝트를 진행하고 있다. ① 뉴캐슬 학습 파트너십 발족: 뉴캐슬 시는 2001년 16세 이후의 학습과 관련된 모든 영역의 논의를 포괄하는 '뉴캐슬 학습 파트너십(Newcastle Learning Partnership)' 을 발족하였다. 파트너십의 핵심은 뉴캐슬 시 당국의 'Education and Libraries' 부서 및 'Enterprise, Environment and Culture' 부서, 학습도시 관련 정책전문가, 뉴캐슬 소재 고등학교 및 대학, YMCA 등 시민단체, 상공회의소 등에 소속된 70여 명의 전문가 그룹으로 구성된 '학습도시 포럼' 이다. ② *Adults Only Easter* 발간(학습편람): 학습편람인 *Adults Only Easter* 는 봄을 맞이하는 부활절 무렵 집

안을 대청소하고 새로운 한 해를 준비하는 것처럼, 성인들이 학습을 통해 역량을 쌓아 인생의 새로운 가능성을 찾을 수 있다는 뜻에서 이름 붙여진 학습 지침서로, 뉴캐슬 시청의 학습도시 부서(Learning City Unit)가 1년 단위로 발행한다. 각급 학교, 공립학습센터, 도서관, 커뮤니티센터 등에서 진행되는 뉴캐슬의 모든 평생학습 관련 코스를 자세히 소개하는 편람뿐 아니라 상담 안내 등 학습 프로그램과 관련해 학습 수요자에게 유용한 모든 정보를 담고 있다. 뉴캐슬 시내의 평생학습 프로그램은 절반 이상이 무료로 진행되며, 55세 이상 또는 16~19세 청소년, 저소득층, 실업자에게는 전 과정이 무료다. 뉴캐슬 시청의 학습도시 부서가 직접 상담, 통역 등 학습 수요자에 대한 대민 서비스를 시행하고 있다. ③ Basic Skills Team 프로그램: Newcastle Basic Skills Team 프로그램은 어린이, 학생, 직장인을 대상으로 업무나 학업에 필요한 기본적인 능력을 배양하는 과정이다. 대학입학 자격시험 혹은 소방관, 경찰 등 임용시험 준비, 지역사회 봉사활동에 필요한 기초 소양 수양에 이르기까지 다양한 분야를 다룬다. 각급 학교, 공립학습센터, 도서관, 커뮤니티센터 등에서 진행되는 이 프로그램은 시 당국에서 기본적인 교육을 받은 자원봉사자들이 무료로 운영하고 있다. ④ ESOL 프로젝트: ESOL(English for Speakers of Other Languages)은 영어가 모국어가 아닌 시민권자 혹은 3년 이상 거주자, 망명자 및 피난민, EEC 지역 출신자를 대상으로 무료로 실시하는 영어교육 프로젝트다. ⑤ 가족학습 프로그램(Family Literacies): 부모나 조부모, 친척 등 가족 구성원이 집에서 어린이의 학습을 보조하고 학습동기를 부여할 수 있도록 도와주는 성인 대상의 교육 프로그램이다. 어린이와 가족 구성원이 함께 참여할 수 있는 기초 언어 및 산술/예술/학교과제 보조 프로그램, ICT 프로그램 등을 학교나 도서관, 커뮤니티센터 등에서 제공한다. 학부모 간에도 네트워크가 자연스럽게 생겨나 정보 교환의 기능도 하고 있다. 뉴캐슬의 학습도시 프로젝트는 시청 내부의 문화, 교육, 복지 등 관련 부서는 물론이고 외부의 교육기관, 도서관, 커뮤니티센터 등과의 긴밀한 파트너십을 통해 다양한 층위에서 전면적으로 진행되고 있다. 뉴캐슬은 1990년대 후반 이후 지역 재개발과 관련된 다양한 전략 과제를 수행하고 있는데, 이 과정에서 각종 산업정책, 환경정비 정책 등과 함께 문화 및 학습 도시 프로젝트를 도시 발전전략의 핵심으로 인식한 것이다. 문화 및 학습 친화적 환경을 조성하는 것이 젊은 층 인구의 유출을 억제하고 지역민의 자생적 역량 배양의 기초가 되어 지역발전의 토대가 될 것이라는 뉴캐슬 시의 정책은 도시정책 수립에 장기적 안목과 긴 호흡이 중요하다는 인식을 기초로 하고 있다.

37 평생학습도시를 가꾸는 데 상당히 성공한 영국의 노리치 시는 학습도시 사업을 설명하는 단어로 '17P'를 선용해 왔다. 즉, 사람(people), 잠재력(potential), 장소(place), 파트너십(partnership), 제공(provision), 홍보(promotion), 참여(participation), 진로(pathways), 비용부담(pay), 가능성(possibilities), 프로젝트(projects), 프로비전(provision), 향상(progression), 인식(perception), 즐거움(pleasure), 열정(passion), 자부심(pride)과 같은 단어들이 주민들에게 평생학습도시에의 참여를 유도해 왔다고 보고 있다. 학습도시의 가장 큰 목적은 사람들이 학습에 대한 욕구와 관심을 회복하도록 하는 것인데, 노리치 시가

10년 동안 학습도시 사업을 운영하면서 현재까지 얻은 성공의 교훈은 11가지 정도다. 이 모두는 노리치 시가 시민들과 사회자본을 형성하는 데 결정적으로 도움을 준 믿음과 신뢰의 교훈들이다. 사회자본 축적의 노하우는 다음과 같다. ① 작은 것이 아름답다. 거창한 프로젝트보다는 작은 성과부터 달성하고, ② 현재 있는 기관을 활용하는 프로그램이 더 효과가 있고, ③ 단기간에 성공을 거둘 수 있다. ④ 기관의 장점을 적극 활용하는 것이 필요하고, ⑤ 상이한 집단에서는 상이한 전략을 활용하고, ⑥ 기업체와 학교와 지역사회를 연대하는 것이 필요하다. ⑦ 상호 경쟁을 유도하고, ⑧ 성과에 대한 축하를 하며, ⑨ 가용한 재원을 조성하고, ⑩ 공동체에 학습을 확산시키며, ⑪ 홍보를 강화한다. 이런 것들은 노리치 시가 주민들과 파트너십을 형성하는 데 필요한 상호 신뢰관계의 조성과 즐거움을 나누는 일을 촉진해 준 요인들이다[참고: 교육개발원(편) (2005). 평생학습도시 최고지도자 유럽연수 결과보고서].

38 평생학습도시 선정 현황을 연도별로 정리하면 다음과 같다. 2001년에는 3개 지자체(대전 유성구, 경기 광명시, 전북 진안군)가 선정되었고, 2002년에는 3개 지자체(부산 해운대구, 경기 부천시, 제주 제주시)가 추가로 선정되었다. 이어서 2003년 5개 지자체(전남 순천시, 경북 안동시, 경남 거창군, 제주 서귀포시, 인천 연수구), 2004년 8개 지자체(서울 관악구, 경기 이천시, 충북 청주시, 충남 금산군, 전북 전주시, 전남 목포시, 경북 칠곡군, 경남 창원시), 2005년 14개 지자체(서울 양천구, 서울 성북구, 인천 부평구, 경기 수원시, 경기 구리시, 충북 단양군, 충북 제천시, 충남 부여군, 광주 남구, 전북 익산시, 대구 동구, 대구 달서구, 경남 김해시, 경남 남해군)가 차례로 선정되었다. 기초자치단체는 평생학습도시로 선정된 이후 다양한 형태로 평생학습도시 조성사업을 추진하고 있다. 현재까지 기초자치단체의 평생학습도시 조성사업은 사업추진 주체에 따라 운영 특성이 상이하게 나타나고 있다. 현재 이루어지고 있는 기초자치단체의 평생학습도시 사업추진 현황은 주로 세 가지 형태로 나타난다. 첫째, 공무원 중심의 지자체 주도형이다. 이러한 도시들은 평생학습도시로 선정된 이후 시청 지자체 행정조직에 평생교육 담당부서를 국 수준으로 설치하고, 담당 공무원을 다수 배치하여 시정의 모든 영역에 걸쳐 평생학습도시 사업을 추진하고 있다. 이러한 도시들의 경우는 지자체 장의 강력한 의지를 기반으로 사업이 추진되고 있으며, 지자체의 행정력을 바탕으로 평생학습도시 사업이 단기간에 활발히 추진되고 있다. 이런 형태의 장점은 평생학습도시 사업이 지자체의 행정력을 바탕으로 신속하고 강력하게 추진된다는 점이다. 단점은 지자체장이 교체될 경우 사업 지속성에 문제가 있고, 공무원의 전문성에 한계가 있다는 점이다. 둘째, 지자체 주도의 전문가 운영형이다. 이러한 도시는 평생학습도시로 선정된 이후 지자체 소속의 문화센터 시설에 평생학습도시 사업을 추진하는 평생교육센터 사무실을 설치하고 담당공무원 1인과 평생교육사 2인을 배치하여 평생학습도시 사업을 추진하고 있다. 이러한 도시들의 사업은 평생교육센터에 배치된 평생교육사와 담당공무원의 협조 속에 추진되고 있으며, 특히 평생교육사의 전문성이 사업내용에 잘 반영되고 있다. 이 형태의 장점은 평생학습도시 사업이 평생학습도시 전문가의 전문성과 자율성을 바탕으로

창의적으로 운영되어 바람직하고 질 높은 사업 추진이 가능하다는 점이다. 단점은 강력한 행정적 지원이 뒷받침되지 않을 경우 사업추진에 제약이 따른다는 점이다. 셋째, 외부기관 위탁형이다. 이러한 도시들은 평생학습도시로 선정된 이후 해당 지자체의 평생학습도시 사업을 담당하는 평생학습시설을 신축하고 이 시설을 중심으로 사업을 추진하고 있다. 이 도시들은 공모를 통하여 해당 도시의 평생학습도시 사업을 담당할 외부 기관을 선정하여 그 기관들이 사업추진을 담당하도록 하고 있다. 이러한 형태의 장점은 이상적으로는 지자체와 외부 기관과의 역할분담을 통해 효율적 · 효과적으로 추진될 수 있다는 점이다. 단점은 평생학습도시 사업 지원체제인 지자체 행정기구와 추진조직인 평생학습센터 간의 유기적 협력이 어려울 수 있다는 점이다. 한국에서는 평생학습도시 추진을 네 가지 목적별, 즉 산업혁신형, 학습 파트너형, 지역사회 혁신형, 그리고 지역공동체형으로 추진하고 있다.

39 청주는 직지를 중심으로 학습도시를 구성하고, 사회통합을 강력하게 추진하고 있다. 청주가 전통적인 교육도시에서 미래지향적인 학습도시로 전환한다는 것은 다수의 교육기관으로 대표되는 교육 인프라에서 능동적 학습자인 주민의 삶으로 그 중심이 이동하는 것을 뜻한다. 주민의 학습에 관한 여건은 네 가지 측면을 가진 것으로 이해할 수 있다. 첫째, 취미와 교육 기회를 포함한 개인의 실질적인 지식 습득을 지원할 수 있어야 한다. 둘째, 인터넷과 공공 정보망을 포함하여 주민의 실질적인 정보 접근성을 강화한다. 셋째, 온라인과 오프라인 문화공간을 포함하여 지역공동체 안에서 경험을 축적하고, 이를 공유할 수 있는 시스템을 구축하는 것이다. 넷째, 교육과 복지, 공동체 생활과 의료 등을 포함하는 것으로, 사회변화에 대응하고 개인을 성장시키는 데 단순한 지식 습득 차원을 넘어서 삶의 질 차원에서 주민의 풍부하고 다양한 이해가 가능하도록 도와야 한다. 교육자가 피교육자에게 정보를 부여하고 계몽을 이끌어 내는 관계에서 발생하는 '교육' 과 달리, 학습은 학습자와 학습환경(타인, 공동체, 정보, 생활환경, 지원 시스템) 사이에서 학습자가 활동의 중심에 서고, 학습자 자신의 능동적인 마인드를 강조하게 된다. 따라서 주민의 능동적 태도와 자발적인 정보 습득과 이해활동에 맞추어 그러한 기반시설과 프로그램을 제공하는 것이 필요하다. 정보화, 학습센터 구축, 기존의 교육방식과 다른 지식 습득을 지원하는 프로그램의 개발, 삶의 여건을 탐색하고 자기 계발과 성장을 조언하는 시스템 마련, 정규 교육 외의 문화예술과 취미 향상, 직업과 노동시간 외의 생산적인 여가활동과 가족생활, 평생교육의 가치 인식과 재교육의 지원 증대, 학습자의 창조성을 축적하여 공동체 내의 다수가 이를 감상하고 활용할 수 있게 하는 기능 등이 필요하다. 주민이 기존 교육기관의 프로그램을 보급받는다는 개념에서 벗어나, 주민이 경험적 학습으로 만들어 낸 정보를 지역공동체 차원에서 축적하고 공유하고, 나아가 이러한 보유 정보를 바탕으로 주민의 삶의 질을 추적하여 새로운 욕구에 맞는 정책을 마련해서 실질적으로 주민을 위해 추가적인 성장을 지원할 수 있어야 함을 의미한다. 현재 운영되고 있는 주민자치센터를 비롯하여 박물관, 도서관 등 문화기반시설, 민간단체 등의 학습거점을 활성화하고 주민의 학습활동을 환류시켜 새로운 지원환경을 마련하는 것 또한 요구된다. 이는 '도시가 학습한다.', '도시가 진화한다.' 는 개념으로 파악

할 수 있다. 이를 위해 청주는 1992년 '고인쇄 박물관' 을 건립하고, '직지찾기운동' 전개, '인쇄출판 축제', '2000 인쇄출판박람회' 개최, 오페라 〈직지〉 공연 등 지속적으로 청주의 정체성 확립에 대한 시민적 합의를 만들어 왔다.

40 참고: Fraser, H. (2005). Four different approaches to community participation.

41 참고: Green, A., & Vryonides, M. (2005). Ideological tensions in the educational choice practices of modern Greek Cypriot parents: The role of social capital.

42 칸 교수는 2005년 9월 23일 광명시에서 열린 전국 평생학습도시 세미나에서 경제화폐를 지역통화(LETS)와 일반통화로 나누어 그것에 기초한 두 가지 서로 다른 경제활동의 차이를 아주 손쉽게 설명하였다(Cahn, 2005. 9). 지역공동체에서 행하는 각종 평생교육활동이 어떤 식으로 사회자본을 축적할 수 있으며, 어떻게 활용해야 지역공동체의 가능성이 유지되며, 더 나아가 왜 지역공동체가 그들의 학습활동 모두를 '모든 이를 위한 평생교육' 으로 탈바꿈시켜야 하는지를 쉽게 이해하도록 도와주고 있다. "우리 인류는 두 가지 유형의 경제체제를 만들어 냈습니다. 하나는 화폐가 중심이 되는 경제체제입니다. 즉, 화폐가 거래활동을 촉진하는 경제체제를 말합니다. 화폐제도는 크게 사적 부문의 시장경제와 정부나 자선단체 등을 포함하는 공적 부문의 경제 두 가지 요소를 가지고 있습니다. 경제학자들이나 정부 관료들이 관심을 갖는 것이 바로 이 화폐경제 영역입니다. 그리고 사람들이 일반적으로 생각하는 경제도 바로 이 유형입니다. 두 번째 유형은 화폐가 중심적인 추진동력이 아닌 경제체제입니다. 이 경제체제는 가정, 이웃, 지역사회, 시민사회 등의 '핵(core)' 들로 구성되어 있습니다. 물론 이 경제체제 안에서도 미약하나마 '돈' 의 흐름이 형성되어 있습니다. 그러나 이 경제체제를 움직이는 주된 동력은 바로 우리의 마음, 우리의 정신이라는 것이 결정적인 차이점입니다. 이 경제체제를 움직이는 힘은 사랑, 돌봄, 동정심, 이타주의, 도덕적 책임감 등과 같은 정신적 에너지입니다. 미국 사회에서는 '양심의 가책(guilt)' 도 상당히 비중 있는 정신적 에너지의 구성요소입니다. 이 정신적 에너지는 강력합니다. 그리고 새롭게 충전하는 것이 언제나 가능하다는 특징이 있습니다. 다시 한 번 강조하건대, 이 두 번째 유형의 경제체제에서도 화폐는 분명 일정 정도의 기능을 하지만 결코 핵심적인 추진 연료가 아니라는 사실에 각별히 주목하기 바랍니다. 전기를 핵심동력으로 하는 자동차라 할지라도 그 차를 운행하는 데 휘발유가 조금은 필요한 것과 마찬가지 원리라고 하겠습니다. 화폐경제(monetary economy)와 비화폐경제(non-monetary economy)라는 두 가지 유형의 경제체제 모두를 고려해야만 비로소 우리는 경제가 어떤 모습을 갖춰야 하는지 그 전체적인 모습을 그릴 수 있을 것입니다. 그런데 경제를 건강하게 만드는 데 가장 핵심적인 것은 '비화폐적 요소들' 입니다. 이 '비화폐적 요소들' 이 '화폐가치(monetary terms)' 로 정당하게 평가받기만 한다면, 그때 '비화폐적 요소들' 은 기존 국내총생산(GDP)을 50% 이상으로 증대시키는 데 기여할 수 있습니다. 분명히 말씀 드리건대, 저는 지금 전혀 수사학적인 말장난을 하고 있는 것이 아닙니다. 『1995년 인간 개발 보고서(The 1995 Human

Development Report)』라는 것이 있습니다. 이는 '유엔개발프로그램(United Nations Development Program)' 이라는 국제기구가 전 세계 차원에서 '공식적인 경제활동(formal economy activities)' 의 총량과 가사일이나 지역사회를 위한 목적으로 혹은 비화폐 교환행위에서 이루어지는 모든 '임금이 지불되지 않는 노동' 의 총량을 비교한 보고서입니다. 이 보고서에 따르면, 전 세계적으로 볼 때 '경제적으로 의미가 있는 생산활동(economically productive activities)'에 소요되는 시간의 총량 중에서 '공식적인 경제활동' 을 통한 것은 단지 50%를 가까스로 넘는 양의 시간밖에는 안 된다고 합니다. 그리고 이렇게 '공식적인 경제활동' 을 통한 노동만이 국내 총생산에 반영되고 있고, 가정이나 지역사회가 '생산(활동)' 을 위해서 하는 기여는 전혀 고려되지 않고 있습니다. 샌프란시스코에서 활동하는 비영리단체인 '진보개념 다시 세우기(Redefining Progress)' 기구는 1998년 한 해 동안 미국 가사노동의 총량이 화폐가치로 약 2천조 원 정도 된다고 산정한 바 있습니다. 이는 같은 해 미국 국내 총생산의 약 25%에 해당하는 크기입니다. 1997년 한 해 동안 미국 전역에서 비공식적으로 행해진 돌봄(care)의 노동가치를 화폐가치로 환산하면 약 1,960억 원 정도 되는데, 이는 '가정건강 서비스(약 320억 원)와 요양시설(약 830억 원)에 국가가 공식적으로 지출하는 예산규모를 매우 초라하게 보이게 하는 수치' 라고 할 수 있습니다. 이 '돌봄' 이라는 '비공식적 노동' 의 화폐가치는 2002년 현재 약 2,420억 원 정도로 늘어났습니다.

43 지역통화체제의 시발은 역사적으로 그 뿌리가 깊다. 1832년에 실시된 지역통화의 한 종류인 오언(Owen)의 '노동증권' 같은 것이 지역통화의 기원으로 평가될 수 있다. 그런 유의 지역통화는 1930년대의 세계 대공황 속에서도 독일, 오스트리아, 미국 등지에서 다양한 방식으로 광범위하게 실천되었다. 지역통화의 개발에 대한 이런 역사적인 배경이 있는데도 보다 세계적으로 일반화된 지역통화는 마이클 린튼(Michael Linton)이 시작한 '레츠(LETS)' 다. 지금과 같은 지역통화의 체계화는 1983년 캐나다 밴쿠버에서 태동하였다. 린튼은 자기가 거주하고 있는 밴쿠버의 실업률이 18%에 이르자 지역 자체의 고용능력을 높일 수 있는 방법으로 녹색달러 '레츠(LETS)' 를 실험적으로 설치 · 운영했다. 1985년 그가 레츠 이론을 조금 더 발전된 형식으로 발표하자, 영국, 뉴질랜드, 호주 등에서 지역통화의 가능성이 각기 다른 방식으로 도입되기 시작했다. 뉴질랜드와 호주 정부는 지속 가능한 지역사회를 가꾸는 데 지역통화가 유용하다는 입장 아래, 지역통화체제에 대해 긍정적인 입장을 표명하기도 하였다. 그 후 지역통화와 유사한 개념을 가진 다양한 지역통화가 개발되고, 지역적으로 다양하게 활용되고 있다. 지역공동체의 지속 가능성을 위해 이런 지역통화의 활용은 아직도 실험성이 강하기는 하지만, 지역주민에게 살아 줄 만한 지역공동체를 가꾸는 데 비교적 효용성이 보장되는 경제제도로 인식되고 있다. 레츠 이외에도 세계적으로 2,000~3,000 종류 이상의 다양한 지역통화가 유통되고 있다. 독자적인 생활공동체를 꾸리고 있는 공동체들은 그 나름대로의 지역공동체 통화를 활용하고 있다고 보면 된다. 지역통화 중에서 가장 유명하다고 평가되는 레츠만 해도 선진국을 중심으로 현재 2,000곳 이상의

지역에서 실행 중에 있다. 우리 사회에서도 신(新)과학 네트워크인 '미래를 내다보는 사람들의 모임' 회원과 '지금-여기' 독자들을 상대로 1998년 3월부터 레츠를 시행하고 있으며, 물품과 서비스의 교환 시 현금과 '미래통화(fm: future money)' 를 함께 사용하고 있다. 그 밖에 광명시의 그루나 민들레들 등 교육통화도 여럿 있다.

44 칸 교수는 자신이 주장하는 주축경제, 토대경제 혹은 주춧경제(core economy)의 의미를 아리스토텔레스의 경제 개념을 빌어 설명하고 있다. 그는 아리스토텔레스가 이야기한 '오이코노미아(Oikonomia)가 바로 자신이 이야기하는 주춧경제의 핵심이라고 본다. 고대 그리스 사회에서의 오이코노미아, 즉 경제는 주로 '가정을 운영하는 것' , 바로 '가정경영' 이었다. 가정경영, 지역사회 경영이 바로 오이코노미아의 중심인데, 이것을 요즘 경제학자들은 '비시장경제(non-market economy)' 라고 부른다. 그러나 실제로 그들이 부르는 비시장경제가 지역공동체를 일상적으로 살리는 '주춧경제' 의 중심축이다. 왜냐하면 지역공동체는 매일같이 모든 이를 위한 여러 가지 일상적인 지역공동체의 배려적인 활동(예: 유아, 어린이, 청소년, 이웃, 가족, 노인을 돌보는 일 등의 생산활동, 안전하고 활기가 넘치는 이웃공동체, 지역공동체, 민주주의, 시민사회 등을 생산활동, 그리고 돌봄과 사랑, 상호 부조, 그리고 항시적인 나눔행위 등의 생산활동)으로 그들의 삶을 살아가고 있기 때문이다. 그는 주춧경제의 모습을 기술하고 있다. "가정, 이웃공동체, 지역사회, 시민사회는 말 그대로 우리 인류의 생존과 성장을 위한 '주춧돌' 이라는 의미에서 '주춧경제' 인 것이다. 또한 이 주춧경제는 우리 인류의 생태계라고 할 수 있다. '시장' 은 그 시장에서 생산된 것을 수확한다. 그런데 '인적자본(human capital)' 과 '사회자본(social capital)' 을 생산하는 가정과 지역사회를 건강하게 지속시키지 못하면 그 어떤 노동력, 산업, 문화, 정치 · 사회구조도 발전할 수 없다. 평생학습은 바로 이 '인적자본' 과 '사회자본' 을 생산하는 전체 과정을 작동하고 지속시키는 기능을 한다." 이런 활동이 경제의 토대가 되는 이유는 '생산적인 경제활동' 중에서 적어도 40% 이상이 주춧경제 영역에서 발생하고 있기 때문이다. 그런데도 국내 총생산에는 이런 주춧경제의 위력이 전혀 반영되지 않고 있다.

제2장

전인교육

이 장에서는 인간에게 필요한 교육활동이 전인교육임을 밝히고 있다. 전인교육, 즉 홀리스틱(holistic) 교육활동이 교육자본의 토대라는 것은 사람에게는 떡잎교육과 마찬가지이기 때문이다. 동시에 홀리스틱 교육은 인력개발을 위한 질 좋은 에너지 원천이기도 하다. 이 장에서는 전인교육이 하나의 교육적 활동으로서 인적자본과 사회자본, 그리고 교육자본의 토대이며 방법임을 밝히기 위해 홀리스틱 교육에 대한 이론화를 인간의 품(品)과 관련시켜 시도한다. 이어 홀리스틱 교육의 사회과학적 기반에 대해서도 논의한다. 홀리스틱 교육의 핵심은 생명존중, 생활친화, 배움 친화성 등에 있는데, 기존의 교육학적인 이론으로는 그 본질에 접근하기 어렵다. 기존의 교육학 이론들이 인간의 배움을 마치 선형적인 단순계 사회과학의 관점처럼 자극에 잇댄 반응의 상관성으로만 설명하려는 취향을 가지고 있기 때문이다. 홀리스틱 교육은 기존의 인습적인 사회과학적 처방이나 주문과는 결별할 수 있어야 한다. 즉, 홀리스틱 교육을 이론화하겠다는 사회과학적인 결단이 필요하다. 홀리스틱 교육은 배우는 동물인 인간의 배움력을 위해 만들어 가는 새로운 교육사본의 토대이기에, 인간의 배움에 대한 기존의 교육학 이론과는 사상적으로 다른 이해가 필요하다.

들어가는 말

전인교육, 즉 홀리스틱 교육은 인간의 품과 생활습관을 만들어 내는 떡잎교육의 한 장면으로서 교육자본의 한 양태를 이룬다. 홀리스틱 교육은 인간에 대한 배려교육이며 생명친화교육이다. 인간에 대한 배려는 개인에 대한 단순한 심리적인 수준에서의 보살핌 이상을 포괄한다. 사람에 대한 보살핌이란 개인에 대한 사회적인 배려, 정치적인 배려, 심리적인 배려, 자연에 대한 배려까지 모두 포섭한다. 그런 것들은 실제로 생태계 보존, 영성의 추구, 인간 친화, 참여민주주의와 하나하나 직결되어 우리의 삶 속에서 배움과 교육적인 작용을 한다.[1] 그런 일이 일상적인 것이 될 때 홀리스틱 교육의 총체적인 핵심도 함께 드러난다. 홀리스틱 교육은 지금과 같은 학교교육의 과정이 드러내는 인간에 대한 비인간적인 태도와는 이념적으로 다르다.

인간은 자신을 위해서 살기도 하지만 남을 위해서도 살아가며, 자연 속에서 그들 간의 상관성을 배운다. 그런 연관성과 전체성을 배움을 통해 확인시켜 주는 일이 홀리스틱 교육의 비전이다.[2] 홀리스틱 교육의 비전은 홀리스틱 교육자들이 즐겨 이야기하는 항존철학과 맞닿아 있다.[3] 홀리스틱 교육은 이 우주 속에 살아 있는 모든 것의 연결과 결합을 중요시하는데, 우주 삼라만상의 연결성을 가장 강력하게 지지하는 사조가 바로 항존철학이다. 그래서 홀리즘의 매력을 찾으려면 당연히 우주 삼라만상의 총체적 연계성이라는 개념에 몰입해야 한다. 어느 소설가는 인간 하나하나가 존재론적으로 다른 모든 것과 서로 이어져 있다는 것을 체험하게 만드는 세상의 전일성과 신비함이 무엇인지 잘 표현해 놓고 있다.[4]

그 무엇도 예상되어 있지 않다. 지금 정해질까? 미리 정해진 것일까? 지금부터 정해지는 것일까? 어떻게 되든 좋은 것이다. 모든 것은 일거에 정말 일순간에 일어났다. 시간이라고 하는 것은 사람이 마음대로 발명한 것. 거대하고 세밀한 우주의 캔버스는 잠깐이나 지금 본 것만으로는 멀리 볼 수가 없다. 그러므로 사람은 시간의 궤도를 타고 한 걸음 한 걸음 바로 전진해 간다. 그렇지만 시간은 실로 빠르게 지나쳐 버린다. 전방의 빛을 찾아가는 것에 의해서가 아니다. 오히려 배후로 일순간에 모든 것이 보이는 곳까지 되돌아가는 것에 의해 우주는 부족한 것 없이 조용히 존재하고 있다. 이미 있었던 모든 것이 지금 여기에 있다. 지금부터 올 것의 모든 것이 이미 지금 있다. 그와 같이 가능한 한 모든 것의 결합, 모든 이어짐 속에서 모든 것이 있다. 그것을 인식하는 일, 우리는 끝없는 유전(流轉) 속에 있는 것 같은 이미지를 가질지라도 실은 모든 것이 완결되어 있다. 정말 몸이 짜릿할 정도로 아름답다. 요컨대, 사물이 실로 생생하게 존재할 때는 비록 아무리 작은 것이라 할지라도 다른 모든 것과 결합되어 있다. 모든 연결을 느낄 수 있을 정도로 친밀하게. 모든 강은 흐르고 흘러서 바다로 이어진다. 지금은 개개로 살아 있는 모든 사람도 하나의 이어짐으로 연결된다. 잃어버린 것이 돌아온다. 죽음이 살기 시작한다. 금색의 엷은 빛과 더불어 시작하고 끝나는 파랗고 투명한 나날이 언제라도 어디에서라도 그곳에 있다. 그리고 시간이 멈추는 이런 체험 속에서 실로 지금 이곳에 있는 것이라고 하는 것을 확실하게 알 수 있다.

한마디로 홀리스틱 교육은 삶에 대한 친화력, 생명에 대한 경외, 현존의 결정성을 내면화하는 교육이기에 궁극적으로 인간친화교육, 인간배려교육[5], 인간영성교육이라고[6] 집약하여도 무방하다. 이런 전인교육은 그 어디에서든 일어날 수 있고 일어나야 한다. 길거리에서도, 도서관에서도, 시장에서도, 학원에서도, 책방에서도,[7] 지하철에서도 가능해야 한다. 전인교육이 삶의 교육이며 생활의 교육인 이상 결코 학교교실이라는 작은 공간에 갇혀 있어야 할 이유가 없다.

품(品)과 홀리스틱 교육

아리스토텔레스는 떡잎교육의 중요성을 거론하였던 철학자 중 한 사람이다.

그가 거론한 떡잎교육의 중요성은 유치원 교육의 중요성 같은 것이 아니라 인간의 품성과 품격의 중요성과 연관되어 있다. 떡잎교육은 인간의 삶에 배움의 틀로서 인적자본의 토대이기에, 그는 떡잎교육이 전인교육의 시작이라고 보았다. 그의 떡잎교육은 그가 주장했던 인간의 품(品)론에 따른 것이었다. 아리스토텔레스는 인간의 품을 헥시스(hexis)라고 불렀는데, 헥시스론에 따르면 사람은 나름대로의 품을 갖는다. 품은 별안간 급조되는 것이 아니라 오랫동안에 걸친 접하기, 익히기, 만들기, 써보기의 반복과 실천으로 이루어진다.

말하자면 바람직한 행동과 행위와 정보부터 먼저 접하고, 그에 연관된 갖가지 기술을 익혀 보고, 다시 그런 것들에 대해 의미를 붙이며 새롭게 만들어 보고, 마침내는 자신의 삶과 공동체를 위해 어느 정도로 실용적인 쓰임새를 갖는지를 점검함으로써 의미 있는 것은 그대로 활용하고 그렇지 않은 것은 폐기하는 과정의 소산물이 인간의 품을 이룬다. 이렇게 인간이 좋고 바람직한 품을 갖도록 배움의 공동체가 추구해야 함을 역설한 사람이 바로 아리스토텔레스다. 인간에게 바람직한 덕목과 그것을 언제든 사회적으로 풀어낼 수 있는 품을 길러 내는 것은 특정 교육기관이나 특정 가정의 책임이라기보다는 공동체 모두의 책임임을 역설한 사람도 그였다. 그는 인간의 품을 위해 공동체가 바로 배움터가 되어야 함을 역설하였다.

헥시스는 인간의 정신에 생기는 어떤 기질과 같은 것으로서 정념이나 능력과 차별화된다. 정념이라는 것은 욕망, 분노, 공포, 태연, 질투, 환희, 친애, 증오, 동경, 경쟁심, 연민, 그리고 일반적으로 쾌락이나 고통을 수반하는 감정들의 총체를 지칭하고, 능력은 그런 정념에 따라 인간이 느낄 수 있는 여러 가지 감정을 말한다. 즉, 노여워하거나 괴로워하거나 불쌍히 여기게 되는 그런 것이다. 성품이란 정념과의 관계에서 나오는 결과물이다. 인간이 어떤 일에 대해 분노하는 정도에 따라 그의 처신을 이야기할 수 있는데, 그에 따라 성품을 논할 수 있다.

정념은 속성상 덕도 악덕도 아니다. 왜냐하면 인간은 정념 여하에 따라 선하다거나 악하다거나 하는 말을 듣는 것이 아니라 덕과 악덕 때문에 그런 말을 듣게 되기 때문이다. 인간은 정념 여하에 따라 칭찬을 받거나 비난을 받는 것이 아니라 덕과 악덕 때문에 칭찬이나 비난을 받는다. 사람이 공포나 분노를 느낀다고 해서 칭찬을 받는 것도 아니고, 또 그저 분노를 느낀다고 해서 비난을 받는 것도 아니다. 그가 선택하는 분노의 방식 때문에 비난을 받기도 하고 받지 않기도 한다. 그런 분노의 방식으로 선택하는 능력이 덕이다. 인간이 노여워하거나 무서워할 때는 무슨 선택이 있는 것이 아니지만, 덕이라고 할 때는 분명히 노여움의 표출방식에 대한 선택을 내포한다.[8]

사람들은 정념에 관해 말할 때 흔히 마음이 움직인다는 말을 한다. 덕을 말할 때는 사정이 다르다. 덕을 말할 때는 마음이 움직인다고 말하는 대신에 그 사람이 택하는 어떤 자세에 있다고 말한다. 그래서 덕은 마음의 능력을 의미하지 않는다. 사람들이 어떤 정념을 느끼는 능력이 있다고 해서 그가 선하다거나 악하다는 말을 듣는 것도 아니다. 인간이 그런 능력을 가지고 있는 것은 본성에 따른 것이지만, 인간이 선한 사람이 되는 것이나 악한 사람이 되는 것은 결코 본성에 따른 것이 아니기에 덕은 결코 정념도 능력도 아니다. 덕은 성품, 말하자면 성격의 상태일 뿐이다. 이 헥시스는 '상태' 라는 뜻을 가진 말로서 일반적으로 사람의 기질이나 성격을 일컫는다. '정의(正義)' 같은 것도 '올바름' 을 의미한다는 점에서 하나의 헥시스다. '정의' 의 헥시스를 지니고 있는 사람은 그 정의를 선택하는 성격의 '상태' 때문에 그가 취하는 행위가 올바른 행위로 나타난다.[9]

품, 길들이기 및 교육자본

인간의 품이 사회적으로 작동할 때 그것은 사회자본과 연관된다. 사회자본은 사람들이 사회적 관계망을 통해 얻을 수 있는 신뢰자원의 총합이다. 개인이나 지역공동체가 축적할 수 있는 사회자본의 양이 어느 정도인지를 알기 위해서는 개인이나 지역사회가 동원할 수 있는 사회적 관계의 규모와 그 네트워크에 포함된 개인들이 가지고 있는 사회자본의 크기를 알아내야 한다. 이런 사회자본이나 문화자본은 아비투스(habitus)의 부산물인데,[10] 여기서 아비투스는 개인의 버릇이나 길들이기로서의 인간적인 취향 및 품과 직결된다.

개인의 품이 보여 주는 속성과 그 개인의 취향에 따라 취할 수 있는 문화적 자산의 질과 총량도 달라진다. 사회자본을 하나의 인간적인 습관이나 버릇으로 간주하고 그런 틀 속에서 분석하려고 하는 것은 사회자본을 단순하게 언어적인 수준으로 보거나 한두 가지 인간의 행동을 제한하려는 의도에서 나온 것이 아니다. 그것은 인간의 행위, 그런 개인적 행위의 모둠을 하나의 특징적인 문화적 현상이나 교육적 현상으로 간주하며, 그것의 분석을 통해 한 사회의 교육적 기능과 사회 구성원의 행동양식을 총체적으로 파악하기 위한 노력에서 나온 것이다.[11] 그래서 인간의 품인 헥시스는 사회자본뿐만 아니라 교육자본의 축적과 작동의 유무에 따라 달라진다.

사회자본은 한 공동체에서 이루어지는 지속적인 사회적 관계망의 점유나 특정 집단에의 소속 등으로 얻어지는 비물질적인 이득 같은 것이지만, 흔히 교육자본의 토대 위에서 취해진다. 그 예가 바로 인맥, 학맥 등에서 얻어지는 신뢰와 연결, 의식소통력 등이다. 그런 신뢰의 양태와 의식소통력은 소속원을 하나의 지위집단이나 사회적 신분집단의 일원이 되게 함으로써 그들에게 일종의 심리적이거나 문화적이거나 정신적인 보상 또는 혜택 같은 것들로 작동한다. 개인이 소유하는 사회자본의 양은 활용할 수 있는 관계망의 범위와 그런 관계를 맺는 타인들이 얻을 수 있는 관계망의 자본까지 모두 포함한다. 그런 점에서 사회자본은 문화자본이나 교육자본과도 밀접한 관련성을 갖는다. 사회자본의 축적과정에서 결정적인 역할을 하는 것이 바로 문화자본이라 부르는 아비투스이기 때문이다.[12] 아비투스는 지성적 덕을 지칭하는데, 이것은 일정한 교육자본의 토대 위에서 길러진다. 아비투스는 원래 예술, 과학, 이해, 예지 혹은 일종의 덕성(moral virtue)으로 간주되어 왔다. 반면, 덕성으로서 헥시스는 사람이 지녀야 될 일종의 '됨됨이', '자질'과 같은 '품(a state of character)'을 뜻한다.[13] 인간이 지니고 있거나 지녀야 될 품은 바로 개인의 도덕적 덕성을 의미한다. 헥시스는 절제(temperance), 용기(fortitude), 정의(justice), 신중성(prudence)의 총화를 말하는 것이었다. 절제, 용기, 정의, 신중성의 총합처럼 인간이 지녀야 할 덕성이었던 아리스토텔레스의 헥시스는 덕성이라는 점에서도 아퀴나스(Aguinas)가 이야기한 아비투스와는 속성이 다르다.[14]

인간의 품을 이야기할 때 그것은 배움의 기회비용이 인간의 삶에서는 절대적으로 중요하다는 점을 논의한 것이나 마찬가지였다. 그것은 길들이기의 기회비용에 관한 것으로서 인간의 습관에 따라 그가 얻게 되고 반대로 잃게 되는 것의 손익계산을 의미할 수도 있다. 삶이란 습관과 길들이기의 기회비용에 지나지 않는다. 사람은 살아가면서 수시로 선택의 상황에 부닥치게 된다. 그 선택의 순간에 선택할 수 있는 경우의 수는 많지만, 사람들은 그 가운데 하나만 선택할 수 있을 뿐이다. 여러 가지를 동시에 선택해서 동시다발적으로 실행할 수 있는 사람도 있기는 하지만 흔하지 않다. 기회비용이란 그때 그가 선택하지 않았던 것들의 '값' 과 그것에 의한 값 치름이지만, 경우에 따라 생기는 단기적 기회비용과 장기적 기회비용 간의 손익계산이[15] 필요하다. 왜냐하면 실패한 사람과 성공한 사람 사이에는 단 하나의 차이인 습관의 차이가 있을 뿐이기 때문이다.[16]

사람들은 일상생활에서 습관의 위력, 그리고 그 습관의 기회비용을 사소하게 여기고 처리하는 경우가 흔하다. 예를 들어, 한 가정에서 부부가 싸우거나 헤어지게 되는 이유도 반드시 거창한 것 때문이 아니라 흔히 남편이나 아내의 잘못된 생활습관에서 찾을 수 있는 경우가 흔하다. 부부들은 남에게 설명할 수 없는 유치하고 사소한 것 때문에 사생결단하고 다투며 헤어지기까지 하는데, 이는 바로 배우자의 사소한 잘못된 생활습관에서 비롯된 것들이다. 배우자의 잘못된 버릇 때문에 스트레스를 더 받는 쪽은 아내라고 볼 수도 있지만, 그렇다고 남편들이 아내의 생활습관 때문에 늘 편한 것만도 아니다.[17] 일반적으로 가정이 꾸려지기 전 두 사람 사이의 연애를 '무대 위' 로 본다면 결혼은 '무대 뒤' 로 비유할 수 있다. 그것이 연기인 이상 무대 위나 무대 뒤의 모든 장면이 필요하다. 무대가 만들어지면 바로 그 무대는 인간의 품을 위한 교육자본이 되어, 여성들은 최선을 다하지만 남자는 그렇지 않기에 연기에 실패하게 된다. 여성들은 '무대 위' 든 '무대 뒤' 든 자신에 대한 연기와 관리를 비교적 잘하는 편이다. 반면, 남성들은 무대 위를 떠나면 '무대 뒤' 에서는 더 이상 연기가 필요하지 않다고 생각하고 옛날 습관대로 자신의 행동을 표현하는데, 이 때문에 생기는 가족 간의 불화가 만만치 않다.

홀리스틱 교육의 사회과학적 기반

홀리스틱 교육은 인간의 잠재력과 그 가능성을 위해[18] 기존의 교육사조에 비해 사상적으로 차별화되는 몇 가지 새로운 관점을[19] 가지고 있다. 첫째, 이 세상에 존재하는 것은 다른 모든 것과 서로 깊게 이어져 있다고 본다. 둘째, 인간은 신체, 감정, 의지, 정신성 등 모든 것을 포함하는 총체적인 존재다.[20] 셋째, 인간은 스스로 자각하고 배우며 성장하는 힘을 조절하는 자기지향적인 방향성을 갖고 있는 배우는 동물, 즉 '호모 에루디티오(Homo Eruditio)' 라고 보고 있다.[21] 넷째, 인간을 위한 교육은 그 기본에서 생명친화적이어야 하고 인간의 성장 가능성을 극대화하는 활동이어야 한다. 다섯째, 그런 교육을 위해서는 배움친화적인 조력자의 도움이 필요하다. 교사는 단순히 정보를 주는 사람이 아니라 아이들보다 먼저 배우고 그들과 함께 성장하며 서로 즐기며 배우는 사람들이어야 한다. 마지막으로 교육은 사회적인 쟁점이나 사회변화와 무관하지 않게 생활중심적이어야 하며, 지역사회 친화적인 교과를 중시해야 한다. 이런 관점들을 유지하고 있는 홀리스틱 교육을 교육사조의 관점에서 본다면 생명친화적인 배움의 사조라고 볼 수 있다. 인간교육이 홀리스틱 교육의 핵심이기에 홀리스틱 교육은 무엇보다도 인간 내면의 평화와 영성,[22] 그리고 조화로운 공동체의 삶을 위한 배움의 생태계를 인간 스스로 추구하는 교육과정을 선호한다. 이들 생명친화적인 교육의 기저에는 진보주의, 인본주의, 재건주의, 현존주의[23] 등의 교육사조들이 융합되어 있다고 볼 수도 있다.

홀리스틱 교육의 사회과학적인 이론화가 필요하다.[24] 인간친화적인 배움의 가능성을 이해하기 위해서 사회과학적인 해석과 그것들의 이론적인 응용은 절대적이다. 왜냐하면 홀리스틱 교육의 이론적인 발전 역시 '사회적인 동물로서 인간이 겪는 경험의 다양성과 그들이 추구하는 배움의 가능성에 대한 총체적인 이해' 속에서 체계화되어야 하기 때문이다. 홀리스틱 교육이 경험친화적인 배움을 기초로 하고 있는 이상, 그것은 한 인간이 매일같이 겪고 있는 사회적이고도 일상적인 경험을 떠나서는 어떤 배움도 가능하지 않다는 점을 전제로 한다. 자기성장을 위한 생명존중적인 배움은 언제나 자기주도적일 수밖에 없다는 것 역시 자명하다. 인간의 경험과 자기주도적인 배움의 환경을 전제로 한다는 점에서 홀리스틱 교육 역시 그 이론적인 출발부터가 사회과학적이다.

1) 인식론적 기반

사회현상의 본질이나 사물의 본질이 무엇인가를 묻는 것은 인간이 사물을 어떻게 인식하는가를 묻는 것이다. 사물이 객관적으로 어딘가에 고정되어 있기 때문에 내가 그 사물을 바라보고 있는가를 묻는 것일 수도 있다. 아니면 내부의 감각이 그 사물이 저기 있다고 일러 주기 때문에 그 사물을 주관적으로 인식하는 것인가를 묻는 것일 수도 있다. 이런 물음과 그에 대한 응답의 방식이 인식론이다.

인간이 인식하는 동물이기에 인식론은 인간에게 절대적인 앎의 논리가 된다. 인간은 동물 중에서도 유일하게 인식력이 삶의 질을 결정하는 동물이므로 인식론은 인간의 운명을 결정하는 방법이기도 하다. 세계나 자신, 환경에 대해 뭔가를 알고 행위를 하는 동물이 인간이다. 인간은 그 앎을 통해 삶을 살아가는 데 도움을 주는 갖가지 지식을 갖추어 왔다. 이를 지식체계라고 부를 수 있는데, 인간은 그런 지식체계 속에서 서로 배우고 성장하는 배움의 존재들이기도 하다.

홀리스틱 교육의 이론적인 설명이나 발전을 위해서는 인식론적 사회과학의 도움이[25] 필요하다. 인식론의 사회과학은 사람의 올바른 해석과 설명, 그리고 내

성적인 판단을 중요하게 여기기 때문이다. 게다가 인식론적 과학은 기존의 결정론적 과학의 관점, 어쩌면 화학반응적인 도식이나 그들의 패러다임을 벗어나고 있기에 인간의 현상을 다루는 사회과학자들에게는 더욱더 필요하다. 이런 것을 알려 주는 과학자 중 한 사람이 카프라(Capra)다.[26] 그에 따르면 과학의 패러다임은 한동안 사회과학자들이 신봉했던 결정론적인 것에서 인식론적 과학의 틀로 바뀌고 있다. 사회현상뿐만 아니라 자연현상도 제대로 파악하려면 인식론적 과학의 논리가 중요하다는 것이다. 카프라는 물리학과 같은 과학적 패러다임에서도 부분과 전체를 가르는 일이 가능하지 않다는 점을 자연현상을 들어 이렇게 이야기한다.[27]

> 우리는 나뭇잎, 잔가지, 가지, 줄기들의 관계의 연결망을 보면서 '나무' 라고 부른다. 나무 그림을 그릴 때 대부분의 사람은 뿌리는 그리지 않는다. 그렇지만 뿌리는 우리가 볼 수 있는 나무의 다른 부분들보다 훨씬 멀리까지 뻗어 있다. 숲의 경우 모든 나무의 뿌리는 서로 연결되어 하나의 조밀한 지하의 연결망을 이루며, 그 연결망 속에서는 개별 나무들의 정확한 경계선을 긋는 일은 불가능하다.

그에 따르면 양자물리학이 극적으로 입증해 주었듯이 부분이란 결코 단독으로 존재하지 않는다. 부분이라고 부르는 것은 단지 분리할 수 없는 관계의 그물 속에 나타난 하나의 패턴일 뿐이라는 것이다. 결국 부분에서 전체로의 전환은 대상에서 관계로, 다시 말해 하나의 구체적인 현상이 서로서로 연관되어 나가는 것을 말하고 있는 것뿐이다.

새로운 과학의 패러다임은 무엇보다 부분을 중시하는 것으로부터 전체를 조망하는 관점을 중시할 수밖에 없다. 그동안 전통적인 결정론적 시각을 가진 과학자들은 부분을 이해함으로써 전체를 이해하려고 노력해 왔는데, 실제로 부분은 전체의 역동성으로부터 이해되기에 그들은 엉뚱한 일을 해 온 셈이다. 전체가 먼저 포착되지 않으면 궁극적으로 부분이란 없는 것이다. 부분이란 전체라는 관계의 거미줄에 얽혀 있는 하나의 '분명한 현상' 일 뿐이다.

둘째, 새로운 과학에서는 구조를 찾는 일보다 과정을 찾는 일이 더 중요하다. 불변하지 않는 하나의 결정적인 구조는 존재하지 않는다. 그래서 그것이 그렇게 하나의 구조로 형성되어 가는 과정에 대한 인식이 더 필요하다. 구조가 과정의 원인이 되는 것이 아니라, 관계들의 역동적인 과정들이 만들어 내는 것이 바로 구조다. 따라서 과정을 모르면 구조는 파악되지 않게 마련이다.

셋째, 새로운 과학의 패러다임은 사물에 대해 주관적 인식론에 바탕을 두어야 한다. 하나의 그 무엇을 찾아낸다고 믿었던 객관주의적 과학은 불가능하다. 그것보다는 여러 모습을 연계하는 방법을 찾아내려고 하는 인식이 필요하다. 객관적인 과학보다는 인식론적 과학이 우선한다고 주장하지만 객관화된 지식에 대해 눈을 감는다는 말은 아니다. 그것보다는 객관화된 지식에 함몰된 채, 비트겐슈타인(Wittgenstein)이 말한 것처럼 설명할 수 없는 것에는 침묵하는 과학자적 안목을 길러야 한다는 것이다.

넷째, 지식은 절대불변의 결정체가 아닌 하나의 네트워크라는 것을 받아들이는 것이 새로운 과학에서는 중요한 과학적 태도로 다루어진다. 지식은 모든 것을 포함하는 하나의 구조물이 아니라 여러 가지 요소가 서로 얽혀 있는 네트워크이며 살아 있는 유기체 같은 것이다.

마지막으로 새로운 인식론적 과학은 사람들의 인지 가능한 이야깃거리나 서술의 특성을 갖는다. 이는 인간친화적인 과학의 모습이 드러나는 대목인데, 이 인간친화적인 과학은 그동안 결정론적 과학들이 누려 왔던 절대적인 위상을 상대적으로 만들어 버리기에 충분하다. 절대적 진리를 찾는다거나 찾았다는 주장은 과학적으로 허구임을 드러내 보였다. 이것은 진리 찾기의 절대성보다는 진리의 근사치를 찾아가는 부단한 노력과 과정으로서 과학을 상정한다.

2) 탐구론적 기반

과정으로서 진리 찾기와 절대적 구조로서 진리 찾기가 도식적으로 분리되는 것은 아니지만, 그동안 결정론적 과학자들은 구조로서 진리 찾기를 과학 자체로 간주해 왔다. 과정으로서 진리 찾기를 우선하라는 요구는 마치 과학은 진리라는 명제를 포기하라는 말처럼 들리기에 그들은 더욱더 과정으로서 진리 찾기에 다가갈 수가 없었다. 그러나 과학이 진리 찾기에 초점을 맞추고 있다면 과정으로서 진리든, 구조로서 진리든 진리 찾기를 위해 노력해야 한다. 진리를 찾기 위해서는 방법으로서 과학과 구조로서 과학 간의 엄격한 구별보다는 융통성 있는 활용을 우선해야 한다.

사회과학자들은 정량적인 방법(quantitative research)과 정성적인 방법(qualitative research)을 구별하여 활용한다. 결정론적 과학을 신봉하는 사회과학자들은 정량적인 방법이나 경험적인 방법들이 정성적인 연구방법에 우선하는 것으로 인지하기도 한다. 각각의 연구방법은 사회현상에 대한 탐구방법의 차이를 보여 주므로 질적인 우열성이 있다고 할 수 없다. 서로의 방법은 사실이나 진리를 찾아 들어가는 차이를 보여 줄 뿐이다.[28] 이런 연구방법은 사회현상의 본질을 밝히는 과정에서 다양한 전략을 요구한다. 정량적인 방법에서는 연구자가 연구대상에 대한 영향을 배제하는 반면, 정성적인 방법에서는 연구대상을 연구에 참여(연구참여자)시키며 정보를 제공(정보제공자)하는 사람으로서 연구자와 긴밀한 관계를 유지한다. 정량적 연구자는 자신의 편견, 가치, 관점이 연구에 영향을 주지 못하도록 하여 객관적으로 '외부에' 존재하는 세계에 대한 의미를 발견하려고 노력한다. 이에 비해 정성적 연구자는 자신을 자료수집의 일차적인 연구도구로 간주한다. 연구자 자신의 직관, 감정, 인상, 판단 등의 주관을 해석도구로 사용하면서 이론을 구축한다.[29]

방법론적 차이는 무엇이 새로운 논리의 발명에 기여하고 무엇이 그렇지 않은가를 결정하는 판단기준을 명확히 제시하지 못한다. 두 방법론이 서로 다른 논리를 가지고 있는데도 그들은 끝내 파이어아벤트(Feyerabend)의 'Anything goes(무엇이든지 좋다)' 의 논리에 흡수될 수밖에 없다.[30] 이는 사실과 진리의 모습을 밝히는 일이라면 정성적인 방법이든 정량적인 방법이든 관계없이 무엇이든 실천할 수 있다는 것에 동의하고 있기 때문이다. 어쩌면 과학은 예술가의 작업 같기도 하고, 실험실 화학자의 작업 같기도 하다. 혹은 연금술사적인 모험 같기도 하며, 기도하는 수도승의 신앙으로 구성되는 것 같기도 하다. 레비스트로스(Levi-Strauss)가 말하는 '야생의 사고' 처럼,[31] 과학적인 작업은 서로 다른 여러 논리의 조각을 짜기워 내는 일종의 '잔재주(bricolage)' 라는 점을 부인할 길도 없는 것이 사실이다. 사회과학적인 작업이 직관적인 영감에서 벗어난다고는 할 수 없지만, 파이어아벤트의 명제는 아무렇게 막 해도 무엇이든 과학적인 방법론으로 성립된다는 것을 의미하지는 않는다.

사회과학의 사상적인 토대를 제공하고 있는 현상학에서도 이론 구성의 짜깁기나 직관은 중요하다. 후설(Husserl)이 주장하였던 것처럼 현상학은[32] 사회현실 속의 '사상(事象)' 이나 사건 자체를 중시한다. 한 사물을 볼 적에는 전통과 권위 혹은 기존의 이론이나 생각의 틀에 대한 집착이나 선입견을 버리고 그 현상과 사물 자체에 집중해야 한다. 문제시되는 상황, 문제가 되는 사물과 현상 자체를 있는 그대로 보아야 한다는 것이 현상학의 사상적 토대다. 현상학에서 강조하는 것은 현상을 바로 본다는 것이다. 본다는 것은 실상을 가리고 있던 것에서 벗어나 실제를 밝히는 행위다. 그것이 바로 '앎〔知〕의 출발점' 이다.

그래서 현상을 '본다' 는 것에서 본다는 행위는 앎에 대한 '원리 중의 원리' 에 속한다. 한 현상을 직접적으로 '본다' 는 것은 단순하게 감성적 경험을 부여하는 것만이 아니다. 본다는 행위는 어떤 종류의 현상이든 사물과 그것의 실제에서 야기되는 의식도 관찰할 때 가능하다. 그래서 본다는 것은 감성인 동시에 의식이다. 바로 본다는 것이야말로 이성적인 판단의 마지막 단계며, 현상에 대한 정당성의 원천이다.

현상학의 본질을 이렇게 이해하면 뉴턴(Newton)의 만유인력의 법칙은 그야말로 현상학적 발견의 결과일 뿐이다. 왜냐하면 뉴턴은 나무에서 떨어지는 사과를 바로 보았고 그로부터 낙하의 원칙을 의식해 냈기 때문이다. 뉴턴은 그 어떤 종류든 사과와 나무, 낙하 간의 관계를 현상학적으로 바로 보았던 것이다. 만유인력의 법칙은 자연현상에서 물체 간의 관계를 밝히는 '진리 찾기' 의 운동이다. 그래서 과학의 구성에는 현상학적 원리가 우선하게 되고, 그것을 바르게 보기 위해서는 특정 방법만이 유일하다고 이야기할 수 없다. 특정 방법만이 우선해야 한다고 고집하며 그것이 과학을 구성하는 유일한 방법이라고 주장하는 것은 과학의 본질에 어긋난다. 과학의 구성에 대한 앎이 부족한 탓일 수 있다. 이 말은 결국 과학에 이르는 길이 있기만 하다면, 그것은 '역설적' 으로 무엇이든 좋다는 'Anything goes' 의 방법론적 자율주의가 필요하다는 말과 같다.

실제로 연구자들이 '어떠한 종류의' 진리를 추구할지, 어떤 사상(事象)을 발견하려고 하는지는 연구자의 연구 소재나 학문적 성향에 따라 서로 다르다. 프로이트(Freud)는 인간의 정신세계를 통해 '무의식' 을 '발견' 했다고 믿었다. 인간의 정신세계에서 무의식이라는 사상 자체를 폭로한 것이다. 그런 점에서 프로이트는 사회과학적으로 '현상학자' 일 수도 있다. 프로이트를 현상학자로 본다면 그가 인간의 무의식을 표상해 냈기 때문일 것이다.

표상(representation)이란 어떤 것을 겉으로 그려 내놓는 행위다. 언어나 말에 의지하든, 또 다른 언어소통 방법에 의지하든 간에 우리의 눈앞에 없는 것을 여러 가지 수단을 통해 하나의 구체적인 상(像, image)으로 눈앞에 드러내 놓는 것이 표상이다. 프로이트는 무의식이라는 것을 하나의 상으로 표상화시켜 놓는 일에 성공했다. 그것은 현상학자가 탐구하면서 하나의 현상을 표상해 놓는 것과 동일하다. 이런 것은 영상예술계에서 흔한 일이며 그들의 탐구방법이기도 하다. 예를 들어, 영화 〈매트릭스〉는 인간의 가상세계를 표상화하는 데 상당히 성공한 사례로 들 수 있다. 가상세계를 실제로 본 적이 있는가와 상관없이 그 모습을 떠올리거나 말로 설명할 수 있다. 혹은 그림으로 그릴 수도 있고 연극으로 상연할 수도 있다. 〈매트릭스〉는 그것을 영화로 보여 준 것이다. 이런 것이 바로 '표상' 에 해당된다.

현상학은 인간의 기억과 그 기억의 가능성을 믿는다. 인간에게 기억의 능력이 없으면 현상학도 없는 것이나 마찬가지다. 알레테이아(aletheia)가 진리의 운동이라는 점에서 현상학에서 바로 본다는 것은 망각에 철저하게 저항한다는 뜻이다. 그래서 현상학은 상기(想起, anamensis)의 방법이기도 하다. 아레테이아라는 말이 보여 주는 것처럼, '망각('레테')을 부정('A' 는 부정의 접두어)한다.' 는 점에서 그것을 실천하는 현상학은 바로 상기의 방법이 된다. 무엇인가 실제의 현상이나 사상을 덮고 있던 뚜껑을 제거해 버림으로써 가리고 있던 것을 벗겨 사실로 드러내는 것은 결국 망각하려고 한 것이나 망각하고 있는 것을 철저하게 상기하는 절차며 현상을 철저하게 바라보는 일이다.

이 점은 이미 플라톤의 '상기론' 에서도 잘 드러났다. 그는 이데아에 대한 인식을 상기로 비유하였는데, 그것은 진리에 이르는 바른 길이었다. 헤겔(Hegel) 역시 정신의 자기 인식은 결국 경험의 내면화라고 보았는데, 그 경험의 내면화가 바로 상기를 이야기한 것이다. 결국 앎은 '진리' 의 운동일 수밖에 없으며, 그것은 상기나 기억과 무관하지 않다. 그러나 사람이 무엇인가를 안다 혹은 배운다는 행위 자체가 플라톤이 논한 상기 자체인 것은 아니다. 일반적으로 현상학은 상기의 중요성을 이야기하고는 있지만, 현상에 대한 앎이나 배움이 한 가지 사물이나 현상에 대한 접촉이나 관찰, 꿰뚫어 봄, 더 나아가 그런 것을 관통하는 영성에 대한 '내부 시각' 같은 것을 수반하지 않는 한 그 현상은 언제나 피상적일 수밖에 없다.

한 사회현상을 바라보는 눈이나 안목이 사회과학적 통찰에서는 절대적인 몫을 차지한다. 사회현상을 바르게 보는 방법은 한 가지일 수 없다. 사물을 제대로 바라보는 방법이 한 가지라거나, 그렇게 바라본 결과가 선형적이거나 직선적으로 나타난다고 강조하는 자체가 사회현상을 제대로 바라보는 것이 아니다. 그렇게 보는 것은 하나의 선입견이다. 그런 선입견을 갖지 않기 위해서는 본질적으로 사물의 부분, 사회현상의 한 단면만을 보는 것부터 폐기해야 한다. 선입견을 갖는다는 것은 한 현상이나 사물에 대한 앎을 포기하는 것이나 마찬가지다. 현상에 대한 앎의 과정이나 지의 논리는 언제나 전체에 대한 앎과 봄을 요구한다. 전체를 바로 보는 것, 사물이나 현상을 제대로 인식하는 것이 바른 인식이다. 사물에 대한 총체적인 바라봄, 전체적인 인식과 총체적인 이해가 과학 구성의 본질이다. 이런 총체적인 인식과 전체적인 앎이 과학의 본질이라는 것을 강조하는 과학의 패러다임이 바로 '카오스' 다.[33]

3) 패러다임: 카오스이론

뉴턴이나 라플라스(Laplace)가 주장하는 식의 결정론적 주장에 반기를 든 사람이 포앙카레(Poincare)였다. 그는 뉴턴의 역학은 운동체가 두 개인 경우만 설명이 가능하다는 점을 과학적으로 증명하였다. 운동체가 세 개 이상이 되었을 때는 궤적의 계산이 불가능하다는 점을 분명히 보여 줌으로써 세 개의 행성이 서로 인력으로 얽혀 있을 때 보여 주는 궤도의 위치는 계산할 수 없음을 알아냈다. 서로 작용하는 인력의 관계가 예측불가 상태로 복잡해 계산이 불가능하기에, 포앙카레는 과학자로서 우연성의 필연성을 주장하였다. 그는 '우리의 눈에 띄지 않을 만큼 미세한 원인이 우리가 인정할 수밖에 없는 중대한 결과를 불러일으키는 경우, 우리는 그 결과가 우연히 일어났다고 말한다. …… 처음에 발생한 조그만 오차가 나중에 커다란 오차로 나타난다. 그런 일이 일어나고 있기에 예언은 불가능하게 된다. 여기서 바로 우연현상이 필연적으로 얻어진다.' 고 주장했다. 복잡하게 상호 영향을 주고받는 행성의 궤도를 이해하려면 뉴턴식의 역학관계론을 넘어서야 한다고 보면서 새로운 이론의 가능성을 드러냈다.

그런 새로운 이론적 패러다임도 서너 가지가 있다. 이들은 기존 과학에 새로운 지각변동을 보여 주는 것이었다. 말하자면 아인슈타인(Einstein)의 특수상대성이론(Theory of Special Relativity)은 어떤 물질, 심지어는 정보조차도 빛의 속도 이상으로 움직일 수 없다는 한계를 설정하였으며, 양자역학은 미시영역에 대한 우리의 지식이 항상 불확실할 수밖에 없다고 말함으로써 기존 과학의 정통성을 허물어 버리고 있다. 쿠르트 괴델(Krut Gödel)의 불완전성의 정리(Incompleteness Theorem) 역시 실재에 대한 완전한 서술이나 그것과 모순되지 않은 기술은 불가능하다는 것을 보여 준다. 진화생물학도 우리 인간의 존재를 단순하게 정리해 놓고 있다. 인간은 기존의 과학자들이 이야기해 온 것처럼 자연의 심오한 비밀을 파헤치려는 그런 고상한 목표를 가진 존재가 아니라, 단지 그들의 번식을 위해 자연 선택의 기제로 설계된 그렇고 그런 동물이라는 것이다.

마지막으로 카오스이론은 양자적 불확실성을 동원하지 않더라도 수많은 자연현상은 기존 물리학자의 주장과는 달리 예견 불가능함을 확인해 주고 있는데,[34] 이 이론이 바로 복잡계의 이론이다. 카오스이론은[35] 과학혁명의 새로운 장을 열어 놓고 있다. 왜냐하면 절대적 공간과 시간이라는 뉴턴류의 물리학적 환상은 상대성이론으로 무기력해졌으며 양자이론은 측정과학으로서 뉴턴의 물리학적 환상을 허물어 버리기 충분하였기 때문이다. 이제 카오스이론은 결정론적 예측 가능성을 주장하는 뉴턴이나 라플라스식 환상의 과학을 제거함으로써 새로운 과학의 혁명을 이룩하였다. 카오스이론은 새로운 과학의 패러다임으로 기존의 물리학과 같은 과학의 종말을[36] 알려 주는 새로운 사고방식의 시작이었다.

카오스(chaos)란[37] 어떤 계가 확고한 규칙, 즉 그 어떤 결정론적 법칙에 따라 변화하고 있는데도 그 계의 움직임이 매우 복잡하고 불규칙하면서 동시에 불안정한 행동을 보여 먼 미래의 행동을 전혀 예측할 수 없는 분명한 현상을 말한다. 카오스에 대한 이런 정의에서 가장 중요한 개념은 '확고한 규칙' 이라는 단어다. 카오스 역시 분명한 그 어떤 규칙을 따른다. 이 말은 카오스 역시 그 계가 움직이는 방법의 규칙이 정해져 있으며, 그것이 움직이는 과정에는 주사위나 동전 던지기 같은 확률적 불확실성이 들어설 여지가 전혀 없다는 것이다.

계가 움직이는 방법에 규칙이 있다는 말은 바로 태양의 운행과 같은 법칙이 있다는 것이다. 태양의 운행은 예측이 가능하다. 해가 뜨고 지는 시간이 일정하여 기대 밖의 불규칙성이나 부정확성이 없기 때문이다. 태양의 운행은 결정론적 법칙을 따른다. 다시 말해, 태양의 운행은 초깃값이 분명하게 정해져 있어 그 이후 나타날 모든 상태의 값이 정해지는 결정론적 행동을 보여 준다. 결정론적 법칙을 따르는 태양의 운행은 초깃값을 알기에 초깃값에서 과거를 추적해 내는 일도 가능하다. 그래서 태양운행의 결정론적 법칙을 미분방정식이나 적분방정식과 같은 수학적 공식으로 만들어 그 운행궤적을 추적할 수 있다.

결국 카오스의 움직임은 어떤 결정론을 따르는 계의 하나지만, 궤적만큼은 단순계의 운행을 따르지 않는다. 카오스는 태양의 운행처럼 정해진 단순한 행동이 아니라 불규칙하면서도 불안전한 행동을 보여 주는 복잡계다. 기존의 선형계로서는 예측 불가능한 궤적의 현상이다. 카오스의 운행은 설령 그것이 초깃값을 보여 준다고 해도 그 이후 나타나는 상태는 예측 불가능한 변동을 지속하기만 한다. 그래서 카오스의 운행은 미래의 상태를 결정적으로 예측할 수도 없고, 미래 값을 단언할 수도 없는 '질서 밖의 질서' 를 보여 준다. 그런 의미에서 카오스는 '탈서(脫秩序를 줄인 말)적' 현상인 것이다.

카오스라는 탈서는 선형계와는 다른 여러 가지 속성을 가지고 있다. 첫째, 비선형적이라는 특징을 가지고 있다. 둘째, 초깃값에 민감하게 의존한다. 셋째, 복잡계적인 사고 속에서만 그 속성을 제대로 이해할 수 있다. 넷째, 카오스는 일반적으로 '프랙털' 구조를 취하는데, 이 구조는 언제든 상전이(phase transition)를 향해 해체되거나 붕괴된다. 다섯째, 그래서 탈서의 가장자리 카오스의 주변에는 늘 새로운 창조가 일어나고 있다. 이 창조는 예측 불가능한 상태에서 발생하기 때문에 돌출적일 수도 있다.

카오스의 패러다임이 사회과학에 주는 의미는 여러 가지다. 가장 결정적인 함의 중 하나는 환원론에 대한 경종이다. '전체는 요소를 서로 합해 보면 알 수 있다.' 는 것이 환원론의 전제인데, 이런 전제는 요소 하나하나의 특성을 간과함으로써 전체 현상을 엉망으로 만들어 놓는다. 매일의 생활에서 우리는 여러 가지 커다란 운동을 단순한 운동의 총합체로 받아들이곤 하지만 이것은 선형적인 체계, 말하자면 원인과 결과가 비례하고 있을 체계에서만 성립된다. 이런 환원론적인 논리는 복잡계에서는 성립하지 않는다. 그것을 방정식으로 말하면, $k(x+y) = kx+ky$라는 공식은 성립하지만 $(x+y)^2 \neq x^2+y^2$라는 공식은 성립하지 않는다는 것과 마찬가지다. 이것은 사람들이 자연현상을 대할 때 거시적인 운동의 수준으로 편하게 생각하는 것에 대한 경종이기도 하다.

말하자면 대기의 운동방식을 분자의 운동 같은 미시적인 운동과 관련 없는 듯이 떼어내어 생각하는 일이 위험하다는 것이다. 왜냐하면 거시적인 사회현상과 자연현상, 그리고 그것을 구성하는 작은 분자적인 활동의 분리는 끝내 전체에 대한 종합적인 파악을 어렵게 만들기 때문이다. 마치 제주도에서 나비가 일으키는 진동이 서울에 폭우를 몰고 올 수 있는 것처럼 미시적인 흔들림이 끊임없이 증폭되어 결국은 거시적인 구조나 체계로 직결되어 하나의 거대한 현상으로 나타날 수 있는 것이다.

카오스 패러다임의 교육적 적용

기존의 사회과학들이 홀리스틱 교육의 발전을 위해 어느 정도로 공헌할 수 있을지는 미지수다. 왜냐하면 기존의 사회과학들은 선형계의 세계관과 단순계의 자연관을 전제로 하고 있어서 인간친화나 생명경외 등과 관련된 홀리스틱 교육의 관점과는 이념적으로 어긋나기 때문이다. 생명친화적인 개념을 이야기한다고 해도, 그들이 목표로 하는 생명친화의 이상은 선형계적인 사회 속에서 생명문제를 다루고 있기에 홀리스틱 교육이 궁극적으로 도달하려는 교육적 이념과는 맞지 않는다. 교육심리학 분야에서 가드너(Gardner)의 다중지능이론 같은 것은 홀리스틱 교육에서 말하는 인간에 대한 새로운 이해와 새로운 학습의 가능성을 도와줄 수 있는 것처럼 보인다. 그러나 다중지능이론을 구성하는 전제가 뉴턴이나 라플라스가 주장하는 선형계적인 테두리 속에서 작동해야 되는 것이었다면, 그런 이론들 역시 원칙적으로 홀리스틱 교육의 발전이나 성장에는 '과학적'으로 도움이 되지 않을 것이다. 전제가 다르면 결과도 다를 수밖에 없기 때문이다.

물론 홀리스틱 교육을 주장하는 사람들이 기존 사회과학의 연구 결과를 '어느 범위 안에서 어느 정도와 어떤 태도로' 응용하며, 그런 일의 위험이 이론적으로 어느 정도인지를 '결단' 하면서 활용할 것인지는 개인의 지성력에 맡길 일이다.

이런 시각에서 이야기한다면 홀리스틱 교육을 주장하는 학자들의 학문하는 자세도 문제가 되기는 마찬가지다. 왜냐하면 홀리스틱 교육의 이념과는 어긋나기만 하는 선형계 중심 교육과학 개념들로 활용해 온 '교육', '지능', '영재교육', '평가' 등을 아무런 이론적인 여과 없이 우리 스스로 그대로 쓰고 있는 데 너무 친숙하기 때문이다. 오히려 그런 선형계 교육과학의 개념이나 이론에 철저하게 오염되어 있다고 봐야 할는지도 모른다.[38]

교육학자들은 환원론적인 생각에 익숙하다. 한 사람의 성장을 판단할 때 흔히 '세 살 버릇이 여든까지 간다.' 와 같은 일반적인 통념으로 교육학적 전제를 이끌어 간다. 이런 전제는 아리스토텔레스가 말한 인간의 품이나 아비투스의 본질을 인간의 성장에 연관시켜 말한 것이라기보다는 행동주의적 사고에 기초해 인간의 행동변화를 이야기한 것에 지나지 않는다. 인간의 품에 대해 아리스토텔레스가 인간의 덕성으로, 아퀴나스가 아비투스로, 그리고 부르디외(Bourdieu)가 문화자본으로 이야기하였을 때, 그들은 인간의 품을 형성하는 문화자산의 축적과 그것을 가능하도록 만드는 교육적 자산의 비축을 함께 이야기한 것이다. 이런 점에서 인간의 품, 인간의 덕성은 개인의 자질을 의미하기 전에 공동체라는 교육자본의 질과 양태를 의미한 것이다. 인간의 버릇, 인간의 습관은 곧 사회의 버릇, 사회의 습관, 사회의 덕성을 의미하는 것이었다. 흙탕물로 가득 찬 우물에서 퍼 올린 물은 흙탕물일 수밖에 없듯이, 품격이나 사회정의를 상실한 사회와 학교에서 길러지는 사람들의 품 속에서도 사회정의를 찾아볼 수 없는 것과 마찬가지다.

기존의 교육학 이론은 인간과 사회 간의 관계나 학교교육의 효과를 환원론적으로 생각한다. 학교에 보내면 아이들은 배운다든가, 학년이 올라갈수록 더 많이 배울 것이라는 생각이 모두 선형적 환원론의 아류들이다. 교육학자들은 그런 환원론 속에서 교육학의 이론화를 추구한다. 이런 선형적 환원론에 대해 카오스이론은 경계와 의심을 보낸다.[39]

왜냐하면 한 인간의 배움을 설명하기 위해 그의 배움과 연결되어 있는 여러 가지 미시적인 것들을 출세, 학교, 교육 등의 거시적인 요소와 분리하여 생각하는 것이 경험적으로 문제투성이임이 여러 연구에서 발견되고 있기 때문이다.

카오스의 패러다임에서는 초기에 발견되는 자그마한 차이라 하더라도 그것은 예측을 불허한다는 것이다. 즉, 확률적인 예측이나 결정을 할 수 없다. 왜냐하면 그런 미세한 초깃값은 끝내 거대한 세력, 엄청난 결과로 증폭되어 감으로써 기대한 예측과 늘 어긋나기 때문이다. 따라서 기존의 교육자들이 학교에서 하는 것처럼 아동의 초기 배움에서 드러나는 것, 말하자면 단순히 초기 능력으로 아동의 인생을 아무렇게나 재단하는 것은 논리적으로도 모순투성이며 이념적으로도 비(非)생명 존중적이다.

결국 홀리스틱 교육의 이론적인 분화나 성장을 위해 도움을 줄 수 있는 과학의 패러다임은 복잡계의 이론이나 비선형계의 이론들이다. 비선형계, 복잡계 사회과학이나 교육과학이 어느 정도나 더 이론적으로 분화·발전할지 미지수이기는 하지만, 홀리스틱 교육에 관심을 가지고 있는 교육학자라면 그와 같은 새로운 이론의 발전이나 실천의 확산을 위해 선형계 중심의 교육과학적 이론이나 인습적인 사회과학론적 관점과는 거리를 두어야 한다.[40]

이러한 점은 지금과 같은 교육현장에 카오스의 비선형성 이론들을 어느 정도로 광범위하게 적용할 수 있는지를 새롭게 이해하면 쉽게 이해된다. 기존의 선형계, 단순계 이론중심의 사회과학이나 교육과학의 이론에 따른 명제들로 (학교) 교육과정의 이것저것을 조직해 왔지만, 그들이 보여 준 결과들은 홀리스틱 교육이 지향하고 있는 것과는 전혀 다른 부작용뿐이었다. 선형계, 단순계 이론들로 무장된 기존의 교육학에는 세 가지 허구명제가 있는데, 놀랍게도 이 허구명제들은 교육정책의 토대로 그 위력을 발휘해 왔다.

1) 허구명제 1: 학교가 교육이다

교육이 도대체 무엇인지 말해 보라고 하면 사람들은 학교부터 먼저 떠올린다. '학교가 교육이다.' 라고 정리해 놓기만 했다. 대안학교, 홈스쿨링 혹은 학원교육을 이야기하면 아무래도 교육이 아닌 것이라고 치부하기 마련이다. 이런 학교

지상주의로부터 공교육과 사교육 간의 정치적 차별론이 가능해진다. 공교육이 사교육을 우선한다든가, 학교가 학원보다 수월성 높은 교육을 한다든가, 학교교사는 검증받은 교사고 학원교사는 비인증된 교사이므로 학교교사의 실력이 학원교사에 비해 우수하다는 논리도 뒤따라 나오게 된다. 대안학교나 학원 같은 교육산업체에서 일어나는 교육활동을 교육의 한 유형이라고 간주해도, 학교교육보다는 어쨌든 질적인 수준이 낮은 주변적인 것이라고 간주한다. 그것들은 언제나 공교육, 학교교사, 학교 교육과정을 위한 보조물에 지나지 않는다고 생각한다. 이는 그저 학교만이 교육을 전담하는 중요한 기관이라는 생각 때문에 만들어진 교육 편견이고 오류다.[41] 교육자들은 학원교사도 교사자격증이 있는 교육전문가들이며 그들 역시 어쩔 수 없이 교육방송과 같은 매체를 국가과외로 내세워 학원이나 교육산업체와 경쟁관계로 나가고 있다는 사실을[42] 극구 숨기려고 하고 있다.

교육자들은 학교제도를 이야기할 때도 초등학교, 중등학교, 대학교, 대학원과 같은 선형적 형식의 학교제도를 생각하도록 배워 왔다. 그 이외의 교육기관이나 교육제도는 학교 교육제도와는 성격이 다른 일탈적인 것, 방계적인 제도 같은 것으로 여기도록 세뇌한 것이다. 이런 학교제도는 인간의 배움에 관해서는 전적으로 효율적이고도 효과적이며 완벽한 교육기관 같은 것으로 인식해 왔기 때문에 학교제도의 기능을 약화시키는 현상으로 드러난 학교붕괴, 교실해체, 교사폭행, 왕따 등의 탈교육적 현상에 대해 모두가 경악할 수밖에 없었다. 그런 현상을 교육적인 탈선이나 일탈로 해석하거나 학생 개인의 정신질환에 따른 일시적인 현상 정도로 치부하고 있지만, 그것은 지금과 같은 학교제도에서는 피하기 어려운, 학교와 공생하는 자연스러운 학교교육의 잠재적 효과다.

그들은 지금과 같은 학교교육이 인간의 배움 본능을 충족시키는 데는 원초적으로 분할적이며 탈전인적인 요소를 내재하고 있다는 점을 꿈에도 생각해 볼 수 없었다. 왜냐하면 교실붕괴 혹은 학교 중도포기자를 위한 대안학교 같은 것은 모두가 초등학교에서 대학교에 이르기까지의 선형적인 학교제도에 어긋나는 것들이기 때문이다. 그런 현상을 이해하기 위해서는 카오스이론이 상정하는 전이현상을 이해해야 한다. 화학적으로 전이란 얼음 같은 고체가 물 같은 액체상태로 성질을 바꾸거나 물이 다시 수증기 같은 기체상태로 변화하는 것을 말한다. 특정 성질의 액체상태에서 질적으로 다른 상태로 변화하게 되어도 그것은 화학적으로 상전이다.

카오스가 상정하는 프랙털의 구조에서[43] 이런 상전이는 자연스러운 현상이며 빈번하게 발생한다. 초깃값이 조금씩 달라지기 시작하면 결과는 결정적으로 달라진다. 이는 물이 얼음이 되는 것과 같다. 전이현상, 특히 상전이는 물리적으로는 한 상태에서 다른 상태로 넘어가는 중간상태를 말한다. 전이의 과정 중간에는 얼음과 물이 공존하는 '녹녹한' 단계가 있다. 이 녹녹한 단계를 만들어 내는 것을 '요동' 이라고 한다. 그래서 얼음이 물이 되려면 요동의 과정이 있어야 한다. 얼음의 고체상태는 분자들이 강하게 연결되어 있는 상태다. 이 상태에 열을 가하면 분자의 연결상태가 흔들리기 시작한다. 그러면서 고체 분자들은 물의 상태로 전환된다. 이렇게 분자들이 흔들리는 상태가 요동이다. 전이가 이루어지려면 요동의 과정은 필연적이다.

결국 학교붕괴니 교실해체니 하는 현상들은 학교라는 체제가 다른 체제로 전이하는 과정에서 자연스럽게 나타나는 요동과 같은 것이다. 대안학교 등은 바로 학교가 요동의 과정을 거쳐 다른 상태로 굳어지는 전이현상이다. 지금의 학교제도로는 이런 전이현상을 더 이상 막지 못한다. 왜냐하면 자기닮음의 구조에서 하나가 무너지기 시작하면 다른 것도 잇달아 붕괴되기 시작하기 때문이다. 그것이 카오스의 프랙털 구조가 갖는 속성이며 전이의 과정이다. 병든 프랙털 구조는 언젠가는 붕괴될 수밖에 없는 것이 자연의 이치다.

2) 허구명제 2: 인간은 조기교육으로 결정된다

조기교육을 잘해야 한다는 것이 사회적인 통념이다. 조기교육이 중요하다는 이야기는 국가적으로나 개인적으로 언제나 옳다. 그래서 국가는 아동의 능력개발을 위한 여러 가지 교육적 정책개발에 앞장선다. 즉, 어린이의 능력에 관한 초깃값에 민감하게 대응하려는 국가적인 교육정책들이다. 이런 유아교육 정책들은 어릴 때 능력이 드러나지 않는 아이들은 발전 가능성이 없다는 전제에서 시작한다. 그런 전제를 교육적으로 반영하고 있는 곳이 바로 학교현장이다.

지금의 학교는 어떤 형태든 아이들에게는 '조기 감별소' 처럼 작동하고 있다. 어린이의 현재 능력과 지력을 판별해 줌으로써 그의 장래를 예측할 수 있다는 확신을 준다. 어린이의 조기능력을 알면 앞으로 대학에 진학할 수 있는지 어떤지를 확률적으로 예측할 수 있다는 논리는, 과학적으로 이야기하면 한 인간의 인생경로와 그의 교육적 지위는 하나[illegible]로 결정할 수 있다는 교육의 선형계 이론을 따르는 것이다. 이[illegible]적 진단은 학부모에게 실생활에서 거대한 압력으로 작용한다. 아이[illegible] 능력을 담보로 삼겠다는 의도와 같은 것이기 때문이다. 그런 압력과 [illegible]적 폭력에 겁먹은 어머니들은 어쩔 수 없이 상업적인 처방을 따르게 [illegible]것이다. 영재교육이니 조기교육이니 하는 교육상품이 바로 그 정신공황 속에서 '필요 이상' 으로 유혹한다. 어머니들은 그런 인질극에 두 번 다시 시달리고 싶지 않아 상품의 유혹에 무릎을 꿇는다. 그 인질극에서 탈출한 지 얼마 되지 않은 어머니들이기에 더욱더 그럴 수밖에 없다.

그러나 교육현장에서 강요되는 이런 선형적인 교육지침들은 현실과 늘 어긋난다. 가장 대표적인 예가 아인슈타인 같은 천재다. 아인슈타인은 그 당시 학교와 교사들이 둔재로 낙인 찍었던 아동이었다. 한국에서도 이런 일이 있었다. 교육개발원의 연구에서는, 부모조차도 저능아 또는 지진아로 믿었던 초등학생이 컴퓨터 조력학습활동을 지원받고 나서 중학교에 입학할 때는 영재아로 판명된 예가 있었다.

이런 예가 시사하는 것은 조기교육을 하지 말라는 것이 아니다. 잘못된 조기교육 때문에 아이들이 죽어 갈 수 있으며, 어줍지 않은 예측 때문에 한 인간의 삶이 황폐하게 될 가능성이 크다는 점을 지적하려는 것이다. 개인의 삶과 행복을 국가가 책임질 수 없다면 필요 이상의 교육적 처방은 그들에게 독이 된다. 이것은 홀리스틱 교육이 원하거나 지지하는 것들이 아니다. 오히려 홀리스틱 교육에 이론적 도움을 주는 카오스의 패러다임은 한 가지 경고를 한다. 어떤 사회현상이든 교육계에 나타나는 것들은 초깃값에 대해 민감해야 한다는 것이다. 초깃값에 민감하다는 말은 당장의 한 가지 단순한 증상을 가지고 먼 미래를 단정적으로 예측할 수 없으며, 그렇게 예측하지도 말라는 뜻이다. 앞으로 나타날 현상계가 늘 불안정하기 때문이다. 아인슈타인의 성장과정처럼 한 인간에게 나타나는 배움의 과정이나 결과는 늘 변화무쌍한 것이다.

한 인간의 성장이나 그의 교육적 발달은 불안정한 궤적을 그리는 것이 일상적이다. '불안정한 계' 라는 말은 그 계의 상태가 원래의 상태에서 늘 조금씩 벗어나기 시작해서 시간의 추이에 따라 그 이탈의 정도가 엄청나게 증가하게 된다는 뜻이다. '불안정한 계' 는 현재의 상태에서 이탈한다는 의미에서 그 상태가 늘 변화한다. 상태 변화성의 정도가 클수록 불안정의 모습도 커진다. 초깃값에 대해 민감하게 의존하기에 더욱더 불안정하다.

여기서 중요한 것은 '불완전하다' 가 아닌 '불안정하다' 는 말이다. 따라서 초깃값이 어떤 것인지 함부로 결정하는 것이 중요한 것이 아니라 초깃값을 아주 민감하고 예민하게 관찰하는 일이 더 중요한 것임을 알 수 있다. 예를 들어, 기후의 변동은 카오스와 밀접한 관계가 있기 때문에, 만약 기후의 변동을 지배하는 동력학이 카오스적이라면 수개월 후의 장기 기상예보를 할 경우 길 위에 날아다니는 나비의 날갯짓을 모두 고려해 초깃값에 넣지 않고서는 엉뚱한 결과를 초래할 뿐이다. 인간은 불완전한 것이 아니라 불안정한 삶의 궤적을 그리며 살아가는 존재일 뿐이기 때문에 언제든 안정적인 궤적을 만들어 낼 수 있다. 인간의 자아실현은 어떤 절대적인 기준으로 감별할 수 있는 것이 아니라, 각자적인 경험과 각각이 그려 낸 자기만의 유일한 삶의 궤적에 따라 자아실현에 대한 감각이 매일같이 개조(reformatting)되는 것이다. 전인교육과 조기교육은 바로 그런 각자적인 삶의 교육이며 개별적인 생활의 교육을 위한 초깃값을 정하는 것이기에 삶의 바탕을 위한 넓은 그림, 단단한 토대 쌓기 교육으로 완성되어야 한다.[44]

3) 허구명제 3: 학습한 것만큼 배운다

일반적으로 교사나 교육학자는 학생들이 오랜 시간 동안 공부하면 성적도 부쩍 오를 것이라고 생각한다. 그들에게는 배움은 없고 오로지 학습만 있다. 학습은 배움을 위한 하나의 수단이며 도구인데, 그 도구가 목적을 대신하게 하는 논리가 바로 배움을 학습과 같다고 하거나 학습량과 학습결과는 비례한다는 허구명제에서 나온 것이다.[45] 교과서, 참고서, 연필, 공책, 시험 등의 모든 것은 배움을 위한 학습 수단이나 도구며 교육자본의 양태들이지만, 그런 학습도구들이 많다고 해서 인간의 배움이 더 늘어나거나 향상되는 것은 아니다. 배움은 학습자가 배우겠다고 작정할 때 배워지는 것이다. 그것이 없는 교실에서는 언제나 학습 기피증이 만연하게 된다. 사람들은 학습하는 만큼 배우는 것이 아니라, 배우는 만큼 학습하는 것이기 때문이다.

이런 선형적인 관점 때문에 아이들이 얼마나 정신적인 고통이나 억압 속에서 신음하는지를 잘 보여 주는 현상들이 비일비재하다. 학교붕괴, 학생들의 자살, 교사에 대한 학생의 폭력사건 등이 바로 그것이다. 학교의 시간표를 일정 시간 동안 계획적인 틀에 따라 하루 몇 시간 하는 식으로 짜는 것도 바로 학습량과 학습결과는 비례한다는 증명되지 않은 선형적 단순 가정에서 비롯된 것이다. 이것이 제대로 작동되지 않을 때 학교는 아이들을 억류하고 있는 '가막소'와 비슷하다.

이런 고통은 학교에서 하나의 교과목으로 가르치는 자연과학에서도 마찬가지로 나타난다. 학교에서 학생들에게 가르치는 과학교육은 과학을 신봉한 나머지 인간의 모습을 배제하는 데 기여했을 뿐이다. 실제로 그런 과학과목들은 자연과 환경에 대한 잘못된 이해와 그릇된 개념의 희생물일 뿐이다.[46] 왜냐하면 학교에서 가르치는 과학과목들은 기본적으로 다른 교과와 완전히 차별화된 하나의 독립된 교과라는 인식을 가지고 가르치기 때문이다. 게다가 자연이라는 것을 학생들과는 동떨어진 별개의 존재로 이해하도록 만들고 있기 때문에 생명체의 존재와 생존방식에[47] 대해 잘못 이해하게 만들고 있다. 그런 잘못된 개념 때문에 학교에서 가르치는 기존의 과학교육은 인간과 자연과학을 구별하도록 만들었고, 인간의 삶을 도외시하는 지구보존 과학윤리나 강조하도록 만들어 놓았다.

매일 성실하게 살아가는 학생들은 학교교육에서 한 가지 사실만큼은 항상 경험한다. 아무리 노력해도 기대하는 것 이상으로는 배워지지 않는다는 사실이다. 예를 들어 보자. 100원짜리 동전 1개를 넣으면 커피 1잔이 나오는 자동판매기에 1,000원을 넣으면 10잔이 나온다. 이 경우 넣은 100원짜리 동전의 개수와 나온 커피 잔의 개수는 비례관계다. 두 개의 관계를 나타내는 그래프는 직선, 즉 선형적 관계로 나타난다. 이에 비해 비선형은 선형이 아닌 모든 현상을 말한다. 100원짜리 동전을 1개 넣었을 때 기대하는 커피는 1잔이었는데 1잔도 나오지 않는다든가 혹은 1잔 나오고 다시 거스름돈으로 1,000원이 나오는 경우, 또는 100원짜리 동전을 3개 넣었는데 1잔의 커피가 나오는 경우가 바로 비선형적인 현상에 속한다.

사회현상에서 선형으로 나타나지 않은 사회현상은 모두 비선형적이다. 인간에게 배움은 비선형적이다. 배움을 위한 다양한 학습활동도 선형적으로만 설명될 수 있는 것이 아니다. 교실현장에서 일어나는 학생들의 학습 기피증은 학습량과 학습결과가 정비례한다는 주장이 허구임을 알려 준다. 학습량과 학습결과는 경험 측으로 보아도 비선형적이다. 두 개의 관계는 정비례도 아니고 역비례적인 것도 아니다. 상황 부가적일 뿐이다. 두 변인 간의 관계는 정비례와 반비례 그 두 개의 궤적 어딘가를 끊임없이 운행하는 비선형적인 모습을 가질 뿐이다. 교육의 현장은 결과가 원인에 비례하는 식으로 정리되지 않는 경우가 허다하며 비선형적인 현상으로 가득 차 있다. 이 모두가 잠재력이 서로 다른 인간의 능력과 그들의 영성을 다루고 있기 때문에 발생하는 자연스러운 일이다.

홀리스틱 배움학의 과제

인간의 행동을 이해하기 위한 수많은 행동과학적 시도가 있었는데도 대부분 인간의 행동은 아직도 판독 불가능한 것으로 남아 있다. 인간행동을 이해하기 위해 우리가 창조하였던 모든 교육 체계는 광범위하고 그럴듯해 보인다. 그렇지만 그 밑그림을 지원해 주는 사회과학의 패러다임은 소경이 소경을 인도하는 어리석음 같은 것을 반복적으로 경험하도록 해 왔다. 우리가 인간교육이 무엇인지를 설명하고자 할 때도 마찬가지였다. 이런 상황 속에서 교육학자들이 안고 있는 사고체계의 치명적인 결함은 여러 가지로 드러나고 있다. 즉, 배움의 본질에 대한 이해 부족, 교육의 생태학에 대한 인식 부족, 인간의 의식에 대한 몰이해, 사람과 배움 간의 관계에 대한 오해 등이다.

이러한 결함은 인간경험이나 인간의 배움을 기존의 결정론적이고 인습적인 사회과학론의 이해방식으로 탐색하려 할 때 더욱더 두드러진다. 인간에게 주어진 감정과 이성의 능력은 절대적인 것이 아니기 때문이다. 학교교육도 마찬가지다. 개인에게 치열한 생존경쟁을 요구하는 학교교육의 '패권주의'를 살펴보면 너무나 분명하다. 교육학자들이 이성적으로 교육을 연구하였고, 그런 연구 결과에 기초해 교육행정가들이 합리적으로 교육정책을 만들어 냈다고 말하지만, 사실 그들이 만들어 내는 작업은 인간의 배움에 대한 초보적인 것에 지나지 않는다. 기존의 교육학자들이 자료를 논리적으로 배열하는 것도 기존의 선형적인 이론체계 속에서 가능한 인식의 패턴체계를 강화하는 데 불과하였다. 그렇지만 그들은 교육의 '진실'이라고 우기곤 했다. 단 하나의 방법만이 유일한 인간 이해의 방식이라는 편견을 벗어날 수 없었다. '진실'이라는 것도 우리가 살고 숨쉬고 아귀다툼하고 있는 상황의 진실을 벗어날 수 없다. 그들이 이야기하는 것도 어느 특별한 관점의 견지에서 진실로 인식된 것일 뿐이다. 배움에서의 진실이란 본질적으로 말할 수 없는 무엇인데도[48] 그들은 자신들의 관점만이 진리라고 우기면서 그들의 낮은 생각을 하나의 거대한 교육정책으로 만들어 놓았다.

인간의 진보에 가장 큰 장애물은 의식 자체와 그 본질에 대한 앎의 결핍이다. 인간의 배움은 앎의 결핍을 해결해 주는 개인적이며 주관적인 수단이다. 그것은 어린아이에게도 필요한 것이고, 노인에게도 필요한 삶의 도구다. 그들의 행복을 책임지는 그들만의 도구다. 누구든 쉽게 설명되지 않더라도, 자기의 시선을 안으로 돌려 순간순간 마음의 움직임을 살펴보면 마음이라는 것과 배움이라는 것이 사물을 미처 알기도 전에 움직이고 있음을 알게 된다. 우리의 행동이 심사숙고의 결과라고 우기는 것은 망상이다. 마음과 배움은 수백만에 이르는 자료와 그들 사이의 상관관계를 꿰뚫어 보고, 엄청나게 빠른 속도로 지각할 수 있는 이해의 정도를 넘어서서 생존을 위한 선택을 택하기 마련이다. 이는 비선형 복잡계 과학의 이론에서 말하는 에너지 패턴으로서의 끌개(attractors)가 발휘하는 힘이다.

인간은 흔히 자신이 조절할 수 있는 힘 덕분에 살아간다고 생각한다. 사람들은 그 힘을 언제나 눈에 보이는 것처럼 간주하지만, 사실 그것은 우리가 통제할 수 없는 잠재력에 따른 것이다. 숨겨진 근원에서 비롯되는 잠재력이 그 힘을 지배한다. 인간을 조절하는 잠재력은 배움의 힘으로 가동된다. 물론 그 힘은 눈에 보이지는 않아도 그 존재를 의심할 수 없는 무엇이라 할 수 있다. 억지의 힘은 지각을 통해 경험되지만, 배움의 힘은 내적인 인식을 통해 알 수 있다. 인간은 스스로 무의식적으로 작동시키고 있는 엄청난 정도로 강력한 끌개의 에너지 패턴과 배움의 힘으로 현재의 위치에 서 있다. 이렇게 새로운 사회과학적 패러다임의 결과들이 홀리스틱 교육의 발전을 위한 핵심이 되어야 한다.

홀리스틱 교육은 기존의 교육을 못마땅해 하는 몇몇 교육자를 위한 대안적인 교육실습 논리가 아니다.[49] 어쩌면 홀리스틱 교육을 이념적으로 선호하는 학자들이라면 기존 교육의 문제에 대해 두 가지 중 하나를 선택해야 한다. 말하자면 실험예술가들이 보여 주는 듯한 전위예술가의 퍼포먼스 행위를 하거나, 아니면 기존 교육의 틀 속에 기생하면서 그 나름대로의 편하지 못한 생명을 부지해 보겠다는 듯이 소리를 슬그머니 내려야 할는지도 모른다.

홀리스틱 교육을 하겠다거나 이론화하겠다는 사람이라면 당연히 인간교육과 어긋나는 현재의 교육풍토를 이념적으로 해체할 수 있는 학문적인 능력과 이론화의 능력부터 갖추어야 한다. 전위예술가 백남준이 기존의 상투쟁이 교육학자들의 귀에 이명(耳鳴)하듯이, 교육적이라고 폼 잡던 것에 대해 조롱하기(making education ridiculous)를 할 수 있는 사회과학적 능력을 갖추어야 할 것이다. 이것은 지금과 같은 교육학의 패러다임이 가지고 있는 문제를 꿰뚫어 보는 사회과학적 힘을 필요로 한다. 기존 (학교)교육의 문제를 파헤친다는 말은 지금과 같은 교육활동을 웃음거리로 만들 수 있다는 단순한 뜻이 아니다. 그것은 '잘못된 길을 가고 있는 지금의 교육' 에 하나의 심각한 질문을 던지며 그 대안을 찾아 나서겠다는 뜻이다. 영국에서 닐(Neil)이 기존의 철학과는 전혀 다른 신프로이트적인 심리학적 사상으로 서머힐을 운영한 것처럼, 그런 생명존중의 대안교육을 만들어 낼 수 있어야 한다는 것이다.

홀리스틱 교육론자들은 교육을 유기적인 것으로 간주하기 때문에 그런 대안교육의 가능성을 이론적으로나 실천적으로 얼마든지 찾아낼 수 있다. 지금과 같은 교육은 제도적인 교육이 인간의 배움에 우선한다든가, 학교가 바로 교육이라든가, 인간의 능력은 지능과 같은 단순한 능력으로 결정된다든가 하는 사회적 통념을 고집한다. 한마디로 기존의 무기론적 교육학자들은 홀리스틱 교육론자의 교육론을 마치 '하염없이 무기력하고 핫바지에 방귀 새는 헛소리' [50] 정도로 간주하고 있다. 그들은 인간의 교육에는 우연성이란 존재하지 않으며 모든 교육이 계획적이라고 우기지만, 배움은 본질적으로 인간에게 언제든 우연적이며 배우는 사람에게 언제든지 회임(懷妊)적이다. 새로운 것을 끊임없이 창조해 내며 그 창조를 통해 우연이라는 힘을 깨달아 가게 도와주는 배움이 바로 홀리스틱 교육의 주제다.

홀리스틱 교육을 시작하려면 무엇보다도 먼저 생명에 대한 경외, 더불어 사는 마음과 같은 생명친화, 자연친화에 대한 강한 집착이 중요하다. 그런 것을 갈구하는 사회 구성원의 영성을 서로서로 북돋우는 힘들이 필요하다. 그러나 그런 예는 우리가 주변에서 흔히 볼 수 있는 것이 아니다. 세계 이곳저곳을 여행한 정희재는 우리에게 그런 장면 하나를 소개한 바 있는데,[51] 홀리스틱 교육이 살아 움직이는 현장이라고 해야 할 것이다. 티베트의 정신적 지도자 달라이 라마는 아이들에게 늘 이렇게 가르친다. "우리는 꿈에도 그리는 아름다운 조국에 돌아가지 못하고 있지만 2~3세에게 중국에 대한 증오와 보복을 가르치지는 않습니다."

미주

1 참고: Bookchin, M. (1998). 사회생태주의란 무엇인가(역).

2 출판된 지 조금 오래된 책이지만, 내가 대학원 시절에 접했던 다음의 책이 이런 생각을 키우는 데 지적인 도움을 주었다. Martin, J. H., & Harrison, C. H. (1972). Free to learn: Unlocking and ungrading American education.

3 밀러(Miller)는 기본적으로 헉슬리(Huxley)의 perennial philosophy(영원철학 혹은 항존철학)가 홀리스틱 교육이론의 철학적 기반이라고 주장해 오고 있다. 밀러가 홀리스틱 교육의 체계화를 위해 쓴 『홀리스틱 교육과정』은 홀리스틱 교육을 이해하는 아주 중요한 길잡이가 될 수 있을 것이다. 그는 이 책에서 홀리스틱 교육의 사상적 기저를 다루면서, 갖가지 사회과학의 관점이 홀리스틱 교육의 체계화를 위해 어느 정도로 응용될 수 있는지도 보여 주고 있다. 다만, 그가 홀리스틱 교육에 관한 사상적 토대를 세우면서 광범위한 지원을 받기 위한 목적으로, 다양한 종류의 사회과학이나 철학적 관점이 제공하는 모든 연구 결과를 종합해서 쓸 수 있다는 식으로 홀리스틱 교육의 이론적 기조를 마치 비빔밥처럼 처리해 놓은 점은 조금 아쉽다[참고: Huxley, A. (1970). The perennial philosophy; Miller, J. P. (2000a). 홀리스틱 교육과정(역)].

4 이 글은 마크 헬퍼린(Mark Helperin)의 소설 『겨울이야기』 중 한 구절인데, Miller(2001a)에서 재인용되었다[참고: Miller, J. P. (2001a). 홀리스틱 교육과정(역.) p. 360].

5 '배려' 라는 개념이 홀리스틱 교육에서 차지하는 위상에 대한 의미 있는 논의에 도움을 줄 수 있는 학자는 노딩스(Noddings), 밀러 등인데, 그들은 배려의 본질에 대해 다양한 해석을 가하고 있다. 말하자면, 배려를 전념, 공감, 수용, 확신 같은 것으로 확장시키면서 그것들이 교육현장에서 어떤 방식으로 작농해야 하는지를 논의해 주고 있다[참고: Miller, J. P. (2000b). Caring

for new life: Essays on holistic education; Noddings, N. (2002). Educating moral people: A caring alternative to character education; 김수동(2003). 배려의 교육방법].

6 홀리스틱 교육에 관련된 이야기들은 사실 우리의 삶에서 일상적인 것들이다. 인디언들이 우리에게 전해 주는 이야기도 그에 합류된다. 인디언은 인간의 영성이 무엇인지를 이렇게 질문한다. "우리가 어떻게 공기를 사고 팔 수 있단 말인가? 대지의 따뜻함을 어떻게 사고 팔 수 있다는 말인가? 부드러운 공기와 재잘거리는 시냇물을 우리가 어떻게 소유할 수 있으며, 또 소유하지도 않은 것을 어떻게 사고 팔 수 있단 말인가?" 이런 질문에 대해 시애틀 추장, '앉은 소', '빨간 윗도리', '열 마리 곰' 등 인디언 지도자들이 들려 주는 이야기는 단순하다. 그 투박함은 우주와 자연, 그리고 인간이 조화롭게 이루어 가는 행복한 삶에 대한 직관으로 반영된다. 인디언들은 땅과 흙을 가리켜 '우리의 어머니'라 말한다. 하늘은 아버지 혹은 할아버지다. 동식물과 우리 인간은 사촌 간이다. 동족들끼리 만나 하는 인사는 '미타쿠예 오야신'이라고 하는데, '우리 모두는 서로 연결되어 있다.'는 말이다. '위대한 정령'이 만든 세상 모든 피조물에 경배하는 인디언들은 사냥을 하더라도 희생물에 대한 예의를 잊지 않는다. 훔치는 행위에는 엄벌을 가하지만 그것에도 예외는 있다. 먹을 음식을 훔치는 것은 용서받는다. 배가 고픈데 먹을 걸 주는 사람이 아무도 없으면 누구든 언제든지 자유롭게 음식을 가져다 먹을 수 있다는 이야기다. 대지 위의 모든 것은 서로 공유하는 것이라는 생각이다. '나누지 않으면 나뉜다.'는 철학을 보여 주는 대목이다. 유럽에서 백인들이 '오월의 꽃(메이플라워)'이라는 배를 타고 자신들의 땅에 왔을 때도 그들은 한결같았다. 인디언들은 기꺼이 땅과 먹을 것을 그들에게 나누어 주었다. 그러나 백인들은 더 많은 것을 요구하고, 땅을 빼앗고, 인디언을 죽이고, 그들에게 예수의 초상화에 경배하라고 강요하였다. 할 수 없는 생존의 전쟁 속에서 인디언들은 패하며 쫓기면서 마침내 '보호구역'이란 이름의 수용소에 갇힌다. 그들은 그래도 "우리 얼굴 붉은 사람들과 얼굴 흰 형제들 사이의 적대감이 다시는 되살아나지 않기를." 하고 빈다. 거대한 폭력 앞에 스러져 가는 슬픈 현실마저도 비굴하지 않게 받아들이는 인디언들의 삶, 생명존중의 배움이 바로 홀리스틱 교육의 전형이라고 볼 수 있다[참고: 류시화(2003). 나는 왜 너가 아니고 나인가].

7 이제 우리나라에서도 단지 책을 사기 위해서가 아니라 아이들과 함께 놀이와 휴식을 위해 찾아가는 새로운 개념의 대형서점들이 등장하고 있는데, 이런 공간이 전인교육의 훌륭한 장이 될 수 있다. 일간신문 보도에 따르면, 국내 최초의 유아, 아동, 여성 전문서점을 표방한 '소빅스 문고'가 서울 용산 아이파크몰 6~7층에 2,500평(전용면적 1,400평) 규모로 개장하였다. 이는 우리나라 최대 책 구매 고객인 25~35세 여성층을 공략하려는 전략과도 맞아 떨어진 것인데, 이런 교육공간은 고객쉼터, 놀이시설, 수유공간 등 서비스 면적으로 활용된다. 동시에 이런 공간에서 아이들은 자연스럽게 서로 교류하는 법, 시설을 이용하는 방법을 익히며 공동체 삶의 공간으로 활용하는 민주시민성을 익히게 된다[참고: 소빅스문고 오픈(2006. 9. 5). 이데일리].

8 참고: Aristotle. (2005). 서양사상에 큰 영향을 준 니코마코스 윤리학(역), pp. 81-82.

9 고대 그리스에서는 사람들 간의 관계와 용기가 중요했다. 그것을 기르기 위해 어디서든지 사교육이 있었고 사교육은 그것을 감당했다. 소피스트들의 수사학에 문제가 있기는 했지만 그들 역시 가장 소중하게 여기는 덕목이 용기 같은 것이었다. 고대 그리스인들은 그것을 아레테(arete)라고 불렀다. 이 아레테는 헥시스와 연결되는 것으로서 사람들 간의 관계소통을 위한 매개고리였다. 그리스 공동체에 위기가 닥쳤을 때 모두가 말 없이 용감하게 전투에 참여하게 하는 것은 말보다는 용기라는 덕과 그것에 대한 의식소통 때문에 가능했다[참고: Colaiaco, J. A. (2005). 소크라테스의 재판(역)].

10 부르디외가 아비투스를 문화자본의 개념에 응용함으로써 아비투스의 개념은 현대적 의미를 갖게 되었다. 부르디외에게 아비투스는 신분이나 취향이 같은 집단이나 계급 구성원 모두에게 공통적으로 인지되는 경제적 계급 구분, 그리고 계급 구성원이 스스로 자연스럽게 드러내는 문화적 상징과 일상생활의 양식 사이를 매개해 주는 행위의 도식과 구조(Bourdieu, 1977: 86)를 의미한다. 아비투스는 개인들에게 내면화된 주관적인 행위의 도식이나 구조들이기는 하지만 결코 단순하게 개인적인 체계로 종결되는 것이 아니다. 그것은 아비투스가 행위자들에게는 실천의 산출원리로 언제든 그들의 행위를 유도해 가기 때문이다. 부르디외는 파노프스키(Panofsky)의 고딕건축과 스콜라철학이라는 저서를 프랑스어로 번역하면서 아비투스에 관한 개념을 최초로 소개하였다. 당시 그는 자의적인 문화적 혹은 상징적 차별의 체계가 서로 다른 사회계급에게 이의 없이 받아들이는지를 설명하려고 아비투스라는 개념을 활용하였다. 결국 부르디외에게 아비투스는 '특정 유형의 사회문화적인 환경을 구성하거나 만들어 내는 조건(예: 계급구조를 가르는 특징으로서 물질적 조건)' 에 따라 생산되는 것으로서 사회적 행위의 실천과 재현을 발생시키고 사회적으로 구조화하는 원리다. 아비투스는 언제나 지속적으로 인간의 삶에 표출되며, 경우에 따라 다른 질의 문화자본으로 치환이 가능한 삶살이에 관계된 하나의 성향이자 품격 혹은 조건 같은 것이다(Bourdieu, 1977: 72). 결국 부르디외는 현대사회에서 계급구조가 어떻게 유지되고 재생산되는지, 동시에 피지배계급이 그들의 지위를 어떤 매개체를 통해 '자연스러운' 것으로 받아들이는지에 대한 설명을 아비투스 개념을 활용하여 설명하였던 것이다. 그는 아리스토텔레스처럼 아비투스를 하나의 '과정' 으로 간주하기보다는 하나의 '구조' 로 간주하였다. 객관적인 계급구조와 행위자들의 취향이나 품성 혹은 사회문화적 조건반사 간의 밀접한 상관성을 아비투스 개념으로 파악하였다. 부르디외는 사회구조와 행위를 직접적인 인과관계로 연결하기보다는 그 사이를 매개하는 구조로서 아비투스의 개념을 활용하였다. 기존의 사회이론이 그동안 해결하지 못했던 문제, 말하자면 구조와 행위 간의 일방적인 인과관계적 설명에 새로운 매개변수를 개입시켜 기존 사회이론의 딜레마를 넘어서려고 노력했다. 그는 지배구조는 지배의 행위와 문화, 피지배계급은 피지배의 행위와 문화를 낳는다는 식의 사회구조와 사회행위라는 인과적 설명을 배제하고, 그 중간과정에 아비투스를 넣어 지

배구조가 나름대로 지배구조의 행위를 낳은 이유와 과정, 반대로 피지배구조가 나름대로 피지배문화를 행위하는 이유와 과정을 설명해 주었다. 부르디외는 문화가 서로 다른 계급과 지위의 차이를 유지하고 재생산하기 위해 아비투스가 일상생활에서 어떻게 작동하는지를 설명했다. 또한 행위자들의 문화적 혹은 사회심리적 태도와 취향을 선천적으로 물려받은 자산으로 보기보다는 행위자들이 스스로의 경험과 생활 속에서 획득한 후천적 성향이나 품격이라고 간주한다. 개인의 삶에서 표출되는 취향들은 서로 다른 신분이나 계층적인 삶을 서로 '구분하고 평가해 주는 성향' 으로서 획득과 훈련의 결과물들이다. 동시에 이 취향이나 품격은 서로 다른 '계급이나 계층의 양태를 구별해 주거나 표시하는 지표 같은 것으로 기능한다(Bourdieu, 1984: 466).' 겉으로 드러나는 개인마다의 취향은 순수하고 중립적이며 개인적인 현상으로 보일 수 있지만, 언제나 계급적 신분이나 위치의 이동과 함께 변화하기에 결코 중립적일 수 없다. 개인의 취향은 객관적으로 드러나는 계급위치의 사회적 위계질서 같은 것을 은연중에 반영하는 문화적 위계질서와 지표 같은 것으로 조직화되기 때문에, 개인이 표출하는 취향 사이의 부조화나 갈등은 계급, 계층, 신분집단 간의 긴장과 괴리들로 간주된다. 개인의 취향은 그것을 소유하고 있는 개인의 물적 · 비물적 '자산' 에 의존한다. 사회계급은 문화자산을 균등하게 소유하고 있지 않다. 문화자산이 사회계급들에게 균등하게 분배될 수 있는 것도 아니다. 그래서 사회의 각 장에서는 문화자본들이 언제든 긴장과 갈등의 자원으로 작동한다. 사회 구성원의 아비투스를 포착하거나 확인하면 그들의 사회적 존재 조건과 취향 사이의 관계와 그것을 둘러싼 그들의 긴장관계를 파악할 수 있다. 그것은 아비투스를 구조와 실천을 매개하는 지속적이며 삶의 다른 장으로 전이가 가능한 성향의 체계로 간주하였기 때문이다. 다시 이야기하지만, 부르디외와 논점을 엇비슷하게 가지고 있는 학자들은 아비투스를 인간 존재 조건을 구성하고 있는 구조들의 산물로 간주한다. 아비투스를 인간 존재 구성의 과정이라고 생각하기보다는 그러한 삶 속에서 만들어지는 부산물이나 구조물로 간주한다. 예를 들어, 부르디외나 지루(Giroux)는 아비투스가 획득된다고 말하기를 즐긴다. 그들에게 아비투스는 개인에게 지적인 방식으로 주입되는 것으로 파악된다. 그렇게 획득된 아비투스는 개인이 세상을 살아가는 전반적인 삶의 방식에서 지속적으로 얻어지며 동시에 새로운 행위에 투영된다. 말하자면 먹고 놀고 말하고 걷고 행하는 모든 일상적인 행위방식에 아비투스가 하나의 구조물로 작동하고 동시에 그것을 재생산해 낸다는 것이다. 그래서 지배계급은 그들이 취해 왔던 지배계급의 생활양식을, 반대로 피지배계급은 나름대로의 피지배계급이 취해 오던 일상적인 혹은 문화적인 행위를 지속해 나간다는 식의 함의가 그들의 아비투스론에서 추출될 수 있다. 게다가 그런 아비투스는 다른 유, 삶의 다른 장으로 자연스럽게 전이될 수 있다. 아비투스는 최초에 획득된 장이 아닌 다른 삶의 장 속에서도 실천이 가능하고 그 위력이 드러날 수도 있다. 인간의 언어 획득에서 그런 사례를 손쉽게 발견할 수 있다. 언어와 관련된 아비투스는 개인에게는 사회문화적으로 조건화된 채 지속적으로 내장되는 하나의 아비투스다. 그런 성향체계로서 언어적 아비투스는 그의 육체에 새겨지고, 그의 사회적 신분을 드러내는 서정적 지표로 각인된다. 세계와 맺는 전반적 관계와 사회적으로 주입된 세계와 맺는 관계방식이 언어라는 아비투스의 구조물에서 자연스럽게 포착된다. 이미 번스타인도 사회계층에 따라 아동들이 서로 다른 언어화법을 구사하도록 되어 있다고 주장하였지만(Bernstein, 1974), 지루 역시 사회계급별로 서로 다른 상이한 발음 유형을 갖고 있는데 그 스타일은 입 모양과 관련된다고 보고 있다(Giroux, 1983). 그런 입 모양은 이미 사회계층적으로 서로 다른 언어의 아비투스에 따라 결정된 것이기 때문이다. 앞에서도 언급하였듯이 부르디외는 아비투스를 아리스토텔레스처럼 사회 구성원에게서 삶의 '과정'으로 간주하기보다는 하나의 '구조'로 간주하였다. 다시 말해, 아비투스를 통해 한 사람이 어떤 삶을 살아가며, 무슨 종류의 인간이 되어 가는지에 대해서는 별다른 관심을 보이지 않았다. 대신 그는 아비투스를 간단하게 사회계급이나 사회적 지위집단의 사회문화적 정서를 드러내 주는 구별표식이나 사회심리적인 표지 같은 것으로 간주했다. 그래서 부르디외가 강조하는 아비투스의 개념으로는 한 인간의 삶에서 아비투스가 끼치는 개별적인 영향관계를 파악해 내기는 어렵다. 그는 계층 혹은 신분 편파적인 관점에서 아비투스와 교육 간의 상관성을 파악하는 데 더 큰 관심을 기울이고 아비투스의 개별적인 작동기제에 관해서는 별다른 관심을 보이지 않았다. 아비투스의 개별적인 작동기제보다는 구조로서의 아비투스에 깊은 이해를 강조하였기에, 부르디외가 강조하는 아비투스의 개념으로는 사회공동체에서 사회자본이 축적되는 과정을 설명하기가 어렵다. 더 나아가 그의 아비투스 개념으로는 아비투스와 지역공동체의 교육적 활동 간의 상관성을 제대로 파악하기도 쉽지 않다[참고: Bernstein, B. (1974). Theoretical studies towards a sociology of language; Bourdieu, P., & Passeron, J. C. (1977). Reproduction in education, society and culture; Giroux, H. (1983). Theories and resisrence in education; Bourdieu, P. (1984). Distinction: A social critique of the judgement of taste; Bourdieu, P., & Passeron, J. C. (2000). 재생산(역)]

11 참고: Bellah, R. N. et al. (1985). Habits of the heart: Individualism and commitment in American life.

12 아비투스라는 용어는 원래 아리스토텔레스가 말했던 헥시스라는 말에서 시작된 것이다. 아리스토텔레스가 아테네 공동체에서 살아가는 사람들의 삶살이 속에서 발견되는 갖가지 기질이나 성품을 설명하기 위해 제기하였던 헥시스라는 개념은 후대에 이르러 여러 가지 다른 의미를 내포하게 되었다. 무엇보다도 먼저 아퀴나스는 헥시스를 아비투스로 번역하여 썼다. 아퀴나스가 아리스토텔레스의 헥시스를 아비투스로 번역하였을 때의 아비투스는 지성적 덕(intellectual virtue)을 지칭하는 것이었다.

13 품이 무엇을 의미하는지 손쉽게 이해하기 위해 임어당의 이야기로 풀어 쓸 수 있다. 그는 품을 '한 사람이 남에게 드러내거나 보여 주는 일정한 행동에 나타난 개인의 인격에 관한 표현의 온 범위' 같은 것으로 정리한다. 그 품의 일상적 쓰임새는 인품 혹은 품격 같은 것으로 나타난다. 임어당은 품의 의미를 중국인의 일상생활 속에서 찾고 있다. "중국인이 지

닌 '품' 이라는 생각은 아주 흥미진진하다. '제1품' '제2품' 의 예술가나 시인이라고 할 때는 등급을 매기는 것이 되는가 하면, 좋은 차를 시음하는 것을 '차를 품한다.' 고도 한다. 이것은 인품이나 품격을 이를 수도 있다. 즉, 일정한 행동에 나타난 개인의 인격에 관한 표현의 온 범위가 그 말에 포함되어 있는 것이다. 우선 질이 나쁜 도박자, 즉 성미가 가볍고 버릇이 나쁜 성격의 도박자를 '도품(賭品)' 이 나쁘다고 한다. 도박적 인격이 나쁘다는 뜻이다. 지나치게 마시고 품위 없이 구는 술꾼을 '주품(酒品)' 이 나쁘다, 즉 음주상의 인격이 나쁘다고 한다. 기객(棋客)을 평할 때는 '기품' 이 좋다거나 나쁘다거나 한다. 중국 최고의 시 평론으로는 『시품(詩品)』을 꼽는데, 이는 다양한 시인을 비평한 책이다. 물론 『화품(畵品)』이라는 미술 평론책도 몇 권 나와 있다. 이 '품' 이라는 관념과 관련하여 중국인 전반이 인정하는 하나의 신조가 생겼다. 그것은 예술가의 창작은 엄밀히 그 품격에 따라 규정된다는 것이다. 이 '품격' 은 도덕적인 것임과 동시에 예술적인 것이다. 그것은 인간의 오성(悟性), 넓은 도량, 탈속(脫俗)을 존중하고, 사소한 일 범용(凡庸) 저열을 극복하는 정신을 고조하려 한다. 이 뜻에서 '품' 은 영어의 'manner' 또는 'style' 에 가깝다. 자유분방하여 인습에 구애받지 않는 예술가는 그 작품에 자유분방한 기질을 보일 것이고, 인정미 있는 사람은 그 스타일 속에 인정미와 섬세를 포함할 것이며, 취미가 고아한 대예술가는 '매너리즘' 에 빠지는 것을 꺼려할 것이다. 어떤 화가도 도덕적, 미적 품격이 위대하지 못하면 대가라 할 수 없다는 신념을 중국인은 암암리에 승인해 왔다. 따라서 서양화를 평하는 경우도 최고의 표준은 기법의 능숙함과 졸렬함이 아니라 예술가의 품격이 높으냐 아니냐 하는 데 놓여 있다. 기법은 완벽하면서도 품위 없는 작품도 있다. 그것은 영어의 이른바 'character' 를 결한 작품이 된다. …… 좋은 형식에는 전부 움직임이 있다. 그 움직임은 골프선수 클럽의 스윙이든, 로켓처럼 성공을 향해 돌진하는 남자의 움직임이든, 공을 들고 경기장을 달리는 미식축구 선수의 움직임이든 모두가 보기에 아름다운 것이다. 예술에는 개성적 표현이 흘러넘치고 있어야만 한다. 그리고 그 표현력의 기법에 구애받지 말고 자유로이 희희낙락하게 기법 중에 약동할 수 있는 것이어야만 한다. 커브를 돌 때 기차에도, 돛에 바람을 가득 안고 전속력으로 달리는 요트에도 그 스윙이 있다. 그건 정말 아름다운 것이다. 공중을 나는 제비, 먹이를 노려 휘익 하고 덮치는 매, 또 '멋진 폼' 으로 결승점에 달려 들어가는 우승마에게도 다 아름다운 스윙이 있다. 우리는 모든 예술이 품격을 가져줄 것을 요구하는데, 그 품격이란 다름 아닌 예술가의 인격, 넋, 심정, 혹은 중국인이 말하는 '회(懷)' 등을 예술작품이 암시하고 묵시하는 것이다. 예술작품에 인격 또는 품격이 없으면 생명이 없다. 아무리 미술 식견이 높더라도 기법이 완벽하다는 것만으로는 생명도 생명력도 없는 예술을 구제할 수는 없다. 품격이라는 고도의 개성적 요소를 빠뜨린다면 미 그 자체가 평범하고 속된 것으로 되어 버린다. 품격의 함양은 도덕적으로는 물론 미적으로도 이루어져야만 한다. 거기에는 학식과 교양 둘 다 필요하다. 교양은 취미 쪽에 가까운 것으로 예술가에게는 자연히 생겨나는 것이겠지만, 예술책을 펼치고 최대의 기쁨을 느끼는 것은 학식의 뒷받침이 있는 경우일 뿐이다"[참고: 임어당(1992). 생활의 발견(역)].

14 아퀴나스가 아비투스로 번역하였던 아리스토텔레스의 헥시스는 아리스토텔레스가 그의 니코마코스 윤리학에서 말하는 헥시스의 개념을 정확히 반영하는 것이 아니었다. 그럼에도 불구하고 그 당시에는 아비투스로 이해했고, 후대에 이르러 부르디외가 또 다른 뜻으로 사용했다. 아리스토텔레스의 헥시스나 아퀴나스의 아비투스는 부르디외가 사용한 아비투스와도 그 속성이 다르다. 모두가 같은 단어를 사용했으나, 아리스토텔레스의 헥시스는 인간이 갖추어야 될 '품 혹은 특질' 과 같은 덕성의 조건을 이야기한 것이고, 아퀴나스의 아비투스는 인간이 취할 수 있는 '지력으로서의 덕성' 을 의미한 것이었는 데 반해, 부르디외의 아비투스는 '사회구조로서의 습관(habit)' 으로 해석되었던 것이다[참고: Pegis, A. C. (1948). Introduction to St. Thomas Aquinas].

15 1억 원의 여유 돈이 생겼을 경우 정기예금에 저축할 수도 있고 주식에 투자할 수도 있으며 부동산을 구입할 수도 있다. 예금의 경우는 연간이자가 원금의 5%이고, 주식의 경우는 연간수익률이 원금의 10%이며, 부동산을 구입한 경우는 연간수익률이 원금의 20%라고 한다면 사람들은 흔히 부동산을 선택할 것이다. 이유는 간단하다. 주식이나 예금에 비해 부동산을 선택하는 것의 기회비용이 가장 적기 때문이다. 부동산을 선택함으로써 그가 포기해야 되는 기회비용은 주식에 투자할 때 얻을 수 있는 이익인 원금의 10%에 지나지 않은 데 반해, 예금을 하거나 주식을 매수함으로써 치러야 하는 기회비용은 부동산을 매입함으로써 얻을 수 있는 이익인 원금의 20%가 된다. 이 경우 부동산을 선택하는 데 드는 기회비용이 가장 낮기 때문에 부동산을 선택하는 것은 경제적으로 가장 현명한 일이지만, 이런 선택이 늘 기회비용을 줄여 주는 것은 아니다. 예금, 주식, 부동산 투자 중에서 어느 하나를 선택하는 것은 치밀한 계산의 결과라기보다는 경험과 지식을 통해 얻은 기준에 따라 자동적으로, 동시에 여러 번의 시행착오 끝에 얻은 합리적인 선택으로 이루어지는 경우가 훨씬 많기 때문이다. 그렇게 자동화된 선택은 인생의 소소한 일에서 단기적 기회비용(단기적 이익 또는 손해)에 집착하고 장기적 기회비용(장기적 이익 또는 손해)은 무시하게 만들어 주는 경우가 흔하기에 엄청난 문제를 일으키는 경우가 많다. 예를 들어, 10만 원이 생겼을 때 그것으로 한 달간 술을 사 먹을 것인지, 아니면 수영장 회원권을 구입해 운동을 할 것인지를 선택할 경우는 대부분 그렇게 많이 고민을 하지 않는다. 지금 당장 여럿이 모여 술을 사 먹는 일은 사소한 선택 가운데 하나이기에, 어제처럼 오늘 저녁에도 술을 사 마시면 된다. 수영장 회원권을 구입하는 것보다 술을 여럿이 사 먹는 일을 선택하는 경우, 그것은 단기적 이익만을 고려했기 때문이다. 수영장에서 몸을 단련하는 것보다 술을 사 먹을 때 누적되어 나타날 건강문제에 대해서는 진지한 고려가 없었기 때문에 나중에는 건강에 큰 문제가 생길 수도 있다. 단기적 선택 때문에 장기적 손해가 생길 수 있는 것이다. 습관적으로 별다른 고민 없이 술을 사 먹으면 몇 년이 흐른 후에 그의 간장에 이상 신호가 올 것이다. 그가 단기적으로 선택한 음주는 그 당시 10만 원으로 누릴 수 있는 최대의 즐거움이었지만, 이후 건강을 되찾기 위해 그가 지불해야 될 비용은 술을 사 먹기 위해 들였던 모든 비용을 훨씬 초과할 것이다. 그의 모든 것이 건강 때문에 발목을 잡히는 그런 처참한 일을 당할 수도 있기에, 기회

비용을 고려할 때도 장기적인 기회비용에 대해 진지하게 고려해야 한다.

16 참고: Mandino, O. (2001). 위대한 상인의 비밀(역).

17 한 일간신문은 이런 방심과 생활습관 때문에 가정생활이 흔들리는 경우를 자세하게 소개하고 있다.
결혼 20년째인 전업주부 김미영(가명, 45세) 씨는 남편의 이기적인 습관을 볼 때마다 정나미가 뚝 떨어진다. 김씨는 2년 터울인 딸 둘이 어렸을 때, 식사 때면 애들 밥 떠먹이느라고 자신은 수저 들 틈도 없었다. 그런데 애들 밥 먹이고 자신도 밥 좀 먹으려고 식탁을 보면 매번 남편이 맛있는 반찬은 다 먹어 버리고 김치 쪼가리만 남아 있는 것이다. 아들 4형제인 집에서 막내로 자라 식사 때마다 형들과 '반찬전쟁' 을 치르면서 커 온 김씨의 남편은 40대 중반이 넘은 지금도 맛있는 반찬이 오르면 '빨리 안 먹으면 못 먹는다.' 는 생각이 뿌리 깊다. 주부 권정희(가명, 41세) 씨는 자영업을 하는 남편이 퇴근만 하면 가족이 즐겨 보는 TV 채널을 독점해 자기 마음대로 돌리는 것에 진절머리를 낸다. 결혼한 지 18년째인 권씨는 '오래 함께 살다 보면 아내 입장에서 못마땅한 남편 버릇이 어디 한두 가지냐.' 고 달관한 모습이다. 딸들 보기 민망하게 변기 주변에 소변 흘리기, 거실이 울리도록 방귀 뀌기, 아무 데서나 꺽꺽 트림하기 등등. 권씨는 '최근에는 잠을 자면서 험한 욕설을 하는 잠꼬대 버릇까지 생겨 아이들이 들을까 봐 겁난다.' 고 말했다. 결혼 9년째인 이희진(가명, 36세) 씨의 남편은 평소 아이들을 데리고 놀이터에도 잘 다니고 아파트 단지에서 가족과 함께 저녁 산책도 자주 다녀 이웃에게는 가정적인 남편으로 알려져 있다. 하지만 그에게는 술만 마시면 다른 인격체로 변하는 가벼운 '주사' 가 있다. 평소 남에게 대놓고 싫은 소리 한마디 못하는 사람이 술만 마시면 집에 돌아와 누군가를 한 사람 콕 찍어서 욕하고 화를 내며 물건을 던지기도 한다. 이씨는 '그럴 때는 남편이 철딱서니 없는 애같이 느껴지면서 한편으로는 혹시 이웃이 알까 전전긍긍하기도 한다.' 고 말했다. 남편이라고 아내에게 못마땅한 구석이 없을 수 없다. 고향이 부산인 김씨는 자극적인 음식을 즐긴다. 반면, 서울이 고향인 김씨 아내는 남편이 '음식 할 때면 이렇게 좀 해 달라.' 고 아무리 말해도 싱거운 음식만을 내놓기 때문이다. 김씨는 '매번 얘기하는 것도 지겨워 이제는 포기하고 한 달에 대여섯 번쯤 입맛에 맞는 식당을 찾아다니는 것으로 불만을 해소한다.' 고 말했다. 회사원 정모(43) 씨는 아내가 식구들이 잘 안 먹는 반찬을 상할 때까지 냉장고에 방치하는 것을 볼 때 속이 터진다. '먹든지 아니면 버릴 것이지, 왜 만날 냉장고 안이냐고요.'

18 셰플러(Scheffler, 1985)는 인간의 가능성과 잠재성은 무슨 고형물이 아니라 '무엇으로 되어 가는' 유의 과정성이라고 단언하고 있다[참고: Scheffler, I. (1985). Of human potential: An essay in the philosophy of education].

19 박영만과 송민영(2003)은 홀리스틱 교육에 관한 관점을 보다 잘 드러내 주는 몇 가지 원칙을 홀리스틱 교육을 실천하는 사람들의 이야기를 통해 정리하였다. 홀리스틱 교육은 일반

적으로 10가지 원칙을 신봉한다. 첫째 원칙은 '인간성의 최우선' 으로 시작한다. 교육의 목적은 인간의 성장 가능성을 최대한 키워 내는 데 있다. 아이들은 자신만의 독특한 모습으로 꽃을 피우고 열매를 맺을 수 있는 무궁무진한 가능성을 지닌 한 알의 씨앗이다. 우리 아이들이 그러한 자신다움을 갖추고 맘껏 자라날 수 있도록 교육은 최대한의 배려를 해 주어야 한다. 제2원칙은 '인간 개개인의 존중' 으로 학생들은 누구나 그 무엇과도 바꿀 수 없는 귀중한 존재라는 것을 인식해야 한다. 그러므로 전원 일률적인 시험과 성적 평가방식은 근본적으로 재조정되지 않으면 안 되며, 지금까지 축적된 학습 형태, 복합적 이해, 학습의 심리적인 기반에 대한 전문지식을 폭넓게 실제로 활용하지 않으면 안 된다. 제3원칙으로는 '경험적 학습의 중시' 가 필요하다. 교육은 경험의 소산으로 세계가 어느 정도 신비하고 놀람에 차 있는지 만날 수 있도록 적극적으로 환경을 설정하고 '생명' 의 세계에서 체험한 것들을 느끼도록 해야 한다. 제4원칙은 '홀리스틱 교육에의 패러다임 전환' 으로 교육과정의 '전체성(wholeness)' 이 중시되어야 한다. 홀리스틱 교육의 실천을 위해 현행 교육제도나 교육정책도 제고되어야 한다. 그간 학교는 개인차의 존재를 부정하는 방법을 찾는 데 에너지를 소비해 왔다. 제5원칙은 교사의 역할 재인식을 필요로 하며 '새로운 교사의 역할' 을 기대한다. 이제는 교사 자신의 내면적인 성장과 창조적인 인식을 촉진할 새로운 교사상이 필요하며, 가르치는 자로서만이 아니라 함께 배우는 과정에서 자아실현도 하는 교사의 새로운 역할이 기대된다. 제6원칙은 '선택의 자유' 다. 배움의 전 과정에서 선택할 가치가 있는 여러 가지 중 자유롭게 고를 수 있는 기회가 필요하다는 것이다. 세계인권선언 제26조에 따르면 부모는 아이들에게 주어질 교육의 종류를 선택할 우선적인 권리를 가지고 있다. 제7원칙인 '참여형 민주주의 교육' 은 참된 민주교육의 모델을 만들기 위해 모든 시민이 참된 의미에서 정치 및 교육 운영에 참여할 수 있는 힘을 길러 가야 한다는 것이다. 제8원칙은 '지구시민교육' 이다. 우리는 모두 지구시민으로, 지구시대의 교육은 문화의 차이를 넘어 모든 문화를 포용할 수 있는 참된 인간적인 존재방식을 젊은이들과 함께 탐구하지 않으면 안 된다는 것이다. 제9원칙은 '공생을 위한 에콜로지 교육' 이다. 교육은 모든 형태의 생명 중에 흐르고 있는 '생명' 에 대한 깊은 외경의 염원에서 시작한 것으로 우리는 지구 생명권에 대한 이해를 촉구하는 교육을 기원한다. 제10원칙은 '정신성과 교육' 에 관한 것이다. 우리 모두는 인간의 형태를 갖고 있는 성스런 정신적 존재로 그 개성을 천부의 재능이나 능력, 직관이나 지성을 통해 표현하고 있다는 것이다. 교육은 '생명' 과의 정신적인 정리가 건강하게 길러지는 것으로, 결코 그것을 냉혹한 점수평가나 경쟁으로 난폭하게 상처 입혀서는 안 된다[참고: 박영만, 송민영(2003). 통합교육과정과 전인교육].

20 참고: Miller, J. P., & Nakagawa, Y. (Eds). (2002). Nurturing our wholeness: Perspectives on Spirituality in education.

21 참고: 한준상(1999c). 호모 에루디티오.

22 홀리스틱 교육은 자기를 찾아나서는 방법, 자기 내면의 평화와 영성을 추구하는 방법을 가

르쳐 주는 교육이기도 하기에 인간이면 누구에게나 필요하다. 물론 그 방법은 인간의 발달단계에 적합한 것들로 재조직되어야 한다. 인간으로서 내면의 평화를 찾아가는 일이 쉽지 않지만, 적극적으로 추구하는 사람은 홀리스틱한 사람으로 되어 가려는 사람들이다. 내면의 평화는 모든 사람, 모든 발달단계에 해당되므로 어릴 적부터 이런 내면의 평화를 찾는 일이 필요하다. 지금의 학교교육은 이런 홀리스틱 교육에 친숙하지 않다. 그래서인지는 모르겠지만 학교를 졸업하면서부터 사람들은 더욱더 내면의 평화를 찾아나서는 길로 들어서고 있다. 이제 내면의 평화를 찾아 주는 방법은 마치 경이로운 삶의 새로운 방법인 양 여러 가지 프로그램으로 상업화되고 있다. 그런 것 중의 하나가 바로 자기계발(self-help) 같은 프로그램들이다. 이런 자기계발 사업의 홍행에 대해 한 일간신문은 서구사회의 예를 들어 가면서 소개하고 있다.

'당신이 진정으로 원하는 것은 무엇인가. 그것을 찾아야 성공하고 행복해진다.' '당신 속에 숨겨진 잠재력을 찾아내라.' 자신감을 주고 동기부여를 해 주는 '자기계발(self-improvement)' 산업이 미국의 불경기와 실업 증가에도 불구하고 꾸준히 성장하고 있다. 책, 다이어트, 세미나, 캠프 등에서 시작된 자기계발 산업은 다이어트와 영양보조제, 요가, 명상 등과 연결한 상품으로까지 확대되면서 약 60억 달러 규모의 산업으로 성장하였다. 한 시장조사 기관은 자기계발 산업이 올해도 12.9%가량 성장할 것으로 예측하고 있다. 40대의 마리아와 피터 페인 부부는 점심시간을 이용해 워싱턴 DC 중심가의 서점 '보더스'의 자기계발 코너에 들렀다. 부인 마리아는 '남편에게 화를 다스리는 법에 관한 책을 사 주러 왔다.' 고 말했다. 그러자 피터는 '당신은 인내심 키우는 법을 좀 배워야 한다.' 면서 『인내심의 힘』이라는 책을 집어 들었다. 그 책의 부제는 '서두르지 않고 더 많은 행복과 성공, 마음의 평화를 매일 누리는 법' 이다. 이들은 '상식적으로 다 아는 얘기지만 그래도 책을 보면 도움이 된다.' 고 하였다. 작년에 해고당했다가 넉 달 만에 가까스로 직장을 구한 한 20대의 소프트웨어 엔지니어는 '실업으로 상심해 있는 동안 이런 책들이 실질적인 도움이 되었다고 보기는 어렵지만 마음의 위안은 되더라.' 고 하였다. 자아를 찾는 법, 행복해지는 법, 성공하는 법, 마음의 평화를 찾는 법, 건강하게 사는 법 등 '더 나은 삶을 위해 무엇을 할 것인가?' 의 각론을 가르치는 책들은 자기계발 업계의 주력 품목이다. 이 책들은 '진정한 변화는 사람의 마음에서 시작된다.' 면서 자조와 자립의 정신을 강조하는 '셀프-헬프(self-help)' 서적들이다. 서점들은 아예 이 코너를 따로 마련해 두었고, 뉴욕타임스 '북 리뷰' 는 이런 충고와 방법론을 다룬 책들의 판매순위를 별도로 집계한다. 이러한 서적들이 워낙 많이 쏟아져 나오자 최근에는 50개의 고전적인 셀프-헬프 서적을 골라 소개한 『셀프-헬프의 고전 50권』이라는 책까지 나왔다. 이 책의 저자인 톰 버틀러-보든(Butler-Bowdon)은 셀프-헬프에 대한 인기는 대단히 미국적인 현상이라고 지적했다. 셀프-헬프 관련 서적은 전 세계 서적 판매량의 7~12%를 차지할 정도로 보편적인 현상이지만, 저자들이 대부분 미국인이라는 것이다. 셀프-헬프 책 저자들은 그 자신이 곧 상품이자 기업이다. 최근 미국에서 가장 각광받는 셀프-헬프 전도사인 앤서니 로빈스(Robbins)는 책과 영양보조제, 연설, 세미나 개최 등으로 매출 8,000만 달러 규모의 '자기계발 제국'을 건설하였다. 그의 메시지는 간단하다. 그는 '나는 남을 따르지 않고 이끈다. 나는 의심하지 않고 믿는다. 나는 파괴하지 않고 창조한다.' 고 외친다. 그가 매년 스타디움을 빌려 여는 자신감 불어넣기 행사에는 수천 명이 참가한다. 토크쇼 '오프라 윈프리 쇼'에 출연하면서 유명해진 심리학자 필립 맥그로(McGraw)도 최근 주목받는 셀프-헬프 전도사다. 인간관계에서 생기는 문제해결 방법부터 '주어진 대로 살지 말고 목표에 따라 전략적으로 인생을 창조하라.' 는 그의 메시지는 큰 호응을 얻어 올해 초 '닥터 필' 이라는 토크쇼까지 시작했다. 오프라 윈프리 역시 대표적인 셀프-헬프 전도사다. 역경을 극복하고 성공한 윈프리가 전했던 '자신의 마음에 귀를 기울이고 진정으로 무엇을 원하는지 찾아라.' 는 메시지는 많은 미국 여성들의 호응을 받았다. 윈프리는 자신의 인생철학이 담긴 잡지 『오(O) 매거진』도 발간하고 있다. 셀프-헬프 산업의 각종 상품들은 인간이 가진 가능성을 극대화하라고 끊임없이 속삭인다. 좌절에 굴복하지 말고 '어느 정도의 불행은 운명' 이라고 받아들이며 포기해서는 안 된다고 사람들을 자극한다. 또한 자기 자신의 방법대로 성취하고 행복해지는 방법은 얼마든지 있다고 강조한다. 셀프-헬프 전도사들이 강연을 통해 자신감 불어넣기에 나설 경우 그 가격도 엄청나다. 로빈스 같은 슈퍼스타는 강연 한 번에 10만 달러를 넘게 받고, 중하위급 연설자들의 보수는 한 번에 7,500~30,000달러 수준이다. 기업체들도 이 같은 높은 비용을 감수하면서도 셀프-헬프 전도사를 초청해 직원들을 '자극' 한다. 연설자들의 모임인 국제연사국(ISB)의 마크 리드(Reede) 회장은 '이들 연사들의 강연이 구체적으로 어떤 결과를 가져오는가는 확실치 않지만, 기업들이 반복해서 초청하는 경우가 많다.' 고 밝혔다. 월간잡지 『세일즈 앤드 마케팅 매니지먼트』는 지난 7월호에서 '세일즈팀 책임자는 열의와 긍정적인 메시지를 정기적으로 주입하는 가치를 인정한다.' 면서 경기가 나쁠수록 직원에게 자신감을 불어넣는 일은 더 중요하다고 지적하였다[참고: 성공하고 행복해지는 법(2003. 9. 17). 美서 뜨는 산업 '자신감 북돋우기' (특파원칼럼). 조선일보].

23 홀리스틱 교육의 철학적 기반에 대한 서로 다른 관점은 조금 더 논의되어야 할 것이다. 밀러는 홀리스틱 교육과 실용주의 간의 상관성에 대해 다소 의심하는 형편이지만(Miller, 2000a), 교육이 무엇을 위한 것이냐에 관한 교육의 효용성 관점에서 실용주의를 홀리스틱 교육과 갈라놓는 그의 주장은 조금 더 논의해 보아야 될 것들이다. 어쩌면 홀리스틱 교육사상에서 더 중요한 논점은 홀리스틱 교육의 현존성에 관한 것이라는 문제제기일 수도 있다. 왜냐하면 홀리스틱 교육은 그 어느 교육사조보다도 인간이 매일같이 경험하는 배움의 시공간을 '현재', '현존' 이라는 시간과 공간에 맞추고 있다는 강한 느낌을 주기 때문이다. 물론 조금 더 연구하고 논의해 보아야 하겠지만, 홀리스틱 교육을 현존주의에 기초하고 있는 교육사조라고 볼 수 있는 것은 홀리스틱 교육이 지금 이곳에서 일어나는 배움의 긴박성과 항존성을 중요시 여기기 때문이다. 이념적으로 현존주의는 실존주의보다 더 삶의 실존성을 드러낸다. 실존주의는 실존이 본질보다 우선한다고 주장한다. 이에 비해 현존주의는 지금 현재와 같은 현존은 실존보다 우선한다고 주장한다. 인간에게 현재를 떠난 사람은 존재를

떠나 있는 것이다. 존재를 벗어나 있는 그를 위한 교육은 어디에도 존재할 수 없기에 현존은 실존보다 우선한다. 죽은 자를 위한 교육이나 죽은 자를 위한다는 교육은 끝내 허구일 수밖에 없다. 현존은 인간의 존재라고 강조하는 에크하르트 톨레(Tolle)는 '지금' 과 '이제' 라는 말을 받아들임, 되어짐이라고 해석하고 있다. 그래서 그는 선각자들의 이야기를 인용하거나 언급하는 것은 이미 현존을 벗어난다고 주장한다. 그들처럼 되는 것, 행동하는 것이 바로 현존이라고 말한다. "나는 사람들에게 진리를 찾아다닐 필요가 없다고 말합니다. 단지, 우리가 이미 갖고 있는 것 속으로 좀 더 깊이 들어가는 법을 알기만 하면 되기 때문입니다. 깨달음이란 생각을 딛고 솟아나는 것입니다. 생각보다 더 낮은 차원으로, 동물이나 식물의 수준으로 되돌아가는 것이 아닙니다. 깨달음의 상태에 있을 때도 필요하다면 언제든지 생각하는 마음을 사용할 수 있습니다. 예전보다 훨씬 더 집중적이고 효과적인 방식으로 사용할 수 있습니다. 끊임없이 이어지는 내면의 중얼거림에서 벗어나 고요하고 평화롭게 실제적인 목적을 위해서 마음을 사용할 수 있습니다. 마음을 부릴 수 있게 되고, 무언가 창조적인 해결책이 필요하다면 시계추처럼 생각과 생각 없음 사이를, 유심과 무심 사이를 몇 분 간격으로 오갈 수 있을 겁니다. 무심이란 생각의 헤아림이 없는 의식입니다. 마음은 곧 '생각' 이라는 시끄러운 활동으로 돌아가기 때문이죠. 사랑과 기쁨과 평화는 생각의 지배에서 우리 스스로를 해방시키기 전까지 꽃피울 수 없습니다. 사랑과 기쁨과 평화는 '감정' 이라고 부를 수 있는 것이 아닙니다. 감정 너머 훨씬 더 깊은 차원에 존재하는 것입니다. 감정을 완전히 의식하고 느낄 수 있어야만 그 너머의 것들도 느낄 수 있습니다. 감정이란 문자 그대로 '교란' 을 의미하는 것입니다(emotion은 '교란하다' 라는 뜻의 라틴어 emovere에서 유래한 말이다). 욕망에서 벗어나려고 하지 마십시오. 깨달음을 '성취' 하려고 하지 마십시오. 지금 이 순간에 존재하십시오. 마음을 지켜보는 자로서 남아 있어야 합니다. 붓다의 말을 인용하는 대신 붓다가 되십시오. '붓다' 라는 말이 의미하는 대로 '깨어난 자' 가 되십시오." [참고: Miller, J. P. (2000a). 홀리스틱 교육과정(역); Tolle, E., (2001). 지금 이 순간을 살아라(역)].

24 사회과학은 일반적으로 인간의 행동과 관련된 것을 총칭하는 학문의 분류다. 사회과학에는 여러 갈래의 학문 분야가 있다. 사회학, 역사학, 경제학, 심리학, 정치학, 교육학 등이 이에 포함된다. 이들 사회과학의 성격을 흔히 행동과학적이라고 정리한다. 그것은 학문의 분야가 어떻든 간에 사회과학은 속성상 사회적인 것의 본질이나 사회적인 것이 무엇인지에 대해 서술하고 분석하며 설명하기 때문이다. 하나의 사회현상이 두 사람 혹은 그 이상의 사람들과 관련되어 있을 때는 본질상 사회적인 것이다. 그래서 배움활동이 여러 사람과의 만남과 그것들의 우연적인 섞임으로 이루어진다면 그런 만남은 당연히 교육적인 활동이 된다. 이와 연관된 교육적 활동은 당연히 사회적인 경험으로 작동한다. 그런 점에서 모든 사회과학은 인간의 행동을 다루고 있는 것이며, 인간의 배움에 토대를 마련해 준다. 사회과학의 지위는 사회과학이 활용하는 연구방법론으로 결정된다. 과학의 방법론 혹은 과학적 방법론은 '객관적이고, 엄격하며, 엄밀하고, 자기 교정적' 이라고 이해된다. 사회과학이 갖는

과학적 신분 확정은 그들이 활용하는 연구방법론에서 결정된다고 할 때, 항상 그 논쟁의 기준은 객관성 여부로 나타난다. 과학적인 것은 객관적이어야 한다는 전제 아래 과학적 방법론들은 언제든 주관성의 배제를 확인해 내려는 속성을 갖는다. 그런 강박감 때문에 사회과학은 자연과학의 방법론을 그대로 차용하려고 한다. 자연과학이 보다 객관적인 방법을 활용한다는 전제에서 비롯된 일종의 방법론적 강박감이다. 객관성을 유지해야 한다는 강박감은 사회과학자가 무엇보다도 (자연)과학적 방법론을 활용해야 한다는 것으로 귀착되곤 한다. 과학적인 방법론의 응용만이 사회과학이 생명과학이나 자연과학 같은 결정론적인 과학에 버금가는 과학의 지위를 누릴 수 있는 바른 길이라는 것이다. 그러나 과학의 정당성은 객관적인 방법론에서 가능하다는 논리가 무너지기 시작했다. 과학의 정체성에 대한 이해들이 달라지기 시작했기 때문이다. 게다가 사회과학자들 스스로 자연과학자들이 상용하는 객관적인 방법론을 사용한다고 해도, 자연과학자들의 관점과는 질적으로 다른 결론에 도달한다는 것도 알게 되었다. 사회과학의 학문들을 과학으로 간주하는 것은 그들이 사용한 연구방법론의 엄격함과 객관성 때문만은 아니라는 것 역시 새롭게 인식하기 시작했다. 사회현상을 객관적인 방법론으로 밝혀낸다고 해도 그것에 대한 다른 해석과 관점들이 얼마든지 가능한 학문이 바로 사회과학이라는 것도 인정되기 시작했다. 이것은 사회현상을 설명하고 이해하는 수준이 다르면 서로 다른 해석이나 결론이 가능하다는 사회과학의 본질과 연결되는 대목이다. 사회현상에 대한 서로 다른 수준의 이해는 사회현상의 본질에 대한 인식의 차이를 말한다. 서로 다른 처방도 예견하게 한다. 이 인식의 차이가 사회현상의 본질을 서로 다르게 파악하게 만든다. 이런 점 때문에 사회과학은 사물의 본질에 대한 서로 다른 인식의 차이를 드러내는 학문일 수밖에 없다. 해석의 다양성이나 다기성은 사회과학의 운명이다. 그래서 사회과학에서도 가장 중요한 것은 사회과학자들이 사회현상을 어떻게 이해하느냐 하는 인식론의 문제와 직결될 수밖에 없다.

25 인식론은 인간이 안다는 것, 알아 왔다는 것이 도대체 무엇인지를 비판적으로 고찰하는 지적인 행위이기도 하다. 인식론은 우리가 안다고 할 때 과연 그것이 맞는지 틀렸는지, 옳다면 왜 옳은지, 그렇게 옳다고 인식하는 과정이 어떤 식으로 인간의 의식 속에서 이루어지는지를 고찰하는 행위다. 그러므로 사회현상을 제대로 탐구하고 인식하려면 그 사회현상과 본질을 탐구하려는 인간의 의식 자체부터 먼저 인식해야 한다. 왜냐하면 우리가 지금보다 한 수준을 높이려면 새로운 인식이 필요하기 때문이다. 먼저 안다고 하는 것이 옳다고 믿는 그것부터 새롭게 인식해야 한다. 맞다는 믿음에 대해 우리 스스로 다르다는 것부터 먼저 확신해야만 그 다음의 새로운 논의단계로 나갈 수 있다. 이런 문제의식이 과학의 기반이다. 자연과학이든 사회과학이든 문제의식이 그 기반이 된다. 과학은 기본적으로 안다는 것에서 시작하며, 그것을 인식하는 것에서 출발한다. 과학의 기반이 무너지면 과학 자체가 성립할 수 없기에 인식론은 과학의 성립에서 절대적인 위치를 차지하고 있다. 사회과학은 이 점에 대해 더욱더 철저하다. 왜냐하면 사물이나 사회현상에 대한 탐구자의 인식론적 차이에 따라 서로 다른 해석이나 결과가 나타나기 때문이다. 그런 뜻에서 사회과학은 인식론의 과

학일 수밖에 없다.

26 카프라는 『물리학의 도(The Tao of physics)』에서도 현대과학은 동양철학과 대화를 해야 한다고 주장한다. 과학의 본질을 새롭게 이해하고자 하는 노력은 *The turning point: Science, society, and the rising culture*이나 *Belonging to the universe* 등과 같은 책을 통해서도 지속적으로 전달되고 있다. 그는 신학이나 영성과의 대화를 포기해 왔던 현대과학의 허구와 편견을 지적해 내고 싶은 깊은 충동을 지니고 있는 과학자다[참고: Capra, F. (1998). 생명의 그물(역); Capra, F., & Steindl-Rast, D. (1991). Belonging to the universe; Explorations on the frontiers of science & spirituality].

27 참고: Capra, F. (1998). 생명의 그물(역).

28 과학적 방법은 다양할 수 있다는 점을 이야기하면서도 우리의 최대 관심사는 인간 자체에 있어야 한다는 점이 중요하다. 이 점에 대해 데이빗 호킨스는 다음과 같이 이야기하고 있다 (Hawkins, 2002).

인간은 많은 노력을 바쳐 왔고 수많은 분석적인 학문을 발전시켜 왔다. 윤리학, 철학, 심리학 등이 바로 그런 것들이다. 막대한 시간과 돈이 인간 행동의 성향을 예견하기 위한 자료 수집과 분석에 쓰이고 있다. 이러한 부단한 추구는 궁극적인 '해답'을 얻기 위한 기대에서 생겨난다. 그러면 무엇이 '해답'인가? 우리가 항구적으로 믿을 수 있고 때로는 이미 발견한 것처럼 여기기도 하는 궁극적인 '해답'을 통해 우리는 경제문제나 범죄문제, 국가의 건강이나 정치문제를 해결할 수 있어야 한다. 하지만 어떠한가? 지금껏 우리는 어느 것도 해결하지 못하고 있다. 그것은 자료가 부족해서가 아니다. 사실 우리는 자료의 홍수 속에서 헤매고 있다. 장애가 있다면 그것은 수많은 자료가 아니라 그 자료의 의미를 해석할 수 있는 적절한 도구가 없다는 것이다. 우리는 이제껏 올바른 질문조차 하지 못해 왔다. 질문 자체의 정확성이나 타당성을 측정할 만한 도구가 없었기 때문이다. 인간의 딜레마는 지금도 그렇고 언제나 그렇지만, 인간 자신이 지적으로 가공한 것을 사실인 것처럼 믿어 온 데도 있다. 하지만 이러한 가공적인 가설들은 우리 인식의 독단이 만들어 낸 부산물에 지나지 않는다. 우리가 받아들이는 해답이 불충분하게 느껴지는 것은 질문자의 견해에 내재되어 있는 한계의 직접적인 결과다. 질문 자체에 내포된 아주 작은 오차가 뒤따르는 해답에 엄청난 오차를 초래할 수 있는 것이다. 자료를 검증한다고 해서 저절로 이해가 증진되는 것은 아니다. 사물에 대한 이해는 특별한 맥락에서 자료를 검증해 나갈 때 비로소 가능하다. 그것이 무엇을 '의미'하는지를 모른다면 자료는 아무 소용이 없다. 자료의 의미를 이해하기 위해서는 무엇보다도 먼저 타당한 질문을 할 수 있어야 하고, 나아가서는 자료를 추리고 설명하는 과정에서 자료를 객관적으로 잴 수 있는 적절한 도구가 필요하다[참고: Hawkins, D. (2002). 의식혁명(역)].

29 참고: 한준상(1985). 교육사회학 이론과 연구방법론; Bailey, K. D. (1978). Methods of

social research.

30 참고: Feyerabend, P. (1975). Against method; Feyerabend, P. (1987). Farewell to reason.

31 참고: Levi-Strauss, C. (1996). 야생의 사고(역).

32 이것이 바로 '진리' 의 본질이기도 하다. 진리는 그리스어로 '알레테이아(aletheia)', 즉 비은폐성(非隱蔽性)이나 비망각성(非忘却性)을 말한다. 다시 말해, 은폐를 거부하는 것, 망각을 부정하는 일이 바로 진리에 이르는 길이다. 기호학적으로 '알레테이아' 라는 말은 '아' 라고 하는 부정이나 거부의 뜻을 가지고 있는 접두어와 망각, 은폐를 의미하는 '레테' 라는 말이 결합한 것이다. 진리라는 것은 본래 사물과 지성의 일치를 의미하는 것도 아니고, 지성의 판단과 그 대상 간의 합치를 의미하는 것도 아니다. 그것은 진리를 가리고 있던 사상과 실제라는 그 자체가 겉으로 분명하게 드러나는 것을 의미한다. 즉, 진리는 분명한 현상과 명백한 사상을 의미한다. 진리를 이렇게 이해하면, 현상학은 결국 철학의 단순한 방법의 하나가 아니라 사상이라는 진리 자체를 보여 주는 것을 의미한다. 다시 말해, 드러내는 것으로서의 앎이 앎으로 존재하는 한 그것은 '진리' 인데, 바로 현상학은 진리의 운동이 된다. 진리라는 것은 사상 자체가 폭로되는 것(entdecken)이라고 주장한 하이데거의 논리가 우연이 아닌 것은 독일어인 entdecken의 의미가 '폭로' 에 있기 때문이다. 이 단어는 영어의 discover와 프랑스어 découvrir에 대응하여, 덮개(Decke/cover)를 제거하는 것, 뚜껑 밑에 가려져 있던 것을 드러내고 '발견' 하는 것을 의미한다.

33 17, 18세기의 과학자들은 결정론적 법칙의 과학을 체계화하였다. 예를 들어, 갈릴레이는 공기의 저항이 무시될 때 떨어지는 낙체의 무게는 시간에 따른 낙하속도의 변화에 영향을 주지 않는다고 보았다. 그것을 증명한 것이 바로 그의 낙체 연구였다. 그는 무게가 다른 몇 개의 물체를 피사의 사탑에서 동시에 떨어뜨렸다. 그때 물체들은 무게에 관계없이 같은 시간에 땅에 떨어졌다. 공기의 저항을 무시할 때 떨어지고 있는 낙하물은 낙하속도가 일정하다는 것을 증명한 것이다. 그러나 실제 생활에서는 공기의 저항이 당연히 있다. 이 점을 고려한다면 낙하물은 결코 동일한 시간대에 떨어질 수가 없다. 따라서 공기의 저항을 고려하면 갈릴레이의 주장은 성립하지 않는다. 그럼에도 불구하고 그의 발견이 위대한 것은 그가 이 세상에 공기의 저항이 없다고 가정하면서 물체의 낙하를 단순계(simple system)의 입장에서 보았다는 점이다. 뉴턴 역시 단순계의 결정론적인 논리를 만유인력의 법칙과 연관시켰다. 사실이든 아니든 간에 뉴턴은 사과가 떨어지는 것을 보고 만유인력의 법칙을 발견하였고, 그로부터 그는 지구와 태양 사이에도 이러한 인력이 존재함을 밝혔다. 이어 그는 지구와 태양 간의 역학관계를 추론적으로 사고하고 계산하였다. 그 후 그는 한 물체가 다른 대상을 당기는 힘은 두 물체 중심 사이 거리의 제곱에 반비례한다는 법칙으로 파악하였다. 이것은 뉴턴이 물체와 질량 간의 차이를 구별하였으며, 물체의 가속도는 물체에 작용한 힘

에 비례한다는 것을 밝혀낸 것이다. 또한 뉴턴은 케플러의 행성운동에 관한 법칙을 만유인력의 법칙으로 설명할 수 있다고 보았다. 이로써 그는 천체역학의 기초를 만들어 놓았다. 갈릴레이와 뉴턴은 그들을 잇는 과학자들에게 하나의 과학적 신념을 불어넣었다. 그중 한 사람이 라플라스(Laplace)다. 라플라스는 충분한 자료만 있으면 자연에 존재하는 모든 것을 하나의 공식으로 표현할 수 있다고 보았다. 그는 인간의 물리적인 세계에 애매하거나 모호한 것은 존재할 수 없다고 보았다. 미래의 일도 과거의 일과 마찬가지로 자료만 있으면 분명하게 도식화할 수 있다고 믿었다. 그래서 라플라스는 마침내 모든 운동체의 미분방정식을 만들어 낼 수 있다고 주장하기에 이른 것이다. 다시 말해, 뉴턴은 역학계열의 세계관을 확립하는 데 기여하였다. 역학의 세계관은 자연이 변화하는 방법에는 몇 가지 정해진 규칙이 있다는 것을 전제로 시작한다. 이 세상의 상태변화를 지배하는 결정론적인 법칙이 있기 때문에 지금의 상태를 알면 그 법칙에 따라 앞으로의 상태변화도 알 수 있다는 것이 바로 뉴턴의 방정식이다. 이러한 자연관에 대해 라플라스는 "만일 지금의 상태를 모두 알면 앞으로의 상태는 모두 풀 수 있는 것"이라고 표현하였다. 이것이 확률론의 세계관을 만들어 놓은 것인데, 라플라스에 따르면 인간은 전지전능하지 않기 때문에 그 무지의 부분을 확률로 표현할 수밖에 없다. 그래서 초기의 상태를 알아내기만 하면 나중의 것이 어떤 식으로 결정되는지를 확률적으로 자연스럽게 알 수 있다는 것이다. 따라서 초깃값이 결과를 결정할 수 있다는 것이 그들의 인간관이다. 그들의 세계관이나 인간관에 따르면 인간에게 자유의지라는 것은 존재하지도 가능하지도 않은 것이다. 그러나 사물의 실제는 단순계적 사고로는 규명할 수 없다는 견해가 오늘의 과학계를 지배하고 있다. 과학기술의 첨단적인 활용으로 무장된 의학의 경우에서도 이 점이 분명해지고 있다. 그동안 의학은 어떤 난치병일지라도 병의 원인을 분석해 가면 단순한 병원체로 귀착시킬 수 있으며 치료가 가능하다는 입장을 과학적으로 입증하는 노력을 보여 왔다. 실제로 지금까지 여러 가지 난치병이 이러한 관점에서 치료되어 왔다. 이제는 암이나 에이즈 같은 난치병도 그 병원체를 세포, 세균의 작은 요소로 규명함으로써 치료가 가능한 단계에 이르렀다. 그럼에도 불구하고 의료계는 여러 가지 난관과 설명할 수 없는 인간의 고통에 대해 과학적 신비력이 적용되지 않는다고 호소하고 있다. 실제로 특별한 원인을 과학적으로 규명할 수가 없어서 완치가 불투명한 병들도 한두 가지가 아니다. 예를 들면, 신경통이나 신경성 두통, 신경성 위장병, 소화장애, 직업병 등과 같은 것들이다. 또 같은 병에 걸린 환자들에게 같은 종류, 같은 양의 약을 투여해도 치유 효과가 같은 정도로 나타나지도 않는다[참고: Gawande, A. (2003). 나는 고백한다, 현대의학을(역)].

34 참고: Horgan, J. (1997). 과학의 종말(역).

35 참고: Gleick, J. (1987). Chaos: Making new science.

36 과학의 종말을 보여 주는 좋은 글은 존 호건의 『과학의 종말』에 잘 정리되어 있다[참고: Horgan, J. (1997). 과학의 종말(역)].

37 그리스어인 '카오스(chaos)' 란 말은 '혼돈' 이나 '무질서' 로 번역되고 있다. 그러나 카오스는 무질서나 혼돈 혹은 혼란 같은 것이 아니다. 구약성서에서는 '천지가 창조되기 이전의 무형의 공허한 실제적인 현상' 을 카오스라고 하였다. 이 점을 보면 카오스는 인간의 눈으로는 체계적으로 잡히지 않는 그 어떤 것으로 이해될 수 있다. 왜냐하면 카오스는 그 속의 새로운 구조를 갖고는 있으나, 그 구조는 늘 자유롭고 역동적으로 자기 조직화하고 있는 세력이기 때문이다.

38 참고: 한준상(2001b). 학습학.

39 카오스의 패러다임은 사회현상에서 불균형과 서로 다름을 중시한다. 카오스이론은 이 세상의 다양성을 존중한다. 카오스의 패러다임은 우리에게 때로는 불균형을 존중하라고 암시하기도 한다. 세상의 일이나 개인의 성장은 직선적으로 설명할 수 없다. 인간의 성장이 네 직선을 이어 만드는 사각형의 단순한 형태로 이뤄지는 것이 아니기 때문이다. 이 세상은 단순하게 원인과 결과가 하나같이 동일한 방식으로 연결되어 있지도 않다. 사회를 구성하는 것은 자생적인 다양한 유기체들이다. 그래서 그들의 참여가 중요하다. 일부의 힘은 항상 다른 것보다 강력하다. 이것은 자원을 공평하게 분할하기보다는 불평등한 분할을 요구하기도 한다. 실제로 그런 세력들은 많은 몫을 가지려고 애를 쓰게 마련이다. 그런 의미에서도 이 세상은 비선형적(non-linear)이다. 선형의 세상에서는 큰 사건을 중심으로 작은 사건까지도 몰아 생각한다. 그런 과정에서 대부분의 미세한 세력들은 무시당하곤 한다. 마치 학교교육이 대학입시를 준비하는 10%의 학생을 위해 총력을 기울여 교육과정의 전반을 운영하는 것같이 일부의 힘들이 항상 그 숫자 이상의 영향력을 갖는다. 이 힘을 제대로 파악하고 관찰할 수 있어야 한다. 만일 그 힘이 유용한 것이라면 물론 증폭시켜야 하지만, 그 힘이 바람직한 것이 아니라면 통제할 수 있어야 한다. 왜냐하면 처음 발생이 겉보기에 하찮은 것이라 하더라도 예기치 않게 큰 결과를 가져오기 때문이다.

40

구분	인습적 사회과학관 (standard view)	해석적 사회과학관 (interpretive view)	비판적 사회과학관 (critical view)
존재론(ontology)	자연의 한 부분	상호 주관적으로 존재	사회적 맥락 속에 역사적으로 존재
인식론(epistemology)	경험(실험, 관찰)	질적 연구(참여관찰)	담론
가치론(axiology)	가치중립	가치중립	가치지향
예	실증주의, 행동주의	이해사회학, 문화기술적 연구	비판이론

사회과학의 패러다임을 기존의 인습적인 사회과학관, 해석적 사회과학관, 그리고 비판적 사회과학관으로 편하게 분류하였을 때, 인습적인 사회과학관은 바로 결정론적인 자연과학의 관점을 의미하는 것이다. 홀리스틱 교육을 지지하는 학자들이 홀리스틱 교육의 이론화

를 더욱더 정교하게 만들기 위해서는 바로 기존의 인습적인 사회과학관에 필요 이상으로 의존하는 일을 폐기해야 한다. 왜냐하면 그런 사회과학관 아래 생성되는 연구 결과들은 홀리스틱 교육의 이론화를 이념적으로 무기력하게 만들어 놓기 때문이다. 사회과학적 관점에 대한 서로 다른 견해들은 위의 표처럼 크게는 세 가지 유형으로 나눌 수도 있을 것이다. 필자는 정문성 교수의 논평에 대해 감사하며, 그가 쓴 표준적 사회과학관을 인습적인 사회과학관으로 고쳐 보았다[참고: 정문성(2003). 논평, 홀리스틱 교육과 사회과학과의 대화(한준상)].

41 참고: Perkinson, H. J. (1984). 오류가능성의 교육적 의의(역).

42 참고: 한준상(2005). 국가과외.

43 지금의 교실교육이 이 모양 이 꼴인 것은 나라꼴을 보면 안다는 말이 있다. 이런 말은 바로 교육의 프랙털 구조를 의미하는 것이다. 프랙털 이론은 1980년대 후반 폴란드 태생의 만델브로(Mandelbrot)가 제시한 이론으로, 카오스의 패러다임과 프랙털 사이의 연결은 아주 강력하다. 프랙털 기하학은 자연에서 우리가 발견하는 카오스 시스템을 묘사하는 기하학이다. 유클리드 기하학은 선, 원, 타원 등에 대한 기술이다. 그에 비해 프랙털 기하학은 자연의 모습을 있는 그대로 묘사하고 해석한다. 그래서 프랙털 기하학을 '자연의 기하학' 이라 한다. 자연계는 거의 프랙털 구조로 이루어져 있다. 예를 들어, 고사리과의 식물들이 모두 이에 속한다. 고사리의 큰 잎과 그 속에 있는 작은 잎사귀는 같은 모양이다. 또 작은 잎사귀는 그보다 작은 잎사귀와 동형의 모양이다. 작은 잎이 큰 잎과 같은 모양을 한다는 말은 부분이 전체와 같은 구조를 가진다는 뜻이다. 이렇게 동형, 자기닮음, 닮은꼴의 구조를 프랙털 구조라고 한다.

44 참고: Nasr, R. J. (2001). 전인교육의 이론과 실제(역).

45 참고: 한준상(2001b). 학습학; 한준상(2005). 국가과외.

46 참고: Clark, T. (1991). Environmental education as an integrative study.

47 생명을 갖고 있고 움직이는 모든 생명체는 7개의 속성과 더불어 생명체를 유지하고 있다. ① 수용용량(carrying capacity): 각 시스템은 시스템의 생존을 위한 자원을 가진다. ② 상호 의존(interdependence): 본질적으로 시스템 전체의 성공은 각 부분의 성공에 의존하고 각 부분은 전 시스템의 성공에 의존한다. ③ 다양성(diversity): 시스템의 안정성을 유지하기 위해서는 시스템이 다양할수록 더욱 안정적이다. 예를 들면, 다양한 생물체를 지닌 나무숲이 보리밭보다 더 안정적이다. ④ 변화(change)와 적응(adaptation): 모든 시스템은 지속적으로 변화하고 적응한다(인간의 몸, 숲, 구조, 사회 전체는 외부의 끊임없는 변화에 반응하는 과정). ⑤ 경쟁/협동(competition/cooperation): 모든 시스템은 경쟁과 협동의 자극에 따라 변화하고 적응하면서 안정성과 창의성을 제공한다. ⑥ 순환(cycle): 지속적인 시

스템의 적응과정의 발생과정이다. ⑦ 에너지 흐름(energy flow): 모든 생명 시스템은 생존을 위해 에너지 흐름에 의존한다[참고: Clark, T. (1991). Environmental education as an integrative study].

48 참고: Hawkins, D. (2002). 의식혁명(역).

49 참고: 21세기 음악회 & EarPort (2003. 9. 18). Music Theater: 백남준 예찬, 그리고 미래주의 본질 .

50 이 표현은 [독일 문화단체 EarPort와의 국제교류 작업의 일환으로 2003년 9월 18일 토털미술관에서 열린 백남준 예찬을 위한 한국 공연에서 보여 준 워크숍 연주회와 프로그램에서 인용한 것으로, 백남준을 예찬하는 전위예술가들이 기존의 예술가들을 비아냥거리기 위해 상투적으로 써먹는 글귀다[21세기 음학회 & EarPort (2003. 9. 18). Music Theater: 백남준 예찬, 그리고 미래주의의 본질].

51 여행가인 그녀는 티베트 구경 나들이에 나섰다. 인도에서 피난처인 티베트 학교의 아이들이 너무 좋아 그곳에 머물면서 그들의 이야기를 써내려 갔다. 그녀가 만난 아이들 중에는 히말라야 산맥을 넘다가 동상에 걸려 발가락을 절단해야 했던 소년도 있었고, 한쪽 다리를 잘라 낸 아이도 있었다. 신체적인 고통이 있었지만, 그들의 얼굴에는 어느 한 곳도 어두운 그림자가 없었다. 이 학교는 아이들에게 수학과 과학, 영어 같은 현대적인 과목도 가르친다. 그러나 무엇보다 중요한 것은 사랑과 자비를 심어 주는 일이다. 모기 한 마리 죽이는 일에도 그들은 심정적으로 어려워한다. 삶의 밑바탕에 생명존중의 철학이 깔려 있기 때문이다. 저자는 모기 때문에 몸살을 한다. 마침내 모기향을 구했다. 그러나 그 모기향을 피우려면 모기부터 살리라고 아이들은 주문했다. 모기향을 피우기 전 모기들에게 떠나라고 4일씩 기도하며 그들에게 떠날 기회를 주라고 경고하기도 했다. 길가의 벌레 한 마리도 삶과 생명이 귀하다고 했다. 그 벌레가 전생에 자기 어머니일지도 모른다며 소중히 대하라는 아이도 있었다. 이곳에서 배우는 한국에서 유학 온 세 남매도 티베트 아이들처럼 '홀리스틱' 해지고 있었다. 빈대와 벼룩에 시달리고 물과 음식이 맞지 않는데도 그들은 티베트의 자비정신으로 견뎌 나가고 있었다. 티베트 아이들과도 사이좋게 어울리는 이 한국 어린이들의 모습은 홀리스틱 교육이 그렇게 어렵지 않은 것, 삶의 일부인 교육이라는 것을 충분히 가르쳐 준다. 이것은 환상이 아니라 현실이다. 은둔의 왕국에 대한 환상 때문에 그들이 삶과 생명을 존중하는 것이 아니다[참고: 정희재(2003). 티베트의 아이들].

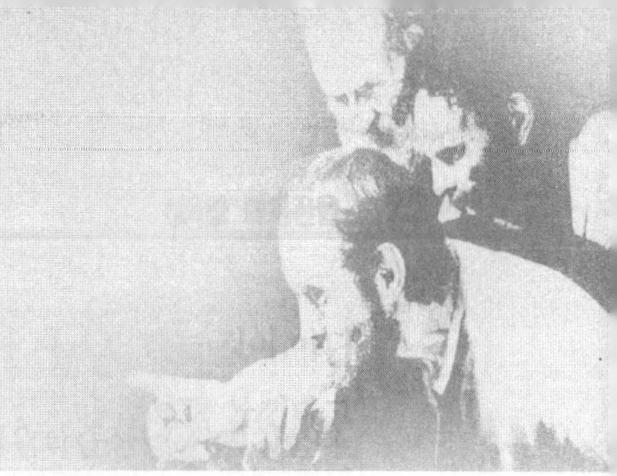

제2부 | 공간의 교육자본화

제2부에서는 배움공동체의 인간화 문제, 말하자면 지역사회라고 하는 배움마을을 어떻게 하면 보다 더 인간친화적으로 만들 수 있고, 어떻게 해서 더욱더 학습자친화적으로 만들어 가야 하는지의 문제(제3장), 그리고 사회에 산재해 있는 각양각색의 교육시설이나 기관들의 교육자본화 문제(제4장과 제5장)들을 다룬다. 그런 교육시설들이 공공자금의 지원을 받든 사설이든 간에 교육공간이 모든 이를 위한 교육자본으로 활용될 수 있을 때, 인적자본과 사회자본, 그리고 교육자본은 하나가 되어 통합적인 기능을 발휘할 수 있게 된다는 점을 집중적으로 논의한다.

우선, 제3장에서는 평생학습시대에서 학습도시 조성이 교육자본화를 위한 지름길이라는 점을 논의한다. 학습도시라는 용어는 인류의 문화가 시작된 때부터 사람들 사이에 회자되었다고 볼 수 있다. 사람들의 삶이 본질적으로 공동체적이기 때문이었으며, 동시에 공동체는 사람들에게 서로 나누고 서로 배우게 만드는 원초적인 상호작용의 장이었기 때문이다. 그런 배움공동체의 가장 모범적인 형태는 고대사회에서도 일정한 형식으로 발달되었다. 배움공동체의 기능은 현대사회가 발달하면서 학교제도에 흡수되었으나, 이제는 다시 그러한 배움공동체의 필요성이 새롭게 대두되고 있다. 세계적으로 하나의 유행처럼 번지고 있는 평생학습도시운동이 바로 그런 것인데, 평생학습도시의 조성은 사회자본의 축적뿐만 아니라 인적자본의 원동력이 된다는 점에서 새로운 교육자본의 토대로 간주되고 있다.

이어 제4장에서는 교육산업이 교육자본의 주요 부문임을 논의한다. 교육산업은 학교교육산업에 비해 언저리 서비스 산업쯤으로 방치되어 왔다. 학교교육의 주위를 맴돌며 연명하는 기생기업(寄生企業)의 하나쯤으로 방기되어 왔다. 교육산업을 마치 분필 혹은 흑판 지우개 제조업쯤으로 간주하는 후진국의 경제속성 그대로, 우리나라 역시 교육산업을 그 정도의 교육 서비스 산업으로 간주해 왔다. 이제 교육산업은 학교교육의 보조도구나 만들어 내는 제조업이나 서비스업의 범주를 넘어서고 있다. 지금의 교육산업은 낙후된 교육에 새로운 생명을 불어넣을 촉매제로 작동하고 있다. 그것은 무엇보다도 교육산업의 활성화가 현재와 같은 암기 위주의 교실수업 문제를 풀어 줄 수 있는 기술력을 가지고 있기 때문이다. 교육산업의 교육적 활용은 너무나 실용적이다. 현실적으로 학생들이 지금과 같은 학교교육과 학습방법에는 더 이상 적응할 수 없어 자연발생적으로 야기되는 교육문제를 바로 교육해체라고 부르는데, 이 문제를 해결해 줄 기술력을 교육산업이 가지고 있다는 것이다. 교실붕괴는 크게는 현재와 같은 입시훈련 중심의 학교교육에서, 작게는 재미없는 교실수업에서 비롯되고 있다는 점만큼은 부인할 수 없다. 천편일률적인 교사 주도의 재미없는 교실수업 문제가 단순히 어떤 교육정보화 기제가 응용된다고 한순간에 풀리는 것은 아니지만, 따분한 교실수업을 재미있는 배움이 가능한 학습현장으로 만들어 주는 데 교육산업이 크게 기여할 수 있다는 점만큼은 부인하기 어렵다.

마지막으로 제5장에서는 학원산업이 가지고 있는 교육자본의 속성과 자본화의 가능성에 대해 논의한다. 한국 사회에서 학원산업의 발전은 교육문제와 그 궤적을 같이해 오고 있다. 공교육이 약화되면 약화될수록 학원산업은 더욱더 강화되어 왔다. 공교육의 약화를 우려해서 국가는 여러 차례에 걸쳐 사교육, 그중에서도 학원교육을 희생양으로 삼아 왔지만 한 번도 소기의 목적을 거둔 적이 없다. 앞으로도 정치권력은 필요하면 언제든지 사교육산업의 일부를 민생사범으로 몰고 갈 가능성이 농후하다. 학원교육 서비스 운영자 모두가 민생사범으로 다스려질 수 있는 것이 아닌데도 교육붕괴의 책임을 묻는 일과 그것에 대한 희생양을 만들어야만 한다면 제1후보로 오를 대상은 교육산업, 그중에서도 학원교육산업이다. 그러나 아무리 그들을 탄압해도 공교육이 살아나는 것은 아니다. 이는 바로 그동안의 학원산업 생존사가 이야기해 주고 있다. 이 점은 학원교육이 공교육의 실패와는 무관함을 알려 주는 사실인 동시에 학원교육에 대한 시대적 요구가 그만큼 현실적이라는 것을 의미하기도 한다. 이제 한국의 학원산업은 국제적 경쟁력을 갖는 교육자본의 한 형태로 자리매김하고 있다. 학원산업이 교육자본으로서 기능을 회복할 때 한국 교육은 다시 한 번 새롭고 발전적인 전기를 맞게 될지도 모른다.

제3장

배움마을

들어가는 말

포스트모던 시대에서 요구되는 교육자본의 공간 형태가 고대 아테네에 존재하였던 아고라(agora)와[1] 같은 배움의 공간일 수는 없지만, 아고라가 모든 이를 위한 교육자본의 토대로서 배움마을의 원형 같은 것임에는 틀림없다. 학습도시 운동의 원형으로서 아고라는 학습도시가 지녀야 할 교육자본의 토대와 기능과 역할이 무엇이어야 하는지를 잘 보여 주고 있다. 그 시대의 학습형태와 문명사적인 관점에서 동질적인 학습공동체의 출현을 기대하는 것이 무리일 수도 있지만, 고대 아테네의 아고라가 보여 주었던 교육자본의 학습공간 기능은 지금 이 순간에도 끊임없이 주위에서 발견되고 있다. 현대판 전자 아고라도 고대 그리스의 아테네에 존재하였던 아고라의 계승이고, 정치 아고라 역시 고대 도시공동체에 존재하였던 아고라의 현재적 재현에 지나지 않는다. 고대 아고라의 교육적 기능을 복원해 내기만 한다면 모든 이를 위한 교육자본의 원형으로서 현대판 배움의 아고라와 같은 것을 복원할 수도 있다.

현재 세계적으로 교육적 관심을 불러일으키고 있는 배움의 공간 마련 활동이 평생학습도시나 평생학습마을 같은 것이다. 그런 평생학습도시운동은 지역별로 '거점별 배움공동체' 등으로 작동하고 있다. 디지털 문화와 학습이 합성되어 새로운 유형의 교육 틀로 발전되고 있는 에지케이션을 중심으로 일어나고 있는 각양각색의 학습동호회 역시 그런 교육자본의 한 유형이다. 인터넷과 같은 정보매체는 고대 그리스의 직접민주주의와는 다른 형태의 직접민주주의와 직접학습의 가능성을 드러내고 있다. 전파민주주의와 사이버 학습 같은 것이 바로 그것이다. 이런 전파민주주의와 정보화의 발전은 궁극적으로 모든 이를 위한 평생학습을 에지케이션의 학습형태로 변화시키고 있다.[2]

이런 식의 열린지역공동체 중심의 교육자본이 활성화되고 있는 지역공동체들은 고대 아테네의 아고라라는 배움터 정신을 그대로 전승하고 있다. 기존의 학교기관도 지역사회의 모든 이를 위한 학습조직의 한 종류며 교육자본의 한 기능일 뿐이다. 지역사회의 학습조직, 기업의 학습조직, 가정의 학습조직, 심지어 국가의 학습조직 역시 고대 아테네의 아고라 같은 교육자본이 보여 준 기능의 한 유형일 뿐이다. 직장이든 지역공동체든 그런 곳에서 작동하고 있는 모든 학습조직은 교육자본의 한 유형이며 분파일 뿐이다.

이런 일은 기업현장에서도, 행정현장에서도, 시장에서도 매일같이 형성되고 구축될 수 있다. 예를 들어, 미국의 실리콘밸리는 평생학습도시가 교육적 자본의 공간적 활용을 최대화한 하나의 사례다. 실리콘밸리는 하나의 지역공간을 교육자본화시킴으로써 국가 경쟁력뿐만 아니라 교육자본의 힘을 보여 주었다. 실리콘밸리의 형성에는 대학의 힘이 크게 작용하였는데, 스탠퍼드 대학이 그 가운데에 있었다. 또한 반도체기업들의 기여도 무시할 수 없다. 실리콘밸리는 캘리포니아 주 산타클라라 군에 속하는 팔로알토, 마운틴뷰, 서니베일, 쿠퍼티노, 산타클라라, 산호세의 6개 도시로 구성되는데, 이 중에서도 스탠퍼드 대학이 있는 팔로알토가 핵심도시 역할을 수행한다. 실리콘밸리에서 스탠퍼드 대학은 벤처기업들에게 선진 아이디어를 팔고, 기업들은 대학 내부에서 만들 수 없는 제품들을 상품화하기 시작하면서 발전하기 시작하였다. 스탠퍼드 대학이 주도한 실리콘밸리의 출발은 의도하지 않게 대학과 산학연계의 공간이 평생학습도시를 구성하였고, 결과적으로 산학연계의 공간이 교육적 자본의 중요 요소임을 보여 주었다. 실리콘밸리에 첫 씨앗을 뿌린 것은 휴렛패커드(Hewlett-Packard Company: HP)인데, 창시자인 휴렛과 패커드가 스탠퍼드 대학에서 석사 공부를 끝낸 것이 실리콘밸리 형성의 시작이 되었다. 스탠퍼드 대학은 소유하고 있는 광대한 땅에 연구단지를 건설하여 HP 등 70여 개 회사를 입주시켰다. 입주사들은 대학과의 기술연계성을 강화하면서 기업의 신제품 개발에 전력투구하게 되었다. 쇼클리(William Shockley)는 상업용 트랜지스터를 만들어 제자들과 함께 쇼클리 반도체회사를 세웠다. 이후 다른 제자들이 페어차일드 반도체회사(Fairchild Semiconductor)를 세우고 대규모 집적회로의 기본인 MOS 트랜지스터를 개발하였다. 이런 성공에 힘입어 미국 항공우주국(NASA)의 막대한 자금이 유입되기 시작하였다. 반도체산업의 호황과 더불어 의료와 교육, 사회, 서비스 분야의 일자리가 증가하면서 자연스럽게 주민을 위한 평생교육의 환경이 조성되었다.

이렇게 주민과 근로자의 배움을 위해 열린지역공동체를 조성함으로써 공간을 교육자본의 한 단위로 만들어 가는 평생학습활동은 언제든 지역사회 학습생태계의 보존을 강조한다. 학습생태계가 파괴되면 배움의 공간이 상실되는 것과 같기 때문이다. 개개인은 사회를 배우고 조형하는 사회의 구성원으로서 지역사회 발전의 핵심이 되며, 무의식적이든 계획적이든 간에 모두 인간의 학습활동에 관여할 수밖에 없다. 따라서 지역학습공동체는 모든 주민을 위한 배움의 터로 보호되어야 한다. 동시에 열린지역공동체에서의 평생학습은 개인의 삶과 학습을 유기적으로 연관시킴으로써 학습자들의 학습 실존성과 배움의 쓰임새 및 자기표현을 최대한 드러내 주는 배움터가 되어야 한다. 열린지역공동체 평생학습은 학교교육이 강요하는 것처럼 타율적인 학습참여를 강요하지 않는다. 또한 단순히 학위를 취득하기 위한 개인의 교육과정 선택이라든가 자격증 획득에만 교육적 초점을 두지도 않는다. 열린지역공동체 평생교육은 다양한 학습장소와 학습자 간의 상호 연결, 일과 학습자 간의 학습관계와 지역공동체라는 학습조직을 통한 평생학습을 강조한다.

모든 이의 배움터, 아고라

고대 도시국가들은 상생을 위한 공동체 구축의 핵심요소로 배움터 공간을 중요시하였다. 고대 도시국가 사회에서 발견되는 아고라와 로마의 포름 같은 형식의 배움터 공간들이 바로 평생학습도시의 원형이다. 아고라나 포름 혹은 알렉산드리아의 도서관은 모든 이를 위한 직접민주주의의 정치공동체였으며, 모든 이를 위한 배움터로 기능한 교육자본들이었다. 아고라는 정치집회 장소이기도 했지만, 시민의 상행위가 활발하게 일어난 시장이기도 했다. 또한 철학적으로는 소요학파를 만들어 냈던 사상적 담론의 장이기도 했다.

당시에는 아고라나 포름에서 배움을 나누지 않는 자들은 도시국가에서 소외된 사람으로 여겨졌다. 아고라는 고대부터 그리스 도시국가의 상징이었으며 커뮤니케이션의 장소였기 때문이다. 아테네 같은 민주주의 국가였든, 스파르타 같은 과두정치 국가였든, 모든 도시국가에는 아고라가 있었다. 헬레니즘 문화시대에도 아고라는 도시국가의 집회와 재판을 위한 중요한 공간이었다. 아고라는 성소나 교통 중심지 옆에 자리한 거의 비어 있는 공공장소였다. 예를 들어, 아테네의 아고라는 여러 도로가 교차하면서 만들어진 삼각형의 빈 공간이었다. 이 공간에 성소가 들어서기 시작했고, 이 성소의 보호를 받기 위해 공공건물과 상점이 들어섰다.

고대 아테네의 아고라는 종교, 정치, 경제의 세 가지 기능을 가지고 있었던 아테네의 교육자본이었다. 이러한 기능은 각각이 소속된 특정 건물을 중심으로 발휘되었다. 즉, 신전과 각종 예배소, 민회장, 평의회실, 법원 등과 같은 장소를 중심으로 발휘되었다. 이런 주요 공공건물이 아고라의 경계에 줄지어 들어섰다. 상점들은 동물의 가죽이나 버들가지로 엮은 망으로 덮은 천막이나 합판으로 만든 고정되지 않은 구조물들이었다. 상점의 수가 점차 많아짐에 따라 상점과 민회장이 함께 있는 것이 차츰 불편해졌고, 이에 따라 기원전 5세기에 민회장이 옮겨졌다.

물론 고대 아테네에 존재했던 배움공동체로서 아고라는 두 가지 면에서 현대의 광장이나 평생학습도시와는 그 성격이 다를 수 있다. 무엇보다도 당시 아테네의 아고라는 종교적인 공간이자 정치적인 장소이면서, 사회적 쟁점의 중심지였다. 아고라는 또한 아테네 시민을 위한 평생학습의 공간이기도 했다. 아테네 시민은 정보를 얻거나 개인적으로 상업적 업무를 해결하기 위해서 아고라를 활용하였다. 그들은 정치적 의사결정에 참여하기 위해서, 아테네의 각종 정보를 얻기 위해서, 그리고 서로 간의 배움을 위해서 아고라를 찾았다. 아테네 시민들이 아고라에 가는 이유는 여러 가지였다. 민회나 법원에 가서 소송을 걸기도 하고, 장을 보기도 하며, 갖가지 건물의 긴 복도와 주랑(柱廊: 아케이드와 같이 덮여 있는 통로) 아래의 그늘로 쉬러 가기도 했다. 아고라는 아테네 시민들의 불평불만과 서로의 어려움을 호소하는 대화 장소이면서 단순히 이야기를 나누는 것을 넘어서는 대중의 의사표현 장소이기도 했다.

아테네 시민들은 아고라에서 철학자들의 이야기를 듣기 좋아했다. 아고라는 그들의 삶을 위한 배움의 공간이었던 것이다. 소크라테스도 이곳에서 이야기하고 토론하기를 좋아했다.[3] 사람들에게 공식적인 가르침을 주는 장소는 아니었지만, 그곳에 가면 언제나 철학자들의 새로운 가르침과 배움을 접할 수 있었다. 이 아고라에서 2~3km 남짓 떨어진 곳에 플라톤의 아카데미아가 있었던 것도 아고라가 배움의 중심지였음을 알려 주는 또 하나의 징표다.

아고라에 있는 주랑은 전시장 역할을 하기도 했다. 아고라의 주랑 아래에는 중요한 전리품이나 노획품이 전시되었다. 스파르타의 아고라에는 메디아(이란의 고대왕국)에서 가져온 전리품으로 건설한 페르시아풍의 주랑이 있었다. 테베의 아고라에도 델리온 전투 때 노획한 전리품을 쌓아 놓았다. 도시의 모든 역사적 사건들을 보여 주기 위해 역사적 요소에 신화적인 요소가 혼합되기도 하였다. 예를 들어, 아테네의 아고라에는 마라톤 전투 외에도 아마존과의 전투에서 승리한 것, 트로이 정복 등의 사건을 기념하는 것들을 전시하였다. 이런 장면은 주랑 있는 건물에 벽화로 남겨졌다. 이렇듯 아고라는 수다만 떠는 장소가 아니라 정치적 토론의 장이며 배움의 장소이자 정보교환의 공간이었다.

도시국가의 중심지 아고라는 도시국가와 흥망성쇠를 함께하였는데, 소속된 도시국가의 힘이 커지면 그에 따라 아고라의 크기도 커졌다. 그러나 이런 아고라의 크기는 건축학적인 면에서 보면 정치적 중요성과는 아무런 관련이 없었다. 예를 들어, 투키디데스(Thukydides: 기원전 460~400경 아테네의 군사령관이자 역사가)는 스파르타가 막강한 군사국가였는데도 아고라가 너무나 초라하여 놀라움을 금치 못했다. 시민들 역시 스파르타의 아고라에 들어선 건물을 보고 발길을 돌릴 정도로 스파르타의 아고라는 빈약했다. 투키디데스는 그것을 보고 스파르타에는 민주주의가 불가능하였음을 감지했다. 스파르타와는 달리 아테네에서는 아고라가 발달되어 있었다. 아테네가 페르시아 전쟁으로 폐허가 된 적이 있었으나 그들은 폐허가 된 아고라에서 다시 중요한 정치논쟁을 행함으로써 민주주의를 재건하였다.

인간교육의 원형

인간의 배움을 학교교육으로 간주하게 된 것은 현대판 오해다. 고대인에게는 인간의 삶 자체가 배움의 시작이었으며, 그들의 삶이 사회적으로 직조되던 아고라나 포름 같은 시장이자 공회장은 모든 이를 위한 배움터로서 인간의 배움 본능이 자연스럽게 표현되던 곳이었다. 이런 배움의 본능과 인간교육의 원형을 바로 고대 아테네의 아고라에서는 인간교육, 즉 의식소통의 배움인 안드라고지(andragogy)라고[4] 불렀다. 안드라고지는 배움의 이론과 실천체계인 배움학의 원형이라고 볼 수 있다. 보육학, 아동 돌보기의 기술, 학교교육으로 번역되는 페다고지는 인간의 평생학습 과정과 학습생태계의 관점에서 보면 작게는 학습활동을 위한 하나의 작은 학습단계로서 인간의 배움을 위한 하나의 학습방법이나 수단을 지칭할 뿐이다. 아동교육 혹은 보육학의 학습활동 영역이 바로 페다고지의 주요 영역이므로 교사학 혹은 보육학으로 불러도 무방하다. 이렇게 가르치는 활동이 인간의 학습상황에서 나름대로 중요한 위치를 점유하는 것은 사실이다. 그러나 그것은 어디까지나 인간의 배움을 위한, 말하자면 배움학을 구성해 주는 작은 활동이며 인간교육인 안드라고지를 구성하는 하나의 부분 활동일 뿐이다. 배움학의 원형으로 불리는 안드라고지는 인간의 배움이 실제로 무엇을 의미하는지를 총체적으로 설명해 내는 이론체계다. 안드라고지는 인간의 한 생애를 통해 반복적으로 혹은 누적적으로 발생하는 배움의 과정이자 활동을 총체적으로 설명해 주는 교육학의 원리이자 이론체계다.

안드라고지는 인간의 배움정신과 배움활동이 무엇인지를 설명할 수 있는 관련된 여러 가지 규정이나 규칙을 보여 주는 교육자본의 구성원리이기도 하다. 안드라고지에서 인간의 연령은 배움을 위한 토대이자 배움을 위한 각기 다른 단계일 뿐이다. 안드라고지는 장애/비장애,[5] 유아/노령, 여성/남성, 많이 배운 사람/적게 배운 사람, 문맹인/문해인, '컴맹/컴도사'와 같은 식의 구분이나 차별을 무기력하게 만든다. 오로지 배움의 욕구, 배움의 정신, 인간의 배움력만을 중요하게 생각하기 때문이다.

1) 인간의 배움 본능

동물에게 본능은 선천적이며 개별 의지로 막을 수 없는 행위다. 생물에게 반사작용은 단순하게 일어나지만, 본능은 정교한 행동양식으로 남아 있다. 본능은 생체조직이나 기관의 구조처럼 유전적으로 물려받은 것이다. 그것이 하나의 행동으로 나타나기 위해서는 순서가 있는 일련의 동작이 필요하다. 본능은 그런 행동순서를 결정짓는다. 본능은 특정한 자극으로 유발되는 고정된 행동양식이기에 동물이 환경에 적응할 수 있도록 돕는 필수요소가 된다. 그런 본능들은 홀로 있을 때뿐만 아니라 더불어 있을 때도 자연스럽게 표출되기 마련이다.

거미줄 치기는 본능이 무엇인지를 알려 주는 하나의 좋은 예다. 거미는 매우 정교한 행위들을 복잡한 순서로 연결하여 거미줄을 완성한다. 거미줄의 모양을 미리 구상하거나 경험해 본 적이 없는데도, 거미는 종에 따라 독특한 형태의 거미줄을 만들어 낸다. 거미가 종족번식을 위해 새끼를 낳는 것도 본능적인 행위며, 그 거미가 죽는 순간까지 거미집을 짓는 능력을 그대로 가지고 있는 것도 본능의 힘이다. 본능은 동물에게 생존과 씨앗 나름의 대〔種〕를 잇기 위해 활용되는 영원히 변하지 않는 생물 고유의 생존력을 의미한다. 생존에 관한 이런 본능적 행동은 모든 동물에게 공통적이다.

인간의 배움은 거미와는 달리 공동체적이다. 인간의 배움은 인간 삶살이의 모든 단계에 걸쳐 일어나는 현상으로, 생애발달적이고 자연스러우면서도 생존에 관련된 자연현상인 동시에 사회현상이다. 이런 생애발달적이며 사회공동체적인 인간의 배움은 고대 문명권에서는 인간교육, 즉 안드라고지였다. 일상생활에서의 인간학습은 기본적으로 인간적 지식을 다루는 정신적 행위이자 사물을 익히기 위한 마음의 눈을 넓혀 가는 행위이기에 인간의 교육은 인간의 배움에 기초한다. 사물의 이치를 알게 해 주는 지식은 그 모습이 어떠하든 간에 객관성과 그 이치를 설명해 주는 법칙의 외재성만으로 규정되는 것이 아니다.

인간의 배움은 인간적 지식(personal knowledge)을 다루고[6] 발전시키는 탐구행위로, 사회적으로 표출될 때 보다 그 의미를 드러낸다. 인간적 지식은 규칙과 측정으로는 더 이상 드러낼 수 없는 또 하나의 새로운 영역으로서 인간의 구체적 인식 아래 사물의 이치를 알게 하기 때문에 사회적이며 교육적이다. 인간적 지식은 명료화할 수 없는 암묵적인 상태의 지식조차도 인간의 삶에서 매우 중요한 지식으로 간주된다. 그래서 인간적 지식은 인간의 다양한 종류의 능력을 포괄한다. 인간적 지식은 학문적인 지식뿐만 아니라 인간이 스스로의 의미를 확장해 나가는 도덕, 예술, 종교, 각종 특수한 기술 등 모든 분야의 능력과 기술을 의미한다. 자전거 타기, 줄타기 곡예, 매듭 짓기, 피아노 연주, 의사의 진단과 진료, 사람을 식별하는 일, 예술작업 등 특수한 기술 모두가 인간적인 지식이다. 물론 이런 갖가지 기술을 능숙하게 활용할 수 있는 사람이라고 하더라도 그들의 기술이나 기술 활용의 과정을 명시적으로 설명할 수는 없다. 또한 설명이나 서술이 제대로 되지 않는다고 해서 그것을 지식의 영역 밖으로 폐기할 수도 없다.

일상생활을 가능하게 만드는 인간적 지식은 그 특성상 개인적으로는 평생학습적이며 사회적으로는 공동체적인 성향을 갖는다. 인간적 지식의 가장 대표적인 특성은 그 자체가 언어와 말의 경계를 무한하게 넘나들기 때문에 상황 부가적인 동시에 상대적이라는 점이다. 사회현상을 인지하는 방식이나 관점은 사람마다 다르다. 서로 다르게 인지하고 해석하므로 그에 대해 느끼는 감도나 만들어내는 지식의 정도도 다르다. 그렇기에 인간의 배움행위 역시 상대적일 수밖에 없다. 인간적 지식은 말로 정확하게 표현하기 어려운 그 무엇, 말의 뜻을 넘나드는 그 무엇으로 복잡하게 구성되며, 특정 연령대의 학습자만이 유일하게 독단적으로 포착할 수 있는 그런 것이 아니다. 인간적 지식의 또 다른 특성은 개인의 자아중심적인 통합으로 완성된다는 것이다. 인간이 보거나 느낌으로 무언가를 인식하고 이해하는 것은 인식하는 사람의 주체적이고도 적극적인 참여로 시작된다. 인식의 주체가 배움을 시작한다는 말은 그런 참여를 의미한다. 인간이 인식의 중심에 서야만 사물이 제대로 인식되기 때문에 그 인간의 신체는 인식의 주체가 된다.

인간 인식의 중심은 시각, 즉 보는 것에 있지 않고 서로 부대낌에 있다. 이런 부대낌은 사회적인 상호작용이기도 하지만, 이를 통해 나누고 익힌다는 점에서 교육적이며 배움지향적이다. 인간은 시각, 청각, 미각, 후각, 촉각 등의 감응기관을 통해 얻은 단서들에 의존해서 자기가 경험하는 모든 것의 의미를 파악해 나간다. 사물을 보는 일부터 느끼고 생각하는 일에 이르기까지 배움의 접촉은 인간의 뇌에서 주로 이루어지지만, 뇌가 손상되었다고 해서 배움 본능마저 손상되는 것은 아니다.

인간은 배우는 동물이다. 그냥 배우기만을 좋아하는 한가한 사람을 지칭하는 것이 아니라 학습을 통해 자기와 사회를 완성해 나가는 사람을 말한다. 배우는 사람은 개인적인 차원에서는 지속적인 문제해결을 통해 자아실현을 이뤄나가는 '자기주도 학습인' 이다. 동시에 사회적으로는 사회결속과 사회변화에 적극적으로 동참함으로써 '가능성의 사회' 를 만들어 가는 사람이며, 경제적으로는 끊임없이 일과 자신을 조화시킴으로써 '평생고용' 을 실천해 가는 생산인이다.[7]

이렇게 자기주도의 학습인을 가리켜 가능성의 사회를 만들어 가는 사람으로 정의하는 방식은, 배움의 주체가 자기 자신임을 확인하는 일이다. 이는 비록 의미하는 것들이 조금씩 다르기는 하지만, 주자(朱子)의 공부론(工夫論)과 맥락을 같이 한다. 주자에게 공부, 즉 배움은 '위기지학(爲己之學)' 이 근본인데, 이 위기지학은 위인지학(爲人之學)과 질적으로 대비된다. 위인지학이 타인의 눈을 의식하여 명예나 권력 등의 부차적인 이익을 염두에 두면서 하는 공부인 데 반해, 위기지학은 철저하게 자신의 본성 혹은 본질을 삶 속에서 실질적으로 구현하는 행위다. 물론 사람에게 고유한 본성 혹은 본질이 존재한다는 전제는 변하지 않는다.[8]

주자가 이야기했던 공부론적 인간관과는 달리, 배움을 본성으로 지니고 있는 배우는 동물로서 학습인간은 자기 본성에 내재되어 있는 배움의 본능을 확인하는 것은 물론 사회적으로 환원하는 일까지 완성해 나가는 사람을 말한다. 자기 스스로 배우고 사회변화에 적극적으로 참여하며 자기 삶의 질을 향상시키는 노력이 학습인간의 삶 속에서 하나로 통합될 때, 비로소 배우는 동물의 의미가 무엇인지 확실해진다. 이는 농경사회에서 풍요로운 추수를 위해 일과 삶을 일구어 나가는 지혜로 매일같이 땅을 경작했던 것과 흡사하다. 지혜의 밭고랑을 일구어 나가며 매일을 부지런히 준비하고 그 추수로 지역공동체의 풍요와 번영을 실현해 가는 것이다.[9]

배우는 일은 보통의 생물사회에서의 생존방식과 인간을 구별하는 기준이기도 하다. 인간은 일반 동물과 달리 개인적으로 자기 그릇에 합당한 배움력을 가지고 태어난다. 이런 배움의 능력은 인간의 존엄성을 지켜 주는 인간 특유의 본성에 속한다. 원숭이와 사람 간의 차이는 일차적으로는 모습을 보고 판단하지만, 사람과 사람 간의 차이는 각자가 가지고 있는 배움의 본능을 어느 정도 제대로 추구하느냐의 수준과 정도로 판단한다. 인간 스스로 학습능력을 포기할 수는 있어도, 그 스스로 인간정신을 구성하는 배움의 본능을 자연적으로 폐기할 수는 없다. 무엇인가 탐구하려는 인간 본연의 '발견의 열정'과 탐구한 것을 실생활에 응용해서 효능이나 결과를 다른 이들과 더불어 공유하려는 '설득의 열정'은 학습 본능이다. 이는 폐기할 수 있는 것이 아니다. 다만, 그런 학습 본능을 인위적으로 포기하는 사람은 그것을 인위적으로 실현해 나가는 사람에 비해 정보를 처리하는 능력과 사건을 꿰뚫어보는 능력이 상대적으로 뒤처질 수밖에 없다.

2) 배움의 우선성

인간에게 가르치는 일은 배우는 일과 무관할 수 없다. 물론 가르침이 인간에게 무엇인가 배우게 하는 계기를 마련해 준다는 점을 부인하기는 어렵다. 가르침은 인간의 지적인 발달단계 과정상 아동기라는 일정 기간에 보다 효과적으로 작동할 수는 있다. 그러나 그런 아동기 동안의 가르침 효과가 끝나면, 그 이후부터는 가르침보다 배움이 삶살이를 좌우한다.

아무리 가르침의 중요성을 일깨운다고 하더라도, 인간은 가르침을 받기 전에 배우기부터 한다. 이것은 생물학적인 사실이다. 배움이 가르침보다 앞선다는 증거는 무엇보다도 인간의 두뇌활동에서 찾을 수 있다. 인간의 학습은 뇌의 신경세포가 형성되는 순간부터 활발하게 작동한다. 인간은 다른 동물과는 달리 뇌기능이 다른 두뇌구조를 가지고 있다. 동시에 인간의 두뇌가 전개하는 학습활동이 다른 동물과는 상당히 질적으로 다르다는 점은 인간의 학습을 이해하는 데 결정적인 단서가 된다.

인간의 배움은 인간의 두뇌활동에서 시작된다. 두뇌는 정보 메시지를 신경세포에 전달하는 독특한 방법을 가지고 있다. 두뇌 안에서 신경세포끼리 메시지를 주고받을 때부터 배움은 일어난다.[10] 전달되는 각 메시지는 우리의 몸에서 '전기적' 또는 '화학적'으로 돌아다니면서 다양한 형태로 계속 전환된다. 각 메시지는 두뇌세포의 축색돌기를 따라 전기와 같이 돌아다니다가 연결점을 가로질러 다른 세포로 넘어갈 때 화학적 흐름으로 바뀐다. 이것을 시냅스 혹은 신경세포의 연결부라고 부른다. 이러한 신경세포 간의 연결부와 그 결합은 두뇌기능의 또 다른 핵심이다.

인간의 두뇌를 구성하는 1,000억 개의 활동적인 두뇌세포들은 세포마다 다시 수천 개의 기억돌기를 가지고 있는데, 이 기억돌기는 외부의 각종 정보를 저장하는 저장소와 같다. 외부를 통해 입력된 정보는 미세한 전기충격으로 만들어져, 신경세포의 축색이라는 통로를 따라 다른 신경세포와 이어지면서 몸의 다른 부분에 동시에 전달된다. 아름다운 꽃을 보면 그 정보가 신경세포의 기억돌기에 저장되면서 동시에 손으로 꽃을 잡고 코로 꽃의 향기를 맡아 보려고 접근하는 행위가 바로 그런 예다.

다시 말해, 정보가 신경세포와 신경세포를 연결하는 연결부에 도달하면 그 순간까지 전기충격으로 전환된 정보는 화학반응을 일으킨다. 메시지를 보내기 위해 두뇌는 우선 전기를 발생시켜야만 한다. 두뇌는 약 25와트의 전력을 발생시킨다. 25와트는 가정용 최소형 전구를 켤 수 있는 정도의 전력으로 신경세포를 손상시키지는 않는다. 이렇게 두뇌에 필요한 전력은 산소와 결합된 음식에서 나온다.[11] 또한 호흡을 통해 산소를 얻는다. 그렇기 때문에 학습하기 전이나 학습하는 동안에 심호흡을 해서 혈액에 산소를 공급해야 한다. 운동은 몸에는 물론 두뇌에도 좋다. 운동은 혈액에 산소를 풍족하게 공급해 주기 때문이다. 놀랍게도 산소공급을 중단하면 두뇌세포는 파괴된다. 산소공급을 완전히 차단하면 사람은 죽는다. 생각이 정지되고 배움도 죽어 버린다.

배움의 생명력을 결정하는 것은 바로 쓰임새다. 배움의 윤리도 그 쓰임새의 옳고 그름에 따라 결정된다. 개인의 뇌에 전달되는 정보가 학습자에게 어느 정도로 심각하게 와닿으며 필요성을 어느 수준, 어느 정도로 절감하느냐에 따라 배움의 생명력은 결정된다. 인터넷을 예로 들면, 성인 학습자가 인터넷의 의미와 그 중요성을 어느 정도 깨달았다고 하더라도, 인터넷을 자기의 실생활에 연결하고 활용하여 일정한 쓰임새와 효능감을 갖게 되었을 때[12] 비로소 인터넷에 대한 컴퓨터 학습의 생명력이 지속되는 것이다. 즉, 배움의 질과 수준 역시 신경세포가 받아들이는 자극의 질과 수준, 그리고 그렇게 전달되는 전기적 자극을 생화학적 물질로 전달하는 신경세포 간의 연결활동인 시냅스로 결정된다. 학교에서 수많은 공식을 배우고 익혀도 그런 정보 중에서 쓰임새가 약한 것은 곧 사라지듯이, 의미를 만들어 내지 못하는 배움은 기억에서 삭제되고 배제된다.

반면, 학습자의 학습욕구를 지속적으로 자극하며 일상생활에서 그 쓰임새와 활용의 심장성을 높이는 배움의 생명력은 오래 간다. 말하자면 초등학교 시절에 강제로 외운 몇 마디 시조는 곧 잊어버려도, 자기의 정체성을 드러내는 자신의 이름을 쓴 것은 영원히 잊어버리지 않는 것이 바로 그런 이치다. 학습자의 뇌신경에 입력된 이름쓰기의 정보가 다른 어떤 정보보다도 학습자에게 의미심장성을 심각하게 제공하였기 때문에 그 이름에 대한 기억학습이 지속되는 것이다. 이런 것들은 '학습의 용불용설(用不用說)' 을 뒷받침한다. 학습자의 머릿속에 입력된 정보나 지식이 용도를 확정받지 못한 채 그대로 떠돌아다니게 만드는 학습은 결국 그 쓰임새를 상실한다.

여기에서 중요한 점은 인간의 삶에서 가르침이 배움에 우선한다는 그동안의 주장을 역전시키는 것이다. 왜냐하면 인간은 가르침을 받(았)기 때문에 비로소 배우기 시작하는 것도 아니고, 또 가르침을 받았다고 해서 무조건 배우는 것도 아니기 때문이다. 삶의 구석구석을 짚어 보면 인간은 가르침을 받지 못했기 때문에 사람이 되지 못하는 것이 아니라는 점을 수없이 확인할 수 있다. 가르침이 인간 노릇에 우선하는 것이 아니다. 수많은 사람이 매일같이 잘못된 가르침을 받지만 그것에 아랑곳하지 않고 제대로 사는 경우도 허다하고, 그 반대의 경우도 마찬가지다. 결국 사람 스스로 제 할 것을 익히지 않았기 때문에 사람 노릇을 행동으로 옮기지 못하는 것이다.

인간은 가르쳤기 때문에 꼭 배웠(운)다고 볼 수 없다. 인간이 무엇인가 배웠는데도 배운 것을 가르치지 못하는 것이 흠은 아니다. 그러나 가르쳤는데도 배우지 못했다는 것은 배우는 동물에게는 하나의 흠처럼 남는다. 그런 흠을 능력 부족으로 표현하든, 학습결손으로 지칭하든 간에 그 밑에 깔려 있는 생각은 '가르치면 당연히 익혀(혔어)야 한다는 논리' 다. 이런 식으로 인간의 학습능력을 가르침의 결과로 판단하는 대표적인 사례가 바로 학교교육이다. 학생들의 성적은 바로 그렇게 판가름한 제도적인 산물이다. 학생들의 운명은 바로 그 성적순에 따라 결판난다. 학생들은 성적순대로 일류대학, 이류대학으로 갈라져 진학하며, 그 결과에 따라 사회적 운명과 출세가 확정된다. 그런 식으로 국민들의 사회적 진출과 사회적 운명이 성적순으로 결판나는 사회를 바로 학력사회라고 부를 수 있다.

학력사회의 벽을 넘으려면 가르치는 일보다 배우는 일을 우선하는 풍토가 존중받는 사회가 되어야 한다. 어디에서 무엇을 얼마나 어느 정도로 잘 외우고 있는가를 중요하게 여기는 사회가 아니라, 무슨 능력을 어느 정도로 보여 줄 수 있고 그것을 자기 스스로 어느 정도로 실현하느냐를 더 중요하게 인정하는 사회가 바로 민주사회다. 모든 시민에게 배움의 '가능성' 을 열어 놓은 사회가 모든 이를 위한 사회다. 동시에 인간은 배울 수 있다는 식의 당위적인 이야기를 넘어, 이제는 성인의 성장과 발달단계에 따라 서로 다르게 요청되는 배울 일감과 배우는 학습방법을 구체적으로 개별화해 주는 일이 필요하다. 학습내용의 개인화와 학습방법의 개별화를 촉진시켜 주는 일이 지역사회 단위별로 활발하게 전개되어야 한다.

평생학습사회의 전제

배우는 일을 즐기는 학습인들로 구성되는 평생학습사회는 '자기주도 학습방법' 을 능동적으로 즐기는 사람들로 구성되는 공동체다. 자기의 학습 가능성을 일상생활 속에서 구체적인 쓰임새가 있도록 드러내는 배움력이 충만한 사회가 바로 평생학습공동체다. 그래서 평생학습사회는 학습방법을 아는 학습자들이 매일같이 그들의 삶살이를 개조해 나가게 도와주는 학습공동체가 되어야 한다. 말하자면 단편적인 정보덩어리를 습득하는 일에 만족하는 사람들이 아니라 개인이 직면하는 갖가지 문제상황을 풀어 나가는 데 도움이 되는 학습방법을 아는 사람들의 사회가 바로 평생학습사회다.

1) 평생교육과 인간의 삶

평생학습사회는 이 사회를 학습인간의 공동체로 만들려는 의지와 노력이 깃든 사회를 의미한다. 공동체는 배우는 동물인 사람으로 구성된다. 배움은 인간에게 본능이며 공동체에게는 생명이다. 배움을 결여한 공동체는 생명을 상실한 곳과 다름없다.

평생교육은 본질적으로 쓰임새를 중요시하는 문화운동이며 학습활동이다. 평생교육의 철학적 근거는 기본적으로는 모든 이의 배움을 위한 교육적 실용주의의 실천에 있다. 평생교육은 모든 사람을 위한 문제해결의 방법이며 학습활동의 실천이기도 하다. 인간의 삶도 그렇고 공동체의 기능도 그렇지만, 모두는 끊임없이 수많은 문제에 직면한다. 그런 문제를 풀어 나가는 것이 배움이고 기술이며 삶이다. 그래서 삶과 사회의 연관성을 삭제한 평생교육은 불가능하다. 그런 의미에서 평생교육은 인간의 배움 본능을 죽음에 이르는 순간까지 실현해 나가도록 도와주는 배움의 과정일 뿐이다. 평생교육은 졸업장이나 인증서로 마감되는 훈련과 개발의 종결도 학교교육 이후에 전개되는 단순한 계속교육의 단계나 절차도 아니다.

평생학습사회는 교육이념에서 학교교육 중심론, 그것의 정치적 선전기구인 '교육파시즘(edufascism)' 의 정치적 조작이나 폭력을 거부한다.[13] 또한 학교와 가르치는 사람들의 학습독점주의를 거부한다. 동시에 '지식을 가르치고 배우는 것이 바로 학습이다.' 는 식의 학교교육 공부론을 거부한다. 우리는 그런 것을 가능하게 하는 일상적이고도 무의식적이며, 우리의 행위에 대해 무한한 반추와 성찰을 요구하는 학습의 상징이나 학습의 패턴에 대해 매일같이 의지하게 된다.

인간의 배움을 보호해야 인간의 삶이 보존된다. 사람답게 살려면 배움을 포기하거나 폐기하지 말아야 한다. 박사학위를 가졌다고 해서, 정치권력을 누린다고 해서 배우는 사람으로 대접받을 수 있는 것은 아니다. 문자를 읽고 쓸 줄 안다고 해서, 셈을 할 줄 안다고 해서, 남을 약삭빠르게 속일 줄 안다고 해서 배우는 자, 즉 '디 리터리트(the literate)' 가 되는 것은 아니다. 영악한 사람일 수는 있어도 스스로 배움을 중단한다면 결코 배우는 사람의 축에 낄 수 없다. 그저 문맹의 부류로 분류될 뿐이다. 그 스스로 배우는 일에 게을러졌다면, 동시에 배움의 기미를 더 이상 스스로에게 보여 주지 않는다면, 무슨 지위에 있든 지금 이 시대에 통하는 까막눈의 한 부류일 뿐이다. 이 시대에서 문맹(文盲)이라 일컬어지는 사람은 단순히 문자를 모르는 사람을 의미하지 않는다. 이 시대의 문맹은 배우기를 중단한 자, 배운 것을 잊어 먹지 못하는 자, 그리고 잊어 먹은 것을 다시 배우지 않는 자 가운데 어느 한 부류를 일컫는다. 이들이 이 시대의 까막눈이다.

2) 모든 이의 배움권

평생학습사회를 만들려면 무엇보다도 세 가지 평생교육의 활동이 사회 곳곳에서 끊임없이 일상생활로 드러나야 한다. 첫째, '모든 이를 위한 학습' 을 추구하고 실현하도록 도와주어야 한다. 둘째, '모든 이를 위한 직능' 을 개발하게 해야 한다. 셋째, '모든 이를 위한 여가' 의 실천과 향유가 가능하도록 도와주어야 한다. 모든 이를 위한 배움과 직능, 그리고 여가라는 평생교육의 노력은 서로서로 연결되어 모든 이를 위한 보편적인 활동으로 자리 잡혀야 한다. 이런 노력들이 이곳저곳에서 하나둘씩 실천될 때 이 사회의 문화적인 풍토나 정치의 질은 한층 더 향상될 수 있다.

모든 이를 위한 배움이 가능하기 위해서는, 첫째 공동체 어디에서든 서로가 배우고 즐기며 성장하는 데 도움이 되는 '배우는 법' 을 공유하도록 해야 한다. 그것이 앎이고 배움의 시작이다. 내가 배우지 않고 공동체가 무지하면 서로가 무지를 전염시키고 있는 것과 다를 바 없다. 나 스스로 무지의 바이러스가 되어서는 곤란하다. 둘째, 이 사회 곳곳이 모든 이를 위한 직능개발의 장이 되도록 해야 한다. 모든 이를 위한 직능개발은 우리 모두가 사는 법을 익히는 것이다. 우리 스스로 노동하는 법을 익히고 더 갱신하면서 사회 이곳저곳의 노동의 장에 참여할 때, 이 사회는 서로가 서로에게 어떻게 쓰이는지를 보여 주는 것이다. 셋째, 평생교육은 모든 이를 위한 여가와 직결되어 있다. 사는 것도 여가고, 일하는 것도 여가고, 노는 것도 여가다. 삶과 여가가 구분되어 있는 것이 아니다. 평생교육은 사람들에게 서로 즐기는 법을 익히는 문화적인 기제다. 비로소 제대로 놀 때 비로소 제대로 일할 수 있으며, 제대로 일할 수 있을 때 제대로 살아갈 수 있는 것이다. 결국 평생교육이란 모든 이를 위한 '앎', 모든 이를 위한 '씀', 모든 이를 위한 '놂'의 문화적인 토대이자 기능인 것이다. 이런 평생교육 활동과 실천을 통해 더 배운 사람은 더 배운 대로, 덜 배운 사람은 덜 배운 대로, 그동안 이곳저곳에서 잘못 배운 것은 교정하고, 덜 배운 것은 보완하고, 더 배울 것을 강화해 나감으로써 자기의 삶살이와 공동체의 품앗이에 보다 적극적으로 참여할 수 있다. 우리는 이런 자기를 위한 삶살이와 공동체를 위한 품앗이살이를 자아실현이라고 부르기도 하고 인력개발이라고 부르기도 하는 것이다.

그래서 모든 이를 위한 평생교육은 기본적으로, 첫째 자아실현으로서의 평생학습, 둘째 생산성을 높이기 위한 경쟁력 제고수단으로서 개인의 고용능력을 창출하는 평생학습, 셋째 시민으로서 사회적 포용감을 갖게 만드는 평생학습, 넷째 '점잖은' 시민참여 정신을 발휘하기 위한 교육활동을 포함해야 한다. 여기에서 중요한 것은 평생교육은 시민정신, 인력개발, 자기 여가의 창출을 가장 효율적으로 추진하는 '문화적 힘' 이라는 점이다.[14]

평생교육은 우리 정부가 강력히 추진하고 있는 학점은행제 같은 단순한 보상교육의 이념이나 기구로 축소될 일이 아니다. 교육기회를 상실했거나 실기한 사람들에게 학력을 인정해 주기 위한 단순한 보상교육의 기회나 기제가 평생교육은 아니다. 설령, 교육 소외계층에게 그럴 필요성이 있다고 하더라도, 그것은 평생교육의 틀 안에서 가동될 수 있는 수많은 프로그램 중의 한 종류일 뿐이다. 평생교육은 인간의 발달단계 과정 중에서 적기의 학습기회를 상실한 소수를 위한 것이 아니라, 새로운 배움의 문화창출을 위한 모든 이를 위한 문화활동이다. 이런 문화의 기제가 제대로 작동될 때, 정부가 원하는 국민의 성숙한 토론과 민주주의의 실천이 가능해진다.

3) 참여민주주의

평생학습사회가 실현되려면 고대 그리스 사회를 통치했던 페리클레스(Pericles) 같은 평생학습 모범의 정치가들이 교육계에 전진 배치되어야 한다. 인류 역사상 페리클레스처럼 위대한 정치가는 없었다. 그는 아테네 제일의 지식인이며 권력자였고, 고대 그리스의 민주정치를 완성하는 데 일생을 바친 평생학습인었다. 또 그는 아테네 공동체를 실현하려고 노력한 민주주의의 정치가였다. 그는 소크라테스와 친구이기도 했다. 그는 권력을 탐하는 데마고그(demagogue)들보다는 대화와 정론을 즐기는 철학자들을 벗으로 삼았다. 페리클레스는 소크라테스와 동시대의 인물이었지만, 소크라테스에게는 정치적 스승과 같은 사람이기도 했다.

소크라테스보다 무려 25세나 많았던 페리클레스였지만, 그는 소크라테스와의 대화와 그의 철학을 소중히 여겼다. 그는 대화와 설득, 그리고 참여정신으로 아테네 시민을 바로잡기를 원했다. 대부분의 아테네 시민들은 낫 놓고 기역자도 모르는 무식쟁이들이었지만, 그는 한 번도 아테네 시민들을 배반하지 않았다. 페리클레스는 자기를 추방하기 위한 투표장에서도 무식쟁이 아테네 시민들과 서로 배움의 아름다움을 잊지 않은 정치가였으며 학습자였다. 자기 옆에 서서 투표법을 물어본 무지한 아테네 시민에게 자기를 반대하는 투표법을 가르쳐 주면서 끝내 자기의 정치적 생명을 마감했다. 그는 아테네의 통합을 위해 끝까지 노력한 위대한 토론의 정치가였다. 그는 아테네를 그리스가 본받아야 될 교육의 장으로 만들고 싶어 했다. 아테네를 평생학습도시로 만들기 원했던 페리클레스는 아테네 시민들에게 이렇게 호소했다.

……우리가 발휘하는 용기는 관습에 얽매이고 법률에 규정되었기 때문에 생겨나는 것이 아닙니다. 아테네 시민 개개인이 자기 소신껏 일상생활을 할 때 각자의 행동원칙에서 생겨납니다. 우리는 질박함 속에서 아름다움을 사랑하며, 그것에 탐닉됨이 없는 지혜와 탐구를 존중합니다. 우리는 부를 추구하지만, 그것은 가능성을 위한 것이지 어리석게 부를 자랑하기 위해서가 아닙니다. 개인의 가난함을 수치로 여길 필요는 없지만, 가난을 극복하려는 노력을 게을리하는 것은 깊이 부끄러워해야 합니다. 우리는 사적인 이익을 존중해야 합니다. 그것은 오로지 공적인 이해관계에 대한 관심을 높이기 위해서입니다. 사적인 이익을 추구하는 일을 통해 나타난 역량은 공적인 사업에서도 능히 응용될 수 있기 때문입니다. 이곳 아테네에서 정치에 무관심한 시민은 조용함을 즐기는 그런 사람으로 간주되는 것이 아닙니다. 오히려 그는 무의미한 사람, 무의미한 시민으로 간주될 뿐입니다.

페리클레스는 아테네 시민들에게 자기 삶에 대한 충실함과 그것을 위한 끝없는 배움을 호소했다. 그것이 바로 아테네를 위한 삶의 철학이며 공동체가 나아가야 될 정신적 풍토여야 했기 때문이다. 지금으로부터 3,000년 전 그의 연설이 아직도 지금의 땅에서 유효한 것은 그가 참여정치의 태두였기 때문이다. 그의 연설에는 정부가 추구해야 될 근본정신을 담고 있다.

크로포트킨(Kropotkin)은 국가나 정치권력이 지역사회에서 발휘하는 갖가지 문화적이고도 교육적인 사회기능을 모두 병합하면 그로부터 편협한 개인주의가 발전하게 된다는 점을 이미 한 세기 전에 우리에게 알려 주었다. 지역사회가 자정의 기능을 갖게 하려면 그들 스스로 배우고 익히며 서로를 위한 교육자본을 축적하게 해야 한다는 것을 그는 이렇게 서술하였다.[15]

국가에 대한 의무가 늘어나면서 시민들은 서로에 대한 의무를 확실히 덜게 되었다. 길드 내에서—누구든지 길드나 공제소합에 소속되어 있던 중세에—두 조합원은 병든 동업자를 번갈아 가면서 돌보도록 되어 있었는데, 이제는 가까운 빈민병원을 알려 주기만 하면 된다. 미개인 사회에서는 분쟁으로 비화된 두 사람 사이의 싸움에 끼어들어 돌이킬 수 없는 결론에 도달하지 않게 막지 않으면 그 사람도 살인자로 간주되었지만, 국가가 모든 것을 보호한다는 이론에 따라서 구경꾼들은 끼어들 필요가 없어졌고 사건의 개입 여부는 경찰관의 소관사항이 되었다. 한편, 야만인들의 땅에 사는 호텐토트인들 사이에서는 음식을 나누어 먹고 싶은 자가 있는지 없는지 세 번 큰 소리로 외치지 않고 먹으면 수치스러운 일로 여겼는데, 현재 점잔을 빼는 시민들이 하는 짓이란 고작 가난한 자들에게 세금을 물리고 굶주린 사람들을 더 굶주리게 하는 일뿐이다. 결과적으로 사람들은 다른 사람의 곤궁함을 무시하고 자기 자신만의 행복을 추구할 수 있고, 그것이 당연하다고 주장하는 이론이 법이나 과학, 종교 등 모든 방면에서 힘을 발휘하고 있다. 그러한 이론이 오늘날의 종교가 되어 버렸고 그 이론의 유효성을 의심하면 위험한 유토피아주의자가 되고 만다. 과학은 득의양양하게 만인에 대한 개개인의 투쟁이야말로 자연뿐만 아니라 인간사회의 중심원리라고 외치고 있다. 생물학은 동물계의 점진적인 진화를 이러한 투쟁의 탓으로 돌린다. 역사도 같은 노선을 취한다. 그리고 고지식하게 아무것도 모르는 정치경제학자들도 근대의 산업과 기계의 진보를 같은 원리의 '놀라운 효과' 에서 찾으려 하였다. 목사가 설파하는 종교는 바로 일요일에만 이웃과 자선적인 관계를 맺음으로써 개인주의를 다소 누그러뜨리는 그런 종교다. '실용적인' 사람이나 이론가들, 과학자, 종교인, 법률가, 그리고 정치가들은 모두 단 한 가지 점에 동의한다. 즉, 자선행위 때문에 무자비한 결과가 다소 완화될 수 있지만, 사회가 유지되고 앞으로도 발전하기 위한 안전한 기반은 오직 개인주의뿐이라는 점이다.

4) 상생의 배움공동체

모든 이를 위한 배움은 기본적으로 의식소통의 중요성을 강조한다. 인간의 배움은 상생의 원리를 필요로 한다. 이 상생의 원리가 평생학습공동체를 위한 학습협력의 토대가 된다. 상생은 서로 배우고 서로 익히며 서로 즐기기 위해 공동체가 지녀야 될 '의식의 소통행위' 다. 이런 의식소통은 이미 일반 동물계에서 생존을 위한 토대이기도 하다. 동물은 그들의 생존을 위해 인간보다 더 치밀하게 만

한다. 서로가 서로에게 이어지거나 홍분하거나 반응하는 관계가 아니다. 물에 탄산가스를 고압적으로 억지로 주입하면 물에서 공기가 보글거리는, 마치 사이다의 상태로 남아 있게 된다.

이런 두 개의 불활성 요소로서는 식물의 성장에 도움이 되지 못한다. 식물의 성장에 필요한 것은 전분, 즉 에너지가 되는 탄수화물이다. 물과 탄산가스가 합해서 에너지인 전분을 만들어 내려면 물과 탄산가스가 서로 반응하게 해야 한다. 말하자면 물이 탄산가스에 접근하고 탄산가스가 물에 홍분하도록 서로가 서로에게 들뜬 상태가 되어야 한다. 이런 홍분과 반응들이 들떠가는 상태를 신진대사라고 한다. 식물에서 물과 탄산가스 간에 신진대사가 일어나게 하려면 햇빛이 필요하다. 햇빛이 물과 탄산가스에게 서로 반응하도록 만들면 한편으로는 식물의 성장에 이로운 전분이 스스로 생겨나고, 다른 한편으로는 인간에게 이로운 산소(O_2)를 뿜어낸다. 식물의 광합성 작용에도 토론과 참여의 원칙이 있는 그대로 적용되는 것이다.

배움터의 교육자본

배움마을의 조성은 주민들에게 직업능력, 학습능력, 정치적 참여능력을 길러주는 교육자본의 축적운동이며 민주시민의 가능성을 실현하는 문화적 방법이다. 우리 정부에 비해서나 우리 성인들의 계속학습 실천 모습에서나 상당히 앞서 있는 선진국 시민들의 평생교육을 보면 국가가 취해야 될 평생교육 친화적인 모습이 무엇이 되어야 할지 분명해진다.[20] 평생학습사회의 실현은 마술이나 요술로 현혹시킬 수 있는 정치체제의 작동으로 이뤄지는 것이 아니다. 최면으로 만들어질 수 있는 것은 더욱더 아니다. 마술을 부리면 곧 속임수가 발각될 것이고, 요술을 걸면 사람들은 언젠가 그것에서 깨어날 것이다. 국민은 더 이상 요행수나 요술로 요리될 수 있는 그런 우매한 민중이 아니기 때문이다. 최면을 걸어 봤자 그들은 곧 깨어나 저들을 손가락질할 것이 분명하다. 정부가 국민들에게서 참여를 얻어 내려고 한다면 평생교육에 관련된 몇 가지 비전을 현실로 만들어 내야 할 것이다.

평생학습이 가능하려면 사회 곳곳이 배움의 생태계로서 교육자본의 기능을 발휘하도록 만들어야 한다. 배움을 보호하고 배움의 정신을 키워 나갈 때 한 인간의 삶살이와 공동체살이도 제 모습을 갖게 된다는 점에서, 그것을 가능하게 만들어 주는 교육자본은 인간의 본능과 배움의 생태계를 보호하려는 학습생태계 보호운동의 한 방법론이기도 한 것이다.

이런 배움마을의 교육자본 속에서는 생활공동체라는 집단지능(group intelligence)이 높아진다. 이런 집단지능의 향상은 공동체의 경쟁력과 개개인이 누릴 삶의 질을 향상시켜 준다.

1) 배움마을의 개방화

인간의 배움을 위해서는 그것을 촉진시킬 수 있는 적절한 학습방법이나 학습수단이 마련되어야 한다. 그것이 인간의 배움을 위한 교육자본 구축의 첫 단계이기도 하다. 이를 위해 첫째로 인간 모두에게 작동하는 배움의 본능을 충족시켜 주기 위한 '열린학습의 장'이 필요하다. 그런 점에서 아고라와 같은 배움마을의 교육자본화는 인간교육의 토대가 되기도 한다.

인간에게 배움이 제대로 작동되기 위해서는 배움에 관해 속성이 서로 다른 두 가지 인식의 과정과 훈련이 필요하다. 첫째는 보조적 인식으로서 후원적 인식이고, 둘째는 초점적 인식이다.[21] 예를 들어, 자전거를 탈 때는 페달을 밟아 자전거가 앞으로 나아가게 한다. 이때 우리는 우리의 신체 각 부분이 자전거를 움직이도록 힘을 가했다고 말하기보다는 발의 힘이 페달에 전달되어 그 힘으로 자전거가 움직인다고 생각한다. 자전거를 움직이기 위해서는 인간의 모든 신체기능이 작동되어야 한다. 이 작동은 자전거의 균형을 유지하는 데 필요하다. 하지만 실제로 우리는 자전거가 앞으로 나아가는 상태나 현상에만 주목하며, 앞으로 나아감으로써 자전거 타기의 스피드에 주목하게 된다. 이처럼 모든 지식에는 인간이 주로 그 의미를 깨닫는 부분, 말하자면 자전거가 앞으로 나아감으로써 생기는 초점적 인식과 그 깨달음, 즉 자전거가 앞으로 나아가는 그 부분을 보조하는 또 다른 깨달음이 있어야 한다. 균형감각을 갖게 만드는 후원적 인식이 동시적으로 작동해야 한다는 것이다.

이런 유형의 강하거나 약한 후원적 인식 유형의 활용들은 학교교육 현장에서는 하나의 정보나 지식으로 축소된다. 학교는 지식획득 중심의 가르침이나 페다고지가 교사들이 무엇을 가르치든 간에 학습자들을 약한 후원적 인식에 익숙하게 만드는 장소이기 때문이다. 학교교육활동은 전달되는 지식만을 암기하거나 기억하기만 하면 되기에, 학생들은 배움에 관한 총체적인 기술보다는 부분적인 기술의 활용에 익숙해진다. 즉, 그들은 암기나 기억 같은 후원적 인식을 제한적으로 활용하는 데 익숙해지는 것이다.

이에 비해 학습자가 다양한 교육자본의 토대 위에서 실제로 체험하는 자기 조절의 배움은 '강한 후원적 인식'을 요구한다. 학습자가 나홀로 혹은 더불어 직접적으로 배우며 익히고 만드는 자기주도의 체험학습은 지식획득뿐만 아니라 지식응용에 이르기까지 모든 학습보조 기능을 동원하는 강한 후원적 인식을 필요로 한다. 이를테면 자전거에 관한 지식체험학습보다는 자전거를 직접 타 보며 균형을 잡거나, 자전거가 고장 났을 때 자연스럽게 직접 수리할 수 있도록 체험하게 만드는 배움이 바로 후원적 인식의 기반을 이룬다. 강한 후원적 인식은 학교현장을 포함한 지역의 배움공동체들이 인간화될 때, 다시 말해서 지역의 배움공동체들이 그들의 삶에 구체적으로 도움을 주고 그들의 삶을 바꾸는 일에 도움이 될 때 학습자들에게 각자적으로 길러지게 된다. 부족하기는 하지만 학습자 스스로 경험해 보며 그 경험으로부터 새로운 가능성을 실험해 보는 학습활동이 보다 더 학습자에게 도움을 준다.

학습자가 지식 생산자가 되기 위해서는 학습자 스스로 학습한다, 학습수단을 활용할 수 있다, 학습기술을 가지고 있다는 식의 난순한 되뇜이나 정보의 획득에 머물러 있는 것만으로는 부족하다. 이런 배움활동은 자기주도학습이나 협력학습만으로도 소기의 성과를 거둘 수 있는데, 이를 위한 교육자본과 환경을 제공하는 곳이 바로 배움마을터다. 무엇보다도 개인학습의 성장이[22] 가능하기 위해서는 지역의 배움공동체가 학습자들에게 열려 있어야 한다. 협력학습은 학습방법의 공유를 위한 하나의 매개체가 되기에 배움공동체의 역할은 더욱더 중요하다. 자기주도학습의 결과물로서 배우기를 학습하는 것 같은 '총괄학습(meta learning)'은 여러 학습단계, 말하자면 학습감응의 단계부터 학습참여의 여러 단계를[23] 거쳐 점진적으로 완성될 수 있다. 그것이 가능하기 위해서는 지역의 배움공동체가 하나의 교육자본으로 기능하고 있어야 한다. 이러한 학습방법은 개인 스스로 자기의 실존적 존재에 의미를 부여하기 위해 필요한 학습의 토대가 되지만, 학교라는 곳에서 익혀지거나 완결되는 것은 아니다.

2) 지역주민의 행복권

지역사회 공동체는 서로 만듦과 서로 나눔을 서로 즐기는 사람들의 모임이다. 서로 만듦과 서로 나눔은 지옥도 천당으로 만들어 내는 사회변혁의 힘을 가지고 있다. 서로 나누지 않으면 끼리끼리 나뉘게 된다.[24] 서로 만들어 가는 삶으로서 공동체 개념은 일반적으로 모든 학습자를 위한 평생교육과 주민행복권의 보장과 직결되어야 한다. 자기주도적인 학습을 통한 '삶의 행복권', 말하자면 행복한 삶의 양태로서 나타나는 삶의 꼴을 제대로 체감하기 위해서는 세 가지가 필요하다. 첫째로 '삶살이의 질'을 높이는 일이 필요하다. 둘째로 '삶살이의 결'을 부드럽게 만들어 주는 일이 필요하다. 셋째로 '삶살이의 깔'을 돋보이게 만들어 주는 일이 극대화되어야 한다. 이런 세 가지가 삶의 빛을 드러내는 삶의 삼원색이기도 하다. 이 세 가지 삶의 형식은 삶의 삼원색처럼 하나의 형식으로 서로 삼투될 때 완성도가 더욱더 뚜렷해진다. 이 모두를 위해서는 학습의 내용이나 학습매체의 형식도 대폭적으로 변화되어야 한다.[25]

인간이라면 누구든 그가 유지하고 있는 삶의 꼴에서 예외 없이 삶의 질 향상,

삶의 결 보장, 삶의 깔 확신 등이 드러나도록 되어 있다. 이런 세 가지 삶살이와 그것들의 완성은 일상생활을 위한 학습형식으로 나타난다. 이미 지적한 것과 같이, 삶의 삼원색 가운데 그 첫째는 '삶의 질'을 향상시키는 자기주도 학습방법과 자기주도 학습관리 역량개발 관련 학습이다. 삶의 질 향상을 개인이 누리고 있는 생활의 윤택성이나 물질적인 여유라고 정의하면 생활의 안정감을 의미한다. 삶의 질을 향상시키는 노력은 일이나 노동 혹은 지식생산활동과 밀접한 관련을 맺고 있다.[26] 지역사회에서의 자기주도학습이 삶의 질 향상의 과제와 연결될 때, 이를 위한 지역공동체의 평생학습 프로그램은 성인의 경우 취업이나 직업향상이나 소득생성 관련 활동과 같은 개인경력 관리에 도움을 주는 활동과 직결되어야 한다. 열린평생학습사회를 지향하는 공동체나 기관에서 다른 지역사회와 차별화해야 될 평생학습 프로그램이 있어야 한다면, 결국 주민들이나 학습자들이 누리는 현재의 삶의 질을 끊임없이 향상시키는 활동에 초점을 맞춘 것이어야 한다.

평생학습자로서 지역주민의 삶이 체감해야 될 행복권의 두 번째 형식은 '삶의 결'을 보장하는 자기주도학습과 자기주도학습 관리활동으로 나타난다. 삶의 결이란 현재 개인이 누리고 있는 생활의 유연성이나 융통성 같은 것인데, 이것은 지역주민의 생활에서의 안정감이나 융통성으로 나타난다. 지역주민의 삶이 자기 나름대로의 결과 융통성을 갖게 될 때, 시민들의 공동체의식이 살아나기 시작할 것이다. 지역사회의 질서 찾기나 안전감들은 시민 간의 인간관계가 보다 부드러워질 때 느끼게 되는 결과물들이다. 살아보고 싶은 공동체, 시민으로서 무엇인가 헌신하고 싶은 공동체로 만들기 위해서는 이웃사촌, 이웃형제를 만드는 데 필요한 지식이나 기능, 혹은 그런 지역공동체 문화를 익히는 기회가 많아져야 한다.

마지막으로 삶의 삼원색 중 '삶의 깔'과 관련된 자기주도학습과 자기주도학습 관리활동이다. 이런 학습활동은 학습자 개인의 삶살이에서 드러나는 자기표현적인 특성이나 개별성 같은 것이 삶살이의 행복권을 결정하게 도와준다. 삶의 깔은 지역주민 개인에게는 아주 소중한 개인적인 성깔이 될 수도 있고, 그 개인 나름대로의 삶살이의 색깔 같은 것이 될 수도 있다. 그래서 각각의 성깔만큼 각각의 삶들이 두드러지게 자기를 표현할 수 있을 정도여야 한다. 이를 위해서는 학습자들이 자기식대로 자기의 학습을 할 수 있도록 각종 학습 프로그램이 제공되어야 한다. 말하자면 여가선용에서 자기문화 개발 프로그램까지 제공되어야 하는 것이다. 여기에서 중요한 것은 남의 취미나 연기력을 보고 즐기기만 하게 만드는 그런 문화쇼핑 중심의 삶의 깔 가꾸기 프로그램부터 자기 스스로 자신의 문화적인 가능성을 드러내 보이거나 자기를 표현하게 만드는 문화워크숍 중심의 학습 프로그램이 보강되어야 한다. 그렇게 하기 위해서는 지역주민의 문화 만들기나[27] 문화교육활동 프로그램이 보강되어야 한다.

3) 학습클리닉의 교육자본

지역사회에서 교육자본화의 최소 단위인 모든 학습 관련 기관들은 학습클리닉의 기능을 발휘해야 한다. 다양한 학습클리닉은 교육자본의 틀 속에서 배움과 학습활동이 어려운 학습자들의 학습문제를 진단하고 치료해 주며 예방도 해 주는 배움진료소 같은 역할을 담당해야 하는 것이다. 그런 점에서 지역의 각급 학교와 도서관, 민간 시민단체, 그리고 지역사회에 있는 각양각색의 학습산업 서비스 시장들도[28] 각각의 학습기능을 발휘하는 교육자본으로 작동할 수 있다. 교육자본을 많이 가지고 있는 지역사회가 지역주민의 배움을 기름지게 만들고 지역주민의 학습을 더욱더 촉진할 수 있기에, 한 지역사회에서 가동할 수 있는 모든 교육기능은 그 지역사회의 교육자본의 총량을 늘린다.

지역사회에서 주민들의 학습활동이 활성화되려면 지금과 같이 한편으로는 가르치고 다른 한편으로는 이내 망각해 버리는 정보전달센터 같은 형식의 학습터 기능이, 학습자들이 배움의 과정에서 겪는 어려움과 문제를 풀어내 주고 학습친화적인 학습인간이 되도록 도와주는 '학습클리닉'의 기능으로 수정 · 보완되어야 한다. 학습클리닉들은 가전제품회사가 고객에게 애프터서비스를 제공하듯이 혹은 내과, 안과, 치과 같은 병원이 고객의 신체적 불편을 진단하고 나타난 질병을 치료해 주듯이, 학습자들에게 학습 서비스 제공의 기능을 감당할 것이다. 학습클리닉의 기능들은 학습자들이 잘못 배운 것을 교정해 주고 덜 배운 것은 보완해 주며 더 배워야 될 것은 더욱더 강화시켜 주기 위해, 학습자들의 학습장애를 진단하기도 하고 그 진단에 따라 결손된 학습방법이나 수단을 보강하게 해 주는 기능을 발휘할 것이다. 이런 학습클리닉들이 전국적인 학습망으로 연결되어 하나의 교육자본으로 기능을 발휘하면 국가의 교육자본 총량을 높이게 될 것이다.

학습클리닉은 학습자를 위한 사전학습이나 학습의 사후 서비스 기능을 담당한다. 앞으로 나타날 여러 가지 새로운 학습클리닉 중에서도 학원이나 각종 문화센터의 학습기능과 학습친화성이 크게 기대된다. 학원은 지금처럼 단순한 지식전달의 교육기능이나 여가선용의 학습기능을 벗어나서 학습장애를 교정해 주는 학습치료기능까지 담당하는 평생학습기관으로 변화될 수밖에 없다. 동시에 지역사회 주민들의 평생직능 개발의 역할까지 감당할 것이다.

학습진료소, 학습병원 같은 학습클리닉은 지역공동체 구성원의 배움을 위해 그들이 겪고 있는 학습장애를 진단하거나 치료해 주는 기능을 발휘함으로써 지역사회의 교육자본을 축적해 주는 교육자본이며 교육공간들이다. 이런 학습병원에서는 학교나 교사가 성인 학습자들에게 직접 학습지도를 하는 것보다는 학습자들이 학습활동을 하다가 겪는 여러 가지 학습장애나 요구를 필요에 따라 도와주는 일이 보다 더 중요하다. 예를 들어, 학습자들은 컴퓨터로 자기주도학습을 하다가 컴퓨터 작동에 이상을 겪을 수도 있다. 또는 개인이 혼자 풀기에는 아주 어려운 문제나 보다 심오한 이해를 요구하는 학습과제에 직면할 수도 있다. 또한 학습활동 중 여러 가지 심리적인 어려움을 겪을 수도 있다. 이렇게 학습자들이 학습활동을 하다가 어려움을 겪었을 때 도와주는 학습의사의 기능을 발휘하는 것이 학습클리닉이다. 이런 학습병원은 지역사회가 평생학습사회로 나아가려고 할 때 지역공동체마다 설치될 수 있는데, 학습장애에 대한 진단과 처방, 치료를 하는 것이 그들의 수행역할이다.

학습병원은 성인 학습자가 학습병원의 진단과 처방에 기초해서 자기 스스로 학습장애를 극복할 것을 강조한다. 일반 병원에서의 치료행위 형태가 다양하듯이 학습병원에서의 학습지도 유형 역시 다양해야 한다. 통원(통학)하는 자, 자택에서 약(교재)만 복용하고 요양하는 자 등 여러 가지 유형이 있을 수 있듯이, 학습병원의 학습환자 역시 학습장애의 정도에 상응하게 개별 학습전문가와의 전화 면담이나 학습의 네트워킹도 가능할 수 있다.[29]

4) 멘토의 교육자본

교육자본의 축적은 지역인사의 교육적 활용과 훈련의 정도 및 수준에 따라 달라진다. 지역학습사회가 교육자본의 총량을 증가시키는 열린 평생학습공동체가 되기 위해서는 배움과 학습활동의 선봉에서 활동할 전문가들이며 촉진자들인 평생학습의 조력사들이 필요하다. 우리네 공동체에는 교육전문직 혹은 인력개발 전문직 출신 퇴직자나 여유 인력들이 충분하다. 현직교사, 현직교수들도 모두가 교육자본의 요소고, 주민의 배움을 위한 가용학습 촉진인력이며, 지역사회학습을 위한 멘토로 활동할 수 있다. 그들이 바로 학습사회 공동체 형성을 위한 학습 구루(guru)들이 될 수 있는 것이다. 그들이 그 나름대로의 경험과 조예, 그리고 전문성을 가지고 있는 학습의 멘토들이나 배움의 스승인 구루들로 활동할 수 있는 기회가 제공되면 평생학습의 새로운 장이 마련될 것이다.

이들 평생학습의 조력자인 구루들은 지역사회의 주민들이 평생학습의 양대축인 자기주도학습 능력과 자기학습 관리 역량을 갖도록 만들어 주는 학습디자이너들이며 학습진료사들로 기능할 수 있다. 동시에 그들은 평생학습 공동체 형성을 위한 평생학습활동에 참여할 강사들의 배치와 재교육 프로그램을 개발하는 학습 전문가들이기도 하다.[30] 이들 배움의 구루들은 지역사회의 학습자들과 학습 가능한 사람들을 한 곳으로 모아 놓은 배움의 뱅크를 운영하는 일을 맡기에, 그들에게도 자기계발을 위한 전문가 학습이나 연수 기회가 반드시 주어져야 한다.

일반적으로 지역사회의 평생학습을 주도해 나갈 학습 구루들을 교육행정가들이 부르는 말인 '평생교육사'라고 불러도 무방하다. 그들에게 요구되는 평생학습 핵심역량은 대체로 일곱 가지 정도다. 자료수집 기술, 지적 능력, 의사결정 능력, 대인관계 및 상담 능력, 지역사회 참여기술,[31] 교수-학습 및 자료제시 능력, 학습평가 능력이다. 이런 학습보조 혹은 학습촉진 능력은 평생교육현장에서의 활동을 통해 배우기도 하지만, 더 본질적으로는 그것을 준비해 주는 연수와 재교육이 끊임없이 지역공동체 속에서 실천되어야 한다.

5) 여가의 교육자본

문화라고 번역되는 culture는 원래 기른다는 뜻을 가지고 있다. 이런 맥락에서 농사를 agriculture라고 부르는데, 농사를 지어 보지 않고 남의 농사를 보기만 하면 농사는 필경 망치게 된다. 농사는 직접 경작할 때 비로소 뜻하던 대로 수확을 거둘 수 있다. 문화는 남의 것을 맛보는 것도 중요하지만, 더 중요한 것은 참여자 스스로 어떤 형식이든 해 보거나 실행하는 것이다. 밤낮 듣기만 하거나 보기만 하라고 강요하는 문화는 개인에게 욕을 하는 것과 같다. 평생을 자기보다는 남을 위해 살아가라고 강요하는 것과 비슷한 것이기 때문이다. 지역의 배움마을은 바로 지역주민의 자기주도적인 문화를 길러 주는 교육자본이다. 지역주민 스스로 접하고 익히며 만들고 즐기는 문화를 길러 주는 곳이 바로 배움공동체다.

예를 들어, 연주자들의 연주를 보고 듣는 것은 아름다운 일이다. 전시회에 나가 그림을 감상하는 것도 그렇고, 남의 글이나 시를 읽고 감상하는 것도 아름다운 문화적인 행위에 속한다. 그러나 진정한 의미에서의 문화는 간접적인 경험보다는 직접적인 경험이 더 중요하다. 문화의 전시성보다는 '문화의 일상성' 이 더 중요하다. 남의 것을 밤낮 보기만 하라고 한다거나 남의 것을 밤낮 듣기만 하라고 한다면 문화는 감상의 문화로 전락하고 만다. 결국 문화의 상징성은 개인이 문화를 어느 정도로 행동해 보느냐와 어떤 식으로 문화를 그의 삶에 일상적으로 연결하느냐에 그 운명이 달려 있다. 문화에서는 보고 감상하는 행위보다 실제로 경험하는 행위가 더 중요하기에, 문화의 일상성을 폐기하거나 억압하는 것은 문화를 박제로 만들겠다는 것과 같다. 문화라는 말은 아무리 거대한 문화적인 구조물을 만들어 놓았다고 하더라도 일상적인 삶과 분리되어 있다면, 집안 한 구석에 놓여 있는 '요강' 만큼의 문화적 유용성도 갖추지 못한 단순한 고철덩어리나 석조물에 불과할 뿐이다.

학습자들은 본성적으로 배움지향적이며 문화수행 능력자들이다. 그들은 매일같이 그들의 문화를 만들어 내며 동시에 분해하고 학습한다. 그래서 문화교육과 학습을 관련시켜 말할 때 그 문화는 인간의 생존현장 각 부문에 스며들어 삶을 만들어 내는 과정 하나하나를 짜들어 가며, 동시에 그 속에 묻어 있는 삶의 색깔과 삶의 흐름 같은 것을 자기의 것으로 가꾸는 것과 같다. 학습자는 문화를 만들어 내는 동시에 학습하는 주체로서 사회라는 거대한 구조물의 한 부품이 아니라 그것을 매일같이 만들어 내며 새롭게 구성해 나가는 일상적인 삶을 살아가는 주체다.

그래서 배움에서 실제로 해보기를 금지한 학습은 배움일 수가 없다. 실천이 거세된 교육은 학습의 포기며 사고의 폐기와 엇비슷하다. 일상적인 삶살이 바로 그 곁에 있는 배움은 그 어떤 기술적인 하드웨어이거나 학교와 같이 커다란 조형물 같은 것이 아니다. 배움이란 비오는 오후 관객을 기다리는 최고급 연주회의 예약석 자리가 어디인지 좌석의 글씨를 알아보는 능력 따위가 아니다. 배움은 매일같이 그 자리에 서서 매연이나 마시고 있는 남대문처럼 어느 한쪽만 바라보는 것이어서도 곤란하다. 배움이란 우리 일상생활의 형상과 모습이며, 개인의 삶에 붙어 다니는 운명 같은 것이다. 보통 사람들의 느낌이나 반응 혹은 그저 평범한 상식적인 이해들이 얽히고설켜서 만들어 내는 삶살이 같은 것들이다. 바로 그래서 대문을 나설 때마다 우리는 익힘의 한 부분을 디디며 그것과 호흡하는 느낌이 들어야 한다. 이런 느낌을 주는 배움일수록 우리 인간을 학습하는 동물로 확인해 주는 것이며, 동시에 우리를 삶과 직결된 학습의 일상생활 속에 살고 있는 호모 에루디티오로 만들어 주는 것이다.

미주

1 아고라는 고대 그리스 사회에서 시민의 정치, 경제에 관련된 생활의 중심이 되었던 광장이다. 시민총회나 공개재판의 관행이 일찍부터 있었던 그리스 도시국가인 폴리스 특유의 공공시설이다. 본래는 백성의 집회를 뜻하였는데, 집회가 열리는 장소로도 전용되었다. 로마의 포름(forum)이 이에 해당된다. BC 6세기 후반 시프노스섬의 아고라는 광산수입에 힘입어 화려한 파로스 대리석으로 장식되었다고 전해지며, 코린트 타소스 등 발굴된 사례가 많다. 이 가운데 가장 유명한 것은 1931년 이래 아테네 주재 미국 고전학연구소가 발굴한 아테네의 아고라다. 아크로폴리스의 북서쪽에 있는 이곳은 BC 6세기 초 솔론의 개혁 때부터 매장이 중단되었으며 공용지의 성격이 명확해졌다. BC 6세기 후반에는 참주 페이시스트라토스의 자식들이 아고라를 정비하고 신전, 관청, 공공시설 등을 건설하기 시작하였고, BC 508년의 클레이스테네스의 개혁부터 BC 5세기 초에 이르러 배수구 평의회장 민중재판소가 건설되었으며, 왕의 열주관(列柱館)도 창설되었다. BC 480～479년의 페르시아 전쟁으로 아테네시는 완전히 파괴되었는데, 신전이나 성지보다 아고라의 관청, 평의회장, 재판소가 먼저 재건되었다. BC 5세기 중반 이후에는 토로스, 헤파이스토스신전, 장군대기소, 제우스열주랑, 신평의회장 등이 잇따라 건설되었다. 공공건축물이 남북으로 늘어선 서쪽 근처의 한 지역은 경계표에 따라 구획된 성역으로, 살인이나 신을 모독한 죄를 범한 사람은 출입이 금지되었다. 정치적인 광장과 시장을 겸한 독특한 것으로 주변에는 관청과 신전 등 공공건물이 많이 세워져 있었다. 어원은 아고라조(모이다)로서 사람들의 모임이나 모이는 장소를 의미하였다. 헤로도토스는 아고라의 유무가 그리스인과 비그리스인을 구별한다고 하였다. 아테네 폴리스의 시민은 집 밖의 공공생활을 즐겼으며 하루의 대부분을 아고라에 모여 정치와 사상 등을 토론하는 등 아고라는 일상생활의 중심이었다.

2 에지케이션은 정보화시대의 총아인 디지털 교육 네트워크를 중심으로 한 학습의 개인화와 학습의 자율화를 지칭하는 '학습 아나키즘(learning anarchism)' 의 형태로 나타나고 있다. 이것은 1970년대 이반 일리히가 주장한 모든 이를 위한 '탈학교론' 에 비해 모든 이를 위한 평생학습의 이념 설정은 비슷해도 그것을 실현해 내고자 하는 운영의 구조만큼은 사뭇 다르다. 평생교육 체제 구축에 앞서 있는 교육 선진국들은 이미 1970년대부터 평생학습도시(마을)를 만들어 가기 시작하였다. 평생학습도시의 가능성을 제일 먼저 보여 준 스페인부터 영국, 일본에 이르기까지 전 세계적으로 평생학습도시의 건설이 확대되고 있다. 이미 영국에서는 30여 개의 지역자치체가 스스로 평생학습도시를 선언하였으며, 일본에서는 시즈오카현의 가케가와 시를 필두로 약 140여 개의 지자체들이 평생학습도시를 선포하였다. 이들과 평생교육의 모습은 다르지만, 우리나라 역시 광명시를 필두로 현재는 여러 지자체가 학습마을, 학습공동체를 만들어 가고 있다.

3 소크라테스도 플라톤의 '고르기아스'에서 아테네가 헬라스에서 가장 발언이 자유로운 나라라고 찬사를 보낸다. 아테네가 아닌 다른 도시국가였다면 소크라테스가 그토록 오랫동안 무사히 자신의 사명을 수행할 수 없었을 것이다. 시민들은 민회뿐만 아니라 아테네의 정치적, 사법적, 상업적 중심지인 아고라에서도 자유로이 의사를 표현할 수 있었다. 공개된 장소인 아고라는 아테네 시민들이 모여 민회처럼 형식을 따지지 않고 정치적인 문제를 토론하는 곳이었다. 아고라 주위에는 정부의 주요 기관들과 법정이 있었다. 또한 여러 가지 물건을 파는 상인들의 판매대와 스토아도 있었다. 지붕은 있지만 앞쪽이 트여 있는 건물들에서 시민들은 자유로이 장사를 했고, 소크라테스 같은 철학자들은 지적인 대화를 나눴다. 국가가 승인한 종교축제 기간에는 비극시인과 희극시인들이 대중적인 정치인과 국가기관은 물론, 심지어 신들까지 상당히 자유롭게 비판할 수 있었다[참고: Coulet, C. (1999). 고대 그리스의 의사소통(역); Lang, M. L. (1978). Socrates in the Agora].

4 인류의 문명사는 가르치는 역사로 시작했던 것이 아니라 배우고 익히는 일상생활로 시작했다. 가르치는 것에 관한 교사학(教事學)의 시대가 가고 배우는 것에 관한 배움학의 시대가 왔다는 역설 자체가 교육사적으로도 온당한 주장이 아니다. 차라리 인간교육의 흐름을 오도시킨 교사학의 잘못을 배움학의 복원으로 바로잡고 있는 것이라고 말해야 옳을 것이다. 왜냐하면 배움학이라는 자체가 이미 우리에게 친숙하기 만한 교사학의 지위를 누려 온 기존 교육학의 학문적 정체성에 문제를 제기하는 것과 비슷하기 때문이다. 배움학에서 문젯거리가 되는 것이 바로 인간의 발달단계에 대한 이해문제다. 이 점은 페다고지와 안드라고지를 서로 다르게 이해하려는 학자들이 더욱더 날카롭게 대두시킨다. 그러나 이런 구별은 고대 그리스 사회에서 안드라고지의 어법을 제대로 이해하기만 하면 아무런 문제가 되지 않음을 알 수 있다. 안드라고지라는 말에서 아네르(aner)라는 말은 인간의 생애발달 중에서 특정 발달단계를 지칭하는 것이 아니라 일반적인 의미에서의 인간, 즉 사회 구성원을 총칭하는 말이었다. 고대 그리스 사람들은 아네르를 아동을 의미하는 파이드(paid)에 대비해서 쓴 것이 아니라 사회적 관행으로 통용되는 화법으로서의 인간을 지칭했다. 물론 이때의 인간은 사회적으로 제 역할을 감당하는 사람과 같은 뜻을 강조하기도 하였으나 그것이 특정 세대의 사람을 의미하는 것은 아니었다. 아네르는 공동체 삶에서 제 역할을 감당하는 보통명사로서 '맨(man, male)'을 지칭하는 것이기에, 자연히 그들은 사회생물학적인 성숙성을 일컫는 어른 혹은 성인들이었다. 우리말로도 장가든 사람을 가리켜 "그 사람 제법 사람이 되었어."라고 이야기한다든가 철든 사람을 일반적으로 성인으로 지칭하는 경우와 비슷하게, 고대 그리스에서도 아네르는 철든 사람을 지칭했다. 보육학으로서 페다고지를 인간의 학습과정 전반에 걸친 배움의 단계로 점검하면, 그 보육학이라는 페다고지나 학교교육은 인간의 배움을 드러내고 있는 작은 영역일 뿐이다.

5 학교교육형의 학습활동이 장애인의 배움을 위해 해 온 일이란 야만스럽기조차 하다. 그들의 일반적인 논리는 장애인들을 학습질환자, 학습장애자 정도로 취급하는 정도다. 우리의 뇌

속에 주입된 '난 그들과 달라.', '그들은 우리보다 배우지 못해.' 라는 편견을 없애는 일이 더 중요했을 법한데 기존의 학교교육은 이것을 오히려 외면해 왔다. 그들의 학습욕구 역시 우리와 같다는 생각의 출발지점에서 인간의 배움을 이해하는 일이 더 필요하기에 장애는 인간 학습을 위한 '또 다른 인식의 문(the doors of perception)' 이라는 점을 우리 모두가 확실하게 받아들여야 한다. 더 많은 설명이 필요하지만 우선 급한 대로 예를 들면, 페다고지가 중요시하는 시각중심, 보는 것 중심의 배움이 가지고 있는 문제는 한두 가지가 아니다. 그들에게 우리가 베풀어 주고 있다는 학교교육의 세상은 보이지 않는 벽으로 가로막혀 있을 뿐이다. 그것은 학습의 장애와 비장애를 구분하고, 사회적으로 주어진 인간의 학습권과 혜택을 가로막고 서 있으며, 따스함과 어두움을 분리함으로써 학습이나 교육활동에서 우위를 점유한 계층들의 불안심리를 제거해 보려고 노력할 뿐이다. 시각장애인을 다룬 영화인 〈사랑이 머무는 풍경〉(1999)은 인간에게 배움이 도대체 무엇을 의미하는지를 잘 표현하고 있다. 이 영화는 시각장애인들에게 소리가 사물의 영상과 이미지를 내포하는 가장 소중한 수단임을 알려준다. 발 킬머와 미라 소르비노 주연의 이 영화는 장애인과 비장애인의 사랑을 통해 섬세한 사랑의 소리들, 정상인은 느끼기 힘든 아름다움을 표현하였다. 청각장애인을 소재로 한 〈홀랜드 오퍼스〉(1995)라는 영화 역시 우리에게 엄청난 것을 알려 주고 있다. 음악을 너무나 사랑하는 사람이며 그것을 위해 음악선생이 된 홀랜드가 청각장애인인 아들을 낳는 불행을 겪으면서 단순하고도 평범한 직장인으로서 교사라는 노동에서 벗어나 장애인을 이해하게 되며 그들의 배움을 만들어 가는 '특별한' 과정이 감동적으로 그려져 있다. 청각장애인 여학생과 새로 부임한 교사 간의 사랑을 그린 〈작은 신의 아이들〉(1986)도 장애인들의 배움정신을 이해하는 데 도움이 된다. 장애인들에게 배움은 배움이라는 말을 듣는 것에서 이미 일어나기 시작한다.

6 참고: Polanyi, M. (1958). Personal knowledge: Towards a post-critical philosophy; Polanyi, M. (1966). The tacit dimension; Polyani, M., & Prosch, H. (1992). 지적 자유와 의미(역).

7 평생학습을 시민들의 평생고용 문제나 인력개발 과제로 제한시켜 그 가능성을 넓혀 보려는 노력은 국제노동기구(ILO)와 경제개발기구(OECD)들의 주요 관심사다. 평생학습을 평생고용 촉진의 도구로 삼는 것에 대한 이론적인 비판과 현실적인 실현 가능성의 한계가 드러나자(Bagnall, 2000), 이 문제에 보다 효과적으로 대처하기 위해 평생교육을 개인의 자아실현과 가능성의 사회실현에 초점을 맞추려는 유네스코와 경제적인 관점에서 평생학습문제를 제한하려는 국제노동기구(ILO), 그리고 OECD 교육관계자들은 2000년 4월에 21세기 새로운 평생학습의 과제에 관한 협력회의를 개최하고 이 문제에 대한 각자의 역할과 범위를 새로운 시각으로 논의하였다[참고: Bagnall, R. G. (2000). Lifelong learning and the limitations of economic determinism; International Labour Organization. (2000, April). Joint meeting on Lifelong learning in the twenty first century: The changing roles of educational personnel].

8 황금중은 주자의 공부론을 조금 더 확장하였다.
주자에게 삶의 모든 상황과 계기들은 본성을 실현하기 위해서 존재하는 것으로 보아도 과언은 아니다. 그리고 그 본성의 실현은 여타의 사람이나 존재를 통해서가 아닌 바로 자기 자신이 직접 책임을 지고 성취해 가야 하는 과제다. 주자가 가르침이 아닌 배움을 보다 더 강조하는 것은 무엇보다 스스로의 자율적인 노력과 공부를 통해서 본성의 실현이 가능하다고 보기 때문이다. 이렇게 자신의 본성 실현이 이루어지면 이를 토대로 타인과 사회에 대한 도덕적 완성의 교육적 책임을 지는 것도 위기지학(爲己之學)의 과제에 속한다[참고: 황금중(2000). 朱子의 工夫論硏究].

9 일반적으로 학습이라고 번역하는 'learning'의 어원은 산스크리트의 'ieis'에 그 뿌리를 두고 있다. 이 말은 원래 밭의 고랑을 지칭하는 것으로 길을 따라간다는 의미를 가지고 있다. 이에 비해 배움이라는 말은 'erudition'으로 번역될 수 있는데, 이것은 인간이 평생 무엇인가를 따라가며 씨를 뿌리고 일궈서 거두어들인다는 경험의 총체를 지니고 있다. 학습이라는 의미의 learning은 씨를 뿌리는 방법, 추수하는 기술처럼 배움을 위한 수단이나 방법을 지칭할 뿐이다. 동양에서는 학습을 새의 날갯짓처럼 무엇을 끊임없이 훈련하는 것으로 간주하는 반면, 배움은 접하고 익히고 만들어 봄으로써 배운 것을 자기의 삶에 응용하고 삶을 개조하는 노력으로 이해하고 있다[참고: 한준상(1999c). 호모 에루디티오; 김성길(2005). '배움학'에 관한 연구].

10 이런 정보는 인간의 청각과 시각 등을 통해 두뇌의 신경세포에 전달된다. 스탠퍼드 대학의 로버트 온스타인 교수는 '인간의 경우 출생 후 약 6년 동안이 두 눈의 관할범위를 정하게 되는 가장 결정적인 시기라고 단언한다. 원숭이의 경우는 6개월, 고양이의 경우는 3개월이다. 이때는 매우 민감한 시기다. 단 하루라도 새끼고양이의 한쪽 눈을 가리면 커서도 그 눈의 시력을 회복하지 못한다.' 고 말했다. 이것은 청각에서도 마찬가지다. 안쪽 귀는 땅콩 크기만 하지만 도시의 전화 시스템처럼 많은 회로를 포함하고 있다. 귀는 '달팽이관'이라고 부르는 작고 중요한 구조로 되어 있다. 이는 달팽이 껍질처럼 생겼는데, 피아노의 건반과 같은 역할을 한다. 피아노는 88개의 건반을 가지고 있는 반면에, 달팽이관은 2만 개의 머리카락 같은 섬세하고 민감한 세포를 가지고 있어 이를 통해 소리의 자극을 분별하고 두뇌에 전달한다. 이 모든 복잡한 청각구조는 언어를 학습하는 데 매우 중요한 역할을 한다. 시력과 마찬가지로 기본적인 언어통로는 태어난 지 2년 이내에 결정된다.

11 이런 전기충격과 화학반응을 일으키는 신경세포의 전체 의사소통 시스템은 글리아 세포로 둘러싸여 있다. 동시에 수많은 신경세포를 덮고 있는 '미엘린'이라는 덮개는 절연체의 역할을 담당한다. 절연이 잘 될수록 메시지를 더 효과적으로 전달할 수 있다. 두뇌는 적어도 70개의 다른 형태의 신경전달체를 가지고 있으며, 이 신경전달체는 인간이 섭취하는 음식의 영향을 받는다. 인간의 두뇌는 엄청난 양의 에너지를 필요로 한다. 성인 두뇌의 무게는 전체 몸무게의 2%에 지나지 않지만, 두뇌는 놀랍게도 신체 에너지의 20%를 사용한다. 그

래서 사람들이 저열량 음식을 섭취하면 두뇌는 제 기능을 수행하지 못한다. 두뇌에 충분한 영양을 공급하면 인간의 두뇌는 재빠르게 작동한다. 두뇌는 많은 포도당을 필요로 한다. 그러므로 신선한 과일과 채소가 식단에 필수적이다. 신선한 과일과 채소에는 포도당이 풍부하기 때문이다. 과일 중에서도 바나나, 오렌지, 살구, 아보카도, 멜론, 복숭아, 배, 그리고 감자, 토마토, 호박 같은 야채에는 칼륨이 많다. 그래서 뇌를 잘 이용하여 효율적인 학습능력과 업무능력을 키우기 위해서는 우선 매일 아침 식사 때마다 신선한 과일을 곁들인다. 칼륨 섭취를 위해 바나나 반 개를 먹는다. 그리고 비타민 C의 섭취를 위해 오렌지나 키위, 신선한 제철 과일을 먹는다. 아이들에게도 먹이는 것이 좋다. 둘째, 신선한 야채샐러드를 곁들인 점심을 먹는다. 셋째, 생선, 견과류, 식물성 기름을 많이 먹는다. 생선과 식물성 기름은 두뇌의 수십억 개의 글리아 세포에 영양분을 주는 중요한 역할을 한다. 견과류와 식물성 기름은 리놀레산을 제공하고 두뇌는 리놀레산의 도움을 받아 정보 전달통로 주변의 미엘린 절연물질을 수리한다. 넷째, 혈액에 산소를 공급하기 위해 규칙적인 운동을 한다.

12 참고: Quigley, B. A., & Kuhne, G. W. (Eds.). (1997). New Directions for Adult and Continuing Education.

13 학교중심의 교육패권주의는 상당할 정도로 약화되어 학교 형태의 교육은 점차로 사라질 것이 분명하다. 신문보도에 따르면 영국 전기공학연구소는 '현재 진행 중인 정보통신혁명은 앞으로 교육에도 영향을 미쳐 학교와 교사의 역할을 크게 바꿔 놓을 것' 이라는 연구 결과를 발표하였다. 이 연구보고서에는 2020년쯤에는 현재 우리 주변에 있는 형태의 학교는 사라지고 학생들이 정보통신 수단을 이용해 독립적으로 공부하게 된다고 주장했다. 즉, 미래의 학습자들은 학교에 가서 수업을 듣는 대신 게임기와 비슷한 휴대용 학습기기를 이용해 언제 어디서든 필요한 공부를 할 수 있다고 했다. 학습과정에 대한 평가도 컴퓨터망을 통해 자동적으로 이루어진다. 학생들은 매일 집에서 먼 학교까지 이동할 필요도 없고, 뒤늦게 학업을 시작한 학생도 동생이나 또래 동급생들에게 따돌림을 받지 않아도 된다. 이 보고서는 '학교는 아침마다 학생들이 등교하는 공공건물이라기보다는 학생들을 유기적으로 연결하는 조직체 성격을 갖게 될 것' 이라고 전망했다. 따라서 미래의 교육방식에서는 학부모와 교사, 학교장의 역할이 새로워질 수밖에 없다. 자녀들이 공부하기 좋은 공간과 환경을 만들어 주어야 하고 다른 길로 새지 않도록 더 주의해야 하기 때문이다. 따라서 새로운 학습방식이 자리 잡기 위해서는 신기술에 대해 부정적인 시각을 가진 교사들부터 먼저 훈련해야만 한다는 것이 이 보고서의 핵심 제언이었다[참고: 동아일보, 2000년 6월 12일자].

14 참고: 한준상(2001b). 학습학. 서울: 학지사.

15 참고: Kropotkin, P. A. (2005). 만물은 서로 돕는다(역). pp. 272-273.

16 몸무게 17~36Kg, 어깨높이 76cm 정도인 들개(학명 Lycos pickups)는 '얼룩늑대(painted wolf)' 라는 뜻도 가지고 있다. 학명이 말해 주듯이 늑대와 비슷한 몸집과 모양을

가지고 있다. 귀가 박쥐처럼 크고 둥글며 털은 노란색, 검은색, 흰색, 갈색이 뒤섞여 있다. 꼬리의 끝은 흰색이다. 아프리카 들개의 독특한 문양은 여러 가지 역할을 하는데, 각 개체를 구분해 주고 무리를 지어 사냥할 때 사냥감이 공격자가 몇 마리인지 구분을 못하게 하며 주위 환경과 구분하기 어렵게 한다. 무리를 지어 사냥을 하며 사냥감에게 조용히 가까이 다가간 후 빠르게 다가든다. 사냥감에게 도약하는 속도는 시속 106km 정도로 매우 빠르다. 새끼에게는 고기를 씹어서 먹인다. 주로 영양 떼를 쫓아다니다 표적을 고른다. 아프리카 들개의 무리는 잘 결속된 사회적 단위며 태어날 때부터 무리에 대한 훈련을 받는다. 무리의 크기는 다양해서 60마리로 구성될 때도 있으나 보통은 10～15마리로 이루어진다. 새끼를 키울 때를 제외하고는 먹이를 쫓아 이 지역 저 지역을 떠돌아다닌다. 사냥을 시작하기 전에는 '모임(meet)' 이라 부르는 의식을 행하는데, 구성원끼리 서로 빙빙 돈다. '모임' 을 통해 사냥을 할 수 없는 약한 들개를 죽이거나 쫓아내기도 한다. 낮에 4～5시간 동안 활동을 한다. 이빨은 매우 날카롭고 앞발은 특이하게도 네 개의 발가락만이 있다. 사바나의 초원지대에 영양의 무리가 있는 곳이면 거의 어느 곳이나 서식을 하며 먹이로는 주로 임할라, 톰슨가젤, 누, 토피영양, 곱 따위를 사냥해서 전체 무리가 먹는다. 1년 내내 번식하며 임신기간은 60～80일이고 한 배에 2～19마리의 새끼를 낳는다. 갓 태어난 새끼는 앞을 볼 수 없으며 털이 없다. 14일이 지나면 눈을 뜨고 약 한 달 동안 어미가 씹어 주는 고기를 먹는다. 2～3세가 되면 무리를 떠나며 새로운 무리를 만들면 우선적으로 모임을 갖는다.

17 참고: Carey, K. (1996). The third millennium: Living in the posthistoric world.

18 참고: 윤구병(2000). 잡초는 없다.

19 중국 사회를 관찰한 어느 신문사 기자는 사오관센스가 중국 사람의 공동체의식을 어느 정도로 잠식하고 있는지를 시내버스 안에서 일어난 일을 사례로 들 수 있다.
엄마는 힘 좋게 생긴 중년 여인에게 일방적으로 당하고 있었다. 중년 여인은 버스 안내원이었다. 그는 엄마를 향해 차비 2위안(약 250원)을 더 내라고 윽박질렀다. 마오마오(毛毛, 14세)는 엄마, 아빠와 함께 방금 버스에 올랐는데, 경로우대 대상인 아빠(74세)를 제외하고 엄마(58세)와 자신 몫으로 각각 1위안씩 모두 2위안어치의 차표를 막 산 뒤였다. 엄마가 '훠커우에서 탔으니 한 사람당 1위안씩이 맞지 않느냐.' 고 항변하였으나 안내원은 신제커우에서 탔으니 1위안씩을 더 내야 한다고 우겼다. 엄마는 억센 여인과의 말다툼에 승산이 없어 보이자 '좋아요, 그래 봐야 2위안인데 내고 말지. 하지만 우리가 억울한 건 분명해요.' 라며 표를 더 샀다. 여중생 마오마오는 분해서 참을 수가 없었다. 방금 신제커우에서 훠커우까지 걸어가며 옷가지와 책 몇 권을 산 뒤 버스를 탔는데 신제커우에서 버스를 탔다니. 마오마오는 목소리를 낮춰 엄마에게 속삭였다. '무슨 저런 사람이 다 있어. 정말 말 같지 않아.' 귀가 밝은 안내원은 이 말을 듣자 번개같이 달려들었다. 한 손으로 마오마오의 머리카락을 움켜쥐고 한 손으로 목을 눌렀다. 마오마오는 안내원의 공격에 속수무책이었다. 엄마는 울음 섞인 비명만 지를 뿐 여인을 당해 내지 못했고, 명문 칭화대 교수 출신인 아빠는 그저 힘없는 노인에 불과했다. 엄마, 아빠는 안내원에게 목을 짓눌린 딸의 안색과 입술이 점점 하얗게 변해 가는 것을 두 눈을 뻔히 뜨고 지켜볼 수밖에 없었다. 결국 기절한 마오마오는 버스 밖으로 던져지듯 밀려났다. 명랑했던 칭화대 부속 중 2학년생 마오마오의 삶은 여기까지였다. 급히 인근 얼파오 군병원으로 실려갔으나 숨은 이미 멎어 있었다. 이 충격적인 이야기는 지난 10월 4일 오후 3시쯤 베이징의 726번 시내버스 안에서 일어난 일이다. 이 사건은 해당 버스 회사가 언론의 사건 취재를 조직적으로 저지하는 바람에 즉각 보도되지도 못했다. 안내양 주위친(朱玉琴)은 사건 직후 경찰에 체포되었다. 마오마오가 숨질 때 승객들은 구경만 하고 있었다. 이는 '남의 일에 관여하지 않는다.' 는 중국인 전통의 '사오관셴스(少關閑事)' 의식이 극명하게 표출된 사례다. 홍콩 시사주간지 아주주간(亞洲週刊)은 최근 호에서 이 사건을 재조명하며 중국인들의 보신주의와 정의감 부재를 강하게 비판했다. 저우샤오정(周孝正) 중국 인민대학 교수는 '사회정의감 부재가 늘 문제가 되어 왔지만 이번 사건은 도저히 이해할 수 없다.' 고 개탄했다[참고: 조선일보, 2005년 12월 29일자].

20 우리나라 국민 중 성인의 평생교육에의 참여율은 낮기만 하다. 교육 선진국의 대열에 설 수 없을 지경으로 빈약하다. OECD의 보고서를 믿는다면 한국 성인이 고교나 대학을 졸업한 후 재교육을 받는 비율은 경제협력개발기구(OECD) 회원국 중 최하위 수준이다. 25~29세 연령층의 중등교육 이수 비율은 한국이 95%로 회원국 중 가장 높은 수준이지만, 35세 이상 연령층 중 교육기관에 등록되어 있는 비율은 4% 이하로 나타났다. 특히, 한국의 경우 35세 이상의 성인들 가운데 대학 등 각종 재교육기관에 등록한 비율이 2.87%로 일본(2.17%), 멕시코(2.78%)와 함께 최하위 수준이었다. 이에 비해 호주(20.98%), 캐나다(11.99%), 미국(16.43%), 영국(23.86%) 등은 이 연령층에서 재교육 참여비율이 높았다. 국민들의 교육 수준, 국민소득, 평균수명 들을 고려해서 한 나라의 인간개발 정도를 파악하는 인간개발 지수 역시 낮기는 마찬가지다. 전 세계 174개국 중 31위 정도에 머물고 있다.

21 동양의 학문에서 식(識)은 인식작용을 가리키는 말의 하나로서, 눈, 귀, 코, 혀, 몸의 감각을 통합하는 작용을 한다. 이것은 폴라니(Polanyi)의 '인식(awareness)' 과 잘 대응한다. 초점식은 의식의 상태에서 이루어지지만, 후원식은 그 의식의 정도에서 초점식과 차이가 있다. 그러나 후원식은 정신분석에서 말하는 무의식적인 과정과는 그 성격이 다르다. 후원식은 원한다면 의식에 떠올릴 수 있다. 그러나 그 순간 그것에 토대를 두고 있는 초점식의 의미가 상실된다.

22 참고: Long, H. B. (1983). Adult learning, research and practice.

23 총괄학습 방법 중에서 가장 기초적인 학습하기의 단계는 학습자가 학습현실과 교육현실을 바르게 인지하고, 학습자와 사회현실 간에 바른 관계를 맺도록 만드는 학습감응의 단계(phase of sensitization)다. 학습감응의 단계에서 학습자들은 쓰고 읽고 셈하는 기초능력과 생존능력을 기르며, 동시에 국가나 사회의 요구에 자기 자신을 어떻게 위치시킬 것인가

를 결정하게 된다. 배우는 일을 통해 새로운 지식과 새로운 기술, 새로운 태도를 고양하면 학습자들은 자기 존재의 의미와 자기 존재에 대한 새로운 개안을 하게 된다. 마치 페달을 밟을 수 있는 능력이 생기면 자전거를 탈 수 있는 능력이 생기는 것 같은 능력의 향상과 의식화가 일어나는 것이다. 자전거를 탈 수 있는 능력이 생기면 남보다 빨리 갈 수 있다는 자각과 아울러 그에 상응하는 인간의 교육적 실존 혹은 학습에서의 자아실현 감정을 갖게 된다. 이런 능력이 고양되는 단계를 학습참여의 단계(phase of consolidation)라고 부를 수 있다. 학습참여의 단계에서 학습자는 자기 존재의 의미와 자기 존재에 대한 학습력을 스스로 확인한다. 이때부터 학습자 스스로 학습의 과정에 능동적으로 이론적으로나 실천적으로 참여하면서 자기 존재의 교육적 의미를 새삼 확인한다. 물론 이 단계에서조차 사회현실이나 교육현실을 주어진 대로 수용하면서 학습하는 태도나 습관을 완전히 탈피하지 못한다는 약점도 가지고 있다. 이런 학습감응의 단계와 학습참여의 단계는 열린학습사회를 실현하기 위한 초보적인 학습사회 건설단계다.

24 천당과 지옥이 어떻게 다른지를 서술하는 이런 우화가 있다. 목사 한 사람이 죽어서 하늘나라에 갔다. 천당과 지옥을 견학하는 시간이 되었다. 그가 처음에 간 곳은 지옥이었다. 저녁시간이 되자 진수성찬이 마련되고 모두에게 숟가락을 하나씩 주었다. 모두가 숟가락을 받아들고는 서로 맛있는 고깃국을 먹으려고 안간힘을 쓰지만, 누구 하나도 먹지를 못하고 얼굴만 찡그리고 있었다. 왜냐하면 숟가락이 자신의 팔보다 길어서 음식을 집고도 자기 입에 넣을 수가 없었기 때문이다. 그래서 그들은 음식을 먹으려고 애만 쓰면서 서로가 울상을 하고 있었다. 그 목사는 지옥견학 다음에 천당도 견학하게 되었다. 여기에서도 숟가락의 길이는 사람들의 팔 길이보다 모두 길었다. 그렇지만 지옥과는 달랐다. 천당의 사람들은 모두가 즐거워했다. 얼굴을 찡그리거나 서로 싸움도 하지 않았다. 왜냐하면 여기 있는 사람은 저기 있는 사람에게 맛있는 음식을 입에 넣어 주었고, 저기 있는 사람은 여기 있는 사람에게 음식을 넣어 주면서 서로 맛있게 저녁을 먹고 있었기 때문이다. 음식을 나누면서 서로를 나누고 있었기에 천당이 되고 있었다[참고: 한준상(2000. 2). 나누지 않으면 나뉜다].

25 교육자본을 축적하기 위해 필요한 것은 학습내용의 개선과 학습매체의 개선작업이다. 모든 이의 배움을 위한 방식으로 학습매체를 개선하는 일이 필요하다. 지금 우리의 학습시장에서 흔히 접하는 학습매체의 주종은 정상인을 위한 방식으로 제작되고 있다. 그래서 신체장애자들은 이런 학습매체를 자기의 학습도구로 활용하기가 그리 쉽지 않다. 이런 상황을 감안해서 아산사회복지재단에서 정기적으로 발행하는 개선된 잡지가 있는데 바로 『아산의 향기』라는 잡지다. 이 잡지는 점자병행으로 편집되고 있다. 이 잡지는 정상인뿐만 아니라 시각장애인들의 학습에 도움이 되는 새로운 학습매체의 형식을 취하고 있다는 점에서 평생학습시대에 걸맞은 잡지 중 하나라고 볼 수 있다.

26 참고: Hilty, C. (2004). 카알 힐티 행복론(역).

27 아테네의 지배자와 보통 시민들, 그리고 각기 서로 다른 관점을 가지고 있는 사상가들이 이리저리 거닐며 서로의 이야기를 표현하였던 직접민주주의의 표현장이었던 아고라는 그냥 단순한 시장으로서의 장소(place)가 아니었다. 아고라는 모든 이가 서로가 서로를 배우며 자기 삶과 아테네 공동체의 건설을 토론하며 해답을 찾아가게 만들어 준 학습공간(space)이었다. 아고라는 그 위치 설정에서는 아테네 시민들 각자가 살고 있는 개인들의 주거(oikos)와 공권력으로서의 국가(eclesia) 사이에 끼어 있는 공공장소였다. 정신적으로 아고라는 아테네 시민들 간의 의식을 교육적으로 이어 주는 정치의 공간이자 의식소통의 공간이었다. 동시에 그리스의 모든 소식을 전달해 주는 언론과 문화의 공간이며 평생학습의 공간이었다. 직접민주주의의 체험과 평생학습의 공간인 아고라는 언제나 독재자와 군주들에게 훼손당해 왔다. 독재자일수록 주민들의 학습공간을 혐오해 왔고, 시민들의 학습력을 두려워해 왔다. 그러나 민주주의가 꽃피우려고 할 때는 예외 없이 아고라의 평생학습 기능이 필요했고, 그곳에서 시민들의 학습력이 극대화되었다.

28 사람들 간의 신뢰는 어느 곳이든 교육자본의 장이 펼쳐지면 생겨나게 되어 있다. 그런 사례로 한 서점을 들 수 있다.
부산 수영구 남천동에 있는 '인디고 서원'. 큰 도로에서 작은 골목으로 구불구불 200m쯤 가야 겨우 찾을 수 있다. 간판도 눈에 잘 띄지 않고 어느 서점에서 쉽게 볼 수 있는 잡지, 참고서를 진열한 쇼윈도도 보이지 않는다. 공간이래야 고작 13평짜리 동네서점이지만 사실 전국적으로 유명한 서점이다. 이름만 대면 금방 알 만한 교수, 문학가, 시사평론가 등이 이 서점을 찾아 강연과 토론을 하고 있다. 2004년 8월 문을 연 뒤 지난해 말까지 이 서점을 찾아 강연한 교수 등은 모두 14명. 이 서점이 전국적으로 유명해진 것은 이들 유명교수가 강연이 끝난 뒤 이 서점 단골 청소년과 벌이는 진지한 독서토론 때문이다. 인디고 서원은 전국 최초이자 유일한 '청소년 인문학 전용서점'을 표방하고 있다. 서점 출입문에는 '청소년을 위한 인문학 서점'이라는 문구가 붙어 있다. 인디고(indigo)란 이름은 1980년대 이후 태어난 자립적 아이들을 가리키는 용어인 '인디고세대'에서 따온 것이다. 이 서점은 주변에 20여 개의 중대형 학원이 밀집해 있는데도 학원교재, 학습 참고서, 문제집은 일절 취급하지 않는다. 마케팅 전략용으로 만든 흔한 베스트셀러도 찾기 힘들다. 언뜻 보면 서점이 아니라 책 전시장 같다. 대신 서점에는 철학, 문학, 예술, 교육, 생태환경, 역사 등 6개 분야의 인문학 책 3,000여 권만 빼곡하다. 서점은 청소년들이 '아람 샘(선생님)'으로 부르는 허아람(35, 여) 씨가 운영하고 있다. 독서지도사로 활동하던 그는 청소년들이 입시경쟁 속에서 정신적 성장이 부족한 점을 안타깝게 여겼다. 청소년들의 문제의식을 충족시키고 키우자는 생각으로 청소년 인문학 전문서점을 열었다. 한 달에 한 번 여는 '주제와 변주'라는 이름의 독서토론회는 서점 개점 한 달 뒤에 시작되었다. 저자 사인회나 책 홍보용 행사가 아닌 '문화적으로 소외되기 쉬운 지방 청소년을 위한 진지한 대화와 토론의 자리를 마련하자.'는 취지에서다. 인문학 책 저자이기도 한 교수들은 이런 취지를 듣고 바쁜 시간을 쪼개 초청에 응했다. 3시간 동안 진행되는 강연과 토론에는 항상 50여 명이 꽉 들어찬다. 토론 참석자들은 인디고 서점에서 책을 사 읽고 서점이 개설한 홈페이지를 통해 교류하는 중 · 고교 청소년들이 대부분이다. 이들은 자체 논의를 거쳐 초청교수를 결정하고 e-메일로 초청한다. 토론회에 참석하는 청소년들의 진지하고 예리한 질문은 초청교수들을 감동시켰다[참고: 중앙일보, 2006년 1월 5일자].

29 아라이 교수는 포스트모던 사회가 필요로 하는 평생학습의 하나로 '클리닉' 기능을 중시하고 있다. 사람들이 실생활에서 필요로 하거나 실제 생활에서 잘못 활용하는 기술이나 지식 적용으로 생기는 손실을 교정해 주거나 보완해 줄 수 있도록 바로잡아 주거나 즉석에서 고쳐 주는 클리닉 기능을 중시하고 있다. 이것이 바로 학습사회 네트워크다. 이 점에서 아라이 교수의 클리닉 평생교육망은 학습사회 실현을 위한 보다 야심찬 계획이라고 볼 수 있다[참고: 新郁男 (1982). 學習社會論].

30 지역사회에서 학습자들의 직업이 계속해서 변화하고 있다는 점과 그들이 소유하고 있는 각종 자격증도 계속 갱신될 필요가 있다는 점이 사회적인 쟁점으로 대두되고 있다. 이 점은 기존의 교직에도 예외가 아니다. 자격증의 인플레이션이 심하다는 점과 그것에 따른 자격증의 가치저하 문제 등 때문에 교사자격증을 한 번 받는 것으로 교직의 전문성이 그대로 보장된다는 것은 평생학습의 전문화를 위해 재고되어야 한다.

31 셔과 비어리(Schug & Beery, 1984)는 지역사회 개발을 위해 필요한 여러 가지 능력을 열거하였다[참고: Schug, M. C., & Beery, R. W. (1984). Community study, applications and opportunities].

제4 장

교육산업

들어가는 말

교육산업은 국가경제를 위한 생산성 높은 부가가치 산업으로 각광받고 있다. 교육산업은 새로운 창조적인 산업의 속성을 지니기보다는 기존의 산업기술을 활용하여 새로운 산업을 증식해 내는 속성을 가지고 있다. 이러한 점 때문에 교육산업의 활성화는 국가 차원에서 교육의 새로운 인적자원 개발과 관리의 노하우를 제공한다. 교육산업이란 유아에서 노인에 이르기까지 모든 사람에게 필요한 교육자원을 제공하는 평생학습 산업이다. 마찬가지 맥락에서 교육기업이란 교육산업의 한 부문 사업으로서 개인의 학습을 위해 필요한 기자재부터 소프트웨어, 그리고 훈련산업을 개별적 혹은 복합적으로 담당하는 교육서비스 제공업체라고 할 수 있다.

그런데 교육산업에 대한 정의는 통일되어 있지 못했다. 때로 더 포괄적으로 정의되는가 하면, 때로는 아주 좁게 정의되기도 한다. 예를 들어, 서로우(Serow) 교수는[1] 교육산업을 교육활동에 관계된 모든 분야라고 광의적인 해석을 내렸다.

즉, 교원단체, 초등학교에서 대학에 이르기까지의 공립과 사립학교기관, 각종 교육 관련 단체, 각종 재단, 그리고 교과서와 교구를 제작하는 기자재 산업, 컨설팅 단체의 활동을 포괄적으로 총칭한 것이다. 그에 비해 우리나라는 보다 좁은 관점으로 교육산업을 정의해 왔는데, 어느 백과사전의 정의처럼[2] 교육산업을 아직도 교육기자재 개발사업이나 제조업의 교육공학산업이라는 좁은 의미로 규정하고 있다. 이 모두는 교육산업을 단순히 교수 보조기자재 제조업, 즉 마치 분필이나 지우개 제조업쯤으로 간주하였던 지식산업의 발전 이전에 통용되던 낡은 정의방식이다.

이제는 시대가 달라졌다. 우리나라 학교교육 현장의 정보화 수준은 이미 선진국 수준으로[3] 학교교실 현장의 대부분은 인터넷으로 연결되어 수업이 진행되고 있다. 인터넷 연결은 주로 전용선을 통하며, 인터넷 연결이 가능한 컴퓨터 1대당 학생 수는 초·중학교 각각 8명과 5명에 이른다. 교육정보화 사업의 선진국인 스웨덴의 경우, 이미 1980년대 중반부터 학교에 컴퓨터를 보급하기 시작하였다. 최근에는 교육정보화를 위해 국가 차원의 교육용 콘텐츠 공유체제를 구축하기 위한 '소프트 인프라 전략' 과 교육정보화 포털 사이트 '스웨디시 스쿨넷' 등 대규모 사업을 추진 중이다. 5,000개의 학교에 백만여 명의 학생이 교육을 받고 있는 스웨덴에서는 교사 3명당 1명이 PC를 보유하고 있으며, 학생 8명당 1명이 PC를 확보하고 있다. 이는 우리나라와 큰 차이가 없다. 교육산업이 최첨단 '응용/하이브리드 산업' 이라는 점으로 보아, 교육문제를 풀어 나가는 데 기대 이상의 역할을 할 수 있을 뿐만 아니라 교육문제의 파생품과 같은 인력개발 문제도 아울러 풀어 줄 수 있는 효율적인 수단이라는 점만큼은 부인할 수 없다.

3.5차 교육산업 에지케이션

이제는 교육산업의 교육자본화를 '에지케이션(edgecation)' 이라고 부른다. 에

지케이션이라는 말은 최첨단의 기계적 기술과 최고급의 인간적 서비스가 결합된 말로서 'education'을 대신해 인간의 배움력과 공학적 학습보조력이 가미된 평생학습을 의미하기도 한다. 산업분류로 보아 에지케이션은 기존의 교육서비스 산업에 0.5차 산업을 더한 새로운 이종교배의 산업이기도 하다. 다시 말해, 경쟁력이 떨어지는 1차 산업인 농업에 정보화를 첨가해 1.5차 산업인 농업정보업으로 발전시켜 차별화된 경쟁력을 키워 냈듯이, 기존의 교육서비스와 전통적인 교실형 교육서비스 산업에 정보화를 통한 e-러닝과 교육공동체 등을 더해 새로워진 3.5차 산업이 바로 에지케이션이다.[4] 에지케이션은 디지털 교육 네트워크(edge)를 활용해 인간의 배움을 극대화시켜 줌으로써 교육서비스를 최대한 인간화하고자 하는 논리를 채택하고 있다. 에지케이션의 응용은 현실적으로 학습지 개발, 학습컨설팅, 기업컨설팅, 온/오프라인의 복합화와 블렌디드 러닝(blended learning)을 중심으로 현실화되고 있다. 그 이론적인 핵심은 학습의 개인화와 학습의 자율화를 촉진하는 '학습자율주의'에 기초하고 있다. 이런 학습자율주의는 모든 이, 모든 국민을 위한 평생학습 이념 설정의 근간을 이룬다.

교육산업 중에서 학습과의 연계성을 가장 강력하게 응용하는 것들은 주로 디지털 학습의 형태로 나타난다.[5] 관련 업체는 정보통신기술을 학습에 응용하여 새로운 시각으로 학습자중심 교육 패러다임을 바꾸어 나가고 있어서 더욱더 그 기술적 분화가 눈에 띈다. 이 디지털 교육은 학습자가 가지고 있는 모든 종류의 학습경험과 학습용 소프트웨어 등이 아우러져 '디지털 협업/협력'의 학습 형태로 변형되어 가고 있다.

디지털 활용중심 학습의 다양한 특징 중에서 기존의 학습활동에 비해 가장 차별적인 것은 디지털 학습이 학습활동에서 시·공간적 제약을 넘어선다는 점이다. 네트워크 중심의 협업/협력학습이 기존의 학습보다 뛰어나다는 점도 눈여겨 볼 만하다. 교수자와 학습자가 면대면의 단선적 관계에서 벗어나 다양한 형태의 협업 혹은 협력학습을 할 수 있다는 것이다. 또한 디지털 학습은 학습자들에게 자기주도적인 학습활동을 강력하게 촉진한다는 점에서 기존의 학습과는 차별적이다.

이런 장점들과 더불어 미래의 디지털 학습은 개인의 학습수준이나 요구, 특성에 적절하게 대응하는 맞춤형 학습과 맞춤형 평가도 저렴한 가격으로 가능하게 해 줄 것이다.[6] 디지털 학습은 문자와 텍스트, 음성, 그래픽, 동영상 등 멀티미디어 중심의 데이터 학습활동 환경을 활용함으로써 기존 교수-학습이라는 단순하고 일방향적인 학습활동을 뛰어넘어 학습자의 학습욕구와 수준에 따라 교육과정과 교수-학습자료를 개별화하는 수준별 맞춤학습을 이뤄 내고 있다.

이렇게 발전적이고 평생학습 지향적인 에지케이션 분야에서, 기업의 규모와 하드웨어 구축의 선두적인 입장에서 두드러진 성공을 이룬 것이 바로 에듀테인먼트(edutainment) 학습산업이다. 초기에는 교육산업의 대중화와 산업신장을 위한 전략으로 일반적인 교육산업을 에듀테인먼트 산업이라고 부르기도 했다. 교육산업의 핵심이 물론 에듀테인먼트 자체에만 있었던 것은 아니었다. 그러나 교육산업 중에서도 성장의 속도가 가장 빨랐던 핵심산업들은 게임학습산업처럼 배움과 오락을 복합시킨 것들로 성장해 왔다는 점에서 에듀테인먼트라는 말은 대중의 호기심을 충분히 자극하였고 대중화에 성공하였다. 그 결과 '오락과 함께 하는 배움', '배우면서 오락 즐기기'를 융합한 에듀테인먼트의 방향으로 교육산업이 전개되어 온 것이다.

에듀테인먼트는 수사자와 암호랑이의 하이브리드로 태어난 라이거(liger)처럼 퓨전적인 속성을 갖는다. 그래서 다양한 유관산업까지 함께 발전시킬 잠재력이 있는 최첨단 지식활용의 선도산업에 속한다. 동시에 에듀테인먼트 에지케이션은 학습자가 즐거움 속에서 배움과 배움 속의 자율학습을 할 수 있도록 도와주는 효율적인 평생학습 수단이기도 하다. 물론 이런 종류의 교육산업들이 개별적으로 밟아 온 발전 경로는 학교교육처럼 평탄하지 못했다. 그렇지만 지금은 이들 학습산업들이 더욱더 다양한 분야로 분화되어 가고 있는 중이라 전체적인 모습을 제대로 포착하기가 그리 쉬운 일이 아니다.

1) 게임학습산업

게임학습산업은 에듀테인먼트의 에지케이션 중에서도 가장 선두에 서 있는 산업이다. 이 산업은 기본적으로 디지털의 모든 것을 응용한다. 게임학습산업은 다양하게 발전되어 왔다. 크게는 아케이드 게임사업(게임기 개발, 게임 소프트웨어 개발 및 유통, 컴퓨터 게임장, 테마파크 게임센터 등), 비디오 게임사업(게임기 생산 및 유통, 게임 소프트웨어 개발 및 유통), PC게임 사업(게임 개발 및 유통), 온라인 게임사업(온라인 및 네트워크 게임 개발, 인터넷 및 통신망(IP)을 이용한 사업 및 유통), 체감게임 기구 및 가상현실게임사업 등 다양한 게임사업으로 분화하고 있다. 세계적인 게임학습산업 국가들은 컴퓨터 관련 업체와 영상 관련 업체를 중심으로 한 컴퓨터 게임 분야를 멀티미디어 핵심산업으로 간주한다. 이들을 위해 집중투자를 지원받고 있는 게임학습산업은 21세기형 정서서비스산업, 감성산업이라고 부르기도 한다.

게임학습산업은 게임제작기술 및 영상 관련 산업과 얼마든지 혼합할 수 있다. 영화제작, 애니메이션, 방송제작, 캐릭터디자인, 교육산업 등과의 접목이 그러한 예다. 그렇기에 게임학습산업은 기술기반과 지식집중을 통한 산업발전의 상승 효과를 극대화시킬 가능성이 높다. 게다가 게임학습산업은 3차원 영상기술과 컴퓨터 기술, 디자인 및 아이디어 등을 창출해 내는 종합예술산업의 성격도 지니고 있다. 게임학습산업 시장은 이미 세계적으로 약 150조 원 정도의 규모로 발전하였으며, 순이익율도 높아 이윤창출의 규모 역시 만만치 않다. 이러한 게임학습 시장에서 선두에 서 있는 국가는 단연코 미국으로[7] 게임학습산업에 대한 지원을 아끼지 않고 있다.

게임학습산업은 놀이문화와 학습법 및 교수법을 근본적으로 변화시켜 학습자 개개인의 창의력을 실질적으로 도출하는 데 성공한다면 학교(교육)와 접목될 확률이 어떤 학습산업보다도 높다. 또한 게임학습산업은 학교교육의 한계를 극복하고 새로운 교육혁명으로 이끌 잠재적 가능성도 지니고 있다.

2) 디지털 학습산업

온라인을 활용하는 디지털 학습산업은 디지털 대학에서 입시준비 훈련산업에 이르기까지 다양하게 분화하고 발전하고 있다. 온라인 교육산업의 활동은 e-러닝으로 나타나는데, e-러닝 산업의 발전 가능성은 무궁무진하다. 우리나라 국민의 60%가 인터넷을 사용할 수 있을 뿐만 아니라 초고속 인터넷망의 가입자도 약 1천만 명 이상이 되기 때문이다. 새로운 매체는 새로운 교육서비스를 요구해 왔다는 교육발전의 역사를 감안하면, 온라인 학습서비스 시장은 기존의 교육시장과는 다른 서비스 체제를 요구할 것이 분명하다.

현실적으로 온라인 학습산업의 형태나 시장규모도 만만치 않다. 특별히 온라인 입시훈련 산업의 성장과[8] 그에 대한 수요가 높아지고 있지만, 일반적으로 e-러닝의 시장규모는 연간 8천억 원에 이르고 있다. 온라인 학습산업의 발전 가능성은 단순히 시장의 규모에서만 보이는 것이 아니다. 공학의 발전이나 학습서비스의 분화속도를 보더라도 e-러닝 산업의 발전 가능성은 무궁무진하다. 교육산업은 본질적으로 다른 산업과의 하이브리드적인 속성이 강하기 때문에 새로운 분화 가능성이 높은 것이다. 게다가 우리의 각종 시험제도가 정보기억과 암기 위주로 진행되는 한 e-러닝 산업의 분화 가능성은 더욱 높아질 수밖에 없다.

이제는 온라인 학습산업의 성장 틈새 속에서 PDA(Personal Digital Assistant)를 활용하는 M-러닝 산업, 즉 이동학습 역시 무시할 수 없을 정도로 새로운 학습서비스 시장으로 성장하고 있다. 현재의 외국어 학습시장에서 이런 M-러닝의 열풍은 엄청나다.[9] 앞으로는 M-러닝이 영상산업이나 게임산업과 다시 융합함으로써 또 다른 유형의 새로운 학습산업의 가능성을 열어 놓고 있다. 물론 인터넷이든 디지털이든 지식공학을 이용하는 학습산업의 성공 가능성도 열려 있지만, 우선 불필요한 실패를 가능한 줄이는 일부터 시작해야 한다는 점만큼은 숨길 수 없다.[10]

3) 오프라인 학습산업

여기에서 오프라인 학습산업은 편의상 전통적인 학원학습산업을 지칭한다. 1990년대 이후부터는 각종 인력개발(HRD) 교육훈련 컨설팅 학습서비스 산업체도 늘어나기 시작했다. 여러 오프라인 학습산업에서도 학원학습산업은 그 역사가 길며 생존력 또한 상당하다. 광복 이래 학원학습산업은 교육계, 특히 (학교)교육 관계자들과 애증의 관계로 이어져 왔으며, 그들의 산업적 지위는 마치 미운 오리새끼와 같았다.

학원학습산업에 대한 이런저런 비난은 그저 단순하게 학원교육을 향한 것이어서는 곤란하다. 각종 과외를 포함한 학원학습산업의 사회적 문제를 지적하거나 비난하기 위해서는 무엇보다도 먼저 우리 교육이 가지고 있는 교육문제를 총체적으로 지적해 내는 일부터 해야 한다. 입시훈련교육을 둘러싸고 있는 현실적인 한국의 교육문제를 제쳐둔 채 학원교육만을 일방적으로 비판하는 것도 옳지 못하다. 또한 학원교육 중에서도 입시훈련을 겨냥하지 않는 조기교육, 기술계 혹은 예체능, 실용, 외국어 등의 실용교육까지 한통속으로 몰아 비난하는 것은 교육적으로 정당하지 않다. 현실적으로 학원에서 가르치고 있는 학원강사 대부분은 대학에서 교직과목을 이수하고 교원자격증을 가지고 있는 교육전문가라는 점도 무시할 수 없는 부분이다.

굳이 학원산업의 존재 이유를 인정하고 싶지 않아서 학원교육을 악성 사교육이라고 비하하려고 한다면, 그것은 입시계 학원에 대한 제한적인 비판이어야 한다. 다른 실용계 오프라인 학습은 모두 양성 사교육으로 보아야 한다. 입시계 학원교육을 독버섯에 비유한다면, 실용계 학원교육은 학교교육의 문제, 학교교육의 치명적인 독을 치유해 주는 효력마저 가지고 있기 때문이다. 이들은 암 치유력을 가진 항암버섯처럼 우리 교육에서 현실적으로 작동하고 있다. 게다가 학원들을 뭐라고 비난하든 관계없이, 입시계 학원이건 기술계 학원이건, 한국의 학원들은 현실적으로 학교와는 다르게 정부의 어떤 지원도 없이 성장해 온 사기업

이며 경영의 노하우를 알고 있는 학습서비스 교육산업이다.[11]

교육산업의 발전방안

교육산업 현장은 일반학교 교육현장의 학습환경과는 달리 학습자들의 이익을 위해 주문학습(learning of demand) 서비스 환경체제로 운영되고 있다. 교육산업체들은 학습자 개인의 학습성과를 최적화하기 위해 관련 학습기자재와 교육내용을 '주문생산/주문서비스/주문평가'로 전환해 온 산업들이다. 이 점에서 교육산업은 그 어느 산업보다도 학습자들을 위한 학습서비스업을 지향해 왔다.

교육산업은 궁극적으로 학습자 개인의 학습건강(learning health)을 되찾아 주는 학습클리닉 산업이며, 학습자들의 개별적인 학습건강을 지켜 주는 산업이라는 점에서 국가가 전략적으로 육성해 볼 만하다. 교육산업은 학습 유형이나 내용, 형태에 상관없이 학습목표의 성취방법과 전략이 가능한 학습자중심으로 이루어지도록 돕는다. 학습자의 눈높이에 맞춘 학습자 위주의 교육산업은 평생학습사회를 지향하는 데 필수적인 교육개혁의 수단이기도 하다.

교육산업의 활성화는 교육자본의 축적과 결코 무관하지 않다. 동시에 평생학습사회 실현에 필수적이다. 교육산업은 모든 학습내용과 배움을 기본적으로 학습자의 개별적인 수준에서 바라보기에 모든 이를 위한 혁신산업에 속한다. 평생학습 · 평생교육 차원에서 교육산업이 강조하는 학습은 학위나 졸업장과 같은 학벌사회의 사회적 세력이 아닌 학습자 개인의 삶의 질을 보장해 주는 힘을 키우는 것을 목표로 한다. 이는 학벌보다 능력을 강조하는 정부의 교육개혁 목표와도 일치한다. 이런 점들이 바로 교육산업의 사회적 가치이기에 정부는 교육혁신 안건에 교육산업의 육성방안 과제를 당연히 포함시켜야 한다.

정부는 평생학습사회의 실현뿐만 아니라 사교육 문제해결을 위해서라도 교육산업의 위상부터 제대로 정립해야 한다. 사교육 대책의 필요성을 절감한다고 해도 태평양의 어느 부족처럼[12] 두통 해소를 위해 삭발하는 식의 원색적인 대안을 제시해서는 곤란하다. 과외금지 조처라든가, 불법과외 신고포상제 같은 것들이 그런 예다. 사교육 대책도 그렇고 교육산업 발전도 그렇지만, 한 나라의 교육문제는 보다 거시적인 안목에서 종합적으로 짚어 봐야 한다. 말하자면 교육산업의 철학이나 바탕, 그리고 현실적인 대안을 총체적으로 고려해야 한다. 교육산업이 학교교육이 안고 있는 문제를 해결해 주면서도 새로운 인적자원 개발과 관리, 그리고 국가의 핵심 지식산업으로 발전할 수 있도록 거시적인 처방부터 고려해 보아야 한다.

1) 교육산업의 위상 정립

국민들에게 학습권과 학교 선택권을 보장하기 위해서는 지금까지와는 달리 교육세를 어떻게 보다 교육적으로 분배해야 되는지에 대한 새로운 정책이 입안되어야 한다. 국민들이 지금과 같은 형식의 공립학교 교육을 선택하든, 교육산업을 통해 발전되어 나오는 새로운 형태의 혁신적인 학교교육을 선택하든, 교육수요자의 판단과 선택에 맡겨야 한다. 현재와 같이 입시훈련이 학교교육을 지배하고 있는 한, 교육재정의 확대는 어떠한 이유로 국민을 설득하든 간에 낭비만 될 것이다. 그래서 교육세나 교육재정을 늘리는 일 이상으로 교육의 목적을 교육재정 확대와 관련시켜 교육재정을 제대로 활용하는 방법이 더 강구되어야 한다. 한 일선교사는[13] 지금처럼 준비 없는 공교육의 재정증액은 낭비이거나 교육의 질을 높이는 일과 아무런 상관이 없다고 지적하고 있는데, 이는 이론적으로 옳다. 지금과 같은 입시교육에 시달리는 국민으로서 당연히 제기할 수 있는 것으로서 그의 지적에 대해 모든 국민은 경험적으로 공감할 수밖에 없다.

교육을 일반적으로 공공재(public goods)라고 부른다. 국가는 국가의 목적을 위해 교육을 활용한다는 것이다. 민주시민을 양성해야 한다든가, 경제적 생산활동에 참여할 수 있는 양질의 노동력을 개발한다든가, 국가지도자를 양성해야 한다든가, 병력을 기른다든가 하는 사회적 목적이 교육을 통해 완성될 것을 국가가 기대하기 때문이다. 이런 사회적 목적은 바로 교육이 공공적인 목적을 위한 효율적이고도 경제적인 수단임을 전제하는 국가권력의 통제표지들이다.

국가는 교육이 공공재로서의 기능을 다할 수 있도록 국가예산, 즉 공교육비를 교육활동에 투입한다. 왜냐하면 교육이 공공의 목적을 성취하기 위한 수단, 즉 공공재임을 보장해 주는 것이 바로 의무교육제도고, 그 기능을 수행하기 위한 교육기관들이 국공립학교들이기 때문이다. 국가는 양질의 인력이나 국가발전에 도움이 될 인재를 양성하기 위해 국민에게 무상의무교육을 실시한다. 동시에 국가가 요구하는 수준이나 정도에 따라 모든 이에게 의무교육에의 참여를 법적으로 강요하기도 한다. 물론 무상의무교육의 실천은 나라의 사정에 따라 조금씩 다르다. 국가의 재원이 풍부한 나라는 고등교육 수준까지도 무상의무교육을 실시하지만, 대부분의 나라는 초등학교 수준까지만 무상의무교육을 실천하고 있다. 무상교육을 고교 수준까지 한다고 해도 그 혜택은 끝내 개인에게 삶의 질을 보장하는 토대 중의 하나일 뿐이다.

그렇기에 학교교육은 결코 공공재적인 성격이 우선되는 학습서비스일 수 없다. 왜냐하면 학교교육은 학습자에게 사회적인 목적보다는 개인적인 욕구를 우선적으로 충족시켜 주어야 하기 때문이다. 즉, 학교교육은 형식에 관계없이 여러 가지 개인적 이해관계를 충족시키기 위한 수단으로서의 사용재적인 성격이 더 강하다. 개인적으로 생존하는 데 도움이 되는 지식과 기술, 태도를 익히기 위해 학교교육이 우선적으로 필요하다. 학교교육이 개인의 사회이동을 위한 하나의 수단이기에 교육의 사회적인 목적은 개인적인 성장을 촉진하는 차원에서 부차적일 수밖에 없다. 다시 말해, 교육수요자에게 교육은 자동차나 냉장고처럼 상당 기간 동안 만족을 주는 내구 소비재인 동시에 미래에 금전적 수익과 같은 이득을 줄 투자재다.

자본주의 사회에서는 개인의 학습활동이 사회적 이동에 효과적이지 못할 경우 다른 요인이 사회이동을 결정하게 되는데, 이런 요인이 사회불평등을 야기하고 있다. 봉건사회나 사회주의 사회에서 보았듯이, 개인의 사회적 이동은 출생 혹은 정치적 성향과 같은 귀속적이거나 특수한 사회적 속성과 수단에 따라 결정된다. 예를 들자면, 재벌 아들이 별다른 연고 없이 회장의 유전자를 가지고 있다는 이유 때문에 회장 자리를 승계하는 것과 마찬가지다. 봉건사회와 달리 선진사회에서는 주로 개인의 능력 혹은 교육적 경험 수준에 따라 개인의 사회적 신분이 결정된다. 그렇기에 교육은 모든 이에게 좋은 것이며, 모든 이를 위한 사회적 이동의 수단이나 방법으로 활용될 수 있다. 게다가 선진사회에서는 모든 이가 자신의 사회적 신분 결정에 도움이 되는 교육을 자유롭게 받을 수 있다. 사람들은 사회적 상향이동이나 자신의 이익을 위해 어떻게든 교육을 최대한 활용하려고 한다. 개인의 입장에서 보면 자기의 출세를 위해서 교육을 받는 것이기에 그런 활용은 강제적이지 않다. 교육이라는 것은 겉으로 드러나는 (학교)교육만이 아니라 겉으로 드러나지 않는 비가시적인 활동 모두를 포함하기 때문이다. 교육산업은 바로 이런 가시적이거나 비가시적인 교육활동 모두를 지원하는 학습서비스 산업이므로, 국가가 인위적으로 개인적인 학습의 이해관계를 억압할 수는 없다. 그런 점에서 교육의 사회적인 목적은 부차적인 것들이다.

교육을 사용재(private goods)적인 관점에서 보면, 교육을 포함한 학습활동은 개인을 위한 경제적인 수단이며 소모품으로서 투자재일 뿐이다. 교육은 소비자를 위한 하나의 소모품이고, 교육을 위한 학교라는 사회적인 제도나 기관 역시 학습이라는 갖가지 소모품을 팔고 있는 시장이나 학습용구점 같은 곳에 지나지 않는다. 이런 관점에서 교육산업의 교육적이고 산업적인 역할과 기능은 학교교육과 동등한 사회적 기능을 갖는다. 결국 학습자 개인에게 중요한 것은 어떤 학습서비스 산업이 질 높은 학습기회와 학습결과를 저렴하게 제공하느냐다. 그에 대한 선택과 결과는 개인의 몫이다. 이런 점에서 지금과 같은 학교와 새로운 형태의 산업교육 학습산업의 생존을 위해서라도 학습자를 위한 서비스 경쟁이 불가피하다. 아리스토텔레스의 말처럼 경쟁은 발전을 보장하는 적절한 방법이라는 표현은 교육산업의 발전을 위해서도 유효하다.

교육이 공공재냐, 사용재냐 하는 것 중의 어느 한쪽을 결정하기 위한 논쟁이 있을 수도 있다. 이런 논쟁에 휘말리기 싫은 사람은 절충적인 입장을 택할 것이다. 어느 쪽을 택하든 우리 현실에서 중요한 것은 교육에 대한 국민의 이중적인 이해와 그런 국민의 이해를 국가가 교육권력을 유지하기 위해 기대 이상으로 적절하게 활용하고 있다는 점이다. 교육에 대한 개별 국민의 입장에서라면 당연히 교육은 대의명분으로 보아 공공재이지만, 현실적으로는 사용재라는 관점으로 수렴된다. 그래서 이론적으로나 이념적으로 교육의 국가적인 목적이 개인의 이해관계보다 우선해야 한다고 주장하는 바로 그 순간부터 묘하게도 교육은 실제적으로 개인의 사회적 이동을 위해 이용되는 사용재임을 확인해 주는 이중성을 지닌다.

이렇게 교육에 대한 이중적인 이해와 교육의 쓰임새에 대한 현실론이 우리 교육을 어정쩡하게 지배해 왔다. 그런 환경 속에서 학교교육에 대한 공동소유 의식과 공공재라는 생각이 굳어져 왔고, 의무교육 조항이나 교육세 징수 등과 같은 조처들이 아무런 저항도 받지 않았다. 그렇지만 교육의 공동소유권 문제는 국가가 일방적으로 교육을 공공재로 정리하여 생긴 교육에 대한 오해라는 점을 고려하면, 지금과 같은 교육재정의 비효율적인 집행은 국민적인 저항을 불러일으킬 수밖에 없다.

어느 누구에게도 개인적인 특수 소유권이 인정되지 않은 채 강요된 허상적인 공동소유는 원론적으로 문제 그 자체다. 거기서 야기되는 문제들을 그저 사회 구성원에게 국가라는 이름으로, 혹은 '의무교육은 좋은 것' 이라는 일반론적인 '이타주의' 에 호소한다고 해서 자동적으로 해결되지 않는다. 일반적으로 사유권이 인정되지 않는 공동재산은 오히려 개인의 이익 극대화로 손상받기 쉬우며, 그 존재가 서서히 오염되거나 손쉽게 괴멸되기 쉽다. 예를 들어, 개인소유권이 인정되지 않는 공중변소의 오염현상만 봐도 공동소유의 문제가 무엇인지를 금세 알 수 있다. 이는 '공동의 책임은 무책임' 임을 보여 주는 단적인 예다. 크게는 공기, 강물, 산림의 오남용을 예로 들 수 있다. 자연자원은 우리에게 공동소유로 인정되어 왔는데, 그 결과 무관심이 가져온 오염이나 남용에 극심하게 시달리고 있다.

가능한 해결책은 두 가지다. 하나는 '공동소유의 내용과 범위, 그리고 규제의 극소화' 를 꾀하는 일이고, 다른 하나는 그동안 국가가 필요 이상으로 확대해 온 교육제도와 도구를 점검하여 무의미하게 규제해 온 공동소유권을 해제하는 일이다. 공동소유를 사유화시킴으로써 소유자가 서비스의 질을 높이도록 하여 그 관리를 극대화할 수 있다. 그러기 위해서는 학부모나 학습자들에게 교육선택권을 보장하여야 한다. 여러 가지 경제적인 어려움과 구조적인 요인으로 말미암아 교육선택권을 행사하기 어려운 교육수요자들에게는 교육수혜의 평등을 위해 국가의 역차별적인 지원이 필요할 것이다.

그동안 교육의 쓰임새에 대한 오해가 우리 국민의 의식을 지배해 왔다. 교육의 기능에 대한 잘못된 이해 속에서 국가가 제아무리 교육을 공공재라고 약속하더라도, 그에 대한 국민의 인식은 결코 교육이 공공재가 될 수 없다는 것으로 역전되곤 한다.[14] 양자 간의 갈등과 이해상충이 교육의 본래 기능을 저해할 수밖에 없으며, 이런 것들이 교육의 파행현상을 더욱더 자극한다. 게다가 그동안 우리나라에서 교육을 통해 사회적으로 쓸 만한 인력을 배출할 수 있었던 것은 교육이 공공재였기에 그랬던 것이 아니라, 교육을 사용재로 인식한 학부모들이 사교육에 과감하게 투자해 왔기 때문이라고 보는 것이 더 타당하다. 이에 대한 국가와 국민 간의 관점 차이와 갈등이 극대화되면 앞으로는 학부모들이 국가의 교육 관리에 대해 교육 반란이나 저항을 할 것이 분명하다. 사실 사회적으로 쓰임새 높은 노동인력이 광복 이래 양성되었거나 배출된 것은 학부모들이 자녀를 위한 교육을 사용재로서 최대한 활용한 결과임을 솔직하게 인정해야 할 것이다.

2) 학습선택권의 허용

교육산업 발전의 범위와 역할은 일반적인 사교육 대책의 틀을 넘어서는 국가산업의 큰 틀 속에서 강구되어야 한다. 사교육의 문제와 교육산업 간의 관계를 어떻게 정리하든 국가는 사교육을 영원히 폐쇄할 수 없다. 과외금지와 같은 초유의 강경책조차 끝내 실패한 사례는 바로 사교육 대책의 무용론을 보여 준다. 사교육을 제도적으로 관리하는 안이 나온다고 하더라도 기껏해야 사교육비를 통제하는 선으로 끝날 것이 뻔하다. 왜냐하면 놀랍게도 사교육비를 통제할수록 오히려 그것이 더 증가한다는 경제학적 사실을 교육행정가들이 현실적으로 더 잘 깨닫고 있기 때문이다. 이런 맥락에서 교육산업의 체계화는 우리 교육의 현안인 사교육문제에 대한 해답을 제공할 수 있다. 물론 교육산업이 지금과 같은 우리 (학교)교육문제를 전혀 고려하지 않으면서 독자적인 발전방향을 잡을 수도 있다. 그러나 지금까지의 교육산업 확장은 사교육의 문제에서 그리 자유롭지 못한 데다가 그것과 궤적을 같이해 왔음을 인식한다면 교육산업의 발전과 사교육문제 해결 간의 상관성은 분명히 짚고 넘어갈 필요가 있다.

교육산업의 발전도 그렇고 사교육 대책도 그렇지만 그것들 간의 상관성과 발전문제 역시 교육산업의 활성화 방안과 관련시켜 논의한다면, 결국 교육개혁의 측면에서 학습자들의 (학교)교육선택권 보장문제와 관련될 수밖에 없다. 지금과 같은 비효율적인 교육산업이 공교육의 언저리에서 머뭇거림으로써 야기된 교실해체, 그리고 크게는 학교제도의 근본적인 변화를 요구하고 있는 교육해체 문제에 해답을 줄 수 있는 방법 중 하나가 바로 학교(교육)선택권 보장문제다.[15] 지금 미국에서 현실화되고 있는 학교선택권이나 바우처제도(voucher: 학습비 국가채)는 바로 우리도 진지하게 생각해 보아야 하는 (학교)교육개혁 제도다.

이 바우처제도는 국가가 공립학교에 일방적으로 예산을 지원하는 대신 교육소비자인 학부모에게 세금을 돌려 주는 새로운 (학교)교육개혁 제도다. 학부모가 어떤 학교교육이든 자녀에게 돌아갈 학습권을 더 보호하기 위해 그들의 교육적 이해관계에 합당한 학교를 선택하게 하자는 것이다.[16] 이런 논리는 부시 정부가 자녀를 공립학교 대신 사립학교에 보내고 싶어 하는 학부모에게 학비를 보조하는 바우처제도를 도입함으로써 실현되었다. 이런 학습바우처는 모든 학부모를 위한 학습증진제도며, 교육서비스의 질을 향상시키는 (학교)교육경영에 대한 평가제도이기도 하다. 학습바우처제도의 도입으로 모든 학부모가 학교선택권을 행사하게 되었고, 그로부터 단위(학교)교육의 책무성이 높아졌다는 것은 피해 갈 수 없는 분명한 사실이다.

우리와 비슷한 공교육 문제를 지니고 있는 일본도 미국의 바우처제도와는 시각이 조금 다르기는 하지만 학부모에게 (학교)교육선택권을 돌려 주기 위한 개혁정책을 실천 중이다. 일본 정부는 국가권력이 그토록 믿어 왔던 (학교)교육제도와 교사의 교육력이 너무나도 비효율적이고도 비인간적이라는 판단을 내렸고, 지금과 같은 (학교)교육에는 더 이상 기대할 것이 없다는 결론을 내렸다. 그리하여 학교경영을 정부가 아닌 경영능력이 뛰어난 기업에 맡기는 안이 최선책이라고 결단을 내렸다. 마침내 일본 정부는 (학교)교육 분야에도 주식회사의 참여를 허용해야 한다고 보고 종합규제개혁회의를 구성하였다.

현재 일본은 우리와 마찬가지로 국가나 지방자치단체, 공공단체, 학교법인만이 교육기관을 운영하고 있다. 공익성과 보편성을 앞세운 결과지만, 학교교육의 비효율성은 극에 달하여 현재 일본 교육계는 사립학교 선호 추세와 함께 공립학교의 이탈현상이 가속화하고 있다. 사립학교가 상급학교 진학률이 높다는 것이 가장 큰 이유이기는 하지만, 공립학교의 경쟁력이나 학습서비스의 질이 기대 이하를 맴돌고 있었기 때문이다.

일본이 기업들에게 학교경영을 허용하려는 것은 교육재정의 조달방법을 다양화하는 동시에 교육서비스의 질을 높이자는 국가의 실용주의 노선의 결과다. (학교)교육의 경영 효율과 경쟁력을 높이겠다는 일본의 교육개혁정책은 사교육의 장점을 공교육에 최대한 활용하겠다는 노력이기도 하다. 학생들의 능력과 자질의 균질성과 교과편성의 자율성을 살리면서 사회변화에 대응하는 (학교)교육의 적응력을 높이려는 교육개혁의 표현이다. 도쿄도 시나가와구를 시작으로 일부 자치체는 이미 학부모에게 보호자나 학생이 입학할 공립 초·중학교를 고를 수 있는 '학교선택제' 도입을 추진하고 있다. 일본의 일부 지역에서 실시한 학력평가 점수의 학교별 공개가 학교선택제를 더욱더 선호하게 만들고 있다. 학교선택제가 확대·도입되면 학교 간의 경쟁과 학교장이 교육활동을 질적으로 개선하는 것은 불가피하다.[17] 동시에 학교(교육)현장들이 교육산업과의 강력한 연계성을 갖게 될 것으로 전망되고 있다.

이제 (학교)교육선택권 허용문제는 우리 학부모들에게 피할 수 없는 교육개혁의 방안이 될 것이다. 당장은 교육계의 몇몇 이해관계 세력이 강하게 저지하고 있지만, 앞으로 보다 건전한 모습의 자립형 사립고나 혁신적인 대안교육기관 혹은 미래지향적인 평생학습 지향적인 교육산업 유관 (학교)교육기관들이 전면에 나서서 언젠가는 미래교육의 전형임을 드러내 보여 줄 것이다. 우리 학부모가 미래교육을 바라보는 시각이나 안목이 더욱더 선진화되면 그런 대안적인 교육산업의 현실화에 대한 요구는 거세질 것이다. 그런 교육산업을 중심으로 한 사교육의 효과가 너무 강력하고 현실적이기 때문이다. 이를 증명할 간접적인 증거는 얼마든지 있다. 예를 들어, 전 세계 15세 학생을 대상으로 한 수학 및 과학 능력평가에서 한국은 일본, 홍콩과 함께 선두그룹을 형성하고 있다. 유네스코와 경제협력개발기구(OECD)가 발표한 '내일의 세계를 위한 학업능력 보고서' 에 따르면, 전 세계 43개국을 조사한 결과 읽기능력은 핀란드 학생들이 가장 뛰어나고 수학과 과학능력은 한국과 일본이 나머지 국가들보다 앞서는 것으로 나타났다. 한국은 과학능력에서 552점을 기록하여 일본(550점)에 앞서 1위를 차지하였고, 수학능력에서는 홍콩과 일본에 이어 3위에 올랐다. 읽기능력에서 한국은 핀란드, 캐나다, 뉴질랜드, 호주, 아일랜드, 홍콩에 이어 7위를 기록하였다. 또한 한국보다 2배의 교육비를 지출하는 이탈리아 학생들의 학업능력은 OECD 국가 중에서 평균 이하를 기록하였고, 한국은 읽기, 수학, 과학 전 분야에서 상위권 국가에 속했다.[18]

이런 결과는 우리에게 시사하는 점이 많다. 무엇보다도 먼저 사교육의 효과가 놀랍다는 점이다. 실질적으로 우리나라 학생 100명 중 과외와 같은 교육활동에서 소외된 학생은 겨우 10명 미만이라는 점을 고려한다면, 국제학력대회에서 우리나라 학생들이 보여 준 지력들은 결국 사교육의 효과라고 보아도 무리가 없다. 그런 점에서 사교육의 성과는 공교육을 넘어서거나 공교육의 토대라고 할 수 있다. 이는 교육적으로 획기적인 결과다. 또한 공교육비 지출이 우리보다 높은 이탈리아의 경우를 보면, 공교육비 증액은 학생들의 학력증진과는 무관하다고 할 수 있을 것이다.

이런 차원에서 교육산업에 기대하는 것이 있는데, 그것은 학교교실 현장과 다른 학습방법을 학생들에게 숙지시켜 줄 경우 학생들의 학력이 놀라울 정도로 향상된다는 점이다. 이에 대한 증거는 여러 나라에서 찾을 수 있다.[19] 먼저 뉴질랜드의 사례를 들 수 있다. 뉴질랜드 플랙스미어에서는 보통 아이들에 비해 재능이 5세 정도 뒤진 11세 아이가 테이프를 보조교재로 사용한 읽기 프로그램을 통해 10주 만에 월등한 실력을 보였던 다른 아이들을 능가해 버렸다. 미국 공군의 예를 들면, 미국 군사시험에서 특정 독일어 교재의 독일어 학습법을 이용한 군인들이 66.1%나 뛰어난 성적을 거두었다. 3분의 1의 시간으로 두 배 이상의 효과를 낸 것이다. 마지막으로 영국 레디치의 브리들리 무어 고등학교에서도 유사한 보고를 하였다. 이 고등학교에서는 학생들에게 예전과는 다르게 교육산업의 학습방법을 활용하여 외국어를 빨리 배울 수 있는 새로운 기술부터 가르쳐 주었다. 종래의 방법으로는 80점 이상을 받은 학생이 전체의 11%에 불과했는데, 교육산업의 기술적인 학습방법의 도움을 받은 학생들은 그전에 비해 65% 이상이 80점 이상을 받았다. 과거의 방법으로 90점 이상을 받은 학생은 3%였는데 새로운 방법으로는 38%나 되었다. 새로운 학습방법을 활용한 후 90점 이상을 받은 학생들이 10배 이상 늘어났다. 한마디로 교육산업을 활용하여 학습혁명이 가능했는데, 이것은 교육산업이 교육자본화한 위력을 보여 준 하나의 사례다.

이런 정황을 종합해 보면, 앞으로는 교육을 공교육 혹은 사교육처럼 교육행정적으로 이원화하는 것이 인간의 배움과 국가교육의 발전에 별다른 도움이 되지 않음을 알 수 있다. 아울러 사교육의 공헌을 국가권력이 의도적으로 폄하하거나 핍박하는 관행과 풍토가 고쳐져야 한다. 교육은 근본적으로 학습자를 위한 것이며 모든 국민을 위한 것이어야 하기 때문에 공립과 사립으로 부당하게 갈라 차별하는 것은 국가인력개발을 위해서라도 폐기되어야 한다. 사람을 위한 (학교)교육이 가능하기 위해서는 무엇보다도 먼저 인간의 능력에 대한 이해부터[20] 새롭게 가다듬어야 한다. 교육을 그렇게 혁신하면 지금과 같이 비효율적 · 비효과적이

라고 비판받고 있는 우리 공교육에게도 회생의 가능성이 생길 수 있다.[21]

우리 학부모에게 필요한 것, 국가교육의 발전을 위해서 필요한 것은 단순한 의무교육권이 아니라 '학교선택권의 보장' 이다. 그런 의미에서 학부모에게 학교선택권을 보장하기 위한 구체적인 조처로 새로운 학습제도와 기관의 설립 허용은 불가피하다. 말하자면 자립형 대안교육, 기업형 영재육성기관, 자립형 학원교육기관의 설립 등이 국가권력의 통제로부터 자유로워야 한다.

3) 교육산업 서비스의 경쟁력 확보

모든 교육 선진국은 학습국가의 실현을 강조한다. 학습국가의 실현은 교육산업의 활성화와 밀접하게 관련되어 있다. 학습강국은 교육산업을 최대한 개인의 배움에 연결시켜 주는 국가를 말한다. 교육산업의 성장은 학교교육과 사회발전, 그리고 교육산업의 성장 간의 간극 때문에 자연발생적으로 벌어지고 있는 '학습지체(learning lag)' 를 좁혀 줄 수 있는 교육적 대안이다. 바로 이 점 때문에 교육선진국은 학습국가의 실현을 교육산업의 틀 속에서 새롭게 짜내려고 하고 있다. 미래교육의 패러다임을 교육산업이라는 고부가가치 경제의 틀 속에서 새롭게 짜놔야 미래교육과 학습국가 실현의 가능성을 점칠 수 있다는 것이 그들의 인적자원 개발의 새로운 관점이다.[22]

교육산업이 평생학습 실현을 위한 산업, (학교)교육개혁의 동반자가 되기 위해서는 보다 차원 높은 학습서비스 개발에 치중해야 한다. 그들의 서비스는 일차적으로 학습자친화적이어야 하며, 동시에 인간친화적이어야 한다. 학습서비스 가격 책정에도 신중해야 하며 경제적이어야 한다. 학부모들이 일반적으로 바라는 것처럼 학습서비스의 질은 최상의 것이어야 하고, 그에 비해 서비스의 가격은 저렴해야 할 것이다. 제아무리 막강한 국가권력이라도 사교육을 폐쇄할 수 없다는 지난 정부의 사교육 정책 실패 사례와 그것의 경험 속에서, 사교육 스스로도 문어발식으로 자가발전하거나 때마다 흥분해 온 것을 냉철하게 반성해야 한다. 그 반성의 결과를 학습서비스 프로그램 개발에 진지하게 반영해야 하는 것은 물론이다. 물론 사교육의 현실성이 어떠하든 간에 사교육 서비스 중에서도 '입시훈련 과외/사교육기관'을 바라보는 국민의 부정적인 정서를 심각하게 고려하는 일 역시 교육산업의 발전을 위해서 중요하다.

사교육의 학습촉진력과 서비스산업으로서 저력이나 국가공헌도를 학부모들에게 체계적으로 홍보하거나 관련 연구물을 지속적으로 출판해 내는 일 역시 소비자와의 친화력을 기르는 데 중요하다. 우리나라에서 사교육 기관의 실패는 홍보력의 실패와 그 궤적을 같이해 왔다는 점을 고려하면, 사교육의 효과와 공헌에 대한 새로운 홍보전략이 필요하다. 여기에 가능하다면 선도 교육산업체는 교육서비스 발전을 위한 '빌 게이츠식' 사회환원 전략을 실천해야 한다.[23] 말하자면 교육발전을 위한 재투자에 앞장서는 프로그램을 개발하는 일도 해 볼 만한 일이다. '인간교육 발전재단', '차세대 청소년 리더십재단', '모든 이를 위한 평생학습재단' 같은 것을 설립·운영함으로써 학습의 미래를 새롭게 설정해 보는 일도 필요하다.

교육산업기관의 총수입의 일정 부분 이상을 반드시 교육시설에 재투자하도록 하여 교육력을 제고하도록 만드는 일도 사교육산업의 평생교육적 기능발휘를 위해 중요하다. 이런 교육정책은 사교육산업체들이 간과하기 쉬운 교육환경에 대한 배려를 높이게 만들어 주고 있다. 사교육산업체들에게 그들의 교육 시설 및 설비가 낙후되는 것을 사전에 예방하게 하는 것은 학습자의 학습편의를 확보함으로써 평생교육의 환경을 개선하는 지름길이기도 하다. 동시에 수강료를 낼 수 없는 교육 소외계층에게는 교육산업체들이 무상으로 교육을 실시하는 교육복지와 봉사기능을 허용하고 그들에게 세제혜택을 주는 정책도 유용하다. 교육산업체들에게 사회적 책무를 수행하게 만든 방법은 교육산업의 평생교육의 활성화를 위한 또 다른 방안이 될 수 있다. 교육받고 싶은 의지는 있으나 수강료를 부담할 수 없는 학습 소외계층에 속하는 노인, 단순직 근로여성, 저소득층들에게 새로운 정보를 습득할 학습기회를 주는 것은 평생교육의 기회를 평등화해 주는 지름길이다. 동시에 교육산업의 사회적 책무성을 높이는 또 다른 교육복지정책이며,

정부가 교육산업을 교육의 파트너로 간주하는 길이기도 하다.

그동안 우리 사교육 시장은 고객관리경영을 철저히 관리해 왔다. 공교육 기관이 따라갈 수 없을 정도로 학습자 서비스 정신도 선진화되어 있다. 이들 학습산업이 주도하는 고객만족경영은 다른 나라 시장에 진출해도 우위를 점할 수 있을 것이다. 예를 들어, 그런 철저한 고객감동 서비스 정신을 보여 주고 있는 학습서비스 기업 중의 하나가 바로 학습지 개발산업과 교육기업들이다. 국내 학습지 시장을 선도하고 있는 학습기업의 고객만족전략은 공교육으로서는 대적하기 어려울 정도로 체계적이다. 이들 학습기업은 고객지향적 비전의 공유 아래 전사적 차원의 서비스 마인드를 경영의 최우선 목표로 하고 있다. 그런 정신들은 먼저 고객만족 경영을 위한 VOC(Voice of/on Customers) 같은 고객의견 수렴제도로 구체화되고 있다. 이런 고객만족 서비스는 학생과 학부모의 불만을 처리하는 과정을 더욱 세분화함으로써 100%의 고객만족을 유도해 내고 있다. 둘째, 그들은 기존의 한정적인 고객관리 시스템에서 벗어나 고객과 더욱더 긴밀한 접촉을 유도하는 식의 고객 확보전략을 취하고 있다. 일대일 맞춤 서비스의 제공, 온라인/오프라인 상담, 학습 · 숙제 도우미, 고민 도우미, 080전화상담, 인터넷을 통한 고객 불만 · 불편 사항 처리 등을 통해 학습지 활용고객의 요구를 더욱 빠르고 정확하게 처리한다. 셋째, 이런 식의 고객관리 시스템 가동과 더불어 이들 학습기업이 취하고 있는 고객만족 경영전략은 철저한 평가시스템의 작동으로 실현되고 있다. 말하자면 온라인 모의고사나 형성평가 시스템 등과 같은 체계적인 학습평가 시스템 개발을 통해 고객의 학습에 대한 진단과 평가 결과에 대한 만족도를 높이고 있다. 이들 교육기업들은 학습지 자체의 질 향상이 무엇보다도 고객만족과 직결된다는 관점 아래 교재개발과 연구, 교재활용을 위한 교사연수를 위해 기업당 연평균 수억 원에 이르는 재정적 투자도 아끼지 않고 있다.

이제는 온라인 교육시장도 예외가 아니다. 표준화 바람이 바로 그것이다. 온라인 교육시장에서의 표준화란 각 교육업체에서 제작한 온라인 콘텐츠가 상호 호환되어 어떤 시스템에서도 이용할 수 있도록 콘텐츠나 솔루션을 일정한 규격으로 단일화하는 것을 말한다. 현재 각 사이버대학 강의들은 상호 호환이 되지 않아 이용하는 학생들이 종종 불편함을 호소하고 있다. 그러나 온라인 교육서비스의 표준화가 이루어지면, 이용자들은 어느 학교 시스템에서건 원하는 교육 콘텐츠를 이용할 수 있다. 예를 들어, 에듀포비즈(www.edu4biz.com)는 표준화된 자료를 제공하는 온라인 교육업체로서 현재 교육용 온라인 콘텐츠와 솔루션, 교육컨설팅 등의 서비스를 제공하고 있다. 에듀포비즈는 'SES(Self Evaluation System)' 라는 자기학습용 솔루션을 독자적으로 개발해 국제표준에 맞게 제작하였다. 온라인 · 오프라인 통합 사용이 가능하며, 이용자가 자기학습 수준을 진단하고 이에 맞는 학습을 할 수 있도록 안내해 준다. 문제 출제자, 관리자, 학습자가 각자 별도의 모듈을 사용하므로 보다 전문적인 교육서비스가 가능하다. 또한 에듀포비즈는 온라인 성경지식 자기진단 시스템을 내놨다. 이 시스템은 기독교의 기본 지침서인 성경에 대한 지식을 스스로 체크하고, 성직자는 이에 대해 정답과 해설 등의 도움을 주는 방식으로 구성되었다. 에듀포비즈는 최근 QTI 솔루션의 국내 도입을 추진하고 있다. QTI는 학습 콘텐츠 각 문항에 대한 국제표준으로, 각 문항이 어떤 시스템 아래에서도 가동할 수 있도록 표준화하는 것이다.

교육산업들이 나름대로 고객만족 경영전략을 가지고 있지만 현실적으로 학습제품 공정과정이나 내용들은 교육적 원리에 철저할 필요가 있다. 학교교육에 새로운 교육적 모델을 제공할 수 있을 정도로 교육학적으로 선도력을 가져야 한다. 단순히 서구 교육산업계의 제품이나 유행을 선호하는 것으로는 부족하다. 그렇게 되면 우리의 교육산업은 아직도 한국 시장을 겨냥한 내수용 학습산업의 틀 속에 머물고 말 것이다. 설령, 이런 상황을 감안하면서 교육산업의 발전을 꾀한다고 해도, 교육산업의 자체 성장을 위해 틈새시장(niche market)을 개발해야 한다. 단순하게 학습지 제작 하나가 주종을 이루는 교육산업이나 온라인학습 하나가 주종을 이루는 식의 단순 교육산업 시장보다는 학습놀이나 학습캠프, 온라인 리더십 훈련/벤처산업 등과 같은 학습산업 관련 틈새학습 서비스 시장도 함께 개발해 가야 할 것이다.

한마디로 우리의 교육산업 시장은 아직 국제적인 진출을 위한 경쟁력이나 교육산업의 자체 시장을 확대 · 발전시킬 수 있는 틈새시장 개발에 약하다. 현실적으로 학원산업 같은 교육산업은 이제 미국 등에서도 유망산업으로 떠오르고 있다. 18시간 강의에 4천 달러(약 380만 원)를 주고 있다.[24] 이것은 한국의 '족집게 과외' 이야기가 아니다. 현재 과외열풍이 불고 있는 미국에서 실제로 벌어지고 있는 현상이다. 명문대 입시경쟁이 치열해지면서 미국에서도 사교육 열풍이 몰아치고 있다. 미국 대학수학능력시험(SAT) 방식이 바뀌면서 새로운 형태의 SAT를 준비하기 위해 특별과외를 받는 학생이 크게 늘었다. 한 통계에 따르면, SAT 응시생의 12~17%가 시험준비를 위한 별도의 사교육을 받고 있으며, 적게는 400달러에서 많게는 수천 달러까지 지불하고 있다. 진학정보 제공업체인 프린스턴 리뷰는 2~3명의 학생을 모아 '맞춤형 과외'를 제공하고 있다. 과외비용이 18시간 코스에 최고 4천 달러에 이른다. 시간당으로 따지면 222달러를 주는 셈이다. 교육열풍을 틈타 입시 관련 서적의 출판도 급증했다. 심지어 SAT 시험을 주관하는 칼리지보드까지 수험서와 온라인 준비 프로그램을 내놓고 판촉활동을 벌이고 있다. 학생들이 SAT 준비를 많이 할수록 자신감이 붙어 좋은 성적을 낼 수 있다는 기대 때문에 경제적으로 여유 있는 학부모는 대체로 사교육에 적극적이다.

우리 교육산업체들의 세계화를 위한 교육내용이나 방법론들은 국제적인 교육표준화에 비추어 보면 약하기 그지없다. 국제적인 표준화와 국제적인 브랜드 개발 역시 국내 고객만족 경영의 한 영역이라는 것을 확실히 인지하고 서비스 제품을 현실화하는 일이 필요하다. 국제적인 경쟁력만 갖춘다면 교육산업을 롤아웃(roll out) 하는 것은 시간문제다. 국내시장에서 효과가 입증된 갖가지 교육산업 서비스를 적은 자본으로 다른 나라에 확산시키는 교육산업 서비스의 세계 진출이 얼마든지 가능한 것이다. 우리 교육산업이 세계화에 성공하기만 하면 현재 사회문제의 하나로 지탄받고 있는 사교육문제는 더 이상 현안 문젯거리로 등장하지 않게 될 것이다.

4) 교육산업 정책의 수립과 통합

교육산업의 활성화는 범정부적인 차원에서 논의되어야 할 전략산업이므로 교육산업 유관 법령의 통폐합과 조정이 국가산업전략의 관점에서 세워져야 한다. 교육산업은 더 이상 교육인적자원부의 학원관계법으로 협소하게 정리될 수 있는 산업의 범위를 넘어서고 있다. 현실적으로 교육산업은 산업자원부, 문화관광부, 과학기술처, 국방부, 교육부, 여성부 등 각기 나름대로의 교육산업 관련 법령을 가질 만하다. 지금 우리나라는 교육산업의 정의에 따라 설정된 범위 안에 들어갈 수 있는 법안을 교육인적자원부나 정보통신부가 서로 다른 방식으로 법제화하였을 뿐이다. 말하자면 교육인적자원부의 '산업교육진흥 및 산학협력촉진에 관한 법률', '학원의 설립 · 운영 및 과외교습에 관한 법률' 등이 학원을 비롯한 사교육 시장을 관장하고 있다. 최근에는 지식정보산업의 활성화를 위해 정보통신부가 여러 가지 교육산업 관련 법령을 만들어 영상매체 혹은 디지털 산업의 활성화를 촉진하고 있다. '소프트웨어산업진흥법', '온라인 디지털 콘텐츠 산업발전법' 등이 바로 그것이다.

그러나 교육산업 중에서 컨설팅이나 인적자원 훈련, 교구제작, 학습지, 영상학습물의 새로운 발전과 진흥을 촉진시키는 데 도움이 되는 구체적인 교육산업 관련 법률이나 시행령은 제정되지 않았다. 게다가 기존의 이런 교육산업 법령도 상호적인 유기성이 결여되어 있으며 평생학습의 개념조차 담고 있지 못하다. 이런 상황에서 다른 산업과의 핵융합을 거치며 발전하고 있는 교육산업들은 기존의 법체계 속에서 적당한 구속과 허용의 범위를 오가며 각자의 형편대로 분화하거나 발전하고 있다. 교육산업의 발전을 위해서는 교육산업 고유의 정체성과 사업성을 장려하거나 보호 · 교정해 주는 법령 제정과 안내가 필요하다.

현실적으로 우리나라는 제조업 부문과 관련된 교육산업에서도 국제 경쟁력이 약한 것을 부인하기 어렵다. 우리나라는 구조적으로 공업입국만으로는 국가산업을 진작시키기가 어렵다. 결국 새로운 지식산업, 학습산업의 입국이 대안일 수 있는데, 이를 이루기 위해서는 에지케이션을 중심으로 한 평생학습산업 같은 고부가가치 산업으로 그 방향을 새로 잡아야 한다. 이미 지적했듯이 인간의 정서와 감성을 촉진하는 정서서비스 산업으로서 교육사업이나 디지털 학습서비스 산업은 새로운 지식정보 기술과 학습산업이 결합되어 만들어 낸 새로운 국가산업이다. 교육산업은 인간의 지능과 감성의 질을 높이는 원가가 저렴한 산업이다. 게임학습산업의 경우 몇 백 원, 몇 천 원 하는 반도체칩이나 CD-ROM이나 DVD 등의 기억메모리에 게임콘텐츠를 저장하여 상품화하고 개인의 학습 용도에 맞추어 활용하게 하기만 하면 수만 원, 수십만 원, 수백만 원, 수천만 원 하는 부가가치를 창출할 수 있다. 이런 면에서 교육산업은 '마술산업(magic industry)' 에 속한다.

이런 교육산업의 발전을 위해서는 게임산업의 교육적 가치와 그 특성을 인식하고 지원하는 일이 필요하다. 그렇기 때문에 이미 지적한 대로 교육인적자원부의 학원관계법이나 평생교육법 혹은 정보통신부의 하드웨어 관련 법령만으로는 교육산업의 발전을 제대로 촉진시킬 수 없다. 게임이 슈팅게임이나 격투기게임 등과 같은 단순한 오락에 그치는 것이 아니라 인간에게 순기능일 수 있는 감정순화 및 정서를 제공하는 정서서비스 기능을 담당할 수 있음을 인식할 필요가 있다. 또한 게임을 학습과 교육에 적용하여 학습의 능동성과 효율성을 향상시키는 등, 게임이 인간 생활에 미치는 좋은 특성을 드러낼 수 있도록 지식적인 게임산업으로 새로운 인식을 재정립해야 한다. 이를 위해서는 관련 정부부처부터 법령 정비나 지원책 마련이 통합적으로 이루어져야 한다.

교육산업을 '반도체 신화' 가 이루어 낸 것같이 하나의 고부가가치 산업으로 발전시키기 위해서는 나름대로의 전략이 필요하다. 교육산업을 육성하고 발전시키는 데 원동력이 될 수 있는 몇 가지 전략을 교육산업체 나름대로, 혹은 관련 행정기관의 조처와 더불어 구체화시켜야 한다. 말하자면 '교육산업진흥기금의 발전 및 재원마련 정책(가칭)' 이나 '교육산업진흥공사(가칭)' 의 설립 같은 것이 필요하다. 동시에 교육산업을 총체적으로 육성 · 발전시킬 수 있는 행정부서나 전담기관도 설치되어야 한다. 교육산업은 기본적으로 지식산업에 바탕을 둔 학습서비스 산업이며 고부가가치 산업인데, 이런 교육산업을 발전시키기 위해서는 교육산업의 발전을 저해하는 요인을 제거하려는 노력이 선행되어야 한다.

교육산업의 진흥은 그 성격 자체가 기술적으로는 하이브리드적이고 문화적으로는 탈문화적이기에 기존의 교육연구기관으로는 제대로 수행할 수 없다. 이 점은 실리콘밸리의 학습산업체들이 분명하게 보여 주고 있다. 교육산업의 육성을 위한 정책의 실시, 교육산업 기술인력 양성, 교육산업의 개발과 기술 연구, 유통구조 개선, 수출전략 강구 등의 현안문제를 해결하기 위해서는 종합적인 정책기구가 필요하다. 교육산업기구가 정비되기만 하면 교육시장의 해외진출 길도 자연스럽게 열릴 수 있을 것이다.

미주

1 참고: Serow, R. C. (1994). Social foundations of American education.

2 백과사전에 따르면 가정, 학교, 직장에서의 교육을 근대화 · 효율화하기 위한 교육기기나 교육 프로그램을 개발 · 제조하는 산업들이 교육산업이다. 즉, 교육산업은 교육기기 제조 등의 하드웨어 부문에서 출발하였으며, 앞으로 이것을 교육에 응용하는 기술개발 등의 소프트웨어 부문이 교육공학과 결부되어 발전해 나갈 것이다. 특히, 광범위하게 사용되고 있는 교육기기는 시청각 교육에 관한 것이며, 슬라이드 영사기, 8 · 16mm 영사기, OHP, 카메라, 현미경 등의 광학기기와 무선 앰프(wireless amp), 학교방송, 교육용 텔레비전, VTR 등의 음향 전자기기가 보급되어 있다. 또 어학실습장치, 자동학습기(teaching machine) 등의 교육시스템이 실용화되고 있다. 고도의 장치로 주목되고 있는 것은 컴퓨터 활용 수업(CAI), 즉 전자계산기를 사용한 자동학습 시스템이다. 이것은 프로그램화된 교재를 전자계산기의 기억장치에 저장하고 전자계산기에 접속된 개인용 단말기를 통해 학습자의 능력에 따라 학습시키는 장치다. 앞으로 출판, 전자계산기, 통신 관련 기업 등 서로 다른 업종의 제휴와 합병이 진행되어 기능상 횡적으로 결부된 시스템 산업으로 발전할 것이다.

3 무엇보다 초등학교와 중학교의 교육정보화 발진은 눈부시다. 초등학교와 중학교의 경우 컴

퓨터 1대당 학생 수는 지난 1991년 54.8명, 65.7명에서 지난해 8.3명, 6.2명으로 크게 줄어 컴퓨터를 활용한 교육기회의 폭이 넓어졌다. 지난 2001년 서울시 교육청의 경우, 4만 1,097개 학급이 3만 4,401대의 프로젝션 TV를 보유하고 있어 한 학급에서 한 대의 프로젝션 TV를 활용해 수업을 진행할 수 있을 만큼 교육정보화가 발전했다. 교사, 학생, 학부모 등 교육수요자가 컴퓨터통신을 이용해 질 높은 교육정보를 자유롭게 이용할 수 있도록 1996년 개통된 에듀넷에 대한 이용도 최근 부쩍 늘었다. 지난해 4월까지 에듀넷 가입자는 510만 명을 넘어섰고 1998년 57만 명, 1999년 153만 명, 2000년 263만 명, 2001년 482만 명 등 매년 160% 이상의 높은 증가율을 보이고 있다. 직업별 가입자 비율도 초등학생 31.3%(159만 6,990명), 중학생 20.9%(106만 6,757명), 고등학생 18%(91만 8,667명) 등 초등학생부터 고등학생까지의 에듀넷 가입자 수가 전체의 60%를 넘어 학생들의 에듀넷 활용 비율이 가장 높은 것으로 나타났다.

4 참고: 김영순(2004). 토론, 한국의 교육산업의 현황과 발전방향(한준상).

5 참고: Perelman, L. J. (1992). School' s out.

6 인류가 발전시켜 온 학습방법과 학습활동은 다음 그림에서 보여 주는 것처럼 더욱더 맞춤형으로 나아가고 있다.

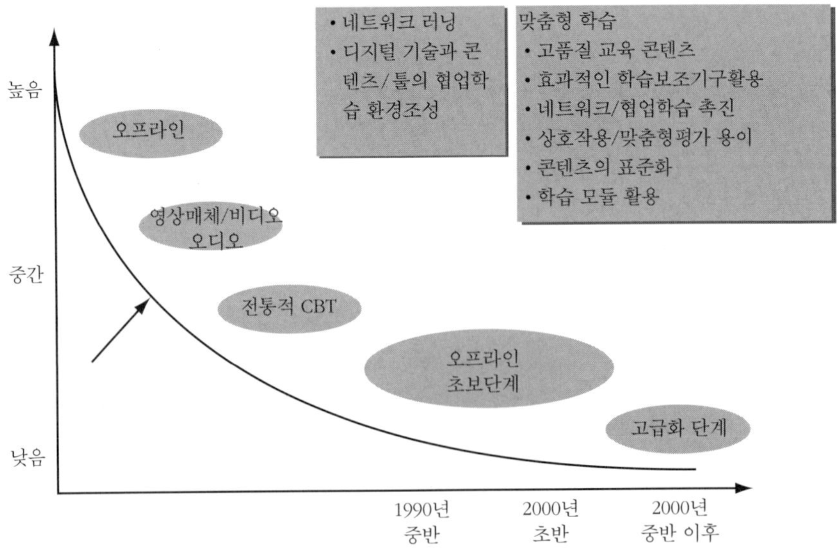

7 매년 30% 이상의 성장률을 나타내며 급성장하고 있는 멀티미디어 콘텐츠형 지식산업이 바로 게임산업이다. 최근 인기리에 판매되고 있는 비디오게임기인 소니컴퓨터 엔터테인먼트사의 플레이스테이션 게임기의 판매 대수는 무려 4천만 대며, 그동안 출시된 전체 게임타이틀(게임 CD)의 판매량은 약 3억만 장의 판매실적을 올렸다. 이는 원화로 환산하여 대략 16조 원 정도에 달하는 엄청난 매출이다. 또한 닌텐도사의 전체 게임기(패미컴, 수퍼패미컴, 겜보이, 닌텐도 64 등)는 2억 4,451만 대가 팔렸으며, 게임팩은 8억 8,546만 장이 팔렸다. 세가 엔터프라이즈사는 세가새턴의 게임기를 개발하여 판매하고 있으며, 아케이드게임기 및 게임기구 등을 개발하는 매우 규모가 큰 기업이다. 1996년도 매출액이 3,471억 8,200만 엔(3조 5천억 원 규모)에 달하며 연간 경상이익 약 430억 엔(4,300억 원 규모)의 고부가가치 산업으로 발전하고 있다. 이 산업의 선두에 서 있는 미국의 게임시장 규모는 약 40억 달러며, 세계시장의 70% 정도를 차지하고 있다. 실제 세계 랭킹 10위의 PC게임 판매회사는 대부분 미국 업체가 차지하고 있는 상황이다. 이들 10개 업체의 게임 매출액이 무려 10억 9,220만 달러로 세계시장 규모의 37.4%를 점유하고 있으며, 이에 따라 PC게임 분야는 미국이 절대적으로 우위를 차지하고 있다. 미국의 PC게임은 최근 영화나 애니메이션의 콘텐츠를 소재로 게임을 제작하는 경향이 강해지고 있으며, 최근 영화 흥행에 성공한 대작들이 대거 PC게임으로 제작되어 화제를 모으고 있다. 그러나 비디오게임기와 아케이드게임 분야는 일본 게임업체들에게 밀려 열세를 면치 못하고 있다. 미국에서 일본의 비디오게임기 판매 대수는 1천만 대의 판매고를 올려 미국의 비디오게임기 시장을 장악하고 있는 실정이다. 미국의 10대 PC게임 유통업체들은 ① CUC Software 1억 2,000만 달러(18.7%), ② GT Interactive 5,900만 달러(9.2%), ③ Electronic Arts 5,700만 달러(8.9%), ④ Microsoft 3,300만 달러(5.2%), ⑤ Lucas Arts 3,300만 달러(5.2%), ⑥ Virgin 3,200만 달러(4.9%), ⑦ Hasbro Interactive 2,600만 달러(4.1%), ⑧ Activision 2,100만 달러(3.3%), ⑨ MicroProse 2,100만 달러(3.3%), ⑩ Interplay 2,000만 달러(3.1%) 순이다. 이처럼 게임상품의 고부가가치를 고려할 때, 지식산업인 게임산업을 교육산업으로 재구조화할 필요가 있다. 대기업은 마케팅 및 유통, 퍼블리싱, 개발투자 등에 참여해야 하며, 게임개발 중소기업은 창의적인 아이디어의 창출과 게임상품을 개발하고, 정부는 게임산업의 행정적, 법적 자금지원(초기), 세제개선, 심의의 완전 민영화 또는 사전심의 폐지 등을 담당하며, 대학이나 교육기관은 게임제작 전문인력을 육성함으로써 게임산업을 21세기 고부가가치 국가전략 지식산업으로 육성해야 한다.

8 예를 들어, 한 일간신문에서는 이런 온라인 입시훈련 산업의 가능성을 점치는 기업으로 '메가스터디' 를 들고 있다. 이 회사는 2000년 7월 설립되어 2001년 1월 중소기업청으로부터 벤처 인증을 받은 온라인 교육업체다. 회사 설립 이래 매년 400~500%에 달하는 매출 성장을 기록한 국내 최대 규모의 온라인 입시교육 전문 사이트다. 이 회사는 오프라인에서 수학능력시험을 강의한 유명강사 출신의 형제들이 설립했다. 매해 매출 목표를 상향 조정할 정도로 월별 매출 신장세가 폭증한 것으로 유명하다. 콘텐츠만으로 세 자릿수 매출을 올리고 있는데, 업계에서는 경이적인 기록으로 받아들이고 있다. 메가스터디는 이제 온라인에서 쌓은

기반을 바탕으로 오프라인으로의 진출을 시도하고 있다. 현재 전국에 2개 직영 오프라인 학원을 운영하고 있으며, 6개 가맹학원과 협력관계를 맺어 교육 콘텐츠를 제공하고 있다. 메가스터디는 이러한 급성장을 바탕으로 코스닥 상장을 추진하고 있다. 메가스터디 관계자는 '온라인 교육시장이 형성된 지 채 얼마 안 됐음에도 불구하고 급속한 성장을 하고 있다.' 며 '메가스터디는 입시교육 분야의 전문학원으로 온라인 교육시장의 발전을 주도하는 업체가 될 것' 이라고 밝혔다[참고: 매일경제, 2003년 7월 14일자].

9 현재 국내 M-러닝 시장에서는 SK텔레콤이 PDA전용 영어학습 콘텐츠인 'EBS 에듀팩' 을 출시함으로써 그 가능성을 타진하고 있다. 'EBS 에듀팩' 은 동영상 강의와 발음연습 등의 기능을 갖춘 멀티미디어 영어학습 콘텐츠다. 이용자는 이 콘텐츠를 통해 외국인의 정확한 발음을 영상과 함께 확인해 자신의 발음을 올바르게 수정할 수 있다. 또한 토익 · 토플 문제풀이와 모의고사도 제공하며 해당 시험을 준비할 때도 이용할 수 있다. '네이트 PDA' 에 들어가 '교육/취업' 에서 이용할 수 있다. 이것을 기점으로 모바일용 학습 콘텐츠를 지속적으로 개발할 것으로 보인다.

10 사이버, 디지털로 무장한 교육이 무조건으로 성공하는 것은 아니다. 디지털 교육의 목표와 운영의 노하우 없이 시작하는 디지털 교육은 실패할 수밖에 없고, 그것이 국가재정으로 계획된 것이라면 국민 세금의 낭비일 뿐이다. 일간신문은 이와 관련된 사례 하나를 상세히 보도하고 있다.

강원도가 최고의 정보화 시범자치단체를 만든다며 전국에서 처음으로 설립한 '강원인터넷대학' 이 별 성과 없이 개교 5년 만에 사실상 문을 닫았다. 강원도는 '주민의 정보마인드를 높이기 위해 지난 1997년부터 지난해까지 6년간 15억 8,000여 만 원을 들여 강원인터넷대학에 장비를 구축하고 강사료와 인건비 등에 지출했다.' 고 24일 밝혔다. 그러나 강원도 스스로 '급변하는 정보화 환경에 부응하지 못한 데다 특성화된 강의내용 확충 등이 미흡했다.' 고 진단할 정도로 부실하게 운영해 오다 지난 2001년부터 이용자가 급격히 줄어들자 지금은 사실상 운영을 중단했다. 또 정보산업기술(IT)이 급속히 발전하면서 기존 장비 가운데 많은 장비가 낡아 설립 당시 3억 2,000만 원을 들여 설치한 컴퓨터와 서버 등은 더 이상 사용이 불가능하고, 일부 장비는 어디에 보관하고 있는지 모를 정도로 방치되고 있다. 특히, 사이트는 현재 관리 주체가 불분명한 가운데 운영이 중단된 채 몇 개월째 접속이 불가능하다. 또 그동안 강원도가 지원한 예산을 보면 인건비가 전체 예산의 34.3%인 5억 4,500만 원을 차지하고, 교육 홍보비 3억 6,900만 원, 수용비 수수료 1억 2,100만 원, 행사비 5,900만 원, 개발 보전비 7,300만 원 등 방만한 운영을 했다는 지적도 받고 있다. 강원인터넷대학이 이처럼 부실하게 운영됨에 따라 강원도가 역점 추진하고 있는 '도민 e-메일 갖기 운동' 등 3기 민선도지사의 중요한 공약은 근본부터 차질을 빚게 되었다. 이에 대해 강원도 관계자는 '민간 포털 사이트가 크게 발달해 더 이상 도비를 들여 운영할 필요성을 느끼지 못해 중단했다.' 고 말했다. 강원인터넷대학은 그간 전문의료 분야 49개 강좌, 건강생활 69개 강좌,

일반교양 91개 강좌, 생활경제 73개 강좌, 컴퓨터 활용 16개 강좌, 특강 6개 강좌 등 6개 분야에 걸쳐 모두 333개 강좌와 그와 관련된 방대한 e-사이트를 운영해 왔다[참고: 한겨레신문, 2003년 7월 25일자].

11 학원교육은 아니더라도 개인교수나 과외교육의 문제는 우리나라에서만 발견되는 유일한 현상이 아니다. 일본이나 중국이나 싱가포르도 마찬가지다. 심지어는 브라질, 탄자니아, 짐바브웨에서도 발견된다. 이런 사실을 여러 문헌으로 확인한 마크 브래리의 연구(Brary, 1999)는 학원교육을 교육산업의 수준에서 파악하지 못하고 있다. 이 연구는 학원교육의 효과와 문제를 학생들의 성적향상 문제와 관련시켜 그들 간의 상관성을 논의하는 단순한 수준의 보고서다. 다만, 저자는 특별한 연구 결과를 가지고 있지도 못한 상태에서 우리처럼 편견을 가지고 있다. 그것은 과외나 개인교수를 '음지교육체제(shadow education system)'로 간주하고 있다는 점이다. 게다가 저자는 학원교육이 산업발전에 끼치는 영향관계나 학원을 교육산업으로 보는 식의 시각은 전혀 가지고 있지 못했다[참고: Brary, M. (1999). The shadow education system: Private tutoring and its implications for planners].

12 태평양의 어느 부족은 머리에 열이 나거나 아플 때 머리를 깎아 버리면 슬그머니 낫는다는 관습/믿음 아래 모두가 삭발을 한다고 한다.

13 성남 효성고등학교 교사인 이태영(33) 씨는 다음과 같이 이야기하고 있다.
사회면에 연재하고 있는 '학원중독사회' 기사를 읽고 소감을 말하고 싶다. 언제부터인가 '공교육이 부실해 사교육이 팽창한다.'는 말이 우리 사회의 관용어구가 되었다. TV 토론에 나와 교육문제를 진단하는 정치인, 관료, 언론인, 일반 시민들까지 거의 비슷한 표현을 쓰고 있다. 공교육 현장에 몸담고 있는 한 사람으로서 반성을 하게 된다. 그런데 그분들에게 '공교육의 수준이 올라가면 사교육이 줄어들까요?' 라고 되묻고 싶다. 순수한 자기계발이 아닌 입시교육에 관한 한 '그렇다'고 대답하기는 어려울 것이다. 상대적 우위를 점해 가는 학원을 학교의 절대 수준이 올라간다고 해서 포기할 리는 없기 때문이다. 내 자식의 실체를 객관적으로 볼 줄 아는 학부모의 성숙한 의식이 선행되어야 할 것이다. 한국 사회의 여론을 주도하는 조선일보부터 정확한 분석에 기초해 기사를 써 주기 바란다[참고: 조선일보, 2003년 6월 25일자].

14 공교육 재정으로 개인의 사적 이익을 극대화하는 것이 부적절하다는 것을 신도철 교수(1999)는 국·공·사립학교에 대한 교육재정 지원체계의 불합리성을 들어 이렇게 지적하고 있다.
우리나라의 경우 초등학교, 중학교는 대부분이 국·공립인 데 비해 유치원, 고등학교, 전문대학, 대학(교), 대학원의 경우에는 사립이 더 큰 비중을 차지하고 있다. 사립학교의 세입 중 사용료 및 수수료가 차지하는 비중은 유치원, 초등학교, 전문대학의 경우에는 80%가 넘는데, 중학교의 경우에는 21%, 고등학교의 경우에는 53% 수준인 것으로 나타난다. 사실

유치원, 초등학교, 전문대학에 대한 정부지원(원조보조금)은 거의 전무하다시피 하다. 예컨대, 사립초등학교의 경우 정부지원은 총 세입의 0.3%에 불과한 것으로 나타난다. 그에 비해 중·고등학교는 공·사립 간에 학생납입금의 차이가 없기에, 정부는 사립 중·고등학교에 대해서도 국·공립 수준의 재정을 지원하고 있다. 정부가 초등교육을 무상의무교육화한 것은 초등교육이 공공재적 성격을 많이 가지고 있기 때문일 것이다. 한편, 중등교육, 고등교육으로 올라갈수록 교육의 사유재로서의 성격이 더 강해진다고 할 수 있다. 그렇다면 중·고등학교는 적어도 초등학교보다는 경쟁을 활성화한다든가 학생의 학교선택의 폭을 넓히는 것이 더욱더 요청된다. 정부는 사립 중·고등학교에 재정지원을 제공하는 한편, 그 납입금 수준을 국·공립 수준으로 규제하고 있다. 그러나 이러한 정책은 사립학교가 자율성을 바탕으로 다른 사립학교나 국·공립학교와 경쟁할 수 있는 여지를 거의 없애고 있다. 사립초등학교의 납입금 결정이 자유화되어 있다면 사립 중·고등학교의 납입금은 더욱더 자율화되어야 마땅하다. 국·공립 중·고등학교는 학교 간 경쟁에서 하나의 기준으로 기능하도록 하고, 사립 중·고등학교는 자율적인 납입금 결정을 기반으로 교육서비스의 질적 측면에서 국·공립 및 다른 사립학교와 경쟁하는 것이 허용되어야 한다. 현재 우리나라 중앙정부의 대학교육 지원은 주로 국립대학에 한하고 있다는 점은 이미 언급하였다. 전문대학과 대학(교)의 경우 사립에 다니는 학생의 납입금은 국립에 다니는 학생에 비해 상당히 더 많은 것으로 나타난다. 그러나 국·공립대 학생들이 사립대 학생들에 비해 절반 수준의 납입금을 부담하면서 대학에 다니는 것은 합당한 근거를 가지고 있는가? 지역사회의 발전을 위해 대학이 기여하는 점이 있어 지방자치단체가 추가로 재정지원을 한다거나 어떤 기초학문은 시장경쟁 원리에 맡길 경우, 연구자의 수나 연구의 수준이 사회적으로 바람직한 정도에 크게 미치지 못해 국가가 그런 학문 분야의 연구자에게 더 많은 재정지원을 한다면 그러한 재정지원은 나름대로 근거를 가진다고 할 수 있다. 반면, 시장경쟁 원리에 맡겨도 충분히 많은 전공자가 공급될 수 있는 학문 분야까지도 국·공립대학에 소속되어 있기 때문에 특별히 지원을 한다면 그러한 지원정책은 합리성을 잃은 것이 될 것이다. 이렇게 본다면 장기적으로 대부분의 국립대학은 사립으로, 혹은 해당 지역발전과 긴밀히 연계될 수 있는 경우는 공립으로 전환시키고, 대학교육 재정지원도 교육의 공공성, 학문 분야별 외부 효과의 차이 등을 기준으로 차등을 두는 식으로 그 체계를 정비할 필요가 있다[참고: 신도철(1998). 교육서비스시장에서의 소비자주의 확충방안].

15 시카고 대학 경제학 교수를 지낸 밀턴 프리드먼(Milton Friedman)은 시장경제의 주창자인데, 그의 이론은 지금 미국에서 쟁점이 되고 있는 학교선택제의 이론적 토대가 되고 있다.

16 참고: Maranto, R. (2003). Getting more, paying less: Children, taxpayers, and public schools benefit from the educational improvement tax credit; Bolick, C. (2003). Voucher wars.

17 참고: 교토신문, 2003년 4월 20일자.

18 이 보고서에 따르면 읽기능력에서는 여학생들이, 수학에서는 남학생들이 더 높은 점수를 얻었지만 과학능력에서는 남녀 차이가 별로 없는 것으로 나타났다. 그러나 전 세계적으로 남학생들에 비해 여학생들이 미래 직업에 대해 더 높은 기대를 걸고 있는 것으로 나타났다. 남학생들의 읽기능력이 떨어지는 것은 동기 부족에 기인하는 것으로 보인다. 남학생의 58%는 필요한 정보를 얻기 위해서 읽을 뿐이라고 답한 반면, 여학생의 45%는 하루에 최소한 30분 동안 독서의 즐거움을 누린다고 밝혔다[참고: 조선일보, 2003년 7월 2일자].

19 참고: Dryden, G., & Vos, J. (1999). The Learning Revolution.

20 지금까지 우리가 직시하고 있는 학교교육의 전반적인 실패는 기본적으로 인간에 대한 이해 부족에서 기인한 것이다. 인간의 진화는 뇌의 기억과 밀접한 관계가 있다. 예를 들어, 오스트랄로피테쿠스와 같은 원시인들의 뇌는 450cc의 용량을 가지고 있었다. 이에 비해 현대인의 뇌는 3배나 큰 무려 1,500cc의 용량을 가지고 있다. 이것은 뇌가 진화하는 동안 변화해 온 뇌의 적응 모습과 기억기능의 변화를 보여 준다. 인간의 뇌가 어떤 식으로 인간의 문화 속에서 변화되어 왔는지를 설명할 수 있는 방법은 불분명하기에 뇌기능의 변화를 인간의 문화적인 측면에서 제대로 추적해 내기는 여간 어려운 것이 아니다. 다만, 뇌의 기억에 관한 연구를 시작한 사람들에 따르면, 인간의 뇌는 쓰면 쓸수록 닳아 버리는 것이 아니라 반대로 그 기능이 좋아지는 수확체증의 법칙을 따른다는 것이다.

21 서울시 교육청이 지난해 방과 후 특별활동 선도학교로 지정한 이 초등학교는 전교생의 약 78%인 1,079명이 어학, 예능, 컴퓨터 등 22가지의 특기적성 교육활동에 참여하고 있다. 대개 주 2회로 운영되지만 1～3학년을 대상으로 하는 '노래천사반' 과 1～2학년을 대상으로 하는 '기초생활영어반' 은 주 4회 운영 중이다. 이 학교에서 가장 관심을 끄는 프로그램은 1, 2학년을 대상으로 하는 '기초생활영어반' 으로 모두 364명이 수강 중이다. 1998년부터 시작된 서울시 초등학교 특기적성교육은 현재 서울 시내 모든 초등학교에서 실시 중이며, 전체 학생의 참가율은 30% 가량이다. 하지만 보광초등학교를 비롯한 44개 선도학교는 70～90%에 이르고 있다. 아이들의 소질과 특기를 키우는 데 도움이 될 뿐만 아니라 학부모의 과도한 사교육비 부담을 덜어 주는 등 긍정적인 효과가 크다는 평가를 받고 있다. 특기적성교육의 사교육비 절감 효과를 알아보기 위해 영어회화 교육을 받고 있는 17명의 보광초등학교 3, 4학년 학생에게 몇 가지 질문을 해 보았다. 17명 가운데 별도로 영어학원을 다니는 학생은 3명이었다. 5명은 예전에 영어학원을 다니다 학교에서 특기적성수업을 들으면서 끊었다고 한다. 별도로 학원을 1곳 다니는 학생은 3명, 2곳을 다니는 학생은 4명, 3곳을 다니는 학생은 2명이었으며 주로 속셈학원 등 학교 교과목과 관련 있는 학원이었다. 8명은 한 곳도 다니지 않고 학교에서 컴퓨터 등 특기적성수업을 듣고 있었다. 보광초등학교가 특기적성교육으로 거둔 사교육비 절감효과는 눈에 띄게 두드러졌다. 우선 특기적성교육 수강률은 현재 78.4%로, 선도학교로 지정되기 전보다 17.5% 포인트나 증가하였다. 또 이 학교가 학생들을 대상으로 지난해 5월과 올해 5월을 기준으로 학원수강 실태를 분석한 결

과 학원에 다니지 않는 학생은 지난해 15.5%(214명)에서 올해 19.6%(255명)로 4.1% 늘어났다. 사교육비 절감효과는 연간 3억 9,400만 원에 달하는 것으로 분석되었다. 시 교육청에 따르면, 특기적성교육에 따른 연간 사교육비 절감효과는 성북구 삼선초등학교의 경우 7억 3,000만 원, 강남구 대현초등학교 7억 2,000만 원, 강서구 발산초등학교 2억 2,000만 원 등 매우 큰 것으로 조사되었다. 특히, 강남구 대현초등학교의 경우 전교생의 93%가 참여하고 있으며 지난해 3월 13만 2,000원이던 학생 1인당 사교육비가 올해 들어서 8만 3,000원으로 4만 9,000원이나 감소한 것으로 나타났다. 이처럼 특기적성교육은 학생들의 호응도 높고 사교육비도 절감할 수 있어 학부모의 반응도 좋은 편이다. 그러나 강사 부족 등 개선해야 할 점이 적지 않다. 특기적성교육과 관련하여 일선학교에 지원되는 것도 저소득층 자녀를 위한 지원금 300만 원 외에는 없다. 교사들은 낮은 수강료나 강사관리 등 과외업무에 시달리고 있고, 외부 강사는 월 40~50만 원의 낮은 강사료에 불만이 많은 것이 현실이다[참고: 경향신문, 2003년 6월 30일자].

22 참고: Perelman, L. J. (1992). School's out.

23 빌 게이츠 마이크로소프트사 회장은 2003년에도 뉴욕 시 빈민지역에 소규모 공립고등학교 67개를 세우기 위해 5,120만 달러(약 610억 원)를 시당국에 기부했다. 게이츠 회장은 뉴욕 브롱크스에 있는 모리스 고교에서 자신이 설립한 '빌 앤드 멜린다 게이츠 재단' 을 통한 기부계획을 발표하고 '이 나라가 선두를 지키려면 고교를 지원하는 일이 필요하다고 생각한다.' 고 말했다. 학생이 1,000명 이상으로 개인지도를 할 수 없는 대형 고교는 퇴학률이 높기 때문에 이를 대체할 소규모 고교 200개를 새로 지어야 한다는 뉴욕 시 교육당국의 계획은 게이츠 재단의 지원으로 실현 가능성이 더욱 높아졌다. 마이클 블룸버그 뉴욕 시장은 즉각 환영의 뜻을 밝혔다. 그는 '소규모 학교가 훨씬 좋다는 것이 증명되었다.' 면서 '이런 곳의 학생은 퇴학률이 낮고 대학진학률도 높다.' 고 말했다. 연방검사 시절 MS의 반독점 기소를 주도하였던 조엘 클라인 브롱크스 교육장과 만난 게이츠 회장은 '같은 팀으로 일하게 되어 반갑다.' 고 말해 주위를 웃기기도 했다[참고: 동아일보, 2003년 9월 19일자].

24 미국에서도 최근 들어 명문대 입시경쟁이 갈수록 치열해지면서 중 · 상류층 부모 사이에 맞춤형 고액과외 등 사교육 열풍이 몰아치고 있다. 이 같은 흐름에는 우리의 수학능력시험에 해당하는 SAT(Scholastic Aptitude Test)가 어려워진 것이 큰 몫을 했다. 미국 대학들이 입학전형 때 고등학교 성적 다음으로 중시하는 SAT는 지난해부터 시험 영역이 크게 바뀌었다. 기존에는 언어, 수학 영역이 전부였지만 여기에 글쓰기능력을 평가하는 에세이 시험과 고급독해(critical reading), 고등수학인 대수학(algebra) 등이 추가된 것이다. 그러자 수험생 부모들이 바빠졌다. 수험생들의 수요가 급증하자 새로 생긴 과목들만 집중공략하는 고가의 '족집게형' 진학준비반도 속속 등장하였다. 전미공개시험센터의 최근 조사에 따르면, SAT 응시생의 12~17%가 시험준비를 위한 사교육비로, 적게는 400달러에서 많게는 수천달러씩 쓰고 있는 것으로 나타났다. 사교육비는 준비반의 형태와 교육기간, 학생 수 등

에 따라 천차만별이다. 특히, 일대일 개인교습의 경우 18시간 수업에 강의료가 최고 4,000달러(약 380만 원)나 되는 것으로 파악되고 있다. 시간당 22만 원짜리 특급과외인 셈이다. 또 두세 명의 학생을 대상으로 하는 프로그램의 경우, 과외비가 45시간에 1,700달러 가량 되고, 여러 명이 참여하는 일반 프로그램도 200달러에서 1,000달러에 달하는 것으로 조사되었다. 『뉴욕타임스』는 '갈수록 치열해지는 대입경쟁에서 살아남기 위해서는 적극적인 사교육 투자가 불가피하고, SAT에서도 좋은 성적을 거두기 위해서는 야구나 발레처럼 전문가의 도움이 필요하다는 인식이 부모들 사이에 급속히 퍼지고 있다.' 며 '미국에서도 조만간 사교육시장이 황금시장으로 발전할 것' 이라고 전망했다. 미국에서는 컨설팅산업에서 세계 최고를 달리는 미국답게 '대학진학 컨설팅' 도 붐을 이루고 있다. 특히, 미국은 대학 합격 여부가 단순하게 성적으로만 결정되는 것이 아니고 에세이, 추천서, 인종 쿼터 등 복잡한 변수에 따라 결정되는 만큼 전문가들의 도움을 받으면 훨씬 유리하기 때문이다[참고: 뉴욕타임스, 2005년 5월 18일자].

제5장

학원산업

들어가는 말

한국의 교육이 발전하기 위해서는 '사교육산업이 교육의 문제'라는 인식부터 바꾸어야 한다. 한국 교육의 문제는 공교육산업과 사교육 서비스산업 간의 부조화에서 야기되는 부작용으로 보아야 한다. 지금과 같은 입시교육의 학교교육 구조 속에서는 사교육 서비스 시장마저도 한국 교육의 피해자인 동시에 가해자라는 악순환 속에서 허덕이게 된다. 사교육산업은 마치 달리는 사람의 무릎과 같다. 달리는 사람에게 그의 무릎은 영원한 피해자인 동시에 가해자와 같기 때문이다.[1]

또한 사교육 서비스산업에 대한 기존 교육계와 교육정책자들의 부정적인 인식부터 바뀌어야 한다. 일반적으로 사교육산업을 부정적으로 이해하는 사람들이 제안하는 교육정책은 '사교육을 희생양으로' 상정하는 교육개혁모형으로 수렴된다. 말하자면 사교육산업이 한국 교육의 문제이자 근원이며, 사교육비를 절감하면 한국 교육의 정상화가 이루어질 것이라는 논리로 만들어진 교육개혁정책으로 완성된다. 이는 한국 교육의 문제를 풀어 가려는 교육정책자들이나 교육 이해관계 집단이 가지고 있는 '배제의 리더십(exclusive leadership)' 에서 나온 결과다. 이런 교육개혁의 리더십으로는 그동안 교육계에 등장하였던 해법, 즉 '학원은 교육 비리의 온상이다.', '사교육은 신고로 해결될 수 있다.', '학원 관계자들은 범죄자다.' 등의 논리로 사교육 서비스산업을 옥죌 수밖에 없다. 그런 교육혁신정책들은 지금의 학원교육 서비스 종사자들이 나름대로 전문적인 교육훈련을 받아 온 사람들이라는 점과 그들이야말로 신생 교육산업의 새로운 가능성을 찾아나서는 벤처인들이라는 점을 간과한 것이다. 물론 그들이 더욱더 사교육 서비스산업의 인적자원으로 가동할 수 있는 전문적인 훈련을 받아야 하는 것은 사실이지만, 상당수의 사교육 서비스 종사자들이 교사자격증을 소유하고 있거나 그 이상의 전문적인 훈련을 받고 있다는 점도 부인하기 어렵다.

이렇게 사교육 서비스산업을 한국 교육의 희생양으로 몰아붙이는 '배제의 지도력' 은 교육발전을 위한 해법이 될 수 없다. 그것보다는 새로운 지도력, 즉 사교육산업과 공교육산업 간의 공존과 협력 부재를 교정하는 '융화의 리더십(inclusive leadership)' 이 필요하다. 말하자면 '공교육은 교육산업의 한 부분이며, 공교육산업과 사교육산업 간의 협업으로 교육의 질을 높일 수 있고, 교육산업 전체의 발전과 성장을 촉진할 때 교육문제 해결을 위한 새로운 해법이 가능하다.' 는 것을 보여 주는 사교육산업과 공교육산업 간의 융화모델이 필요한 것이다.

사교육산업과 공교육산업 간의 융합을 전제로 하는 새로운 교육혁신모델이 나온다면, 지식산업사회의 성격을 가장 잘 반영하는 평생교육 차원의 새로운 교육산업을 공교육의 파트너로 받아들여야 한다. 왜냐하면 교육의 문제를 효과적으로 해결할 수 있을 뿐만 아니라 교육산업에 필요한 새로운 인적자원 개발의 가능성을 찾아 나설 수 있기 때문이다. 그로부터 교육산업의 성장과 발전의 궤적까지 새롭게 그려 낼 수 있다.

사교육산업의 규제와 부작용

정부가 학원과 같은 사교육 서비스산업에 대해 필요 이상으로 경계하면서 학원산업 운영자들을 민생사범으로 몰아간다면 사회적으로나 교육적으로 여러 가지 부작용이 생길 것이다. 그 첫 번째 부작용으로 나타날 수 있는 것이 정치적인 부담이다. 선거철이 되면 사교육산업 시장은 정치적 동원과 지원을 강요하기 쉬운 곳 중의 하나였다. 그렇기 때문에 한편으로는 늘 지원을 약속하고, 다른 한편으로는 억압하는 정치적 방식은 정치권에 대한 신뢰를 더욱더 떨어뜨리게 만들 뿐이다. 게다가 사교육산업 시장에 대한 필요 이상의 규제는 공교육의 정상화보다는 오히려 공교육의 경쟁력마저 약화시킬지도 모른다. 학교기관의 교육 독점에 대한 적절한 견제세력을 제거함으로써 오히려 공교육의 부실을 가져오게 하는 것이다.

현재와 같은 입시훈련 과정에서는 사교육의 교육적 효과가 공교육에 비해 월등하다는 것을 정부 스스로 받아들이기가 쉽지 않다. 사정이 그렇기는 해도 정부가 교육산업의 한 축을 담당하고 있는 사교육 서비스 운영자들을 민생사범으로 처리하겠다는[2] 식으로 학원산업에 정치적 압박을 가하는 것은 교육산업 관련 종사자들에게 실망과 부정적인 감정을 불러일으킬 뿐이다. 역대 정권이 강력하게 추진해 온 사교육 억제정책으로[3] 말미암아 사교육 시장의 성장이 위축되어 온 것은 사실이지만 학원산업의 잠재력마저 위축된 것은 아니다.

두 번째로 우려되는 부작용은 사교육산업 시장에 대한 규제 때문에 사교육 서비스 노동시장의 노동인력 흡수력이 약화될 수 있다는 점이다. 지금의 사교육산업의 주요 부문인 학원서비스 시장은 노동력의 흡수력이 높은 산업 부문 중 한 영역이다. 이런 산업 부문에 필요 이상의 규제가 가해지면 사교육산업 시장은 노동인력의 흡수를 위한 탄력성을 상실한다. 새로운 교육산업의 인적자원 개발 계획 역시 부산될 수 있다.

예를 들어, 지난 1년 사이 노동시장에는 약 7만 8,000개의 일자리가 줄어들었다. 그런 상황에서도 과외와 입시학원 등 사교육 분야 취업자는 오히려 높은 증가세를 보여 왔다.[4] 통계청에 따르면 2003년 7월 현재 교육서비스업 분야 취업자 수는 152만 3,000명이었다. 이는 2002년 7월보다 18만 9,000명이 증가한 숫자다. 교육서비스업 취업자 수는 해마다 7월을 기준으로 2000년 120만 2,000명, 2001년 124만 8,000명, 2002년 133만 4,000명으로 꾸준히 증가해 오다가 2003년 들어 150만 수준으로 껑충 뛰었다. 이에 비해 제조업 분야는 지난 1년 사이에 무려 5,000명, 농림어업은 5만 명, 건설업은 2만 1,000명, 전기 · 운수 · 창고 · 금융업 분야는 1만 6,000명씩 각각 취업자가 줄었다. 결국 일반산업 분야에서 사교육산업으로의 '일자리 대이동' 이 진행 중인데, 사교육산업에 대한 규제는 그 흐름에 역행하는 것이나 마찬가지다.

세 번째, 사교육 서비스 시장의 규제는 새로운 산업의 하나로 부각되고 있는 교육산업의 발전과 성장을 위축시킬 가능성도 농후하다. 교육산업은 지식산업을 이용한 새로운 국가산업으로서 어느 산업 못지않게 성장 가능성이 높다. 예를 들어, 한국은행에 따르면 1분기(1~3월) 국내총생산(GDP) 가운데 입시 및 보습학원, 개인 및 그룹과외 등이 포함된 사교육산업의 총생산은 지난해 같은 기간보다 1.8% 감소했다. 사교육산업의 생산액이 줄어든 것은 외환위기 직후인 1998년 4분기(-11.5%) 이후 5년 3개월 만에 처음이다. 지난해 1분기 10.8%, 2분기(4~6월) 13.0% 등으로 가파른 상승세를 보였던 사교육산업은 하반기 들어 3분기(7~9월) 3.7%, 4분기(10~12월) 5.6%로 성장세가 둔화된 데 이어 올해 들어 감소세로 돌아선 것이다.[5]

이에 따라 사교육 서비스산업이 포함된 전체 교육서비스업의 실질 총생산액도 7조 3,169억 원으로 지난해 4분기의 7조 3,883억 원에 비해 1.0% 감소했다. 교육서비스업 총생산액이 이전 분기에 비해 감소한 것은 2000년 1분기(-0.6%) 이후 4년 만의 일이다. 교육서비스업 총생산액은 1999년 4분기 6조 3,909억 원에서 2000년 1분기 6조 3,510억 원으로 줄어든 뒤 2003년 4분기까지 계속 증가해 왔다.[6] 이에 비해 학교교육의 질은 다른 OECD 회원국에 비해 상대적으로 낮은 수준을 유지하고 있다.

마지막으로 사교육 서비스산업에 대한 규제는 끝내 사교육산업 현장에 불필요한 긴장과 갈등을 유발하여 교육문제의 해결에 오히려 짐이 될 뿐이다. 현실적으로 사교육산업 시장의 발전 추세를 면밀히 살펴보면, 사교육산업이 오히려 공교육이 직면하고 있는 교육문제를 풀어 줄 수 있는 대안을 가지고 있음을 알 수 있다. 그것은 교육산업 자체가 돌연변이 방식으로 커 나가는 성장의 동력을 가지고 있기 때문이다.

교육붕괴의 주범으로 정부가 사교육 서비스 시장을 지목하는 것은 교육적으로 온당한 일이 아니다. 교실교육의 해체가 사교육산업 때문에 일어난다는 생각 역시 온당한 비난이 아니다. 현상적으로 그렇게 보이기는 해도 사교육산업 시장이 공교육 해체의 원인이라는 진단은 한국 교육의 문제에 대한 성찰이 결여된 생각일 뿐이다. 그것은 공교육이 지니고 있는 문제의 본질을 덮어 버리기 위해 사교육 서비스 시장을 희생양으로 삼으려는 여론몰이 재판이나 마녀사냥의 한 아류로 인식할 수밖에 없다. 그런 발상은 학원산업이 교육자본 축적의 한 부분을 담당하고 있다는 점에 대해서 정부가 무지하기 때문에 가능한 것이다.

교육해체 혹은 교육붕괴는 사교육산업의 성장과 발전으로 야기된 사회적 부작용이 아니다. 교육해체는 학원산업과 같은 교육자본의 축적과는 무관하다. 공교육과 이를 뒷받침하고 있는 교육정책에서 야기된 부산물일 뿐이다. 교육해체가 구체적으로 무엇을 의미하는지도 학문적으로는 불분명하지만, 근본원인이 사교육 서비스산업이 아니라는 점만큼은 확실하다. 한 연구자에 따르면 교육붕괴라는 개념은 일본어 표현을 국내 언론이 작위적으로 한국 교육계에 대입한 결과라고 한다. 언론이 여론을 호도하기 위해 창조해 낸 작품이라는 주장이지만, 실제로 교육붕괴현상이 국내의 학교현장에 있다는 것을 생각하였을 때[7] 그의 지적은 그리 설득력 있는 것은 아니다. 그동안 우리 중등학교의 교실현장에서 나타났던 교실해체의 증거가 한두 가지가 아니었기 때문이다. 대표적으로는 학생들의 등교거부와 교사에 대한 반항, 비정상적인 수업진도, 학생들의 선수수업으로 인한 학업동기의 붕괴, 입시훈련에 대한 학생들의 과도한 적응 같은 것을 들 수 있다.

이런 교육해체의 주범이 바로 사교육비라는 것이 정부의 판단이었고, 이러한 판단이 사교육 서비스산업에 대한 규제의 근거였다. 사교육비가 국내 총생산의 5~6%에 달하고 가계비의 20~30%를 차지하고 있기에 가계파탄의 주범 역시 사교육비라는 생각이었다. 사교육비를 제대로 잡으면 공교육의 문제도 자동적으로 해결될 수 있다는 것이 바로 그들의 생각이었다. 어찌 보면 사교육비의 문제는 한국 교육에서 문제 발생과 해결의 열쇠인 동시에 자물쇠인 것처럼 보이기도 한다. 사교육비의 부정적 측면만을 집중적으로 부각시킨다면 한국 교육의 문제는 고질적이며 흉악하기 그지없다. 현실적으로 지금의 공교육조차 학부모들의 사교육비 지출에 의존하고 있는 형편이기 때문이다.

이 점은 OECD의 보고서에서도 분명하게 지적되었다. OECD는 30개 회원국과 18개 비회원국의 각종 교육 관련 자료를 분석하면서, 우리나라 학교교육비 지출규모가 OECD 국가 가운데 최고임을 확인해 주었다.[8] 2003년도의 OECD 교육지표(Education at a Glance)에서도 이 점을 확인할 수 있다. 학교교육의 재정적 지원에 대한 한국 학부모들의 열성도 다른 나라에 비해 앞섰는데, 한국의 GDP 대비 학교교육비는 7.1% 수준을 웃돌았다. 이 수치는 미국 7.0%, 영국 5.3%, 일본 4.6%보다 높은 것이었다. 동시에 OECD 국가 평균 5.5%보다도 1.6% 포인트나 높아 세계 최고 수준이다. 한국의 학부모들이 공교육을 위해 부담하는 몫도 세계 어느 나라보다도 높다는 것을 증명해 준다. 한국 학부모의 '교육비 중 민간부담률'은 초·중·고교의 경우 18%로, OECD 평균 7%보다 2배 이상 높았다. 학부모들의 높은 교육열 덕분에 학생들의 수학 분야의 학업성취나 과학과목에서의 학업성취는 그 어느 나라 학생들보다도 높은 실정이다.

대학교육의 질은 OECD 국가 중에서 바닥권을 기록하고 있는 실정이지만, 대학교육에서도 민간 부담률은 76%로 OECD 평균 20%의 4배에 달하고 있다. 이런 단순한 수치로 한국의 학교교육의 질을 다른 나라와 수평적으로 비교하기는 어렵겠지만, 그래도 한 가지 확실한 사실은 한국의 학교교육은 선진국과는 달리 달리 학부모들이 지원하고 있다는 점이다. 따라서 한국의 학부모들이 보여 주고 있는 교육열을 결코 일부 학자들이 주장하는 것처럼 교육문제의 화근으로 치부할 수는 없는 것이다.

공교육비를 부담하는 한국 학부모의 높은 교육열에도 불구하고 국내 학교에서의 학급당 학생 수는 2001년 기준으로 초등학교 36.3명, 중학교 37.7명으로 OECD 평균인 초등학교 22명, 중학교 24명보다 훨씬 많은 실정이다. 교원 1인당 학생 수 역시 초등학교 32.1명, 중학교 21명, 고등학교 19.3명으로 OECD 평균인 초등학교 17명, 중학교 14.5명, 고등학교 13.8명보다 높은 수준을 기록하고 있다.

학원교육에 대한 편견과 재이해

학원교육 서비스는 한국 교육에 미친 공과를 제대로 따져 볼 틈도 없이 우리 교육문제의 주범으로 단죄되어 왔다. 단과학원이든, 보습학원이든, 기술계 학원이든 간에 모든 학원은 사교육의 커다란 족쇄 속에서 운신하기조차 어려웠다. 그저 한마디 단어, 즉 과외망국론이라는 멍에를 짊어진 채 한국 교육을 파탄으로 몰고 가는 세력이라는 사회적 비난을 감수해 왔다. 학원교육 서비스는 그 범주와 형편에 관계없이 학교교육에게는 마치 독버섯처럼 경계시되어 왔다. 그래서 오늘날의 학원교육산업을 보고 있노라면 인동초(忍冬草)를 보는 느낌이다.

학원교육에 관한 연구들이 있기는 하지만 그 연구들 역시 학원산업에 대해 별다른 교육학적 논리 개발을 제대로 해 온 것도 아니기에,[9] 학원교육을 학문적으로 대변하기 위해서는 그 자신밖에는 없는 형편이다. 사교육산업 중에서도 공교육과 밀접한 관계를 가지고 있는 학원교육 시장, 특히 공교육과 항상 긴장과 갈등관계에 있는 학원교육산업은 사교육비, 교육효과, 입시문제 등과 서로 얽키고 설킨 채 필요 이상의 오해와 희생을 강요받아 왔다.

1) 사교육비

사교육비의 총액이나 규모를 정확히 아는 사람은 아무도 없을 것이다. 사교육비에 대해 연구한다는 연구조사기관들 역시 마찬가지다. 그동안 서로 다른 자료를 내놓고 있을 뿐이다. 어느 자료를 사교육비에 대한 표준자료로 활용해야 할지 결정하기 어려울 정도로 서로의 추정치나 추정근거가 다르다. 최근 4년간 사교육비에 관해 각종 교육연구소들이 발표한 사교육비의 규모는 그 편차가 너무 크다. 보고되고 있는 자료들 간에 각기 무려 6~30조 원 가까이 차이가 나는 실정이다.

교육인적자원부의 의뢰를 받아 사교육비 규모를 조사했던 한국교육개발원의 사교육비 산정자료도 신뢰성이 떨어지기는 마찬가지다. 한국교육개발원은 1998년도 우리나라 학부모들이 소비하고 있는 과외비만 13조 2,841억 원이라고 발표했다. 다음해인 1999년에는 절반을 줄여 과외비가 6억 7,720원이라고 발표했다. 한 해를 두고 과외비의 규모가 늘기도 하고 줄기도 하는 고무줄 통계치를 내놓은 것이다. 이런 식으로 적당하게, 어쩌면 시류의 정치적 목적에 부합하게 추정된 과외비의 규모는 신뢰감을 얻지 못할 정도의 차이를 드러내 보이고 있다. 물론 이는 과외비를 추정하는 요소를 줄이거나 늘리는 과정에서 나타난 일이기는 했지만 그 동기가 석연치 않은 것이 사실이다. 게다가 정부출연기관인 한국산업연구원은 1999년 한국의 교육서비스업 시장규모를 30조 1,000억 원이라고 추정 발표하였다. 이 숫자는 한국교육개발원의 자료와 대비해 보면 또 하나의 무지막지한 차이를 드러내 보이는 사교육비 추정치다.

한국무역협회는 1999년 통계를 토대로 만든 'OECD 교육지표 2002' 자료에 의거해 우리나라가 '교육기관에 대한 민간 부문 지출의 국내 총생산(GDP) 대비 비중이 2.73%로서 OECD 회원국 중 1위'라고 밝혔다. 2000년 한국교육개발원은 7조 1,276억 원, 2001년에는 8조 5,000억 원이라는 조사 결과를 내놓았다. 사교육비 통계가 이처럼 큰 편차를 보이는 이유는 사교육비에 대한 개념 파악이나 조작적 정의가 기관마다 다르기 때문이다. 사교육비를 '교육활동에 투입되기는 하지만 공공회계 절차를 거치지 않고 학부모나 학생이 직접 지출하는 경비'로 보기에 각 기관이 발표하는 사교육비 간의 편차가 커진 것이다. 흔히 단죄의 대상으로 지목받고 있는 '과외비'는 사교육비에 비해 그 규모가 훨씬 작다. 입시학원비, 개인과외비, 특기 및 재능 학원비, 방문과외비만을 포함하기 때문이다. 따라서 과외비에 교재 구입비, 부교재 구입비, 학용품비, 수업 준비물비, 학교 지정 의류비, 단체활동비, 교통비, 급식비, 하숙비, 잡비, 기타 육성회 찬조금, 어머니 회비, 기부금, 촌지 등의 비용이 모두 포함된 사교육비의 규모는 달라질 수밖에 없다. 여러 연구기관이 발표한 사교육비의 편차가 최고 24조 원에 달한다면 사교육비의 총액에 관한 그 어떤 자료도 신빙성을 얻기 힘든 형편이지만, 그것을 교육자본의 재정지표로만 본다면 사교육산업체들이 매년 약 30~40조 원의 자본을 다루고 있는 거대 산업체임을 알 수 있다.

이렇게 사교육비에 대한 편차와 이해의 폭이 커지는 것은 주무부서가 느끼는 사회적 두려움 때문일 수도 있다. 사교육비의 실제 규모가 밝혀지면 그들에게 직접 책임이 돌아갈 것을 우려해서 정확한 조사를 피하려는 의도에서 나온 전략일 수도 있다. 사회적 비난을 염려한 나머지 통계치의 통제를 통해 그들의 직무를 유기해 왔던 것이기는 하지만,[10] 그보다 더 중요한 것은 사교육 자체가 개인의 배움을 위한 사적인 투자비용이기에 정확한 전체 규모를 파악하기가 어려웠기 때문일 수 있다. 사교육비를 정확히 추적하려는 것은 마치 국민의 연애 총경비를 정확히 추적해 내려는 것처럼 어쩌면 무모하기 그지없는 일이라고 할 수도 있다.

2) 학업성취도

정부는 국민 평균학력이 상승한 이유가 공교육만의 공이라고 우길 수 없는 처지에 있다. 한국의 학생들이 놀라운 업적을 낸 배경에는 사교육산업의 역할이 클 수밖에 없다. 미국이나 유럽 국가에 비해 높은 국민 평균학력 역시 사교육 서비스와 교육산업의 뒷받침 덕분에 가능했다고 볼 수 있다. 실제로 한국 국민들이 공교육 재정에 상당 정도로 기여하고 있다는 사실에도 주목해 둘 필요가 있다. 학생들의 사교육 참여문제는 단지 우리나라에서만 일어나는 특이한 현상도 아니라는 것도 지적해 둘 필요가 있다. 아시아, 미국 및 유럽의 여러 나라에서도 사교육 참여는 무시하기 어려울 정도로 막강하다.

교육열이 어떤 나라보다도 상대적으로 강한 싱가포르, 일본, 홍콩 등의 아시아 국가들도 사교육을 적극적으로 활용하고 있다. 그들에게도 사교육의 활성화와 균형적 발전문제는 우리와 마찬가지로 주요 현안 중 하나다. 그들은 사교육을 국가 경쟁력의 수단으로 삼아 잘 활용하고 있다. 이것은 제3차 수학 · 과학성취도 국제비교 반복 연구(Third International Mathematics and Science Study-Repeat: TIMSS-R)에서도 분명해진다. 이 연구는 국가들의 학생의 우수한 성적을 국가 교육 경쟁력의 발판으로 간주하고 있다. 예를 들어, 1999년도 중학교 2학년 대상 TIMSS-R 수학자료에 따르면, 싱가포르, 한국, 홍콩, 일본이 각각 604점, 587점, 582점, 579점으로 1, 2, 3, 4위를 차지하였다.[11] 이들 아시아 국가 학생의 높은 수학 성적은 높은 사교육열과 진학시험의 준비에서 비롯된 것이다. 입시제도의 영향, 즉 공교육으로부터 음지교육으로 비난받는 사교육의 영향에서 기인된 것이다. 사교육과 관련된 TIMSS-R 자료와 OECD 자료를 이용해 각국의 사교육 현황을 비교하면, 학업성취가 상위에 속하는 나라들은 일반적으로 사교육 의존 비율이 높다. 학교교육 이외의 사교육 참여율에서 일본은 61.9%, 싱가포르는 54.8%, 홍콩은 47.5%, 그리고 한국은 41.0% 정도였다.

이 자료만으로 한국 교육의 성취도를 해석하면 한국 학생들의 사교육 참여율은 오히려 여타 국가에 비해 뒤지는 것으로 나타난다.[12] 사교육 의존율이 높은 동양 4국에 비해 상대적으로 학생들의 학업성적이 하위권을 맴도는 미국과 영국의 중학교 경우는 학생들의 사교육 참여율이 상당히 낮다. 그렇다고 그들이 전혀 사교육과 무관한 것도 아닌 것은 분명하다. 미국이나 영국의 학생 역시 각각 33.2%와 13.1%의 사교육활동에 참여하고 있기 때문이다.

모든 것을 고려해 볼 때 결론은 단 하나다. 우리나라 학생들의 학업성취도는 낮지 않을 뿐 아니라 학업성취의 국제경쟁력이 상당 정도로 높아 자랑할 만하다는 점이다. 다만, 한국이 그들에 비해 뒤처지는 것은 교육을 위한 국가의 교육투자율 때문이다. 한국은 OECD 회원국가 중에서 GDP 대비 총 교육비 비율은 가장 높으나, 교육투자에 대한 효율성은 경쟁국보다 한 번도 높아 본 적이 없이 한결같이 최하위에 머무르고 있다.

3) 입시문제

한국 교육의 문제를 거론하면서 분명하게 짚고 넘어가야 할 것은 사교육 서비스가 입시훈련을 조장해 온 결정적인 원인이 아니라는 점이다. 문제의 핵심을 제대로 파헤치려면 입시교육 구조의 실체를 제대로 파악해야 한다. 정확하게 이야기한다면, 입시교육 정책이 입시훈련을 강제해 왔다고 주장하는 편이 옳을 것이다. 입시정책은 한국 교육에서 아킬레스건처럼 작용해 왔다. 입시제도의 개혁은 광복 이후 크건 작건 무려 15번이나 이루어졌다. 그렇지만 입시문제 해결의 새로운 가능성은 없었다. 그저 입시문제를 해결해 주었으면 하는 소망사항만이 입시정책들로 길게 나열되어 왔다. 2008학년도 내신위주 대입 개선안 역시 개인에게 필요 이상의 입시훈련을 요구하기는 마찬가지다. 모든 새로운 입시정책들은 더욱 다양한 입시훈련의 강화에 도움을 주는 것들로 생명을 끝냈으며 입시훈련의 내성을 키웠을 뿐이다. 사교육산업, 학원교육 서비스 등의 교육산업은 그 와중에서 다양한 기업경영관리 방법들을 익혀 왔다.

1945~1953년의 대학입학제도는 대학별 입학시험이었다. 이 제도는 결국 부정입학으로 막을 내렸다. 1954년부터는 대학입시에서 연합고사와 대학별 본고사가 병행되었다. 연합고사 결과가 백지화된 후부터 이 제도도 백지화되었다. 1955~1961년에는 대학별 본고사와 내신이 권장사항으로 처음 등장했다. 그러나 학사부조리, 대학 간의 학력격차, 입시위주 교육의 폐단 때문에 대학별 본고사와 내신중심의 대입제도는 폐지되었다. 1962년에는 입학자격고사만으로 학생을 선발하였다. 하지만 성적 우수자들이 대거 탈락하고 비인기 대학들이 정원 미

달 사태를 맞는 바람에 이 제도도 1년 만에 사라졌다. 1963년부터 입학자격고사에 대학별 본고사가 다시 더해졌다. 그러나 이 제도 역시 대학 간, 학과 간의 극심한 학력격차를 야기하는 바람에 마침내 폐지되었다. 1964～1968년까지 대학은 대학별 본고사만으로 학생들을 선발하였다. 그러나 학생들의 일류대 집중현상 때문에 고등학교마다 입시위주 교육이 성행하여 결국 폐지되었다.

1969～1972년까지는 대입자격시험으로서 입학예비고사와 대학별 본고사로 학생을 선발하였다. 하지만 학생들은 예비고사와 본고사라는 이중부담을 지게 되었고, 때문에 과외가 전국적으로 본격화되었다. 1973～1980년까지는 합격선을 미리 정해 놓은 입학예비고사와 대학별 본고사, 그리고 내신중심의 대입제도가 실시되었다. 학생들은 대학입시와 내신을 동시에 준비해야 하는 이중부담을 져야 했고 이에 대비한 과외가 번졌다. 이 시기에 과열과외가 극적으로 나타났다. 1981년부터 대입제도는 선시험의 예비고사와 내신으로 다시 바뀌었는데, 이때 대학의 학생 선발기능은 거의 없어진 것이나 다름없었다. 대학의 자율권이 훼손되는 바람에 이 제도는 다시 폐지되었다.

1982～1985년에는 입학학력고사와 내신으로 학생을 선발하는 대입제도가 채택되었다. 입시혼란과 학생들의 적성이 무시되는 치열한 경쟁이 일어났다. 눈치와 배짱지원의 입시과열이 일어나자 입시제도에 손을 댈 수밖에 없었다. 입학학력고사와 내신, 그리고 논술이 더해진 신종 대입제도가 1986년부터 실시되었다. 하지만 이 때문에 대학의 학생 선발기능은 말할 수 없이 약화되었으며, 편중지원과 이에 따른 학과 미달 사태가 일어났다. 게다가 처음 실시된 논술은 또 하나의 문제로 등장하였다.

결국 논술고사는 실시 1년 만에 폐지되었다. 1988～1993에는 선지원의 입학학력고사와 내신, 그리고 면접으로 학생들을 선발하였다. 그러나 대학의 선발기능이 미흡하기는 마찬가지였다. 면접 선발 역시 커다란 문제점으로 지적되었다. 1994～1996년에는 수학능력시험과 내신, 그리고 본고사의 새로운 입시제도가 채택되었다. 하지만 이 제도 역시 수능과 본고사가 학교교육에 부담을 주게 되었고 학생들의 과열과외가 불붙었다. 1997~2001년에는 수학능력시험과 학생기록부, 그리고 논술중심의 새로운 대입제도가 채택되었다. 이 제도 역시 학생부 반영 비율문제와 사교육 과열로 폐기되었다. 다시 2002년에는 수학능력시험과 학생기록부, 논술, 추천서와 심층면접 등으로 대입제도가 더욱더 복잡하게 변했다. 선발방법의 종류가 늘어나면서 그에 대한 학생들의 준비와 반발도 만만치 않았는데, 바로 사교육 열풍과 학교교육 해체가 그것이다.

입시훈련 과정에서 학부모들의 사교육비가 문제가 되는 것은 사실이지만, 이는 행복권을 추구하기 위한 학부모들의 자발적인 선택이며 그에 대한 대가라는 점에서 개인이 책임질 일이다. 국가가 개인의 행복권을 보장하지 못하기에 개인이 택한 행복추구권의 표시며 개인이 실용적인 목적으로 택하는 교육적 선택과 결정의 결과인 것이다. 즉, 개인적인 책임이고 개인적인 선호의 결과일 뿐이다. 개인의 행복추구권이 사교육 서비스의 현실로 표출되었다고 해서 정치적으로 단죄의 대상이 될 수는 없다. 그런 개인의 행복추구권을 보장해 주지 못하는 국가의 교육현실이 먼저 단죄의 대상에 올라야 할 판이다.

사교육비가 연간 10조 원 혹은 그 이상의 천문학적인 액수라고 이야기하지만, 그 가운데 입시과외료가 6조 원 정도며 자기계발을 위한 과외비가 무려 4조 원 정도라고 밝히는 교육연구소들의 통계치는 사교육 서비스산업과 학습국가 건설 간의 새로운 상관성을 읽게 만들고 있다. 자기계발비로 투자되는 사교육비가 약 4조 원이라는 점에서 학교교육의 효용론에 대해 문제를 제기할 수 있으며, 동시에 학습국가 건설에 사교육 서비스산업의 영향력을 무시할 수 없다는 점을 확인하게 된다. 학교교육만 가지고는 대학입시뿐 아니라 자기계발 교육에도 미비하다는 사실을 확인할 수 있기 때문이다. 학교교육만으로는 쓰임새 있는 자기계발이 불가능하다는 것을 한국은행의 통계에서도 읽을 수 있다. 그런 통계 자체는 이미 드러났던 사실들의 서술적인 반복에 지나지 않을 뿐이다.[13] 입시훈련을 위해 사용되는 사교육비를 굳이 악성 사교육비라고 낙인 찍어야 한다면 그것을 위한 필요 이상의 투입은 자제되어야 할지도 모르나, 그보다 먼저 단죄받아야 할 것은 학교교육의 입시훈련이다. 학교가 인간교육을 멀리하고 일류대 입시를 위한 입시훈련에 전력투구하는 것이 교육의 이정표일 수는 없다. 특목고, 외국어고, 자립형 고교들이 바로 입시훈련의 중심에 서 있다면 그들의 입시훈련을 수수방관하는 교육행정가들이 먼저 고발의 대상자가 되어야 할 것이다. 마치 양의 가죽을 쓴 이리들이 교육이라는 미명 아래 입시훈련에 매진하고 있다면 그들에 비해 어떤 재정적 혜택도 없이 하나의 교육산업체로서 납세에 충실한 사교육산업체가 오히려 더 교육적일 수도 있다.

입시훈련보다는 학생들의 자기계발을 위해 투입되는 사교육비는 오히려 국가경쟁력을 높일 뿐만 아니라 평생학습사회 실현을 위한 양성 사교육비로서 권장되어야 할 개인 계발비에 해당된다. 북유럽 국가에서는 국가가 개인에게 개인의 자기계발을 위한 사교육비까지 지원해 준다는 사실을 직시할 때, 국가는 오히려 양성 사교육비의 지출을 권장해야 할 것이다. 이는 개인의 발전뿐만 아니라 사회발전을 위한 생산력 보강에도 도움이 되기 때문이다.

학원교육산업의 해외 사례

외국의 사교육산업체들은 우리와는 다른 방식으로 성장하고 있다. 동시에 그들은 그들 나름대로 교육 서비스산업의 정체성을 드러내기 위해 나름대로 최선을 다하고 있다.

1) 일본

일본은 우리나라 이상으로 사교육에 대한 관심이 높은 나라다. 일본에서 사교육산업은 '유도리 교육' 혹은 '재량교육'이라고 부르기도 한다. 이런 유도리 교육활동은 흔히 학교에서의 보충학습, 학원교육, 가정교육 등으로 크게 구분된다. 그리고 사교육 서비스산업 중에서 학원교육산업은 면학학원, 특기 · 재능학원, 면학 · 특기종합학원 산업으로 세분된다. 면학학원 서비스는 입시학원과 보습학습으로 나뉜다. 이 중에서 주로 보통교과에 관한 학습지도가 이루어지는 '입시학원 교육 서비스산업' 을 '가쿠슈주쿠(學習塾)' 라고 부르며, 재수생중심의 대학입시 서비스학원산업을 일반적으로 '요비코(豫備校)' 라고 부른다.

일본에서는 사교육 서비스업을 쉽게 개설할 수 있다. 대학입시학원 교육산업체들이라고 하더라도 일정한 시설과 규모를 갖추기만 하면 학교법인으로 설립이 가능하다. 그렇게 되면 그들은 준학교로 인정받아 세금도 감면받는다. 그런 사교육 서비스산업체 중에서도 대표적인 학교법인의 예비교가 순다이(駿台) 예비학교다. 이들은 교육장이 22개에 이르며 학생 수는 약 2만 명 정도다. 창립연도가 1918년으로 그 역사도 깊다. 순다이 예비교 이외에 요요기제미나르(代代木ゼミナール, 교육장 수 27개, 창립연도 1957년), 카와이주쿠(河合塾, 교육장 수 33개, 학생 수 85,000명, 창립연도 1933년) 등이 있는데, 이들 역시 일본 정부가 무시하지 못하는 사교육 서비스산업체다.

이들의 기업적 활동 역시 괄목할 만하다. 각큐샤(學究社)가 1985년 주식에 학원등록을 한 후 오늘날까지 20여 개의 학원이 주식을 공개할 정도로 이들은 기업의 성장 측면에서도 민감하다. 그중 4개 학원이 동경증권거래소 제1부에, 또 다른 4개 학원은 제2부에 상장했다. 일본 사교육 서비스산업체들인 학원업계는 창설기 이후 약 50년 만에 이제는 어엿한 '교육산업체' 로서의 사회적 지위를 확립하였다. 2004년 전국 학원(가쿠슈주쿠)의 규모를 매상과 소득 순위로 보면 1위인 에이코(榮光)세미나는 교육장 수 247개, 학생 수 53,030명으로 상장(東証二部)되었다. 2위인 이치센(市進)학원은 교육장 수 157개, 학생 수 45,000명으로 자스닥(Jasdaq)에 상장되었다. 3위인 니치노켄(日能硏)은 교육장 수 116개, 학생 수 39,000명으로 미공개다. 매상과 소득 순위 20위까지의 학원의 교육장 수를 더하면 총 4,070개, 학생 수는 총 557,963명이다. 20개 학원 중 상장된 곳이 1부에 4곳, 2부에 4곳, 자스닥에 등록된 곳이 4곳이고 미공개가 8곳이다. 전국 예비교 소득순위 1위인 토신(東進)스쿨은 교육장 수 36개, 학생 수 100,000명이다. 2위인 요츠야(四谷)학원은 교육장 수 8개, 학생 수 8,000명이다. 3위인 조난(城南)예비교는 교육장 수 11개, 학생 수 11,500명이다. 전국 예비교 소득순위 7개 학원의 교육장 수는 총 103개, 학생 수는 총 147,000명이다. 7개 전국 예비교 중 자스닥에 등록된 곳은 2곳이고, 5개는 미공개다. 전국 영어회화학교 소득순위의 경우, 1위는 이온으로 교육장 수 296개, 학생 수 100,000명이다. 2위인 노바(NOVA) 그룹은 교육장 수 600개, 학생 수 410,000명이다. 3위인 ECC는 교육장 수 110개, 학생 수 340,000명이다. 전국 영어회화학교 중 소득순위 5개 학원의 교육장 수는 총 3,206개, 학생 수는 총 980,000명이다. 이 중 1곳만 자스닥에 등록되었고 4곳은 미공개다.

이런 입시준비 교육 서비스산업의 성장과 더불어, 일본은 학원 및 교습소와 같은 사교육 서비스산업기관을 직업교육 훈련을 위한 훈련교육기관으로도 활용하고 있다. 일본 정부는 노동성 주관 아래 고용개발 프로그램을 실시하고, 이를 실시하는 사업국에 대해 교육훈련 급부제를 실시하고 있다. 이 제도를 통해 일본 정부는 정보처리기술자 자격, 부기검정, 사회보험 노무사 자격 등을 목표로 하는 강좌나 경영 커리어의 인정을 받는 화이트칼라의 전문지식과 능력 향상에 도움이 되는 강좌 등을 지원하고 있다.

일본에서 학원교육기관의 설립은 행정적으로 상당히 용이한 편이다. 그런데 일단 학원교육기관을 개원하고 난 다음에는 교육에 대한 책임과 의무가 과중하게 부과된다. 그래서 상당수의 사교육산업은 경영의 어려움을 겪고 있고, 매년 30~40% 정도의 학원교육 서비스기관들이 폐원되고 있는 실정이다. 자율적 규제와 규약 속에서 교육기관으로 강조되고 있는 기본 사항을 지켜야 하며 제3자의 수행평가도 받아야 한다. 그래야 사회적 인정을 받는 사교육 서비스산업으로 간주된다.

학원교육산업에 대한 질 개선 및 학습자의 선택권 보장 등은 학원교육산업의 자율규제로 관리된다. 일본 입시학원협회의 '자주규제준칙'은 비교적 까다롭다. 학생의 건강, 학습환경, 광고 내용의 표시 기준, 수강료 환불방법, 출석지도, 정원의 표시 등으로 학원운영을 규제하고 있다. 사교육 학원산업은 국가 법령이 아닌 학원경영자들의 모임에서 정해진 자주규제를 통하여 실천되고 있다. 사단법인 전국학습숙협회, 사숙협의회, 학습공개기업협의회 등이 바로 학원교육 서비스산업의 경영과 교육적 책무성을 점검하는 자율적 평가를 전담하고 있다.

성공적인 학원교육 서비스 개선과 경영을 위한 자율적 노력 이외에도, 공정거래위원회와 미쓰비시 총연 등에서는 학원교육에 대한 외부 평가도 함께 하고 있다. 입시학원, 영어회화학원 등을 비롯한 14개 학원 분야에 대한 평가가 이루어지고 있으며, 이 중 입시학원 평가는 '사단법인 전국입시학원협회' 가 희망학원을 대상으로 실시하여 통산성 홈페이지와 입시학원협회뿐 아니라 많은 소비자단체의 홈페이지에 공개하고 있다.

2) 미국

미국에서도 사교육산업에 대한 중요성이 높아지고 있다. 예를 들어, 캘리포니아 주는 사교육 서비스산업의 성장을 교육적으로 지원하고 있다. 캘리포니아 주정부는 2~11학년 대부분의 학생에게 전국적으로 표준화된 SAT9 시험을 실시한다. 그리고 학교 간의 학력을 비교하여 일정한 수준에 미치지 못하는 학생들에 대해 학교의 책임을 묻고 있다. 이 학력평가시험에 대비하기 위해 주정부는 참고서 시장과 과외교습소(private learning center) 등과 같은 사교육 서비스산업을 적극적으로 보호하고 있다. 이런 사교육산업은 공교육산업의 보완으로 이루어지기에 사교육산업과 공교육산업은 상호 보완관계를 유지하고 있다.

사교육산업 중에서도 학원교육 서비스에 관련된 법률은 따로 규정된 것이 없다. 주정부 교육법은 사교육 서비스산업이나 학원산업을 초·중고등학교 교육과 더불어 직업교육이나 훈련 등 평생학습에 관한 규칙으로 다루고 있다. 그래서 사설 교육 서비스산업이나 학원교육기관을 설립·운영하고자 하는 사람은 해당 지역 교육위원회의 허가를 받으면 된다. 이때 사교육 서비스를 제공할 자격이 있다는 것을 입증하기 위해 신청자는 교육활동에 대한 준법정신의 명백성을 보여야 한다.[14] 주로 사교육산업체에 근무할 강사와 학원장의 요건에 관한 사항들에 대한 평가와 점검이 주요 허가사항에 포함된다. 즉, 강사는 우선, 정해진 규칙에 대한 위반사실이 없어야 한다. 또한 적어도 3년간 자격증을 가진 분야에서 교육을 해 본 경험이 있어야 한다. 마지막으로 학위수여 프로그램의 경우는 자격증이 표시되는 분야에서 적어도 동등하거나 더 높은 수준의 자격을 소유하고 있음을 증명해야 한다. 사교육 서비스기관의 운영책임자들의 조건 역시 공립학교나 승인된 사설 중등과정 이후의 학교에서 행정가로서 최소한 3년간의 보직경험을 가지고 있어야 하며, 사교육기관의 조합에서 정하는 규칙에 대한 위반사실이 없음을 증명해야 한다.

학원교육산업의 자본화 방안

학원교육산업은 공교육의 보완적 기능으로서 확대될 필요가 있다. 평생교육기관으로서의 학원 서비스산업과 공교육산업은 전체 교육체제 속에서 각기 지향하는 목표를 성취하기 위한 공동의 노력이 필요하다. 이제는 학원 서비스산업체들도 평가도구를 활용하여 자체 교육평가뿐만 아니라 교육 전반에 관련된 학습자들의 학습에 대한 책무성을 다져야 한다. 장기적 안목에서 학원교육 서비스기관 강사들 역시 공교육 현장에 활용될 수 있어야 한다. 다시 말해, 교육의 질을 높이기 위해 공교육 현장과 사교육 현장 간의 교사 교류, 공동 프로그램의 운영이 가능해야 한다. 동시에 인적 교류는 물론 재정지원 및 시설 · 설비의 공동활용과 같은 물적 교류 역시 적극적으로 모색되어야 한다.

학원교육 서비스에 대한 사회적 평가를 제공하는 평가 시스템의 도입도 필요하다. 교육 서비스산업에 대한 평가의 일환으로 학원산업에 대한 일본의 평가에서 알 수 있듯이, 학원교육의 서비스나 그 질에 대해 사교육시장이 책임질 수 있어야 한다. 그것을 위해 사교육시장에 대한 평가 결과가 일반인에게 공개되어야 한다. 이러한 평가활동은 학원교육에 대한 공동이해를 도모할 뿐만 아니라 평가 대상이 되는 학원교육 서비스 자체의 발전을 유도하기 위한 국민적 신뢰를 높이기 위한 것이기도 하다. 이는 평생학습기관으로서 학원교육 서비스의 기능을 사회적으로 인증함으로써 그 결과를 사회체제의 유기적인 성과의 일부분으로 천명하는 일이기도 하다. 동시에 사교육 서비스기관 이용자들의 학습권을 보호하고 그런 사교육 서비스 기관이 자유경쟁시장에서 자생력을 갖도록 만드는 제도의 확립이기도 하다.

학원교육산업은 정부가 추진하고 있는 학습국가 실현을 위한 효율적이고도 효과 빠른 수단이 될 수 있다. 평생학습 매체로서 사교육 서비스산업인 학원교육기관들이 이제는 대학입시 정책과 관련해 필요 이상으로 핍박받는 일에서 벗어나 하나의 교육산업으로서 위상을 찾아나서야 한다. 이를 위해서는 사교육산업체 스스로, 사교육시장 스스로 그저 쫓기는 자세에서 벗어나야 한다. 스스로 일어나라고 해서 일어나는 것은 아니겠지만, 사교육 산업기관 스스로 공교육과 구체적인 협력방안을 적극적으로 모색하고, 그런 교육개혁안을 정부에 제시하는 일만큼은 적극적으로 추진해야 한다. 공교육산업 스스로가 사교육산업과 더불어 갈 수밖에 없다고 인정할 정도의 공교육 조력학습 프로그램을 사교육산업체는 개발 · 제시해야 한다.

지금까지 공교육산업과 사교육산업 간의 긴장이나 갈등 혹은 서로 간의 힘 겨루기는 교육산업의 가능성과 경쟁력을 소진시켜 왔을 뿐이다. 이런 갈등은 평생학습국가의 실현을 위해서도 바람직하지 못하다. 동시에 교육산업의 새로운 성장과 발전에도 도움이 되지 못한다. 학원교육 서비스산업이나 학습지산업은 세계 어느 나라에 비해서도 강력하고도 실용적인 노하우를 지니고 있는 교육산업들이다. 정부는 이런 교육산업의 수출 가능성도 눈여겨보아야 한다. 이제는 한국교육을 수출하려고 노력할 때다. 그렇게 하기 위해서는 사교육산업과 공교육산업 간의 갈등이나 긴장부터 풀어야 한다. 서로 간의 공존과 협력방안을 찾아 나설 때다.

이를 위해서 정부는 사교육산업체들이 평생교육적 기능과 역할을 발휘할 수 있도록 하는 교육정책을 개발해야 한다. 이런 정책들은 교육 선진국에서는 이미 보편화되어 있는데,[15] 지식 · 인력개발 사업을 주로 하는 평생교육기관 혹은 사교육산업의 모든 프로그램을 등급화하여 이를 공인하는 체제가 개발되고 있다. 이 경우 학습자의 교육 결과가 학점 · 학력 및 자격증 취득과 연계되도록 만드는 것이 중요하다. 이것은 우리나라의 학점은행제와 비슷하다. 우리 역시 학점은행제의 틀 속에서 사설 교육기관의 모든 교육 프로그램은 국가가 등급화하여 공인하고 있는데, 등급화된 교육내용은 정규교육의 각 단계에 상응하거나 동일하게 취급된다. 교육 프로그램의 등급화를 통해 학습자들이 취득한 경력이나 학점은 중 · 고등학교, 전문대학, 대학 등에서 요구하는 학력 인정을 위한 학점으로 활용된다. 또한 그들의 프로그램은 평생교육법의 교육계좌제나 교육인적자원정책위원회가 제안한 개인학습계좌제와도 연계되어 있어서 법적인 효력을 갖는다. 교육 선진국들은 사교육산업에서 운영하는 일정한 기준에 부합하는 교육 프로그램 이수자를 학력과 연계하는 교육정책을 선호한다. 고등학교 졸업자를 대상으로 2년간 정규대학과 같은 교육을 실시하는 경우 일정한 평가를 거쳐 전문대학 졸업 학력으로 인정하는 방안 같은 것이 그러한 예다. 예를 들어, 일본, 영국, 호주, 뉴질랜드 등은 이런 평생교육정책을 일반 교육산업계에도 적용하고 있다. 일본은 전수학교제도를 만들어 우수한 성인교육산업을 육성하고, 여기서 2년제 과정을 마치면 초급대학에 상응하는 졸업 학력을 인정하는 교육법을 운영하고 있다.

학원교육 서비스산업은 '국내용 파렴치 기업' 들로 낙인 찍힐 기회를 줄이고, 성장과 수출을 위한 새로운 발전책을 만들어 낼 수 있어야 한다. 이를 위해 학원경영자들이나 강사들은 학원교육이 제일이라는 식으로 국민들에게 학원중독증을 심어 주는 일은[16] 스스로 반성해야 한다. 그들 역시 학원산업의 발전을 위한 연구개발에 힘써야 한다. 교육자본으로서 사교육산업이 가지고 있는 사회적 가치와 교육적인 파급효과는 크지만 이를 체계적으로 확대시킬 수 있는 사교육 서비스산업의 연구 역량은 상당히 뒤처지고 있다. 교육산업의 발전에 관한 연구 업적 역시 한없이 부족할 뿐이다. 사교육산업 스스로 연구 역량과 서비스의 노하우를 수출할 수 있을 정도의 국제적 표준화 작업을 추진해야 한다.[17] 교육자본의 총량이 늘어나기 위해서는 학원교육을 포함한 교육산업의 모든 구성요소의 교육적 가치와 산업적 특성을 새롭게 인식하고 그것을 합성하는 일들이 필요하다.

미주

1 이것을 조금 더 재미있게 이해하기 위해 '무릎은 피해자다.' 라는 박태웅 엠파스 부사장의 다음 글을 소개한다.
달리기 전문가들이 흔히 하는 얘기가 있다. 그것은 '무릎은 피해자다.' 라는 말이다. 혹은 '무릎은 범인이 아니다.' 라고 해도 좋다. 달리기를 시작하면 가장 많이 다치는 부위가 발목이 아니면 무릎이다. 그래서 파스를 바르고, 찜질을 하고, 물리치료를 하게 되는데, 사실은 치료를 해야 할 곳이 무릎일 때는 의외로 많지가 않다는 게 전문가들의 말이다. 자세가 올바르지 않으면 달릴 때 공연히 힘을 많이 쓰게 되고, 한쪽으로 체중이 실리게 마련이다. 부하가 집중된 쪽의 무릎이 무리한 힘을 받아 아프기 시작할 때 사람들이 흔히 하는 일이 무릎을 치료하는 일이다. 허리가 아프면 통증을 피하려고 기형적인 포즈로 달리게 되고, 역시 비슷한 경로를 거쳐 무릎이 아프기 시작한다. 자기 발에 맞지 않는 신발을 신어도 자세는 망가지고 역시 무릎이 아프게 된다. 처음에는 한쪽이 아프다가 대개 양쪽이 모두 아프게 되는데, 아픈 무릎에 부담을 주지 않으려고 이번에는 다른 쪽으로 체중을 온통 싣기 때문이다. 자, 이때 고쳐야 할 곳은 어디인가? 매일 파스를 발라 급기야 피부가 상할 지경이 되어도 무릎은 조금도 낫지 않는다. 나으면 오히려 이상한 것이다. 무릎은 범인이 아니라 그 자신이 피해자이기 때문이다. 해마다 입시철이면 어김없이 되풀이되는 대입제도 논란에 대해 이제는 근본적으로 질문을 던질 때가 되었다. 정말 대학입시제도가 범인일까? 이것을 잡으면 모든 문제가 사라질 것인가? 혹시 대학입시제도도 불쌍한 피해자인 것은 아닐까? 고등학교에서 심하게 노력을 하고 대단한 기술을 배운다고 해서 그것이 반드시 그 사람의 근본적인 경쟁력 강화로 이어지지는 않는다는 것은 이미 야구와 축구가 명백하게 밝혀 놓은 일이다. 수업을 한 시간도 채 들어가지 않고 중학교 때부터 이미 연봉 없는 프로선수가 되어 그라운드를 누빈 우리 야구선수들이 성인이 돼 보니, 수업 꼬박꼬박 참가하고 즐겁게 뛰어놀던 미국 선수들에 비해 실력이 조금도 뛰어나지 않았던 것이다. 축구도 마찬가지다. 동네의 클럽에서 방과 후에 즐겁게 공을 차는 독일 애들이 막상 어른이 되어 보면 차원이 다른 축구를 하고 있는 것이다. 우리 고등학생들의 수준은 이미 세계 최고에 가깝다. 전 세계의 영재들이 모두 모이는 수학 올림피아드에 가서 번번이 메달을 따오는 것도 우리 고등학생이고, 미국으로 유학을 보내 보면 서너 달 새 상위권에 쑥 들어가는 것도 우리 고등학생들이다. 다시 돌아보자. 정말 대학입시가 문제일까? 세계 최고 수준의 영재들을 다 모아 무엇을 어떻게 하는지 몇 년 새 평범하기 짝이 없는 범재, 둔재로 만들어 버리는 것은 강북과 지방의 고등학교들인가, 아니면 서울대학교, 연세대학교, 고려대학교인가? 세계 최고 수준의 영재들에게 학문의 즐거움이라고는 손톱만큼도 익혀 주지 못해 들어 온 지 1년만 지나면 바로 도서관에서 고시책만 달달 외우게 하고 있는 것은 누구인가? 강북과 지방의 고등학교 선생님들이 그렇게 하셨는가? 지금의 삼성, 지금의 현대, 지금의 GE를 만든 것은 단지 선발제도가 아니다. 인력이 들어오면 끊임없는 교육과 엄정한 평가, 합리적인 보상을 통해 기어이 '인력'을 '인재'로 만드는 입사 후의 과정에 있다. 세상의 어느 기업이 선발제도 하나에 목숨을 걸고 뽑은 뒤에는 '나 몰라라' 하고 방치하고 있는가? 대학입시는 단지 하나의 선발제도일 뿐이다. 한국의 대입선발제도는 이미 세계 최고 수준이라는 해석도 가능하다. 증상이 나아지지 않는 것은 그것을 고쳐서 될 일이 아니기 때문일지도 모른다[참고: 내일신문, 2004년 10월 20일자].

2 정부가 사교육 서비스산업, 그중에서도 학원교육 서비스산업을 집중적으로 규제하려는 이유는 별 것이 아니다. 공교육의 붕괴를 사교육산업의 성장과 발전과정에서 찾아내려는 논리를 개발하고 그것에 과도하게 정치적으로 집착하였기 때문이다. 사교육산업이 공교육 붕괴의 주범이라는 판단 때문에 사교육 서비스시장 억제논리가 갖추어지는 것이라면 그 자체가 문제의 화근이 된다는 말이지만, 노무현 정권이 한때 민생사범으로 처리하겠다고 선언했던 불법과외 처리문제도 그 속을 자세히 살펴보면 실은 새로울 것이 없는 쟁점이었을 뿐이었다. 그 당시 노 정권은 국민 생활에 해악이 큰 행위로 고리대금업, 갈취형 조직폭력, 불법 다단계 판매, 불법 도박소 운영, 부정식품, 불법 의료행위, 부동산 투기, 그리고 학원들의 고액 수강료 수수와 수강료 담합 행위를 들었다. 학원운영자를 조직폭력범과 같은 민생범죄 선상에 올린 것도 국가과외의 위상을 확실하게 만드는 데 일조할 것임에 틀림없다. 정부가 국회 국감자료로 제출한 불법과외 사례가 그것을 입증하고 있다. 정부는 2004년을 기점으로 지난 3년간 정식으로 신고하지 않는 등 법을 어긴 개인과외 교습자 1,008명을 적발해 총 5억 6,975만 원의 과태료를 부과했었다. 교육인적자원부가 국회 교육위에 제출했던 국감자료에 따르면, 6월 말 현재 시·도교육청에 신고한 개인과외 교습자는 4만 9,291명, 수강생은 46만 3,882명이었다. 2001년 7월 개인과외 교습신고가 의무화된 뒤, 2002년 1월 말 조사 때 개인과외 교습자가 2만 6,056명, 수강생이 19만 7,453명이었던 것과 비교하면 교습 신고자는 89.2%, 수강 인원은 2.35배로 증가한 것이다. 과외교습자 1명당 수강생이 2002년 초 7.6명에서 올해 9.4명으로 늘어난 셈이다. 월 교습료로 200만 원을 신고한 교습자가 있는가 하면, 3,000원을 신고한 교습자도 있어 그 격차가 666.7배에 달했다. 과외사실을 신고하지 않거나 금지된 장소에서 과외를 하는 등 규정을 어겨 적발된 교습자는 신고의무화 이후 총 18,000명(교습인원 1만 757명)이었으나, 이들에게 부과된 과태료 역시 총 5억 6,975만 원으로 1인당 평균 5만 3,000원에 지나지 않고 있는 실정이다. 정부가 국회에 제출한 자료에 따르면 대부분의 적발사례가 거의 미미한 수준임을 알 수 있다. 불법과외 사범들에게 부과된 과태료 역

시 적발된 불법과외 교습자 한 사람당 평균 5만 원에 지나지 않을 정도로 약소했다. 이런 것을 미루어 보아 정부가 강력히 추진하겠다고 하는 일, 말하자면 고액과외 학원교습자를 민생사범으로 몰아붙이는 정책은 사회적으로 득보다는 실이 더 많을 수밖에 없다. 사교육산업 운영자들에게 역한 감정의 골만 더 깊게 만들어 놓을지도 모른다. 동시에 사교육 서비스산업에 대한 정부정책의 부재를 스스로 드러내는 행정적 조치로 전락될 가능성마저 있다. 민생사범의 명단에 오르는 고액 수강료를 받는 학원운영자들이나 수강료를 담합하는 사교육산업 종사자들은 언제든 제물이 될 수 있다[참고: 동아일보, 2004년 9월 14일자].

3 사교육시장을 민생사범의 온상처럼 간주한다는 것을 전하는 일간신문에 따르면 현재 서울 강남지역의 학원들은 참여정부의 사교육 억제정책 아래 고사 일보직전에 있다.
'청와대에서 강남 학원 100개를 문 닫게 하라고 지시했다.', '학원비 인하 결의에 동참하지 않는 학원은 손을 본다.' 정부가 고액학원을 민생경제 침해사범으로 분류해 근절하겠다며 학원비 인하를 적극 유도하고 나서자 최근 서울 강남 등의 학원가가 바짝 긴장하고 있다. 11월 단속 이후 서울에서만 38개 학원이 1주일 이상의 영업정지를 당했다. 이런 가운데 교육당국은 명확한 단속 대상을 제시하지 않고 학원 자율인하를 강조하고 있어 '괴담' 이 떠도는 등 분위기가 흉흉하다. 교육인적자원부는 지난달 30일 16개 시 · 도 교육청 학원담당자 회의를 소집해 학원비 자율 인하를 유도하도록 지시했다. 그러나 일선 학원들은 학원수강료를 얼마나 내려야 단속을 피할 수 있을지 몰라 불안해하고 있다. 강남에선 '학원이 영업정지 처분을 받았다.', '자정 결의에 참여하면 일단 12월 말까지는 봐 준다.' 는 등의 소문이 돌고 있다. 일부에서는 '정부가 고액 학원을 8대 민생사범으로 분류한 것은 성매매 업소와 마찬가지로 학원도 문을 닫게 하려는 것' 이라고 경계하고 있다. 서울 강남의 P학원장은 '교육청에 단속 대상과 지침 등을 문의해도 학원 자율이니 한국학원총연합회에 문의하라고 말한다.' 며 '연합회도 서초지부, 강남지부별로 얘기가 다르다.' 고 말했다. 서울시 교육청은 강남의 경우 영어유치원은 한 달에 69만 원, 일반 학원은 과목당 15만 원을 단속 상한선으로 정한 것으로 알려졌다. 나머지 지역에서는 영어유치원은 똑같지만 과목당 수강료는 15만 원보다 더 낮아질 것으로 보인다. 강남의 영어유치원은 대체로 월 90~100만 원이지만 150만 원을 받는 곳도 있다. 이런 고액 학원들이 최근 자발적으로 수강료를 인하하고 있다. 서초구의 C영어유치원은 11월까지 한 달 수강료로 93만 원을 받았지만 12월부터 69만 원으로 내렸다. 대신 2시 반까지 하던 정규수업을 내년 3월부터 1시간 단축하고, 이후에는 선택수업으로 45분짜리 강좌를 2개 만들겠다고 공고했다. 강좌당 수업비는 13만 원으로, 두 강좌를 들으면 26만 원이어서 총액은 종전과 비슷하다. 수강료를 내리는 대신 부대비용을 올리는 편법을 동원하는 경우도 있다. 학부모 정모 씨(34, 서울 강남구 압구정동)는 '영어유치원의 등록금은 내렸지만 그동안 내지 않던 차량운행비와 교재비가 신설됐고 간식비와 입학금도 올랐다.' 고 말했다. 일부 학원들은 '우수강사 인건비와 건물임대료 등 비용 때문에 수강료를 내리기 어렵다.' 고 주장하고 있다. 강남의 한 영어유치원 원장은 '교사자격증이 있는 원어민 교사를 채용하고 있는데 수강료를 내리면 도저히 수지가 맞지 않는다.' 고 말했다. 고교생 대상 K학원

관계자도 '임대료 월 900만 원에 강사 당 300~400만 원씩 월급을 줘야 한다.' 며 '수강료를 내리면 강사의 질이 낮아질 수밖에 없다.' 고 말했다[참고: 동아일보, 2004년 12월 4일자].

4 '불황 속 호황' 을 경험하고 있는 사교육시장에 대해 통계청 사회통계과장은 '보습(보충학습)입시학원, 인터넷학원, 가정학습지 등에 취업자가 늘어난 데다 여름방학을 맞은 대학생들이 과외 등 사교육 아르바이트에 몰리고 있기 때문' 이라고 설명하였다. 통계청 관계자는 '과거엔 제조업, 유통업, 금융업 등의 주력산업이 일자리를 만들어 냈으나 지금은 사교육이 한국 최고의 일자리 창출산업으로 부상했다.' 고 말했다. 실제로 서울 강남 서초구의 학원 수는 지난해 말 1,945개에서 올해 7월 현재 2,001개로 크게 늘었다. 또 소비가 극도로 위축된 속에서도 일반 가정의 사교육비 지출은 되레 늘고 있다. 통계청의 지난 1분기(1~3월) 조사에 따르면 사교육비에 해당하는 '보충교육비' 의 지출은 가구당 월평균 11만 7,567원으로, 지난해 같은 기간 9만 1,042원에 비해 무려 29.1%나 증가한 것으로 조사되었다[참고: 조선일보, 2003년 8월 15일자].

5 사교육산업의 성장 둔화세는 한 일간신문의 학원등록 학생 수의 감소 보도를 통해서도 알 수 있다.
경기도 내 사설학원 원생 수가 올 들어 지역에 따라 최고 30%까지 감소한 것으로 나타났다. 이 같은 학원생 수 감소는 계속되고 있는 경기불황과 EBS 수능강의 등이 주요 원인으로 꼽히고 있다. 경기도 내 각 시군학원연합회에 따르면, 1,700여 개의 학원이 있는 수원 시내의 경우, 현재 학원생 수가 지난해 말에 비해 5%, 약 7,000여 명 가량 줄었다. 의정부시는 640여 개 학원의 학생 수가 지난해 말에 비해 무려 30%, 약 1만 2,000여 명까지 감소한 것으로 추산되고 있으며, 안양시도 역시 같은 기간 8% 가량 줄어든 것으로 알려졌다. 또 지난달 말 현재 동두천과 부천 지역 학원생 수도 지난해 말에 비해 10~20% 가량 감소한 것으로 추산된다. 그러나 현재 전체적인 등록학원 수는 1만 4,700여 개로 지난해 말에 비해 별다른 변화가 없다. 각 시 · 군 학원연합회 관계자들은 이 같은 학생 수 감소의 가장 큰 원인으로 장기화되고 있는 경기불황에 따른 학부모들의 사교육비 절감을 꼽고 있다. 또한 지역에 따라 EBS 수능강의도 어느 정도 영향을 미치고 있는 것으로 분석했다. 학원연합회 관계자들은 'EBS 강의의 영향은 그다지 크지 않으며 경기불황이 학원가에 가장 큰 타격을 주고 있다.' 며 '이런 상황에서도 학원 수가 크게 변하지 않는 것은 원장들이 감량경영 등을 하며 일단 내년까지 견뎌 보자고 생각하고 있기 때문' 이라고 말했다[참고: 중앙일보, 2004년 6월 2일자].

6 참고: 조선일보, 2004년 5월 25일자.

7 교육붕괴현상의 허구를 입증하기 위해 서덕희는 조선일보의 기사들을 대상으로 담론 분석을 하였다. 그에 따르면 조선일보가 한국의 학교상황을 '교실붕괴' 라는 이름으로 부르기 시작한 때는 1999년 8월 23일이지만 '교실붕괴' 나 '학습붕괴' 라는 용어를 조선일보가 의도적으로 외국에서 수입한 것은 그 이전이라는 것이다. 조선일보는 이미 1999년 1월 27일, '일본 교

육위기, 가정교육 제대로 시켜라' 라는 제목하에 일본 언론에서 일본 학교교육의 문제에 대하여 보도한 기사를 문화면에서 소개하였다. 이 기사에서 조선일보는 일본 교실현장에 대한 기술과 함께 일본의 한 광역지방자치단체 교육위원회가 학부모들에게 입학설명회를 개최하면서 '기본생활태도', '자녀와의 긴밀한 교류', '교우관계' 의 세 분야의 '가정교육' 을 집중적으로 촉구했다고 썼다. 바로 이 기사에서 교실을 '난장판' 으로 묘사하고 그 현실을 '학급붕괴' 라는 말로 표현한 일본 언론의 보도를 조선일보가 그대로 인용하였다. 다른 어떤 누구도 사용하지 않았던 '학급붕괴' 라는 말이 처음으로 일본에서 들어온 것이 이때다. 이후 조선일보는 1999년 8월 23일부터 1999년 말까지 43건의 '교실붕괴' 관련 기사를 싣는다. 한겨레신문이 9월 26일자에, 동아일보가 10월 20일자에 각각 처음으로 '교실붕괴' 라는 용어로 한국의 학교상황을 표현한 기사를 실었고, 같은 시기 동아일보는 11건, 한겨레신문은 14건의 '교실붕괴' 관련 기사를 실었다. 그것도 '교실붕괴' 를 중심 주제로 실은 기사의 수가 조선일보가 26편인 데 비하여 동아일보와 한겨레신문은 각각 6편에 불과했다. 조선일보는 그 후 2000년도에는 56건, 2001년도에는 59건, 2002년에는 21건을 실었다. 이는 총 179건으로 같은 시기, 즉 1999년 8월 23일부터 2002년 12월 26일까지 동아일보와 한겨레신문이 각각 82건을 실은 사실을 보더라도 조선일보가 '교실붕괴' 담론 형성을 주도하였다는 것이 그녀의 견해였다[참고: 서덕희(2003). '교실붕괴' 기사에 대한 비판적 담론 분석].

8 한국의 경우 1999년 GDP 대비 학교교육비는 6.8%로 주요 선진국보다 컸다. 그것은 지금도 마찬가지며 국가의 별다른 조치가 없는 한 이런 경향은 앞으로도 계속될 것이다.

국가명	GDP 대비 총 공교육비	공부담 공교육비	사부담 공교육비
한국	6.8	4.1	2.7
미국	6.5	4.9	1.6
영국	5.2	4.4	0.7
일본	4.7	3.5	1.1
독일	5.6	4.3	1.2
OECD 국가 평균	5.5	4.9	0.6

1999년 GDP 대비 공교육비 국제비교(단위 %) 표에서 공부담 공교육비는 중앙정부, 지방자치단체 등 공공기관에 의해서 지출되는 교육비용을 의미하고, 사부담 공교육비는 학부모가 부담하는 수업료 등으로 공공 회계절차를 거쳐 지출되는 교육비용을 의미한다[자료: OECD(2002). Education at a glance: OECD indicators].

9 학원의 이런저런 기능에 대한 논의는 산발적으로 이루어졌는데, 주로 한국 사회에서 학원교육의 위상을 단순하게 확인하는 일 등을 하나의 글로(하광호, 2004) 써 내는 일에 지나지 않았다. 그런 단순 · 조잡한 논의와는 달리 학원의 교육적 기능을 학교교육이나 평생교육의 여

러 가지 시각으로 논의하는 의미 있는 연구들도 있었으나(김두전, 1993; 박장화, 1990; 박종열, 2002; 이순애, 1999) 학원교육을 조금 더 넓은 시각으로, 말하자면 사회자본 형성기구의 기능을 논의해 볼 욕심을 지닌 연구는 없었다. 이 점은 학원연합체에서도 마찬가지였는데, 한국학원총연합회는(한국학원총연합40년사편집위원회, 1997) 학원연합의 역사를 정리하면서도 학원교육의 사회적 혹은 교육적 기능을 교육자본의 관점에서 이론화하는 일은 하지 못했다[참고: 하광호(2004). 한국 학원교육의 발전추이; 김두전(1993). 입시학원의 교육적 기능에 관한 연구; 박장화(1990). 학원의 역할과 기능에 관한 연구; 박종열(2002). 평생교육기관으로서의 학원의 실태분석과 활성화방안에 관한 연구; 이순애(1999). 사회교육기관으로서의 사설학원과 그 정책에 관한 연구; 한국학원총연합40년사편집위원회(편)(1997). 한국학원총연합회 40년사].

10 참고: 국민일보, 2003년 10월 11일자.

11 이 부분에 관한 연구 결과와 해석은 마틴과 그의 동료가 쓴 보고서(Martin, Gregory & Stemler, 1999; Martin et al., 2000)가 도움이 된다[참고: Martin, M. O., Gregory, K. D., & Stemler, S. E. (Eds.) (1999). TIMSS 1999 technical report; Martin, M. O., Mullis, I. V. S., Gregory, K. D., Hoyle, C., & Shen, C. (2000). Effective schools in science and mathematics].

12 양정호는 이것을 이해하기 쉽게 하나의 표로 만들었다. 양정호는 이 표를 만들기 위해 김기

〈표〉 주요국들의 TIMSS-R과 OECD의 사교육 현황

1999년 TIMSS-R 수학과목				2003 OECD	
순위	국가명	사교육 비율 (%)	평균 점수	GDP 대비 교육비 (%)	교육투자 효율성 지수
1	싱가포르	54.8	604		
2	대한민국	41.0	587	7.06	85.3
3	홍콩	47.5	582		
4	일본	61.9	579	4.65	130.5
5	네덜란드	14.9	540	4.68	127.0
6	헝가리	35.9	532	5.01	107.7
7	캐나다	27.0	531		
⋮					
12	미국	33.2	502	6.97	78.0
13	영국	13.1	496	5.26	110.6
⋮					

승(2003), 2003년 10월 15일자 LG주간경제 OECD(2003)를 참고했다[참고: 양정호(2003). 중학생의 과외참여 요인에 관한 연구].

13 참고: 중앙일보, 2004년 3월 24일자.

14 캘리포니아 주정부가 제시한 사설 교육서비스기관이 준수해야 할 기준 몇 가지 소개하면 다음과 같다. ① 사교육 서비스기관은 교육의 질과 교육기관으로서의 안정성을 위한 최소한의 기준을 만족시켜야 한다. ② 교육의 질과 관련된 최소한의 교육 표준은 부실학원의 설립과 운영을 예방하기 위한 윤리, 안전, 경제적인 책임감 등을 강화하기 위한 것이다. ③ 잘못된 자격증의 수여를 금지한다. ④ 사설 교육기관이나 그 기관의 대행업체들의 허위 과장된 광고, 권유 또는 설명 등을 금지한다. ⑤ 소비자와 학생들을 대상으로 한 잘못된 광고, 또는 교육비로 제공된 기금을 낭비하는 위험요소에 대한 사전 보호책을 강구한다. ⑥ 승인이나 인가를 주정부 관리감독권에 의하지 않고 민간의 승인 절차의 질을 높일 수 있는 방안을 강구한다.

15 사교육산업은 '틈새인력 양성시장' 이기도 하다. 사교육산업을 틈새인력 양성을 위한 교육기관으로 간주하는 정책들은 이미 외국에서는 사교육기관의 프로그램에 대한 등급화 정책과 더불어 새로운 교육정책으로 일반화되고 있다. 예를 들어, 뉴질랜드는 평생교육기관에서 운영하고 있는 교육 프로그램에 등급을 정해 놓고 있다. 이것은 학점 인정을 위한 필수적인 등급화로서 총 8단계로 구분되어 있다. 뉴질랜드의 학점은행제는 수준 1～3(고등학교 졸업 수준), 수준 4～6(무역, 실무 자격증 수준), 수준 7～8(대학, 대학원 수준)로 나뉘어 있다. 학습자들이 4～6단계를 이수하고 자격증을 취득하면 대학 편입, 대학원 진학이 가능하다. 4～6수준의 자격증은 학력과 동일시된다. 엄격한 의미에서 이 제도는 교육계좌제로 볼 수 있다[참고: 최돈민(2004). 토론, 한국의 교육산업의 현황과 발전방향(권대봉)].

16 이런 고발은 심심치 않게 언론을 통해 보도되고 있다. 예를 들어, MBC 신동호 · 최윤영 아나운서 진행의 시사정보 프로그램 '생방송 오늘 아침' 에서 한때 연봉 18억 원의 대한민국 최고 스타강사로 이름을 날렸던 이범 강사가 사교육의 현실과 문제를 진단했는데, 그의 고백은 바로 학원이 심어 놓은 학원중독증에 대한 양심선언이었다. 지금은 무료강사로 활동하고 있는 이범 씨가 학원가를 떠난 이유는 사교육의 비교육적 현실에 대한 회의감 때문이었다. 그는 학생들이 학원 4～5군데를 다니면서도 학원 10군데 다니는 다른 학생을 보며 불안해하는 학원중독증에 걸린 아이와 학부모들이 부지기수라고 증언했다. 동시에 이 강사는 학원강사 시절 그 자신도 아이들에게 '학원을 안 다니면 공부가 안 된다.' 는 금단증상을 심어 준 당사자라고 증언했다. 그는 그런 과열된 사교육시장의 허상을 보며 강렬한 회의를 느낄 수밖에 없었다고 고백했다[참고: MBC, 2006년 7월 17일].

17 서울 강남의 유명 입시학원들이 속속 중국으로 진출하고 있지만 교육 프로그램의 표준화가 쉽지 않은 모양이다. 서울 대치동에 본점을 둔 조동기 국어논술전문학원과 힘 수학은 24일

중국 베이징 한국인 밀집지역인 왕징에서 진학설명회를 하고 베이징 분원을 각각 설립하기로 했다. 이에 따라 국내 대학진학이나 특례입시를 겨냥한 베이징 시내 한국학원은 종로학원, 신대일학원, 스카이, 서울학원 등 모두 7~8곳으로 늘어나게 되었다. 개인 과외시장까지 감안하면 한국 학생을 겨냥한 중국 내 사교육시장 규모는 급팽창하고 있다. 이 같은 변화는 현재 고등학교 2학년생이 대학에 진학하는 2008학년도부터 특례입시제도가 강화되기 때문이다. 그만큼 국외 거주 학생들이 한국 대학에 진학하기 어려워진다는 의미다. 베이징 현지학원 관계자는 '서울대가 2008학년도부터 특례입시제도 폐지방안을 내놓았고 고려대, 연세대도 특례입시 지원자격을 대폭 강화하기로 했다.' 고 설명하고, '이러한 국내 대학들의 특례입시제도 개편에 따라 비교적 큰 영향을 받는 곳이 중국' 이라고 설명했다. 미국에 거주하는 주재원들은 파견근무를 마치더라도 자녀들을 미국 대학에 진학시키기 위해 현지에 남겨 놓는 경우가 대부분이다. 반면, 거주 · 교육 여건이 상대적으로 열악한 중국 · 영국 등지 주재원들은 국외 근무를 마치면 가족과 함께 귀국하는 비중이 상대적으로 높다. 주거형태의 경우 미국에서는 단독주택이 넓게 분산되어 있는 데 비해 중국에서는 몇몇 아파트 단지에 한국인이 밀집 거주해 서울 강남과 유사한 시장 여건을 형성하고 있다[참고: 매일경제, 2006년 4월 24일자].

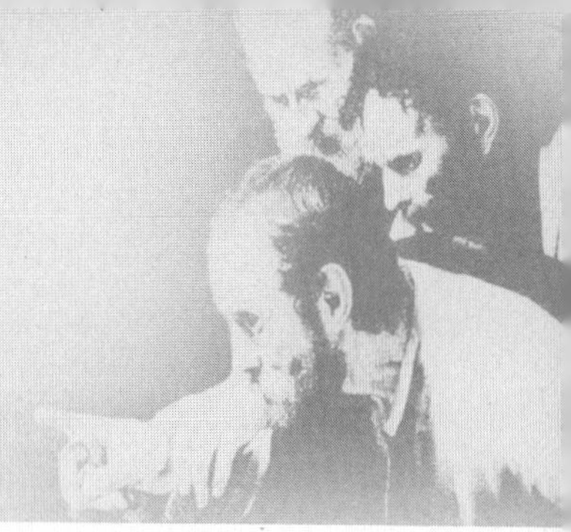

제3부 | 관계의 교육자본화

제3부에서는 인간관계든 사회관계든, 관계(relationship)가 교육자본의 구축에서 중요하다는 점을 논의한다. 특히, 국민의 교육을 책임지는 교육행정과 국민 간의 관계 형성은 교육자본화에서 결정적인 역할을 한다는 점을 논의한다. 국가 교육정책의 실패, 국가 교육 경쟁력의 실패는 교육정책자와 국민 간의 신뢰관계에 금이 가 있음을 의미한다.

제6장에서는 교육정책의 교육자본화 문제를 우회적으로 논의한다. 국민의 교육력을 증진시키는 교육정책은 국민에게 신뢰를 얻는 정책이며, 인적자본 개발과 직결되기 때문이다. 대부분의 교육정책 결정은 정권의 정치적 이해관계 유지에 불리한 것은 최대한 배제하고, 자신들의 정치적 이해관계에 해를 끼치지 않는 문제만 취사선택하는 방식으로 이루어지기 마련이다. 그것은 외부세력이 교육권력체제 내부에 접근할 수 없게 사전에 봉쇄함으로써 교육권력의 누수를 막고 이해관계를 유지하는 교육정책 결정방식이다. 이런 교육정책 입안방식을 권력 엘리트들의 '무(無)의사 결정방식'이라고 부른다. 정치권력자들이 고도의 정치적 감각을 동원해 가면서 취하는 무의사 결정의 교육정책 결정방식은 그 정권이 권력을 유지해 나가는 동안에는 유효한 것도 사실이다. 그러나 이런 무의사 결정의 교육정책 입안방식은 정권이 바뀌면 이내 다시 교육 현안으로 떠올라 교육계를 다시 혼란에 빠지게 만들어 놓으며, 과거 그 당시의 교육정책 입안자들을 단죄하게 만들어 놓는다. 어느 정책이든 정책 형성의 핵심은 정책으로 제시될 결과물보다는 참여의 과정이기에 더욱더 국민적 참여가 필요하다. 정치는 한 폭의 추상화가 아니라 한 그루의 열매나무와 같기 때문이다.

제7장에서는 교육권력의 교육자본화에 대해 논의한다. 교육권력에 대한 국민적인 신뢰가 결여되면 그 어떤 교육정책도 경쟁력을 갖기 어렵다. 소외와 불만은 불신의 시작이며 교육자본의 붕괴를 알리는 신호이기도 하다. 시장원리에 따르면 불만을 가진 고객의 4%만이 실제로 불만을 제기한다. 마케팅 이론에 의하면 나머지 96%는 화가 난 채로 돌아서지만 어떤 불만이 접수되기 시작하면 그것은 이미 엇비슷한 불만을 가진 고객이 평균적으로 26명은 더 있다는 뜻이다. 그중 6명은 심각한 불만이 있는 사람들이다. 불만고객 중 70%는 불만이 상

당할 정도로 해소되어야 다시 찾아온다. 불만에 신속하게 대처하면 불만고객 가운데 96%까지도 되돌아올 수 있지만 그 불만은 이미 평균적으로 9~10명에게 전달된 후에나 가능하다. 어떤 불만객들은 무려 20명이 넘는 사람들에게 그 불만을 털어놓는다. 불만을 적극적으로 해소해 주었을 때도 그 만족감을 다시 이야기하는 사람은 극소수다. 불만과 입소문이 그렇게 무서운 것이다. 이 논리가 틀린 것이라고 해도 화근의 뿌리는 다시 권력에게 되돌아가게 마련이다. 정부의 교육정책을 향해 등 돌린 국민이 없는데도 국민 간에 긴장감이 느껴진다면 그만큼 교육정책이 어느 한쪽만을 고려하고 있다는 반증이기 때문이다. 그렇게 되면 그 어떤 교육정책이 다시 나오더라도 그것은 이미 실패될 씨앗부터 키우기 시작한다.

제6장

교육정책

들어가는 말

한참 지나간 이야기지만, 2003년 1월 25일은 노무현 후보가 한나라당의 이회창 후보를 이기고 16대 대통령으로 취임한 역사적인 날이었다. 노무현 대통령 자신이 대선기간 중에 보여 준 정치권력의 이념적 지향점은 평등과 분배 정책이었다.[1] 이어 노 대통령을 위한 대통령직 인수위원회가 국정개발을 위한 갖가지 정책을 종합 · 정리하면서 더욱더 그의 정치권력의 관점은 부각되었다. 이것이 참여정부의 정책적 시작이며 출발점이었다.[2] 노 대통령은 대통령 취임식에서 '평화와 번영과 도약의 시대로' 라는 제목의 취임사를 통해 '새 정부는 개혁과 통합을 바탕으로 국민과 함께하는 민주주의, 더불어 사는 균형발전 사회, 평화와 번영의 동북아시대를 열어 갈 것' 이라고 말했다. 노 대통령은 '이런 목표로 가기 위해 원칙과 신뢰, 공정과 투명, 대화와 타협, 분권과 자율을 국정운영의 좌표로 삼겠다.' 고 밝혔다. 그리고 '국가 목표에 부응할 수 있도록 교육도 혁신되어야 하며, 우리 아이들이 입시지옥에서 벗어나 저마다의 소질과 창의력을 마음껏 발휘할 수 있게 해 주어야 한다.' 고 강조했다. 아울러 '소득 격차를 비롯한 계층 간 격차를 좁히기 위해 교육과 세제 등의 개선을 강구하겠다.' 고 말했다. 노 대통령은 특히 '개혁은 성장의 동력이고 통합은 도약의 디딤돌' 이라면서 지속적 개혁과 국민통합을 2대 과제로 제시하고 시장 투명성을 위한 개혁, 정치개혁, 교육개혁, 부정부패 청산 등을 주요 개혁과제로 제시하였다.

노 대통령은 교육혁신의 중요성을 강조하는 일을 결코 잊지 않았다. 그런 탓인지는 모르지만 참여정부 출범 당시 교육부총리 인선에 상당히 공을 들였다. 참여정부 출범 후 일주일을 넘기면서까지 교육부총리 임명에 신중을 기하였고, 부총리로 물망에 오르던 인사들이 시민단체의 반발로 번번이 후보에서 탈락하는 수모까지 감내하였다. 그런 혼선 끝에 노 대통령은 마침내 윤덕홍 당시 대구대학교 총장을 교육부총리로 발탁했다. 그를 45대 교육부장관으로 발탁하면서 노 대통령은 수차례에 걸쳐 '대통령과 임기를 함께할 교육부총리' 라고 강조했다. 교육부 수장에 대한 잦은 교체의 전철을 밟지 않겠다는 강한 의지의 표명이었다. 그렇지만 끝내 그의 발탁은 '장고 끝에 악수' 를 둔 것이나 마찬가지였다. 노 대통령이 임명한 45대 교육부장관은 김대중 정권이 이룩해 놓은 교육개혁 작업보다 더 혁신적인 교육정책을 만들어 내지 못했다. 게다가 참여정부의 정치이념을 떠받치고 있는 교육평등과 교육분배를 위한 교육혁신 작업을 제대로 추진하지도 못했다.

참여정부가 교육혁신 작업을 새롭게 구상하는 데 어려움을 준 것은 김대중 대통령의 교육개혁팀들이 이룩해 놓은 교육복지정책이었다. 참여정부가 해내야 될 교육복지정책을 담고 있는 중등교육의 무상화정책이었다.[3] 모든 이를 위한 중등교육의 무상교육정책은 김대중 정권의 정치철학을 실현하기 위한 강력한 교육정책적 의지표명을 담고 있었다. 참여정부는 그런 교육정책 개발과 추진보다 더 강력한 교육복지정책을 만들어 내야 했지만 쉬울 리가 없었다. 그런 상황에서 참여정부가 새롭게 손보아야 할 교육계의 현안과제들도 한두 가지가 아니었다. 말하자면 김대중 정권으로부터 자동적으로 넘겨받은 교육계의 난제가 많았던 것이다. 참여정부의 노 대통령에게 넘어온 교육계 현안 자체는 보수니 개혁이니, 평등이니 경쟁이니 하는 수사학적 언어로 풀어낼 수 있는 단순한 것들이 아니었다.

김대중 정권의 교육유산이 무엇인지[4] 진지하게 음미해 볼 여유도 없이 노무현 대통령은 교육부장관들을 교체하기 시작했다. 그러는 동안 교육계 이곳저곳에서 교육현안문제들이 불거져 나오기 시작했다. 노무현 정권의 정치적 지향점과 방향, 즉 참여정부의 정치이념을 시험하기에 충분한 교육현안들이었다. 그런 현안 중에서도 사립학교법, 기여입학제, 고등학교 간 학력차 반영 학생선발제 같은 것 등은 참여정부의 정치적 담력을 알아보게 만드는 쟁점들이었다. 그런 쟁점들은 법제화라든가 추진 가능성에 관계없이 참여정부의 정치적 기량과 행정적 역량을 테스트할 사안들로 부각되었다.

사실 노무현 대통령은 교육개혁에 대한 의지만 강했을 뿐, 이를 뒷받침할 만한 교육혁신 시스템을 가지고 있었던 것이 아니었다. 이 점은 참여정부가 출범하기 전부터 노 대통령이 겪고 있던 어려움이었으며,[5] 그 때문에 노 대통령은 정부출범 내내 언설과 이념으로 시작했던 교육혁신작업의 대가를 혹독하게 치렀다. 교육정책에 영향력을 행사하는 권력은 한 개인이나 집단이 다른 개인이나 집단에게 행사하는 정치적 영향력이기에 권력의 주체가 국가행정기관으로만 한정될 필요는 없는 것이다. 현실적으로 교육정책을 직접 입안하고 실시하는 기관이 교육부이기는 하지만, 교육부가 독단으로 정책입안을 행할 수는 없는 것이다. 왜냐하면 교육정책의 입안과 결정 과정에는 사회의 압력단체들과 정치단체들, 그리고 여론의 영향력이 크게 행사될 수 있기 때문이다.

그렇지만 이 모든 것이 대통령의 통치철학을 거스를 수는 없다. 정치권력의 이념과 지향성이 교육정책의 입안과 추진에 결정력을 갖기에, 교육에 관한 대통령의 국정철학과 정치이념을 통한 영향력 행사에 대한 점검은 필수적이다. 그에 못지않게 대통령의 권력을 정책적으로 실현시켜 주기 위해 선택되는 교육부 수장의 능력에 대한 점검 역시 필수적이다.

교육부장관들의 정책 추진 양태

노무현 정권 아래 교육부 수장으로 임명되었다가 그만둔 장관들은 무려 5명에 이른다. 바로 45~49대까지의 교육부장관들이다. 각각의 장관들은 자기 나름대로 노무현 정치권력에 상응하는 교육정책 입안과 실천에 소신을 보여 주기는 했지만 끝내 국민의 교육적 열망에는 부응하지 못했다. 그들은 각기 나름대로 정치적으로 읍소, 미소, 실소, 응소, 고소의 모습을 보이면서 퇴장했다. 교육부장관이라고 하더라도 그들 역시 인간이기 때문에, 업무상 장관 특유의 질병인 '교육부장관이 이런 것이구나.' 하는 의외의 놀람으로 생기는 '의외병' 부터 제 임기나 다 채웠으면 하는 '자리불안병' 같은 것을 겪을 수밖에 없다. 그런 놀람의 와중에서 그들이 품었던 교육정책에 대한 소신은 다 사라져 버리고 만다.[6]

1) 45대 장관의 읍소(泣訴)

45대 교육부장관으로 취임한 윤덕홍 장관은 역대 장관에 비해 기대 이상의 업적을 낼 수 없었다. 노무현 대통령에 대한 교육부의 업무보고 일자가 4월 9일로 잡혔다. 그리고 참여정부가 할 것이라고 판단되는 교육정책의 이것저것을 이야기했다. 이어 교육인적자원부가 의욕적으로 향후 5개년 계획을 포함하는 로드맵을 2003년 8월 6일에 선포하였다. 이 로드맵에 따르면 학생은 적성과 능력에 맞는 교육을 받고, 교원은 능력과 성과 중심의 인사관리제도 아래에서 전문성을 신장할 수 있는 기회가 확대된다. 학교운영의 자율성과 공공성, 투명성이 보장되며, 대학은 다양화, 특성화로 전문가 양성기관으로 자리 잡고, 국가적으로 능력중심 사회의 정착 토대가 마련된다.

교육부는 교육인적자원정책 3대 원칙인 '분권, 참여, 통합' 을 기본방향으로 교육행정체제 혁신과 자율 및 참여의 교육공동체 실현 등 여섯 가지를 제시했지만, 이것은 그야말로 교육부의 각 부서에서 앞으로 진행하고 있거나 가능한 앞으로 추진하려고 마음먹은 교육정책들을 국민에게 홍보하는 수준에 불과했다. 그러면서 교육혁신위가 가동되었고, 참여정부의 교육정책을 가늠할 새로운 교육혁신정책을 내놓을 것 같은 기대감을 주었다. 그러나 그들 역시 기대 이상의 교육혁신작업에 대한 구상이나 전문성을 가지고 있었던 것은 아니었다.[7]

45대 교육부장관이 NEIS(National Education Information System: 교육행정 정보시스템) 문제로 시달리면서 시간을 축내는 동안, 교육계는 정치적으로나 인간적으로나 서로 극을 향해 양분되기 시작했다. 전교조가 정치적 위상을 정립하는 동안 그것에 익숙하지 않은 일반 교단의 감정폭발 같은 것이었다. 이 비극적인 결말은 마침내 한 지방 초등학교 교장의 자살사건으로 번져 버렸다. 조그만 시골 초등학교에서 근무하는 교장선생님이 기간제 여교사에게 차 시중을 들게 한 것이 발단이 되었다. 이는 그동안 감추어져 왔던 전교조 교사에 대한 교감 및 교장단의 인간적인 반목을 있는 그대로 보여 준 사건이었다. 정치적 이해관계를 추구하는 데는 인간이고 뭐고 모두 부차적인 것임을 아이들과 학부모에게 극적으로 보여 준 참여정부 최대의 비극적인 교단의 갈등 장면이었다. 이런 와중에서도 NEIS 문제는 풀리지 않았다. 교사들은 이것을 계기로 또 다시 각자의 정치적 입장과 선택을 강요받았다. 이런 모든 것은 걷잡을 수 없이 사회분열의 조짐으로 드러났다. 교육정책 개발은 물론 추진 자체가 혼돈의 와중에서 상실되는 듯했다.

마침내 교육계의 혼란이 사회분열의 양상으로 비화되자, 2003년 6월 4일 새천년 민주당 정책위원회는 참여정부 출범 100일 정책평가 항목에서 가장 중요한 쟁점으로 갈등 해소를 위한 교육공동체 건설을 제시했다. 노무현 대통령 스스로 이런 교육계의 상황 전개에 미덥지 못했을 것이 분명했고, 윤 장관의 업무 장악 능력에 대해 의구심을 가질 만도 했다. 그렇지만 그는 두 차례에 걸쳐 한 번 더 교육개혁의 당위성을 이야기하면서 교육부 수장의 뒤를 밀어 주었다. 즉, 노 대통령은 2003년 11월 20일 '교육문제는 결코 방임하지 않을 것' 이라면서 '계획을 잘 세워 내년부터 본격적으로 풀어 나가겠다.' 고 밝히기도 했다. 그는 중앙과 지방의 여성단체장과 여성부 정책자문위원 155명을 청와대로 초청해 오찬을 함께

한 자리에서, '사교육비 문제는 제 임기 안에 해결하기 어렵겠지만 다음 대라도 뭔가 해결되도록 가닥을 잡아 나가겠다.' 고 강조했다. 동시에 '일등부터 꼴찌까지 계단으로 줄 세워 놓는 사회에선 과외에 대한 욕구가 강할 수밖에 없으나 대학 서열화를 극복해 다양화 · 특성화해 나가면 자연스럽게 입시도 다양해질 것'이라고 발언했는데, 이는 바로 그 당시 행정적 어려움을 겪고 있던 윤 장관을 지원해 주는 정치적 발언이었다.

2003년 12월 17일 윤 장관은 취임 10개월도 넘기지 못한 채 NEIS, 수능논란 등의 책임을 지고 사의를 표명했다. 기자간담회에서 그는 '나이스 문제로 인한 교육계 분열과 수능 복수정답 파문, 학교 생활기록부 CD 파동 등에 책임을 져야겠다고 판단했다.' 고 말했고,[8] 노 대통령은 마침내 그의 사의를 수용했다. 대통령 스스로 '교육부총리와 임기를 같이하겠다.' 고 공언했지만 이를 지키지 못한 시작의 단초가 되었다.

윤 장관의 재임기간 동안 이뤄 낸 교육정책의 성과가 전혀 없는 것은 아니었다.[9] 2003년 12월 11일 국회 교육위원회를 통과해 법 제정이 가능해진 유아교육법이 바로 그것이었다. 이것은 참여정부가 지향하는 교육평등화정책의 결실이기도 했다. 유아교육법은 유아교육의 공교육화를 위해 7년간의 논란 끝에 마침내 국회 교육위를 통과했다. 교육위가 의결한 유아교육법은 교육부에 중앙유아교육위원회를 두고 유아교육진흥원을 설치할 수 있도록 하고 있다. 초등학교 취학 직전 1년의 유아교육 보호를 무상으로 하되, 그 비용을 국가 및 지방자치단체가 부담하여 유아의 보호자에게 지원하는 것을 원칙으로 하였다. 이 밖에 사립유치원의 설립 및 운영에 소요되는 경비의 일부를 정부와 지방자치단체가 보조하고 종일제를 운영하는 유치원에 대해서도 소요경비를 보조할 수 있도록 했다.

2) 46대 장관의 미소(微笑)

노무현 대통령은 46대 교육부장관으로 안병영 교수를 택했다. 2003년 12월 23일의 일이었다. 그가 선택한 안 장관은 김영삼 대통령 시절 이미 교육부장관을 지냈던 대학교수였다. 신임 부총리는 취임 바로 전부터 기자회견과 24일의 취임사를 통해 공교육과 엘리트 교육의 균형발전을 강조했다. 학교교육과 사교육이 보완관계를 갖게 하면서, 국민에게 희망을 주는 교육개혁을 추진하겠다고 밝혔다. 그는 대중적인 공교육체계를 구축하겠다고 강조하면서 공교육체계를 굳건하게 다지는 동시에 세계화 · 정보화 사회에 부응하는 경쟁력 있는 엘리트 교육을 추구할 것을 약속했다. '그런 의미에서 대중교육과 엘리트 교육 중 양자택일하자는 식의 접근에 동의하지 않는다.' 는 그의 절충형 교육관을 과시했다. 안 부총리는 이어 '교육의 사각지대와 소외계층이 없을 때 비로소 사회통합이 이루어진다.' 며, '중도탈락자 교육, 장애아 교육, 저소득층, 영유아 교육, 실업교육, 농어촌 교육 등 소외계층과 교육의 사각지대에 관심을 기울일 것' 이라고도 강조했다. 부총리는 '그동안의 교육은 희망과 용기의 원천이기보다는 좌절과 실망의 씨앗이 된 점이 크다.' 면서 중장기적인 관점에서 교육의 본질을 지키면서 국민에게 희망을 주는 교육정책을 만들겠다고 밝혔다. 전임 장관이 만든 교육혁신 로드맵의 틀을 유지할 것이냐는 물음에 대해서는 '전임자가 만든 걸 크게 손댈 생각은 없다.' 는 선에서 교육혁신 로드맵의 최소 수정의사를 드러내기도 했다.

그렇지만 그는 취임 후 1년을 겨우 넘기고 자리에서 물러나게 되었다. 대학수학능력시험의 부정행위사건이 문책 이유가 되었다. 2005학년도 수능시험 이틀 후인 11월 19일 광주에서 휴대전화를 이용한 부정행위에 대한 제보가 접수되어 경찰이 수사에 나서기 시작했다. 이 과정에서 전문 브로커와 입시학원장이 수능부정에 개입한 사실이 드러나면서 파문은 전국적으로 확대되었다. 특히, 전년도 부정행위 가담자가 대학에 입학하는 등 '대물림' 의혹이 사실로 확인되어 충격이 더해졌다. 수사 결과 부정행위로 시험이 무효 처리된 수험생은 대리시험 적발자 등을 비롯해 총 312명이었으며, 사건에 연루된 대학생 등은 구속 처리되기도 했다. 한편, 부정행위가 발생한 교실의 감독교사 1,000여 명에 대한 징계도 불가피했다. 안병영 장관은 이 사건을 끝내 피해 갈 수 없었다.[10] 그는 2005년 1월 4일 마침내 대통령을 위한 희생양이 되어 경질되었다.[11]

3) 후대 장관들의 실소(失笑)

참여정부 초대 윤덕홍 부총리가 NEIS 파동 등을 겪고 물러나면서 교육혁신 과제를 '차분히' 추진할 인사로 안병영 전 부총리가 낙점되었다. 뒤이어 노 대통령은 이를 '좀 더 역동적으로' 추진할 인사로 대학총장과 교육개혁위원, 대교협회장 등을 거치면서 추진력을 보여 주었던 이기준 부총리가 적절하다고 판단하고 그를 임명하려고 하였다. 이 부총리는 취임 기자간담회에서 최우선 추진과제로 '국내 대학이 세계무대 위에 올라갈 수 있도록 유인하고 입시를 통해 성적이 좋은 학생을 뽑기보다 훌륭한 졸업생을 배출하도록 하겠다.' 고 하면서 고교등급제와 기여입학제, 본고사를 금지하는 소위 '3불원칙' 을 고수하겠다고 했다. 그러나 그는 끝내 아무것도 해 보지 못했다. 과다부동산, 위장전입 등 개인적 문제들이 불거지는 바람에 장관으로 임명된 지 60시간을 넘기지 못한 채 스스로 실소를 금하지 못하고 장관 자리에서 물러날 수밖에 없었다.

그렇게 장관 임명문제가 시간이 흐르면서 꼬이는 동안 노 대통령은 아무래도 장관은 전문가보다는 정치인이 해야 한다는 생각을 했던 것 같다. 그래서 그는 민주당 국회의원을 부총리로 임명하려는 욕심을 내보였다. 막판 접촉에도 불구하고 그 국회의원은 교육부총리직을 고사했다. 다시 한 번 노무현 대통령 인사방식의 권위가 흔들리는 순간이었다. 동시에 교육부총리의 위상이 흔들렸다. 제정신이라면 그 자리를 마다한다는 것이 국민의 뇌리에 상식처럼 심어졌다. 그럼에도 불구하고 '국무위원 중에서 최악의 3D 직분으로 정평이 나 있는'[12] 그 교육부총리직을 마다한 사람은 한 사람도 없었다.

어쨌거나 노 대통령은 마지막 인물로 정치인을 선택했다. 시장경제원리에 충실했던 국가공무원이자 국회의원인 김진표 씨를 48대 교육부 수장으로 임명했다. 많은 민간단체가 그의 교육부장관 취임을 반대하였으나, 그런 우려에 귀 기울여 줄 노 대통령이 아니었다. 김진표 의원은 경제원리에 익숙한 공무원 출신이기에, 현재 교육계에서 벌어지고 있는 좌판에 대한 전문성을 갖추고 있지 못했다. 그에게는 현재의 교육계 현안이 난장판처럼 보일 법도 했다. 그는 분명 시장경제주의자였기 때문에 사교육시장에 대해서도 호감을 갖고 있었다. 학교교육에서 교육적으로 아이들이 얻는 게 없다면 학교가 정신을 차리도록 강력한 조치를 취해야 한다는 것이 그의 교육관이기도 했다. 이런 김진표 교육부총리의 교육관은 총선을 앞두고 출간했던 『한국경제 희망 있다』에서 밝히기도 했다.

그는 '소비자 중심주의'와 '개방화'를 교육개혁의 주요 화두로 내세웠던 경쟁주의, 실력주의, 시장경제교육의 지지자였다. 김 부총리는 '경제발전은 교육의 경쟁력이 있어야 성공할 수 있다.'면서 '학교가 잠자러 가는 곳이 될 만큼 공교육이 신뢰를 못 받고 있다면, 사교육 강사를 동원해서라도 가르치게 하고 학부모가 선택할 수 있게 해야 한다.'고 주장하기도 했다. 또 '교육개혁은 수요자인 학생과 학부모 입장에서 이뤄져야 한다.'며 '나의 오랜 가정교사 체험을 통해 최선의 방법을 말하는 것'이라고 말했다. 이어 그는 '개방'과 '분권화'가 교육경쟁력을 높일 수 있다는 전제 아래 '학교에 자율권을 주고 지방교육기관에 권한을 이양해야 한다. 개방화는 분권화와 지방화를 가져오며, 그것은 곧 경쟁력을 강화시키는 결과를 가져오는 것'이라며 거창고등학교를 예로 들기도 했다. 또 김 부총리는 '권한과 책임을 동시에 주는 것은 학교교육에도 비결이 된다.'며 '철저하게 하부에 권한을 이양한 삼성그룹을 보라.'고 말했다.[13]

그는 시장경제, 일종의 실력주의 교육관이 한국 교육을 살리는 길이라고 강하게 주장했지만, 교육적 감각보다 정치인의 감각이 더 뛰어났다. 교육부총리에 취임하면서부터 그의 태도는 정치적으로 신중해지기 시작했다. 참여정부의 교육코드에 민감하게 반응할 수밖에 없는 처지였던 것이다. 게다가 참여정부의 정치권력과 그 주변에 진을 치고 있는 많은 교육 이해관계 단체들의 그에 대한 반대여론도 만만치 않았다. 그가 제시한 구체적인 일감에 대한 비판이나 반대라기보다는 기선을 제압하겠다는 위협용 요구들이기는 했지만, 그 옛날 그가 저들을 대했던 방식처럼 무시하기가 그리 쉽지 않았다. 그는 취임 당시 기자와의 면담에서 자기의 경제적 소신과는 달리 세 가지 교육정책, 즉 대학본고사, 기여입학제, 그리고 고등학교 등급에 따른 학생선발제와 같은 경쟁주의, 실력주의 교육정책의 추진을 거부하겠다고 노 대통령에게 응소할 수밖에 없었다. 그 스스로 그것이 구체적으로 무엇을 의미하는지 제대로 파악하지도, 실제로 그 내용을 완전히 숙지하지도 못한 채 반대 입장부터 천명해 놓고 볼 수밖에 없었던 것이다. 시장주의 경제정책에 전문성을 가지고 있다는 경제통 관료 출신 정치가인 김진표 부총리는 교육부총리 취임 후 기자간담회에서[14] 국민에게 3불 입장을 그대로 유지해 나가겠다고 이야기했다.

그의 이야기는 정치적으로 의미심장한 첫 행보라고 볼 수 있다. 그 행보는 여러 가지 정치적 변수를 고려해 가면서 자기가 평소 보여 왔던 전문성을 제대로 교육정책 추진과정에 접목시킬 수 있는 여백을 찾겠다는 뜻일 수도 있다. 그런 여백을 찾아내기만 한다면 참여정부의 교육정책에 국민적인 새로운 기대를 걸게 만드는 것이나 마찬가지다. 동시에 그를 교육부총리로 발탁한 노 대통령의 실력주의 교육정책 논리가 교육정의 실현을 위한 새로운 이정표로 서게 될지도 모른다.

이미 그런 조짐은 그가 추진하는 시장주의 대학교육정책에서 가시화되고 있다. 대학, 특히 사립대 시설에 대해서도 민간자본 유치를 허용하기로 한 것이 바로 그런 것 중의 하나일 수 있다. 이런 일은 재정적 어려움을 겪는 사립대학에게 재정 확보의 길을 제도적으로 터 주겠다는 시장주의 대학정책 추진의 한 유파였다. 동시에 대학교육 부문에서 경제 활성화를 겨냥함으로써 기여입학제 같은 것을 무리하게 허용하지 않고도 각 대학에게 자구책을 마련할 수 있을 정도의 대학재정 확보 효과를 보장해 줄 수 있는 우회적인 시장주의 대학교육정책의 한 표현이기도 하다.

현실적으로 대학 내 민자를 유치해 이와 관련한 수익금의 일정 부분을 산학협력 커리큘럼 개선과 학생복지를 위해 사용할 수만 있게 되면, 모든 교육 주체에게 이로운 사업이 될 것이며, 동시에 대학 스스로도 수익모델 개발에 관한 노하우를 갖게 만들 수 있다. 이런 대학정책은 대학운영에서 기업이 겨냥하는 '부가가치 창출' 의 효과와 대학이 추구하는 '연구가치 창출' 의 효과를 활성화하려는 첫 시도가 되기에 시장주의 대학혁신을 위한 청신호와 같다. 현재 국립대의 경우 민자 유치를 위해 고등교육법 · 학교시설사업촉진법 등 관련 법령 개정을 포함한 '사회간접자본시설에 대한 민간투자법' 이 국회에 계류 중인 상태며, 사립대학의 경우는 '대학설립운영규정' 과 더불어 의원입법으로 개정을 추진 중인 사립학교법까지 재정비할 가능성을 열어 놓고 있다. 따라서 이를 둘러싼 평등혁신권 세력과 자유시장권 세력 간의 이념적 공방과 논란이 벌어질 가능성은 크다.[15] 하지만 이런 정책이 제대로 조율만 된되면 추후 각급 사립대학의 시장주의 노선은 물론 참여정부의 경쟁주의 대학정책 추진에도 상당할 정도의 도미노 효과를 가져올 것이다.

이렇듯 그에 대한 교육적 기대는 컸지만, 그가 국민에게 보여 준 정치적 생존술은 기대 이하였다. 불신과 배신, 그리고 교육적 무감각의 아울림이 전부였다. 김진표 장관 역시 더 이상 국민적 저항에 견딜 수 없었다. 한여름에 터진 학교급식 사건을 기화로 그는 교육부 수장 자리에서 내려와야 했다. 그에 대한 비판은 한두 가지가 아니었다. 임기 동안 언론이나 국민의 여론으로부터 그토록 처참하게 집중포화를 받은 장관도 그리 흔하지 않다.

4) 또 다르게 잇대은 장관들의 고소(苦笑)

그를 이어 49대 교육부 수장의 바통을 김병준 씨가 이어받았으나 단명했다. 그 역시 노 대통령의 코드인사 덫에 국회 청문회에서 곤욕을 당한 채 낙마했다. 단 며칠 동안 교육부장관으로 있으면서 여론과 교육단체로부터 지속적으로 전임장관이 받았던 그 이상의 비판과 비난을 받아야만 했다. 비판 죄목은 코드인사의 무임승차론과 교육에 대한 무지 및 전문성 결여였다. 각종 논문 관련 의혹들로 사퇴 압력을 받았던 49대 교육부장관이자 7대 교육부총리였던 김병준 씨는 2006년 8월 2일 전격적으로 사의를 표명했다. 취임한 지 13일, 국회청문회에서 자신의 학자적 소신을 밝힌 지 하루도 넘기지 않은 시점이다.

그는 역대 교육부 수장 가운데 두 번째 '단명' 이라는 불명에 기록을 떠안았다.

첫 번째 불명예는 임명장을 받고 57시간 30분(사표 수리는 5일) 만에 사퇴한 이기준 전 부총리가 가지고 있다. 김병준 씨는 이날 오전 7시 30분 국정현안정책조정회의 참석에 앞서 청와대로 노무현 대통령을 직접 찾아가 사의를 표명했다. '자진사퇴' 형식을 택한 김 부총리는 교수 시절 발표했던 여러 논문과 박사학위 지도를 둘러싸고 일어난 여러 가지 의혹이 불거지면서 끝내 어떤 교육정책 하나 추진하지 못한 채 주저앉고 말았다. 2006년 7월 21일 취임한 김 부총리는 제자 신모 씨의 논문을 표절했다는 의혹에 이어 논문을 교내외 학술지에 중복 게재하고 BK21 사업 이전의 논문을 제목만 바꿔 학술지에 낸 뒤 BK21 실적으로 보고했다는 등의 의혹을 버텨 내지 못했다.[16]

그는 도저히 참아내기 어려운 수치스런 상황에서 교육부장관직을 수행하는 내내 교육부 수장이라는 자리에 대해 쓴웃음을 지을 수밖에 없었다. 국민적 참여와 지지라는 신뢰를 받아내는 일이 더 급한 실정이었지만 역시 해낼 수가 없었다. 이 때문에 이리저리 상처가 난 교육부 수장 자리에는 교육학자로서 퇴직하였던 김신일 서울대 명예교수가 들어 앉았다. 노무현 정부로서는 마지막으로 택할 수밖에 없었던 퇴로 준비의 길이었다. 교육부 수장으로 취임한 김신일 장관 역시 교육에 대한 참여정부의 정치권력 밖으로 나갈 수 없었기 때문이었다. 가장 먼저 취한 교육정책 중 제일 먼저 언론이 주목했던 내용은 '기여입학제' 불가론이었다.

핵심 쟁점안

참여정부가 존속하는 동안 이들 장관을 끝까지 괴롭힌 교육정책안의 중심에는 정치적 이념상의 긴장이 깃든 세 가지 안건이 화근이었다. 바로 사립학교법 논쟁, 기여입학제, 고교등급제다. 이 안건들은 겉으로는 각기 단일안의 모습을 띠고 있지만 그 속내는 한국 교육의 구조 전반에 걸쳐 있는 교육쟁점의 양태를 담고 있다.

1) 사립학교법

열린우리당이 강력하게 추진하려고 노력하는 사립학교법 개정안은 간단하다. 교육기관으로서의 사립학교도 공교육기관과 다름없다는 관점이다. 이것은 참여정부가 취하고 있는 교육의 평등화를 위한 강력한 정치적 의지를 보이는 대목이다. 사학 역시 공교육처럼 투명하고 교육적 사명에 투철해야 하는데 지금까지 그것이 불분명했다는 전제 아래, 참여정부가 사학재단의 학교 소유와 운영을 서로 분명하게 분리시켜야 한다는 정치적 명분을 찾아내고 지키기 위한 개정안이 바로 사립학교법 개정안인 것이다. 현실적으로 사립 중 · 고등학교들의 재정은 국가에 의존하고 있는 형편이다. 말하자면 사립학교의 경우 국가 재정지원금이 재정의 98%를 평균적으로 차지하고 있으며, 사립대학의 경우도 등록금에 의존하는 비율이 60%가 넘기에 사학기관은 사실상 공교육기관이라는 것이 열린우리당의 입장이다.

사립학교법 개정안의 핵심은 사학운영의 공공성과 투명성을 강화하기 위해 재단의 권한을 줄이고, 교사와 학부모 등 학교 구성원의 권한을 늘리자는 내용이다. 이 개정안의 쟁점사항은 학교 구성원의 권한을 어떻게 강화하는가 하는 문제다. 열린우리당이 제시하는 방안, 즉 학교운영위원회에서 이사 정수의 3분의 1 이상을 교사와 학부모로 추천하는 '개방형 이사제도' 를 도입하자는 방안을 재단이 수용할 수 없다고 거부함으로써 논쟁은 불거지기 시작했다. 이사 정수의 30% 이상을 개방형 이사로 충원한다면 재단의 독점적인 학교운영에 따른 폐단이 줄어들 것이라는 것이 열린우리당의 생각이지만 재단의 입장은 이와 전혀 다르다. 개방형 이사제를 기업의 사외이사와 같이 이사회에 외부 인사가 일부 참여하도록 법으로 보장해 사학의 공공성을 확보하기 위한 방안이라고 설명하였지만, 사학재단은 사학찬탈의 전략으로 간주하고 이를 정치적으로 강행하는 열린우리당을 사회주의 정당이라고 몰아붙이며 정치적으로 반발하기 시작했다.[17]

일이 이렇게 꼬여 가자 교육인적자원부는 당정협의 과정에서 사학재단의 반발 등을 고려해 개방형 이사제를 도입하되, 이사 정수의 4분의 1로 제한하자고 중재안을 냈다. 교육부의 안에 대해 열린우리당은 한마디로 거절했다. 이런저런 논쟁과 협의 끝에 열린우리당은 이사장의 배우자 및 직계존비속은 학교장으로 임용할 수 없도록 하고, 이사회의 친인척 구성 비율을 현행 3분의 1에서 4분의 1로 낮춰 학교 소유와 운영을 분리하는 쪽에 무게를 실었다. 학교경영에 대한 전반적인 사항을 논의할 수 있는 이사회의 권한에서도 '학사 관련 사항' 은 제외되어 학사운영에 대한 재단의 영향력 역시 줄어들었다. 2인 이상인 재단 감사의 경우도 학교운영위가 추천한 이사를 1인 이상 포함시키고, 학교결산서 제출 시 감사 전원이 확인 · 날인한 감사증명서를 의무적으로 제출하도록 한 것도 재단으로서는 달갑지 않은 부분이었다. 재단은 최대 쟁점이었던 교직원 임면권을 유지하게 되었지만, 나머지 권한이 크게 줄어들게 됨에 따라 열린우리당의 개정안에 대해 강하게 반발할 수밖에 없었다.

사립학교법 개정안에 대한 통과문제가 한나라당과 열린우리당 사이의 정치적 타협을 거치면서 2005년도 쟁점 법안으로 넘어가는 것처럼 보이다가 일이 별안간 틀어지고 말았다. 2004년 12월 28일 오후 3시에 열린 국회 교육위 전체회의가 갑자기 불거진 사립학교법 상임위 상정문제로 파행 · 종료된 것이다. 개회 직후 민주노동당의 최순영 의원이 '사립학교법 개정안을 상정해 달라.' 는 의사일정 변경동의안을 제출하자 여당이 '국회법에 따라 표결처리하자.' 고 밀어붙였고, 그에 대해 한나라당은 '강행처리는 재앙을 부를 것' 이라고 맞서는 바람에 회의는 1시간 만에 정회되는 등 어려움을 겪었다.

그러나 사립학교법은 이런저런 정치적 우여곡절 끝에 결국 여당 단독 처리로 통과되었다. 이어 사립학교법 시행령은 수순에 따라 공포되었지만, 시행령 조항들은 또 다시 야당과 사학들의 불복종운동을 불러일으키는 데 일조했다.[18] 사학들은 지속적으로 개정 사립학교법의 재개정을 야당과 함께 추진하는 투쟁운동을 전개하고 있다. 게다가 사립학교법이 관계법 간의 마찰이나 부조화문제를 충분히 고려하지 않은 상태에서 여당의 입법안으로 처리되었기에, 어떤 조항은 위헌시비에 걸려 있는 것도 있다. 심지어 사립 유치원장의 임기까지 법제적으로 규정함으로써 민간 교육산업체들에게 강력한 반발을 사는 조항까지 들어 있는 형편이다.

2) 기여입학제

기여입학제는 특정 학교에 물질을 무상으로 기부해 현저한 재정적 공로가 있거나 대학의 설립 또는 발전에 비물질적으로 기여하는 등의 공로가 있는 사람의 직계자손에 대해 대학이 정하는 기준과 방법에 따라 입학이 가능하도록 특례를 인정하는 제도다. 이런 기여입학제는 일차적으로는 대학의 자율권을 행사하기 위한 것이지만, 그 속내는 어려운 대학 재정을 타개하기 위한 방안이기도 하다. 정부가 강력하게 추진했던 대학의 경쟁력을 키우기 위해서는 재원의 확보가 필수적이다. 기여입학제를 강력히 요구하는 사립대학교들은 하버드 대학교와 같은 세계의 유수한 대학들이 추진하고 있는 갖가지 대학 경쟁력 방안을 예로 들어가면서 정당성을 역설했다. 그렇게 기여입학제의 가능성에 힘을 실어 본 적도 있으나 그 실현은 지금과 같은 사회정치적 분위기 속에서는 거의 불가능한 것처럼 보였다. 그 이유는 교육부가 강력하게 거부했기 때문이었다. 그래서 기여입학제는 수면 밑으로 가라앉았다.

그러다가 지방대 육성책의 하나로 기부금입학제 도입이 거론되면서 기여입학제에 대한 찬반 공방이 다시 부상하였다. 기부금입학제 논란은 교육부가 2004년 초 '지방대 육성대책' 을 추진하기 위해 각계 여론을 수렴하는 과정에서 불거졌다. 교육부의 후원을 받아 '한국지방정부학회' 가 개최한 '지방대 육성을 위한 세미나' 에서 발표자로 나선 이학춘 동아대 법학과 교수가 지방사립대의 특성화를 위한 재원 마련책으로 기부금입학제에 대한 반대 여론을 잠재우기 위한 방안을 발표했다. 그는, 첫째 대학별 기부금 액수를 사전에 공시하여 투명성을 확보하고, 둘째 기부금의 특정 대학 집중을 해소하기 위해 대학별 기부금 배분율을 적용하며, 셋째 기부금입학과 정규입학 합격자 명단을 동시에 발표하여 신입생 간의 위화감을 해소시키는 방안을 제시하면서 기여입학제의 추진을 피력하였다.

기여입학제를 반대하는 이유는 부모의 사회경제적 능력이나 배경에 따라 자식의 입학 여부가 결정되므로 이는 헌법 제31조 1항에 규정된 교육의 기회균등과 '평등' 이념이 훼손된다는 것이다. 또한 부유계층과 빈곤계층 간에 위화감을 조성한다는 것이다. 기여입학제를 찬성하는 입장에서는 제도와 기회는 평등하게 허용하되 대학수학능력을 갖춘 사람을 대상으로 정원 외의 일정 비율을 특별전형으로 선발한다면 이러한 우려는 해소될 수 있다고 보고 있다. 찬성 측에서는 또한 대학생의 등록금 인상에 대한 저항과 법인전입금의 부족, 국고지원 부족과 반대급부가 없는 사회기부금의 유치곤란 등으로 사립대학 재정난이 매년 심화되고 있는 실정을 감안할 때 실질적인 평등과 융화에 기여하는 측면도 클 것이라 보고 있다.

3) 고교등급제

고교등급제란 전국 단위의 학력시험 점수 결과를 토대로 고등학교에 등급을 매겨 그 등급에 따라 특정 고교 출신 학생들의 내신성적에 가산점을 부여하여 학생 선발을 객관화하려는 시도였다. 이것이 참여정부의 교육현실에서 쟁점으로 떠오른 것은 고교교육에 대한 불신과 대학의 학생선발방법에서 대학의 자율권 행사의 필요성 때문이었다.

고교등급제, 즉 고교 간 학력차 반영 학생선발제는 참여정부의 정치권력을 시험하는 또 하나의 교육계 쟁점사안이었다. 원래 고교등급제라는 용어는 교육학적으로 적절하지 않다. 왜냐하면 전국의 모든 고교는 학력차에 따라 등급화될 수 있는 것이 아니기 때문이다. 그래서 고교 '등급제' 라는 말보다는 고교 간 '학력차' 라는 말이 더 타당하다. 고교등급제란 고교 간의 학력차를 어떻게든 일부라도 인정하고자 하는 제도지만, 우리나라에서는 고교 간에 학력차가 전혀 존재하지 않는다는 전제하에서만 설득력을 갖기 때문이다.

고교등급제든 '고교 간 학력차' 든 간에 이를 해결하기 위한 방안을 찾기 위해서는 대학이 수시모집 학생 선발과정에서 왜 이러한 제도를 시행하게 되었는지 그 배경이나 연유 등을 꼭 짚어 보아야 할 대목이 있다. 바로 고교 간 학력차 반영 학생선발제도가 고교평준화로 인한 문제점 때문에 더욱더 그 타당성을 갖게 되었기 때문이다. 과열 입시경쟁의 사회적 병폐 등을 해결하고자 도입한 고교평준화는 중학교 교육과정 운영의 정상화를 위해 어느 정도 긍정적 측면도 있다. 그러나 공로에 비해 평준화제도는 너무 많은 교육적 문제를 야기했다. 평준화지역의 대도시 집중 등 학군 간, 학교 간, 지역 간의 교육 여건 격차에 따른 고교 간 학력차가 극명하게 드러났기 때문이다. 전교생의 90% 이상이 수능 상위 10% 안에 드는 학교가 전국에 15개교가 있는가 하면, 단 한 명도 10% 안에 들지 못하는 학교가 800개가 넘는다는 사실은 바로 이 점을 입증해 준다.

이렇게 사회현실로 표출되고 있는 고교 간의 학력차를 받아들인 학생 선발방식이 바로 고교 학력차 반영 학생선발방법이었다. 정부의 지시대로 획일적인 방식으로만 학생을 선발하지 않겠다는 입장이 바로 고교 간 학력차를 반영한 입시방법으로 표출되었다. 결국 고교등급제는 대학이 나름대로 학교 간의 엄연한 학력차를 반영하는 학생선발방법이었다. 고교등급제는 우수한 학생들을 끌어들이는 방편으로 수우미양가의 평어 절대평가를 중시하는 대학 행태와 이에 편승하여 아무런 문제의식 없이 '성적 부풀리기' 를 하는 고등학교의 학력평가 시스템이 동시에 빚어낸 합작품이었다. 여기에 학부모까지 입시에서 자녀들이 불이익을 당할까 봐 고교가 성적 부풀리기를 하도록 가세한 것도 사실이다.

결국 대학들이 학생선발에서 고교 학력차를 고려하는 학생선발방법을 택할 수밖에 없었던 것은 현행 대학입시제도에 따른 문제점 때문이었다. 현재 입시에 반영되는 학생부에는 절대평가인 평어(수우미양가)와 상대평가인 석차백분율(석차/재적 수)이 함께 기록되어 있다. 일부 대학이 대학입시 사정에서 평어인 절대평가를 중시하는 경향을 보이자, 고교에서는 자기 출신학교 학생들에게 불리한 평가를 받게 할 수 없다는 명분으로 내신 부풀리기를 하고 있다. 그 결과 어느 대학의 입시지원생의 경우, '138명 중 134명이 1등급' , '73명 전원이 수' 라는 믿기 어려운 사태가 발생하기도 했다.

이에 대해 찬반의 입장이 분명하다. 예를 들어, 고교 학력차를 반영해야 한다는 측에서는 학교 간 격차가 엄연히 존재하는 만큼 고교등급제는 필요하고, 내신 부풀리기가 심해서 반영하지 않을 수 없다고 한다. 반대하는 입장에서는 선배들의 성적으로 평가하는 연좌제라고 주장하고, 원래 성적이 아닌 적성 위주로 뽑기 위해 마련한 수시모집에서 등급제를 하는 것 자체가 어불성설이라고 말한다. 하지만 고교 학력차 반영 학생선발제도의 당위성은 여러 가지 측면에서 그 지지세력을 넓히고 있다. 우선 교사들도 이것을 지지하고 있는 형편이다. 고교 학력차 반영 학생선발제도는 평준화제도의 보완책으로 등장한 특수목적고제도에서 기인한다. 이 학교에 다니는 학생들의 학력이 다른 고교에 다니는 학생들에 비해 월등하게 높기 때문이다. 이들의 학력(學歷)을 학력(學力)으로 고려해 주는 일이 교육정의 실현에 합당하다는 것이 대학의 입장이다. 게다가 이 제도의 필요성은 평준화지역 내 학군 간, 고교 간에 벌어진 교육격차의 심화현상과 무관하지 않다.

이것의 역사적 뿌리도 꽤나 깊다. 1999학년도 대학입시부터 특수목적고 출신 학생들에게 적용되던 비교내신제가 폐지되면서 일부 대학이 보다 객관적으로 교육정의를 실현하기 위한 방편으로 고교등급제를 입시선발에 음양으로 반영해 왔다. 1998년 '국민의 정부' 교육개혁의 일환으로 대학별 본고사 대신 다양한 전형기준과 학생생활기록부의 반영을 요구한 '2002 새로운 대입전형제도'가 발표되면서 명문대를 중심으로 고교등급제의 필요성은 더욱더 커졌다. 게다가 평준화 정책이 학교 서열화를 완화한다는 정책목표에 도달하지 못한 채 여전히 지역 간, 학군 간, 학교 간 학력격차를 야기했기 때문이다. 사실 지역 간, 학군 간에 발생하는 학력격차는 각 지역주민의 사회경제적 배경 차이에서 비롯된다. 이 점을 무시하고 모든 것을 평준화제도만으로 풀 수 있다는 발상에 문제가 있었던 것이다. 물론 이 문제를 해결하기 위해 평준화 도입 초기에 시작했던 '무작위 학교배정'이 갖는 학교선택권의 문제, 단위학교의 책무성 부재문제 등을 완화하고자 노력했다. 그래서 최근에는 선지원에 기초한 학생 배정방식을 취하고 있다. 이 같은 배정방식으로 선호학교와 기피학교의 분리현상도 보이고 있고, 이 때문에 학교 간 학력차도 자연스럽게 발생하기에 모든 것을 평준화와 관련시켜 비난하는 것은 무리가 있다. 그러나 현실적으로 드러나는 학교 간, 지역 간 학력 차이를 대학에서는 어떤 식으로든 고려하는 것이 교육의 정의실현에 맞는다고 생각하는 것이다.

교육정책의 신뢰 수준

참여정부가 공공연하게 표방해 온 교육권력의 정치적 이데올로기는 '평등성'과 '공공성'의 보편화였다. 이 점은 대통령선거 과정에서 각 후보가 내놓은 교육정책들에서 확인되었다.[19] 예를 들어, 한나라당의 이회창 후보는 경쟁을 통한 교육의 질 향상이라는 시장원리를 중시한 데 반해, 민주당의 노무현 후보는 모두에게 동등한 교육기회를 제공하는 평등성과 공공성을 강조했다. 교육에 대한 이해와 사회적 기대에서 서로 다른 교육관을 보이고 있기에 민주당은, '이회창 후보가 집권할 경우 교육정책 전반에 큰 변화가 예상된다. 왜냐하면 그의 교육공약들은 김대중 정권이 표방해 온 평등성과 대치되는 경쟁주의 교육관을 반영하고 있기 때문이다. 그에 비해 노무현 후보는 교육정책에서 평등과 공공성을 강조하는 형태의 형식적 평등론과 그에 기초한 교육개혁주의를 지향하고 있어 그가 당선되더라도 교육정책은 정치권력의 이념적 관점에서 김대중 정부가 취해 온 교육정책과의 커다란 마찰 없이 교육적 연속성을 강조할 것으로 보인다.'는 내용을 적극적으로 홍보했다.

결국 참여정부의 교육정책이 지향하는 정치권력의 지향성을 알아보기 위해서는 노무현 정권과 그 정치권력이 공약대로 교육정책에 평등성과 공공성을 반영하고 있는지, 또 그런 교육정책을 개발하고 집행해 왔는지를 살펴야 한다. 그렇지만 실제로 정책의 표면을 보고 그것이 평등성이나 공공성을 어느 정도로 반영하고 있는지 알아내기란 그리 쉬운 일이 아니다. 실제로 평등성이라는 개념에 대한 이해 자체가 이론적으로 논란거리가 되기 때문이다.

1) 3불(三不)정책의 속내

평등과 경쟁 간의 이론적 차이는 '형식적 평등'과 '실질적 평등'으로 나누어 논의할 수도 있다.[20] 전자는 인간의 천부인권과 법 앞에 만인의 평등 등을 의미한다. 후자는 개인의 능력에 따른 차등대우를 의미하는 것으로 상식적 사회정의에 속한다. 말하자면 100시간 일한 사람은 1시간 일한 사람보다 많은 보수를 받아야 한다는 것이다. 이런 상식적 사회정의, 실질적 평등은 일반적으로 '경쟁주의'의 양태라고 부를 수 있을 것이다.[21]

이런 시각에서 노무현 대통령 집권 2년차인 2004년에 교육계의 쟁점이었던 교육 현안들을 논의한다면 참여정부가 지향해 왔던 교육정책의 성격을 알 수 있다. 즉, 교육계 현안으로 떠올랐던 기여입학제, 고교 학력차 반영 입시제, 고교등급제, 사립학교법 개정안에 대한 참여정부의 입장을 알 수 있다. 이런 안들은 참여정부가 제안한 것이 아니라 대학계나 교육계에서 자연스럽게 제기된 저항들이거나 제안들이었다. 대학에서 제기한 기여입학제, 고교등급제 등에 관련된 시비는 모두가 형식적 평등의 큰 테두리 속에서 실질적 평등주의, 말하자면 경쟁주의의 논쟁과 직결되어 있다. 이런 교육현안들은 정치권력의 성향으로 보아 경쟁주의를 지지한다는 야당들이 그들의 정치적 이해관계를 추구하기 위해 만들거나 제기한 것들이 아니다. 그들이 무슨 행동을 취했다면 그저 단순하게 그런 현안의 한편에 서서 어부지리를 할 욕심으로 그것들을 쟁점화하는 데 도움을 주었을 뿐이다.

이런 경쟁주의를 부추길 교육현안들을 참여정부가 감내할 수 없었던 것은 당연하다. 내심 그들이 정말로 그것을 반대했는지 어떤지가 불분명한 것도 사실이다. 그냥 반대한다거나 찬성한다는 식의 표현만을 보고 그것으로부터 간결하고도 직선적으로 평등을 추구하는 교육정책이다 혹은 아니다를 지적해 내며 한 정권의 정치적 속성을 판단하는 일은 그리 쉽지 않다. 그것은 교육정책의 개발과 결정과정 자체가 단순하지 않으며, 정권의 속성도 그렇게 간단한 것이 아니기 때문이다. 그렇기는 하지만 참여정부가 대학가와 사학계가 제기한 교육현안을 수용할 수 없었던 것만은 사실이었다. 그것은 참여정부가 추구하는 정치권력의 태생적 조건이 실질적 평등성에 기초하고 있으며, 그에 기초한 교육혁신을 지향하고 있었기 때문이다. 그것들을 통해서는 경쟁주의, 그들의 선전용어인 신자유주의 교육정책에 입각한 커다란 밑그림은 기대할 수 없었다. 그래서 그들은 그 교육현안을 차단하기로 하였다.

그것이 바로 3불(三不)정책이었다. 그런데 이 3불정책이라는 의사표시에도 문제가 없는 것은 아니었다. 투명한 것 같지만, 정치권력적으로는 그렇게 투명했던 것만은 아니었다. 교육정책을 감싸고 있는 정치권력의 선명성이 뚜렷하지 않았기 때문이었다. 실제로는 이러한 정책 현안에 대해 참여정부의 정치권력적 반대 표시가 민주노동당처럼 확실하거나 분명했던 것만은 아니었다. 이런 점에서 본다면 오히려 참여정부는 기여입학제, 고교등급제, 대학본고사와 같은 교육정책에 대해 반대하는 입장이나, 그 반대의사를 결집·추진하는 노력에서는 민노당보다 더 미약하고 불투명하기만하다.[22] 그것이 정말로 무엇을 의미하는지는 시간이 흘러가 봐야, 그리고 정치적 환경이 바뀌어 봐야 제대로 볼 수 있을 것 같다. 어차피 그런 안들은 교육적 문제 제기라기보다는 정치적 문제 제기였고, 그것에 대한 불가표시 역시 교육적 결단의 표시라기보다는 정치적 의사표시였기 때문이다.

2) 대학교육정책의 불발과 혼선

노무현 정권은 겉으로는 평등과 공공성을 표방하고, 정치적으로는 '개혁'과 '통합'을 바탕으로 국민과 함께하는 민주주의를 실현하려고 노력했다. 결과는 절반의 국민과 함께하려는 '참여민주주의'의 성공으로 표출되곤 했다. 오히려 자기들의 정치권력 유지에 상당할 정도로 성공하고 있는 정치집단은 한나라당이나 민노당일 수 있다. 민노당은 정치적 선명성 그대로 자기들의 정치적 이념을 실현하는 노력을 해 왔고, 한나라당 역시 참여정부의 교육정책 실현에 적절한 맞불을 놓아 그들의 정치권력이 국민의 힘과 어떻게 함께 가야 하는지를 잘 보여주었기 때문이다.

참여정부가 평등과 공공성에 무게중심을 두는 교육정책 개발과 실행에 성공감을 느끼지 못하는 것은 그들 스스로 '형식적 평등화를 추구하는 교육정책' 개발과 추진에 제대로 성공하지 못했기 때문이다. 김대중 정권이 추구했던 중등교육에서의 형식적 평등화를 이어 줄 수 있는 교육정책 개발에 성공하지 못한 것이다. 사실 김대중 정권이 취한 형식적 평등화의 교육정책을 이어 줄 일감은 고등교육의 평준화 정책 개발에 관한 것이었다. 말하자면 고등교육의 의무교육화를 위한 교육정책 개발이 필요했다. 참여정부는 끝내 모든 이를 위한 대학교육의 실현을 위한 교육정책 개발에도 패배했다. 왜냐하면 교육의 공공성과 평등성을 실현할 수 있는 궁극적인 정치권력의 목표는 대학교육의 의무교육화를 통해 모든 이를 위한 대학교육(higher education for all)을 실현하는 수밖에 없었기 때문이다.

모든 이를 위한 고등교육, 즉 대학교육의 무상교육화가 교육의 평등화, 형식적 평등화를 위한 참여정부의 결정적인 일감이어야 했던 이유는 단순하다. 현실적으로 초 · 중등교육에서 모든 국민에게 교육기회를 보장해 주고 있기는 하지만 초 · 중등교육이 사회적 진출을 도와주는 데 공헌하지 못하기 때문이다. 게다가 교육 선진국들은 모든 국민에게 중등교육에 이르기까지 무상교육을 실시함으로써 형식적인 교육평등화를 이루고 있다.

그래서 참여정부가 잇대어 추진했어야 할 교육혁신정책은 한 가지로 집약할 수 있다. 바로 '대학 의무교육', 아니면 현 상태 수준의 '대학평준화정책' 같은 교육혁신정책이어야 했다. 그렇지만 그런 파격적인 아이디어의 개발은 끝내 불발에 그쳤다. 설령, 참여정부가 그런 혁신안을 추진했다고 하더라도 그것은 처음부터 실패가 예견된 것이었다. 왜냐하면 일차적으로 국민통합에 실패하였기 때문이었고, 이차적으로는 한완상 장관의 학습효과 때문이었다. 대학교육의 평준화를 위한 노력들은 참여정부 이전에 문민정부가 주도적으로 시도해 보려고 했지만 대부분이 실패작이었다. 대학입시교육의 문제, 사교육의 문제를 해결하기 위해 정치권력들이 학력과 학벌철폐의 필요성을 여러 차례 제언했지만 번번이 좌초당했다. 정치권력 안에서조차 비판당했고, 밖에서는 말 못할 비난까지 감내해야만 했다. 한완상 부총리도 대학입시 문제와 사교육비 문제를 해결하기 위해 학벌철폐를 위한 공론화를 시도했다가 끝내 좌절하였다. 물론 참여정부의 기대주였던 안병영 장관도 시도했다. 그러나 그도 내부 분열로 별다른 호응 없이 좌초당했다.[23] 그들의 내공이 부족해서가 아니라 그들의 생각을 이해할 만한 인물들도 부족했고, 그들을 둘러싼 사람들의 배움의 자세 역시 결여되어 있었을 뿐이었다.

그들이 제안했던 학벌철폐를 위한 제안들은 당 안팎에서 번번이 공론으로 끝나 버리곤 했다. 중론과 여론 역시 수용할 만한 정치적 여백을 가지고 있지 못했다. 벌이는 일마다 꼬였고, 벌이는 일마다 국민적 미움만 더해 갔다. 이는 사회통합과 국민통합에 대한 참여정부의 정치적 한계를 드러내 보이는 증거이기도 했다. 학력철폐를 위한 정책적 대안들의 내용이나 지향점이 잘못되었기 때문만은 아니었다. 그것을 공론화하는 절차나 분위기의 정지작업이 부족했다. 평등교육이나 교육의 공공성을 실천하기 위한 교육적 전제와 우선순위가 제대로 맞지 않아 생길 수밖에 없었던 일일 수도 있다. 그러나 더 중요한 것은 참여정부의 정치권력 공동체들이 교육의 평등화와 공공성에 대해 이념적으로는 확실하게 서로 다른 이념을 가지고 있으면서도 정치적으로는 공생과 기생을 하려고 하는, 어쩌면 정치이념의 코드가 확실하게 다른 정치분자들의 집합체가 직면할 수밖에 없는 정치적 한계일 수도 있다.

참여정부가 한국 교육에서 평등성과 공정성을 강력히 실현하기 위해서는 교육의 정점인 대학구조 개편에 모든 힘을 쏟았어야 한다. 그것의 형식적 시작, 형식적 평등의 시작은 대학교육의 개방, 모든 국민을 위한 고등교육의 무상교육화 정책이었어야 했다. 대학의 무상교육을 위해 학제를 개편하고 GDP의 상당 부분을 모든 이를 위한 대학교육에 안배하는 교육정책이 우선해야 했다. 말하자면 김대중 정권이 취한 모든 이를 위한 중등교육을 이어받아 모든 이를 위한 대학교육체제로 정치적 싸움을 최소화하면서 국민의 동의를 얻어 내는 일이 필요했던 것이다.

대학교육의 의무화라는 큰 정책의 틀을 벗어난 채 서울대학교 폐지나 사립학교법 개정이나 학습국가 실현을 위한 평생교육법 개정 등을 소리쳐 봤자, 그것은 이미 국민적인 공감대를 크게 벗어나는 공론에 불과했다. 서울대학교를 폐지하기보다는 그들 스스로 서울대가 지니고 있는 실력이라도 지녀야만 했고, 평생학습인을 골라 상을 주기 전에 스스로 평생학습인이 지녀야 될 '배움의 도' 와 배움의 자세, 치매를 벗어나려는 배움의 길을 보여 주어야만 했다. 그들은 그것부터 외면했기에 끝내 실패했던 것이다.

물론 그들이 내세운 그런 쟁점이나 정책들이 국민에게 참여정부가 무엇을 하려고 하는지를 알려 주는 데는 도움이 될 수 있었던 것이 사실이었다. 그럼에도 불구하고 국민을 끌어당길 수 있는 흡인력을 갖고 있는 교육정책적 제안으로서는 역부족이었다.

그런 안들은 오히려 반대당의 정치력을 결집시켜 주는 자극제로 작동했다. 말하자면 학습국가 실현에 대한 참여정부의 강한 의지는 지역공동체의 장을 하나의 '교육 쇼', '교육 이벤트' 로 만들어 놓았다. 그들은 장을 벌여 놓으면 누구나 거저 배울 수 있다고 생각했다. 이벤트 자체가 배움이라는 식으로, 마치 보드리야르가 말하는 '학습의 르시클라주(recyclage)' 를 보여 주었다.[24] 더 현실적으로는 선거를 의식한 지자체장들에게는 정치적 홍보처가 바로 평생학습이라는 오해를 성공사례로 만들어 놓았다. 그것이 부분적으로 지역주민을 위한 문화적 소양을 올리는 데 어느 정도의 교육적 효과가 있다손 치더라도, 끝내 정치인들을 위한 가장 합법적인 홍보장소와 그것에 얹어진 교육의 '개그' 였을 뿐이었다.

이제 현실적으로 참여정부가 평등성과 공공성을 지키기 위해 역량 범위 내에서 할 수 있는 현실적인 길을 만들어 내야 한다. 그것은 그들이 추구하는 형식적 평등론, 즉 모든 이를 위한 무상 대학교육 같은 것을 실현하려고 하면 일은 오히려 더 꼬이게 되어 있다. 그것을 현실적으로 막기 위해서는 실질적 평등론이 정치감각적으로 싫다고 하더라도 그것을 우회할 수 있어야 한다. 다시 말해, 경쟁주의를 기반으로 삼고 있는 교육정책들의 장점이나 실현 가능성에 눈길을 주면서 그것을 우회하며 길을 택하면 된다. 그중의 하나가 경쟁주의에 기반하고 있는 교육정책을 소규모로, 실험적으로, 예시적으로 실천하는 일이다. 그런 실험의 결과들을 면밀하게 판단 · 평가함으로써 경쟁주의에 기반을 둔 교육정책을 능가하는 형식적 평등주의 교육정책을 개발하고, 저들로 하여금 경쟁주의적 교육정책의 약점을 노출하게 하는 교육정책 개발을 촉진해야 한다. 그것을 위해서 경쟁주의 교육정책과 현실적으로 연결할 수 있는 정책적 접합점부터 먼저 찾아내야 한다. 이 일을 남은 집권기간 내에 찾아내야 참여정부의 교육정책은 기대 이상과 기대 이하의 중간쯤에 위치할 수 있을 것이다.

대학평준화나 무상 대학교육 실현 같은 대학교육에서의 '형식적 평등론'은 현실적으로 실현하기가 어려울 수밖에 없다. 이런 어려움을 타개하기 위해서는 참여정부가 실질적인 타협점, 말하자면 평등론과 경쟁론이 첨예하게 맞닿은 특정 지점에서 실질적 평등론을 추구해야만 한다. 즉, 교육의 평등론이 실력주의 혹은 교육의 경쟁주의를 추구하는 교육정책들과 적절하게 어느 선에서 접목해야 하는데, 참여정부는 이 지점을 찾는 일에 현실적으로 어려움을 겪고 있다. 평등성과 공공성을 지향하는 교육정책 실현을 위한 지도를 만들어 내는 일에 정치권력적인 어려움을 겪고 있는 것이다.

게다가 48대 교육부장관의 기용과정에서 생긴 잡음을 통해[25] 노 대통령이 보여준 대학교육에 대한 기대는 참여정부가 취해야 될 대학교육정책에 대한 또 다른 혼선을 야기한 것도 사실이다. 그의 발언이 대학교육에 대한 새로운 정치적 소신인지, 아니면 위기를 벗어나기 위한 임시방편인지 어떤지는 쉽게 가늠할 수 없었지만, 그가 대학의 성격을 대선 당시와는 다르게 이해하기 시작한 것은 사실이었다. 대학교육정책에 대한 노 대통령의 관점은 이미 상당할 정도로 경쟁주의, 실력주의 교육정책 쪽으로 기울어져 있음을 보여 주었다. 그것은 안병영 장관을 교육부수장에서 밀어내기를 시도하면서부터 지속적으로 언급하기 시작한 대학관, 말하자면 '대학은 산업이어야 한다.' 는 그의 새로운 경쟁주의적 대학관을 그대로 유지한 것이었다. 그 후부터 노 대통령은 '개방경쟁시대를 맞아 우리 대학이 개혁, 개편, 선진화되어야 한다.' 는 언급을 자주하였고, 그것은 우리 교육의 가장 큰 문제로 대학의 경쟁력 확보와 구조조정 여부의 필요성으로 집약되곤 했다.[26]

대학을 하나의 '산업' 으로 간주하는 새로운 고등교육정책에 대한 역설은 김진표 씨를 부총리로 기용하면서 절정에 달했다. 노 대통령은 김진표 씨를 경쟁주의 논리에 서서 대학 구조개혁을 제대로 해낼 수 있는 관료로 보았고, 그것을 위해서 '기용당한' 김진표 부총리는 어떤 식으로든 시장경제의 논리에 입각해서 그간의 교육정책이 가지고 있던 문제들의 이모저모에 과감한 손질을 할 수밖에는 없었을 것이다.

3) 교육혁신의 장애요인

참여정부는 교육혁신의 엔진을 달거나 그것을 시동하는 일에는 어느 정도 성공하였으나 국민을 교육의 장에서 하나로 통합하기에는 역부족이었다. 이는 기본적으로 세 가지 일에 소홀했기 때문이었다. 첫째, 참여정부가 그들의 교육혁신 정책의 기반에 '인간존중정신'을 깔아 놓지 못했기 때문에 그런 일이 일어났다고 볼 수 있다. 그것은 바로 김대중 정부가 넘겨 준 교육계의 유산 같은 것이었다. 김대중 정권의 교육정책을 위기로 몰고 가기 시작했던 사건 중의 하나가 바로 파당적 교원 신분정책이었다. 말하자면 전교조의 실체를 인정하는 일에서 불거지기 시작해 마침내 교원정년 단축으로 이어졌던 교육정책이었다. 그 일로 교단은 긴장과 갈등의 온상이 되었다. 교단에서는 크고 작은 정치적 분열, 즉 전교조 대 일반 교사의 대립과 감정싸움이 끊이질 않았다.

교단에 사람은 없고 오로지 전교조 교사와 비전교조 교사만 건재하다는 자조 속에서 교단에서 벌어진 최대의 불상사가 바로 서승목 교장의 자살사건이었다. 이 자살을 바라보는 정부는 상당히 냉정했다. 그저 교장 한 사람의 개인적인 무기력과 그에 따른 고뇌 정도로 치부해 버리는 식으로 비인간적인 모습을 보여 주기조차 했다. 이에 대해 상당수의 교사들과 교장단이 참여정부에 등을 돌렸다.[28] 그리고 참여정부와 그들의 정치적 이념을 최대한 활용하는 교육계 이해관계 집단의 비인간적인 태도에 한없는 조소를 보냈다. 인간존중에 대한 교육철학이 생략된 국가의 교육정책이 교단에서 성공할 가능성은 희박하다. 이 점은 교육혁신을 연구하는 학자들에게는 상식이나 마찬가지다. 그래서 참여정부가 보여 준 인간존중의 결여는 교육의 평등화정책을 추진하는 데 독처럼 퍼져 나갈 수밖에 없없다.

참여정부가 작동한 이래 정치적으로 강력하게 몰아붙인 것은 교육혁신을 위한 조직지원 정책이었다. 그 속에서 인간존중의 정신은 약화되기 시작했다. 교단에서 인간관계가 무너지기 시작한 것이다. 학생들이 교사에게 인간적으로 모멸감을 주는 행동들도 눈에 띄게 늘어났다. 그래도 학교행정력을 장악하려는 정치적 활동과 조직의 네트워킹 작업은 더욱더 강력하게 진행되었다. 느슨한 조직에서 강한 연대를 실현하기 위한 정치적 작업들이었다. 그것을 바라보는 사람들은 그들의 조직 장악력을 '당동벌이(黨同伐異)의 위력이 교육계를 휩쓸었다.' 고 했다. 다시 말해, 교육적으로 옳고 그름에 관계없이 한 무리에 속한 사람들이 다른 무리의 사람을 무조건 반대하고 배격하는 그런 작태가 교육계를 뒤덮었다. 그것은 보고 있던 사람들을 참여정부의 교육평등정책과 교육정의 실현에 심리적으로 저항하도록 만들기에 충분했다.

둘째, 교육에 대한 국가통제의 허울뿐인 성공에 자족한 나머지 교육의 본질을 더욱 훼손하는 누를 범하고 있다. 참여정부는 국가교육과 정치권력의 이념 간 일체성을 드러내 보이면서 국가권력이 원하는 방향으로 기조를 잡아가기 위해 국가적으로 교육을 통제하는 데 상당히 성공을 거둔 셈이다. 그중 하나가 바로 사교육비를 줄이기 위한 대책으로 교육방송의 수능강의를 모든 국민에게 방송하는 것이었다. 참여정부는 이 수능강의를 교육평등화를 위해 가장 성공한 정책으로 자가발전시키고 있다. 교육방송의 수능강의가 출제된 수능시험문제의 80% 정도를 포함할 정도로 위력적인 효과와 힘을 가지고 있다고 자평하고 있으나,[29] 반대의 입장에서 보면 교육본질에서는 처절한 실패의 반증이기도 하다. 교육방송이 수능강의를 추진하도록 국가권력이 그 힘을 행사한 것은 국민교육에 대한 국가권력의 철저한 통제에 성공했다는 것을 의미하는 것도 되기 때문이다.

마지막으로 참여정부가 가장 처절한 실패의 경험을 맛보고 있는 부분이 있다면 그것은 교육을 통한 국민통합에 대한 좌절감이다. 교육혁신 정책을 내놓을수록 교육계를 분열시키고, 국민들을 긴장하게 하며, 교육계의 갈등을 악화시키는 부작용을 초래하고 있다. 전교조 교사와 비전교조 교사들 간의 갈등, 전교조 교사와 학부모 간의 갈등은 교육적 갈등이 아니라 이념적 갈등으로 굳어져 버렸다. 그것은 교육정책이 담고 있는 내용 자체의 문제이기도 하겠지만, 더 큰 요인은 교육정책을 교육계나 학계 혹은 국민에게 확산시키는 정치권력의 정책 추진상의 문제에서 비롯되는 것들이다. 아무리 교육혁신의 내용이 좋아도 전달하는 방식이 정치적으로 제한적이면, 그 정책이 모든 사람에게 같은 농도로 전달되기는 어려울 수밖에 없기 때문이다.

교육정책 추진의 원칙과 과제

김대중 대통령은 집권하자마자 초·중등교육의 의무교육을 통해 형식적인 평등성과 공공성을 강조했다. 모든 국민에게 최소한 중등교육에 이르기까지 교육기회를 보장하는 조치를 취했다. 이에 비해 노무현 정부가 취한 교육정책에는 그런 형식적인 평등성을 강력하게 보여 주는 교육정책의 개발과 실천이 보이지 않았다. 그런 것이 있다면 유아교육법의 입안과 수능시험 대비를 위한 교육방송의 수능강의 실시 정도를 꼽을 수 있다. 교육방송의 수능강의 대행문제는 교육학적으로 또 다른 문제를 야기하고 있는 사회적 쟁점이다. 교육행정권에서는 성공적인 교육개혁의 정책이었다고 자찬했지만, 교육학계에서는 정반대로 교육의 본질에 위배되는 임기응변식 교육정책으로 폄하하기도 했다. 어쨌거나 참여정부가 제안한 나머지 법안이나 교육정책은 오히려 사회통합보다는 극심한 사회 분열과 대립을 부추겨 놓고 있을 뿐이다. 그리고 그것은 끝내 정치권력의 유지를 힘들게 만드는 쟁점 현안으로 남아 있다. 말하자면 사립학교법이 가장 대표적인 것이지만, 이 법안의 운명과 파장은 현재로서는 불투명하기만 하다.

이런 상황에서 참여정부가 성공하고 있는 것은 경쟁주의를 표방하고 있다고 판단되는 교육현안을 수면 밑으로 잠재우려는 노력이다. 즉, 기여입학제, 고교등급제, 대학본고사를 수용하기를 거부하는 교육행정적 억제표시인 '3불정책'을 고수함으로써 참여정부의 면목을 지켜내려고 했다. 그러나 3불정책은 참여정부가 권력을 지키고 있는 한에서만 잠재울 수 있는 그런 임시조치로 비추어지고 있다. 그것은 언제든 수면 밖으로 튀어 나와 교육계 현안이 될 수 있다. 정치는 투표권을 의식할 수밖에 없기에 시간이 흘러가면서 정치상황과 교육혁신을 추진하기 위한 조건이 어떻게 바뀔지는 아무도 모른다.

1) 교육혁신의 원칙

교육에서의 평등과 참여, 그리고 공공성을 지향해야 한다는 정치적 소신과 그것을 교육현실로 바꾸는 교육혁신 정책의 의지를 실어야 되는 참여정부에게는 교육혁신을 추진하기 위한 기회와 남아 있는 시간이 그리 길지 않다. 시간이 변하면 공간도 변하게 되어 있고, 그러는 동안 권력의 모습도 달라지게 되어 있다. 앞으로 남은 시간 동안이라도 교육혁신을 추진하기 위해서는 입안하는 교육정책이 공공성, 공정성, 독립성, 개별성, 공개성의 원리에 따라 제대로 구상되었는지를 다시 한 번 점검해 봐야 한다. 그래야 그들의 교육혁신작업이 제대로 추진될 수 있을 것이기 때문이다.

이런 논리는 사실은 일반론일 뿐이기는 하지만, 교육의 평등화를 위한 교육혁신의 성공적 수행을 위해 첫째로 필요한 것이 '공공성' 의 원칙이다. 이것은 교육은 오직 한 개인이나 특정 집단의 이익과 행복만을 추구한다는 이기적인 생각을 거부하는 일로 시작된다. 공동을 위한 교육을 추구하는 교육의 공익성을 강조함으로써 사회공동체적 삶의 질을 증진시킬 수 있는지의 여부가 성공적인 교육혁신 과제의 잣대가 되어야 한다.

둘째로 교육혁신작업에서 지켜야 될 '공정성'의 원칙은 모든 사람에게 공정하고 평등한 교육기회를 제공함으로써 인간적으로 소외되지 않도록 하는 것을 강조하는 것이다. 공정성의 원칙에 따르면 학업성적이 뒤처지거나 사회경제적으로 낮은 계층에 있는 학생들에게 보다 많은 교육의 기회를 제공해 줌으로써 그들에게 교육적 보상을 해 줄 수 있는 교육복지정책이 필요하다. 불특정 다수를 위한 교육정책 속에서 특정 교육 소외계층을 위한 교육정책을 입안하고 그것을 강력하게 추진하는 것이 참여정부의 정치적 이념을 교육현장에서 현실화하는 것이다. 또한 지역별 교육의 불평등 완화와 모든 국토의 균형발전을 위해 지역 인재의 육성과 농촌교육의 발전을 위한 교육정책도 강조된다.

셋째로 지켜야 될 교육혁신의 '독립성' 원칙은 교육정책의 자율성과 교육운영의 자율성을 의미한다. 즉, 학습자의 자율성을 신장시켜 주기 위한 구체적인 내용이 있어야 한다는 것과 교육 운영 및 정책에서 교육의 이해 당사자인 학부모와 교사도 주체적으로 참여해 교육운영의 자율성을 보장받아야 교육개혁이 제대로 수행될 수 있음을 의미한다.

넷째로 '개별성'의 원칙은 개인의 소질과 적성을 존중하고 각자의 능력에 따라 교육을 받을 수 있는 기회를 보장해 주는 것이다. 학생의 다양한 흥미, 욕구, 능력 등이 제대로 표현될 수 있도록 다양한 고등교육의 기회가 보장되어야 한다. 이 모두는 한국 교육의 정상화와 교육개혁을 위한 기본 전제가 된다.

마지막으로 교육혁신작업에서 지켜야 할 '공개성'의 원칙은 교육개혁을 위한 모든 정책 결정의 과정은 철저하게 국민에게 홍보되어야 하고, 또 순리에 맞게 비판받을 것이 있으면 비판을 받아 수정되어야 함을 의미한다. 이는 교육에 대한 여러 이해집단이 자신의 입장과 주장을 표명하고 의견을 반영할 수 있는 통로를 보장해 주는 지름길이다. 교육정책 결정을 위한 여론 수렴과정에서 소외되는 집단이 많을수록, 그런 교육정책은 교육개혁의 장애요소로 남게 될 것이기 때문이다.[30]

2) 추진과제와 현실문제

한국 현실에서 모든 이를 사로잡고 있는 교육에 대한 의식의 핵심은 한국 사회에서는 어떤 대학과 학과를 나오는지가 삶의 행로를 가름하는 중요한 척도라는 것을 거부하기 어렵다는 데 있다. 이런 태도와 관행이 사회적으로 하나의 문화적 규범처럼 인식되기 때문에 검증 없이도 작동되는 것이다. 말하자면 대학 간의 서열이 있다거나 학벌주의가 한국 사회를 지배하고 있다는 이야기들이 언제든 사회 곳곳에서 가능한 것이다. 학벌의 효과를 교육정책으로 차단하기 위해 참여정부가 해야만 하는 일은 대학평준화정책 등을 추진해 나가는 일이다. 그것의 사회적 파장은 기대 이상이기에 단숨에, 일격에, 그 어떤 요동에도 굴하지 않고 추진해야 한다. 그러나 지금 이 시점에서 그것은 참여정부에게는 물 건너 간 소리일 수도 있다.

다시 말해, 그런 혁신적인 교육정책을 추진하기는 현실적으로 어렵다. 그래서 정부는 공무원 시험원서에 학력란을 없애는 조치를 강력하게 채택하고 있는지도 모른다. 이와 같은 것이 현실적으로 쓰임새 있는 대안이 될 수도 있을 것이다. 그러나 그 정도로 한국인의 의식에 자리 잡고 있는 대학의 서열화를 분쇄할 수 있거나, 일반 대학에 이르기까지 강력한 사회적 효과를 낼 것 같지는 않다. 그렇기는 하지만 학력란 폐기 조치와 함께 대학평준화를 위한 우회 조치로서 국·공립대학 교육 간의 네트워크를 강화하고, 공동학위제를 도입하면 대학평준화의 초기 효과에 버금가는 성과를 얻을 수 있을지도 모른다. 다만 한 가지 염려되는 것은 그런 일을 추진하기 위해서는 국·공립대학 간 공동학위제 같은 것이 대학교육의 혁신을 위해 필요하고도 충분하다는 이론적인 설명이 마련되어 있느냐 하는 점이다. 말하자면 마치 군대조직에서 일등병은 어느 부대로 전출되든지 일등병이어야만 하고, 철책선 근무지에서 사용하는 소총이나 관공서 정문에서 보초를 서기 위해 사용하는 소총이나 모두가 똑같은 성능의 무기인 것처럼, 한국 내 대학의 교수와 학생, 교육과정, 심지어 화장실 변기의 성능까지 하나같이 똑같아야만 되는 이론적이고도 경험적인 설명이 필요하다. 대학평준화의 필요성과 당위성에 대한 설명력과 설득력을 쌓아 놓지 않은 채 국·공립대학 간 공동학위제 같은 초기 형식의 대학평준화 정책을 추진하면 끝내 바라는 성과를 제대로 얻기 어려울 것이다.

참여정부가 제한된 시간 안에 완결할 수 있는 교육혁신 일감들은 그 양에서 결코 많을 수 없다. 그 질에서도 결코 한국 교육계의 근간을 뒤흔들어 놓을 만한 그런 것일 수도 없을 것이다. 참여정부가 표어로 내세운 혁신 프로그램 자체에 한계를 느낄 수밖에 없을 정도로 참여정부에게 남아 있는 시간이나 일감들은 제한되어 있기만 하다. 게다가 참여정부가 앞으로 교육혁신을 추진한다고 해도, 그것은 그저 수사학에 지나지 않을 공산이 크다. 왜냐하면 혁신이라는 용어 자체가 참여정부의 출범 초기 당시와는 달리, 이제는 자기 자신을 향해 비수처럼 되돌아올 채비를 차리고 있기 때문이다. 혁신(革新)이라는 말은 원래 갓 벗겨낸 가죽〔皮〕을 엄청나게 무두질해서 쓰기 편하도록 만들어 놓은 가죽〔革〕을 뜻하는 용어로, 흔히 조직이나 집단의 면모를 일신한다는 것을 의미한다. 그래서 혁신은 일반적으로 경쟁우위를 창출하거나 잠재적인 위기를 돌파하고 새로운 역량을 구비하기 위해 기존의 것을 과감하게 바꾸어 새롭게 만들거나 그렇게 작동하도록 고쳐 놓는 것, 가죽을 벗겨 내는 듯한 아픔을 이겨내면서 구악을 도려내는 것 등의 의미를 내포하고 있다.

참여정부는 이미 이 점에서 교육혁신을 위한 대국민 설득력을 상실하고 있다. 이것은 참여정부가 실제로 교육혁신을 위해 국민을 설득할 정도의 교육혁신 정책을 만들어 냈거나 추진했다는 설득력을 갖기 어렵기 때문이다. 혹자는 참여정부가 교육방송을 통한 수능방송 강의를 강력하게 추진함으로써 사교육비를 경감시키는 교육혁신 정책을 추진하여 교육의 평등과 교육정의 실현에 상당할 정도로 접근했다고 말하기도 하는 모양이다. 그러나 이 수능강의 교육정책은 한국 교육에서 두고두고 후회하게 될 교육정책이라는 비판에 대해 학문적으로 맞대응하기 어려운 형편이다. 참여정부가 끝까지 자문자답해 가면서 추진해 온 교육혁신

작업들은 다음의 몇 가지 전제와 명제들로 정리할 수 있겠다.

현실/전제/명제 1: 우리 사회는 초 · 중등교육에서 의무교육을 시행하고 있다. 이것은 국민에게 최소한 중등교육에 이르기까지 교육의 기회균등을 확립하기 위한 조치다. 이 때문에 교육기회 균등은 실현되고 있다. 그러나 국민에게 초 · 중등교육 이상으로 교육기회의 균등이 주어지지 않는다면 이후의 경쟁은 자연히 치열해질 수밖에 없다. 그래서 평등, 말하자면 형식적 평등의 정당성이 언어적 수준으로 반복되기만 할 때 그것은 경쟁의 부정까지 이어지도록 되어 있다.

전제/명제/현실 2: 초 · 중등교육에서 모든 국민을 위한 평등교육정책의 실현에 성공했어도 실제로 학교 안에서 작동하게 만드는 교육의 원리는 평등보다는 경쟁이다. 학교는 경쟁을 토대로 한 교육과정에 따라 작동해야 하는 교육기관이다. 학교는 교육평등의 구조를 경쟁주의 교육구조로 매일같이 바꾸어 나가는 교육기관이다. 결국 기회의 평등화를 지향한 의무교육을 실시한다고 하더라도, 그것은 끝내 교육과정의 평등화와 학습결과의 평등화를 보장할 수 없다. 대학입시가 바로 그것을 가장 극명하게 요구하고 있다. 그런 과정에서 분출된 고교등급제, 기여입학제, 대학본고사 등의 요구는 교육평등에 대한 정치적 과잉보호의 저항인 것이다.

명제/현실/전제 3: 교육과정의 평등화와 교육 결과의 평등화를 구조적으로 실현할 수 없는 학교교육은 끝내 경쟁주의에 뿌리를 내리고 있다. 경쟁주의 학교교육 현장에서 현실적으로 나타나는 소수의 기회독점은 언제나 심각한 것처럼 나타난다. 소수의 교육기회 독점으로 공정한 경쟁이 부정되거나, 그로부터 교육불평등이 야기되었다고 단죄할 수 없어도 결과는 마찬가지다. 만약 소수의 교육기회 독점으로 말미암아 대학입시에서 공정한 경쟁이 불가능하게 되었다고 정치적으로 단죄해야 한다면 그것을 해결해 줄 수 있는 길은 오로지 한 가지다. 그것은 무상교육의 기회를 고등교육, 대학원 교육에 이르기까지 열어 놓는 일이다. 모든 이를 위한 고등교육, 대학교육의 무상화 정책을 추진할 수밖에 없다.

이런 상황과 조건 속에서 참여정부가 현실적으로 대학교육의 혁신과 평등화를 추구하기 위해서 선택할 수 있는 혁신적인 정책은 그리 많지 않다. 참여정부가 취하게 되는 대학교육의 의무화 혹은 평준화와 관련된 정책들은 시장경제 속에서 각각의 대학이 제안하고 있는 대학혁신 정책들과는 어긋나는 것일 수밖에 없기 때문이다. 그럼에도 불구하고 참여정부가 교육의 평등성을 추구하는 교육정책을 굳이 추진해야만 한다면 대학의 학생 선발에서의 교육차별 철폐정책 같은 정책이 가능할 것이다. 이런 정책은 외국에서는 이미 어느 정도 효과를 보았다. 예를 들어, 미국의 경우 대부분의 주립대학과 명문 사립대학들도 지역할당제와 여성 및 소수민족 출신자를 위한 선발할당제와 같은 차별철폐조치를 30년 넘게 유지해 왔다. 사회적 문제가 없는 것은 아니지만, 그것은 교육 소외계층을 위해서 상당한 효과가 있었다. 유럽은 사정이 조금 다르지만, 선진국들은 초급 수준의 대학교육을 인적자원 개발의 장으로 활용하고 있다. 현실적으로 사립대학의 개념이 없는 유럽에서 대학 나름대로 운영의 자율성은 존중되지만 학생 선발 과정에서 특정 계층에 대한 부정적 차별은 법으로 금지되어 있다. 모든 이를 위한 고등교육의 접근기회가 허락되면 개개인의 삶은 물론 사회 전반의 생산성과 재정의 효율성도 높아지도록 되어 있다. 그것이 사회통합에 끼치는 효과 역시 무시할 수 없다. 교육 소외계층을 위한 보상적 평등조치와 대학의 자율성 침해와는 성격이 서로 다른 것이다.

미주

1 경제정의실천시민연합(경실련)은 2002년 12월 15일 대선투표일을 앞두고 이 후보와 노 후보의 정책 철학과 기조, 내용을 분석한 평가서를 발표했다. 평가서에 따르면 이 후보와 노 후보의 선거공약과 그것을 표방하는 사회 각 부문의 정책들은 전반적으로 보수와 개혁으로

나눠져 상당한 입장 차이를 보였다. 이러한 차이는 사회 · 교육정책에서도 마찬가지였다. 이 후보는 자율과 경쟁을 통한 시장의 원리에 충실한 반면, 노 후보는 평등성과 공공성을 강조하였다.

2 노무현 후보가 대통령으로 당선되자 대통령직 인수위원회는 국정과제 보고 내용을 제시했다. 그들은 '교육개혁과 지식문화 강국의 실현' 을 10대 국정과제의 하나로 선정함으로써 교육개혁이 참여정부의 주요 정책으로 필요하다고 보았다. 국정과제 '교육개혁과 지식문화 강국의 실현' 보고서의 주요 내용은 다음과 같았다.

1. 참여와 자치를 통한 교육공동체 구축
  1-1 교육혁신기구 설치
    ○ 교육혁신기구를 대통령 직속의 법률기구로 상설화함.
      -교육정책의 입안 · 조정 · (심사)평가 기능 및 주요 교육 현안에 대한 협의 · 조정 기능을 부여
      -아울러 안정적이고 지속적인 교육개혁을 도모하기 위해 「교육개혁법」(가칭) 제정 검토
  1-2 단위학교의 참여와 자치 확대
    ○ 교사회 · 학생회 · 학부모회의 법제화를 핵심으로 하는 학교자치 강화
      -분권화와 민주화를 위해 교사회 · 학생회 · 학부모회 법제화 및 대표자의 학교운영위원회 참여 제도화
      -학교운영위원회 기능의 선택적 확대 · 강화: 지역과 학교의 실정에 따라 자문 · 심의 · 의결기구로 제도화
      -교육 주체의 참여 확대 및 대표성을 제고하는 방향으로 교육감 · 교육위원 선출 방식 개선
    ○ 단위학교의 재량범위 확대와 자율운영체제 확립
      -중 · 장기 학교발전계획 수립, 교육과정 편성 · 운영, 학교예산 편성 · 운영 등의 재량 확대
      -단위학교와 교사들이 법령으로 금지하지 않은 교육활동을 원칙상 모두 자유롭게 할 수 있는 수업자율체제 확립
  1-3 대학운영의 민주성과 자율성 강화
    ○ 대학지배구조의 개편
      -교수회를 법제화하는 한편, 교직원 · 학생 · 학부모 · 지역인사가 대학운영에 함께 참여할 수 있는 제도적 장치 마련
      -대학과 교육인적자원부의 관계 등 대학 지배구조에 영향을 미치는 주요인에 대한 점검 · 시정 조치
    ○ 학문의 자유와 대학자치 실현을 위한 기반 조성

-국가 수준의 학문정책 수립 및 학술진흥 기반 확충
-학문 후속세대 양성 대책 및 대학강사(비정규직 대학교수)의 처우개선과 법적 지위 마련
-대학비리 및 부당 해직교수에 대한 실태조사와 대책 마련

2. 과제와 연관 추진과제

2-1 교육인적자원부 기능 재편과 교육행정 개혁

○ 교육인적자원부의 과도한 정책독점을 완화하기 위해 정책 개발, 집행 및 지원 기능을 중심으로 개편
-대통령 직속 교육혁신기구 신설과 연계되어 있는 사안으로 두 기구 간의 역할분담 병행 추진
-정책의 현장적합성 제고를 위한 교육인적자원부 직제 개편
-규제중심의 행정을 과감히 줄이고 새로운 정책수요에 대비한 정책개발 기능 부여
-비합리적 인사관행의 타파, 능력위주 인사원칙 확립, 평가방법 개선과 제도화 추진

○ 지방분권 및 학교자치의 확대 · 강화 맥락에서 교육인적자원부 업무의 과감한 이양과 위임
-시스템 차원의 개혁을 위해 대학 및 지방교육청-단위학교로 권한 분산 유도

3. 공교육 내실화와 교육복지 확대

3-1 교육의 공공성 강화와 공교육 내실화

○ '모든 국민의 수준 높은 교육' 을 위한 공교육 시스템 구축
-공교육과 사교육의 역할을 재정립해 나가고, 공교육 내실화와 함께 사교육 수요의 원인을 원천적으로 제거해 나가는 등 장 · 단기적인 사교육비 경감방안을 지속적으로 추진
-OECD 수준의 교육 여건 조성과 지역과 학교 단위의 자율성에 기초한 교육과정이 이루어지기 위한 교육과정 · 교과서 정책 마련

○ 평준화 정책의 기조를 유지하되, 정책의 성과와 문제점에 대한 객관적인 평가를 토대로 보완 검토

3-2 학벌타파와 대학서열 완화

○ 서울대 학부 정원의 단계적 축소 및 대학원 중심 대학으로 집중육성

○ 국립대와 사립대 간 역할분담과 국립대 사이의 기능분담을 통한 대학의 영역별 특성화 강화
-지방대 집중육성(별도 국정과제로 뒤의 '연관추진과제' 참조)

○ 수능시험 개혁 및 '중등교육과정 졸업자격고사' 의 도입 검토

-수능시험제도로 인한 서열화 현상을 중등교육과정의 졸업자격 여부에 대한 평가(절대평가)로 전환
-입시전형의 실질적인 다양화를 유도하여 중등교육의 내실화 및 사교육비 경감 효과 도모
○ 학벌중심에서 능력중심으로의 정책 전환
-학력차별 금지제도 도입
-기업 사원 채용 시 기계적 학력조건(대졸 이상 등) 명기 제한
-공직 인재채용할당제 도입 등

3-3 교원의 전문성 강화 및 승진제도 개선
○ 교원의 전문성 신장기반 조성을 위한 제도 정비
-적정수업시수 법제화로 공교육의 질 제고와 수업부담 합리적 조정
-교원연수 · 재교육 기회 및 교원자율연수휴직제 대폭 확대
-교사 연구모임 등에 대한 연구비 지원 확대로 현장연구 장려
○ 교원양성 · 임용체제 개선
-교원의 전문성 신장을 위한 종합적 교원양성 대책 마련
-교원양성 대 임용비율 적정 조정, 교원양성기관의 연계체제 구축 등 교원수급의 안정성 제고
-교원 임용시험제도 개선으로 전문성 강화
○ 교원승진제도 합리적 개편
-현행 점수제에서 능력위주 승진제도 마련
-초빙제 · 보직제 도입 등 학교장 임용제도의 다양화
○ 비정규직 교원의 신분보장 강화방안 마련
-기간제 교원의 신분보장과 처우개선을 통한 교원의 질 제고
-사립학교의 과도한 기간제 교원 비율 적정화

3-4 유아 및 특수아 학습권 보장과 지역 간 교육격차 해소
○ 유아교육의 공교육화
-「유아교육법」 제정으로 취학 전 유아교육 공교육체제로 전환
-만 5세 아동 무상교육 2006년까지 전면 실시
-유아교사 처우 국 · 공립과 사립 동일 수준으로 개선, 종일반 유아교육 프로그램 지원
○ 통합교육 기조유지와 특수교육 기회 실질적 확대
-유치원에서 고등학교까지 무상 특수교육 기회 실질적 확대
-통합교육 기조유지 및 장애 유형별 · 지역별 특수교육기관 균형 배치
○ 지역 간 교육격차 해소
-농어촌 · 도서벽지학교 지원육성으로 도 · 농 간 교육격차 해소

–사회적 취약계층의 교육격차 해소를 위한 우선 집중투자

4. 과제 연관 추진과제

4-1 지방대학 육성(별도 국정과제 보고사항임)

○ 권역별 대학특성화사업 추진

–권역 내 대학, 산업체, 지자체, 연구소 등 상호 연계하여 사업 추진

–선택과 집중방식으로 추진하되, 지역 균형발전상 권역 구분

–사업단별 지역 역량 등을 고려, 자체 발전계획을 토대로 선정

–지방대 육성사업을 심사, 평가할 전담기구 설치(중앙, 지방)

○ 지방대학 육성기반 조성

–지방대학과 지역산업의 협력 활성화

• 산학협력단 설치 및 '산학연 협력연구 전담교수제' 도입

• 대학부지 내에 기업 및 정부출연 연구소 등의 설립

–지방대학을 지역 R & D의 핵심 주체로 육성

• 정부 R & D 지원예산의 지방 및 지방대학 지원비율 제고

• 권역별 공동 연구시설 설치 · 운영 및 연구 인프라 구축

3 그동안 도서 · 읍 · 면 지역 중학생만을 대상으로 했던 무상의무교육이 2002년을 기점으로 전국으로 확대되었다. 전체 50여 만 명에 달하는 중학 1학년생에게 수업료, 입학금, 교과서 대금 등 연간 약 52만 원씩 지원되기 시작했다. 중학교 무상의무교육은 2003년에는 중 2까지, 2004년에는 중 3까지 적용되어 전면적으로 이뤄지도록 되었다. 김대중 정권은 저소득층을 위한 교육복지정책도 강력하게 추진했다. 2002년 3월부터 농어촌 저소득 가정에만 지원되던 만 5세 무상교육비가 법정 저소득층과 도시지역 기타 저소득층 자녀에까지 확대 지원되었다. 12월에는 서울 · 부산 시내 저소득층 밀집지역 14곳을 선정해 교육 여건을 개선하는 '교육복지투자 우선지역 지원사업'을 확정했다. 교육부는 이들 지역 44개 초 · 중학교를 중심으로 2005년까지 377억 원을 투입해 학생 기초학력 향상 및 정서발달 프로그램, 유아교육 보육 내실화 프로그램 등 교육복지 서비스 체제를 갖추기로 했다. 김대중 정권은 초등 3학년을 대상으로 기초학력 진단평가도 전국적으로 실시했다. 국내에서는 처음으로 전국 초등 3학년생 70만 명을 대상으로 한 '기초학력 진단평가'가 반발과 논란 속에 치러졌다. 이것은 학생들의 기초학력을 측정해 기준 미달자 혹은 교육취약 계층에 대한 보충학습 기회를 제공한다는 취지에서 추진된 것이었다.

4 김대중 정권에서 교육 현안으로 떠올랐다가 별다른 해결의 실마리도 찾지 못해 참여정부에게 자동 인계된 주요 교육계 현안들은 다음과 같다. ① 고교평준화 문제 논란 재연: '차라리 일제시대 교육이 좋았다.'며 고교평준화의 문제점을 지적한 진념 경제부총리의 2002년도 연초 발언과 2월 14일 KDI가 고교 선택권 보장과 자립형 사학 확대를 골자로 제시한 '2011 비전과 과제'가 평준화 문제를 사회 현안으로 부각시키는 도화선이 되었다. 이어 교원단체와

학부모단체 간에도 평준화 유지냐 개선이냐를 놓고 찬반논란이 가열되었고, 대선 후보들도 인식차를 드러내면서 논쟁이 끊이질 않았다. 평준화 폐지 헌법소원이 제기되고 지자체의 특목고 유치경쟁이 가열되는가 하면 울산에서는 평준화도입 촉구 결의대회가 열렸다. 그 와중에 전주 상산고만이 유일하게 자립형 사립고로 지정되는 진통을 겪었다. 한편, 올 초 발생한 경기 신도시 평준화 고교 배정 오류사태도 기피학교 문제가 불거지면서 평준화제도에 대한 관심을 증폭시켰다. ② 이공계 기피 이슈화: 2002학년도 대입 정시모집 합격자 등록마감 결과, 서울대 공대, 자연대, 약대 등 이공계 등록률이 2001년보다 11～23% 하락하면서 이공계 기피현상이 국가적 현안으로 이슈화되었다. 4급 이상 공무원의 11%만이 이공계 출신이라는 보고와 과학자를 홀대하는 기업들이 속속 보도되면서 급기야 한국과학기술원(KAIST)의 한 교수는 초등생에게서 위문편지까지 받아야 했다. 이에 따라 계열별 교차지원을 상당 수준 제한하는 2003학년도 대입안이 발표되고 8월 서울 중소기업종합전시장에서는 '청소년 이공계 전공 및 진로 엑스포' 가 열렸다. 또 11월 정부는 매년 이공계 대학 및 대학원의 우수 신입생과 재학생에게 309억 원의 장학금을 지원하는 계획을 발표하는 등 이공계 '기 살리기' 에 부심했다. ③ 교육행정 정보시스템 연기 파동: 2002년 여름 학교현장은 전국단위 교육행정 정보시스템 구축에 몸살을 앓았다. 전국 초 · 중등학교와 교육행정기관을 인터넷으로 연결해 교무 학사, 인사, 재정, 회계, 물품, 시설 등 교육행정 업무를 전자적으로 처리하는 교육행정정보시스템이 새로 구축되면서 기존 학교종합정보 시스템은 완전히 폐기 처분되었고 수백억 원의 예산이 낭비되었다. 게다가 새 시스템이 서버에 접속하기도 힘들고 에러에 대한 대처도 제대로 되지 못한 상황에서 10월 전면시행까지 발표되어 들끓는 여론에 기름을 부었다. 입력되는 정보의 개인 인권침해 논란도 거셌다. 결국 교육부는 교무–학사 부분을 수정 · 보완해 2003년 3월부터 본격 운영하는 것으로 사태를 마무리했다. 그러나 이 방안은 끝내 교단을 분열시키는 기폭제가 되었다[참고: 한국교육신문, 2002년 12월 24일자].

5 2002년 대선 당시 노무현 후보의 교육 분야 정책참모였던 한 인사는 이에 대해 '어쩌면 이 사태의 근본원인은 애초 노 대통령의 교육 관련 정책이 분명치 않았다는 점인지도 모른다.' 고 털어놓았다. '사실 노 후보 진영에는 이회창 캠프 쪽에 비해 교육전문가들이 많이 부족했다. 우리는 노 후보의 국정운영 철학이던 분권, 자치, 참여를 교육현실에서도 구현해야 한다는 정도의 줄기만 잡았을 뿐, 그것을 어떻게 현실에 적용해 구체적인 그림을 그릴 것인가 하는 작업을 하지 못했다. 이 문제에 대한 해법으로 나온 것이 교육부장관을 잘 임명해 임기 5년을 같이 가겠다는 대통령의 발언이었는데, 윤 부총리가 일찍 물러나면서 이것도 무산되어 버렸다. 결과적으로 보면 이때부터 교육정책 전반이 꼬이게 된 것 같다.' 초기 혁신위 조직 구성에 참여하였던 한 인사의 말이다[참고: 주간동아, 2005년 1월 18일자].

6 교육부만 40년 동안 출입한 한 고참기자(김병옥, 2006)는 40년을 지켜 본 교육부장관들은 한결같이 세 가지 함정에 빠져 헤매다가 아쉬운 고별사를 한다는 점을 보도하였다.
장관에게 첫 번째 함정은 스케줄이다. 하루 일정이 조찬모임으로 시작되는 것은 다반사다.

그러니 장관들은 '새벽부터 늦은 밤까지 내 몸이 아니다.' 라고 하소연한다. 일정에 쫓기는 나날이 계속되니 차분하게 정책을 구상할 겨를이 없다. 늘 '급하다' 는 교육부 직원들의 성화에 쫓기듯 결재를 하다 보면 자신이 정책을 결정하는 장관인지, 결재서류에 사인만 하는 도구인지 분간하기 어렵다고 한다. 각급 학교장이 해야 할 일까지 장관이 결재해야 하는 교육부의 특수성은 장관을 결재더미에 압사할 지경까지 몰아넣는다. 사정이 이러니 교육부 직원들이 장관을 길들이는 가장 손쉬운 방법은 '스케줄 관리' 라는 이야기가 나오는 것도 무리가 아니다. 일정을 빡빡하게 세워서 한두 달 '돌리면' 장관은 어느새 머리를 비우고 일정만 따라다니게 되기 때문이다. 두 번째 함정은 방문객이다. 장관실에 찾아오는 내방객은 크게 두 부류다. 장관이 다급해서 자문(諮問)하기 위해 불러들이는 경우와 장관의 의사와 상관없이 나름의 목적이 있어서 찾아오는 경우다. 그러나 어느 경우라도 장관과 평소 알고 지낸 처지가 아니면 장관을 찾아오기 어렵다. 그런 점에서 장관은 단소리와 쓴소리를 구별할 줄 알아야 한다. 방문객 중엔 감언이설로 장관을 치켜세운 뒤에 인사 청탁을 하는 경우가 적지 않다. 장관은 그런 사람을 경계하는 것으로 화를 막을 수 있다. 세 번째 함정은 인맥이다. 어느 부처나 조직이든 인맥이 형성되지 않은 곳이 없다. 특히, 관료 사회는 인연, 지연, 학연 중 어느 것으로도 인맥을 형성한다. 그 인맥은 부처 안팎에 관계없이 연줄을 맺고 이어져 암약으로 시작된다. 인맥은 차단하기보다 급소를 찾아 처방하는 것이 비책이다. ……장관 역시 3기병을 앓는다. 1기병은 대개 장관 취임 직후 증세가 나타난다. 빠른 이는 취임 사흘 만에 징후를 느끼기도 하지만 대개 열흘 혹은 한 달이면 자각증세가 나타난다. 바로 '의외병' 이다. 교육장관 자리가 이런 자리였나 싶게 두렵고 난처함을 느낀다. 윤덕홍 장관의 경우 취임 직후 NEIS 문제로 믿고 있던 전교조로부터 심한 공격을 받았다. 어느 정도 시간이 흐르면 차츰 평정을 찾고 일에 재미도 붙는다. 이 과정에서 국가권력의 핵심 기구에 서 있는 것을 실감하고 매사 육감에 의지한다. 특히, 사람을 조심하고 말수가 적어진다. 언론을 의식하는 것은 물론이다. 이것이 2기병이다. 취임 6개월 전후가 되면 벌써 개각을 의식한다. 뭔가 좀 알만하다 싶을 때라 평균 임기는 채우고 싶어진다. 이 시기에 겪는 불안감을 3기병이라고 한다. 다행히 개각에서 유임되면 더 이상 바라는 것도 없어지면서 평온을 되찾고 날이 가건 달이 가건 무뎌진다. 그런 어느 날 뜻밖의 경질소식을 듣고 '오뉴월 뙤약볕도 남 주기 싫다.' 는 말을 실감한다. 어떤 장관은 이임식을 마치고 나올 때 머리는 텅 비고 다릿심이 빠지더라고 한다. 이러니 장관이 바뀔 때마다 정책의 인계가 제대로 될 턱이 없다[참고: 김병옥(2006. 6). 교육부 40년 출입 老기자의 대한민국 교육부장관 48인論].

7 교육혁신위가 끝내 참여정부의 교육혁신을 위해 유명무실했다는 평가를 어느 주간지는 이렇게 적고 있다.
교육혁신위가 무기력할 수밖에 없었던 것은 무엇보다도 첫째로 노련한 교육부 관료들의 지연작전 때문이었다는 것이었다. 동시에 혁신위원들의 교육학적 전문성이나 그들이 교육계에서 드러내 보일 수 있는 영향력의 한계 때문에 교육혁신위는 교육계 장악에서 속수무책이었다고 판단하고 있다. 노 대통령은 지금껏 한국 교육을 이끌어 온 명문대 교수 출신 인맥을

'구악(舊惡)' 으로 여긴 면이 있다. 그 대안으로 삼은 것이 시골학교 교장 전 위원장이었다. 노 대통령은 전 위원장을 혁신위 위원장에 임명한 뒤 '알아서 하십시오.' 하는 식으로 전권을 맡겼다. 하지만 교육정책에 대한 경험이 없는 데다 정치력이나 중앙인맥도 전무한 전 위원장이 할 수 있는 일이 뭐가 있었겠나. 혁신위원장은 여러 분야, 여러 계층의 사람과 접촉하며 개혁의 공통분모를 이끌어 내야 하는 굉장히 정치적인 자리다. 그런데 전 위원장은 '존경받는 교육자' 였을 뿐 행정가가 아니었다. 양자 사이의 간격은 도저히 메울 수 없을 만큼 컸다. 교육혁신위 아이디어 정책 결정서는 번번이 배제당했다. 전 위원장의 인선에 대해 노무현 후보캠프에서 일했던 또 다른 인사 역시 '개혁성과 도덕적 우위만으로 교육부를 상대할 수 있다고 생각한 너무 안일한 선택이었다.' 고 지적했다. 수십 년간 교육 분야에서만 일해 온 '노회한' 교육 관료들을 상대하기에 전 위원장은 너무 약했다는 것이다. ……그나마 참여정부와 코드가 맞았던 윤 부총리 시절에는 두 조직 사이의 갈등이 눈에 띄게 나타나지 않았다. 하지만 안 부총리가 임명된 뒤부터 교육부는 혁신위를 내놓고 무시하기 시작했다. 혁신위가 교육정책을 마련하면 훨씬 우수한 전문가들을 동원해 그것이 왜 부적절한지 밝혀낼 자료를 만들었고, 결국 노 대통령의 지지를 이끌어 내는 식이었다. …… 두 조직의 충돌과 승패가 가장 극명하게 드러난 것은 2004년 여름을 달궜던 '교육이력철 논란'. 그해 3월 혁신위가 2008학년도 이후 대입제도 개선안 마련을 위해 '대입특별위원회' 를 구성하자 교육부는 즉각 자체 대입특위를 꾸려 별도의 입시안 마련에 나섰다. 그리고 혁신위가 입시개혁의 핵심 아이디어로 제안한 '수능의 자격시험화와 교육이력철을 통한 학생 선발방식' 을 모두 폐기시켰다. '교육이력철' 이란 교사가 직접 교육과정을 구상하고 평가기준을 만든 뒤 이에 비추어 학생의 성취 정도를 기록하도록 한 서류다. 혁신위안(案)에 따르면, '교육이력철' 에는 해당 과목점수뿐 아니라 학생이 수업시간에 보인 반응이나 장단점 등도 면밀히 기록된다. 수능은 자격시험으로만 이용하고, 대학은 학생 개인의 능력, 특기, 인성 등 모든 것이 기록된 이 서류를 통해 학생을 선발하라는 게 혁신위 대입안의 뼈대였다. 이에 대해 교육부가 '기존 학생부와 실질적으로 큰 차이가 없으며 공연히 혼선만 일으킨다.' 며 반대의사를 분명히 한 것이다. 특히, 윤 부총리가 재임기간 내내 'NEIS' 등 현안만 쫓아가다 뚜렷한 개혁방향조차 제시하지 못한 채 물러난 것이 뼈아팠다. 참여정부와 코드가 맞는 인사였던 그의 교육개혁철학이 한 번 제대로 펼쳐지지도 못한 채 접히면서, 참여정부는 '힘 있는 시기' 에 자신들의 교육철학을 교육부에 이식할 틈을 놓치고 만 것이다. 윤 부총리는 퇴임 후 한 언론사와의 인터뷰에서 '입각과 동시에 보수적 교육관료들을 물갈이하라는 요구가 많았지만 나는 그것이 오히려 파벌만 형성하는 결과를 낳을 것이라고 생각해 피했다. 1년 정도 같이 일한 뒤 그것을 바탕으로 인사하기 위해, 인사파일도 학력이나 출신지역이 아니라 해당 직원이 해 온 일중심으로 기록하도록 했는데…….' 라며 안타까움을 토로한 적이 있다. 윤 부총리는 갑작스레 물러났고 참여정부의 인맥은 교육부 안에 뿌리내리기도 전에 기존 관료들의 역풍을 맞았다. 한 교육부 공무원은 '윤 부총리는 NEIS 문제와 판교 학원단지 대응에 진이 빠져 다른 문제는 검토조차 못했고, 후임 안병영 부총리는 사교육비 경감대책 마련에 허덕이다 대입제도 개선안 논란, 고교등급제 고교내신 부풀리기 파문, 집단적 수능부정 등 갖가지 이슈에 휩쓸려 다니기만 했다. 참여정부 출범 후 2년이 지났지만 이 정부가 추진하고자 하는 정책방향에 대해 우리는 제대로 고민해 본 적조차 없다.' 고 말하기도 했다[참고: 주간동아, 2005년 1월 18일자].

8 교육부는 윤 장관의 주도 아래 각 기본 방향별로 2~4개씩 18개 주요 과제를 선정하여 2007년까지 연차별로 시행하기 위해 6대 정책방향의 연도별 추진계획을 발표했다. 그 핵심은 다음과 같았다. ① 교육행정체제 대폭 혁신: 2003년 말까지 학교교육 기능을 지방에 대폭 이양하고 상시적 기획 · 조정 · 평가시스템을 갖추도록 교육부 조직 · 기능을 획기적으로 개편한다. 2004년까지 교육행정 직렬을 폐지, 직위공모제를 확대하는 등 내부 인적자원 개발 시스템을 혁신한다. ② 자율, 참여의 교육공동체 실현: 교사회/학부모회 등 참여 시스템을 2004년 중 마련한다. 또 2005년까지 초 · 중등교육법을, 2004년까지 대학 이사회 설치 등 국립대 의사결정구조 개방화를 위한 국립학교 설치령을 개정한다. 2004년까지 특별법을 통해 국립대 회계제도 도입하며 행정감사규칙을 개정, 외부위탁회계감사제를 추진한다. 사학분규 해결을 위해 사학분쟁조정위원회를 올해 안에 장관 직속으로 설치하고 법적 조정 권한을 가진 기구 설치를 위한 입법을 2004년까지 완료한다. ③ 초 · 중등 '교육본질' 추구: 연말까지 대안학교를 각종 학교로 설립할 수 있도록 초 · 중등교육법령을 손질한다. 학생과 교원의 안전한 교육활동을 보장하기 위해 학교급식안전감시제, 교육환경영향평가제, 학교폭력특별법 제정을 추진한다. 2004년 말까지 교원보호를 위한 특별법을 제정하도록 한다. 연말까지 사교육비 경감 종합대책을 마련하고, 사교육 열풍의 근원적 해소를 위한 대학입시제도 개선은 올해부터 기초 연구와 공론화에 착수하며, 2005년 수능 결과 분석 후 대안을 마련한다. ④ 고등교육 경쟁력 확보: 두뇌한국(BK)21 사업의 문제점을 개선, 2005년부터 포스트 BK21사업을 추진한다. 대학 구조조정 시 귀속재산 처리, 학생 및 교원 보호 등을 위한 관계 법령 개정안을 연말까지 마련하는 등 대학 M & A를 적극 추진하며, 대학의 공공성 확보를 위한 대학 설립 · 운영 규정 개정과 고등교육재정지원법 제정에도 나선다. 지역발전의 중심체로 지방대를 육성 · 발전시키기 위해 '지방대 혁신역량강화 프로젝트' 를 연내 확정한다. ⑤ 평생직업교육 강화: 학벌주의의 병폐를 극복하기 위해 범 부처 차원의 종합대책을 연말까지 수립하며 연내에 산업교육진흥법시행령을 개정해 산학연협력체제 제도적 기반을 완성한다. 국가직무능력표준제 도입을 위한 자격기본법 개정을 추진한다. 2004년부터 시범실시하고 2004년부터 통합형 실업고제도를 도입해 매년 5~10개교씩 특성화고교 운영지원을 확대한다. 전문대 교육 경쟁력 강화를 위해 전문대 평가지표를 개발하고 평생학습도시를 현재 6개에서 2007년까지 20개로 늘린다. ⑥ 인적자원개발의 선진화: 인적자원영향평가제, 한국형 인적자원개발지수 개발 등을 통해 효율적인 인적자원 양성, 배분, 인프라 구축에 주력한다. 학벌주의의 병폐를 극복하기 위해 범부처 차원의 종합대책을 연말까지 수립하며 연내에 산업교육진흥법 시행령을 개정한다[참고: 한국교원신문, 2004년 1월 9일자].

9 45대 교육부장관의 재임기간인 2003년도의 경우, 교육계에서 화두가 된 주요 뉴스는 다음과 같다. ① 혼돈의 가닥을 잡은 NEIS: 교육정보화위원회는 제7차 전체회의를 통해 NEIS에서 교무 학사, 보건, 입학 진학 등을 일반 교육행정 부문과 분리·운영키로 했다. 이로써 교단 갈등으로까지 번지며 1년여를 끌어 온 교육행정정보시스템(NEIS) 운영방식의 대략적인 틀이 잡혔다. 교육부는 NEIS 폐기를 요구하는 전교조의 주장에 밀려 5월 말 NEIS 유보를 선언했다. 이미 대다수의 학교가 CS를 폐기하고 NEIS를 시행 중인 상황에서 내려진 유보 결정은 현장의 혼란을 극대화시켰고, 전국 시·도 교육감과 교장들은 NEIS 시행 유보를 거부하고 나섰다. 특히, 그동안 밤을 새워 입력작업을 해 온 정보담당 교사들은 학교장에게 보직사퇴서를 제출하고 NEIS 시행을 위한 서명운동을 계획하는 등 강력하게 반발하기도 했다. NEIS 관련 법원 판결도 이어졌다. 정보집적 자체에 대한 소송 제기는 모두 각하되었으나 일부 학생들이 제기한 정보집적 거부 요구는 받아들여졌다. ② 수능 복수정답 파문: 2004년 수능시험이 복수정답 논란에 휘말리면서 결국 언어영역 17번 문제의 3번과 5번을 모두 정답으로 처리하는 초유의 사태가 발생했다. 더구나 온라인 입시학원에서 논술강의를 하는 모 대학 초빙교수가 언어영역 출제위원에 포함되었던 것으로 밝혀지면서 지문 사전유출 등으로 논란이 확산되었다. 윤덕홍 교육부총리는 출제위원 사전노출과 선정과정 등 수능논란에 대한 조사 결과를 발표하면서 수험생과 학부모에게 공개적으로 사과했다. 계속되는 재수생 강세 역시 개선해야 할 점으로 지적됐다. 한편, 이종승 한국교육과정평가원장은 수능시험 총괄기관장으로서 책임을 지고 사의를 밝혔다. ③ 서승목 교장 자살과 안티 전교조: 기간제 교사의 차 시중을 발단으로 전교조와 갈등을 빚던 충남 보성초등학교 서승목 교장이 자살하는 사건이 발생했다. 경찰 조사과정에서 서 교장이 남긴 메모가 발견되면서 서 교장 죽음의 배경에 전교조의 개입이 드러나자 교육계 안팎에서는 전교조를 비난하는 목소리가 쏟아졌다. 전교조 홈페이지에는 전교조가 초심으로 돌아갈 것을 촉구하는 글이 급증했고, 보성초등학교 학부모들은 '전교조 교사에게 아이를 맡길 수 없다.' 며 전교조 소속의 두 교사가 전보될 때까지 자녀들의 등교를 거부하기도 했다. 특히, 이 사건은 '안티 전교조' 바람을 불고와 안티 전교조를 표방한 교육공동체시민연합(상임대표 이상주 전 교육부총리)이 출범하는 계기가 되기도 했다. ④ 교육개방 압력: 세계무역기구(WTO) 양허안(자국의 시장 개방계획안) 제출을 놓고 교육계 안팎의 찬반양론이 분분했다. 경제계 등에서는 '양질의 교육서비스를 활용해야 한다.' 며 완전개방을 요구했고 교육계에서는 '무방비인 공교육을 붕괴시킬 것' 이라며 크게 반발했다. 결국 대학 및 성인교육 부문만 포함해서 1차 양허안을 제출했으나 교육부가 경제자유구역 내 외국교육기관 설립요건을 완화하는 내용의 특별법을 제정할 계획이어서 불씨는 여전히 남아 있다. 특별법에 따르면 내국인이 입학할 수 있는 외국 학교법인의 초·중·고교 설립이 가능하며 이들은 초·중등교육법이나 사립학교법의 적용도 받지 않는다. 이는 사실상 초·중등교육까지 대폭 개방하는 것을 의미하고 있어 앞으로도 교육계의 반발은 거셀 전망이다[참고: 한국교육신문, 2003년 12월 18일자].

10 46대 교육부장관인 안병영 장관의 정책 역량과 추진에 대한 평가는 전임 교육부장관에 비

해 월등히 높았다. 그의 경질에 대해 언론은 이례적으로 아쉬움을 전했다. '이렇게 1년 만에 교육부총리가 바뀌면 교육정책을 장기적으로 소신 있게 추진하기가 어렵습니다.', '국민들은 백년대계를 원하는데, 권력의 핵심부는 조금만 문제가 있어도 교육수장을 정치적 희생양으로 삼습니다. 이래서야 정책이 어떻게 일관성을 유지하겠습니까?' 4일 오후 안병영 전 교육부총리 이임식이 끝난 후 교육부 공무원들은 신임부총리에 대한 예우 때문에 말을 아끼면서도 장탄식을 금하지 못했다. 이날 이임식에서 안 전 부총리는 '너무 모질게 일을 시켜서 미안하다. 여생 동안 빚을 다 갚지 못하겠지만 밖에서 열심히 돕겠다.' 고 간단히 말을 마쳤으나 끝내 눈시울을 붉혔다. 대부분의 직원들과 기자들은 침통한 표정으로 한동안 자리를 뜨지 못했다. 안 부총리는 그동안 직원들로부터 '워커홀릭(일 중독자)' 이란 표현을 들어 가면서 사교육비 경감, 대입제도 개선, 대학구조 개혁, 교원평가제, 직업교육 개편 등 각종 교육개혁 정책을 추진해 왔다. 직원들은 '장관이 밤잠을 못 자는데 여러분은 잠이 오느냐' 는 소리를 일상적으로 들어야 했다. 그러나 이날 직원들은 떠나는 부총리에 대해 눈물로 아쉬워했다. '안 전 부총리의 중도통합노선은 진보, 보수로 나뉘어 갈등을 보이고 있는 교육단체의 조정 역할을 나름대로 해냈습니다. 김영삼 정권에서 교육부장관을 지냈던 경륜으로 교육단체의 협조도 쉽게 이끌어 냈습니다. 앞으로 그게 가능할지 솔직히 걱정입니다.' 한 교육단체 대표는 이렇게 우려를 표명했다. 안 전 부총리는 이임식에 앞서 가진 기자간담회에서 '각 시 · 도교육청이 관할하는 수능은 교육부총리에게 직접 책임이 없는데, 그 이유로 교체하는 것을 수긍할 수 있느냐.' 는 질문에 '교육수장이 책임을 지는 게 마땅하다.' 고 대답했지만 착잡한 표정을 감추지 못했다. 교육계 안팎에서는 '교육수장 교체 이유가 교육정책 실패 때문이 아니라 수능부정에 대한 국민 정서를 달래기 위해서라면 지나치게 정치적인 것' 이라는 비판여론이 높다[참고: 문화일보, 2005년 1월 5일자].

11 그의 재임 시 2004년 교육계에서 주요 쟁점으로 떠올랐던 뉴스거리들은 다음과 같았다. ① 사범대 가산점 위헌 판결: 헌법재판소는 2004년 3월 교사임용시험 시 지역 사범대 출신에게 주는 가산점과 복수 부전공 가산점이 공무담임권을 침해한다며 위헌결정을 내렸다. 역가산점 위헌결정으로 사범대는 존립기반 자체가 흔들릴 위기에 처했고 교대 역시 졸업생들이 수도권에 몰릴 것이라는 우려가 높아졌다. 국회교육위는 9월에 현행 가산점제도를 원칙적으로 2011년부터 폐지하는 내용의 교육공무원법 개정안을 통과시켰다. 개정안은 2005년도 사범대 입학생의 경우 2010년, 올해 입학생은 2009년, 2001년도부터 그 이전 입학생은 2006년 시험까지만 가산점 해택을 받을 수 있도록 했으며 교대 지역가산점의 법적 근거도 마련했다. ② 고교등급제 논란: 고려대 총장이 '고교 간 학력차를 입시에 반영하는 것은 당연하다.' 는 요지의 발언을 하자 전교조와 참교육학부모회 등이 '일부 대학이 서울 강남지역 고교생에게 특혜를 줬다.' 며 인권위에 진상조사를 요구하면서 파장이 확대되기 시작했다. 교육부는 고려대, 연세대 등 6개 대학을 조사한 결과, '일부 대학이 서류평가 시 고교 간 차이를 반영했다.' 면서 해당 대학들에 재발방지 요청과 함께 추후에는 재정지원 삭감 등 조치를 취하기로 했다. ③ EBS 수능방송 출범: 사교육비를 잡기 위해 교육부는

'2 · 17 사교육비 대책' 을 내놨다. 4월 1일부터 위성채널 'EBS 플러스 1' 을 24시간 수능방송으로 운영하고 인터넷 VOD 서비스를 제공하는 것은 물론 방송내용 중심으로 수능시험을 출제하기로 한 것이다. 공교육 정상화에 대한 우려 반, 기대 반 속에 출범한 수능방송은 사교육이 크게 줄었다는 분석과 오히려 늘었다는 주장 등 엇갈린 반응 속에서 진행되고 있다. 11월에 치러진 2005학년도 수능을 교육방송이 분석한 후, 언어영역 86.7% 등 수능방송 반영률이 대부분의 과목에서 80%를 웃돌았다고 주장했다. 이런 주장을 교육부는 별다른 견해 없이 국민에게 홍보하기에 이르렀다. ④ NEIS 불길 바로잡아: 정부는 분리 · 운영키로 한 NEIS 교무 학사, 보건, 입학 진학 3개 영역 서버를 9월부터 구축, 1년 시범운영을 거쳐 2006학년도부터 전면 시행하기로 했다. 그러나 9월 말 교육부와 전교조가 새 시스템을 내년 9월 전면 개통, 2006년 3월 완전시행하기로 합의하면서 NEIS 사태는 제2의 파문을 일으켰다. 교총은 '불완전한 시스템을 내년에 개통하면 교원들이 실험 대상으로 전락한다.' 며 정부종합청사 앞에서 15일간 항의농성을 벌였다. 결국 10월 7일 교총-교육부 2003~2004년도 상반기 정기교섭에서 내년 개통을 사실상 무효화하고 향후 추진일정은 교총과 한교조가 참여해 합의하기로 하면서 사태는 일단락되었다. 이후 교육부는 3개 영역 서버를 16개시 · 도교육청 단위로 운영하고 고교와 특수학교는 단독 서버, 초 · 중학교는 15개교 그룹 서버로 운영하되 내년 3월부터 1년간 시험운영을 거쳐 2006년 3월 1일부터 전면 시행하는 방안을 발표했다[참고: 한국교육신문, 2004년 12월 27일자].

12 안병영 씨는 교육부장관을 지내면서 교육부총리직이 국무위원 중에서도 최악의 3D직으로 간주된다고 토로하였다. 또한 교육당국에 대한 국민적인 불신과 비판을 그치지 않게 만드는 여러 이유는 언론에 있다고 결론지었다. 언론들이 교육문제를 사회문제로 다루기 때문에 국민적 불신이 더 커진다는 것이 그가 본 교육부에 대한 국민 불신론이었다.

……우리나라의 교육과 교육당국은 동네북이다. 입 있는 사람이면 누구나 시도 때도 없이 이에 대해 비판을 일삼는데, 그 내용인즉 한결같이 교육 실패에 대한 질타다. '교육위기', '공교육 황폐화', '교실붕괴' 는 기본이고, 아예 스스럼없이 '교육망국' 을 논하기도 한다. 이러한 비판의 칼날에는 주체하기 어려운 분노가 묻어 있는 경우가 많다. 상황이 이렇다 보니 지난 10년 세월 두 번에 걸쳐 모두 2년 8개월 동안 교육부 수장을 맡았던 필자의 마음이 편할 리 없다. 그 자리에 있을 때나 나와서나 좌불안석이기는 마찬가지다. 물론 이렇게 된 데는 정부와 교육당국이 책임져야 할 몫이 가장 클 것이다. …… 일반 국민의 교육 및 교육당국에 대한 이미지가 그리 호의적이지 못한 원인에는 대(對)언론 관계도 포함될 것이다. 교육에 관한 정책은 대체로 언론을 가교로 해서 국민에게 전달된다. 그런데 대부분의 신문, 방송사에서는 교육 관련 기사를 사회부가 맡는다. 이 점에서 교육이라는 독자적 섹션을 갖춘 외국 언론과 차이가 있다. 최근 몇몇 언론사에서 교육팀을 가동하고 있지만 아직 사회부의 틀을 벗어나지 못하는 실정이다. 그런데 사회부에서 교육을 다루면 교육문제가 '사건'이 될 개연성이 크다. 교육 관련 소식이 사건으로 다뤄질 때 자칫 교육의 밝은 면보다 어두운 면이 부각될 가능성이 크고 기사가 선정적으로 흐르기 쉽다. 교육에 대한 기사가 교육계

의 각종 갈등이나 분쟁, 부정이나 비리로 얼룩지는 까닭도 그 때문이 아닐까 한다. 국민의 뇌리에 입시부정이나 촌지, 학원폭력 같은 부정적인 사건이 강하게 부각되면 교육계나 교육당국의 이미지가 부정적으로 인식될 수밖에 없고 이는 신뢰의 위기로 번진다[참고: 안병영(2005. 7). 안병영 전 교육부총리의 긴급 제언].

13 참고: 조선일보, 2005년 1월 28일자.

14 그는 기자간담회에서 '대학구조개혁에 5조 원 가량이 소요될 것으로 보이는 만큼 예산확보가 가장 큰 문제' 라고 말했다. 2005년 2월 1일 기자간담회 자리에서 김 부총리는 '대학구조개혁을 위해서는 종합투자계획을 마련해 지원을 획기적으로 늘려야 하며, 5조 원 정도 투입돼야 할 것으로 예상된다.' 고 밝혔다. 그는 '대학이 본연의 상아탑 역할을 수행하기 위해 인문, 사회, 철학, 기초과학(물리, 생물 등)에 대한 지원도 늘려야 한다.' 고 강조했다. 김 부총리는 '고졸자의 81%가 대학에 진학하지만 산업계는 그 대졸자를 도저히 수용하지 못한다.' 며 '산업과 연계된 교육과정을 운영하고 미래 기술인력을 예측하며 이에 대비하는 시스템이 필요하다.' 고 지적하였다. 대학의 자율권과 관련해서 김 부총리는 '대학에 자율권을 줘야 하지만 우리나라 교육열이 너무 높고 국민정서상 형평의식도 강하며 본고사 시행 등에 따른 사회적 비용을 감안하면 본고사, 고교등급제, 기여입학제를 금지하는 3불(不) 원칙은 유지되어야 한다.' 고 말했다. 특히, '이들 정책이 적어도 20~30년 꾸준히 유지됐으며 경제계를 중심으로 바꿔야 한다는 주장이 있지만 하나의 의견일 뿐이고 정부정책으로 하루아침에 바꿀 수 있는 게 아니다.' 고 강조했다. 그는 교육재정을 확충하기 위해 '여유 있는 자치단체가 교육투자를 늘려야 하며 사교육 재원을 공교육으로 흡수하는 방안 등을 연구하겠지만 단기적으로 해결하기는 어려울 것' 이라고 진단했다[참고: 한국대학신문, 2005년 2월 1일자].

15 김진표 교육부총리는 취임 이후 대학시설에 대한 민자유치에 걸림돌이 되는 각종 규제를 대폭 완화할 것을 지시함으로써 대학구조개혁에 필요한 재정을 국고에만 기대지 않겠다는 뜻을 분명히 나타냈다. 김 부총리는 대학개혁의 핵심은 입학정원 감축, 학교 학과 특성화와 더불어 산업체의 수요에 맞는 인재를 대학이 배출하는 데 있다고 강조하고 있다. 그런 일 중 하나가 국·사립 대학교 기숙사 등을 민간 사업자가 건립·소유·운영할 수 있게 해 주는 동시에 사업자가 수익모델을 찾도록 비교육용 시설도 허용하는 게 바람직하다는 의견이다. 수익모델이 가시화되면 이런 일에 각종 투자기관의 연기금, 보험사 등의 자금이 대학시설 건립으로 들어올 가능성이 크다. 지금 대학은 그야말로 하나의 금단지역처럼 학교 내 비교육용 건물이 들어서거나 학교법인이 아닌 사인(私人) 소유의 건물이 들어설 수 없도록 법적으로 규제하고 있다. 교육은 공공적이어야 하며 이윤을 창출하는 것은 교육의 정신을 해치는 것으로 법적으로나 사회적으로 인식되어 있기 때문이다. 대학에 민자유치가 가능하기 위해서는 관련 법령이 조속히 개정되어야 한다.

16 그 자신 스스로 논문 논란과 관련해 국회 청문회를 요청했던 김 부총리는 국회 교육위 청문회에 출석하여 논문 의혹에 관한 의원들의 질의에 조목조목 반박하는 적극적인 모습을 보이기도 했지만 여론의 향배를 바꾸어 놓지는 못했다. 김병준 교육부장관의 논문의혹에 대한 여야의 공방은 김 부총리의 학자성에 대한 진의를 밝히기보다는 '과거사' 논란에 대한 간접적인 정치적 공방의 양태로 전개되기도 했다. 스스로 자청한 국회청문회에 출석한 김병준 교육부총리는 자신의 억울함을 호소하면서 '제가 오늘 국무위원으로서, 또 한 사람의 학자로서 말하고자 하는 것은 우리 사회에서 어느 한 부분을 잡아서 집요하게 과거를 들여다보며 의혹을 제기하고 그 사람이 말할 기회조차 주지 않으면 문제라는 것' 이라고 말했다. 그는 '이렇게 국가를 운영해서는 안 된다.' 고 덧붙였다. 그런 김 장관의 문제제기에 대해 한나라당 주호영 의원은 '김 부총리는 왜 지금 언론과 국민이 그러는지 아느냐.' 고 되물었다. 김 부총리가 '이 자리에서 말하고 싶지는 않다.' 고 말하자, 주 의원은 '내가 대신 대답하겠다.' 며 '이 정권 핵심들이 대통령선거가 끝난 이후 상대편에 대해 바로 그런 일을 해왔다.' 고 지적했다. 그는 '이 정권은 백 년 전의 일까지 과거사 진상규명한다며 사람들을 조사하고 있다.' 며 '국민은 김 부총리가 속해 있는 정치그룹에 대해 당신들도 그대로 겪어 봐라고 하는 식이다.' 고 지적했다. 주 의원이 지적하는 동안 김 부총리는 고개를 가볍게 끄덕였다. 하지만 '이런 형태로 우리 정치가 계속되면 안 된다.' 고 말했다. 이어 2006년 8월 7일 사표가 공식 수리된 김병준 부총리 겸 교육인적자원부장관은 '모든 것이 내가 부덕해 일어난 일이라고 생각하지만 가슴 한가운데 큰 아쉬움으로 남는다.' 고 말했다. 김 부총리는 이임식에서 '꿈으로 끝난 꿈' 이라는 제목의 이임사를 통해 '교육부(장관직)를 맡은 후 많은 생각을 했고 많은 계획을 세웠으며 나름대로 하고 싶었던 일이 참으로 많았다.' 며 이같이 밝혔다. …… 그는 '이번 일(논문 표절 및 재탕 등 각종 의혹 제기)을 겪으면서 나에 대해서는 물론, 우리 사회와 정치에 대해서도 많은 생각을 했다.' 며 '우선 스스로 더욱 엄격한 삶을 살아야겠다는 생각을 했다.' 고 말했다[참고: 대학신문, 2006년 8월 1일자; 중앙일보, 2006년 8월 2일자; 조선일보, 2006년 8월 7일자].

17 사학재단은 열린우리당이 국회에 제출한 사학 관련법 개정을 반대하는 대규모 집회를 가졌다. 2004년 11월 7일 오후 2시 서울역 광장에서 열린 사학재단의 집회는 그야말로 참여정부에 대한 성토장이었다. 이때 사학 관련 단체들은 '사학법 개정안이 국회를 통과할 경우 학교를 폐쇄하겠다.' 고 결의하고, 위헌심판을 제기할 것이라는 결의문을 채택했다. 38개에 이르는 사학단체들은 '열린우리당이 개방형 이사제를 도입하고 학교운영위원회를 심의기구로 하려는 것은 학교법인의 사적 재산을 인정 않고 사회 재산화하려는 것' 이라며 '이는 사회주의로 가자는 것과 다름없다.' 고 주장했다. 이들 사학단체들 못지않게 여야 의원들 역시 국회 사회 · 문화 분야 대정부 질문에서 열린우리당이 추진 중인 사립학교법 개정안을 놓고 '학교의 공공성 확보' 와 '사유재산권 침해' 라는 엇갈린 주장을 펼치면서 공방을 벌였다. 열린우리당 의원들은 '학교는 사회가 공유하는 공공적 재산' 이라고 주장하면서 개방형 이사제의 도입, 사학법인 및 경영자의 권한 제한 등의 필요성을 역설했다. 한나라당

의원들은 여당이 추진 중인 사립학교법 개정안이 사유재산권을 침해할 소지가 있다고 지적하면서 개방형 이사제를 도입하는 대신 학교 운영과 재정의 투명성 확보에 초점을 맞춰야 한다고 반박했다. 열린우리당 이인영 의원은 사립학교들이 국가보조금과 학생들의 등록금에 재정을 의존하고 있는 현실을 언급한 뒤 '사학은 더 이상 사학이 아니라 공공의 사학' 이라면서 '끊이지 않는 사학의 비리와 분규를 해결하는 방법으로 사학의 민주성과 투명성을 강화해야 한다.' 고 주장하고, '학교운영위원회와 교사회, 학부모회 등 학교 구성 주체들의 자치기구를 법적으로 강화하는 것은 사학의 조직문화를 건강하게 만드는 것' 이라고 강조했다[참고: 대한사립중고등학교장회(2004). 현장에서 사학법 개악을 말한다].

18 야당과 여당이 사학법 재개정에 대해 서로 옥신각신하고는 있지만, 사학법이 이미 통과되었기에 교육인적자원부는 2006년 6월 23일 개정 사립학교법 시행령을 공포하고 내달 7월 1일부터 시행하기로 했다. 이런 교육부의 입장에 대해 종교 및 사학단체들은 바뀐 시행령에 따른 정관 개정을 하지 않는 등 불복종운동을 전개해 나가기로 했다. 개정 사학법 시행령의 주요 내용은 ① 개방형 이사제 도입, ② 대학평의원회 구성, ③ 예·결산 공개 및 외부감사증명서 제출대상 확대 등이다. 시행령에 따르면 개방이사는 '건학이념을 구현할 수 있는 자' 를 추천하도록 규정하고 자격요건은 정관으로 정하도록 했다. 대학평의원회는 교원, 직원, 학생 중 각각의 구성단위를 대표할 수 있는 자로 구성하되 어느 한 구성단위에 속하는 평의원 수가 전체의 1/2를 넘지 못하도록 했다. 종교 및 사학단체들은 학교운영위원회나 대학평의원회의 대표들로 구성된 협의체에서 개방형 이사를 추천할 수 있기 때문에 특정한 성향의 인사가 개방이사로 선임될 가능성이 높다고 지적하고 있다. 교육부는 현직 교장 및 총장 등의 잔여 임기는 모두 보장하고 내달 1일 이후 해당 직책의 임기종료부터 개정법에 따른 학교의 장임기(4년 1회 중임)를 적용하기로 했다. 그러나 개정사학법에 대한 사학측의 투쟁은 2007년에 들어서도 진정될 기미를 보이지 않고 있다.

19 참여정부가 자신들의 정치적 이상향을 지키기 위해 교육정책 형성에 끊임없이 지향해 온 정치권력의 속성을 평가하기는 쉽지 않다. 이를 편의적으로 판단하기 위한 기준은 대통령을 중심으로 한 정치권력의 성향이 교육정책에 끼친 영향이나 지향점을 추적해 보는 것이다. 그것은 대통령 선거나 국회의원 선거에 각 정치권력이 표방한 이념으로 나타나기 때문에 상대적으로 용이하다.

20 여기에서는 평등과 교육평등에 관한 이론적인 논쟁보다는 그것이 실제로 교육정책에 어떤 식으로 삼투되어 있는지를 밝히는 것이 더 중요하다. 이것을 이해하기 위해서는 평등과 불평등을 교육과 관련시켜 논의한 고전적인 연구보고서인 젱크의 『불평등(Inequality; Jencks et al., 1972)』을 참고하면 도움이 된다. 동시에 교육불평등 문제를 학교교육과 관련시킨 매스틴 등의 『평등의 선택(Choosing Equality; Bastin et al., 1986)』 역시 좋은 길잡이가 된다[참고: Jencks, C. (1972). Inequality: A reassessment of the effect of family and schooling in America; Bastin et al. (1986). Choosing equality: The case for democratic schooling].

21 어느 교육부 관계자는 지난해 정부가 발표한 2008학년도 이후 대학입학제도 개선방안을 예로 들면서 평등주의와 경쟁주의를 다음과 같이 비교하고 있다.

2008학년도 이후 대학입학제도 개선방안은 학교교육 정상화를 위해 방향을 제대로 설정했다는 평가가 있는가 하면, 반대로 평등주의적 요소가 많이 들어 있다며 비판하는 견해도 있다. 예를 들어, 수능시험의 출제방식 및 점수표기 방법 개선과 관련하여 이는 교육평등주의가 개입되었기 때문이라고 주장한다. 하지만 평등주의 관점이라고 해서 모두가 이를 흔쾌히 받아들이는 것은 아니며 경우에 따라서는 불만을 제기하는 입장도 있다. …… 평등주의 관점에서는 교육의 가장 큰 문제점으로 지적되고 있는 학벌타파를 위해 대학평준화가 필요하다고 주장한다. 이를 위해 국 · 공립대학 통합전형을 제시하기도 한다. 이들의 주장은 별도의 프로젝트로 추진되고 있으며 문화적 맥락, 사회의 인력 충원 구조와도 연결되어 있어 거시적 접근이 필요하다. ……반면에 경쟁주의 관점에서 제기하는 근본적인 문제는 정부가 대학의 학생선발 자율권을 억제하고 있다는 점이다. 예를 들어, 2008학년도 이후 대학입학제도 개선안 발표 이후 정부의 고교등급제, 대학별 본고사, 기여입학제 금지 법제화 추진과 관련하여 이를 교육 쿠데타로 몰아붙이기도 한다. 서울의 어느 대학총장은 본고사를 볼지 안 볼지는 대학에 맡겨야 하며, 고교등급제와 관련하여 학교 간 학력 차이가 있다는 것을 대학이 인정하는 것을 나무랄 수 없다고 언급하기도 하였다[참고: 한석수(2005). 교육평등주의와 능력주의의 갈등].

22 민주노동당 최순영 의원(교육위/여성위)은 아예 12월 23일 오전 10시 국회 의원회관 104호 간담회실에서 '3불법제화: 고등교육법 개정안 입법 공청회' 를 개최하고 그것을 법안으로 상정하려고 준비하였다. 3불이란 그동안 교육정책에서 문제점으로 지적되어 왔던 고교등급제, 대학별 본고사, 기여입학제를 말한다. 그는 '3불로 통칭되는 고교등급제, 기여입학제, 본고사 금지는 교육의 기회균등과 공교육 정상화의 기본 바탕이라 할 수 있는데, 이 기본 바탕이 무너지면 결국에는 돈이 학력과 학벌을 낳고 학력과 학벌이 다시 돈을 잉태하는 교육불평등과 대물림의 어두운 그림자가 사회에 드리워질 것이다.' 라며 '이 기본 바탕이 제대로 기능하기 위한 법적 · 제도적 장치가 필요하고, 그럴 때 '모든 국민은 능력에 따라 균등하게 교육을 받을 권리를 가진다.' 는 「헌법」 제31조 제1항과 모든 국민은 성별, 종교, 신념, 사회적 신분, 경제적 지위 또는 신체적 조건 등을 이유로 교육에서 차별을 받지 아니한다는 「교육기본법」 제4조의 정신이 구현될 것이다.' 라며 법률 개정안 제안취지를 밝혔다. 이 법률개정안에 따르면, '특정 학교 출신에게 가중치를 부여하는 방법으로 학교별로 등급을 정하여 그 등급에 따른 차등점수를 부여하는 방법' 인 고교등급제를 금지하고, '수학능력시험의 출제 내용과 관련된 지식을 시험하는 경우나 특정 주제에 대한 수험생의 의견을 묻는 것이 아닌 것이 명백한 경우' 에 해당하면 대학별 본고사에 준하는 것으로 간주하여 제한하게 된다. 또한 학교에 대한 경제적 기여 정도가 입학 전형자료로 사용되는 '기여입학제' 또한 금지된다. 마지막으로 대하이나 학생이 이 3불을 어길 시에는 대학에 대한 행정 · 재정적 불이익과 입학무효 처분 등의 벌칙도 받게 된다.

23 이런 해프닝을 언론보도는 분명하게 보여 준다.
학벌주의를 극복하기 위해 범부처 차원의 종합대책을 확정했다. 정부의 12대 국정과제 중 하나인 '학벌주의 극복 종합대책' 이 발표된 6일 오전 11시 정부 합동 브리핑실. 관련 부처가 1년여 동안 만든 종합대책이 발표되는 중간 안병영 교육부총리가 급하게 들어왔다. 같은 시간대에 고건 대통령 권한대행 주재로 열린 국무회의에서 보고를 마치고 브리핑실로 직행한 것이다. '이번 방안은 그동안 정부가 오랫동안 논의해 온 하나의 방향이긴 하지만 이것이 정책과제로 확정된 것은 아니다.' 안 부총리의 갑작스러운 설명이었다. 안 부총리는 '(이번 대책이) 정책화된 구체적인 사안이라고 받아들이지 말아 달라.' 고 주문했다. 국무회의에서도 좀 더 토론하자는 얘기가 있었다고 했다. 국무회의에서는 몇몇 사안에 대해 다양한 의견을 내놓았다고 참석자들은 전했다. 대책 안에는 국립대 간 연합대학을 구성해 교수, 학생, 학점 상호 교류를 활성화하고 민간기업의 채용 때 특정 대학 출신자에게 가산점을 주는 제도를 없애도록 하는 내용이 담겨있다. 지방대 우대방안도 포함되었다. 일부 장관은 이와 관련해 '학벌주의 극복도 좋지만 대학경쟁력도 중요하다.' 는 의견을 냈다. 이날 국무회의 내용을 브리핑한 정순균 국정홍보처장도 '이번 대책이 대학 하향평준화를 초래하는 문제점이 있다는 지적이 나왔다.' 고 전했다. 대학경쟁력은 특히 서울대와도 관련되어 있다. 세계적인 대학 하나 키우기 힘든 판에 자칫 서울대를 폐지하자는 주장으로 이어질지 모른다는 우려가 나오는 것이다. 안 부총리는 '학력사회, 학벌사회를 극복하는 것도 대단히 중요한 사회적인 과제지만 대학경쟁력을 높이는 것도 중요한 과제이기 때문에 이를 조율하는 게 중요하지 않겠느냐는 의견이 있었다.' 고 전했다. 정 처장은 또 '이날 국무회의에서 (입사 때) 학력을 기재하지 않는 방안도 들어 있는데 과연 실효성이 있을 것이냐 하는 우려 섞인 지적도 있었다.' 고 전했다. 이번 대책은 교육부, 재정경제부 등 8개 부처와 경제단체, 언론기관, 시민단체 등이 참여한 '학벌주의 극복 민관 합동기획단' 이 네 차례 회의를 거쳐 만든 것이다. 하지만 정작 국무회의 토론과정에서 실효성 문제가 제기됐다. 이 때문에 안 부총리는 '구체적인 시행대책에 대해 토론을 더 하겠다.' 고 한 발 물러났다. 이런 상황이다 보니 정작 이번 대책에서 확실히 실현 가능한 내용은 지난 2월 대통령 자문 정부혁신지방분권위원회가 발표한 '지방대 졸업자 채용확대 정책' 에 불과하다. 교육부 주도의 학벌철폐 정책과는 달리, 중앙인사위는 2005년부터는 5, 6, 7급 국가공무원 공채시험의 응시원서에서 학력 기재란을 삭제하는 것을 실시하기로 했다. 중앙인사위원회는 학력과 출신학교에 따른 주관적인 선입견이 합격·불합격 판정에 영향을 미칠 수 있는 소지를 없애고 실력 위주로 인재를 선발하기 위해 모든 국가공무원 공채시험의 응시원서에서 학력 기재란을 없애기로 했다. 그리고 면접시험에 앞서 필기시험 합격자에게 요구했던 학적부, 성적부 등 학력 관련 자료의 제출도 없애기로 했다. 모든 국가공무원시험에서 학력 기재란이 사라지면 대다수 공기업으로도 확산될 것으로 예상되기는 하지만, 사기업이 어떤 방식으로 반응할지는 아직 불분명하다. 공기업의 경우는 이미 농수산물유통공사와 한국토지공사가 공채응시원서에서 학력 기재란을 없앴다[참고: 중앙일보, 2004년 4월 7일자].

24 이것을 이해하기 위해서는 장 보드리야르의 『소비의 사회』를 읽으면 된다[참고: Baudrillard, J. C. (1991). 소비의 사회(역)].

25 대학을 '산업'으로 만들어 줄 수 있을 사람으로 판단되어 47대 교육부장관으로 기용되었던 전임 서울대 총장 출신 교육부장관은 임명된 지 57시간 만에 그 자리에서 물러났다. 총장 재임 시절의 문제로 장관자격 시비가 일어나 겪게 된 불상사였다. 교육단체들이 그런 것을 그대로 넘어갈 리가 없었는데도 노 대통령은 무시하고 강행하였다가 끝내 장관 스스로 자리를 사임해 버리는 불상사가 일어났다.

26 홍보수석에 따르면 노 대통령은 과학기술인 신년인사회에 참석해 '이공계 대학교육만은 꼭 개혁해야 한다.' 면서 '강력한 의지를 가지고 해나가겠다.' 고 말했다. 노 대통령은 '대학이 하기 싫은 것을 정부가 추진하면 대단히 시끄러운 싸움이 된다.' 면서 협력을 요청했다. 이는 대학에 경쟁요소를 확대하는 과정에서 나올 수도 있는 갖가지 반발을 의식한 언급이다[참고: 조선일보, 2005년 1월 6일자].

27 서승목 교장의 자살사건을 계기로 각계각층이 쏟아 낸 전교조와 참여정부에 대한 규탄 내용을 한국교육신문은 다음과 같이 집약 보도했다.

'불법시위 편향수업 상응조치를' (한나라당): 이번 서 교장의 죽음은 단순한 한 학교 교장이 개인적인 괴로움에 목숨을 끊은 것이 아니라 지금 교육현장에서 일어나고 있는 심각한 교단 분열현상과 가장 지성적이어야 할 교사들의 폭력적이고 비합법적인 행태를 고발하고 있는 것으로 생각한다. 이번 보성초등학교의 문제는 얼마든지 합법적이고 제도적인 해결방법이 가능했는데도 자신들의 뜻과 맞지 않는다 하여 일부 전교조 교사들이 서 교장에게 공갈과 협박을 하고 서면사과까지 요구하였다고 하니 어찌 이러한 행위가 교육현장에서 일어날 수 있는가 의아할 뿐이다. 정부는 각 교사들의 폭력적이고 불법적인 집회참가나 시위행위, 교내에서의 비합법적인 편향된 수업 등에 대해 철저한 대책을 세우고 이에 위반할 시는 상응한 조치를 취해 줄 것을 엄중히 촉구한다.

'교장에 대한 적대적 시각 버려라' (한국 국 · 공 · 사립 초 · 중 · 고 교장회 협의회): 이번 사태는 학교장의 고유권한에 대한 전교조의 부당한 개입과 간섭에서 비롯된 일임을 밝혀 두고자 한다. 학교장은 교직경험이 일천한 교사의 수업을 참관하고 지도할 의무가 있으며, 더욱이 초등교사로서의 경력이 전무한 중등자격증 소지의 기간제 교사라면 마땅히 수업장학을 통해 안정적인 수업이 진행되도록 할 책임이 있다. 그런데도 기간제 교사와 관련한 단순한 문제에 과도하게 개입해 학교장을 죽음으로 몰아간 것은 누가 봐도 명백한 학교경영권 침해며, 자신들의 집단적 힘으로만 모든 문제를 해결하겠다는 오만한 발상의 발로라 하지 않을 수 없다. 우리는 전교조가 학교장을 적대적 시각이 아닌 동반자적 시각에서 이해해 줄 것을 요구하면서, 학교현장을 더 이상 이념적 투쟁으로 황폐화시키지 않도록 해 줄 것을 엄숙히 촉구한다.

'교직윤리의 죽음 교권파탄의 조종' (한국교육삼락회총연합회): 서 교장의 죽음은 한국 교직윤리의 죽음이며 교권파탄의 조종을 울리는 비애다. 평생을 이 나라 교육발전을 위해 봉직하다 퇴직한 전국 교육삼락회원들은 서 교장 참사사건이 발생한 일에 대해 경악과 분노를 금할 수 없다. 이번 참사를 계기로 우리 교육 관계자들은 모두 함께 겸허한 반성과 다짐을 가다듬어 다시는 이와 같은 불행한 일이 재발되지 않도록 해야 한다. 교육당국은 학교현장에서 빚어지고 있는 교직윤리의 실태와 전교조 교사들의 행태에 대한 구체적인 사례들을 면밀히 조사·분석하여 교직활동의 안정대책을 수립해야 할 것이며, 이번 사건의 진상을 철저히 규명하여 책임을 엄격히 묻고 재발방지 대책을 강구해 주기 바란다.

'교직사회 반목 이대론 안 된다' (한국교원노동조합): 이번 사건이 특정 노동조합의 단위학교 활동과정에서 비롯된 비극이었다는 점에서 경악과 우려를 감출 수 없다. 언론보도 내용이 사실이라면 정당한 법적, 행정적 절차를 무시한 채 강압적 태도와 언어폭력을 동원, 한 개인의 인격을 마비시키려 했던 투쟁방식은 참으로 유감스러운 일이 아닐 수 없다. 전부 아니면 전무라는 흑백논리와 자신들만의 잣대를 가혹하게 적용하려는 조직이기에 죽음으로 맞서 모든 것을 말하려 했던 노 교장의 비극적 선택에 우리는 참담한 아픔과 도의적 책임을 통감하는 바다.

'살아남은 우리가 죄인……' (학교를 사랑하는 학부모 모임): 언제부터인가 우리 교단에서는 사랑과 열정과 화합과 신뢰가 사라졌다. 반목과 불신, 대립과 배척의 살벌한 갈등이 자리를 대신했다. 과거에 이같이 교육을 파괴하는 주범은 군사독재권력이었다. 그러나 지금은 일부 변질된 교원노조 세력이다. 그리고 이를 방관하는 교육행정이다. 실제 그들의 안중에 교육은 없다. 교육을 빌미로 한 집단이익 추구와 정치투쟁이 있을 뿐이다. 전교조는 더 이상 '참교육' 을 빙자한 교단파괴, 교육방해 행위를 일체 중단하라. 더 이상 우리 아이들의 미래를, 우리 사회의 내일을 20세기 낡은 이데올로기에 사로잡힌 '노동자 선생님' 에게 맡기고 싶은 생각이 없다. 이 같은 우리의 호소가 받아들여지지 않을 때 우리는 부득이 전국의 학교에서 전교조 추방 학부모운동을 전개할 것이다.

'모두가 전교조 행태 방조한 책임' (바른 사회를 위한 시민회의): 작금의 전교조의 노선과 행태에 대해서는 심각하게 우려하지 않을 수 없다. 현재 전교조는 본연의 교육업무를 떠나 고도로 정치화되어 가고 있다. 그 극명한 예로 이라크 파병문제를 놓고 전교조와 전교조 소속 교사들이 아이들에게 자신들의 편향된 가치관을 주입시키고 반전, 반미를 기치로 내건 교육을 일률적으로 실시해 자라나는 아이들이 중립적 시각을 갖고 올바른 가치판단을 할 수 있는 기회를 원천적으로 차단하고 있다. 이는 교육을 담당하는 교사의 본분을 망각한 처사가 아닐 수 없다. 지금까지 교육부는 여러 단체의 눈치를 보느라 끌려가기식 정책을 펴 온 것이 사실이고 학부모들은 자신들의 자녀가 학교에서 어떤 내용의 수업을 받고 있는가에 대해 무관심했다. 오늘날 전교조가 무소불위의 행태를 보이게 된 데는 우리 모두가 방조의 책임을 면할 수 없다.

'반인륜, 친북 집단은 교단을 떠나라' (국민행동 친북좌익척결본부): 제1회 충남교육대상을 받은 참스승을 죽음으로 몰고 간 전교조는 1989년 창립 이래 '참교육' 이란 탈을 쓰고 반인륜,

반교육, 반국가, 반미, 친북(정권)의 교육을 우리의 후손들에게 주입시킴으로써 학교를 황폐화시키고 국가적 위기를 불러일으킨 집단이다. 전교조는 '이 겨레 살리는 통일' 이란 통일교육 교재를 만들어 민족반역자 김정일의 입장을 비호해 온 집단이다. 정의도 애국도 모르는 이런 교육을 받은 우리의 후손들이 민족 반역자로부터 과연 조국을 지켜낼 것인가.

'교장을 죽음으로 몰아간 학교의 현실' (조선일보 사설): 우리의 학교에서는 지금 대화를 통해 문제를 해결하기보다는 참아내기 어려운 모욕을 가해 상대를 쓰러뜨리는 인민재판식 '인격 살인' 이 공공연하게 벌어지고 있다. 전교생 65명의 농촌 초등학교 교장이자 일찍이 '제1회 충남교육대상' 을 받았던 교육자가 스스로 목숨을 끊게 되기까지 겪었을 모욕감이 얼마나 심했을지는 짐작이 가는 일이다. 그의 죽음을 두고 '한국 교육현장의 죽음' 이라고 한 한 교육자단체의 성명은 사도는커녕 인륜조차 증발해 버린 교단의 현실을 가감 없이 보여 준다. 교장을 자살에 이르기까지 몰아세운 서면사과 요구에 이르면 전교조의 도덕적 독선과 힘의 논리에 아연해진다. 상대를 완전히 제압하고 인간성 자체를 망가뜨리고 말겠다는 병적 집착이 그대로 드러나 있기 때문이다. 전교조는 지난달에도 광주시 교육감으로부터 교장 인사가 잘못되었다는 문건을 받아 홈페이지에 게시해서 사회적 충격을 불렀다. 이 사건에서 가장 큰 피해자는 영문도 모른 채 상처를 입은 어린 학생들이다.

'전교조가 비판받는 이유' (동아일보 사설): 전교조가 사회적으로 자주 비판을 받고 있다. 그들의 활동이 합법적 테두리를 넘거나 혹은 지나치게 투쟁성을 띠면서 교사의 본분을 저버리고 있다는 지적이다. 참교육을 주장하는 전교조가 교단보다 대외투쟁을 선호한다는 비난을 받는 것은 자기모순에 해당한다. 최근 며칠만 해도 전교조 교사들은 교육행정 정보시스템과 교육개방에 반대해 연가투쟁을 벌였고, 이라크전 파병 반대운동 과정에서는 학생들에게 한쪽 면만을 교육한다는 지적을 받았다. 얼마 전에는 교육감에게 인사 잘못을 시인하는 '반성문' 을 요구하기도 했다. 이런 상황에서 '여교사에게 차 시중을 강요했다.' 며 전교조로부터 사과 압력을 받아 온 한 초등학교 교장이 자살하는 비극이 발생했다. 전교조는 학부모와 교육 관계자 사이에서 '사사건건 교육정책의 발목을 잡는 단체가 없어져야 교육이 발전한다.', '정치투쟁을 하는 교사들은 교단을 떠나야 한다.' 는 목소리가 부쩍 높아진 이유를 알아야 한다.

'전교조와 교육부는 사과해야' (중앙일보 사설): 학부모단체와 교원단체, 교장단은 전교조의 사과와 책임자 처벌을 요구하고 있고 해당 초등학교의 학부모들은 전교조 교사들에게 자녀의 교육을 맡길 수 없다고 나서고 있다. 그러나 정작 이번 사건의 직 · 간접 당사자들인 전교조와 교육인적자원부가 수수방관하는 듯한 자세를 보이는 것은 납득하기 어렵다. 숨진 교장이 남긴 업무일지에는 '묻는 말에 똑바로 답하라. 허위로 밝혀질 때는 용서하지 않겠다.' 는 전교조 충남지부로부터 온 전화내용 등이 적혀 있다. 교장이 전교조로부터 심한 항의와 압박을 받았음을 분명하게 알 수 있는 대목들이다. 하지만 전교조는 성명에서 교장의 죽음을 애도하고 명복을 빈다면서도 고인의 죽음이 '교육현장에 만연된 잘못된 관행과 그로 인한 대립의 결과' 라고 주장하고 있다. 이런 시각에 우리는 결코 동의할 수 없다. 설사교육현장이 엉망진창이고 교장, 교감과 교사의 갈등이 심하더라도 교육자답게 문제를 풀어야지 한쪽을 일방적으로 윽박지르고 굴복시키는 자세는 결코 바람직하지 못하다. 전교조는 잘못을 솔직하게 인정하고 유족과 국민에게 사과해야 한다. 교육부는 교단이 이 지경에 이른 데 대한 사과와 함께 국민을 안심시킬 수 있는 방안을 내놓아야 한다. 그것이 교육개혁의 첫걸음이다[참고: 한국교육신문, 2003년 4월 10일자].

28 참여정부는 기용된 지 57시간 만에 물러난 이기준 부총리의 파동을 가라앉힐 만한 여유를 찾으면서 동시에 겉으로 드러날 교육행정의 공백을 최대한 막기 위한 긴급조치를 취했다. 교육부는 마침내 국민에게 2005년 1월 7일 전자우편을 띄웠다. 다음은 수능강의에 대한 교육부의 지속적인 지원을 약속하는 첫 편지다.

정부는 2월 17일 '공교육 정상화를 통한 사교육비 경감대책' 가운데 하나의 방안으로 EBS 수능강의를 개통하였습니다. 2004년 3월 16일 수능강의 전용사이트를 www.ebsi.co.kr로 확정하고 본격적인 수능강의 개통 준비에 들어갔습니다. 드디어 4월 1일 오전 2시 10분 동영상 동시시청 10만 명을 넘어서면서 본격적인 EBS 인터넷 수능강의 서비스가 개통되었으며 이후 EBS 플러스 1을 수능 전문채널로 특화하고 24시간 방송을 시작했습니다. 수능강의 서비스 시작 한 달 만에 인터넷 수능강의 가입회원은 54만 4천여 명에 이르렀습니다. 수능강의 100일을 맞은 7월 8일 오후 4시, 가입회원 수가 100만 명을 돌파했고, 이때 수험생과 학부모를 대상으로 실시한 설문조사 결과 응답한 고교생의 32.1%가 '수능강의 시청 후 사교육비를 줄였다.' 고 답해 가시적인 경감 효과가 나타나기 시작했습니다. 이러한 과정에서 교육인적자원부와 EBS는 수능강의 이용자들의 불만을 예의주시하고 이를 개선하는 일을 게을리하지 않았습니다. 2004년 5월 10일에 EBS 수능강의 개선방안을 내놨습니다. 청각장애인을 위한 자막서비스 실시와 사랑의 PC 보내기 캠페인 등 소외계층에 대한 지원방안, 수능강의 제작에의 현장교사 참여 확대, 스튜디오 강의의 지루함을 없애기 위한 공개강의 실시계획을 수립하여 차질 없이 시행해 오고 있습니다. 해외에서도 EBS 수능강의에 대한 관심이 모아지면서 2004년 11월 초에는 인도네시아와 베트남 한국인 학교를 방문해 수능강의 콘텐츠 5,300편, 교재 1,300여 권을 전달하기도 했습니다. 지난 2004년 11월 17일 2005년도 수능시험 문제 분석 결과, EBS 수능강의의 반영률이 평균 80% 이상(EBS 발표)으로 나타나 학교교육과 EBS 수능강의만으로도 수능시험을 준비할 수 있다는 정부와 EBS의 약속이 현실화됐습니다. 여기에 만족하지 않고 2005년도에는 인터넷 강의 VOD 화질을 현재 300K에서 600K로 개선하고 교재 수도 과감히 줄여 수험생들의 교재 구입 부담을 줄이는 등 보다 좋은 서비스를 제공함으로써 교육복지를 구현해 나갈 수 있도록 지속적으로 노력하겠습니다.

29 참고: 한준상(1994). 한국교육개혁론.

제7장

교육권력

들어가는 말

한국 사회 이곳저곳에서 보이는 균열과 긴장에 대한 참여학자들의 견해는 집단마다 다르며 정치적인 표현 역시 다르다.[1] 노무현 대통령 당사자를 인간적인 면이나 정치적인 면에서 바라보는 시각마저도 천양지판이다. 이 정권에 대한 편견과 오해의 골은 잘사는 사람과 못사는 사람 간에 더욱더 깊게 패여 가고 있다. 그런 긴장과 갈등을 국민의 89%가 인정하고 있다고 어느 조사연구에서도 확실하게 드러났다.[2] 정치권에 대한 신뢰, 노무현 대통령에 대한 신뢰가 점점 정치적 이념에서 떨어져 나와 일상적 생활에 대한 문제로 번지기 시작하였다는 징후들이었다. '군인도 아니고 정치 거물도 아니었던 첫 대통령의 탄생, 누구나 대통령이 될 수 있다.' 는 뜻에서 '노무현 효과(Roh' s effect)' 라고도 불렀지만, 이제 그것은 '시효 지났음' 을 의미하는 'no effect' 로 나타나고 있는 중이다.[3]

현 정권에 대한 긴장과 갈등, 그리고 불신의 대립은 정치인들이 그렇게 염려하는 영호남 간의 거리감에 비해 오히려 더 큰 편이었다. 영호남 간의 지역 분신은 그렇게 크지 않았다. 김대중 대통령의 집권이 영호남의 거리감을 상당할 정도로 완화시킨 것이라고 볼 수 있다. 이에 비해 참여정부에 대한 국민들의 교육적 거리감은 사회계층적으로, 지역적으로, 세대 간으로 점점 균열되며 커져만 가고 있다.

참여정부의 교육 공과를 평가하는 문제에서 가진 자와 덜 가진 자들의 거리감의 큰 원인으로 여러 가지를 꼽을 수 있겠지만, 그것은 어쩌면 가진 자의 편견에서 비롯되는 것일 수도 있다. 덜 가진 자들이 참여정치, 참여정부의 교육에서 소외당했기에 그런 불신을 심하게 표출하는 것이라고 예단해 볼 수도 있다. 인간이란 사회적 동물이기에 무엇이든 참여에의 장이 봉쇄되면 불만이 늘어나기 마련이다.[4]

사람들은 그런 분위기 속에 있으며 그렇게 정권을 재단하기 좋아한다. 그들을 향해 국민의 교육복지를 위해, 학습국가를 만들기 위해 교육평준화가 이렇고 교육의 수월성이 저렇고 하는 식으로 이야기를 하면 되돌아올 이야기는 뻔하다. '너나, 잘하세요.' 라는[5] 되돌림뿐이다. 아무리 그간의 교육실적을[6] 이야기해도 아랑곳하지 않고 그렇게 응소하는 이유는 무엇인가 숨겨 놓은 것이 있을 수 있다는 것이다.

노무현 대통령은 제2기 교육혁신위원들에게 위촉장을 수여하는 자리에서 교육혁신을 추진하고 있는 참여정권의 두 가지 문제점을 꼽았다. 바로 교육에 대한 국민의 신뢰가 결여되면 교육혁신은 어렵다는 점과 교육의 기회균등을 실현하는 것이 그리 쉬운 일이 아니라는 점이었다. 그것이 바로 혁신위가 풀어내야 할 두 가지 중심과제인데, 현재 진행되고 있는 교육혁신정책들은 국민의 신뢰와 사회갈등을 치료하는 데 역부족이었다는 회고도 곁들였다.[7] 그가 혁신위에게 전한 말을 '도덕적' 으로 해석하면,[8] 나라교육을 잘 만들어 보려면 국민 모두가 서로 믿고 하나가 되어야만 한다는 당부로 다시 풀어낼 수 있다.

교육에 대한 국민의 신뢰와 국민적 합의는 무엇을 말하는 것이고, 그 국민적 합의가 교육현장에서 깨지게 만드는 원인은 무엇이며, 끝으로 국민들에게서 교육적 신뢰를 얻어 내는 길은 있는지 궁금할 수밖에 없다. 그런 신뢰회복을 위해 참여정부의 인사들이 해 볼 수 있는 일감들이 있는지도 궁금하기만 하다. 사실이 교육에 대한[9] 국민의 신뢰를 회복하는 것은 노무현 정권이 정치적으로뿐만 아니라 이 나라 교육을 온전히 되살리는 결정적인 요소일 수 있으므로, 노 대통령은 이 나라 교육의 문제가 어디에 있는지를 잘 파악하고 있는 셈이다. 교육에 대한 국민의 신뢰회복은 참여정권의 교육 이데올로기의 정당성과 정치적 정체성을 되찾아 주는 또 다른 열쇠찾기의 문제다.

교육정치적 표리

참여정권의 교육정책은 참여정권이 표방한 혁신주의적인 정치적 공세가 정점에 이를수록 자기 스스로 자기모순의 극한적인 양상을 띠어 왔다. 유시민 국회의원의 절규 등이 교육정책을 둘러싸고 연이어 일어나고 있다.[10] 참여정부가 사회정치적으로 매달리고 있는 3불 교육정책 등에 대한 사회적인 긴장이나 불협화음들이 바로 그런 것에 속한다.

교육계에 불어닥친 정치적 불협화음은 한국 교육이 그동안 줄기차게 추구해 오던 비전과 교육의 동력을 무력하게 만들어 버렸다. 그것을 뒷받침해 오던 교육주체의 행위도 정치적으로 편향적이거나 시시한 이야깃거리들로 전락시켜 버렸다. 국가교육을 위한 학부모들의 동력을 잡스러운 것으로 전락시키는 데도 일조를 했다. 그들이 내세우는 교육정책의 현실은 그들의 좌절과 상관없이 정치적으로는 그럭저럭 돌아가고 있지만, 그런 위로와 자조 속에서 한국의 교육은 힘을 잃어가고 있는 것이다.

참여정권이 궁극적으로 추구하는 교육의 평등성이라는 것은 사실 그들 스스로 원하지 않는 것들을 꿈꾸는 것일 수도 있다. 그런 것들이 하나둘씩 증거로 나타나기 시작하면 그들의 교육관은 원래부터 위선적인 것이었다고 평가받기 십상

일 수밖에 없다. 그것은 지난날 교육정책을 통해 국민의 가슴 깊은 곳에 새겨 놓았던 새마을교육의 논리처럼, 한 정권이 바뀔 때마다 빈번하게 국민들에게 보여 준 모순의 극치며 정책입안과 현실 간의 괴리감 같은 것이다. 사실 그런 증표와 괴리들은 시간이 지날수록 정권의 힘이 약화되고 있는 조짐을 드러내 보이면서 더욱더 증폭되고 있다. 그나마 그들은 실재가 없는 가상 속에 살고 있는 것 같아 천만다행이다.

지젝(Slavoj Zizek) 교수가 지적하는 것처럼,[11] 카페인이 제거된 커피, 지방을 뺀 크림, 알코올 없는 맥주, 한 명의 사상자도 내지 않는다는 미국식 전쟁이 끝내는 위선일 수밖에 없는 것과 같이 한 눈은 감고 다른 눈은 뜬 채로 되뇌는 참여정부의 인권론 역시 허구의 한 아류다.[12] 마찬가지로 그들이 주장하는 낙오하지 않는 모든 이를 위한 평등교육, 모든 이를 위한 인력자원 개발, 지치지 않은 교육혁신의 수사학들도 끝내는 위선의 한 아류로 전락될 위험이 곳곳에 도사리고 있다. 교육현실 속에 이렇게 저렇게 얽혀 있는 가상의 그물을 걷어 낸다고 해서 그들이 정말로 추구하려고 했던, 어쩌면 가슴속 깊이 숨어 있는 속내의 실재가 드러나는 것은 아니기 때문이다. 적나라한 그 실재는 그 어떤 악몽의 출현에서 비로소 이 나라 아이들이 하나둘씩 경험하게 되는 것이기에, 무조건 기다려야 한다든가 시간이 흘러야 한다고 이야기해서는 곤란하다. 지금 눈앞에 아른거리는 교육적 상황들은 허구가 아니라 실제이며 현실일 뿐이다. 현실을 허구라고 말하는 것은 위로도 아니며 미래를 위한 약속일 수도 없기 때문에, 아이들을 교실 속에서 볼모로 잡아두는 식의 교육혁신은 정치적 수사학(修辭學)에 지나지 않는다.

1) 교육정책의 정치적 잉여물

참여정부가 강력하게 제동을 걸고 있는 '고교등급제, 기여입학제, 본고사 금지' 라는 3불 교육정책은 우파, 자본주의, 시장주의 교육세력들과의 전쟁이 아니라, 참여정부 스스로 만들어 놓은 낭만적이고 좌파적인 정치적 슬로건의 잉여물에 대한 자기방어기제일 수 있다. 어쩌면 그들은 '신좌파의 망령' 들과 치열하게 투쟁하고 있는 중일 수도 있다. 그들이 그토록 혐오하고 있는 3불의 실상은 과거 다른 정치적 세력들이 정치적으로 이합집산하는 과정에서 서로 지원하고 부분적으로 합의해 왔던 국가 교육방안들의 변형들이었다. 이미 지난 정권에서 교육부가 대학의 자율화가 대학경쟁력을 위한 조건이라고 생각하고 그것을 위한 실행계획들을 마련했던 사실에 비춰 보면, 지금과 같은 대학교육의 타율화 정책은 교육정책의 퇴행인 셈이다.

참여정부의 사상적 변신을 미국식 자유주의의 발전과정에 빗대어 이야기하면 3불정책의 등장배경을 쉽게 이해할 수 있다. 미국의 자유주의는 1920년대 말 경제공황을 겪으면서 변신해 왔다. 경제공황을 타개해 가면서 미국의 자유주의는 신자유주의 정책으로 선회한 것이다. 그 본보기가 뉴딜정책으로, 실업문제 타개를 위해 국가가 적극적으로 개입하는 정책이었다. 그것이 그 당시 국가개입의 정당성을 극대화시킨 신자유주의의 모습이었다. 80여 년이 지난 지금 미국에서 나타나고 있는 또 다른 신자유주의는 1920년대와는 조금 다른 양상이지만, 한 가지 분명한 것은 분배와 생산 간의 부조화를 기정사실로 받아들인다는 점이다.

자유주의 경제체제의 지배는 생산과 분배의 불균형문제를 어쩔 수 없는 것으로 간주한다. 분배를 위해 생산을 우선시하기에 빈부격차를 유발시킨다. 이런 불균형을 시정하기 위해 어떤 정권이든 분배에 초점을 둔 정책들을 개발하지 않을 수 없다. 김대중 정권도 그 일을 추진했다. 그렇지만 그들 스스로 좌파적 정권이라는 국민적 낙인을 받는 일만큼은 철저하게 피해 왔다. 참여정권은 형식적으로는 분배에 중점을 둔 정책들을 끊임없이 내놓고 있다. 그 실상은 놀랍게도 자유방임주의에 가깝다. 그래도 그들은 그런 정치적 낙인과 용어들에 별로 신경을 쓰고 있지 않는 것 같다. 그런 정치적 낙인에 대해 강한 저항을 내보이고 있지도 않다. 이는 정치적 열패감에 정신을 차리지 못하고 있기 때문이 아니다. 정권인수에 도취되어 본 지도 이미 오래되었기 때문에 그런 진단은 유효하지 않다. 그런데도 그들은 유유자적하기만 하다. 이 점이 그들에게는 오히려 절묘하게 작동하고 있다.

어느 누구도 이론적으로 이 정권의 교육정책은 신자유주의 혹은 사회주의에 기반을 두고 있다고 천명한 일이 여지껏 없었다. 사람들은 그들을 좌파교육정권이라고 믿고 있다. 그런 용어가 싫다면 낭만적 교육혁신정권이라고 부를 수도 있을 것이다. 어느 누구도 그렇게 주장한 적이 없는데, 그들은 그렇게 낙인찍혔다. 억울하기 그지없겠지만, 그래도 가짜라고 이야기할 수는 없다. 정치적 속내들이 그런 것이기 때문에 그렇지 않다고 단정할 수도 없다. 고난도 통치술과 정치기예가 아니라면 절대권력자 스스로 교육문제에 그렇게 수수방관할 수는 없는 노릇이기 때문이다. 그들 스스로 아리스토텔레스의 논법처럼 '좌파 교육정권이 아닌 것은 아니라고 말할 수 없지도 않다.' 는 유의 진술과 자백을 국민에게 용의주도하게 유도하는 중일 수도 있기 때문이다.

2) 정치권력의 우회전과 왼쪽 깜빡이

사회적으로나 정치적으로 화제가 되어 온 것이 바로 노 대통령의 우회전 문제다. 노무현 대통령을 관심 있게 지켜봐 온 사람들은 이렇게 말한다. "노 대통령은 왼쪽 깜빡이를 그대로 켜 둔 채 우회전을 하고 있다. 그런데 뒤에 있는 사람들은 노 대통령의 왼쪽 깜빡이를 보고 여전히 좌회전을 하려고 한다."[13] 물론 이런 정치적 이념의 태도들이 경우에 따라서는 극심한 혼란을 가져와 정치적인 불상사를 유발할 수도 있지만, 한 가지 중요한 것은 그에게 '심경' 의 변화가 일어났다는 점이다.

사실 그가 우회전을 준비하고 있는 것인지, 좌회전하려는 것인지, 엉거주춤하고 있는지 제대로 알 수 없다. 단, 경험상 그렇게 운전하면 금방 사고로 이어진다는 점만큼은 부인하기 어렵다. 어쩌면 이것은 그의 승부기질과 관련된 불가불가(不可不可)의 심리전일 수도 있다. 불가불가 중 어디에 쉼표를 찍어야 마음이 편한지는 개인적인 정치적 선호도에 따라 다를 것이 분명하다. 이런 경우 정치적으로 성공할 수 있는 사람은 어디에 쉼표를 찍으며 호흡해야 하는지 속내를 드러내지 않는 사람일 수도 있다.

그런 속내는 민주주의에 대한 그의 계산된 오해를 반영하고 있을 수도 있다. 말하자면 민주주의에서는 상대 정당보다 국민에게 단 한 표를 더 얻어도 정치적 싸움에서 승리한 것이기에, 그것으로부터 모든 권력을 움켜쥘 수 있다는 정치적 흥분이 가시지 않은 탓일 수도 있는 것이다. 정치적으로 승리자인 자신과 여당의 정치적 신조에 국민이 승복하지 않는다는 생각은 민주주의에 대한 그들의 무지에서 비롯된다는 식의 오해이기도 했다.

노무현 대통령이 제대로 선택했다는 김진표 교육부 수장의 교육관은 경쟁주의 교육관, 시장주의 교육관, 더 나아가 수정 신자유주의 교육관 등으로 평가되었다. 이러한 교육관은 참여정부의 통치철학과 부분적으로 겉돌지 않는다고 말하지 않을 수 없다. 이 지점에서 교육부 수장 역시 심리적 부조화, 정신적 불안감에 시달려야 했을 것이다.[14]

국민의 토대교육인 초·중등교육에 대한 교육부 수장의 교육론이 교육계에서 의미 있게 읽힌 적은 별로 없는 듯하다. 그것은 그의 책이 교육학자들의 대중적 지지와 이해를 얻기 위해 쓰인 연구서적이 아니었기 때문일 수 있다. 그를 정치적으로 모함하려는 의도를 가지고 그랬는지 어떤지는 알 수 없지만, 어느 신문사 기자는 그의 교육론을 현 참여정권이 지향하는 바와는 서로 엇갈리는 부분이 많은 시장주의, 경쟁주의 교육관으로 집약하였다. 그 기자는 김 장관의 책 쪽수를 들어 가면서(2004년 3월 출간된 책 66~67쪽) 예시했다.

> 나는 경제발전은 교육의 경쟁력이 있어야 성공할 수 있다고 믿는다. 우리나라의 자원구성은 인적자원이다. 인재를 잘 양성해서 키우는 것이 경쟁력의 핵심인 것이다. 그러나 지금 우리의 교육계는 병들었다. 교육개혁의 방법은 시각부터 달리해야 한다. 그동안 해 온 교사 위주의 개혁은 안 된다고 믿는다. 소비자 위주의 개혁이 이루어져야 한다. 즉, 수요자인 학생과 학부모 입장에서 개혁이 되어야 하는 것이다. 지금 아이들은 목 베개를 지참하고 학교에 간다. 학원에서 배운 것을 집에서 공부하면 새벽이니 학교에서는 잠을 자는 것이다. 학교는 잠자러 가는 곳이 될 만큼 공교육이 신뢰를 못 받고

있다면, 사교육 강사를 동원해서라도 가르치게 하고 학부모가 선택할 수 있게 해야 한다. 나의 오랜 가정교사 체험을 통해 최선의 방법을 말하는 것이다. 중 · 고등학교 때 체력을 키우는 것이 얼마나 중요한가. 하지만 어디 운동할 시간이 있는가. …… 학교에 자율권을 주고 지방 교육기관에 권한을 이양해야 하며, 전국을 같은 잣대로 재면 안 된다고 했다. 현장에 있는 사람이 자기 소신을 마음대로 발휘할 수 있게 해야 한다. 분권현상이 필요하다. 거창고등학교를 보라. 개방화는 분권화와 지방화를 가져오며, 그것은 곧 경쟁력을 강화시키는 결과를 가져오는 것이다. 기업의 예로 삼성그룹을 들 수 있다. 그들만큼 분권화가 잘된 회사가 드물다. 철저하게 하부에 권한을 이양했다. 권한과 책임을 동시에 주는 것은 학교교육에도 비결이 될 수 있다. 교육혁명은 곧 분권화에서 온다. 가정교사 경험을 통해 내가 느낀 교육은 두 인간이 만나는 것이다. 교사는 학생에게 감동을 주고 학생은 교사에게 감화를 받아야 함은 물론이다. 믿음이 있으면 공부가 재미있고 성적도 오르게 되어 있다. 교육은 교육 그 자체뿐만 아니라 우리나라 경제와도 밀접한 관계가 있다. 특히, 학생을 둔 집에서는 교육비 지출이 가장 큰 소비지출 항목이다. 그리고 서울의 강남과 강북 간의 부동산 격차 문제가 심각하다. 이에 강남의 거품을 잡는 방안으로 강북에 특목고를 설치하는 방안을 내놓았다.

나는 우선 집을 많이 지어야 부동산 가격을 잡을 수 있다고 생각한다. 판교, 강화, 파주 3개 신도시 입주시기를 조금 앞당겨 50만 호의 수요를 흡수하고 강남의 부동산 거품을 강한 조치로 눌러야 한다고 믿었다. 그래서 판교 같은 곳은 바로 절차를 밟아 집을 지을 수 있게 하고 임대주택촉진법을 통과시켜 환경, 교통 영향평가를 6개월 만에 마치도록 했다. 이보다 서울 강북 개발을 더 빠르게 진행시키는 것도 한 방법이라 여겼다. 강북에 특목고를 많이 세우고 교육환경을 더 좋게 만들어 놓으면 문제가 되는 학원도 당연히 옮겨 갈 것이라 믿는다. 하지만 현재의 재경부는 세제기능과 금융에 관한 입법기능만 가지고 있어 현안 해결에 어려움이 있다. 과거 재경원이 금융과 세제, 예산 등 모든 정책수단을 가지고 있을 때는 온건한 부총리라 해도 조율이나 정책 추진이 잘됐다. 총선 이후에는 경제를 통할하는 부서에 권한을 모아 줄 필요가 있다는 생각이다.[15]

그가 추진했던 교육정책이 평소 주장했던 것과는 정치적으로 판이하기에 일간신문의 기자가 그의 정치적 역량과 변신을 날카롭게 분석한 것이다.[16] 이런 지적들은 교육에 대한 그의 근본적인 관점이나 철학이 있는지에 대한 본원적인 물음 같은 것이었다. 그는 경제부총리 시절, 교육문제에 대해 '개방', '자율', '경쟁'을 강조해 왔다. 그는 자립고에 대해서도 경제관료의 진면목을 그대로 보여 주고 있다. 당연히 자립고 같은 학교들이 나와 학교들 간의 경쟁체제를 갖추어야 한다는 것이 그의 견해였다. 장관이 되자 그는 자립형 사립고를 인가하는 것이 정책적으로 어렵다고 말했다. 이 발언은 자립고 설립에 대해 자신이 주장해 오던 것과 배치되는 것이었다. 이런 그의 급격한 태도 변화에 대해 언론은 적색경보를[17] 보냈다.

결국 개인적인 소신은 권력 앞에서는 무기력하다는 것을 보여 준 것이나 마찬가지였다. 그는 평준화 문제가 나오면 '평준화엔 아무 문제가 없다. 다만, 보완할 필요가 있다.'는 원론적인 답변만 되풀이하기를 좋아했다. 경제부총리 시절에는 특목고와 자립형 사립고 확대의 필요성을 제기했지만, 연말로 다가온 자립형 사립고 확대 여부 결정과 관련해서는 언급 자체를 꺼렸다. 정치적 감각에서 나온 생존의 기술이었다.

그런 어정쩡한 상황 속에서 그의 마지막 정치적 의지를 가늠하는 일이 터졌다. 국회에서 여당 주도로 사학법을 무리하게 통과시키는 바람에 정치권, 그리고 사학법인, 종교단체와 정부 간의 힘겨루기가 시작된 이른바 '사학법 파동'이다. 사학법 개정 내용의 옳고 그름을 따지기 전에 사학법 통과는 종교계와 사학계, 야당을 하나의 정치적 전선으로 뭉치게 만들어 놓았다. 사학법 통과를 계기로 신입생 배정 거부, 학교폐쇄, 노무현 정권 퇴진운동이 전국으로 일파만파 번져 나가기 시작했다. 종교계 원로들은 그들 정권을 마음껏 의심하고도 남을 만큼의 연민어린 분노에 온몸을 떨기 시작했다. 이런 교육계의 현안을 무마하기 위해 동분서주하던 교육부 수장이 별안간 기대하지 않은 자세를 보여 주기 시작했다. 마치 한 점이 아쉬운 9회 말 만루, 원 아웃 투 스트라이크 상황에서 타석에 들어서서 홈런을 치겠다고 우기는 9번 타자의 모습과 비슷했다. 지금의 돌아가는 급박한 상황으로 보아서는 단 한 점이 아쉬운 그런 처지이기에 감독은 희생타를 치라는 사인을 그에게 끊임없이 내보냈다. 9번 타자는 그런 요구에 아랑곳하지 않은 채 홈런을 치겠다고 마지막 스윙 폼을 가다듬었지만 끝내 불발이었다.[18]

국가교육 정책과 현안 교육문제 해결을 위한 그의 정치적 의지를 이런 식으로 평가하는 일선 기자들의 판단이 제대로 된 것이라면, 그가 추진하려고 하는 교육정책에 대한 국민적인 신뢰와 기대감은 이미 물 건너간 것이었다.[19] 이런 상황은 한국 교육현실, 어쩌면 한국의 교육 전반을 훑어 볼 수 있는 외국인 전문가들의 입장을 부정적으로 흐르게 하고 있는지도 모른다. 그들은 한국의 교육에는 미래를 찾는 능력이 부족하다고 보고 있다.[20] 이런 상황 속에서 이제 시간만이 모든 것을 해결해 줄 수 있을 것이라는 생각이 들만도 하다. 사정이 그렇다고 해서 그에 대한 교육적 평가가 면제되거나 거기서 피해 갈 수 없다는 점은 아주 분명하다.[21]

그는 국민의 신뢰에서 거리가 멀어지기 시작했다. 그의 정치적 신뢰계좌에서 적자가 늘어나기 시작했다. 『성공하는 사람들의 7가지 습관』을 쓴 스티븐 코비(Stephen Corvey)는 사람 간의 관계를 은행계좌를 개설하고 잔고를 불려 나가는 것에 비유했다. 여기서 감정계좌 잔고란 사람 간의 신뢰 수준을 말한다. 타인에게 공손하고 친절하고 정직하다면 신뢰를 저축하는 것이고, 반대의 경우라면 신뢰를 인출하는 것이다. 신뢰잔고가 높으면 필요할 때 타인에게서 인출해 활용할 수 있지만, 신뢰잔고가 바닥이라면 타인의 도움을 기대하기는 어렵다. 이 잔고는 거액의 입출금보다는 소규모의 일상적인 예입과 인출로 늘어나기 때문에, 한두 번의 돌발적 행동보다는 평소의 꾸준한 관리가 중요하다. 김 장관은 바로 이 신뢰계좌의 관리에 성공하지 못하였다.

김진표 교육부장관은 물러났고[22] 이어 노무현 대통령의 의지대로 김병준 부총리가 교육부 수장으로 들어왔다. 신임 교육부총리인 김병준 장관에 대한 교육 전문성이나 그의 정치적 역량에 대한 국민적 반감 역시 전임 장관의 신뢰계좌가 보여 준 적자 이상으로 치달았다. 바로 황우석 교수의 줄기세포 논문위조사건에서 불거진 것이다. 황우석 교수의 줄기세포가 사회정치적으로 각광을 받을 때 그를 둘러싼 황금박쥐 모임과 지원 양태에 대한 국민적 의구심이 김병준 신임 내정자의 발목을 잡았던 것이다.[23] 황금박쥐라는 모임은 황우석 교수를 지원하기 위한 사조직으로, 황우석 교수의 논문조작사건으로 중도에 해체되었다. 그렇다고 그 모임의 정치적 성격마저 해소된 것은 아니었다.

교육정치계의 신뢰 수준

1) 교육정책의 정치적 논리

참여정권은 정권유지를 위한 여러 가지 교육방침은 세웠으나, 그것을 위한 체계적인 수단들을 제대로 가동하고 있었던 것은 아니다. 교육재정의 확충에서 대학의 자율에 이르기까지 여러 가지 교육정책들에는 '아직도 그대로' 라는 현실적인 비판의 무게가 실리고 있는 중이다.[24] 그들이 강력하게, 어쩌면 새로운 정치적 감각에서 내세운 3불과 같은 교육정책 역시 의미 있는 평가를 받지 못하고 있다. 그런 교육시책들은 교육정책에 대한 고전적인 정의가 요구하고 있는 기대 수준을 충족시키기에 힘겨운 형편이다. 행정적으로는 작동되고 있지만 모두가 시한부이며 상황 중심적이다. 언제 어떤 경로를 거치면서 손상될지 모르는 것들이다.

원론적인 수준에서 교육정책을 이야기하면, '공권력이 실현하려는 교육의 방침과 체계적인 수단' 이어야 한다. 그 정의가 현실적으로 교육계에서 작동되기 위해서는 한 가지 조건이 충족되어야 한다. 국가가 기본적으로 지지하고 있는 교육이념, 또는 이를 구현하는 국가적 활동의 기본방침이나 지도원리에 대한 국민적인 지지와 합의가 뒤따라 주어야 한다. 한 정권이 정치적 이념으로 내세우는 것이 아니라 오랫동안 국가의 교육이념으로 제대로 자리 잡고 있는 것들이 교육정책으로 내세워야 한다. 국가 교육정책을 만들 때는 그 정도로 고뇌와 사상적 깊이가 있어야 한다는 것이다.[25]

그런 과정을 거쳐 만들어진 교육정책은 종합적으로 한국 교육의 목적이 무엇인지를 밝혀 줄 것이다. 동시에 교육의 목적, 내용, 방법, 조직, 경영의 모든 부문에 걸치는 시책을 일목요연하게 알게 해 준다. 그런 교육정책은 교육행정을 통해 실현된다. 그것은 학교교육뿐 아니라 그 외의 교육활동, 학술이나 문화에 관한 행정으로도 표출된다. 이러한 교육행정의 전개과정에서 일선 교육행정은 기본적으로 기술적 중립성을 지켜야 한다. 말은 그렇게 하지만, 교육정책의 구체화라는 의미에서 여러 성격을 가질 수밖에 없다. 이러한 이념 실현을 위하여 나아갈 방향을 나타낸 것이 교육목적이고, 교육목적을 구체화한 것이 교육목표다. 이런 교육목적이 구체적으로 반영되어 있지 않다면 그것을 빙자한 교육정책은 모든 이를 위한 교육정책이라고 보기 어렵다.

현실적으로 '3불' 로 통칭되는 '고교등급제 금지, 기여입학제 금지, 본고사 금지' 는 교육의 기회균등을 보장해 주는 정책이라는 점과 공교육 정상화의 기본 바탕이라는 전제가 성립되어야 한다. 이미 그 전제의 대중적인 호소력을 유인하기 위한 정치적 관점은 서 있지만, 그렇다고 그것들이 교육적인 이론적 타당성을 가지고 있다고 볼 수는 없다. 정치적 입지를 마련하기 위해 그들의 논리가 강화되기 시작했던 것을 부인하기는 어렵다. 3불정책을 강력하게 추진하고 있는 참여정권과는 달리 국내기업 최고경영자(CEO)들은 3불정책의 제거를 주장하고 있다. 또 최고경영자들의 90% 이상과 교육학자들의 80% 이상이 교육인적자원부의 3불정책을 폐지해야 한다는 쪽에 표를 던졌다는 여론조사도 있다.[26]

참여정부의 3불정책론은 직설적이다. 돈이 학력과 학벌을 낳고 학력과 학벌이 다시 돈을 잉태하는 교육불평등과 대물림을 구조적으로 방지할 수 있는 것이 3불정책이라는 것이다. 3불을 허용하는 것은 '모든 국민은 능력에 따라 균등하게 교육을 받을 권리를 가진다.' 는 「헌법」 제31조 제1항과 '모든 국민은 성별, 종교, 신념, 사회적 신분, 경제적 지위 또는 신체적 조건 등을 이유로 교육에서 차별을 받지 아니 한다.' 는 「교육기본법」 제4조의 정신에도 어긋난다는 것이다. 그것을 막기 위해 '특정 학교 출신에게 가중치를 부여하는 방법으로 학교별로 등급을 정하여 그 등급에 따른 차등점수를 부여하는 방법' 인 고교등급제를 금지하고, '수학능력시험의 출제 내용과 관련된 지식을 시험하는 경우나 특정 주제에 대한 수험생의 의견을 묻는 것이 아닌 것이 명백한 경우' 에 해당하면 대학별 본고사에 준하는 것으로 간주한다는 것이다. 그리고 학교에 대한 경제적 기여 정도가 입학 전형자료로 사용되는 것이 '기여입학제' 의 한 종류라는 것이다.

3불정책의 사회적 정당성에 대해 옳고 그름을 가릴 필요는 없다. 그것은 쉽게 옳고 그름을 가릴 수 있는 간단한 문제도 아니다. 일차적으로 정치적 판단에 관한 문제제기이기 때문이다. 그것을 억제하든 풀든 간에 교육적으로도 별로 중요한 쟁점이 되지 못한다. 한 가지 분명한 것은 지금의 학교교육, 자본주의 체제 아래 이루어지는 학교교육은 이론적으로 교육기회의 평준화를 보장해 줄 수는 있어도, 그 실천에서는 결코 학습결과의 평등화를 보장해 줄 수는 없다는 점이다. 학습결과의 평등화는 공산주의 체제 아래에서도 결코 체험하지 못한 교육적 사실이다. 실제가 아닌 것을 마치 사실인 것처럼 사회정치적으로 변형시키고 있을 수도 있다. 국가교육의 기능과 사상에 대한 '사상적' 이해가 결여된 채, 정치적 선전이나 수사를 위해 내걸고 있는 그 어떤 교육평등론도 현실적으로는 허구며, 정치적으로는 환상에 지나지 않는다. 가장 충동적이고 격정적이며 동시에 매일같이 겉으로 기어오르는 성적 리비도를 그럴듯하게 다른 사람의 언어로 차용하면서 자기 몸의 개인적 충동이 아닌 것같이 위장하고 있는 것일 뿐이다.

교육평등을 위한 교육정책의 논의와 그 이론적 결핍에서도 그것은 예외가 아니다. 왜냐하면 국가교육은 인적자원 개발과 인적자원 배분의 효율을 위해서 누가 무엇을 이야기해도 매일같이 일등을 위해 꼴찌들을 대량생산할 수밖에 없기 때문이다. 인력의 양성, 선발, 배치의 과정에는 누가 뭐래도 사회경제적 빈부의 대물림들이 이렇게 저렇게 스며들 수밖에 없다는 점을 말로 부인한다고 해서 그것이 현실 밖에서 한가롭게 유희하는 것은 아니다. 이 점을 제대로 이해하면 교육의 사회적 기능에 대한 감이 하나둘씩 잡혀 갈 것이다.

2) 연구집단의 무지와 욕망

교육개혁이나 교육혁신은 근본적으로 교육에 대한 '사회적 지식'의[27] 생성과 정당성 확보 정도에 달려 있다. 참여정부의 교육정책은 이 부분에서도 불확정하기만 하다. 교육혁신의 정당성과 필요성에 대한 국민적인 문제제기에 의미 있는 대답이 결여되어 있으면 불신은 고조되기 마련이다. 교육혁신에 대한 논리가 없으면 그 실현은 처음부터 불구의 가능성을 높일 뿐이다. 이 점에서 한국의 교육학자들과 연구집단, 그리고 지식생성 집단은 참여정부의 교육 관료를 위해 별로 공헌한 것이 없다. 오히려 그 점에서는 무기력한 편이다. 그래서 그 많던 교육학자라는 지식인들은 다 어디로 갔다는 말인가[28] 하는 자조적인 이야기가 가능해지는 것이다.

이렇게 문제를 제기하는 것은 교육이 공공재냐 개인재냐와 같이 갈라 이야기하자는 것이 아니며, 그들이 어느 편에 서 있어야 하는지를 따지자는 것도 아니다. 그들은 언제든 어느 편도 될 수 있는 정보 분류자들이기 때문이다. 다시 이야기하지만, 교육혁신 집단이 교육개혁에 대한 사회적 지식을 만들어 내는 데 어느 정도로 성공해 왔느냐를 따지면 그들의 역할은 제한될 수밖에 없다. 예를 들어, 이 정부에서 가장 성공했다고 평가했던 교육정책으로 국가과외는 또 다른 교육문제를 배태한 화근이 되었다. 자화자찬에도 불구하고 그 국가과외정책은 공교육의 기능을 고사시킨 위험도가 가장 큰 정치적 사건이었다. 공교육의 비전과 목적을 상실하는 정책의 출발점으로도 손색이 없는 또 하나의 작업이 평준화 효과를 점검하는 작업 같은[29] 것이다. 서로가 다른 이론적 근거를 대며 경쟁하고 있는 것처럼 보이지만, 실제로 그 밑바탕에는 교육학자들의 전문성과 정치적 이해관계가 깊게 숨어 있다.

노무현 정권은 교육정책 개발의 추진체로 지역인사를 택했다. 일류대학 교수들을 지역권 대학의 인사들에 비해 상대적으로 배제하면서 지역권력의 도움으로 교육정책을 입안해 보려고 하였다. 각급 위원회 구성에서도 그 점이 두드러졌고, 교육혁신위원회도 예외가 아니었다. 그렇게 지역대학 출신들, 시민단체 인사들의 도움으로 교육혁신의 과제를 찾아내려고 시도했다. 그들 역시 학교혁신 과제를 최대의 난제로 생각했다. 그중에서도 교사혁신 문제를 들고 나와 정권의 국민적 쟁점으로 부각시키려고 노력했다. 교장공모제나 교원평가제 같은 쟁점들이 그런 노력 중의 하나였지만, 그런 혁신과제들이 꽃을 피우기도 전에 참여교육학자들 간의 내부 갈등과 대립이 세간의 뉴스거리로 돌출되곤 했다. 예를 들어, 대통령 자문기구인 교육혁신위원회 교원정책개선 특별위원회 위원들은 교장공모제를 둘러싸고 종래에는 볼 수 없었던 내부 갈등을 표출하기도 했다.[30]

그렇게 참여교육학자 대 참여교사 간의 대립, 혹은 교육부 대 민간 교육단체 간의 갈등이 돌출될 수밖에 없었던 것은 참여교육자 대부분이 기존 학교제도와 학교교육기관의 교육적 기능을 순기능적으로 과대평가하였기 때문이었다. 학교와 학교에 관련된 부속물 혹은 교사집단 등이 교육의 근간이고 국가의 백년대계라는 식의 학교만능주의에 사로잡혀 있었기 때문인지도 모른다. 학교교육이 잘 되어야 인적자본의 질적 수월성을 보장받을 수 있다는 생각에 미리 사로잡혀 있었기 때문에, 최종 도착지인 입시제도에 대한 '근본적인' 손질은 애시당초 불가능한 것이었는지도 모른다.

학교제도는 서구에서는 가장 멋있는 사회적 발명품이었고, 그로부터 연유된 학교지상주의는 한국 교육의 문제이자 교육문제의 화근이기도 했다. 이 모든 것은 인적자본의 배출과 대학입시 간의 사회적 연관성으로 집약되었고, 그 입시제도의 개혁문제가 한국 교육혁신의 초점이 되었다. 교사를 혁신하든, 교육과정을 혁신하든, 공영학교나 자립형 사립고 같은 새로운 중등학교기관을 보급하든 간에 최종 성공 여부는 대학입시와 입시훈련에 달려 있게 마련이었다. 이런 학교제도와 학교기관의 구조적인 문제는 처음부터 한국의 교육계가 외국에서 학교제도를 수입하면서 함께 수입한 부산물일 뿐이었다. 서구의 학교제도가 가지고 있던 문제들에서 면제받은 것이 아니었던 것처럼, 한국의 교육문제는 아무리 한국의 학교제도와 기관이 나름대로의 특수성과 전통이 있다고 내세워도 서구 교육제도가 가지고 있는 그 구조적 특성과 본질에서 벗어나기가 쉽지는 않았다.

교육의 문화적 종속성이나 신식민주의 잔재들은 이 사회에 유용한 하나의 방법과 기술을 선진국에서 제아무리 순수하게 도입한다고 할 때도 피할 수 없는 것이었다. 기술전이의 과정이 그렇듯이 외국에서 새로운 기술과 그것의 노하우를 들여올 때는 그것을 만들어 냈던 선진국의 사회문화적 이데올로기도 함께 도입될 수밖에 없다. 서양에서 기술만 구하고 이데올로기는 구하지 않으려고 해도 문화의 전이과정상 그럴 수 없는 것이다.

선진국의 사회문화 혹은 교육 이데올로기의 이식(移植)을 피하려고 해도 그것은 원초적으로 불가능하도록 되어 있다. 그것을 수입하는 학자들이나 수입자의 정신구조에 그렇게 되도록 신경세포들이 새롭게 배선되고 각인되어 있기 때문이다. 그것을 거부하는 일은 '외국에서 달걀을 수입하고, 끝내 그 달걀에서 병아리가 아닌 생쥐나 캥거루가 나왔으면 좋겠다.' 고 바라는 것처럼 터무니없는 것이다. 사고의 혁신 없이는 그런 식민주의에서 손쉽게 벗어나기 힘들다. 마찬가지로 정치권과의 학자적인 유착 역시 종속화되기 마련이다. 그런 일들이 참여교육학자 집단의 갖가지 교육혁신 과제 속에서 하나둘씩 드러났다. 말하자면 교육방송을 국가과외로 활용해 모든 학생을 위한 24시간 입시훈련장으로 만들어 내놓은 것이 그 예다.[31] 그런 것이 가능했던 것은 참여연구자들이 국가권력과 등을 져야 할 이유가 없기 때문이다. 국가권력에서 연구비도 나오고 부스러기 권력도 함께 나눌 수 있기 때문에 그들은 생존원리상 그래야 할 이유가 없었던 것이다. 전문가 혹은 지식인으로서 생명을 지키기 위해서는 먹거리를 만들어 주는 행정적인 보호막을 벗어날 용기가 처음부터 없었기 때문이다.

그래서 그들은 타인의 말로 자신의 이익을 요구하기 위해 '우리' 라는 말을 남발하도록 길들여져 왔다. '우리' 라는 단어는 일상적으로 쓰이다가도 이해가 엇갈리는 상황에서는 돌변하는 카멜레온의 속성을 가지고 있다. 이 점을 북아메리카 인디언의 후손인 에반 프리처드(Evan Pritchard)의 이야기에서도 찾아낼 수 있다. 그들 선조의 일상적인 화법에서도 우리라는 말이 주류를 이룬다. 그에 따르면 우리라는 말에는 두 종류가 있다. '당신과 그를 지칭하기 위한 우리' 라는 말이 있고, '당신과 그와 나를 포함하는 우리' 라는 말이 있다. 당신과 그만을 포함하는 유형의 각별한 사이의 우리에 해당되는 단어가 바로 '니넨' 이라는 말이다. 그에 비해 나까지를 포함하는 것으로 이해관계가 도사린 우리에 해당하는 말은 '기누' 라고 부른다. 전자의 '우리' 와 후자의 '우리' 라는 단어 사이에는 커다란 의미의 차이가 있다. 인디언 원주민들은 후자, 즉 기누라는 '우리' 를 사용할 때는 각별히 조심한다. 상대방이 정말로 원하는 것이 무엇인지 앞뒤 상황을 잘 파악하여 상대방의 이해관계부터 찾아내야 하기 때문이다.

참여교육 연구집단은 연금술사처럼 교육정책을 생성하며 주위에서 연출해 보려고 안간힘을 쏟았다. 그들 역시 전임 교육개혁론자들처럼 한국 교육의 변신을 위한 지식 생성에 일가견을 가지고 있었고, 그들의 생각은 연구보고서로 나타나 교육정책의 근거로 활용된다. 그때부터 없는 것도 있어지게 된다. 죽을 것도 살려 놓게 만든다. 그들에게는 인간에 대한 이해가 없다. 인간에 대한 원초적인 존경심은 기대하기 어렵다. 그들이 이 나라 교육권력자들에게 기념비를 만들어 준다. 그들은 교육의 양지에 서 있기를 좋아한다. 음지교육에는 무관심하다. 그들은 학생들의 고통을 그저 타인의 고통으로 음미하면 된다.

그들이 그동안 수없이 인용한 수많은 외국 서적이며 연구물들은 이 땅의 교육을 위해서는 별 소용이 없었다. 그들의 일은 정말로 고통에서 신음하고 있는 이 땅 젊은이들을 먼발치로 바라보는 것뿐이다. 파울로 코엘료(Paulo Coelho)의 소설 『연금술사』의 이야기를 차용해 보기만 해도 그들을 손쉽게 이해할 수 있다. 코엘료가 묻듯이, "그럼 어째서 이 많은 책이 필요한 거죠?" 라고 질문만 하면 된다. 그러면 그들은 아마 십중팔구 코엘료의 책에서 지식인으로 그려지고 있는 영국인이나 낙타 등에 수많은 책을 싣고 사막을 건너가면서 한순간에 연금술을 터득하기 바라고 있던 식자처럼 대답할 것이다. "바로 그 몇을 인용하기 위해서지." 라고 말할지도 모른다. 이 나라 교육을 걱정하는 수많은 교육의 연구보고서는 영혼 없이 그렇게 수없이 만들어지고 또 사그라진다. 그들의 연구물에서는 '물리학의 법칙은 어떻게 거짓말을 하는가'에 관해 수많은 과학철학자들이 고뇌했던 그런 학자적인 고뇌를[32] 쉽게 찾아보기가 점점 힘들어지고 있을 뿐이다.

3) 교사집단의 이드

학생들의 학습권은 학교교실에서 매일같이 유린당하고 있지만, 교사들은 그 한가운데에서 유유자적하고 있다. 그 어느 때보다 더 교사들의 체벌의 난폭성과 학생들에 대한 인권유린의 일들이 보도되고 있다. 교사들은 어쨌든 그 사건들의 중심과 앞에 서 있다. 그 틈바구니 속에서 어떤 교사는 목숨을 끊었고, 어떤 아이들은 자살을 했다. 그들과 그들 간의 긴장과 갈등이 그렇게 만들어 놓고 있는 것이다. 모두가 아이들의 학습권을 보호하기 위해 체벌도 하고 훈육도 한다고 하지만 실제로 죽어나는 사람은 학생들뿐이다. 모두가 그런저런 구호 아래 아이들의 학습권을 유린하고 있다. 이제 그들에게는 불신이라는 말도, 신뢰라는 말도 더 이상 유효하지 않다. 인간적인 혐오만이 가득하다. 사회적 지위에 대한 상대적 박탈감을 해소하기 위한 이드의 강력한 표출이라고 보면 된다.

그런 상황 속에서 핍박받는 것이 학생들의 학습권이라는 판단은 국민의 정서적 판단이기 전에 사법부가 내린 법률적인 판단이다. 이 모두가 학교붕괴에 가속도를 붙이는 요소들이었다. 이런 학교붕괴현상에 대한 교사들의 논변이 없을 리 만무하다. 교사들의 항변은 학교붕괴가 자신들의 책임이 아니라는 것으로 모아진다. 그런 과정에서 교사들은 교육부를 예외 없이 모든 책임의 제물로, 희생양으로 몰아가고 있다. 물론 그들의 주장에도 귀 기울여 줄 여유는 있어야 하지만 그들의 학교붕괴에 대한 맥 빠진 진단은 여전하다. 교사들은 일차적인 자숙과 반성의 주체가 되어야 하는데도 항상 피해자의 위치로 위장하곤 한다. 교직이 처한 오늘의 냉혹한 현실을 피해 보고 싶은 심정이야 이해는 가지만, 오늘날의 교직이 학교붕괴를 일으키는 태풍의 발원지처럼 작동하고 있다는 점을 피해 나갈 수는 없다.

설령 이 점을 부인한다고 해서 학교붕괴의 태풍이 약화될 것도 아니다. 오히려 부인할수록 교직의 영혼마저도 버거워진다. 오늘날 학교붕괴현장에 교직 노동단체들의 정치적 이해관계가 개입되면서 학교교육 역시 혼돈의 와중에 있다. 그들이 지적하는 교직의 이해관계라는 것도 따지고 보면 학생들을 담보로 삼지 않으면 아무것도 이루어 낼 수 없는 것들이다. 그래서 그들의 처지는 더 어려워질 수밖에 없다. 학생들을 인질로 삼아 호구지책의 질을 높이겠다는 의욕마저도 숨기기 어렵다.

교직단체들의 이런 이해관계가 학교현장 속에 정치적으로나 사회적으로 드러날수록 오히려 교직의 조건은 더욱더 황폐해진다. 그들의 이해관계에 조금이라도 어긋나기만 하면 그들은 이런저런 구실을 들어 교육권력과 대치하였다. 이런저런 이유들이 기존의 학교체제를 붕괴시키는 데 일조한 것도 사실이다. 사정이 그런데도 교사들은 자신들의 이해관계와 그것을 보존해 주는 학교현장만은 건드리지 말라고 호소하기만 했다. 교육권력은 그들의 대항에 속수무책이었다. 그럴수록 교사들은 자신들에 대한 냉혹한 평가만은 유보하라고 학부모들을 윽박질렀다.

물론 사회현실은 그렇게 녹록하지도, 만만하지도 않았다. 교육을 살리려는 마음이 있다면 학교부터 바로잡으라고 다그친다. 차라리 학교를 죽여 버리는 것이 그들을 살리는 길이라고까지 말하고 있다. 그곳에는 배움이 없기 때문이라는 것이다. 그것은 학부모의 이야기가 아니라 학생들의 절규에서 시작되고 있다. 학교는 그들에게 무엇을 위한 곳인가에 대한 줄기찬 문제제기일 뿐이다.

교육권력의 신뢰회복 과제

교육계와 정치계에서 불거졌던 불신들은 교육정책의 난맥상 때문이 아니다. 사회적 이념 차이 때문에 국민 간의 긴장이나 갈등이 첨예하게 맞부딪치고 있는 것도 아니다. 갈등과 긴장은 교육정책의 문제로 불거진 것이 아니다. 긴장과 갈등의 긴박함을 드러내 놓기 위해 교육정책들이 이렇게 저렇게 긴장과 갈등의 그물코에 끼어 있을 뿐이다. 사정들이 그렇기에 그간 축적되어 온 교육계의 불신을 일거에 불식시킨다는 것은 그리 쉽지 않을 것이다.

교육계에서 문제로 지목되고 있는 몇몇 사람을 단죄한다고 교육공동체가 별안간 하나로 뭉쳐지고 교육적 자산이 불어날 수 있는 것도 아니다. 무슨 엄청난 교육혁신이나 교육정책의 밑그림을 만들어 냈다고 신뢰와 희망의 교육공동체가 불쑥 튀어나올 수 있는 것도 아니다. 게다가 총체적 난국의 상황에 대한 책임을 물어 장관이나 교육행정 책임자들을 바꾸라고 해서 바뀔 것도 아니며, 사람을 바꾼다고 해서 교육정책들이 유별나게 달라질 것도 아닐 성싶다. 교원단체들을 해체하라고 해서 해체할 것도 아니고, 해체했다고 해서 그들이 불굴의 교사들로 거듭날 것도 아니다. 마찬가지로 학부모에게 사교육을 하지 말라고 해서 자발적으로 그만두지도 않을 것이다. 자식이 있는 한, 전통적으로 사회적 인정을 받아 온 대학들이 일정한 정도로 사회적 영향력을 행사하는 현실이 지속되는 한, 그런 대학에의 입학을 염원하는 학부모들이 사교육을 선호하는 것을 일순간에 근절할 수도 없었던 것이다. 이 점을 끄집어내어 그것이 사회갈등의 주범이라고 말하는 것은 현실을 잘못 이해한 것일 뿐이다.

지금과 같은 교육계의 긴장과 갈등의 문제는 정치권 인사들과 그들이 만들어 놓은 교육정책들에 대한 '인간적인 혐오감' 같은 것에서 시작되었다. 그로부터 그들에 대한 깊은 분노 같은 것이 자리 잡게 된 것이다. 국민 사이에서는 불안감과 수치감, 더 나아가 이 땅에서 어쩔 수 없이 살아가야 하는 것에 대한 일종의 자괴감 같은 것들이 증폭되어 나온 것이다. 그런 갈등과 긴장의 경로를 거칠 수밖에 없었던 것을 통치력의 미숙이라고 몰아붙이는 것은 온당하지 못하다. 다만 그러한 긴장과 갈등은 크게는 참여정부가 그들의 정권을 유지해 가는 데 절대적으로 필요한 '정치적 신화' 의 창출에 성공하지 못했기 때문에 어쩔 수 없었던 것이며, 작게는 국민적 화합과 신뢰를 위한 '사회자본' 의 형성과 활용에 실패하였기 때문에 생겨난 것이다.

사회자본 축적의 허약함, 즉 권력자들에 대한 국민적인 냉소, 정치가의 정치술에 대한 불신, 교육행정가의 교육정책 수행능력에 대한 폄하, 잇대어 교육 전문가나 학자들의 학문적 역량에 대한 냉소들이 권력자들의 신뢰계좌에 적자를 내는 중이다. 정치권력의 권위에 대한 모든 것에 확신이 서지 않은 채 그들이 해 보이는 모든 것을 '짝퉁' 정도로 치부하는 국민의 마음에서 불신이 흘러나오는 것이다. 그들에게는 그것이 매도고 편견이며 억울함이 되겠지만, 이미 믿음은 마치 모래시계의 모래알들처럼 그냥 흘러내려 버리고만 있을 뿐이다. 누군가가 모래시계를 거꾸로 들 때까지 오해든 이해든 그 흘러내림을 막아 낼 수는 없을 것이다. 누가 이 역사를 만들어 낼 수 있는지, 사람들은 그런 초인을 기다리고 있는 중인지도 모른다.

1) 정치적 신화의 정당성 입증

교육정책은 교육의 논리로 살아가는 것이 아니라 정치적 논리에 따라 살아남기 때문에 국민적 신뢰를 되찾는 일이 시급하다. 현실적으로 정치현장은 안정된 균형의 장이 아니라 불안정한 균형의 장일 뿐이므로, 교육정책들이 살아남으려면 언제 일어날지 모르는 정치적 격동과 폭발을 준비해야 한다. 정치적 균형이 서기 위해서는 통치권을 위한 신화창출과 그것의 정당성이 입증되어야 한다.

현실적으로 낡은 정치적 신화와 그 상념에 항거하는 이성적 세력들도 스스로에 대해 자신감을 갖기가 쉽지 않다. 신화는 정복되거나 진압되는 것이 아니기 때문이다. 신화라는 것은 항상 어둠 속에 웅크리고 숨어 있으면서 겉으로 나설 때와 기회를 노리고 있다. 그리고 인간의 사회생활이 이런저런 이유로 그 힘을 잃어버리고 신화에 대한 제어력을 상실할 때 신화가 생겨나는 것이다. 정치현실에서 만들어지는 신화는 희망을 가장한 무시무시한 환상들로 가득 차 있다.

신화는 무의식적 활동의 결과이자 상상의 자유로운 산물이라 서술되어 왔지만 그것은 사실과 다르다. 신화는 일정한 계획을 따라 만들어질 뿐이다. 새로운 정치적 신화들은 결코 자유롭게 자라나는 것이 아니다. 그것들은 교묘한 정치조

련사들이 만들어 내는 인공품이다. 신화는 군사무기와 다름없이 그것을 만들어 내는 방법에 따라 제조된다. 신화를 성공적으로 만들어 내면 사회생활의 형식 전체를 변화시킬 수 있는 힘을 갖는 것이다.

신화는 공포의 소산이며 생물학적 본능에 속한다. 실제의 생활에서 본질적으로 문제가 되는 것은 공포 자체보다는 공포의 탈바꿈이다. 공포는 완전히 극복되거나 억압되기 전에 그 형태를 수없이 바꿀 수 있기 때문이다. 신화가 성공하면 인간은 새롭고 신기한 기술들을 익힌다. 그것을 일상생활에 표현해 내는 기술을 배우기 시작한다. 이런 기술들은 희망과 공포를 조직하는 수단이자 도구가 된다. 이러한 신화가 깨지면 환상에 대한 역겨움이 끝없이 겉으로 표출될 뿐이다.

마키아벨리(Machiavelli)는 바로 정치과학을 통해 군주제의 신화를 만들어 성공시킨 사람이었다. 그의 신화는 당시 갈릴레오가 내세웠던 자연과학처럼 하나의 공통원리 위에 기초를 두고 있었다. 마치 자연 안에서 일어나는 모든 사건은 불변의 법칙들을 따르는 것처럼, 자연 속에서 일어나는 모든 물리적 현상 역시 동일한 수준을 유지한다. 정치현실에서도 이와 마찬가지다. 모든 시대가 동일한 정치적 구조와 얼개를 유지해 오고 있기 때문이다. 한 시대를 제대로 아는 사람은 모든 시대를 알게 된다. 현실문제에 직면하고 있는 정치가는 지난 역사에서 그와 유사한 사례를 얼마든지 찾아낼 수 있다. 그것과 저것들을 서로 비교함으로써 쓰임새 있는 정치행위들의 근거를 찾아낼 수 있다. 그래서 정치가들은 역사의 전례를 소홀히 할 수 없다. 그것이 신화의 시작이며 신화창출의 세계이기 때문이다. 그리고 신화가 작동을 멈추면 위험의 시작이고 재앙의 시작이나 마찬가지다.

그것을 정치인으로서 꿰뚫어 보았던 마키아벨리는 다음처럼 말했다.

> 군주나 국가가 얻은 새로운 지배권에 관하여 말하면서 나는 극히 뛰어난 인물들의 예를 인용하려 하는데, 누구든지 내가 이렇게 하는 것을 이상하게 여겨서는 안 된다. 왜냐하면 인간이란 일반적으로 남이 지나간 길을 밟아가고 또 남의 행동을 흉내 내는 경향이 있기 때문이다. …… 현인은 언제나 가장 본받을 만한 위인들이 지나간 길을 따르

지 않으면 안 된다. 그렇게 해서 그 위인들만큼 못된다 하더라도 얼마간 그들을 닮을 수는 있게 된다.

참여정부에도 이런 정치신화를 만들어 내려는 노력은 수없이 많았지만, 모두가 실패로 종결되고 있는지도 모른다. 끝내 참여정부의 정치적 신화를 만들어 내는 데 크게 성공하지 못했기 때문이다. 그들은 본받을 만한 현인들을 부정하고 스스로 현인의 자리에 들어서려는 욕망에 사로잡혀 있기 때문에 일들이 꼬이고 흐트러지고 있는 것이다.

2) 냉소주의의 극복

그 정도로 참여정부의 교육정책들에 대한 불신이 높다. 이것이 지금의 정부에게는 피할 수 없는 고뇌이고 한계이며, 어쩌면 새로운 도약의 기회일 수도 있다. 교육권력을 형성하여 이렇게 저렇게 나누는 일의 대열에 서 있다고 자부하는 사람들이 음미해야 될 성싶은 이야기가 하나 있다. 일본인이 즐겨 키우는 '코이' 라는 잉어에 관한 것이다. 코이라는 관상어에 관한 이야기는 지도력을 강의하는 시간에는 늘 인용된다. 코이라는 잉어는 작은 어항에 넣어 두면 어항의 크기에 알맞게 5~8cm로 자란다. 커다란 수족관이나 연못에 넣어 두면, 그 연못의 용적에 비례해서 25cm까지 커간다. 아예 강물에 방류하면 코이는 90~120cm까지 어엿하게 성장한다. 코이는 자기가 놓인 환경의 크기에 비례해서 피라미급 조무래기로 크기도 하고, 잉어급 대어로 성장하기도 한다. 인간의 꿈과 지도력은 코이라는 물고기와도 같다는 이 비유는 참여정부의 교육(정책)자들에게도 있는 그대로 적용되는 말이다.

지금 참여정부의 교육계 인사들이 보여 주는 그릇의 크기는 그저 그만한 크기에 지나지 않는다. 거기에서 크며 노는 고기들 역시 수족관에 걸맞는 크기들의 고기들이다. 그들이 제아무리 크기를 자랑하며 묘기를 보여 주어도 고객들은 감동하지 않는다. 아무리 따라오라고 이것저것을 내세워도 그들은 따라갈 기색을 보이지 않는다. 아무리 사교육을 비난하고, 억제하며, 불량교육이라고 지적하고, 소비하지 말라고 이야기해도 막무가내다. 그렇게 조르면 조를수록 더욱더 그들에게는 '너나 잘하세요.' 라는 말이 되돌아간다. 이 냉소주의 언어들은 참여정부의 수족관에서 배태된 시대언어다. 이 시대언어가 싫다고 해서 그들의 정치적 행태에 반대하는 국민을 '불령한인(不逞韓人)' 으로 부를 수는 없을 것이다. 일본이 1920~1940년대 일본의 식민지정책에 반항하는 요시찰 조선인을 '불령선인(不逞鮮人)' 이라고 불렀듯이, 참여정권의 정치적 논리와 이데올로기를 거부하는 사람들을 불령한인으로 부르면서 정치적으로 억압할 수는 없다.

물론 정치권력자들의 교육관에 대한 정치관점의 차이가 정치적 이념 간의 갈등과 교육정책의 비효율성을 야기하고 냉소주의와 불신을 키우는 데 큰 역할을 한 것은 사실이다. 그러나 그것보다 더 큰 요인은 인간에 대한 혐오였다. 그런 인간적인 혐오는 전두환 정권 당시 '땡전' 전통과 그들을 향해 국민이 보여 준 모멸감 이상이라고 보면 된다. 참여와 화합, 신뢰의 공동체를 염원한다면 참여정부의 인사들은 그런 정치적 긴장과 사회심리적인 갈등을 불신으로 화석화시킨 '인간에 대한 인간적인 실망과 절망' 의 요소를 진지하게 되새겨 봐야 한다. 그 사람들이 조건 없이 싫고 보는 것 자체가 역겹기 때문에 생길 수밖에 없었던 그런 인간적인 혐오감 같은 것이다. 그래서 그들과 국민 간에는 언어교통도 없고, 의식소통은 더욱더 불가능할 뿐이었다.

이런 갈등과 긴장은 정치적으로 본다면 1950년대 군사적 남북 대치상황보다도 질이 더 나쁜 편이다. 전두환 정권 당시의 냉소주의는 한편으로는 인간에 대한 측은지심의 요소가 개입할 여지가 있었지만, 지금 이 정권에 대해서는 정치적 냉전 이상의 것이 흐르고 있다. 그로부터 사회정치적인 편견 대 아집 간의 긴장과 대결이 치열해질 뿐이다. 그래서 정책개발이나 강령개발로 불신의 문제가 제대로 풀릴 것 같지 않다. 물론 이런 갈등과 긴장이 기본적으로 이해관계의 상충 문제들이기에, 사회정치적 이해관계를 어떻게 나누며 서로 즐길 수 있느냐에 따라 화해할 수 있을지도 모른다.

만약에 이익을 독식하지 말고 공유하는 일을 전개한다면 어떻든 간에 일종의 물질적 화해가 가능할 것이고, 그것으로부터 언어의 교통이 물꼬를 틀 것이다. 그런 화합의 가능성은 한국의 정당들이 흩어지고 모이며 갈라지고 엉키었던 양태 속에서 잘 드러났다. 어쨌든 그들과 저들 간의 교통이 의미 있게 빈번해지면 의식소통과 그로부터 신뢰라는 사회자본이 축적될 것이다. 마치 그들은 100차선의 드넓은 고속도로를 외롭게 달리고 있는 경차일 수도 있다. 참여정부는 외로운 언어교통을 반복하며 소외를 되뇌고 있는 중일 수도 있다.

교육공동체의 회복은 인간적 신뢰회복, 바로 그것으로 시작될 수 있을 뿐이다. 신뢰의 의미를 상징적으로 드러내 보이는 사례를 들라면, GM 자동차 회사를 확실히 꼽을 수 있다. 그들은 고객이 원하는 자동차가 자사에 없으면 타사의 자동차라도 친절하게 고객에게 소개해 주고 있다.[33] 정말로 참여정부가 국가교육공동체를 염려한다면 이런 기업의 사례를 타산지석으로 삼아 지금이라도 정치서비스와 교육서비스에 충실할 수 있는 제대로 된 일감을 찾아내야 한다.

3) 사회자본의 축적 노력

한국 사회는 인적자본만큼은 풍부하게 가지고 있지만, 그에 비해 서로 신뢰함으로써 사회를 하나로 융합하게 만드는 촉진제인 사회자본과 그것을 쌓아 줄 수 있는 교육자본의 토대는 상대적으로 빈약한 형편이다. 교육권력에 대한 국민적 믿음이 쌓이고 있지 않기 때문이다. 사회자본은 서로 다른 사회 구성원의 이해관계를 하나로 만들어 주는 방법이자 수단이며 국민에게 신뢰와 상호 연결을 맺어 주는 매개고리인데 우리 사회에서는 그것이 결핍되어 있다. 사회자본은 한두 가지 커다란 정책들로 급조될 수 있는 것이 아니다. 믿음과 신뢰를 축적하기 위해서는 시간과 배려, 그리고 소통할 수 있는 정서적 여백이 필요하다.

관계로서 교육자본인 교육권력이 그들을 위한 사회자본을 축적하기 위해서는 지금까지 한반도에서 줄기차게 주장되어 왔던 민족공동체 통일방안 3단계 같은 것을 참고해 보는 것이 좋을 듯하다. 통일 3단계 방안은 기본적으로 남북 간의 신뢰와 연결을 위한 사회자본을 축적하기 위한 노력들이었다. 이런 방안들을 직·간접적으로 참고하면, 신뢰와 희망의 국가교육공동체 형성에도 도움이 된다. 이미 알려진 대로, 민족공동체 통일방안 3단계 중 첫 단계는 '화해협력' 의 단계다. 오랫동안 서로 다른 환경 속에서 생활한 탓에 믿지 못하게 된 과거를 이겨내고 남북이 화해하며 신뢰를 회복하는 일이다. 즉, 여러 방면의 교류와 협력을 통해서 민족 전체의 복지와 이익을 향상시키는 단계다. 정치적 화해, 군사적 신뢰관계 형성, 경제적·사회적·문화적 교류와 협력을 통해 민족의 이질감을 극복하는 데 뜻이 있다.

두 번째 단계는 '남북연합' 의 단계다. 화해협력의 단계에서 이루어진 서로에 대한 신뢰를 바탕으로 남북 간의 평화정착을 이루는 과정이다. 남북연합 단계에서는 정치적 통합을 이루기 위해 남북한이 연합하여 여러 가지 공동기구를 창설해야 한다. 이들 공동기구에서 국가통합, 즉 정치와 제도의 통합을 위한 동질성 회복의 여러 가지 방법을 논의하고 결정한다. 세 번째 단계는 '통일국가' 의 완성이다. 1민족, 1국가의 통일국가를 완성하는 마지막 단계다. 남북연합의 단계에서 재정한 통일헌법에 따라 남북한 자유총선거를 실시하여 통일국회를 구성하고, 모두가 다 함께 잘 살게 되는 통일정부를 수립하는 과정이다.

국가교육공동체를 희망으로, 그리고 신뢰로 다시 일으켜 세우는 데 민족공동체 통일방안 중 세 번째 단계는 크게 도움은 되지 않을 것이다. 왜냐하면 이미 화해와 협력의 단계를 거치고, 이어 서로가 정치적 이해관계를 조정하고 양보하면서 갈라진 교육 주체들과 갈등하는 교육단체들이 '한국인이 합의해 만든 교육이념' 을 중심축으로 여러 가지 교육기구를 재조직하기만 하면, 그동안 쌓였던 불신은 상대적으로 씻겨 나갈 것이기 때문이다.

4) 교육정책자의 배움

참여정부의 정책자든, 교육권력의 그물망에 갇혀 있는 사람이든 서로가 화해와 협력을 이루어 내기 위해 실천해야 할 일은 언어 수준에서는 그리 어렵지 않다. 단지 그대로 행하기가 어려울 뿐이다. 그런데 어렵다고 행하지 않으면 공생도 없고, 신뢰도 불가능하다. 어떤 행정가들에게 물어봐도 일이 제대로 되려면 신뢰가 절대적으로 필요하다고 말한다. 신뢰를 얻으려면, 먼저 가르치려고 들지 말고 자기가 먼저 배우는 일을 착실히 시작해야 한다. 정말로 배움이 무엇인지를 모르니까 배우지 않고 있는지도 모른다. 내가 먼저 배우는 자세를 보여 주지 않고는 그 누구도 귀 기울여 주지 않을 것이기에 먼저 배우는 모습을 보여 주어야 한다. 이 점에서는 고관도 마찬가지고, 교수도 마찬가지며, 교육행정가와 교사도 마찬가지다. 진부하기 그지없는 일을 하지 않으니까 그네들을 믿어 줄 수가 없는 것이다. 배우는 자의 모습을 갖추고 교육행정가들이 먼저 대화의 장, 화합의 장으로 나서야 한다.

소재도 빈약한 쇼는 더 이상 보여 줄 필요가 없을 것이다. 사실 이 점에서는 누가 먼저고 나중이고를 따질 필요도 없다. 그저 우선순위를 둬야 한다면 목마른 사람이 우물을 먼저 파야 한다는 정도의 필요성은 절감할 필요가 있다. 인간은 일반적으로 인과관계, 즉 원인과 결과 간의 직접적인 관계를 따져 묻기 좋아한다. 내가 그대에게 욕을 하면 그대는 나에게 욕을 먹은 것이다. 내가 욕을 했기에 당신은 화를 내게 된다. 욕이 원인이고 화는 결과다. 화를 냈기에 욕을 먹은 것이 아니고 욕을 먼저 당했기에 화를 낸 것이므로 인과관계가 분명하다. 늘 이렇게 인과관계를 따지면 화해와 신뢰는 불가능의 구렁텅이에 빠져 있게 된다.

생각을 조금 달리해 나무의 성장에 관련된 '성장의 연기론(緣起論)' 같은 논리를 생각해 보면 신뢰와 화해의 가능성은 새로운 시각에서 커 나갈 수 있을 것이다. 예를 들어, 무궁화라는 나무는 성장한다. 커 나가는 이유는 단순하다. 무궁화가 자라기 위해서는 스스로 커 나갈 뿐이다. 다가올 미래가 지금 무궁화가 커 나가고 있는 원인이 된다. 과거의 일 역시 지금 무궁화에서 발생하고 있는 일의 원인이 된 것이다. 모든 것은 모든 것의 상호 원인이 될 뿐이다. 예를 들어, 참여정부의 교육정책자들을 비난하는 이들이나 비난받는 이들은 서로에게 원인이 된다. 그들은 하나의 두 부분이다. 마치 적과 아군은 서로 구별되지만 서로가 서로에게 적이 된다는 점에서 적과 아군 간의 구분이 불가능한 것과 마찬가지의 원리다. 지금까지 교육정책을 둘러싸고 일어난 일에 대해 그 누구도, 그 무엇도 비난할 수 없다는 결론에 이른다.

그런 분위기 속에서 참여정부 교육정책자들은 심기일전해서 국민들에게 스스로 변화하는 모습을 보여 주어야 한다. 그들 스스로 인간은 변화를 싫어하는 동물이 아니라는 것을 보여 주어야 한다. 인간이 정치권에 보여 주는 일종의 태도는 그것이 보수성이든 진보성이든 관계없이 몸과 마음, 삶과 가치 모두에서 일관되게 나타난다. 사람은 살아갈수록 환경에 적응해 온 나머지 정치적으로 보수적인 성향을 드러내기 일쑤다. 말하자면, 진보주의자들이라고 자처하더라도 세월이 가면 진보주의적 정치토양에서 강한 보수성을 드러내기 마련인 것이다. 그들에게 무슨 엄청난 이해관계가 작용하지 않는 한 지금까지의 관행이나 해 오던 것을 변화시키려고 하지 않기 때문이다. 정치적인 변화를 싫어하며 그런 변화에 대해 완강히 거부한다. 교직계일수록 그런 성향은 더 심하다. 새로운 변화의 요구에 끝까지 버티다가 마지막 순간에 할 수 없이 그 변화를 내키지 않는 정감으로 받아들이곤 하는 속성이 강하다. 이런 것을 보고 교직계를 반동적이라고 표현하는 사람들도 있다. 이 점은 개혁이나 변화를 내세우는 혁신주의자들에게도 예외가 아니다. 그들 역시 결국은 보수주의로 무장한 사람들일 뿐이다. 이런 상황에서 의외로 성공의 원리는 단순명료해진다. '바꾸면 성취한다.', '변화하면 성공한다.'로 집약된다.

이를 위해서는 교육정책자 스스로 화를 자초하는 일을 가능한 피해야 한다. 이 말은 일을 하지 말라는 뜻이 아니다. 현안문제에 정신적으로 초연하거나, 아니면 더욱더 철저하게 준비하고 준비한 후에 아주 자신 있게 상대방을 이론적으로 설득하라는 말이다. 옛말에 '매를 번다.'는 말이 있다. 되지 않는 것들을 행하거나 억지로 일을 만들어 내어 오히려 없던 혹까지 붙이는 화를 자초한다는 뜻이다. 혹부리 영감의 이야기는 현재에도 여러 가지 교육정책이나 정책 효과에 대한 홍보과정에서 하나둘씩 드러나고 있는데, 유아교육 지원정책에서 평준화 효과의 선전에 이르기까지 광범위하다. 유아교육을 지원하는데 공·사립을 나누어 재정지원을 차별화하려고 하여 부모의 원성을 들끓게 한다든가, 그냥 지나가도 좋은 평준화 정책의 효과를 과시하려고 하다가 빈축을 산다든가 하는 것이다. 그렇게 하면 할수록 그런 연구에 동원된 학자들의 학문적인 노력마저 정치적 오염물질로 퇴색되어 버릴 위험성이 커진다. 그렇게 되면 그들의 주장은 아무도 귀 기울여 주지 않는 빈 소리로 요란하게 교육계를 떠돌아다닐 것이다.

이런저런 것을 고려하면 이제 교육정책자들이 국민에게 희망과 신뢰의 교육정책을 추진하기 위해 취할 수 있는 마지막 선택은 그리 많지 않은 듯하다. 우선 국민에게 교육정책을 믿어 보도록 교육정책의 기대감을 심어 주는 일에 게으르지 말아야 한다. 고대 그리스인들의 용어를 빌어 말하면, 교육정책 관련 권력자들이 국민이나 다른 관점을 가지고 있는 사람들에게 교육적으로 듬직하며 무엇인가 모범이 되는 '에토스(ethos)' 를 지니고 있어야 할 듯싶다. 국민과 공감하고 소통하는 일에 주력해야 한다. 그렇게 하기 위해서는 교육정책을 먼저 말하지 말아야 한다. 공급자중심으로 이것이 국민을 위한 최선, 최고의 교육정책이라는 식으로 강요하지 말아야 한다. 교육정책의 본질이 무엇이며, 나타날 결과는 무엇인지 먼저 배워야 한다. 교육정책이 누구를 위한 것이어야 하는지에 대한 기초적인 배움에 충실한 것이 국민에게 기대감을 갖게 하는 일의 순서일 것이다. 소통하기 위해서는 오만함부터 버려야 한다. 오만함이나 권위가 통하던 시대는 이미 지났다.

둘째로 일반 국민의 교육적 수준이나 세상을 바라보는 틀과 관점이 위정자의 그것보다 한수 아래라는 생각을 버릴수록 교육정책자들은 국민과 더불어 나갈 수 있는 겸손과 공감의 '파토스(pathos)' 를 가질 수 있을 것이다. 그런 식으로 위정자 스스로 먼저 배우는 일이 체질화된 후에 비로소 국민을 설득하기 시작하는 편이 효과적일 것이다. 국민을 설득하기 위해서는 그들의 논리가 치열해야 하며, 설득의 논리구조도 건강하고 튼튼해야 한다. 설득의 방편으로 끼리끼리의 공청회 같은 것은 오히려 불화를 일으키는 도구며, 국민으로부터 소외를 자초하는 길이다. 국민을 설득하기 위해서는 학문적 능력이 준비된 학자, 문화적 소양이 겸비된 단체, 그리고 초당파적인 정치인들이 전면에 나서야 한다. 그래야 마지막으로 교육정책자들은 국민이 믿어 주는 교육정책의 '로고스(logos)'를 확보할 수 있을 것이다. 정치인들을 향해 '국민을 지배하지 말고 봉사하라.'고 했던 아인슈타인의 소리는 지금의 권력자들 모두에게 해당되는 경구다.

미주

1 천주교의 원로인 정의채(鄭義采, 80세) 몬시뇰 신부는 2005년 10월 29일 서울 중구 정동 프란치시코 교육회관에서 열린 새천년복음화사도회 제2회 심포지엄에서 '노무현 대통령과 집권여당이 잘못하는 것이 최근 재선거 결과에 그대로 드러났는데 …… 이런 결과는 무지 · 무능 · 무모, 즉 3무(無)의 정부핵심 386세대의 정책입안과 실천에 기인한다는 생각이 우리 사회에 지배적'이라고 주장했다. 그 발언에 대한 진의와 그런 주장의 사실 확인은 더 기다려봐야 될 사안임에도 불구하고, 정 신부는 한판 뒤집기에 능숙한 참여정부의 정치적 전략, 전술능력들을 과소평가했기에 가능했던 주장이었는지도 모른다[참고: 동아일보, 2005년 10월 30일자].

2 중앙일보와 동아시아연구원의 공동조사는 14개의 갈등그룹을 설정해 그룹마다 대칭되는 두 집단의 체감 거리감을 물어봤다. 측정 결과 잘사는 사람과 못사는 사람 간에 거리감이 가장 크게 나타난 것(매우 크다 51.5%, 대체로 크다 38.1%, 합계 89.6%)을 비롯하여, 기업가와 노동자(76.0%), 정규직과 비정규직(75.2%), 대기업과 중소기업(73.9%) 간의 거리감이 크게 드러나는 등 경제적 차원에서 거리감이 매우 큰 것으로 나타났다. 경제적 측면의 거리감은 자신이 중하위 이하의 계층에 속한다고 밝힌 응답자에게서 더욱 두드러졌다. 양극화로 중산층이 무너지고 있는 것이 우리 사회 전반에 경제적 거리감을 키운 것으로 보인다. 눈길을 끄는 것은 노동시장의 유연화에 따라 정규직과 비정규직 간의 거리감이 커졌다는 점이다. 이는 빈부, 노사 간에만 사회적 거리감이 존재하는 게 아니라 노와 노, 사와 사 내부에도 균열이 있음을 보여 준다. 빈부의 거리감에 이어 열린우리당과 한나라당 간의 거리감(86.0%)이 둘째로 강했다. 여야가 앞다투어 상생의 정치를 외치기도 했지만 국민은 탄핵에서 법사위 점거농성까지 상대의 존재를 인정하지 않는 여야 간 정쟁을 뚜렷이 기억하고 있는 것으로 보인다. 장애인과 비장애인(75.4%), 학력(71.8%), 세대(63.5%), 이념(62.8%) 간 거리감은 경

제적, 정치적 거리감의 뒤에 있었다. 영호남 간의 거리감(59.8%)은 비교적 크지 않은 것으로 나타났다. 한국 정치의 병폐로 꼽는 지역감정의 근원지라고 할 수 있는 영남과 호남 지역에서도 영호남의 거리감은 심각하지 않았다[참고: 중앙일보, 2005년 10월 13일자].

3 노무현 효과의 처음과 마지막 상황의 차이를 한 기자는 이렇게 집어내고 있다. "집권 초 '노무현 효과' 가 일면의 긍정적인 의미를 담고 있다면 3년 반이 지난 지금 시중에서 도는 '노무현 효과' 에는 짙은 허탈감이 배어 있다." ① 역발상의 지겨움: 대선 후보 시절 노 대통령의 '반미주의자면 어떠냐?', '아내를 버려야겠습니까?' 등 역발상 발언은 권위주의적인 3김과 이회창 씨에게 질린 많은 유권자에게 신선하게 다가간 측면이 있었다. 하지만 대통령이 된 후에도 이어지는 역발상 대응은 불안하다. 3년 반이 돼서도 "미국은 일절 오류가 없는 국가라고 생각하십니까"라고 따져야 한다고 장관들을 코치하는 모습은 지겹기까지 하다. 일본에 대해 '각박한 외교전쟁' 을 선언했을 때 치솟았던 노 대통령의 지지율이 '물러서려야 물러설 수 없는 상황' 이라는 선전포고에 가까운 말에도 바닥에서 꼼짝 않는 것은 이런 스타일에 식상했기 때문이다. ② 이류, 삼류의 확대 재생산: 노무현 정권이 내건 '주류세력 교체' 는 이류, 삼류의 확대 재생산으로 변질됐다. 하다못해 조그만 봉제공장에만 가 봐도 다 안다. 누가 일을 잘하고 못하는지. 지금 정권 핵심부에는 각각의 '업계' 에서 이류, 삼류로 평가받는 사람이 너무 많이 포진해 있다. 이 정권 출범 후 벌어진 각종 '코드', '보은', '낙하산' 인사 논란은 일류가 부담스러운 이류가 삼류를 확대 재생산해 가는 과정이다. ③ '어때주의' 창궐: '반미면 어때' 는 '큰 정부면 어때' 로, 다시 '코드 인사면 어때' 로 점점 영역을 넓히고 있다. 부끄러워해야 할 상황에 오히려 고개를 꼿꼿이 쳐드는 낯 두꺼움과 오기가 만연하고 있다. 대통령의 최측근이 청와대 코앞에 횟집을 차리고, 학문적 얼룩을 부끄러워해야 할 청문회 자리에 하얗게 화장을 하고 나타나는 용기(?)가 놀랍다. ④ '누가 돼도 좋다' : 정권 초 '누구나 대통령이 될 수 있다.' 는 '누가 돼도 지금보다 낫다.' 로 바뀌었다. 여기에는 역으로 '어떤 사람이 되면 안 되는지 알았다.' 는 뜻도 담겨 있다. 그래서 역발상보다는 건전한 상식을 따르고, 코드는 좀 안 맞아도 일류를 기용하며, '뭐가 어때' 보다는 뭐가 문제인지를 꼼꼼히 들여다보면서 '국민에 대한 예의' 를 갖추는 사람을 기대하게 된다. 하지만 아직도 차기 대선까지는 1년 4개월이 남았다. 시중에는 "노 대통령이 남은 임기에 뭔가 '큰일' 을 벌일지 모른다. 그 일은 외교안보 분야에서 일어날 수 있다."라고 얘기하는 사람이 적지 않다[참고: 박제균(2006. 8. 17). 역발상과 '어때주의'].

4 이제 참여정부를 비판하는 사람들 중에는 한때 그들의 민주화운동에 사상적 토대를 만들어 주었던 인사들도 있다. 그런 인사들은 참여정부를 아예 '건달정부' 로까지 내몰고 있다. 그런 견해들이 언론지상을 덮어 가고 있는 중이다. '국내 정치는 물론 국제 정치에서도 아무것도 하는 일이 없다.' 1970년대 대표적인 좌파 경제사학자인 안병직(安秉直) 서울대 명예교수가 2005년 11월 4일 정치웹진 뉴라이트 닷컴과의 인터뷰에서 참여정부를 거세게 비판했다. 안 교수는 우선 정부의 대북 포용정책과 관련해 '북한의 집권세력이 개혁개방의 길로 나

올 가능성은 전혀 없다.' 고 지적했다. 그는 '개혁개방이라는 게 본질은 경제문제인데, 경제교류가 본 궤도에 올랐다면 대북사업에서 이익이 발생했다는 증거가 있어야 한다.' 며 '그러나 지난 10년간 영업실적을 내기는커녕 망했다는 경험만 산더미다. 무엇이 정상화됐다는 건지 알 수가 없다.' 고 꼬집었다. 또한 안 교수는 '현 정부의 사상은 민족주의와 사회주의라서 선진화와 동떨어져 있다.' 며, '현 정부의 주류도 과거 민주화운동을 했던 세력이고 유학파라고 해봤자 '2류, 3류' 들뿐' 이라고 비난했다. 그는 '얼마 전 청와대에 있는 누군가가 정책 로드맵이라고 보여 주는데 전부 메모쪼가리뿐' 이라며, '안하는 게 없이 일만 벌려 놓으니 체계가 잡힐 리가 있겠느냐, 아이디어의 쓰레기통에 불과하다.' 고 강도 높게 비난했다[참고: 동아일보, 2005년 11년 4일자].

5 '너나 잘하세요.' 라는 말은 상대의 어떤 공격도 단숨에 무기력하게 만드는 냉소주의 표현의 극치다. 아무리 고고하거나 막강한 거대권력이라도 상관없이 이 말 앞에 무너진다. 배신과 복수를 다룬 영화 〈친절한 금자 씨〉에서 터져 나온 방법이다. 방금 죄수복을 벗은 예쁜 여주인공 금자 씨가 출옥한다. 기다리던 전도사가 근엄하게 이야기한다. 앞으로는 죄짓지 말고 살라며 두부를 내민다. 그녀는 얼음장같이 내뱉는다. '너나 잘하세요.' 듣는 쪽에서는 이미 게임이 끝났음을 직감한다. 노무현 대통령이 지역주의를 극복하자며 대연정(大聯政)을 제안하였을 때도 국민의 표정은 마찬가지였다. '한가하게 연정꼼수를 검토해 볼 시간이 없다.' (한나라당) '국민이 지쳐 있으니 대통령은 경제와 안보에 정성을 쏟아라.' (민주당) '차라리 한나라당과 합당하라.' (민노당)는 반응을 한마디로 하면 '대통령님, 너나 잘하세요.' 다. 대통령이 '고민 끝에 얘기한 것도 정치권 등이 냉소적으로 반응한다.' 고 청와대가 반복적으로 강조하려면 먼저 국민도 냉소적이라고 단정해야 한다. 2003년 말 대통령이 측근비리 의혹과 관련해 '국민에게 재신임을 묻겠다.', '선거자금 중 불법자금이 한나라당의 10%가 넘으면 대통령직을 사퇴하겠다.' 고 했을 때만 해도 사람들은 대통령의 말을 충격적으로 받아들였다. 이제는 누구도 별로 놀라지 않는다. 정치적 냉소주의의 핵심은 신뢰 상실이라고 했다. 정치판은 언론이 부정적 정치보도로 정치적 냉소주의를 부추긴다며 '너나 잘하세요.' 로 공격하기를 좋아한다. 되돌아가는 답도 '너나 잘하세요.' 다. 감자바위 손짓을 하지 않은 것이 천만다행이다. 유토피아적 이상이 파국의 가능성으로 폭로되고 새롭게 나온 가치도 결국 단명하리라는 걸 알게 됐는데 어떻게 냉소적이지 않겠느냐는 페터 슬로터다이크의 지적은 '너나 잘하세요.' 라는 담론이 단순한 냉소주의를 넘어서는 정신적인 절연과 단절의 포스트모던의 사상성임을 잘 표현해 내고 있다[참고: Sloterdijk, P. (2005). 냉소적 이성비판(역)].

6 현재 교육계에서 확실하게 확인 가능한 성과물들은 이런 것들이다. 이런 것들이 참여정부가 교육혁신을 추진해서 얻어 낸 결과인지 어떤지는 알 수 없다. 그러나 누구에게든지 자신 있게 이야기할 수 있는 정보는 대체로, ① 교육부가 교육정책의 중심축으로 존재한다. ② 교육통계 중학교 수, 학생 수, 교원 수와 같은 기본 통계는 믿을 만하다. ③ 대부분의 초·중·고생들의 학업성취는 우수하다. ④ 초·중등교육은 국가경쟁력이 있다. ⑤ 교육예산이 많아진

다고 학생들의 학업성취력이 비례적으로 높아지는 것은 아니다. ⑥ 복지 소외계층의 아동은 학교교육을 받을수록 학습동기가 강화된다. ⑦ 특목고 형식의 고교은 다른 고교보다 대학입시에 효과적이다. 이러한 주장은 참여정부의 교육활동을 평가절하하고 있는 사람들의 주장일 뿐이다. 그들의 주장과는 달리, 참여정부 역시 교육발전을 해 놓은 것이 한두 가지가 아니다. 그들 역시 다른 정권 못지않게 수많은 교육정책을 생성해 놓았다고 보는 것이 보다 타당하다.

7 노무현 대통령이 교육문제 해결이 미진한 데 대해 강한 아쉬움을 갖는 것은 사실이다. 노무현 대통령은 2기 교육혁신위원들에게 교육문제 해결을 위해 노력해 달라면서 국민의 신뢰를 높이는 교육정책을 마련해 달라고 주문했습니다. 노무현 대통령은 교육정책의 기본 바탕은 국민적 합의라고 강조했습니다. 노무현 대통령은 2기 교육혁신위원 22명에게 위촉장을 수여한 뒤 간담회를 가진 자리에서 교육문제는 국민이 신뢰하고 공감대와 합의가 모아지지 않으면 끊임없이 동요하는 만큼, 학부모와 교사 등 교육주체들을 바탕으로 국민적 합의에 기초한 교육정책을 입안하고 실행하는 것이 중요하다고 강조했습니다. 노 대통령은 많은 정책이 좋은 것 같아도 학교현장에서 수용되지 않아 고치지 못하는 게 많다며 현장에 기초한 교육정책을 많이 입안하고 현장교육의 모범사례를 발굴해 확산해 달라고 말했습니다. 특히, 참여정부 출범 초부터 교육단체와의 충돌을 미봉해 그 이후 교육문제를 풀지 못하고 있다며 고충을 토로하기도 했습니다. 노 대통령은 그러나 사교육 문제에 대해서는 대학을 가기 위해, 또 필수 과제를 위해 사교육을 받는 일은 10년 내에 없어질 것이라고 밝혔습니다. 또 우리 교육의 경쟁력은 세계 52위이지만 기술경쟁력 세계 2위, 과학경쟁력 세계 6위라는 것을 볼 때 큰 틀에서는 비관적으로 봐선 안 된다며, 장기적으로 교육문제가 잘될 것이라는 믿음을 갖고 있다고 말했습니다. 노 대통령은 이와 함께 교육기회의 균등을 확보하는 것은 사회 갈등관리 차원에서도 매우 중요한 문제라며, 이런 측면에서 실업계와 특수교육 문제에도 교육혁신위원회가 많은 관심을 가져 달라고 당부했습니다[참고: e교육소식, 2005년 10월 13일자].

8 『향연(Convivio)』을 쓴 단테(Dante)는 경전을 읽을 때 그것을 해석하는 몇 가지 방식을 알려 주고 있다. 첫째는 문자적 해석이고, 둘째는 우의적 해석, 셋째는 도덕적 해석, 넷째는 신비적 해석이다. 예를 들어, 예수가 죽은 자들 가운데 부활했다는 말을 문자적으로 해석할 경우, 그의 이름은 예수고, 그리스도라는 역사적인 인물이 죽은 자 가운데에서 부활했다는 식으로 그 의미가 분명해진다. 이 말을 도덕적으로 해석할 경우는, 구원을 받으려면 세속적인 것에서 영원한 것으로 인간의 마음과 정신을 돌려야 한다는 뜻으로 풀이된다.

9 한국 교육이 가지고 있는 기초적인 토대문제와 새로운 가능성을 이해하고 싶은 사람은 한준상이 쓴 『이 교육』의 서론이나 이오덕 선생의 글을 참고한다[참고: 한준상(2003). 이 교육; 이오덕(2004). 아이들에게 배워야 한다].

10 유시민 의원은 노무현 정부가 '부동산문제 해결 못하면 이 정권은 사망 아니면 중상' 이라고 이야기했다고 한다(김동춘, 2005). 그는 잇대어 2005년 10월 17일에는 조선일보와 동아일보를 향해 '독극물' 이라는 극단적 표현까지 삼가지 않았다. 다시 그는 중앙일보를 '불량식품' 으로 비유했다. '중앙은 사설, 칼럼은 (조선, 동아와) 똑같지만 스트레이트 기사는 아니다.' 면서 '그래도 불량식품이니까 먹으면 안 좋다.' 고 말했다고 한다(연합뉴스, 2005. 10. 19). 한국 언론의 문제와 부동산문제가 노무현 정권에게는 아주 심각한 사회문제며 그것을 해결하는 일이 중요하다는 것을 역설하기 위해 서슴지 않는 그의 충정에 이해가 가지 않는 것은 아니지만, 그의 말은 듣기에 따라서는 노무현 정권에게는 참혹하기 그지없는 사형 언도나 엇비슷하기만 하다. 이런 상황 전개를 설명해 주는 데 도움이 될 작은 이론이 하나 있다. 바로 사회심리학자들이 거론하는 논리 중 '피그말리온 효과' 라는 것이다. 이 이론은 미리 체념하거나 그렇게 믿고들 있으면 그 기대대로 현실이 그렇게 사실로 드러난다는 것이다. 이런 관점에서 본다면 유시민 씨가 정치인으로 내뱉은 화가 에드워드 뭉크식의 절규는, 사회문제에 대한 참여정부의 개념을 파악하는 것부터 혼란을 주기에 충분했다고 볼 수 있다. 그의 발언에 대한 사람들의 감정은 정치적 신조에 따라 달리 표현되겠지만, 아주 심한 경우 그의 발언은 발언 내용의 사실 여부, 진위판정의 문제를 넘어서서 이제는 '인간의 자질문제' 로까지 번져 나가고 있다. 그런 사건들이 증폭됨에 따라 앞으로 그의 '입' 이라는 몸은 대낮 대로변에서 드러내 놓는 성기 노출 이상으로 역겹기만 하다는 식으로 사람들의 마음속 깊숙이 갇혀 버리게 되었다. 이 점은 그에 대한 동아일보의 사설에서도 극명하게 드러나고 있다. 동아일보는 '유시민 의원 과거 행적이 떠오르는 이유' 라는 제목의 20일자 사설에서 열린우리당 소속의 유 의원에 대해 '같은 당 동료 의원까지 그를 두고 사람됨의 싸가지를 거론한 심정이 이해된다.' 고 비판했다. 동아일보 사설은 유 의원이 '동아, 조선일보는 독극물' '중앙일보는 불량식품' 이라고 극언한 데 대해, '그의 말대로라면 발행부수 600만 부를 오르내리는 세 신문의 애독자들은 매일 독극물을 마시고 불량식품을 먹고 있는 셈' 이라며 '권력 맛에 취한 젊은 의원의 독선과 오만방자함이 도를 넘어도 한참 넘었다.' 고 지적했다. 사설은 유 의원이 '요즘 칼럼들 보면 한심해 죽겠어. 내가 국회의원만 아니라면 하나하나 다 깰 텐데.' 라고 한 데 대해 '혼자 잘났고 나만 옳다는 안하무인(眼下無人)의 태도' 라며 유 의원의 몇 가지 과거 행적을 꺼냈다. 먼저 유 의원이 TV 시사토론 진행을 맡기 전까지 1년 3개월간 동아일보에 칼럼을 썼던 경력. 사설에 따르면, 유 의원이 2002년 1월 방송진행을 그만둔 후 다시 동아일보에 칼럼이나 기획연재를 하고 싶다는 뜻을 전했지만 거절당했다. 그러자 유 의원이 '나의 동아일보 절독기(絶讀記)' 를 써 동아를 비판했다는 것이다. 사설은 한때 유 의원이 '시사평론가로 글을 써서 먹고 살 수 있도록 해 준 것이 동아일보다.', '감옥에 갔을 때 누구도 귀를 열지 않은 상황에서 동아일보는 내 말(항소 이유서)을 들어주고 지면에 옮겨 주었다.' 고 평가한 사실도 거론했다. 사설은 '그런 그가 동아일보는 독극물이라고 극언하는 모습을 보면서 국리민복(國利民福)의 방도에 대한 관점의 차이를 넘어 한 인간의 인격과 품성을 생각하게 된다.' 고 썼다. 또 유 의원이 1980년

대 중반 서울대 학생 신분으로 한 시민을 '프락치' 로 몰아 폭행했지만, 피해자는 프락치가 아닌 것으로 법정에서 밝혀졌던 전례도 들었다. '설사 프락치로 보였더라도 서슴없이 린치를 가했다면 민주주의와 인권에 반하는 행동이었다.' 며, '그런 전력이 아무런 교훈도 되지 못했는지 유 의원은 지금 많은 국민이 애독하는 신문들에 대해 언어의 린치를 가하고 있다.' 고 사설은 말했다. 사설은 끝으로 '최고 권력을 쥔 대통령 편에 서서 대한민국의 역사, 제도, 문화를 칼질하고 85년 전통의 신문을 향해 모진 공격을 퍼붓는 유 의원 같은 사람들은 5년 정권이 영원할 줄 알고 있는 것일까?' 하고 묻고, '어떤 정권도 무대에서 내려오고 나면 역사의 평가 앞에 알몸으로 서게 되는 법' 이라고 충고했다(조선일보, 2005년 10월 20일자)[참고: 김동춘(2005). 지식의 지배; 연합뉴스, 2005년 10월 19일자; 조선일보, 2005년 10월 20일자].

11 지젝(Slavoj Zizek) 교수에 따르면, 가상의 세계는 실체가 제거된 현실이고 그 실재(알맹이)의 핵심적 저항이 죽어 버린 것이다. 그 가상을 깨는 동력이 바로 실재의 힘이기에, 학자들이라면 바로 그 가상을 깨는 능력을 가지고 있어야 한다. 이런 식으로 현대의 정치 이데올로기, 소비, 문화행위를 전복시켜야만 그것의 실체를 드러낼 수 있다는 지젝 교수의 저서는 여러 권이다. 그중에서 『이데올로기라는 숭고한 대상(The Sublime Oject of Ideology)』(1989)을 필두로, 『삐딱하게 보기—대중문화를 통한 라캉의 이해(Looking Awry)』(1991), 『당신의 징후를 즐겨라(Enjoy Your Symptom)』(1992) 등은 교육문제를 정신분석학적으로 이해하는 데 좋은 길잡이가 되고 있다.

12 어느 일간신문 독자는 독자투고란에 '노 정권은 인권을 말하지 마라' 라는 글을 실어, 납북자의 딸인 최우영 씨가 일간지에 광고를 낸 것에 대해 나름대로 북한의 인권문제와 남한의 정권문제를 서로 신랄하게 연관시키고 있다. 그가 내뱉고자 하는 정치적 의도와 진의에 상관없이 이런 기사는 국가교육공동체 형성을 위한 방안을 다양한 시각으로 생각해 보는 데 직·간접적인 도움의 아이디어를 줄 수 있는 여론감이다. 그 독자는 이렇게 절규하고 있다. 납북자의 딸인 최우영 씨는 아버지의 귀환을 위해 두 번이나 노 대통령의 면담을 요청했다가 모두 거절당하고 남한 내의 그 어떤 세력도 자신의 아버지 문제에 관심이 없다고 판단, 급기야는 일간지 광고라는 수단을 빌려 김정일에게 직접 호소하기에 이르렀습니다. 최우영을 지원하는 모임은 2004년 7월 30일에 성명을 통해 한국의 납북자문제에 관심을 기울인 미국의 북한 인권법안을 환영하면서 이 법안이 북한을 자극해서 남북관계에 나쁜 영향을 미칠 거라며 미 의회에 항의서한을 보낸 김효석, 정봉주 의원을 비롯한 20여 명의 열우당 의원들의 사과를 요구했습니다. 또한 노 대통령이 납북자 가족의 면담에 응할 것과 정치권은 북한 인권법안에 찬성할 것, 그리고 비전향 장기수의 송환에 앞장서는 제 단체들의 납북자에 대한 입장은 무엇인가를 묻고 있습니다. 물론 김정일의 납북 사실의 인정과 사과를 요구했습니다. 남한 내의 미전향 장기수의 송환을 위해 기울이는 김정일의 노력과 남한 내 친북세력들의 노력의 반만큼이라도 한국 정부가 납북자들에게 관심을 기울였더라면 자신의

아버지는 돌아왔을 거라고 믿는 것입니다. 대한민국의 국민은 이제 김정일이 아니면 그 어디에도 호소할 곳조차 없단 말입니까? 아버지를 부르며 오늘도 최우영 씨가 임진각 소나무에 매달아 놓은 휘날리는 노란 손수건을 노 정권은 자신들을 지지하는 지지자들의 환호로 착각하는 것은 아닌지 의문입니다[참고: 동아일보, 2005년 10월 24일자].

13 참고: 주간동아, 2005년 2월 8일자.

14 사실 그 불안은 개인 당사자뿐만 아니라 대통령, 나아가 사회적 지위와 정치적 신분과 명예를 독차지하고 싶어 하는 모든 이에게 적용된다. 이 시대를 규정짓는 가장 적합한 단어를 찾는다면 그것은 '불안(anxiety)' 과 같은 말이다(De Botton, 2005). 불안은 사회적 지위(status)경쟁, 지위유지 때문에 생기고 있다. 사회에서 성공이라고 부르는 이상에 부응하지 못할 때, 그 결과 자신의 존엄을 잃고 존중을 받지 못할 것이라는 걱정이 앞선다. 어느 정도 성공한 사람들은 낮은 단으로 떨어질지 모른다는 우려에 지배당한다. 이 점에서 불안은 거의 자본주의의 산물이다. 사람들이 지위에 그토록 연연하는 것은 나이가 들면서, 그리고 사회로 나가면서 능력과 지위로 변한다. 다른 사람들이 자기를 어떻게 보느냐에 따라 자기 자신의 자아상(自我像)을 결정하며, 세상이 자기를 존중한다는 사실을 확인하지 못하면 스스로를 용납하지 못하고 '불안' 해지게 된다. 인간의 '에고' 나 자아는 바람이 새는 풍선과 같다. 외부로부터 사랑이라는 헬륨을 집어넣어 주어야 하지만, 그는 무시라는 아주 작은 바늘에 취약하기만 하다. 그는 무시당하지 않기 위해서라도 불안을 내색하지 말아야 하고 예속의 침묵을 끝없이 인내해야만 한다[참고: De Botton, A. (2005). 불안(역)].

15 참고: 조선일보, 2005년 1월 28일자.

16 조선일보의 양근만 기자는 교육계 안팎에서는 교육수장(首長)으로서 김진표(金振杓) 부총리의 '수명(壽命)' 에 대한 얘기들이 부쩍 많아지고 있다고 전했다. 내년 경기도지사 출마설이 나도는 그가 올해 말 또는 내년 초쯤 자리에서 물러날 것이라는 관측이 바로 그것이었다. 그는 최근 출마 여부를 묻는 질문에 '내년 지방선거와 관련된 이야기는 신경 안 쓰려고 노력하고 있다.' 며 비켜 갔지만 부인도 하지 않았다. 하지만 교육부 내부에서는 벌써부터 '김진표 이후' 에 대한 여러 말이 나오고 있다[참고: 양근만(2005. 10. 23). 김진표 교육부총리의 성적표].

17 김진표 교육부총리가 그저께 기자간담회에서 자립형 사립고 확대를 유보하겠다고 밝혔다. 자립형 사립고를 확대하겠다던 그였다. 수시로 말을 바꾸는 김 부총리가 새삼 실망스럽다. 경제관료 출신인 김 부총리는 자율경쟁, 시장원리를 매우 중시한다고 한다. 그는 경제부총리 시절 여러 차례 자립형 사립고 도입을 주장했다. 지난해 12월에도 교육부총리로서 '자립형 사립고를 확대 운영할 필요가 있다.' 고 말했다. 그러나 노무현 대통령이 올해 신년 연설에서 양극화 문제를 거론하고, 청와대와 여당 내에서 '자립형 사립고=귀족학교' 라며 반대하자 김 부총리의 태도는 완전히 달라졌다. 군자표변(君子豹變)하는 김 부총리의 모습

은 이번만이 아니다. 지난해 서울대가 2008년 입시에서 통합논술을 확대하겠다고 발표하자 김 부총리는 환영했다. 그러나 며칠 뒤 노 대통령이 서울대 발표를 '나쁜 뉴스' 라고 말하자 김 부총리는 확 변했다. 올해는 대학들에 '2008년 입시에서 학교생활기록부 비중을 높이고 논술비중을 낮춰 달라.' 고 요청하고 있다. '논술비중을 높이면 본고사로 변질되고 사교육을 부추긴다.' 는 것이다. 김 부총리는 '따르지 않으면 행 · 재정 제재를 하겠다.' 고 윽박질렀다. 지난해 한 언론과의 인터뷰에서 '대입을 규제하는 나라는 없다.' 고 말했던 김 부총리와는 대조적이다. 교육문외한인 김 부총리가 교육수장이 되었을 때 많은 언론은 환영했다. '교육개방으로 경쟁력을 키우자.' 는 주장까지 했던 그였기에 획일적인 평준화 논리에 빠져 있는 교육계에 신선한 변화를 가져올 것으로 기대했다. 노 대통령이 김 부총리에게 교육을 맡긴 뜻도 여기에 있었을 것이다. 그러나 취임 1년 2개월쯤 지난 후 김 부총리가 그동안 한 것이 무엇인가. 교육개혁의 기수보다는 오히려 정권의 뜻에 맞춰 오락가락하고 있다. 경제부총리 시절 '사립학교 규제 완화 등으로 서비스 업종의 경쟁력을 강화하겠다.' 고 공언했던 그가 지금은 사학법인의 자율권을 침해하는 개정사학법을 열심히 옹호하는 것을 어떻게 봐야 하는가. 김 부총리는 '대학의 서열화는 경쟁을 위해 필요하다.' 고 말한다. 서열화까지 인정한다면 당연히 대학입시에서 대학별 특성을 인정해야 한다. 그러나 이것은 교육평준화를 강조하는 현 정권의 코드와 맞지 않는다. 이러니 말로는 경쟁을 외치면서 행동은 평등화로 가는 갈팡질팡한 행보를 하는 것이다. 교육부총리 취임 전과 취임 후가 왜 이렇게 달라졌는지 본인의 해명도 없다. 백년지계인 교육은 당리당략이나 개인의 보신책 때문에 희생될 수는 없다. 교육수장은 무엇보다 뚜렷한 교육철학을 가지고 장기적인 교육정책을 펼쳐야 한다. 김 부총리의 지금까지 행동은 실망감만 줄 뿐이다. 이제는 '정권과 코드를 맞출 것이 아니라 철학에 따라 교육정책을 펼쳐라.' 는 주문을 하기도 지쳤다. 과거에도 자신의 교육철학을 지키려다 퇴진당한 교육수장들이 있었음을 우리는 기억한다[참고: 중앙일보, 2006년 3월 15일자].

18 사학법 투쟁으로 정부와 사학계가 피의 혈전을 벌리고 있는 그 틈새 속에서 김진표 부총리 겸 교육인적자원부 장관이 보여 준 그 엇박자 행보를 일간신문의 기자는 이렇게 묘사하였다. 김진표 장관이 2006년 1월 3일 8박 9일 일정으로 모든 국내 교육계 현안을 뒤로 한 채 이스라엘과 영국을 향한 외교 방문길에 올랐다가 급히 되돌아온 것을 빗댄 것이다. 그가 자리를 비운 사이 제주도 사립학교 교장들이 신입생 배정을 거부하는 초유의 심각한 사태가 벌어지자 그의 외교는 중도에서 좌절되어 버렸지만, 그에 대한 학부모들의 눈초리는 싸늘하게 식어 버렸다. 완강하게 버티는 사학들을 향해 신입생 배정을 거부할 시 모든 사학에 대한 비리사학 감사, 임시이사 공모와 파송, 학교장 해임 등의 각 부처의 강경책을 청와대가 주도적으로 주문함으로써 저항하던 사학들은 백기를 들고 참여정권에게 무릎을 꿇어 버리고 말았다. 야당은 이 모든 사태가 바로 참여정권에 대한 사회적 불신의 극치라고 묘사하고 있었다. 한나라당 이계진(李季振) 대변인은 사학법 파동을 둘러싸고 벌어진 청와대와 학생 배정을 거부하는 사학들 간의 긴장을 이렇게 그려 내고 있다. 이계진 대변인은 현안 브리핑

에서, '청와대가 대한민국 비리의 일 번지' 라며 '청와대가 사학의 비리를 찾아서 수사하겠다는 식의 엄포를 놓을 수 있는 도덕적 자격이 있는지 묻고 싶다.' 고 밝혔다. 이 대변인은 '역대 대통령 본인, 대통령 아들, 대통령 조카, 대통령 형님, 대통령 사돈 등 가족과 인척은 물론이고, 대통령 비서실장과 비서관 심지어 청와대 청소부와 수행비서들까지 비리를 저질러 왔건 간에 누가 뭐래도 대한민국 비리의 일 번지가 청와대' 라고 지적했다. 그는 이어 '사학의 비리척결을 내세우면서 개방형 이사제의 정당성을 말한다면 청와대에도 개방수석을 1/4 이상 파견해야 하고, 국무위원회에도 1/4 이상의 개방형 장관들이 들어가야 한다.' 고 덧붙였다. 그는 또 '노무현 대통령과 국무총리, 교육부, 검찰, 열린우리당이 다 쉬는 주말에 쉬지도 못하고 몹시 바빴다.' 며 '대홍수 속에서도 연극 보시고, 천년고찰에 불이 붙어도 골프 치시고, 호남 대폭설에도 댓글 다시던 이 정부 사람들이 급했던 모양' 이라고 비꼬았다. 이 대변인은 '정부와 여당이 권력을 총동원해 사학을 협박하고 윽박질러서 급한 불은 껐지만 잔불은 여전하다.' 고 말했다. 그는 '근본적이고 유일하며 가장 간단한 진화방법은 사학법 재개정 선언뿐' 이라고 밝혔다[참고: 조선일보, 2006년 1월 8일자].

19 경제부총리 시절 '자율' 과 '경쟁' 을 외치던 그가 교육부총리가 되면서 돌연 태도를 바꾸자 국민들은 물론 교육부 내부에서도 비판이 제기되고 있다. 특히, 그의 출신인 과천 경제부처에서는 '경쟁원리를 불어넣으려 세종로로 간 부총리가 되레 평등론자가 됐다.' 는 이야기까지 나오고 있다. 김 부총리는 최근 추진하던 교원성과급, 교원평가제, 교장공모제 등 주요 교육 현안이 교원단체 반발에 밀려 주춤거리는 사이, 돌연 '외고 입학 시 · 도 제한' 카드를 꺼내들어 학부모들과 학생, 교원단체로부터 엄청난 역풍을 맞고 있다. 이를 두고 교육부 내에서조차 '개각(改閣) 시 교체 대상으로 거론되는 김 부총리가 욕심을 내 마지막 코드 맞추기를 하고 있는 것 아니냐.' 는 얘기와 함께, 일각에서는 그가 뭔가 관료생활을 건 건곤일척의 승부를 위해 '총대' 를 멘 것 아니냐는 관측까지 나온다. 경제부총리 시절 김 부총리는 입만 열면 '자율' 과 '경쟁' 을 외쳤다. 교육부총리가 된 뒤 극히 일부 정책을 제외하고는 '평등교육' 을 내세운 현 정권이나 전교조와 철저히 코드를 맞추는 모습과 정반대다. 제 부처가 밀집된 과천 관가(官街)에서도 그의 180도 변신은 화제다. 재정경제부 관료 출신으로, 현 정부 첫 경제부총리를 지낸 그가 교육부총리로 발탁되자 꽉 막힌 교육정책을 시장주의 개혁으로 돌파할 것이라던 기대가 완전히 실패로 나타나고 있기 때문이다. 김 부총리는 2003년 3월 '교육은 상품(개방 가능)인가 공공재(개방 불가)인가' 란 주제로 열린 대외경제장관회의에서는 개방을 주장하면서 이에 반대하는 윤덕홍(尹德弘) 당시 교육부총리와 공개적으로 설전까지 벌였다. 김 부총리는 또 2003년 '10 · 29 부동산 대책' 을 내놓을 때도 '강남 집값을 잡기 위해서는 강북 등에 특목고를 세워 교육환경을 개선해야 한다.' 는 주장을 내세웠다. 당시 이명박(李明博) 서울시장과 밤늦게 폭탄주까지 마시며 특목고 문제를 협의한 일도 있다는 후문이다. 그는 경제부총리 퇴임 후 2004년 5월 총선 출마를 앞두고 발간한 책『한국경제 희망 있다』에서 '학교교육이 신뢰를 얻지 못한다면 사교육 강사를 동원해서라도 가르치게 하고 학부모들이 선택하게 해야 한다.', '학교에 자율권을 주고…… 전

국(대학)을 같은 잣대로 재서는 안 된다.' 고 했다. 그러던 김 부총리는 교육부총리가 되더니 '딴 사람' 처럼 변했다. 어느 날 그가 갑자기 '문제학교' 라며 외국어고, 자립형 사립고, 국제학교를 비판하기 시작한 것이다. 이는 모두 전교조가 '귀족학교', '학력 대물림 조장' 등을 이유로 반대해 오던 것들이다. 이런 그를 두고 모두는 어리둥절해 했다. 김 부총리는 여야가 사립학교법 개정을 둘러싸고 기(氣)싸움을 벌일 때는 아무런 의견도 내지 않다가, 여권이 법을 개정하자 '족벌' 운운하며 평소 입에 담지 않던 용어까지 사용해 가며 공개적으로 사학(私學) 공격의 선봉에 나섰다. 자립형 사립고 확대 필요성을 누차 얘기해 온 그는 노대통령의 양극화 해소 발언이 나오자 확 방향을 꺾어 자사고 반대로 돌아섰다. 그러더니 지난 19일 발표에서는 다시 자사고 '조건부 2～3개 추가 허용' 으로 또 바뀌었다. 한마디로 갈지(之)자 행보다. '외고는 잘못된 정책' 이라고 한 김 부총리의 딸이 서울의 한 외고를 나와 모 대학 경영학과에 입학해 이른바 비(非) 동일계에 진학한 사실(본지 22일자 사설)이 알려지자, 그에 대한 일반 시민들의 시선은 더 따가워졌다. 한 시민단체 대표는 '이율배반적이고 기회주의적 처신' 이라고 비난했다. 그런 김 부총리가 교육수장(首長)이 돼 과거 입장과 다른 발언을 잇달아 내놓자 과거 그를 모셨던 재경부 등 경제부처 후배관료들조차 '왜 저러시냐.', '정말 지켜보기 안타깝다.' 는 반응을 보이고 있다. 재경부의 A과장은 '교육부문에 경쟁원리를 불어넣으려 세종로(교육부)에 간 김 부총리가 되레 평등론자로 변했다.' 며 '호랑이 잡으러 갔다가 호랑이에게 잡아먹혔다.' 고 말했다[참고: 조선일보, 2006년 6월 23일자].

20 한 가지 예로 한국의 고등교육의 가능성과 기술발전 준비능력에 대해 유엔미래포럼 초대 회장인 테드 고든(Theodore. Jay Gordon, 75세) 박사의 면담기사를 들 수 있다. 그는 일간신문 기자와의 면담에서 '한국의 현재 정보기술(IT) 기술력은 놀랍지만 언제 다른 국가에 따라잡힐지 모른다.' 고 지적하면서, '세계 각국이 기술, 산업, 사회변천 등의 미래상에 대한 다양한 연구를 하고 있으나 한국은 미래를 예측하는 전문인력 양성체제가 전혀 없다.' 고 진솔하게 평했다. 그는 미사일 개발 엔지니어로 출발해 미래학자로 변신한 학자이자 교육전문가로, 1952～1968년에는 맥도널드 더글러스사에서 탄도미사일 개발을 이끌었다. 미국 랜드연구소의 미래예측 기법인 '델파이 기법' 을 만들기도 했다. 1971년 세계 최대의 미래전략 컨설팅 기관인 '퓨처스 그룹(The Futures Group)' 을 설립해 20여 년간 운영해 왔다. 유엔미래포럼은 세계 50여 개국 1,500여 명의 전문가와 학자가 미래의 사회변화상을 연구하는 조직으로서 유엔교육과학문화기구(UNESCO) 등의 지원을 받고 있다. 국내 강의를 위해 한국을 방문한 고든 회장은 일간신문 기자와의 인터뷰에서 이렇게 말했다.

질문: IT 분야에서 중국 등의 도전이 거세다.

답: IT는 특히 경쟁이 심한 분야다. 이미 신제품의 개발 속도가 짧아지고 있고 이젠 가격이 무기다. 한국이 IT의 혁신을 이끌었으나 방심하면 이 리더십을 놓칠 수 있다.

질문: 한국의 미래예측 시스템에 대해 평가한다면.

답: 선진국을 중심으로 다양한 미래연구 시스템이 있다. 일본은 1971년부터 미래를 연구

하고 있다. 미래전략을 석 · 박사 코스로 가르치는 대학도 전 세계 40여 곳에 이른다. 구체적인 시나리오를 담은 국가 미래보고서를 작성하고 있는 나라도 30여 개국에 이른다. 미국 가정보위원회(NIC)가 올 1월 펴낸 『CIA 2020 글로벌 트렌드』는 그중 가장 광범위하고 체계적인 것으로 꼽히고 있다. 2년여 동안 1,000여 명 이상의 미국과 세계 각국 전문가가 보고서 작성에 참여했다. 하지만 한국에는 미래에 대한 전공자도 없고 연구과정도 없다.

질문: 미래 핵심기술 분야로 어떤 것이 꼽히나.

답: 미래 핵심산업은 ① NT(나노기술), ② BT(바이오기술), ③ 뇌 이해, ④ 개인감시체제, ⑤ 인간의 행동을 이해하려는 사회학 부문이 될 것이다. 이들을 유기적으로 결합하는 산업이 빛을 볼 것이다.

그가 인간의 행동에 관한 사회심리, 그리고 교육학적 연구의 가능성을 의미 있는 미래산업이라고 제시한 것은 우리에게도 새로운 의미를 주기 충분하다[참고: Gordon, T. (2005. 11. 7). 한국 IT 기술력 놀랍지만 미래연구가 별로 없다(인터뷰)].

21 이런 평가는 안병영 장관의 교육정책 추진과 그것에 대한 학술적인 평가에서도 마찬가지로 나타났다. 그가 추구했던 국가과외에 대한 평가 같은 것이 그런 사례가 된다[참고: 한준상(2005). 국가과외].

22 그가 자리에서 물러나기 전까지 국민에게 받은 불신임은 한두 가지가 아니었다. 그에 대한 노골적인 불신임을 조선일보는 혐오 이상의 국민적 감정으로 드러내 놓았다. 열린우리당 강금실 후보는 선거 막판 정권과 당에 대한 염증 때문에 돌아선 유권자의 마음을 되찾기 위해 '정치는 짧고 교육은 길다.'는 캐치프레이즈를 들고 나왔다. 강 후보는 국민의 교육 불만이 어떤가를 겪고 느끼고 알아챈 것이다. 우리 경제는 세계 10위다. 그러나 스위스 국제경영개발원(IMD)은 지난 달 세계 10위권 경제인 한국의 교육 수준을 61개국 가운데 42위로 꼽았다. 대학교육은 50위다. 한국 국민으로 미국에서 정식 유학 비자를 받아 공부하는 초 · 중 · 고교생과 대학, 대학원생 숫자는 8만 6,600명으로 세계 1위다. 외국으로 나간 전체 유학생 숫자는 19만 명, 해외연수는 20만 명이다. 교육 엑소더스의 행렬이 끝없이 이어지고 있는 것은 학부모들이 지금 이 나라의 이런 교육을 받아선 자기 아이들에게 미래가 없다는 걸 잘 알기 때문이다. 이것보다 더한 한국 교육의 진실에 대한 증언이 어디 있겠는가. 포스코가 1986년 포스텍(포항공대)을 만들어 운영하느라 지금까지 들인 돈이 1조 1,700억 원이라고 한다. 지금 포스텍은 세계 유수의, 아시아에서 몇 손가락 안에 꼽히는 공과대학이 됐다. 한국 유학 연수생이 매년 외국학교에 뿌리는 7조 원의 돈이면 포스텍 같은 대학을 해마다 7개씩 세워 꾸릴 수 있다. 멋진 고등학교, 다닐 만한 중학교는 수십 개, 수백 개 만들 수 있을 것이다. 나라와 국민이 세계의 물결을 헤쳐 가려면 각각의 특성 분야에서 세계 수준의 대학을 20~30개 키워 내야 한다. 그런 학교에서 가난한 집 아이건, 부잣집 아이건 재능에 따라 공부해 자신의 역량을 활짝 피워 낼 수 있어야만 나라의 앞날도 열리고 개인의

꿈도 영글게 되는 것이다. 그러면 소수 대학이 인재를 독점하는 폐해도, 대학과 고교의 학벌이 신분을 결정짓는 폐해도 사라지거나 누그러진다. 세계 수준에서 보면 별것도 아닌 몇몇 대학 입학 문을 둘러싸고 벌어지는 박 터지는 입시과열도 완화될 것이다. 그러나 이 정권은 모든 대학을 다 비슷하게 만들어서 학생과 학부모를 입시경쟁의 고통에서 해방시켜야 한다고 주장하고 있다. 세계 100위권 대학을 세계 500위권, 1000위권 대학으로 평등하게 낮추면 모든 우리 아이들이 입시지옥에서 해방되고 재능에 따라 공부하며 희망에 따라 학교를 선택하는 '교육천국'이 열린다고 하고 있다. 프랑스와 독일이 실패했다고 자인하면서 뒤늦게 개혁하려 해도 교육 기득권 때문에 고칠 수 없어 안타까워하는 그 제도를 본받겠다는 것이다. 교육부총리는 '자립형 사립고가 입시기관화하고 있기 때문에 더 이상 허용할 수 없다.' 고 했다. 그가 더 이상 허용할 수 없다고 한 자립형 사립고인 민족사관고에는 특별활동 동아리가 83개 있는데, '기쁨공부방' 이라는 동아리는 지역 초·중학생을 상대로 매주 화, 금요일 과외까지 시켜 준다. 이게 가능한 이유는 민사고 학생들이 목표로 하고 있는 선진국 대학에서는 필답고사만 아니라 봉사활동을 많이 한 학생, 개성과 특기를 갖춘 학생을 뽑기 때문이다. 교육당국이 내신 비중까지 지시하는 획일 통제식 교육제도 아래에서는 창의교육, 개성교육이 생겨날 수 없다. 올해 부산 과학영재고를 졸업하고 미국의 명문 중의 명문 대학인 프린스턴 대학에 합격한 어느 학생의 아버지는 IMF로 실직한 신용불량자였다. 어머니는 그 학생이 다니던 중학교 식당에서 일했다. 그 학생이 평준화된 학교에서 공부했더라면 사교육에 단련된 아이들에게 치이고 말았을 것이다. 가난한 집 똑똑한 아이들에게 의지할 것이라곤 학교공부뿐이다. 그런 아이들에게 평준화된 학교의 무너진 교실 수업만을 주면서 뒷짐을 지고 있는 것은 그들에게서 세상을 올라가는 사다리를 빼앗아 버리는 것이다. 통합형 논술로 인재를 뽑겠다는 대학에 '초동진압' 이란 말로 공포감을 주는 게 이 정권 사람들이다. 전교조는 영어로 가르치는 국제 중 입학설명회에 학부모가 구름처럼 모이는 것을 보면서 국제 중을 허용할 수 없다고 한다. 전교조는 '제 탓' 에는 눈먼 조직이다. 자립형 사립고를 20개 만들겠다던 교육부총리는 양극화 캠페인이 시작되자 말을 삼켜 버렸다. 세계적 대학을 15개 만들겠다던 그의 약속은 기억하는 사람조차 없다. 5·31 지방선거는 국민에게서 희망을 빼앗아 가 버린 정권의 무능에 대한 심판이다. 이 나라, 이 교육에 대한 절망이 그 한가운데 있다. 정권이야 물러갈 때 물러가면 그만이다. 그러나 세계 흐름과 거꾸로 가는 역발상, 역주행의 교육정책 아래 자란 아이들이 어떻게 미국, 유럽, 중국, 일본, 싱가포르의 젊은이들과 맞서 버틸 수 있을 것인가. 나라와 국민에게 희망을 주는 교육을 되돌려 달라[참고: 조선일보, 2006년 6월 5일자].

23 청와대의 김병준 실장, 박기영 보좌관, 진대제 장관의 성을 황우석 교수와 묶어 '한국 IT BT 10년 앞을 내다보는 모임 황금박쥐' (오렌지윗수염박쥐로 학명은 myotis formosus tsuensis)다. 황금박쥐의 모습은 예쁘고 귀엽다. 몸통길이 42.75~56.55mm, 앞팔길이 42.55~51.5mm, 꼬리길이 36.6~56.1mm, 귀길이 13.15~19mm다. 몸에는 양털처럼 생긴 털이 있으나 광택이 없다. 몸에 난 털과 날개 귓바퀴의 골격 부분 등은 오렌지색이고 귓

바퀴와 날개막은 검은색이다. 뒷발은 검은색으로 작다. 귓바퀴는 가늘고 길며 약간 굽어 있다. 날개막은 다리의 바깥쪽으로 약간 튀어나와 있다. 동굴에서 생활하며 11월에서 다음해 3월까지 거기서 겨울잠을 잔다. 여름에는 대나무 밭이나 수풀 속, 고목의 둥치 등에서 쉬기도 한다. 야행성으로 낮에는 나뭇가지나 동굴 속에서 쉬고 밤에 먹이활동을 한다. 주된 먹이는 곤충이다. 5마리 정도가 작은 무리를 이루어 지낸다)라고 소개했다. 황 교수의 '황', 김 실장의 '금', 박보좌관의 '박' 에 진장관의 성씨 발음과 비슷한 '쥐 '를 모은 것. '황금박쥐' 모임에서 나온 아이디어가 정책으로 반영된 사례도 있다. 배아복제 금지논란을 벌인 유엔에 대표단을 파견하자는 것과 황 교수가 '척추병원' 구상을 밝힌 것도 이 모임으로 알려져 있다. 박기영(朴基榮) 대통령 정보과학기술보좌관은 김병준 청와대 정책실장, 진대제 정보통신부장관 및 황 교수와 함께 '황금박쥐' 클럽이라는 것을 만들어 황 교수 지원에 앞장섰다. 그러나 이번에 사태가 확산되는 동안 거의 아무런 역할도 하지 못했다. 대통령에 대한 상황보고가 왜곡된 것 아니냐는 의혹에까지 휩싸였다. 박 보좌관은 7일 핀란드에서 열리는 '한·핀란드 과학기술혁신정책협의회' 참석차 6일 출국했다. 이 때문에 정부가 뒷짐만 진 채 의혹만 부풀리고 있다는 비판이 나오고 있다. 박 보좌관은 식물학자인 자신이 황 교수의 논문에 15명의 공저자 가운데 한 사람으로 등재된 이유에 대해, '생명윤리에 대한 연구와 조언을 했다.' 고 밝혔다. 그러나 학계 일부에서는 '별다른 역할을 하지 않고 사실상 무임승차했다.' 는 반론을 제기한다. 청와대 박기영 과학기술보좌관은 황 교수의 최대 지원자였다. 박 보좌관은 2004년 1월 황 교수의 사이언스 논문의 공동저자로도 올랐다(매일경제, 2005년 12월 17일자). 황 교수 연구지원 예산도 작년 65억 원에서 올해 265억 원으로 늘었다. 이해찬 총리와 정동영 통일부 장관 등도 그간 황 교수와의 각별한 인연을 과시하곤 했다. 세 사람은 서울대 72학번 동기생으로 황 교수가 유명해지기 전부터 가까웠다고 한다. 정 장관은 황 교수와 노벨상후원회를 만들기로 하고, 작년 총선 때는 황 교수를 비례대표 1번으로 영입하려고 했었다. 이 총리는 황 교수의 돼지목장에 수차례 찾아갔고, 총리공관에서 관계기관 대책회의도 열었다. 청와대가 황우석 서울대 석좌교수 연구팀의 줄기세포 진위 논란과 관련해 11월 말 MBC PD수첩팀과 황 교수 측과의 중재를 시도했던 것으로 밝혀졌다(모든 것을 다 알면서 언론을 적절하게 요리하기 위한 노 대통령의 제스처). 황인성(黃寅成) 대통령시민사회수석비서관은 16일 'MBC PD수첩팀과 함께 황 교수팀의 줄기세포 검증과정에 관여했던 김형태(金亨泰) 변호사의 요청으로 지난 달 28일 김병준(金秉準) 정책실장과 함께 김 변호사를 만났다.' 고 말했다. 황 수석은 '이 자리에서 김 변호사는 의혹해소를 위해 황 교수가 줄기세포 검증에 응하도록 해 달라.' 고 요청했고, 김 실장은 '알아보겠다고 했다.' 그 2, 3일 뒤 김 실장에게 조치 결과를 물어보니 '황 교수 측에 의혹해소를 위해 능동 대응하는 게 좋겠다고 촉구했다.' 는 말을 들었고, '이를 김 변호사에게 전달했다.' 고 설명했다. 황 수석은 '당시 이에 대한 황 교수의 반응에 대해서는 들은 바 없으나 황 교수가 PD수첩의 검증에 응하지 않은 것으로 볼 때 검증보다는 후속연구를 통해 입증하겠다는 입장이었던 것으로 추정된다.' 고 말했다. 이와 별도로 국정원은 지난 달 중순 이후 황 교수팀에 대한 조사를 통해 5월 사이언스지에 발표한 황 교수의 2차 줄기세포 논문에 '문제' 가 있으나 황 교수가 줄기세포 수립기술을 확보하고 있는 것 또한 확실하다는 잠정결론을 내린 것으로 전해졌다. 국정원의 한 관계자는 '조사 결과 황 교수가 논문의 문제에도 불구하고 독보적인 줄기세포 기술을 갖고 있는 게 분명한 만큼 줄기세포 진위논란과 관련해 국익의 관점에서 접근할 필요가 있다는 의견이 제시됐던 것으로 안다.' 고 말했다. 이 관계자는 '이 과정에서 황 교수는 후속연구를 통해 입증하기 위해 2, 3개월 정도 시간이 필요하다는 입장을 밝혔던 것으로 알고 있다.' 고 전했다. 황 교수 측의 한 관계자는 '황 교수는 지난 달 중순 줄기세포 논문사진 등에 문제가 있다는 사실을 파악했고, 그 직후 논문을 철회할 뜻을 밝혔으나 주변에서 만류한 것으로 안다.' 며, '이런 상황을 국정원이 파악하고 조사에 착수했다고 들었다.' 고 말했다(동아일보, 2005년 12월 17일자)[참고: 매일경제, 2005년 12월 17일자; 동아일보, 2005년 12월 17일자].

24 교육학자들이나 학부모들이 수없이 교육재정의 확충을 이야기해 왔는데도(한준상, 2002), 국민교육의 기초가 되는 초등학교의 현실은 옛날에 비해 아직도 더 나아지지 않은 채 그대로다. 초등학교의 교육재정 여건이 일반계 고교의 절반 수준에도 미치지 못하는 것이 바로 그것 중의 하나다(동아일보, 2005년 10월 12일자). 2005년 10월 12일 한국교육개발원이 작성한 「초등학교 교육비 실태와 표준교육비 수준 논의」라는 논문에 따르면, 2004년 학교회계 경상비 규모에 대한 실태조사를 벌인 결과 초등학교의 평균교육비는 2억 7,700만 원으로 나타났다. 이는 일반계고(6억 7,200만 원)의 41.2% 수준에 지나지 않은 것이며, 중학교의 3억 8,500만 원에 비해서도 턱없이 부족한 것임을 보여 준다. 이 교육비에는 학교 · 학급 · 학생단위 경비와 교과활동, 특별활동, 재량활동, 공통운영경비 등이 포함돼 있다. 이러한 초등학교의 평균교육비는 학교교육을 정상적으로 수행하는 데 필요한 최저 소요경비인 표준교육비에도 크게 미치지 못하고 있다. 초등학교의 표준교육비는 3억 5,900만 원으로 산출됐는데 현행 교육비는 표준교육비의 77.2% 수준에 머물렀다. 일반계 고교와 중학교의 평균교육비가 표준교육비의 각각 90.2%와 79.2%인 점을 감안하면 초등학교의 교육비는 상대적으로 낮은 수준이다. 현행 교육비를 표준교육비 수준까지 끌어올리기 위해서는 교육비 특별회계 전입금(교특전입금)을 확대해야 한다. 초등학교의 경우 전입금 규모를 현재보다 1.3~1.4배 늘려야 한다. 아직도 그대로 남아 있는 교육정책을 또 하나 지적하라고 하면 그것은 대학의 자율권 억압에 관한 것이다. 서울대 총장은 타율적인 대학행정의 현주소를 학교졸업식을 빌어 이렇게 이야기하였다. 서울대 정운찬 총장은 2005년 10월 14일, '창의적 인재를 선발하고자 하는 대학인의 노력을 (정부가) 정책으로 묶고 있다.' 고 정부의 교육정책을 강한 어조로 비판했다(동아일보, 2005년 10월 16일자). 정 총장은 이날 오전 11시 서울대 문화관 강당에서 열린 제59주년 개교기념식 축사에서 '자율성은 대학 존립의 으뜸원칙인데 안타깝게도 대학의 자율성은 허울조차 남아 있지 않다.' 면서 '재정, 조직, 인사를 불문하고 대학이 스스로 결정할 수 있는 여지가 거의 없다.' 고 말했다. 그는 이어 '(대학이) 지식의 단순 암기능력이 아니라 통합적인 사고능력을 측정하고자 하는 시도에

대해서도 이것은 되고 저것은 안 된다는 (교육인적자원부의) 지침을 받아야 하는 지경에 이르렀다.' 면서 '이는 참담한 현실' 이라고 밝혔다. 정 총장은 '현재 우리 사회에는 생산적인 경쟁의 필요성을 인정하지 않는 균등주의가 만연해 있다.' 며, '지금이야말로 국가의 장래가 대학교육의 수월성(秀越性)에 달려 있다는 인식이 절실하다.' 고 강조했다[참고: 한준상(1994). 한국교육개혁론; 동아일보, 2005년 10월 12일자; 동아일보, 2005년 10월 16일자].

25 이미 이 점은 교육부(문교부)의 초대수장이었던 오천석(吳天錫) 교수가 분명하게 천명하였다. 그는 교육정책의 근원인 교육이념을 교육의 '지향할 바' 라고 규정하였는데, 지향할 바가 지녀야 할 성격이란 정책의 ① 포괄성(교육이념은 크고 작은 여러 개념을 모순 없이 포함하는 총괄적인 것), ② 보편성(일부분에만 반영, 실천할 수 있는 것은 교육이념으로서 부적당), ③ 기본성(모든 교육활동을 정당화하는 근거가 되어야 함), ④ 일관성(모든 교육활동은 이념에 의거한 원리로 운영되기 때문에, 그들 사이에 모순이 있어서는 안 되며 시간과 장소에 따라 변하지 않아야 함), ⑤ 지속성(이성작용으로 도달된 교육이념은 절대적이지는 않더라도 비교적 장기간 계속되어야 함), ⑥ 긍정성(사상이 확고한 기초 위에 놓이고 항구성을 지니려면 부정적인 것보다 긍정적인 것이 바람직함)이었다.

26 국내 최고경영자들은 3불정책 가운데 가장 시급하게 없애야 할 제도로 '대학입학 본고사 금지' 를 지목했으며 동시에 한국 교육제도를 낙제점 수준으로 평가했다. 2004년 10월 27일 세계경영연구원이 국내기업 CEO 97명을 대상으로 3불정책에 대해 실시한 설문조사 결과에 따르면, 조사 대상자의 54%가 '3불정책을 완전 폐지해야 한다.' 고 응답했다. '단계적이거나 일부 규정을 없애야 한다.' 는 의견도 40%로 3불정책을 폐지해야 한다는 입장이 94%였다. 국내 교육학자 42명을 대상으로 실시한 조사에서도 응답자의 88%가 3불정책을 폐지해야 한다는 견해를 제시했다. 3불정책 가운데 가장 먼저 없애야 할 제도로 CEO의 64%와 교육학자의 59%가 본고사 금지라고 응답함으로써 학생 선발에 대한 대학의 자율권 보장이 시급하다는 것을 부각시켰다. 고교등급제에 대해서는 CEO의 82%가 변별력을 위해 필요하다고 응답했지만, 교육학자들은 절반이 조금 넘는 57%만이 고교등급제에 찬성 입장을 보여 CEO들과의 시각차를 드러냈다. 또 CEO들은 고교평준화 폐지와 교육시장 완전개방에 대해 각각 85%와 92%가 찬성한다고 밝혀 대다수 CEO들은 경쟁체제 도입과 시장개방을 통해 교육의 질을 높이는 것이 필요하다고 생각하고 있는 것으로 나타났다. CEO들은 이와 함께 우리나라 교육제도에 대해 4점 만점(A)에 낙제점인 0.94점(D 이하)을 줬고 93%가 대학교육이 기업에 필요한 인재를 키우는 데 적합지 않다고 응답, 교육시장의 최종 수요자인 기업들이 교육제도에 상당한 불만을 갖고 있는 것으로 분석됐다[참고: 대학신문, 2004년 10월 27일자].

27 사회적 지식이 무엇인지와 동시에 그것의 효용성을 지적하는 짧은 글이 있다. 유시민 의원은 '부동산 문제 해결 못하면 이 정권은 사망 아니면 중상' 이라고 이야기했다. 그런데도 8·31대책의 뚜껑을 열어 보니 또 송파, 거여동 200만 평 개발안이 들어 있었다. 즉, 판교

폭등사태를 겪고 나서도 '공급만이 집값 폭등을 누를 수 있다.' 는 주류 언론과 공급 경제학자들의 한결같은 주문을 수용한 셈이다. 많은 사람의 일자리가 달려 있는 건설업을 위축시킬 수 없다는 정부 내부의 고민도 있었을 것이다. 그러나 정부의 고민을 충분히 이해한다고 하더라도 여전히 남는 문제는 있다. 이 정부는 양극화 극복을 외치면서도 실제로는 양극화를 심화시키는 정책을 계속 추진하고 있는 것이다. 최저임금 소폭인상, 제주도 지역특구 지정, 기업도시, 의료시장화 등의 정책이 그것이다. 이 정권의 담당자들은 그것이 보수언론의 딴지 걸기 때문이라고 항변하기도 하고, 부자들의 사보타지 때문이라고 변명하기도 한다. 분명 그런 점도 있을 것이다. 그러나 아무리 '권력이 시장으로 넘어갔다.' 고 하더라도 칼자루를 쥔 입장에서 이러한 변명을 한다고 국민이 봐 주지는 않을 것이다. 모든 문제의 최종 정치적 책임은 이 정권에게 돌아갈 수밖에 없다. 여론동원, 논리의 기초가 되는 것은 바로 사회적 지식이다. 여기서 필자가 말하는 지식은 추상적 담론에서 구체적인 통계까지 다양한 부분을 포괄하는데, 그 생산기지는 언론, 법원이 아니라 지식사회와 대학이다. 정치인들과 관료집단, 사법부, 언론은 모두 생산된 지식을 가공하거나 정책화하는 곳이지 지식생산처가 아니다. 그런데 이 정부 들어서 헌법재판소, 대법원 등 법원이 마치 최종결정권을 가진 지식권위체로 등장한 듯한 인상이 있다. 법은 학설을 반영한 것이지 하늘에서 내려온 것이 아니다. 그리고 법안은 사회적 지식의 변화를 반영하고 있다. 사회적 지식은 결코 해석에 그치는 것이 아니라, 바람직한 삶은 무엇인가에 대한 가치규정이고 복잡한 상황에 대한 정의며 사회현상의 인과관계에 대한 설명이다. 그러한 지식은 순간적인 상황판단과는 다르고 단순한 아이디어도 아니며, 온갖 궤변을 쉽게 제압할 수 있는 실재 사회현실에 대한 보고서다. 그런데 경쟁력 운운하면서 지식인들을 쓸데없는 잡담만 하는 사람들로 여기거나 대학을 돈 버는 곳으로 여기는 사람들은 아직 지식의 의미와 그 정치적 중요성을 모르고 있다. 무차별적인 시장논리를 제압할 수 있는 지식집단이 턱없이 부족한 것이 이 정부의 결정적 한계지만, 그러한 집단이 왜 필요한지 어떻게 육성되어야 하는지를 인지하지 못하는 것이 이 정부, 여당의 정책 실패의 중요한 원인이라고 생각한다[참고: 김동춘(2005). 지식의 지배].

28 퓨레디(Füredi, 2005)는 이 시대를 '무교양주의와 불건전한 도구주의가 지배하는 시대' 라고 규정한다. 그가 이 시대를 그렇게 단죄하는 이유가 있다. 그것은 교육이나 문화를 만들어 내는 정치권력들이 지식과 교육, 문화, 예술을 대중과 시장의 실용에 봉사하는 '도구' 로 전락시켜 버렸기 때문이다. 그 결과, 불합리한 권력과 권위를 비판하고 조롱하며 전복했던 계몽의 보편적 지식인들은 사라져 버렸다. 그 대신 무교양주의, 도구주의, 기생주의가 판을 치기 시작했다. 그는 이렇게 말한다. "보편 가치를 좇는 진리는 조롱당하고 '탁월한 기준' 의 진리를 탐구하는 지식인의 가치는 추락하여 이제 보편적 지식은 사라졌으며, 지식인은 전문기술자로 살아간다. 지식과 문화예술은 '도구주의' 로 해석되며, 교육의 목표는 '경제성장의 엔진을 마련하는 것' 이 되었다고 비단한다. 이제 대중의 눈높이에 맞춘 적당주의 지식들이 판을 치고 있으며 그런 것들이 평생교육이라는 이름으로 매일같이 대중을 교양

없는 바보로 만들어 놓고 있다." 퓨레디는 지식 스스로 수많은 대중을 속이는 지적 사기행위를 성찰적으로 폐기하고 '교양 있는 대중'을 성장시켜 사회의 지적, 문화적 삶을 발전시키는 일에 봉사하려면, 천박한 무교양주의에 대항하는 문화전쟁의 전사가 되어야 한다고 주장한다[참고:(Füredi, F. (2005). 그 많던 지식인들은 다 어디로 갔는가? (역)].

29 교육부가 근거로 제시한 연구 결과는 전공이 다른 교육학자들이 한국교육개발원, 교육인적자원부 등의 도움을 받아 2005년 9월부터 2006년 6월까지 고교생들의 학력평가 자료에 기초한 것이다(김기석 외, 2005; 강영혜 외, 2005; 강상진 외, 2005). 이런 연구 결과들을 종합해 보면 한 가지 결론이 가능한데, 그것은 평준화의 효과에 대해 어떤 확고한 결론을 내리기 어렵다는 점이다. 평준화의 효과가 있다고 강력하게 이야기하기도 힘들고, 반대로 평준화 효과가 전혀 없다고 부정하기도 어렵다는 점이다. 결국, 평준화 연구는 아직도 미완이며, 앞으로도 그럴 수밖에 없다는 결론만이 가능하다. 그것은 각 연구자들의 연구방법이나 자료활용, 분석방법에서 질적인 차이가 나며, 그런 연구 결과를 가지고 평준화 효과에 대해 단정적인 결론을 내리기가 힘들다. 그런 미완의 연구 결과(inconclusive conclusion)를 가지고 평준화 효과를 논하는 것은 어느 편의 학자들이 어떤 주장을 하건 그들의 이야기는 한 가지로 수렴된다. 그것을 과학철학적인 입장에서 정리해 보면 결국 공약 불가능성(incommensurability)의 문제로 수렴된다(Feyerabend, 1965). 즉, 각 연구자들이 서로 다른 수치와 논리로 서로 다른 이야기를 하는 것 같지만, 결국은 모두가 하나의 같은 영역에서 나온 것들이기 때문에 서로 비교되기도 어렵고 서로 경쟁하는 것도 아닐 뿐이다. 다시 말해, 서로 다른 결과를 내놓아 상반하고 있는 것처럼 보이기는 하지만, 실제로 평준화의 효과와 평준화 교육정책의 효과에 대한 '과학적' 진리를 점검하는 문제라기보다는 교육연구의 결과가 교육권력의 집중도와 분산도에 어느 정도로 개입하며 동시에 그것들에 어느 농도로 흡입되어 가는지를 알려 주는 것이나 다를 바가 없기 때문이다. 이번의 평준화 연구에 대한 홍보전략들은 그런 일에 속하는 사례가 되었다. 교육부가 '올해로 시행 31년을 맞는 평준화제도는 결코 학력의 하향평준화를 초래하지 않은 것으로 확인됐다.'고 홍보하려고 했던 것이 바로 그것이었다. 몇몇 교육학자들의 제한된 연구 결과를 인용하면서 교육부는 정당성을 내세워 보려고 했다. 그런데 그들의 기대와는 달리 한 번 더 일이 꼬여 버리게 되었다. 교육부는 평준화 지역 고교생들이 비평준화 지역 학생들에 비해 분석 대상인 언어, 수리, 외국어 영역 모두에서 학업성취도가 더 높고, 고교 3년 간의 학력 향상 정도도 두 지역 간 차이가 없다는 식의 홍보를 했다. 평준화 효과에 대한 교육부의 주장에 몇몇 학자들은 즉각적으로 비판했다. 무엇보다도 첫째로 평준화 효과에 대한 그들의 주장은 연구 결과를 빙자한 무리한 이야기라는 것이었다. 그것은 연구방법으로 보아도 함량 미달이라는 것이었다. 실제로 연구에 사용된 기초 자료에도 한계가 있고 연구방법에도 문제가 있다는 점은 연구에 직접 참여한 연구진조차도 받아들이고 있는 실정이다. 실제로 교육인적자원부는 수능자료 등 핵심자료를 비밀로 하고 모의고사 성적 등 제한된 정보만 공개하고 있다. 게다가 그들의 주장, 말하자면 평준화정책이 효과가 있었다는 주장을 받아들여 준다고 해도, 그들이 평준

화 교육정책을 추진하기 위해 남아 있는 문제는 평준화 효과를 '학력의 하향평준화를 초래하지 않은 것'에 만족하는 선으로 수용해서는 곤란하다는 지적이다. 고교평준화정책이 지난 31년 동안 고교교육의 수월성을 높여 주었다는 강력한 자료를 제시해도 부족하기만 할 것인데, 그런 현실성에 무감각하다는 것이다. 교육부가 지난 31년 동안 추진해 온 평준화 교육정책이 끝내는 퇴행적 효과에 만족하는 것, 말하자면 평준화정책은 결코 비평준화 고교에 비해 뒤처지지 않았다는 것에 만족한다는 것은 교육정책의 비전설정에서도 문제가 될 수밖에 없다는 것이다[참고: 김기석 외(2005). 평준화 정책이 학업성취에 미치는 영향에 대한 종단적 분석; 강영혜 외(2005). 고교 평준화 정책의 적합성 연구; 강상진 외(2005). 고교 평준화 정책효과의 실증분석연구; Feyerabend. P. (1965). On the meaning of scientific terms].

30 바로 대통령 자문기구인 교육혁신위원회 교원정책개선 특별위원회 위원 중 7명이 2006년 6월 12일 사퇴의사를 공식 표명한 사건이다. 교원정책특위 위원인 송인수 좋은교사운동 대표는 '특위위원 10명은 최근 열린 워크숍에서 보직형 교장공모제와 근무평정제를 대폭 개선한 승진제를 도입하는 내용의 합의안을 마련했지만 교육부의 집요한 방해와 교대, 사대 교수 등의 거부로 백지화되고 말았다.' 고 주장하고, 이정주 한국 리쿠르트 사장, 김정금 참교육학부모회 대구지부 정책실장, 송미희 홍사단 교육운동본부 운영위원, 윤기원 변호사, 김대유 교육개혁시민운동연대 공동대표, 이상선 전 성남은행초등학교 교장 등 7명의 의원이 참석, 사퇴의사를 밝히는 식으로 내부 갈등을 표출했다. 교육혁신위 교원특위는 전체 위원 23명 중 21명이 참석한 가운데 제16차 전체회의를 열어 보직형 교장공모제와 근무평정제를 대폭 개선한 승진제를 도입하는 내용의 교원승진제 개선합의 시안을 표결에 부쳤으나 반대 11명, 찬성 10명으로 부결되었다[참고: 조선일보, 2006년 6월 12일자].

31 참고: 한준상(2005). 국가과외.

32 이것을 이해하기 위해 우선 해킹 교수의 과학철학 이야기를 제대로 이해할 필요가 있다(Hacking, 2005). 동시에 이 시점에서 교육정책의 효과를 둘러싸고 싸움닭의 전선에 나서고 있는 교육학자들은 신실용자인 리처드 로티의 이야기에도 한 번쯤은 귀를 기울일 필요가 있다. 그는 "과학적 지식이라는 것은 자연을 반영하려는 시도의 결과가 아니라 사회적 의사소통의 특별한 형태일 뿐이다. 과학은 설득의 한 형태로서 가장 제대로 이해되고, 그런 수사학적 분석의 도구들을 사용함으로써 제대로 검토될 수 있는 것이다."라고 말한다(Rorty, 1979)[참고: Hacking, I. (2005). 표상하기와 개입하기(역); Rorty, R.(1979). Philosophy and the Mirror of Nature].

33 한 조직이 생존하기 위해 어떤 유형의 고객지원 정책을 가지고 있는지를 아는 것은 정치권에서도 예외일 수 없다. 기업현장에서 고객들이 제품을 고르는 과정은 기업에게는 피를 말리는 과정과 같다. 왜냐하면 고객 5명 중 4명이 제품을 고를 때 그들은 해당 제품을 생산한

기업의 명성을 고려하기 때문이다. 그들 중 36%가 구매를 결정하는 중요한 요인으로 기업의 명성을 꼽는다. 고객만족은 제품의 품질이나 직원들의 친절에 따라서도 결정되지만 그 기업의 사회적인 명성과 신뢰 정도에도 크게 영향을 받는다. 브랜드 자산의 근저에는 소비자 신뢰가 중요하다. 순간적인 눈속임이나 한두 번의 노력만으로 좋은 평판을 가져갈 수 없기에, GM 같은 기업은 자사 웹사이트에서 고객들이 자신의 요구에 가장 맞는 경쟁사의 차를 고를 수 있도록 설계하여 자사 이익보다는 고객의 이익을 우선한다. 그것이 고객들의 신뢰를 얻게 만드는 비결이었다.

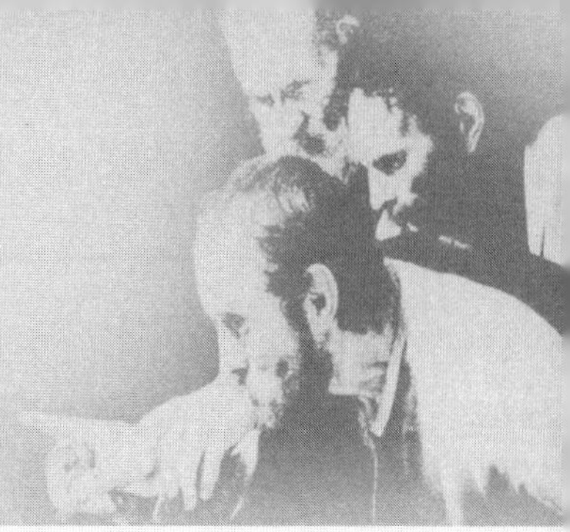

제4부 | 활동의 교육자본화

제4부에서는 여성운동과 취약계층을 위한 교육활동을 하나의 교육자본화하기 위한 몇 가지 관들을 논의한다. 이 사회에서 그들의 노력에 비해 상대적으로 저평가받고 있는 부문을 들라면 바로 여성들이다. 그들의 처지와는 다르게 이 사회에서 가장 사회적으로나 교육적으로 냉대받고 있는 계층은 취약계층, 그중에서도 장애인들이 가장 대표적인 사회적 희생자들이다. 이들을 교육적으로 소외하고서는 국가경쟁력이니 인적자본의 개발이니 하는 것들은 끝내 모두가 공염불이 되고 말 것이다.

활동의 교육자본화를 위한 논의를 위해 제8장에서는 여성의 교육자본화 문제를 집중적으로 논의한다. 언제나 그래왔듯이 여성에 대한 사회적 인식은 항상 다층적이다. 어머니, 부인, 근로자의 영상이 복합적으로 하나가 되어 여성을 그려 내고 있다. 개인적으로는 나 홀로의 독립된 여성으로 표출되려는 순간, 사회적으로는 아이의 엄마 혹은 부인들이 겹쳐진 상태의 근로자의 모습으로 타인화된다. 여성운동은 인류 역사상 보기 드문 획기적인 사회적 발명품이기는 했지만, 아직도 여성상에 대한 다층적 이미지를 하나의 이미지로 만들어 내는 데 그리 성공하지 못하고 있다. 그것은 여성운동의 목표가 없어서가 아니라 여성운동의 목적(the end of woman)이 지니고 있는 이중성 때문인 듯하다. 목적이라는 의미를 지니고 있는 end라는 단어는 목표를 달성했다고 느끼는 바로 그 순간부터 끝장으로서 종결(end)이 된다. 반대로 끝장을 보지 못하는 한 그것은 영원히 추구해야 할 길이며 이정표가 되기에, 여성운동은 언제나 이중성(double coding)에 시달린다. 이제는 인간의 성전환 문제로 여성운동의 새로운 진화문제까지 대두되고 있다. 여성운동은 여성의 의식화뿐만 아니라 여성의 생존을 위한 위대한 교육자본으로서 가능성을 가지고 있다. 왜냐하면 그동안 여성은 침묵의 학습방법에 따라 그들이 누구인지 각자적인 정체성마저 포기하도록 길들여져 왔기 때문이다. 침묵의 학습방법은 자기 스스로 알고 행해야 될 지식이나 정보를 타인에게서 찾게 만드는 사회화를 말한다. 지식을 자기에게 영향력을 행사하는 일종의 '학습권력'이나 '문화권력'을 가지고 있는 교사, 고용주, 남편, 자녀 등의 사람들이 소유한 정보나 지식으로 간주하며, 그들로부터 '그것을' 전달받는 행위를 배움이라고 간주하도록 길들여졌기 때문이다.

이어 제9장에서는 여러 취약계층을 위한 교육정책이 기본적으로 교육자본을 축적하는 또 다른 길이라는 점을 논의한다. 취약계층에는 신체장애자부터 정신장애자, 기초학력 미달자에 이르기까지 다양하다. 이들을 방기하는 것은 사회적인 경비를 더욱더 추가시키는 일이기에, 보다 적극적으로 이들의 교육문제를 해결해 주는 것이 교육복지사회를 실현하는 지름길이기도 하다. 교육 소외계층의 문제는 개인적인 학습손실이나 임금손실로만 나타나는 것이 아니다. 개인의 학습손실은 국가에게는 경제적 생산력을 저하시키는 결과를 가져오며, 이 때문에 교육 소외계층의 세력은 사회통합에 장애가 되고 교육 정의의 실현은 점점 어려워질 뿐이다. 교육 소외계층에 대한 교육적 배려는 국가의 인적자본과 사회자본 형성에 중요한 요소일 수밖에 없기에 이들에 대한 교육적 배려가 바로 참여정부가 주장하는 교육평등과 교육의 분배정신에 해당된다. 이들을 위해서는 교육기회를 늘리는 것 못지않게 교육 결과를 평등하게 해 주는 일에 이르기까지의 교육정책이 요구된다. 이런 유형의 학습결과 평등화정책은 교육 소외계층이나 청소년을 위해 국가만이 행할 수 있는 '역(逆)차별정책'의 한 가지 예에 지나지 않는다. 학습결과 혹은 교육 결과의 평등화를 추진하기 위해서는 취약계층에 대한 인식부터 바뀌어야 한다. 지역사회, 학교, 교육산업체 같은 교육자본은 이들 취약계층을 교육적으로 배려하는 학습공간으로 활용될 수 있어야 하며, 이들 학습소외 학생들에 대한 책임제의 실시가 뒤따라 주어야 한다.

제8장
여성운동

들어가는 말

여성이 가지고 있는 성차에 대한 차이 존중의 실천을 '차이설정의 지정학'이라고 한다. 린다 알코프(Linda Alcoff)는 이것이 여성의 정체성을 보다 더 구체적으로 드러내 주는 여성해방의 길이라는 점을 간결하게 진술하고 있다.

여성의 정체성은 자기 해석의 산물인 동시에 여성 자신의 개인적인 역사의 새로운 구성물이다. 이런 모든 것에는 예외 없이 다양하기 그지없는 문화적인 상황에 처한 그녀 스스로의 경험이 개입하기 마련이다. 그래서 여성의 지위나 위치라는 개념은 두 가지 점을 의미한다. 첫째, 여성이라는 개념은 끊임없이 변화하는 상황을 고려하면서 그것과 더불어 파악되는 관계지향적인 개념이다. 둘째, 여성 스스로 차지하는 위치는 어딘가에서 강요되거나 내려오는 것이 아니라 여성다움을 얼마만큼 의미 있게 활용하느냐에 따라 서로 다르게 설정된다. 결국 여성 위치설정의 지정학은 여성 스스로 여성의 가치나 지위를 결정해 놓는 것이라기보다는 여성의 가치나 의미 재구성을 위해 여성 스스로 위치설정을 최대한 활용하는 지름길이다.

사상적 자유스러움으로 무장한 포스트모던의 여성운동가들은 여성의 억압을 설명하면서 '절대적인 단 하나의 유일한 설명이나 주장' 을 고집하거나 강요하지 않는다. 여성 억압의 원인과 양상은 여성들이 처한 상황만큼이나 다양하므로 어느 한 가지 시각으로는 설명이 불가능하기에 여성운동의 다양한 시각을 존중한다.[1] 동시에 포스트모던의 여성운동은 현실적으로 남자와 여자는 결혼을 해도 몸과 마음이 하나가 되는 것은 아님을 직시하고 있다. 물론 때때로 남성과 여성의 감정이 하나로 느껴지는 순간들이 있을 수는 있다. 그렇다고 두 개의 몸과 두 개의 마음이 하나의 마음과 하나의 몸이 되는 것은 아니기에,[2] 두 개의 개체는 그 차이만큼 위치설정이 다르고 개별적이며 그만큼 존중되어야 한다는 것이다.

포스트모던의 여성운동은 지나간 세대의 여성운동이 가지고 있는 욕망을 꿰뚫어 보고 있다. 말하자면 여성운동의 핵심을 인간으로서의 여성에 대해 초점을 맞추고 있기보다는, 그것으로 위장한 채 제한된 여성의 정체성을 확보해 내는 데 도움을 주는 수단 중 한 가지인 정치권력의 확보에 안간힘을 썼던 지난 세대의 여성운동가들의 욕망의 천박성과 한계를 비판한다.[3] 서양에서도 그렇고 한국에서도 그랬지만, 기존의 여성운동은 남성지배의 허용을 벗어나지 못하는 여성운동의 이데올로기와 중산층/식자층[4] 여성중심의 논의에서 벗어나지 못했다고 간주된다. 동양이나 라틴 문화권에서 여성들이 가지고 있는 낮은 사회적 지위나 인종적으로 피부 색깔이 다른 여성, 사회경제적인 차이에 따라 여성의 지위가 왜 그렇게 달라져야 하는지에 대해 별다른 의미 있는 설명을 해내지 못한 것이다. 동양의 사회에서 종종 발견되는 것처럼 나이가 들수록 의사결정권을 부여받으며 존중받는다고 진술하는 여성들의 경험을 제대로 설명하지도 못한다.[5] 기존의 여성운동가들을 여성이라고 지칭할 때의 여성이라는 말은 실제적으로는 젊은 연령층의 여성을 의미하고 있을 수도 있다.

기존의 여성운동에 비해 포스트모던의 여성운동은 여성들이 처한 다양성을 대변하려는 의도로서 다양한 여성운동 간의 소통을 요구하는 열린 태도를 보이고 있다.[6] 동시에 포스트모던의 여성운동은 여성을 남성이 가하는 억압의 피해자라고만 주장하지도 않는다. 그것보다는 오히려 여성들을 억압을 극복하고 변화를 주도할 수 있는 사회변화와 자기 개조의 주체이자 여성의 자리에 대한 새로운 진리를 만들어 가는 새로운 지식의 구성자로 이해한다. 남성을 슈퍼맨이라고 간주하지도 않는다. 남성 역시 여성들 이상으로 그들의 삶에서 고달프기 그지없는 존재며,[7] 남성들의 성 차이 역시 사회적으로 존중받아야 한다는 것이 그들의 생각 속에 깔려 있다. 이런 생각이 배태되기 전까지는 여러 여성운동 사이에 긴장과 갈등이 혼재해 왔다.

여성운동의 갈래

여성과 사회발전 간의 상관성에 대한 여성운동 집단들의 주장은 여러 갈래로 나뉘어 전개되어 왔다. 즉, 정신분석학 페미니즘, 진보적 페미니즘, 구조적 페미니즘, 급진적 페미니즘, 그리고 포스트모던 페미니즘들이 포함된다. 사회학계에서는 포스트모던 페미니즘 혹은 포스트 페미니즘을 제외한 다양한 페미니즘을 모더니티 페미니즘으로 분류하고 있다.[8] 동시에 모더니티 페미니즘은 페미니즘의 제1물결과 제2물결을 포함하는 데 반해, 포스트모던의 페미니즘은 페미니즘에서 제3의 물결로 대변된다.[9]

모더니스트들이 취하는 것처럼 모더니티 여성운동 역시 성 평등, 성차별 금지 실현, 여성해방, 양성성의 교육을 주장한다. 이들 모더니티 여성운동은 '사적인 것은 정치적인 것이다.'를 끊임없이 확인하면서, 역사적으로 왜곡되고 정치적으로 억눌려지고 사회구조적으로 주조되어 온 여성이라는 존재를 본래의 여성으로 해방시키는 것이라는 점을 전제한다. 여성성을 그렇게 만들어 온 남성의 정치권력에, 그것이 가부장제도든 정치제도든 간에 여성 특유의 정치권력으로 대응하자는 논리를 견지하고 있다. 이런 논리는 여성은 남성과 다르다는 사실을 생물학적으로는 어느 정도 수용하지만 사회적 · 정치적 · 경제적 · 교육적으로는 남성과 여성이 결코 다르지 않다는 점을 천명하고, 그것을 여성의 능력으로 확인해 내려고 함으로써 여성이 갖는 절대적 이성을 강조한다.

성적으로, 사회적으로, 문화적으로, 교육적으로 다르게 취급받는 것은 불평등한 것이라고 주장하는 모더니티 여성운동가들과는 달리, 포스트모더니티 여성운동가들은 '다른 것은 다른 것을 만들어 냄으로써' 조화와 공존의 토대를 갖는다는 점을 강조한다. 포스트모던의 여성운동가들에게 차이라는 개념은 불평등이라는 개념과는 아무런 상관도 없다. 그뿐 아니라 그들은 차이와 평등의 개념 설정에 대해 훨씬 융통성 있는 입장을 취한다. 그들은 불평등의 반대 개념은 평등이 아니라 차이라고 간결하게 정리한다. 그들은 굳이 정치권력을 여성운동에서 거론해야 한다면 '차이가 정치다.' 라는 슬로건을 내세운다. 그런 전제 아래 여성의 권력을 만들어 내는 차이를 정치, 문화, 사회, 교육의 여러 일상적인 실천에서 찾아내고 있다. 말하자면 일상생활의 실천에서 여성이 당연히 해야 될 차이를 만들어 내고, 그 차이를 통해 정치권력을 여성의 것으로 만들어 가고 있다. 그들에게 일상생활과 실천은 이론적이며 정치적이다.

1) 남성주의적 여성운동

여성운동의 역사에서 가장 먼저 등장하는 기존의 모더니티 여성운동가들은 기본적으로 보수주의적이며 정치권력적인 성향이 강했다. 그들에게는 여성으로서 누려야 할 사회정치적이고도 정치경제학적인 지위 확보가 더 중요했다. 여성들의 정치생물학적 권리를 확실하게 보장받을 수 있는 근거를 가져야 그들이 생존할 수 있다는 생각이 지배적이었다. 이런 생각은 여성운동의 원류와도 같은 것이었다. 여성의 지위가 남성에 비해 열등하다고 보고 남성과 똑같은 지위나 대우를 받게 하는 것을 여성운동의 과제로 주장하였기 때문이다. 이들 여성운동가들은 여성으로서의 인권문제 해결을 위해 정치권력 중심적 사회운동의 시각을 가

미하였던 것이다.[10]

이어 정신분석학파 여성운동들은 여성 억압의 근원이 가부장제에 대한 여성의 무의식적 인정이라고 간주했다. 성불평등과 이로부터 연유되는 사회정치적인 불평등이 여성들의 무의식 속에 자리 잡고 있는 남성에 대한 열등의식의 잔재라고 본다. 남성으로서 아버지는 여성으로서 어머니를 성적으로 만족시키거나 그녀에게 만족을 얻어 가면서 남성의 권위를 행사하는 존재라는 것을 여아들은 어릴 적부터 무의식적으로 익힌다.[11] 이런 여성의 사회화 과정을 통해 여아들은 남성에게 복종해야 하는 것을 무의식적으로 배운다. 여성해방에서 여성 각자의 무의식 속에 뿌리를 내리고 있는 가부장제의 잔영을 벗겨 내지 않고서는 성 불평등을 바로잡을 수 없다는 것이다.

이들 여성운동은 가부장제의 철폐가 여성해방의 지름길이라고 생각한다. 가부장제는 남성주의적 윤리를 강화해 온 가족제도의 부산물이기에, 이를 대체할 여성주의적 윤리만이 여성해방을 도와줄 수 있다고 생각한다. '여성주의적 윤리' 는[12] 여성의 고유한 속성을 추구하고 옹호하는 여성 정치권력적 페미니즘의 윤리에 기초하고 있다. 이 논리는 가부장적 지배에 반대하고 남녀 간의 평등한 권리와 정의롭고 공정한 분배를 겨냥한다. 이 때문에 성의 대결, 가부장제에 대한 성적 대결과 투쟁은 불가피해진다.[13]

그들과는 달리 진보적 여성운동가들은 여성의 자아실현에 주목한다. 여성들의 자아실현을 위해서는 여성들에게 열린 교육기회, 피선거권, 고용의 불평등 철폐 등이 보장되어야 한다는 것이다. 여성에게도 남성에게 보장되는 것과 똑같은 사회진출의 기회가 주어져야 한다는 차원에서, 여성의 사회진출을 가로막고 있다고 판단되는 갖가지 사회제도의 철폐를 위한 정치적 투쟁이나 사회운동의 중요성이 대두된다. 이런 점에서 이들 진보적 여성운동가들은 기존의 모더니티 여성운동의 전형적인 후예들이라고도 볼 수 있다.

구조주의적 여성운동은 여성들의 교육에의 접근을 어렵게 한 사회 · 문화구조 등에 주목한다. 왜냐하면 교육기회의 평등이 실현된 많은 사회에서조차 사회적

성 불평등이 해소되지 않고 있는 현실에서 교육기회의 보장은 여성의 사회적 불평등을 해소하는 결정적 열쇠가 아니기 때문이다. 그들은 성 평등을 위한 사회·문화구조의 변혁을 주장한다. 구조주의적 여성운동의 계열에서 가장 극단적인 모더니티 여성운동이론인 사회주의 여성운동은 자본주의 사회의 모순과 경제활동의 모순과 착취에 주목한다. 자본주의 경제활동 속에서 여성은 가정으로 대표되는 사적인 공간에서 임금 없는 노동을 하도록 구조화되어 있는 데 반해, 남성은 직장과 같은 공적인 공간에서 임금노동자의 역할을 수행하도록 되어 있다. 바로 이런 남녀 간의 노동 분화와 분리가 성 불평등을 가속화시키는 정치경제학적인 기제로 작용하기에,[14] 여성운동의 목적은 노동운동의 목적과 다를 것이 없다고 본다.

급진적 여성운동가들은 여성해방의 한 방법으로 동성애 예찬론을 전개하기도 하지만 그들 역시 문화·정치권력 지향적이다. 그들은 남성, 여성, 자본가로서의 여성, 노동자로서의 여성 등 계급적으로 이분법적인 대결과 긴장해소를 종용한다. 성 불평등은 여성의 출산과 양육의 책임에서 생기는 구조적 불평등이라고 간주한다. 여성의 해방이 가능하려면 우선 부부 중 여성에게만 주어지는 출산과 양육에 대한 책임을 벗어야 한다는 것이다. 여성이 사회생활을 병행하려면 출산과 양육에서 자유로워만 하기에, 여성운동의 방향은 기업에서의 자녀양육을 위한 남성 보조와 활용을 법제화하는 식의 사회적 쟁점에 맞추어져야 한다는 것이다.

여성은 남성과 생물학적으로 다르다는 것 자체가 여성에게는 수치스러운 것일 수 있기에, 이런 것의 제거가 여성운동의 시작이라고 보는 시각 역시 급진적이다. 파이어스톤(Firestone) 같은 학자는 여성을 억압하게 만드는 근본인 여성의 생물학적 출산 구조와 기능을 거부하는 여성해방의 논리, 말하자면 자궁의 정치생물학적 해방논리를 전개한다. 여성을 해방시키기 위해서는 의학기술의 발달을 활용한 인공적인 출산정책이 필요하다는 것이다. 그것이 여성해방을 위해 가장 확실한 방법이라고까지 주장한다. 이를테면 인공수정, 체외수정, 배아(胚芽) 이식, 태아감독과 같은 방법을 활용해 자궁을 여성만의 영역으로 한정할 것이 아니라 모든 이의 자궁으로 만들어야 한다는 것이다.

기존의 여성운동은 여성의 정치권력을 되찾아내기 위해 남성을 제거와 타도의 대상으로 삼았고, 구체적인 실행장소로 학교 같은 교육자본을 선택하였다. 그리고 그들의 논리를 사회적으로 선명하게 드러내기 위해 사회 곳곳에서 이분법적이고도 양자택일의 논조를 강요했다. 교육현장에서도 마찬가지였다. 남성적인 것을 택할 것이냐, 여성주의적인 것을 택할 것이냐는 식의 강요된 선택권을 다양한 방식으로 요구했다.[15] 여성이 사회에서 문화적으로, 교육적으로 실패하는 일차적인 원인을 여성에 관한 학교교육의 무지와 실패, 그리고 교사들의 여성맹(女性盲)에 기인한다고 보았다. 아이들이 학교에서 체계적으로 여성 차별적인 교육을 받고 있기에 그런 실패가 자연스럽게 나타난다고 보았다. 그들은 여성들의 '희생적 사회화' 로 학교가 운영되고 있다고 간주한다. 여성에 대한 적절한 학교교육의 과제와 여성성에 대한 교사들의 여성 리터러시(woman literacy)를 높이기 위한 본원적인 해결책으로, 학교교육을 여성화하거나 '성 중립적' 혹은 여성 이해의 방향으로 개선함으로써 성 편견에 관한 아이들의 초기 사회화를 바로잡아야 할 것을 요구한다.

남성제거 여성운동이 말하는 '성 중립적인 교육' 은 기존의 학교 교육과정이나 현장에서 일상화된 여성 차별적인 교육정책이나 관행이 제거된 교육을 말한다. 이 입장은 교육의 목적, 과정, 내용, 방법이 모두 남녀에게 동일해야 하고, 학교자원 및 교육적 이익의 분배에서 남녀가 동등하게 대우받아야 한다는 것이기도 하다. 더 나아가 성의 정치학을 교육현장에 도입해야 한다고 본다. 남성중심의 지식으로 가득 차 있는 교육과정의 내용과 학교 내의 가부장적 지배 관행을 고쳐야 한다는 것이다. 이런 성의 정치학적 관행과 거기서 연유된 여성 차별적인 교육문제를 해소하기 위해서는 '성을 진지하게 배려' 하는 교육이 필요하다는 것이다.

2) 여성주의적 여성운동

남성주의 여성운동가들과는 달리 여성주의적 여성운동가들은[16] 여성의 본질을 이해하는 것이 여성해방의 관건이라는 입장을 취한다. 그들은 기존의 여성운동이 가지고 있는 공과(功過)에 상관없이, '여성운동은 여성을 과거보다 더 행복하게 만들었는가?' 라는 질문부터 제기한다. 행복이 이전보다 더 피부에 와닿지 않는 여성운동은 여성에게 실제로 도움이 되는 여성운동이 될 수 없다는 논지에서 제기된 의문들이었다.[17] 그들은 여성적인 것에 대한 말살이나 여성성에 대한 부정이 여성들이 원하는 정치적 힘을 키우기 위한 필요불가결의 요소가 아니라는 생각이 강했기 때문에 그런 문제를 제기한 것이었다. 생물학적으로 '여성적인 것' 을 지니는 것이 오히려 여성의 권력을 창출하는 원천이 될 수 있다는 것이다. 여성이 '여성의 것' 의 생물학적인 상징과 같은 '자궁' 을 소유하고 있다고 해서 그 여성이 정치적 권력을 자동적으로 상실하는 것은 아니기에, 여성성의 부정을 여성운동의 근간으로 삼는 것은 스스로의 모순일 수 있다.

이런 문제제기는 모더니티의 여러 여성운동의 한계를 극복해 보기 위한 새로운 여성운동의 쟁점이 되었다. 포스트모던의 여성운동은 자궁 제거의 정치생물학적 페미니즘이나 가부장제 제거의 여성 정치권력적 여성운동이 기본적으로 모더니스트 여성운동의 잔재라고 치부해 버리기 시작했다. 기존의 여성운동은 여성의 기질적 다양성이나 인종, 문화의 차이를 무시하는 획일적인 여성해방론에 기초하였다고 비판받기 시작했다.[18] 여성이 사회적으로 억압을 받은 것은 여성이기 때문에 그랬다기보다는 생물학적으로 여성이라는 인간 특유의 인간 조건 때문에 그랬던 것이며, 그런 점에서 남성 역시 여성과 다를 것 없이 정치경제적으로 착취를 당하기는 마찬가지라는 새로운 인식이 여성운동의 기저에 깔리기 시작했다. 바로 인간의 조건을 지니고 있는 모든 인간에 대한 착취는 자본주의 경제의 기본 구조라는 점에서 어떤 여성운동도 자유로울 수 없었다. 그런 점에서 자본주의에서는 사람들 간의 이런저런 언어적 개진과 교통은 가능할 수 있어도,

사람들 간의 의식소통은 그들이 바라는 대로 자유로울 수 없었다. 그래서 의식소통의 어려움은 남녀 간에도 어쩔 수 없이 개입되었고, 그런 의식소통의 단절 속에서 여성해방을 여성만의 관점으로 축소시키는 유형의 여성운동, 말하자면 정치생물학적 자궁 제거의 여성운동이나 가부장제도의 철폐를 주장하는 여성운동이 가능할 수 있었던 것이다.

여성의 해방에 관한 논쟁은 주로 진보적인 여성운동 진영과 보수파 여성운동 진영 간에 치열하게 전개되어 왔다. 이들 간의 논쟁을 20세기를 상징하는 여성운동 논쟁이라고 정리하고, 질적으로 다른 여성운동을 전개하는 여성과 남성 공동체적인 여성해방론자들을 포스트모던의 여성운동자들이라고 부른다. 그들의 여성해방론은 간결하다. 여성다움으로 다시 되돌아가는 것이 바로 여성의 개별적 다양성과 여성이 원하는 문명의 양성성을 살리는 길이며, 그 길로 되돌아가는 것이 여성운동이 걸어야 할 방향이라는 것이다. 기존의 여성운동이 남성 지배에 대한 이분법적인 대결과 투쟁의 결과로 여성으로서의 인간적인 정체성을 찾아내는 데는 어느 정도의 성과를 올렸지만, 인간으로서 여성성을 완성해 나가는 데는 처절하게 실패했다는 것이다. 여성에 대한 생물학적 아름다움보다는 사회적 권력 추구의 역겨움이 겉으로 드러났기 때문이다. 남성 증오의 철학으로 무장한 여성운동이 끝내 안착되어야 할 운동은 바로 레즈비언운동의 완성이라는 극단론이 바로 그런 실패한 여성운동의 사례로 열거되기 시작했다. 이런 극단론은 여러 여성운동 이론 중에서도 하나의 해프닝이며, 남성중심의 게이운동에 대한 반작용이었다. 그들은 여성 자궁 폐기론처럼 극단의 여성운동 말기적 증상을 보여 준 여성해방론에 속한다.

이런 여성해방을 거부하며 인간으로서 여성성을 지켜 내는 것이 진정한 여성운동의 길이라고 선언하는 이들이 바로 에코 페미니스트들이다.[19] 이들 역시 여성의 차이를 인정하려면 여성차별의 문제부터 다루어야 한다고 보지만, 진정한 여성해방은 여성차별에 대한 쟁점 만들기나 그로부터 얻어지는 정치권력의 배분에 있는 것이 아니라고 본다. 에코 페미니즘은 여성이 하나의 개체적, 독립적 인종인 것처럼 남성도 여러 다양성 중의 한 종류임을 인정해야 한다고 주장한다. 환경친화적인 환경론자들이 환경과 인간 간의 관계에서 서로 숨 쉴 수 있는 여백을 중요하게 간주하듯이, 에코 페미니즘 역시 여성이 남성과 관계의 여백을 만들어 냄으로써 여성 차이의 독립성을 추구해야 한다고 주장한다.

포스트모던의 여성운동은 여성과 남성 간의 서로 다른 가치관부터 인정한다. 서로 다른 심리적인 여백, 서로 다른 문화적 다양성도 인정한다는 점에서 여성운동의 목적이 남성 타도나 권력투쟁이 아니라 여성의 성취에 있다는 점을 분명히 내세운다. 남성에 대한 투쟁은 여성 성취를 위한, 어쩌면 여성해방을 위한 절차적인 전략적 수단이지 여성운동의 목표가 아니라는 점을 확실히 인정함으로써 기존의 여성운동이 잘못 짚은 수단과 목표 간의 혼동을 극복해야 한다고 주장한다. 그들은 생물학적으로 결정된 성의 차이를 순수하게 인정하는 것 역시 여성운동의 한 형식이라고 간주한다. 여성이 정치권력적으로 남성과 다르다는 점을 분명하게 확인하고 그 차별로 생긴 정치경제 · 문화적 불평등을 해결해야겠다는 것이 기존의 여성해방론이라고 한다면, 포스트모던의 여성운동은 남성과 여성의 성적 차이뿐만 아니라 사회적 · 정치적 · 경제적 역할의 차이도 인정함으로써 여성들에게 그들의 차이에 해당되는 정치적 · 경제적 · 문화적 평등을 확보해야 한다는 점을 강조한 것이다.

‘성(性) 차이’의 복원과 교육자본 축적

여성주의적 여성운동의 필요성은 여성운동의 제3물결 세력들이 가동하기 시작했다. 그들은 실력 있는 여성성이 바로 여성해방의 본질이라는 생각 아래 사회 이곳저곳에 산재하고 있는 배움과 나눔, 그리고 만들어 냄의 장소를 그들을 위한 실행 가능한 교육자본으로 활용할 수 있는 가능성을 제기하였다. 말하자면 여성들의 인적자본인 직업능력 개발, 여성들 간의 네트워크 가동을 통한 사회자본의 축적과 그것을 사회적으로 가능하게 만들 수 있는 여성들의 배움력 증진 등을 새로운 여성운동의 기반으로 본 것이다. 그런 여성운동의 근저를 다져 준 여성운동가의 한 사람으로 나오미 울프(Naomi Wolf)를[20] 들 수 있다. 그녀는 여성들이 과거 1900년대 초기와는 달리 여성들 스스로 사회, 문화, 정치, 교육 등의 각 분야에서 상당할 정도로 힘을 얻었고, 실제로 여성들의 힘을 보여 주었다는 사실에 주목한다. 그러므로 더 이상 여성을 사회의 희생자로 간주하는 것 자체가 여성운동을 궁지로 몰고 갈 위험이 있다고 강조함으로써 새로운 시각의 열린 여성운동의 필요성을 역설했다. 그녀는 새로운 여성운동의 좌표로 실력 있는 여성운동, 힘이 실린 여성운동을 제시했다.[21]

울프와는 조금 다르지만, 웬디 샬릿(Wendy Shalit) 역시 그녀의 첫 저서인 『겸양으로의 복귀: 잃어버린 미덕을 찾아서(A Return to Modesty: Discovering the Lost Virtue)』에서 여성과 남성 간의 '차별' 을 부각시키는 대신 서로 다른 질적인 '차이' 를 강조한다. 그녀는 수치심, 프라이버시, 성 조심성을 잃어버린 미국 사회의 현실을 비판하면서 "이제 우리 여성은 페미닌 미스티크와 남성의 진정한 명예를 되찾길 원한다." 라고 주장함으로써 여성의 실력과 그들이 누려야 할 여성으로서의 인간적인 가치를 주장하고 있다. '불건전한 억압이나 내숭쯤으로 치부되었던 겸양의 회복' 을 통해 여성이 여성다움과 자기존중심을 간직하는 것이 여성해방의 본질이라고 주장함으로써 기존의 여성운동과는 사상적인 결별을 준비했다.

또 다른 포스트모던의 여성운동가인 다니엘 크리텐든[22] 역시 『어머니들이 우리에게 말해 주지 않은 것—현대 여성은 왜 불행한가』를 통해 에코 페미니즘의 실제성을 드러내 보였다. 크리텐든은 '여성 스스로 남성의 애정을 끊임없이 확인하려는 욕망은 성혁명으로도 지울 수 없는 여성의 본능' 이라며 그런 여성성의 회복이 여성해방의 본질이라고 주장한다. 또한 '여성이 남성과 가정에서 독립해 홀로 서야 한다고 주장하는 과정에서 여성들이 과거보다 더 많은 것들을 잃고 있다.' 고 지적하였고, 자녀를 놀이방에 맡기고 일터로 향하며 늘 마음 한구석에 죄

책감을 느껴야만 했던 수많은 직장여성들에게 상당한 공감을 얻고 있다.

겔마인 그리어(Germaine Greer)가 출간한 『완전한 여성(The Whole Woman)』 역시 남녀평등의 이면을 예리하게 분석하고 있다는 점에서 앞의 저서들과 맥락을 같이한다. 그녀는 '남성과의 평등 추구가 오히려 여성들에게 남성을 모방하려는 결과를 낳게 만들었다.' 고 비판하고 있다. 여성들의 성해방 문제도 본래의 의도와는 달리 여성들이 성적으로 적극적이어야 한다는 식으로 변질됨으로써 여성들에게 오히려 새로운 성의 억압을 초래했다고 지적하고 있다. 이어 그녀는 기존의 여성운동이 주장했던 남성에 대한 여성의 우월성 찾기는 오히려 '남자만큼이나 남자처럼 경쟁적, 공격적, 호색적이고 잔인하라고 가르친 여성운동이 끝내 여성을 남자만큼이나 남자처럼 나약하고 가엾은 것' 으로 추락하게 만들었다고 신랄하게 비판하고 있다. 또 기존의 투쟁적 여성해방론은 여성들이 '성적으로 적극적이지 않으면 매력이 없다는 생각을 불어넣어 줌으로써 미혼여성들을 자기 스스로 통제할 수 없는 분노감과 패배감 속에서 좌절하게' 만들었다고 비판하고, 이는 무책임한 여성해방운동론자들의 정치적 이기심 때문에 그렇게 된 것이라고 비판했다. 그리어는 이런 점으로 비추어 보아 여성의 해방을 위해서는 "여성의 가치를 지키기 위해 여성 스스로 기존의 무책임한 여성운동자들에게 다시 분노할 때"라고 주장하기에 이르렀다.[23]

나타샤 월터(Natasha Walter)는 여성에 대한 이해에서 맥락을 같이하면서도, 『새로운 페미니즘(The new Feminism)』이라는 저서에서 기존의 페미니즘은 일종의 낭만적인 감상주의에 빠져 있다고 경고하고 있다. 그녀는 영국이나 파키스탄 등에서 여성 수상이 나오는 시대에 살고 있는 형편에 여성, 남성을 가르는 일은 여성운동의 성숙을 위해 가당치 않은 일이라고 생각한다. 과거의 여성운동, 특히 제2물결 중심 여성운동은 '사적인 것이 바로 정치적인 것이다.' 라는 강령 속에 함몰된 채 여성운동을 너무 왜소하게 만들었다고 비판한다. 여성운동은 결코 종교적 강령이 아니라 하나의 사회운동이기에 설교가 되어서는 곤란하다는 것이 월터의 주장이다. 모든 여성이 같은 색깔과 같은 디자인의 옷을 똑같이 입는 것도 아니고, 한결같이 정치권의 한 정당만을 지지하는 것도 아니고, 모든 여성이 부부생활을 일사분란한 한 가지 방식으로 하는 것도 아니라면, 여성운동은 결코 모든 여성을 하나로 구속할 수는 없다는 것이다. 게다가 여성운동의 주체와 여성 해방론자들이 한결같이 여성이어야만 한다는 것도 우습기 그지없는 생각들이라고 본다. 여성은 직장이든, 가정이든, 정치든 생물학적으로 반대편에 서 있는 성인 남성을 필요로 하게 되어 있다. 모든 일이 여성만 하도록 되어 있는 것도 아니고, 그들 홀로 해낼 수 있는 것도 아니다. 여성이라는 생물학적인 조건은 여성의 힘을 상징하는 원천이었지, 결코 여성운동의 혁명을 방해하기 위해 존재하는 적이 아니라는 것이 월터의 주장이다.

최근에는 기존의 1, 2세대의 정치권력 지향적인 여성운동가들의 과오를 신랄하게 비판하면서 새로운 남녀 성 차이적 성 평등론을 내세우는 여성학자들의 주장도 만만치 않다. 크리스티나 소머즈(Christina Sommers)가 바로 그런 여성학자인데, 그녀는 1994년 『누가 페미니즘을 훔쳐갔나?(Who Stole Feminism?: How Women Betrayed Women)』라는 책에서 여권주의자들의 사실 왜곡과 허구성을 신랄하게 비판하였다. 소머즈는 두 번째 저서인 『사내아이 씨 말리기(The War against Boys)』라는 책에서 기존의 정치권력 지향적인 여성운동이 잘못된 여성사상이라고 혹독하게 비판하고 있다.[24] 이런 잘못된 정치권력 지향적인 페미니즘 때문에 미국 소년들이 남성다움을 잃어가고 있으며, 이 때문에 남성이 2류 시민으로 전락할 위기에 처해 있다는 것이 그녀의 주장이다.

소머즈의 주장은 지난 세기 동안 여성운동을 지배해 온 길리건 등의 여성학자들에 대한 비판이기도 하다. 그동안 길리건은 여자 아이들이 남자 아이에 비해 불리한 위치에 있다는 전제 아래 여성단체들이 그것을 정치 쟁점화하는 데 성공했다.[25] 여성들의 정치세력에 휘말린 의회는 1994년에 「성평등교육법」을 제정했고, 이에 여학생들은 많은 특혜를 얻었다. 남학생들은 남성 스포츠를 즐길 기회마저 상실했다. 심지어 가부장 사회에서 자란 남자 아이들은 파괴적 성향을 갖기 때문에 그들을 여성적으로 순화시켜야 한다는 여성운동의 주장 아래 미국의 교육계는 남녀학생 평등교육론의 캠페인을 전개하기도 했다.

소머즈는 기존의 정치권력 지향적인 여성운동가들이 내세우는 연구 결과들은 근거가 박약한 새빨간 거짓말이라고 조목조목 반박하기에 이르렀다. 남학생에 대한 극단적 사례를 일반화해서 여학생들의 능력을 위기로 몰아갔으며, 심지어 그렇게 하기 위해서 남학생들을 폭력적인 동물이라고 비난하는 쪽을 기꺼이 선택하기까지 했다면서 기존 여성운동의 허구를 들추어 냈다. 소머즈는 여학생들이 교육현장에서는 기존의 주장과는 달리 여러 면에서 유리한 위치에 있다고 주장했다. 실제로 교육적 위기에 처한 것은 여자 아이가 아니라 남자 아이들로 남학생들의 학업성취도는 갈수록 뒤떨어지고 있으며 대학 진학률도 낮아지고 있다고 보고하면서, 여성운동이 성공하기 위해서는 남성보호가 우선해야 한다는 주장까지 내놓았다. 지금 같은 추세가 계속되면 남성은 그야말로 제2의 성이 되어 노동력마저 떨어지게 되고, 남자 아이들은 성적으로 남성성을 거세당한 이상한 종족이 될 것이라고 경고하고 있다. 이를 막기 위해서는 이제 남녀는 생물학적으로뿐만 아니라 다른 많은 면에서 기질적으로 다르다는 점을 서로 인정하고, 남자 아이들을 남자답게 키우는 것이야말로 진정한 성평등의 사회를 가꾸는 지름길이라고 주장하고 있다.

결국 그녀의 주장은 기존의 정치권력 지향적인 여성운동이 교육자본을 하나로 통합하기보다는 파편화하는 데 일조했고, 여성과 남성 간의 조화보다는 경쟁과 긴장의 관계로 몰아넣음으로써 교육자본의 총량을 감소시키는 데 일조했음을 이해하게 하기에 충분했다.

일련의 이런 주장이나 이야기는 기존의 여성운동가들이 내세운 관점을[26] 무조건 반대하는 것도 아니며, 성평등이나 사회문화적인 성역할로서 젠더(gender)에 입각한 성평등의 실현을 거부하는 것도 아니다. 줄리아 크리스테바(Julia Kristeva)나 엘렌 식수(Helene Cixous)가 여성 정신질환자들을 정신분석학적으로 연구하면서 이미 결론 내렸던 것처럼, 이런 주장은 여성이 남성과 기본적으로 의식구조가 다르다는 점을 생물학적이나 사회정치 · 문화적으로 충실하게 재현해 내고 있는 것에 지나지 않는다. 다시 말해, 여성을 그 옛날처럼 방 속에, 부엌 속에, 아이들 틈바구니 속에 가두어 두려는 것이 아니다. 그것보다는 여성이 남성에 비해서 종적으로 우월한 위치를 확보하고 있는 여성성의 부각이 여성운동의 새로운 주제가 되어야 한다는 점을 내세운 것이다. 말하자면 여성만의 생물학적이고도 심리적인 성이 고유하게 내비치고 있는 색깔로서 여성적인 '차이'를 있는 그대로 문화적으로 표현하고 그것의 위치 설정을 제대로 인정하는 것이 오히려 성평등을 위한 지름길이라는 것이다. 이런 일이 바로 여성운동을 교육자본 구축의 중요한 지렛대로 활용할 수 있음을 드러내는 일이 된다.

그런 점에서 포스트모던의 여성운동은 소수의 정치권력 지향적인 여성해방운동가를 위한 여성해방론을 거부하고 모든 여성을 위한 사회문화적인 여성운동을 선호한다. 실력 있는 여성을 위한 평생학습적인 여성운동, 환경친화적인 여성운동, 그리고 교육자본 형성적인 여성운동을 지향한다. 여성들만이 고유하게 지니고 있는 생물학적인 조건을 훼손하기보다는 그 조건을 여성운동의 조건으로 삼으며, '모든 이를 위한 여성교육'과 '각자화된 여성의식화 교육'을 중심으로 한 여성운동의 필요성을 역설한다. 포스트모던의 여성운동은 여성과 남성 간의 차이를 사회정치적인 차별화에 악용하는 것을 반대하고, 남녀 간의 생물학적인 차이를 사회적 · 정치적 · 문화적으로 인정하는 것에서 시작한다. 기존의 모더니티 사회가 여성을 향해 남녀 간의 생물학적인 다름의 차이 때문에 서로 다른 사회적인 역할을 부여받는 것을 당연하다고 간주했다면, 포스트모더니티 사회는 남녀 간의 생물학적인 차이는 극복될 성질이 아니며 서로가 조화되어야 한다고 본다. 서로가 존중받아야 서로가 성장하며, 서로가 성장해야 서로가 구속하여 보살필 수 있다고 간주한다. 성이란 여성과 남성의 정체성을 각각 의미하는 것이 아니고 어느 하나의 성에 대한 독점을 거부한다. 말하자면 그동안 남성성에게 적합하다고 믿거나 강요되는 그런 특정 행위를 거부하는 양성평등의 '성 구성주의'적인 시각을 수용하고 있다.[27] 이것은 코끼리는 코끼리의 육중함을 보여 주니까 코끼리로서 아름다운 것인데, 코끼리가 별안간 여우로 바뀌어 여우 소리를 내면 더 이상 코끼리로서 아름다움을 가지지 못한다는 식의 이야기가 지니는 일반론적인 타당성을 보여 주는 대목이다.

이런 남녀 간의 생물학적 차이는 자궁과 페니스의 생물학적 차이에 따라서만 드러나는 것이 아니다. 설령, 그들이 트랜스젠더를 한다손 치더라도 어떻든 간에 어느 한쪽의 성을 선택할 수밖에 없다는 점에서, 성적인 차이에서 기인한 서로 다른 속성들의 차이는 심리적이거나 윤리적인 것에서도 확실하게 드러난다. 예를 들어, 인간은 관계 안에서 태어나 관계 안에서 성장하고 관계 안에서 죽어 가기에 인간의 본성은 원초적으로 관계 안에 존재한다. 이 말을 상기해 볼 때 인간은 관계 안의 존재로서 관계 안에서의 '상호 의존' 으로 먹고 살게 되며, 인간인 이상 누구나 성 차이에 관계없이 타인에 대한 그런 관계의 의지와 '보살핌의 윤리' 를 지닐 수밖에 없다. 보살핌에 대한 여성의 시각은 단순히 모성적인 그것으로서 남성의 그것과 개념적으로 차이를 가지는 것이 아니다. 오히려 여성이 보여 주는 독립된 윤리관인 보살핌의 윤리는 남성의 그것과 질적으로 다르다.

배움학의 여성운동

배움학의 여성운동은 남녀 간의 '생물학적 성 차이' 를 '사회문화적 성차별' 로 몰아 온 사회적 관행을 일상생활을 통해 개조해 가는, 성 차이 존중의 각자적인 배움의 우월성과 지역의 배움공동체 자율주의를 강조한다. 성 차이 존중을 위한 자율주의는 여성들에게 자기주도학습, 자기 경험, 문제해결의 방법을 통한 일상생활 속에서 여성 개조와 성 차이 존중의 사회적 일상성을 중요시 여긴다. 이 점은 여성운동의 이데올로기적 상징어인 '사(私)적인 것은 본질적으로 정치적이다(The personal is political).' 라는 강령에[28] 위배되지도 않는다. 그 어떤 정치적 영역이든 개개인의 사적인 가치와 사적인 정신적 토대 위에서 형성된다는 여성주의의 정치 모토를 거부하기보다는, 오히려 그것을 여성의 일상적인 삶 속

에서 아주 구체적으로, 동시에 세부적으로 실천하도록 도와준다고 볼 수 있다.[29]

여성해방이 여성의 천부적인 생물학적이고도 문화적인 조건, 즉 '무균질의 여성성' 을 되찾는 것이라면, 그것은 '여성은 여성이다.' 라는 그 이상도 그 이하도 아님을 확인해 내는 일과 같아야 한다. 그러기 위해서는 여성의 차이를 되찾아 확인해 주는 사회문화적인 조건을 되찾는 것이 여성운동의 과제가 되어야 한다. 그동안 여성 차별이 관행화된 것은 어쩌면 여성과 남성은 인간이라는 점에서 같은 노동의 조건을 가지고 있다는 점을 정치경제적으로 최대한 악용해 온 사회적 폭력의 결과다. 성 차이의 아름다움과 성 차이 존중을 위한 가능성이 다양하다는 점을 교육자본의 축적을 위해 복원시키는 것은 여성으로서 인간을 위한 새로운 여성운동의 르네상스를 약속하는 것이 될 수도 있다.

성 차이 존중, 여성주의 본질 찾기의 사회적 정당성과 일상성을 확보하는 것은, 희화적으로 표현하자면 여성 스스로 날마다 그리고 매 시간 조금씩 '못되는' 방법을 익히는 일로[30] 시작될 수 있다. 우테 에어하르트(Ute Ehrhardt)는 그것이 여성주의 여성운동을 위한, 여성의 의식화를 높이는 가장 의미 있는 실천수단이며, 실력 있는 여성과 힘 있는 여성을 위한 현실적인 방법이라고 강조한다. 또한 여성 스스로 매일같이 자기 배움으로 자기의 여성성을 찾아가기 위해 기존의 잘못된 관행에 대해 '못될' 때 비로소 가장 잘된 사람, 가장 여성스러운 사람, 배움으로 자신의 모습을 가장 잘 찾아낸 사람으로 거듭난다고 강조하면서, 여성 스스로 가족, 남편, 이웃과 같은 타인의 기대에 맞추어 가는 것보다 자기의 기대, 자기의 배움에 맞추어 가는 여자가 되는 길이 여성 스스로의 자기를 완성하는 지름길이라고 충고한다. '못된 여자' 라고 부르는 여자란 기본적으로 남들이 자신에게 무엇을 기대하느냐보다 자기 자신의 일을 이루어 가는 것에서 자신의 의미를 만들어 가는 여자이기 때문이다. 생의 기쁨을 느끼면서 자신이 하는 일에 대해 죄의식을 느끼지 않는 성의 차이를 최대한 드러내 보이는 여자가 바로 '못되어 가는 여자' 다.

못된 여자들은 다른 사람에게 무조건 불친절한 여성을 의미하는 것이 아니다.

오히려 정반대다. 못되어지는 여자는 자기 자신에게 우선적으로 친절하기 때문에 남에게 그렇게 보일 뿐이다. 남의 마음에 상처를 내더라도 솔직해질 것과 한번쯤 아무런 두려움 없이 자기가 바라는 것과 목표하는 것을 당당하게 요구하고 표현할 것을 촉구한다. 그렇게 하려면 엄마는 식탁에서 아들에게 생선 몸통을 먹이고 자기는 생선의 머리토막을 먹으면서 어두일미(魚頭一味)라는 말로 상황을 모면하고 행동을 정당화하는 일부터 거부해야 한다.[31] 모성이라는 이름 아래 엄마의 여성화를 정당화한 것이 아니라, 여성이라는 이름 아래 모성의 아름다움을 아들에게 가르쳐 주어야 한다. 동시에 예쁘게 커 나가는 딸의 몸매를 어루만지면서 속으로는 젊음의 성적인 향기를 부러워하기보다 겉으로 드러내 놓고 표현하며 딸에게 아름다움의 표현방법을 요구하는 일상생활의 여성화가 필요하다.

매일같이 자신에게 충실해지는 법을 여성 스스로 배우는 것은 일차적으로 여성의 자아실현을 위한 지름길이다. 하지만 여성이 자기 홀로 배움학의 여성운동 틀로 무장했다고 해서 모든 것이 일순간에 해결되는 것은 아니다. 성차별의 잘못된 사회적 관행을 성 차이 존중의 사회적 준거로 변화시키기 위한 교육적인 실천방법을 생각한다면 다음의 두 가지 면에서 동시다발적으로 이루어져야 한다.

첫째는 여성의 일상생활을 평생학습의 활동이 되도록 만들어 보는 일이다. 그것은 교육자본의 틀 속에서, 말하자면 사적 교육자본의 공간이든 공적 교육자본의 공간이든 관계없이 실천되도록 해야 한다. 예를 들어, 우리 사회에서 점점 사회적 문제로 단죄되고 있는 성희롱 문제는 바로 여성에 대한 성 차이가 치밀한 사적 공간에서도 예외 없이 존중되어야 한다는 점을 여성의 일상생활의 학습을 통해 분명히 보여 주고 있는 사례다. 여성 성 차이의 존중문제는 여성 개인의 일상적인 문제인 동시에 여성이라는 집단의 문제이기 때문이다. 성 차이를 근거로 한 여성 차별의 잘못된 사회적 관행은 여성 개인만을 상대로 뿌리 내려온 것이 아니기 때문이다. 여성은 개인적으로 수모를 당해 오기도 했지만, 동시에 여성이라는 집단으로서 사회정치적 성차별을 당해 왔기 때문이다.

둘째는 여성의 차이를 집단적, 사회정치적으로 실현해 내는 성 차이 정치교육의 다양화와 강화다. 이를 위한 정치 · 교육주의적 캠페인 작업은 수없이 많을 수 있다. 이미 개선되기는 했지만, 호주제는 한국의 가부장제와 일본 제국주의의 잔재로, 여성 인권을 침해하고 남아선호의식을 조장하며 사회와 가정의 일상사에서 여성을 남성에게 법적으로 종속시키는 일상생활 속에서 살아 움직이는 정치권력의 한 형태다.[32] 이런 것과 관련된 사회적 일감들은 여성들에게 정치적 참여력을 높이는 계기가 된다. 평생학습기관이나 여성운동단체, 취업현장 등의 공적인 공간들이 바로 이런 다양성의 일상생활 정치를 위한 여성 성인학습의 현장이다. 이 현장을 여성 스스로 돌보지 않게 만들고는 그 어떤 여성운동도 불가능하다.

1) 여성의 자기 개조

매일같이 자기에게 충실하려면 일상생활을 통해 경험적으로 자기를 배우는 과정이 있어야 한다. 일상생활에서의 자기 배움은 여러 가지 학습수단과 학습방법의 활용으로 가능하다. 자기의 배움은 자기가 처한 문제를 자기주도적으로 해결하기 위한 것으로서 자신의 삶에서 보다 실천적인 양태를 지닌다. 자기의 문제해결이 실천적이려면 우선 문제해결을 위해 자기 목소리를 낼 수 있어야 한다. 파울로 프레이리(Paulo Freire)는 이것을 개인적인 의식화라고 불렀다.

그런 개인의 의식화는 여러 가지 학습 도구와 수단을 통해 증진될 수 있다. 교육자본의 여러 가지 양태 속에서 나름대로의 의식화를 길러 갈 수도 있다. 교육권력 역시 여성의 의식화를 위한 주요 매체인 동시에 그런 일이 가능하도록 만드는 관계적 교육자본이 된다. 학교와 같은 교육자본 역시 여성들의 의식화를 위해 활용될 수 있는 학습수단이다. 학교기관 같은 교육자본을 활용한다고 할 때, 그것을 페다고지적(pedagogic) 교육자본의 활용이라고 부를 수 있다. 학교의 교육자본은 그 성격상 학습자들의 의식화를 더디게 하거나 심지어 불가능하게 만들어 놓기도 한다. 왜냐하면 페다고지적 교육자본은 속성상 학습자가 먼 훗날 써먹을 수 있다고 판단되는 지식이나 기술을 은행예금의 방식으로 쌓아 놓기만 하는 학습을 우선적으로 강조하기 때문이다. 일상생활에서의 쓰임새보다는 먼 미래

지향적인 문제해결의 가능성만을 열어 가는 학습활동이 학교 중심적인 교육자본의 작동방식이기 때문이다. 예를 들어, 색종이를 하루 종일 접게 만드는 유치원의 학습은 아동들이 언젠가는 디자이너가 될 수도 있다는 전제가 있기에 그랬던 것이고, 미적분과 순열 문제의 해답 찾기로 학생들의 우열을 가리는 고등학교의 수업 역시 언젠가는 그런 것을 익혀 둠으로써 아인슈타인 같은 물리학자가 나올 것이라는 막연한 먼 미래지향적인 기대 때문에 가능했던 것이다.

이런 페다고지적인 교육자본의 활동과는 다르게 배움학적인 교육자본의 학습활동이나 방법은 일상적인 배움의 현장에서 자기 목소리 내기를 위한 구체적인 경험과 나눔을 강조한다. 구체적인 의식화의 경험을 접하고, 익히고, 만들며, 나눌 수 있기에, 그들의 문제해결 방법 역시 경험적이고 생활 적용적이며 의식소통적인 인간관계의 의식화를 가능하게 만든다.

그동안 학교교육 지향적인 학습심리학자들은 여성들의 배움력을 비하해 왔다. 그들은 일상생활에서 여성들이 자기의 목소리보다는 남의 목소리에 귀 기울이는 학습 성향이 강하다고 간주해 왔다.[33] 그들은 여성 성인이 남성 성인에 비해 배우는 태도마저 질적으로 떨어진다는 식의 입장으로 그들의 연구 결과를 정리해 놓기까지 했다. 예를 들어, 호울(Houle) 교수는 미국 성인 학습자들의 경우 주된 특징이 실력향상, 성취지향, 학습지향, 자기주도 등으로 나타난다고 보았다. 그런 성인 학습자 중에서 여성 학습자들만을 따로 관찰하였는데, 여성 학습자들은 남성 학습자들과는 달리 두려움, 자기불신, 신기함으로 가득한 학습자들로 묘사된다는[34] 것이 그의 연구 결과였다. 교육 정도가 아주 높은 전문직업 여성들 사이에서도 자기 학습에 대한 불신만큼은 여전하다는 연구 결과 역시 끊임없이 보고되고 있다.[35] 이런 연구 결과는 여성 학습자들이 자기 목소리에 자신감이 결여된 학습자들이라고 폄하하는 데 일조하게 되는 결과들이었다.[36]

성인 학습자들의 인지과정을 인간의 발달단계에 서서 연구하고, 그 연구 결과를 배움학적인 교육자본의 활성화의 관점에서 이론화하는 학자들은 기존의 남성주의적 여성운동가들과는 다른 입장을 취한다. 그런 가능성의 한 장을 보여 준 사람이 프레이리였으며, 성인학습 현장에서는 벨렌키(Belenky)[37] 같은 학자였다. 그들은 여성들이 일상생활에서 남성과는 전혀 다른 자기 목소리를 강하게 내는 자기주도적인 학습자들임을 경험적으로 증거해 내고 있다. 벨렌키와 그의 동료들이 135명의 서로 다른 배경을 가지고 있는 여성들과의 면담을 통해 밝혀낸 여성 학습의 본질과 양태에 관한 연구에 따르면, 여성들이 자기의 배움력을 위해 각자적으로 선택하는 학습방법이나 학습수단은 남성들의 그것과는 다르다. 남성은 개별적으로, 자력으로 행하는 자기독립학습 형식의 고립적인 학습 양태를 취하는 데 반해, 여성은 남과 더불어, 남들과 먼저 접하고, 익히고, 만들며, 나누는 식의 의식소통적인 관련성과 상황 의존적인 학습 양태를 취한다.

이런 주장에 대해 어떤 학자들은 여성의 학습 양태가 남성과 다르며, 그런 이유로 여성의 학습에 어떤 보상적인, 혹은 그런 학습상황에 대한 양해를 요구하는 듯한 함의를 주고 있다고 비판하기도 한다. 이는 벨렌키의 의도를 잘못 해석한 것일 뿐이다. 그가 진정으로 드러내려고 했던 점은 여성 성인학습의 차이와 여성 성인 학습자들의 학습 준비도를 높여 주면 그들의 배움이 자기주도적으로 손쉽게 활용된다는 것이었다. 그는 여성들에게도 사전학습의 개별화가 필요하다는 문제제기를 했던 것이다.

여성 역시 권위를 가진 자가 소유하는 진리가 어느 정도인지 그 가치를 평가할 잣대가 있다. 그러므로 그들 스스로 자신의 내적 권위준거 틀에 비추어 자기가 아닌 다른 사람의 외적 권위를 평가하거나 반대로 외적 권위에 비추어 자신의 내적 권위의 가치를 다른 시각으로 평가하는 과정에의 학습은 더욱더 자기주도학습의 개발을 위해 필요하다. 이런 학습과정이 여성들의 배움과 그것을 위한 의식화에 반복되면서 여성 학습자들은 내적 권위와 외적 권위를 연결시켜 새로운 학습 경험을 만들어 가는 연결학습을 발전시켜 나간다. 여성 학습자는 남성 학습자들과는 달리 자신들의 생각이나 경험과 상이한 사고나 경험마저도 일상적인 문제해결을 위해 배척하거나 폐기하기보다는 다른 학습자들과 나누며, 그것에 새로운 의미를 만들어 가는 응용학습의 귀재들임을 알려 주고 있는 것이다.

경험학습을 이론화하여 학습현장에 응용시킨 코브(Kolb)는 학습유형 판단척도를 개발하고,[38] 이 도구를 이용한 경험 연구를 통해 여성들의 학습 유형을 한마디로 '구체적인 학습방법' 을 선호하는 사람들이라고 규정했다.[39] 대다수의 여성 학습자(59%)가 구체적 경험을 통한 학습활동들을 선호했던 것에 비해, 대다수의 남성 학습자(59%)는 추상적 개념화를 통한 학습활동을 더 선호했다. 이런 양극의 경향을 보고 보수적인 기존의 교육심리학자들은 여성의 학습방법이 남성에 비해 열등한 것처럼 해석하는 실수를 범하기도 했다. 이에 대해 학교교육 중심 여성운동가들은 여성의 구체적인 학습방법이 갖는 속성과 그것의 가치에 대한 판단기준을 남성의 추상적인 학습방법에 맞춘 채 남성의 학습방법에 비해 여성의 학습방법이 열등하다고 판단하는 실수를 범하고,[40] 여성이 즐겨 활용하는 '구체적인 학습방법' 마저도 여성 차별의 사회화와 남성 억압의 산물이라고 주장하기에 이르렀다.

이미 이런 여성 학습은 사회 곳곳에 열려 있는 각종 교육자본이 수행하고 있다. 이러한 교육자본을 가장 잘 이용하는 층이 바로 여성이고, 이에 따라 여성이 평생학습활동의 주요 소비자들로 부각되고 있다. 평생학습 활동에 '적극적으로' 참여하는 우리나라 인구는 전체 인구의 약 10% 정도인 4백만 명 정도다. 그 가운데 70%가 주로 여성 학습자들이다. 여성은 한 나라의 교육자본의 성격을 새롭게 규정해 줄 수 있는 교육 이해관계 집단이기도 하다. 여성의 자녀 교육열은 국가의 인적자본의 질과 교육자본의 성격을 규정할 수 있다는 점에서, 그들이 사회에서 무엇을 익히고 있는지, 그들의 교육활동이 무엇인지, 여성의 사회적이고도 교육적인 지위 증진을 위해 여성운동가들이 추구하는 교육활동이 무엇인지를 알아내는 것은 국가 교육자본의 관리를 위해서 중요하다. 이런 문제들과 질문에 대해 우리 성인 교육학계나 여성학계가 초점 있는 논의를 해 본 적은 별로 없는 듯하다. 이런 질문은 여성운동 집단에게 매우 주요한 논쟁거리다. 교육의 목적과 방향이 무엇이냐에 따라 여성운동의 성격도 달라지기 때문이다.

2) 성 차이 존중의 사회 개조

성 차이 존중의 사회구조를 지속적으로 확산시키기 위해서는 일차적으로 학교교육을 효과적으로 활용해야 한다. 이 말은 성(sex)의 생물학적이고도 구조적인 차이는 사회적 성 역할(gender)의 차이를 가지고 있는 것이기에 그 몫을 정당하게 교육적으로 인정하는 교육활동이 필요하다는 것이다. 성 불평등은 사회적으로나 생물학적으로 잘못된 관행이며, 이에 일차적으로는 학교에서 실천될 어떠한 여성주의 학습활동이라 하더라도 그것의 공통분모는 성 불평등 문제와 사회문화적 성(gender)에 대한 바른 인식을 교육활동 영역에서 다루어야 한다는 것이다. 성 차이를 존중하는 여성주의 학습활동에서 근본적인 배움의 주체는 바로 '여성' 이어야 한다.[41]

성차별의 부당함을 없애고 성 차이의 존중을 위한 사회 개조를 위해서는 교육제도를 변화시키고 교육자본을 새롭게 활용해야 한다. 교육제도의 변화를 이끌어 갈 기본 원칙으로, 초 · 중등학교에서는 남녀 '성 차이 통합', 고등교육기관에서는 '성 차이 분화', 그리고 성인교육기관에서는 '성 차이 존중' 이 적용될 수 있을 것이다. 성 차이 존중의 지향화와 가능성은 초등학교부터 고등학교에 이르기까지 성역할의 통합과 조화를 위한 남녀공학 교육으로 현실화할 수 있다. 남녀공학의 이름 아래 남녀 분반교육을 시킬 것이 아니라 남녀 역할의 사회적 수용을 위한 실질적인 남녀공학 교육이 가능해야 한다. 초 · 중등학교에서의 성역할 공유교육은 성 차이에 기초한 잘못된 성차별의 사회적 관행을 바로잡는 토대를 확보할 것이다. 이미 우리나라에서도 이런 성역할 공유교육은 상당한 정도로 진행되어 왔다고 볼 수 있다.

초 · 중등교육과는 달리 성 차이에 기초한 성 차이 존중의 사회적 관행이 더 일반화되기 위해서는 지금의 남녀 혼용의 대학교육과는 달리 여성 전용의 여성 고등교육기관이나 연구기관의 설립이 필요할 수도 있다. 여성전문 고등교육기관은 지금과 같은 형태의 대학과는 달라야 한다. 지금과 같은 식의 학과단위, 학문의 위계를 상당한 정도로 개선하고, 공동탁아시설 운영, 홈스쿨링, 여성 정치포럼의 활성화, 여성의 문화적 실험공간 설치 등 여성 성인교육의 요람으로서 여성의 의식화를 위한 복합적인 교육자본 같은 것이어야 한다.

여성 평등의 평생학습을 도와주기 위한 교육자본으로 대학만 있는 것은 아니다. 그 외에 수많은 여성 성인교육기관들이 있는데, 이 모두가 교육자본의 축적을 위한 것이다. 교회와 사찰부터 각종 문화센터, 각종 여성운동단체에 이르기까지 수만 개의 평생학습기관이 제공하는 학습 프로그램 역시 교육자본의 축적에 도움이 된다. 여가생활 제대로 보내기부터 취업 혹은 직업 재교육을 위한 각종 전문기술이나 여성의 사회정치적 참여를 촉진하는 갖가지 프로그램 중, 어떤 것은 여성 학습자들에게 소모성이 높은 것도 있고, 노동의 생산성을 높여 주기 위한 것도 있지만 선택은 학습자의 몫이다.

여성을 위한 평생학습기관이 제공하는 프로그램이 무엇이든 간에 여성교육의 비전이 성 차이 존중을 위한 삶의 질 향상에 있기에, 기본적으로 여성을 위한 성인교육기관의 역할과 교육내용의 철학은 이미 지적한 대로 매일같이 자기 자신에게 충실해지는 학습을 가능하게 하는 것이어야 한다. 여성 시민운동기구나 정치사회단체라고 하더라도 그들의 역할 역시 기본적으로 이 틀을 벗어날 수 없다. 정치적 이해관계를 추구하든, 사회적 이해관계를 실현하려고 하든 간에 그들이 궁극적으로 추구하는 것은 여성의 자기 목소리 내기와 여성의 목소리 찾기에 있게 된다. 그들의 목소리가 보다 분명하게 사회적으로 들리기 위해서는 그 내용이 여성의 성 차이를 존중하는 것이어야 한다.[42]

이 말은 모든 여성 평생교육기관들이 여성 학습자들에게 여성학개론을 모조리 필수과목으로 가르치라는 것이 아니다. 그것은 여성 교육기관들이 교육적으로 자신감을 갖고 있어야 한다는 말이다. 이들 여성 교육기관들이 하나같이 모두 평생학습의 일반론을 벗어나지 못한 채, 여가를 선용하기 위해 무엇이든 배우는 일은 좋다는 식의 소비지향적인 아이스크림식 교과목으로 여성의 차이를 더욱더 연성화시켜서는 곤란하다. 당장은 장사가 안 되더라도 여성 성인교육기관의 문화적 이해관계를 철저히 추구하는 데 도움을 줄 다양한 문화, 사회, 경제 부문의 목소리 내기 교과목과 '호두까기' 식 사회참여 방법의 각론화된 프로그램들도 함께 그리고 줄기차게 운영해야 한다. 동시에 이들 성인교육기관들이 가르치고 학습하는 모든 과목이나 내용에는 성 차이 존중의 기본적이고 사상적인 흐름이 통합적으로 깔려 있어야 한다. 그러기 위해서는 결국 여성에게 무엇인가 자꾸만 부족하다고 간주하면서 그들을 학습결손인으로 몰아가고[43] 가르치는 일만 할 것이 아니라, 자기의 자존을 위해서 스스로의 자기주도학습이 가능하다는 학습의 자활감을 심어 주고 그것이 현실적으로 가능하도록 학습상담과 학습의 의식화 활동을 실천해야 한다. 말하자면 모든 학습 프로그램과 학습활동에 성 차이 존중의 분위기 구조가 일상생활화되어야 하는 것이다.

3) 여성의 경제력 향상

공공기관이 하지 못하는 일을 주부들이 해냄으로써 지역사회의 주역으로 등장하는 일은 한국에서도 흔히 볼 수 있다. 도서관을 돕는 주민 모임인 '도서관 친구들(Friends of Libraries)'이 바로 그러한 예다. 예를 들어, 미국의 경우 주부 중심의 도서관 친구들은 전국적으로 수천 개나 있다. 도서관 같은 지역사회의 교육자본을 지역주민 친화적인 배움터로 만드는 일은 여성의 배움력을 여성의 세력화라는 시각으로 돋보이게 만드는 기회를 마련하는 것이다.[44]

여성의 세력화는 일차적으로 여성 개인에게 경제적 능력을 향상시켜 주는 일을 본격화할 때 가능해지기 시작한다. 여성 취업률의 신장은 여권신장이나 페미니즘의 성공 여부에 관계없이 남성과 여성 모두에게 해당되는 경제적 불평등을 해소하고 사회적 정의를 바로잡는 수단이다. 세계적으로 여성의 의회 진출이 30%를 넘는 나라치고 여성의 고용률이 낮은 나라는 하나도 없다.[45] 이에 비해 우리나라 여성의 취업률은 이들 나라에 견주어 볼 수 있을 정도가 못된다.

예를 들어, 한국에서는 특히 25세 이상의 대학교육을 받은 여성 노동자의 활용은 물론 그 연령 이하 여성의 직업 참여가 외국에 비해 상당히 저조하다. UNDP의 보고서에 따르면 175개 조사 대상국 중 우리의 일인당 GNP는 29위로 상승했으나, 여성의 사회참여 정도를 나타내는 여성권한척도(GEM)는 75위로 하위권에 머물러 있다. 이러한 지표는 우리나라가 국제 비교에서 경제발전과 생활 수준은 중상위권일 수는 있어도 여성의 사회진출은[46] 아직도 선진국의 대열에 낄 수 없음을 보여주고 있다. 동시에 여성운동의 실질적인 모습 역시 아직도 논쟁 수준, 소수의 여가활동 정도에 머무르고 있음을 암시하고 있는 것인지도 모른다.

여성의 능력을 극대화하려는 사람들은 여성이 직업현장에서도 한 여자로 살아가는 것에 대해 완전한 해답을 찾으려고 노력해 왔다. 그런 노력 중의 하나가 남성과 여성이 노화되면서 보여 주는 성역할의 변화에 대한 관심이었다. 재닛 졸링거 질르는 이런 현상 중의 하나를 성역할 교차의 관점에서 설명하고 있다. 그녀가 주장하는 성역할 교차론에 따르면, 여성은 자신의 파트너인 남성 상대를 배려하고 함께하려는 협조적인 면을 계속 가지고 있다. 그러나 그런 감정은 세월이 흐를수록 점점 변화되어 여성은 더욱더 강하고 독립적이고 자기주장이 강해지며, 심지어 남성과 경쟁적인 관계를 맺게 된다는 것이다. 반대로 남성은 자율적인 성격을 유지하면서도 부드럽고 감성적이고 자상한 여성적인 일면을 보이면서 감정의 범위를 확대하게 된다는 것이다. 이것은 여성의 입장에서 보면 개인적 성장과 개인적 경력개발에 중요한 요소로 작용한다. 이런 성역할의 교차에 따라 여성이 남성적인 자질을 드러냄으로써 여성으로서의 여성성을 상실하는 것이 아니라 오히려 여성의 감성을 더욱 풍부하게 발휘하게 된다.

성역할 교차론은 여성의 인력개발 현장에서 여성의 성과를 새로운 시각으로 이해하게 만든다. 남성성을 여성성의 한 측면으로 지닌 여성은 생산현장에서 남성으로서는 드러낼 수 없는 부문에서 생산성을 높일 수 있는 핵심역량을 발휘할 수 있다. 기업이나 생산현장에서는 이런 여성의 새로운 모습을 눈여겨보아야 하지만, 기업의 현실은 성역할 교차론 같은 것에 별로 관심을 보이지 않고 있다. 이런 성역할 교차론이 기업현장에서 주목을 받지 못하는 이유는 여성노동자 취업의 'M곡선' 징후 때문이다. M곡선에 따르면 여성의 취업률은 20대 중반까지 상승곡선을 타다가, 20대 중반에서 30대 중반까지 최저치를 그리며, 30대 중반 이후 다시 상승한다. 이는 여성이 결혼과 함께 임신과 출산, 육아 문제로 노동시장에서 이탈하게 되었다가 재진입하는 여성의 생애주기를 그대로 보여 주는 것이다. 한국 여성은 자녀 양육을 위해 노동시장을 이탈하는 이러한 M곡선의 형태를 보이고 있다.

이런 현실은 여성의 임원진출 제한에서 잘 드러난다. 예를 들어, 국내 주요 기업체에 근무하는 상무급의 여성 임원 중 68%가 현재 업무에 만족하고 있지만 76%는 현실적으로 CEO가 될 수 없다고 생각한다는 조사보고가 바로 그것이다. 이 같은 결과는 조선일보가 국내 100대 기업과 IT 전문업체에 근무하는 33명의 상무급 여성 임원 전원을 대상으로 실시한 설문조사 결과로 확인된 것이다. 이 조사에서 자신의 업무에 불만족스러운 여성 임원은 그 이유로 '자녀와의 시간이 모자란다.' 는 점을 주로 들었다. 그들이 승진에 걸린 기간은 100대 기업의 경우 평균 18.6년, IT 전문기업의 경우 13.5년이었다.[47] 이 점은 교직계에서도 마찬가지다. 여성 교장과 교감이 매년 늘고는 있으나 여전히 전체 여성 교원 비율에 비해 턱없이 낮은 것으로 보고되고 있다. 교육인적자원부에 따르면, 현재 초·중·고 교장 8,952명 가운데 여성은 827명으로 9.2%, 교감 9,557명 가운데 여성은 1,540명으로 16.1%를 차지해, 전체 교장과 교감 1만 8,509명 가운데 12.8%인 2,366명이 여성일 뿐이었다.[48]

경제활동에서 개인의 생존을 위해 여성이 보여 주는 취업활동은 여성 개인에게 실질적으로 사회적인 참여의 기회와 개인적인 능력의 발휘, 그리고 개인의 배움력을 드러내 놓게 한다. 취약계층의 여성에게는 경제력을 줌으로써 그들의 목소리에 자신감이 실리게 만들고, 전업주부에게는 사회, 경제, 정치의 장을 경험하게 함으로써 그들의 목소리에 힘을 가지게 한다. 취업의 일상생활 현장은 여성과 남성 모두에게 성 차이의 존중을 실현하는 공적인 장이 되고, 그 안에서 페미니즘의 실천을 구체화할 수 있기에 여성 취업률을 높여야 한다. 여성의 취업률이 높아지면 가사분담의 성인교육도 가능해지고, 이혼할 경우도 여성 스스로가 긍정적이고 능동적으로 문제를 해결할 수 있다.[49] 현실적으로 여성의 평균수명은 남성보다 약 8세가 높은 78세다. 여성의 평균수명이 점점 더 길어짐으로써 야기될 수도 있는 사회문제를 예방하려면 노동시장에서 여성들의 취업활동을 활성화시키는 일이 필요하다. 그러한 여성들의 활발한 노동 참가는 여성의 삶의 질을 높여 주는 효과적인 수단이 된다.

여성해방운동의 성패에 관계없이 통계적으로 인구의 절반을 차지하고 있는 여성에게 그 지분만큼의 취업 자리를 열어 주어야 한다면, 노동시간 낭비투성이의 종일 정시제 고용구조의 일자리를 현재 일본이나 서구 사회에서 활성화되고 있는 시간제 고용구조로 개선하는 데 여성운동이 앞장서야 한다. 노동운동의 형식과 내용도 바뀌어야 한다. 남성중심의 고용구조는 교수직에서도 예외가 아니고 공무원직에서도 예외가 아니다.[50] 이런 고용구조의 개혁은 페미니즘의 요구와 관계없이 국가의 경제발전을 위해 필요한 일이다. 노동력 허비 취업구조를 노동 집약 취업구조로 바꾸는 것은 새로운 고용창출의 길이기도 하지만, 남자에게 가사분담뿐만 아니라 가정의 여가생활을 위한 경제적 대안을 마련해 줄 수도 있다.

여성을 위한 고용정의의 실현은 당장 어렵다고 하더라도 여성취업촉진운동은 여성부나[51] 여성운동단체, 그리고 다양한 여성 성인교육기관이 성 차이 존중의 사회를 만들기 위해 사회적 운동으로 끈질기게 계속해서 전개해야 한다. 이 운동이 현실적으로 성공하면 페미니스트들이 전개하는 여성운동의 질이 어느 정도인지를 판가름할 수 있다. OECD는 한국경제보고서에서 한국이 해결해야 할 주요 과제로 노동력 확보를 꼽고 있다. 그중에서도 노동력 부족의 주요 원인으로 꼽은 여성의 낮은 경제활동 참여문제를 여성 스스로 '개 닭 보듯이' 해서는 곤란하다.

여성의 저조한 취업률은 여성 차별의 관행보다는 우리나라 노동고용의 구조적 왜곡현상 때문에 생긴 것이기는 해도, 그 사회구조의 모순이 가지고 있는 희생의 대가를 여성이 치르게 해서는 곤란하다. 고학력 선호, 전일제 고용 선호, 느슨한 근로 자세, 노동에 대한 적당한 접근 등 느슨한 노동윤리와 우리나라 나름의 차별적 고용 관행을 바로잡기 위해서는 일차적으로 여성 진출이 현저하게 부진한 국가공공 고용 부문부터 시작해서 일반 정시제 고용 분야에 이르기까지 우대조치로써 '인력할당제'가 필요할 것이다. 사기업에서는 이런 우대조치를 반대하고 있어, 정부가 먼저 솔선수범하여 공공분야에서 채택하고 사회 전체에 확산될 수 있도록 여성시민단체가 힘을 모아야 한다.[52] 이 부분에 대한 여성운동의 관심은 다른 어떤 여성운동의 일감 찾기보다도 우선해야 할 것이다.

미주

1 참고: Code, L., & CRIAW. (1991). Is feminism ethics possible?

2 우리가 부부는 일심동체라고 하는 것은 자식을 생산하는 행위와 결과를 존중해서 하는 이야기다. 이 말이 의미하는 것이 무엇인지 충분히 공감이 되기는 하지만, 아기를 낳는 실질적인 고통은 여성이 홀로 경험하는 것이다. 부부가 사랑의 기분으로 뽀뽀를 하는 그 순간 두 사람의 감정이 하나로 느껴지는지는 몰라도 한 가지 분명한 사실은 두 사람이 제각기 호흡한다는 사실이다.

3 캐롤 타브리스(Tavris, 2000)의 이야기는 여성운동의 모더니티가 가지고 있는 문제에 대한 또 다른 해답을 준다. 그녀는 자신의 책에서 남녀 투쟁의 가능성과 공존성 모두를 엿보고 있다. 서양의 민간설화에는 아내를 여섯이나 죽이다 일곱 번째 아내에게 들켜 결국 죽음을 면치 못하는 '푸른 수염'이라는 사내에 대한 이야기가 있다. 일곱 번째 아내 주디스는 남편에게 일곱 번째 방문은 절대로 열지 말라는 명령과 함께 그의 성 안에 있는 모든 방의 열쇠를 넘겨받는다. 처음 여섯 개의 방 안에는 남편이 자기에게 알려 주고 싶어 하는 그의 멋진 모습들로 가득 차 있었다. 그러나 주디스는 방마다 화려하게 펼쳐져 있는 남편의 모습 뒤에 무언가가 숨겨져 있다는 느낌을 떨치지 못해 일곱 번째 방문을 열고 만다. 그 속에서 그는 자기처럼 호기심을 억누르지 못했던 여섯 부인의 시신을 발견한다. '여성과 남성이 다르지도 똑같지도 않은 이유'는 남성 세계의 일곱 번째 방문을 거침없이 열어젖힌다. 그동안 남성이 기꺼이 열어 보인 여섯 개의 방에는 한결같이 만물의 척도인 남성에 비하여 무언가 모자라는 여성의 모습이 그려져 있다. 곧 죽음을 직감한 주디스는 자기가 살기 위해서는 푸른 수염을 죽여 버려야 한다. 그를 죽이는 것이 여성이 사는 길이라고 가르친 것이 기존의 페미니스트 운동의 한계였다. 이제부터 공존하라고 가르쳐야 한다. 푸른 수염을 잘라 버리고 멀었던 한쪽

눈을 뜨라고 아무리 이야기해도 그것은 부질없는 일이다. 결국 남성이 열어젖히기를 거부하는 그 방을 열어젖혀 그들의 운명을 보아야 한다. 남는 것은 결국 투쟁 이외에 그 무엇인가? 공존하는 것은 없는가? 남성은 여성에게 문제도 주지만 해답도 준다. 사랑이라는 이름 아래 남성의 모든 이야기는 허구도 주고 문제도 주고 열쇠도 준다[참고: Tavris, C. (1999). 여성과 남성이 다르지도 똑같지도 않은 이유(역)].

4 빈민촌인 경우 놀랍게도 남성의 사회적 역할이나 그들의 주장은 여성에 비해 열악하기 그지없다는 현장연구 결과도 보고되고 있다. 이런 곳에서는 남성 상위의 가부장제의 위력보다는 여성중심의 가부장제의 힘이 막강하게 행사된다고 설명한다.

5 참고: 나윤경(1999). 페미니스트 페다고지: 여성 학습자만을 위한 교수방법인가?

6 참고: Nicholson, L. J. (Ed.) (1990). Feminism/postmodernism.

7 참고: Sheehy, G. (1998). Understanding men' s passages: Discovering the new map of men' s lives.

8 모더니티 페미니즘과 포스트모던 페미니즘 간의 조류를 시대별로 나누는 것이 두 사상 간의 차이를 이해하는 데 도움을 주는 것은 사실이나, 그것만으로 두 사상의 조류를 가르는 것은 두 사상을 제대로 분석하는 데 크게 도움이 되지 않는다. 다만, 20세기 이전의 사회사상들이 그런 것처럼 모더니티 페미니즘 역시 거대한 이론의 구조에 영향을 받고 있는 것이 사실이다. 반대로 포스트모던의 페미니즘은 그 나름대로 20세기 이후의 새로운 사상적 사조에 영향을 받은 것이 사실이다.

9 페미니즘의 흐름을 제1물결, 제2물결, 제3물결로 구분하였을 때, 제1물결 중심 페미니즘에서 강조되었던 여성운동의 핵심은 여성 차별 철폐였다. 이를 위해 교육에서의 성차별, 취업에서의 성차별 철폐운동이 전개되었다. 제2물결 중심 페미니즘은 1960년대 이후의 사회조류를 반영하는 민권운동 차원에서의 여권신장, 가부장제적인 사회규범 개혁과 여성의 의식화가 주류를 이루었는데, 이것을 상징하는 것이 바로 '사적인 것은 정치적인 것(The personal is the political)' 이라는 강령이다. 제3물결 중심 페미니즘은 신세대 여성이 주축을 이루는 페미니즘으로서 여성운동이 어느 정도 성과를 얻었다는 전제 아래 경제적 불평등, 인종적 편견 극복 등의 쟁점을 가지고, 보다 문화적 · 정치적 다양성을 존중하는 여성운동을 실천하는 조류다. 이것을 대표하는 단체가 WAC(Woman' s Action Coalition)다[참고: Gamble, S. (1999). The Routledge critical dictionary of feminism and postfeminism; Heywood, L., & Drake, J. (1997). Third wave agenda: Being feminist; Lynn, S. C. (1998). Reconcilable differences confronting beauty, pornography, and the future of feminism].

10 이제는 페미니즘을 하나의 철학적 사조로 간주하자는 목소리도 만만치 않다[참고:

Frickekr, M., & Hornsby, J. (Eds.). (2000). The Cambridge companion to feminism in philosophy].

11 참고: Chodorow, N. (1974). Family structure and feminine personality.

12 어떤 페미니스트들은 '여성적 윤리(feminine ethics)'와 '여성주의적 윤리(feminist ethics)'를 구분한다. 말하자면 여성적 윤리는 여성의 고유한 속성을 추구하고 옹호하는 것을 특징으로 하며, 여성주의적 윤리는 평등한 권리와 정의롭고 공정한 분배를 주장하는 논리라고 구분한다. 그러나 두 개의 논리는 별다른 사상적인 차이가 없다. 왜냐하면 모든 여성은 생태적으로 페미니스트들로서 정도의 차이는 있지만 두 개의 윤리를 모두 지니고 있기 때문이다.

13 신옥희(1998). 한국 여성의 삶의 맥락에서 본 여성주의 윤리학.

14 이 점은 통일독일에서 아주 분명해졌다. 통일독일 이후 수많은 동독 출신 여성이 여성의 자리는 가정, 남성의 자리는 사회라는 식으로 새롭게 동독지역에 자리 잡힌 서독의 자본주의적 관행에 대해 불만을 품고 여성에게도 남자들처럼 가정 밖의 사회에서 노동할 권리를 되찾아 달라고 주장한 것을 보면 알 수 있다[참고: Beer, U., & Muller, U. (1993). Coping with a new reality: Barrier and possibilities; Rothschild, K. W. (1993). Like a Lehrstuck by Brecht: Notes on the German reunification drama].

15 이 모두의 현실을 기존의 여성운동가들은 여성운동의 세력화와 근원적인 문제해결이 학교교육(pedagogy)에 있다고 간주했다. 이런 여성운동은 페미니스트 페다고지(feminist pedagogy)라고 부를 수 있다. 페미니스트 페다고지의 본질이 무엇인가에 대해 수없이 다양한 해석이 있어 왔다. 그간의 페미니스트 페다고지의 개념을 하나의 축으로 정리하면, 페미니스트의 사상을 학교 교실상황에 적용시킴으로써 여성운동의 학교현장적인 실천을 도모하는 것을 의미한다(나윤경, 1999). 페미스트 페다고지스트는 학교교육에서 성차별을 바로잡는 길이 여성해방을 위해 중요하다고 간주한다. 학교교육으로 대변되는 페다고지의 발전사는 이 사회에서 여성을 하나의 타인으로 간주한 교육의 역사임을 생각해 볼 때(Paechter, 1998), 그들의 이데올로기와 전략에 공감이 가는 것도 사실이다. 이들 페미니스트 페다고지스트들이 마르크스주의에 입각해 있든, 급진주의적으로 비판적이든 간에 그들은 모더니티 페미니스트들이다. 그들이 학교교육에 거는 페미니즘의 성과는 사회개량주의적인 공통점을 지니고 있다. 마르크스 페미니즘은 학교교육의 성 불평등 재생산과정에 주목하고, 급진주의적 비판이론적인 페미니즘은 학교교육에서의 남성과 여성 간 세력관계의 불균형에 주목하고 있지만, 그들 모두가 크게는 사회개량주의적 페미니스트의 속성인 이분법적인 성 대결 구조에서 크게 벗어나 있지 못하다. 그들은 한마디로 말해 여성이 사회적으로 실패하는 이유를 학교교육의 성 불평등에서 찾고 있다. 거시적으로는 여성이 성과 같이 교육에 관한 기회를 균등하게 제공받지 못했다는 점을 지적한다. 미시적으로는 성 고착화된 교실교육의 관행에

서 여성의 실패를 찾고 있다. 좁게는 여성해방 공간의 장을 학교와 같은 좁은 문화적인 장으로 좁혀 놓고 있다[참고: 나윤경(1999). 페미니스트 페다고지; Paechter, C. (1998). Educating the other: Gender, power and schooling].

16 포스트페미니즘은 1968년 3월 8일 프랑스 파리에서 열린 세계여성의 날(International Women' s Day)에서 시작된다. 이때 결성된 '여성정치심리학회(le groupe psychanalyse et politique, 후에는 politique et psychanalyse 혹은 poet psyche로 불림)는 여성주의라는 용어보다는 여성해방운동(mouvement de liberation des femmes: MLF)을 선호한다. 이런 여성해방운동에 대한 선호는 페미니즘을 미국식 feminism과 프랑스식 féminsme으로 양분하는 계기를 제공하였다. 이런 양분의 갈등이나 사상적인 차이들은 1990년대로 들어오면서 여성운동의 핵심 주체들의 세대교체, 말하자면 N세대의 여성운동 주체들의 등장과 더불어 다시 하나로 통합되고 있다. 포스트페미니즘은 후기구조조의, 신식민주의, 환경운동 등과 결부된 포스트모더니즘의 사상적 조류와 결부되어 여성운동의 사상적 전환을 일구어 내고 있다.

17 최근 우리나라에서 일고 있는 간통죄 폐지문제도 우리나라에서 전개되는 페미니즘의 새로운 방향을 요구하고 있다. 지난 1990년 헌법재판소의 '합헌' 판결 이후 사회질서 유지의 견고한 틀로 존재해 온 간통죄의 폐지 움직임이 다시 일고 있다. 눈길을 끄는 것은 경제력 없는 아내들의 마지막 보루라며 여성들이 옹호해 온 이 법의 폐지를 제기하는 게 바로 여성들이라는 사실이다. 계간지 '페미니스트 저널 이프' 여름호는 간통 스캔들, 여성들의 외도, 간통죄의 사회사, 간통죄 위헌/합헌 논쟁 등을 다룬 특집기사 '사랑은 움직이는 거야' 에서 유부녀의 외도 증가, 간통사건에서 여성에게 가중되는 사회적 형벌 등을 지적하며, '정실부인만을 보호하며, 동시에 성적 이중성을 지닌 남성들에게 아내 단죄의 도구가 되는 간통죄는 더 이상 존재 이유가 없는 법조항' 이라고 주장하고 나섰다. '간통 스캔들, 훔쳐보고 싶은 은밀한 욕망' 이라는 기사는 전 국회의원 권정달 · 도영심 씨 스캔들, 탤런트 강남길 씨의 부인 간통사건, 여성 로비스트 린다 김과 고위층 인사들의 스캔들을 예로 들며, '주인공 여성들은 사회생활의 뒤로 사라지거나 알몸사진이 신문에 실리고, 유부녀라는 신분을 잃고 성적 피사체로 사회에 던져졌다.' 고 분석했다. 반면, 상대방 남성들은 여전히 정치인의 길을 가거나 지위에 맞지 않는 부적절한 행동을 했다는 정도의 비난을 받았을 뿐이며, 아내의 간통현장 사진이 공개된 남편은 쏟아지는 격려전화를 받기도 했다고 지적했다. 필자인 황금희 씨('이프' 객원기자)는 '간통 혹은 간통혐의에서 우리 사회의 인식이 여자 편에 훨씬 부정적이었다.' 고 결론지었다. 이 특집기사에 따르면 1998년 대법원 통계에서 배우자의 부정행위로 제기된 이혼소송의 42.8%가 아내 쪽의 외도 때문이라는 것이다. 한국가정법률상담소의 경우도 아내의 외도를 호소하는 남편들이 늘고 있다고 전했다. '미시아내 55% 남자 친구 만나', '기혼여성 42% 남자 친구 있어', '애인 갖고 싶다는 기혼여성 80%' 같은 여성지들의 설문조사 결과도 달라지고 있는 여성들의 성 인식을 보여 준다는 얘

기다. 다른 남자의 사랑으로 결혼생활의 결핍감을 채우려 집 밖으로 나가는 많은 여성이 이제 간통죄의 원고에서 피고의 자리로 옮겨 앉고 있다는 것이다. 이런 시점에서 '이프' 편집장 박미라 씨는 사생활과 감정을 법으로 통제한다는 것은 시대착오적이며, 결혼제도로 상대를 묶어 놓을 수 있다는 여성들의 인식도 바뀌어야 한다고 강조했다. 변화되는 여성들의 의식, 가족환경에서 결혼제도를 보호하는 데는 간통죄보다 부부의 재산분할권, 재산공동명의제, 공동양육권, 남성의 출산 및 육아휴직 보장과 강화 등이 훨씬 실효성 있는 시대가 되었다는 것이다. 이러한 여성들의 진보적 주장은 최근 뉴욕에서 열린 세계여성대회의 결론짓지 못한 주요 의제 중 하나가 '여성의 성적 자기결정권' 이었음을 상기할 때 앞으로의 행보, 사회적 반향이 주목된다[참고: 문화일보, 2003년 7월 3일자].

18 참고: Mies, M., & Shiva, V. (2000). 에코페미니즘(역).

19 마리아는 근대 이후 여성운동이 일반적인 근대화 모델을 긍정하는 가운데 열등한 여성의 지위를 회복시켜 남성과 똑같이 대우받는 것을 추구해 왔다고 보고 있다. 그러나 1960년대 이후 근대성에 대한 비판이 제기되면서 남성중심의 근대성과 진보 모델을 비판하고 남녀 간의 타고난 차이를 강조하는 새로운 여성운동이 등장하게 되는데, 『에코페미니즘』은 그 대표적인 흐름을 보여 준다. 이 책은 근대성 내부에 여성착취와 환경파괴를 낳는 구조가 있다고 보고, 이를 근본적으로 부정하면서 여성해방과 자연해방을 동시에 추구한다. 책의 전체는 백인 남성 위주로 발달되어 온 오늘의 자본주의 세계체제에서, 산업국의 풍요로운 생활을 위해서는 유한한 지구 자원의 약탈과 여성 및 제3세계인에 대한 식민화가 불가피하다는 것이다. 자본주의를 토대로 하는 서구의 여권운동을 비판하며 등장한 에코페미니즘이 가치를 부여하는 것은 근대화 과정에서 착취되고 파괴된 여성성을 되찾고 자연과 인간의 공생관계를 살려내는 것이다. 여성에 대한 남성의 지배뿐만 아니라 자연에 대한 인간의 지배까지 폐기할 것을 주장하는 이 책은 근대적 진보모델에 대한 근본적인 부정일 뿐 아니라 오늘날 자본주의에 대한 가장 급진적인 비판서로도 읽히고 있다[참고: Mies, M., & Shiva, V. (2000). 에코페미니즘(역)].

20 참고: Wolf, N. (1993). Fire with fire: The new female power and how it could change the 21st century.

21 토비아스(Tobias, 1997)도 같은 시각으로 페미니즘이 생존하기 위해서는 구태의연한 시각을 정리하고 새로운 시각으로 무장해야 한다고 주장하고 있다[참고: Tobias, S. (1997). Faces of feminism: An activist' s reflections on the women' s movement].

22 크리텐든은 캐나다 출신으로 미국의 여성운동 잡지인 '우먼스 쿼터리(Women's Quarterly)' 의 편집장이다. 4년 전부터 이 잡지를 이끌어 온 그는 지금까지의 논조와 다른 글을 종종 발표해 여성계를 당혹스럽게 만들어 왔다.

23 그리어(Greer, 1999)는 기존의 페미니스트와는 달리 그간 여성이 제기했던 문제에 대한 대답이 충분히 제시되었다고 판단한다. 이제는 여성이 남성이 하는 그런 것을 할 수 있기에, 남은 문제는 여성의 실력이라고 보고 있다. 이런 그리어의 입장은 여성운동의 새로운 지평을 열어 놓은 주장임에도 불구하고, 아직도 제2의 물결적 페미니즘이라고 간주되기도 한다[참고: Greer, G. (1999). The whole woman].

24 참고: Sommers, C. H (2000). The war against boys.

25 길리건은 여성의 성해방론을 학교 교육현장에 삼투시켜 여성운동의 정당성을 학생들에게 각인시키기 위해 여성의 도덕성과 사회문화적 성(gender)을 여성의 시각에서 재조명하기 시작했다. 우선 길리건은 콜버그(Kohlberg)의 도덕발달에 관한 주장을 여성에게 일방적으로 적용하는 것부터 비판하기 시작했다. 콜버그의 도덕발달론에 따르면 남성은 정의와 법을 준수하는 윤리를 최고의 발달덕목으로 간주하는 데 반해, 여성은 관계와 보살핌의 윤리를 더 중요시한다. 그는 이런 남성의 도덕발달은 4단계의 그것을 지칭하지만, 여성의 그것은 3단계의 속성을 잘 보여 준다고 주장했다. 이런 것으로 보아 여성의 도덕발달이 남성에 비해 한 단계 아래에 있다는 것이 콜버그의 연구가 주는 시사점이었다. 길리건은 콜버그의 주장이 어불성설이라고 논박하는 것으로 기선을 제압했다. 콜버그가 제시한 관계와 보살핌의 도덕성에 대한 해석이 잘못되어 있다는 것이 길리건의 요점이었다. 길리건은 여성의 도덕발달 단계에서 강하게 나타나는 보살핌의 윤리는 그것의 수준이 '열등한' 것이라기보다는 여성이 남성에 비해 전혀 질적으로 다른 도덕 · 윤리관을 가지고 있기에 그렇다는 것이다. 남성은 법과 정의에 입각해서 어긋난다고 생각하면 관계 자체를 변화시키려고 하는 데 반해 여성은 규정이나 법을 바꾸기보다는 관계를 더 지속시키는 방향에서의 노력을 최대화하기에, 여성과 남성 간의 서로 다른 도덕적 발달은 '우열' 의 문제가 아니라 질적인 '차이' 의 결과라는 것이다. 그렇지만 콜버그가 결코 여성의 윤리의식이 남성의 윤리의식보다 열등하다고 강조한 적은 없지만, 길리건은 자기의 주장을 위해 콜버그의 연구 결과를 편리하게 자기의 논조 속에서 자유롭게 재해석했다.

26 참고: Tong, R. (1989). Feminist thought: A comprehensive introduction.

27 참고: 나윤경(1999). 페미니스트 페다고지

28 참고: Segal, L. (1997). Generations of feminism.

29 왜냐하면 밖에서는 아주 치열하게 여성주의를 외치는 여성도 집에 돌아가면 남편과 자식에게는 전혀 다른 모습의 일상적인 여성주의를 실천하는 실정이기 때문이다. 이것은 사회 모든 부문에서 일상화되어 있다. 교육운동의 장에서도 마찬가지다. 밖에서는 과외철폐를 목이 터지라고 외치지만, 집에 돌아가서는 밖에서 주워들은 알량한 정보를 기초로 브랜드 대학에 자녀를 집어넣기 위해 일류 과외학원으로 전화를 거는 그런 모습이 잘못되었다기보다

는 안쓰럽기까지 한 실정이다.

30 참고: Ehrhardt, U. (2000). 날마다 조금씩 못된 여자가 되는 법(역).

31 나는 최근에 학교를 졸업하고 직장생활을 하다가 결혼해서 자녀를 키우고 있는 여 제자를 스승의 날에 만나 이런저런 이야기를 나누었다. 대학 시절에는 여성학을 배워 여성의 정당성을 익혔으나 자식을 낳고 어머니가 되어 보니 학교 가는 애들에게 빵만 먹이는 일이 자기의 속을 상하게 하기에 죽어도 밥을 해서 먹여 보낸다는 것이 그녀의 사연이었다. 현실적으로 나는 만에 하나 모성결핍이 그녀의 삶에 엄청난 화가 될 것 같아 안절부절못하는 그녀를 조금도 잘못되었다고 지적할 수 없었다.

32 그럼에도 불구하고 '호주제는 전통적 민족문화이고, 전 국민의 가족생활을 유지하는 실질적 헌법질서' 라는 존치론이 만만치 않은 데다가, 호주제 폐지론에 대한 유림의 반대가 거세 여성계의 움직임은 사회적으로 뜨거운 논쟁을 불러일으키고 있다.

33 학교교육론의 여성운동가들은 여성교육에서 일어나는 배움과 학습 간의 개념적이며 실천적인 차이를 구별하지 못한다. 그들은 학습심리학자들의 처방대로 배움을 학습과 같은 것이라고 간주한다. 그들은 학습의 본질이 무엇이냐는 질문에 대해 행동주의 학습심리학자들이 이야기하는 것처럼 '행동의 변화' 라고 정의하거나, '인지과정의 변화' 라고 하기도 한다. 또는 '지식의 의미를 만들어 가는 과정' 이라고 정의하기도 한다. 행동의 변화를 학습이라고 보는 입장은 행동주의 심리학자들의 입장이며, 인지과정의 변화를 주장하는 이론은 인지주의 이론에 속하지만, 학습을 정보 획득과 기억으로 간주한다는 점에서 같은 논리를 구사한다. 물론 지식의 의미를 만들어 가는 과정을 학습으로 간주하는 입장은 구성주의 이론으로서 전자와는 다르지만, 구성주의 이론은 배움이 배우는 사람마다 각자적으로 가지고 있는 능력의 차별화를 더욱더 드러나게 만들어 준다는 점에서 배움학의 논리에 보다 근접적이다. 그럼에도 불구하고 학습의 핵을 인간의 뇌기능과 관련시켜 볼 때는 세 이론 간의 이론적인 차별성은 없어진다. 각 이론의 차이는 '학습의 맥락성' 이 조금씩 다르기에 강조하는 핵심이 서로 다를 뿐이다. 학습이론에서 중요한 것은 그 행동을 변화시키는, 인지과정을 변화시키는, 새로운 의미를 만들어 내는 것을 결정해 주는 요소가 무엇인가 하는 점이다. 학습자의 뇌세포 가운데 일어나는 복잡한 상호작용을 거쳐 변화되는 정보의 생명력을 결정하는 요인은 '의미심장(meaningfulness and significance)' 성의 정도로 집약된다. 다시 말해, 뇌에 입력되는 정보가 학습자에게 무슨 의미를 주고 있으며, 어느 정도로 심각한 것인가에 관련되어 있다. 의미심장의 첫 번째 요인은 정보의 '의미' 문제인데, 어떤 정보든 개인 학습자가 받아들인 정보는 학습자에게 무슨 의미를 만들어 내느냐에 따라 그 생명력이 좌우된다. 왜냐하면 인간 경험의 세계는 사물로 구성되는 것이 아니라 의미들로 구성되기에, 학습자들에게 일차적으로 와닿는 것은 그가 경험하는 것이 그에게 무슨 의미를 갖느냐 하는 문제가 되기 때문이다. 한 사건의 의미는 학습자의 외부에 존재하는 것이 아니라

학습자의 내부 경험에 존재하는 것이기에, 그에게 우선하는 것은 이론이 아닌 맥락이다. 즉, 자기와 한 사건 간의 관계가 어떻게 엮어지고 있으며, 그것이 그에게 주는 뜻이 무엇인지가 우선한다. 행동의 변화력, 인지과정의 변화력, 의미 만들기의 생명력이 서로 다르게 결정된다. 예를 들어, 정보화 시대에서 인터넷의 활용이 아무리 중요하다고 하더라도, 그것이 컴맹의 성인 학습자에게 주는 의미와 컴퓨터에 친숙한 대학생에게 주는 의미는 서로 다를 수밖에 없다. 컴퓨터를 조작할 줄 모르는 성인 학습자에게 인터넷의 의미는 골칫덩어리의 의미를 주거나 쓸데없는 시간낭비의 의미를 줄 수도 있다. 이런 성인 학습자들에게 인터넷에 대한 학습은 거의 무의미하게 된다. 인터넷에 대한 학습은 생명력을 상실하게 되어 인터넷에 대한 행동의 변화나 인지과정의 변화 혹은 인터넷의 실용성에 관한 의미 만들기에 무감각해지는 것이다. 학습의 생명력을 결정하는 두 번째 요인은 쓰임새의 정도다. 개인의 뇌에 전달되는 정보가 학습자에게 어느 정도로 심각하게 와닿으며, 그것의 필요성을 절감하느냐 하는 문제가 학습의 생명력을 결정한다. 다시 인터넷의 예에서 성인 학습자가 인터넷의 의미와 그 중요성을 어느 정도 깨달았다고 하더라도, 학습자가 인터넷을 자기의 실생활에 연결하여 활용하면서 일정한 쓰임새와 효능감을 갖게 되었을 때(Quigley & Kuhne, 1997) 비로소 인터넷에 대한 학습의 생명력은 오래 간다. 학교에서 수많은 공식을 배우고 익혔지만, 그런 정보 중에서 쓰임새가 약한 것은 곧 사라진다. 반면, 학습자의 학습욕구를 지속적으로 자극하며 일상생활에서 그 쓰임새와 활용의 의미심장성을 높이는 학습의 생명력은 오래 간다. 말하자면 초등학교 시절에 강제로 외운 몇 마디 시조는 곧 잊어버려도 자기의 정체성을 드러내는 이름을 쓰는 것은 영원히 잊어버리지 않는 것이 바로 그런 이치다. 학습자의 뇌신경에 입력된 이름 쓰기의 정보가 다른 그 어느 정보보다도 학습자에게 의미심장성을 심각하게 제공하였기 때문에 그 이름에 대한 학습의 생명이 오래 가는 것이다. 이것은 '학습의 용불용설(用不用說)'이 가능함을 보여 주고 있다. 즉, 학습자의 머릿속에서 입력된 정보나 지식이 용도를 확정받지 못한 채 그대로 떠돌아다니게 만드는 학습은 결국 그 쓰임새를 상실하게 된다[참고: Quigley, B. A., & Kuhne, G. W. (Eds.). (1997). Creating practical knowledge through action research: Posing problelms, solving problems, and improving daily practice].

34 참고: Gallos, J. V. (1992). Educating women and men in the twenty first century: Gender diversity, leadership opportunity; Gallos, J. V. (1993). Women's experiences and ways of knowing: Implications for teaching and learning in the organizational behavior classroom.

35 참고: Gajdusek, L., & Gillotte, H. (1995). Teaching to the developmental needs of nonmainstream leaders.

36 이들 연구들은 연구방법론이나 성인교육학습에 대한 성인교육학적인 이해 없이 여성 성인 학습자들의 학습능력과 학습방법을 단순히 학교 교육현장에서 요구되는 식의 페다고지적

인 방법으로 연구해 놓은 연구 결과들이었다[참고: Perry, W. G. (1970). Forms of ethical and intellectual development in the college years; Hayes, E. R., & Flannery, D. (1995). Adult women' s learning in higher education: A critical review of scholarship].

37 벨렌키(Belenky)가 드러내는 요지는 별것이 아니다. 학습은 정보입력과 입력된 정보 처리 방식의 차이에 따라 학습자에게 그 생명력이 달라진다는 점이다. 일반적으로 정보를 처리하는 학습자들의 정보처리방식으로서의 학습방법에는 여러 가지 형태가 있다. 즉, 침묵의 학습방법, 수동적인 학습방법, 이기적인 학습방법, 절차적인 학습방법, 능동적인 구성주의 학습(constructed knowing)방법 등이 있다(Belenky et al., 1986). 여성들은 흔히 침묵의 학습자로 간주된다. 그들은 그런 점에서 수동적인 학습자와 비슷하다. 다만, 그들과 저들이 다른 것은 수동적인 학습자는 무엇이든 잘 받아 적고 암기하며 시험 준비에 누구보다 열중하는 태도가 더 많이 발달되어 있다는 점이다. 이기적인 학습방법에 익숙한 사람들은 수동적인 학습자들에 비해 강한 자의식을 가지고 있어서 자신의 아이디어, 생각, 신념이 있으며 그것을 겉으로 표현해 낼 수 있다. 그들에게 지식은 개인적인 경험을 통하여 획득된 것이기에 교사나 교수 같은 '교육권력자가 전하는 말' 이라고 할지라도 그것을 가감하여 자기의 것으로 받아들인다. 진리는 개인적인 것이며, 무엇보다 개인의 신념이나 통찰이 가치 결정의 기본이 된다고 믿기에 그럴 수 있는 것이다. 이런 이기적인 학습보다 더 진일보한 학습방법이 절차적 학습방법이다. 절차적 학습방법은 이기적인 학습방법에 사회적인 관계학습을 첨가시킨 학습방법이다. 학교든, 전문 학문단체든, 직장이든 관계없이 하나의 공동체에서 신뢰할 만한 구성원이 되기 위해서 개인 학습자는 자기 자신의 경험 밖으로 나가 다른 사람의 의견을 고려하면서 그들의 경험과 조화를 이룰 수 있어야 한다. 그렇게 하기 위해서는 자기 주장이나 자기의 주관적 생각을 주장하는 것만이 능사가 아니다. 그것보다는 동료의 의견을 경청할 수 있으며 더불어 배우고 더불어 서로 성장하는 일이 필요하다. 설령, 교육학을 전공한 전문가여서 다른 학문 분야에 대해 다소 초보적이라고 하더라도, 철학을 논하는 시간에는 더욱더 배우려는 자세로 철학자들이 행하는 대화방식과 논리의 규칙으로, 예술계 동료들과는 예술적 비판의 틀로, 자전거를 즐기는 사람들의 모임에서는 스포츠맨 정신과 어우러지려는 배우는 모습을 보여 주어야 한다. 보통 시장의 사람들과는 시장의 논리와 경험을 존중하며 그들에게서 배울 수 있어야 새로운 학습의 가능성이 샘솟게 된다. 이렇게 서로 어울리는 방법과 서로 즐기는 방법으로 서로 배우는 학습방법을 절차적 학습방법이라고 한다. 이런 절차적 학습보다 한 차원 높은 단계의 학습방법이 바로 '능동적인 구성주의 학습(構成主義 學習: constructed knowing)' 이다. 이들 능동적인 구성주의 학습방법에 익숙해진 학습자는 그들의 학습에서 주관적이고 객관적인 전략 모두를 중요하게 여긴다. 그들은 뛰어난 자의식을 가지고 있으며 다양한 분야의 동료나 전문가들과 안정된 학습관계를 형성한다. 한 사물이나 사건이 주고 있는 여러 가지 사태를 하나의 맥락으로 이해하며, 다양한 분야의 전문가를 포함한 다른 사람과의 협력을 통해 자기 스스로 새로운 방식으로 하나의 지식을 창조해 내고 그것을 남들에게 스스럼없이 표현한다. 이들 능동적인 구성

주의 학습자는 자신이 습득하거나 새롭게 만들어 낸 지식을 실제 생활의 맥락에서 삶의 개선이나 공동의 문제해결에 적용한다. 다시 말해, 정보를 능동적으로 처리하는 학습자들은 자기 삶의 질 개선에 필요한 정보의 의미를 그 스스로 찾아내고, 자신의 삶과 사회의 개조를 위해 그 쓰임새를 스스로 높임으로써 정보의 의미와 쓰임새에 대한 학습자 스스로의 의미심장성을 드러내는 자기주도학습과 자기주도학습 경영자들이다. 이런 능동적인 학습자들은 새로운 지식을 만들어 내고 공유하며, 동시에 동료들과 끊임없는 지적인 반성과 지성적인 개조를 통해 더욱더 파지력(把持力)이 높은 지식을 만들어 가며 학습을 일상적으로 즐기는 사람들이다[참고: Belenky et al. (1986). Women's ways of knowing: The development of self, voice, and mind].

38. 참고: Kolb, D. A. (1984). Experimental learning: Experiences as the source of learning and development.

39 나윤경(1999)은 여성들에게 주어지는 극단적인 예를 들어가며, 여성 교육현장의 학습방법의 문제를 정확히 짚어 내고 있다. ……덧셈 · 뺄셈 개념을 학습하는 데 단순히 숫자와 +, - 등의 기호만이 아닌 구체적인 경험을 통한 학습과정을 선호한다는 의미다. 즉, '우리 집에서 대전까지는 150km이고, 대전에서 외삼촌 댁까지는 45km를 더 가야 합니다. 이모 댁은 대전에서 15km를 더 갑니다. 우리 집에서 외삼촌댁까지는 몇 km인가요? 혹은 이모 댁과 외삼촌 댁은 몇 km떨어져 있나요?' 등의 방법을 통한 학습 유형이며, 150 + 45라든가 45 - 15 등의 상징적 기호를 통한 학습에 대한 선호도가 추상적 개념화를 통한 학습 유형이다. 또 한 가지 예를 들어 설명하자면, 어떤 가구를 평가하는 데도 구체적 경험을 통해 학습하는 학습자는 그 가구를 만져 보고, 서랍도 열어 보고 두드려 보며, 그 가구가 자신의 방 분위기와 전체적으로 어울리는지 혹은 유행에 맞는지 등을 따지며, 가구 자체뿐만 아니라 가구가 놓일 전체적인 상황까지도 고려한다. 반면, 추상적인 개념화를 통해 학습하는 학습자는 가구가 놓일 상황과 그 가구를 연결지어 판단하기보다는 가구 자체만을 고려한다는 것이다. 나윤경이 제시하는 이러한 예는 어쩌면 초등학교 수준의 교실상황에서 요구되는 페다고지적인 학습방법이다. 결국 나윤경의 주장은 초등학교 수준에서 요구되는 페다고지적 학습방법으로는 여성해방교육이나 학습은 불가능하거나 더뎌질 수밖에 없음을 예시해 주고 있다. 실제로 미학이나 디자인 공부를 하지 않는 주부가 집에 놓일 가구를 선택할 때 보여 주는 학습태도는 디자이너나 철학자 그 이상으로 추상적이거나 현실적이라는 점에도 주목해야 한다[참고: 나윤경(1999). 페미니스트 페다고지].

40 왜냐하면 학교 교실의 페다고지 현장이 여학생에게만 보다 구체적인 학습방법을 주입한다고 강변하는 것은 아무래도 경험적으로 타당하지 않기 때문이다. 성인이 되었을 당시 여성들이 특징적으로 활용하는 구체적인 학습방법이 성차별적인 학교교육의 결과라고 주장하는 것은 설득력이 약하다. 문제를 보는 시각을 바꿀 필요가 있다. 여기에서 중요한 것은 여성이 취하는 구체적인 학습방법이 남성 학습자의 전유물로 간주되고 있는 추상적인 학습방

법에 비해 질적으로 뒤떨어지는 학습방법인가 하는 점이다. 만약에 그렇다고 우긴다면 그것은 학습방법에 관한 계층적인 시각이거나 인간학습에 대한 무지의 결과라고 볼 수밖에 없다. 모든 여성의 학습방법이 모두 구체적인 학습방법은 아니다. 전문직 여성의 학습방법은 남성보다도 더 추상적이다. 다만, 그들이 가정의 현장생활에 들어가면 보다 구체적인 방법을 활용하게 된다. 남성이라고 해서 예외가 되는 것도 아니다. 문제풀이의 현장이 화급(火急)을 다투며 자기의 삶에 직결된 일상생활의 현장이기에 보다 구체적인 학습과 보다 실용적인 학습을 요구하기 때문이다. 학력의 배경이 낮거나 문맹의 학습자들이 보다 비현실적인 문제를 풀어가는 데는 성의 구분에 관계없이 추상적인 학습을 동원하기가 현실적으로 어렵다. 그들은 삶의 문제를 다루는 일상생활의 현장에서는 보다 실천적으로 문제해결에 임한다. 요구되는 실제 문제상황에 따라 물건을 주고 팔 때는 보다 구체적인 학습방법을 활용하며, 결혼이나 의견 조정 같은 인간 간의 문제를 해결할 때는 추상적인 학습방법을 자유자재로 활용한다. 이런 성인학습방법을 상황학습이라고 부르는데, 이런 상황학습이 배움학의 토대가 된다. 성인은 성 구별에 관계없이 아이들과는 질적으로 다른 학습방법으로 일상생활에 임한다. 바로 이런 장면에서는 자기의 목소리 내기와 그것을 위한 의식화가 뒷받침되어야 하기에, 여성의 의식화가 자기주도적인 학습활동을 위해 주요한 원동력이 된다.

41 티스델(Tisdell, 1995)은 모든 페미니즘의 학습이 공유해야 될 세 가지 관점을 제시한다. 첫째, 페미니즘의 학습은 여성에게 그들의 삶을 효과적이고 긍정적으로 변화하게 할 수 있는 능력을 키울 수 있도록 도와준다는 점이다. 둘째, 학습의 조력자인 가르치는 교사와 배우는 학생, 그리고 그들 사이에 놓여 있는 지식이 별개의 것이기보다는 상호 연관성을 갖고 있다는 점이다. 셋째, 이러한 학습과정을 통해 여성들의 힘 기르기가 가능하다는 점이다[참고: Tisdell, E. J. (1995). Creating inclusive learning environments for adults: Insights from multicultural education and feminist pedagogy].

42 김대중 대통령의 역사적 방북에서도 여성의 역할은 제한적이었다고 볼 수 있다(한준상, 2000. 6. 24). 현실적으로 우리에게 통일은 남성의 전유물이 아니다. 이번에 우리 국민이 끝까지 의아스러운 눈초리로 김 위원장을 바라보게 만든 것은 그의 옆자리였다. 의전행사장 그 어느 곳에서도 김 위원장은 부인과 자리를 같이하지 않았다. 북한 고유의 의전절차였는지는 몰라도, 우리 눈에 무엇인가 어색하고 섭섭했던 것만은 사실이었다. 앞으로의 민족통합교육에는 여성 특유의 모성과 감성의 여백과 역할이 필요하다는 점을 남북 서로가 알아야 한다[참고: 한준상(2000. 6. 24). 냉전교육에서 평화교육으로].

43 지역주민이 교육적으로 무엇인가 결손되어 있다고 간주하면서 그들에게 학습결손을 보완해 주는 것이 바로 성인교육의 목적이라고 보는 것이 일제가 우리에게 보여 주었던 '사회교육' 의 활동이었다[참고: 한준상(2000). Lifelong Educaton].

44 2006년 7월 21일 오후 한강이 내려다보이는 서울 광장동의 광진 정보도서관 이야기방에서 이루어지는 도서관 친구들의 모임 이야기를 한 일간지는 이렇게 소개하고 있다.

9명의 주부가 모인 가운데 한창 토론이 벌어졌다. 주부들은 지난해부터 도서관 도우미를 자처하고 나선 '광진 도서관 친구들' 회원. 회원들은 한 달에 한 권씩 책을 정해 읽은 뒤 느낀 점을 토론하는 '한 책 읽기' 프로그램의 도서로 『동경대생들에게 들려 준 한국사』를 선정하고 저자를 무료강사로 초청했다. '특별한 강연' 을 위해 회원들의 아이디어가 속출했다. 회원 중의 한 사람은 '많은 사람이 강의를 들을 수 있도록 포스터를 만들어 10여 개 아파트 단지에 붙이자.' 고 제안해 바로 채택되었다. '아줌마의 힘' 이 공공 도서관의 모습을 바꾸고 있다. 단순한 이용자에서 벗어나 스스로가 도서관의 주인이라는 생각으로 도서관 운영에 적극적으로 참여하고 있다. 광진 정보도서관을 애용하던 주부 이용자 17명이 '광진 도서관 친구들' 을 만든 것은 지난 해 9월. 회원들은 출판사를 일일이 찾아다니며 책을 기증받아 두 차례 바자회를 열었다. 그 수익금으로 도서관 내 이야기방의 암막(暗幕: 빛을 차단하기 위한 검은 막), 책을 받치고 읽을 수 있는 독서대 등 300만 원어치를 구입해 도서관에 기증했다. 도서관은 예산이 빠듯해 엄두도 못 내던 일이다. 매월 셋째 주 월요일 외부 강사 초청 특강도 도서관에 맡기지 않고 올해부터 회원들이 나서서 섭외 · 경비까지 맡고 있다. 어느 회원은 '도서관이 단순히 책을 읽거나 빌리는 장소인 줄로 알았으나 도서관 친구들 활동 이후 독서 · 생활 문화가 바뀌었다.' 고 말했다. 회원들은 5 · 31 지방선거 기간에는 도서관 지원을 요청하는 내용의 질의서를 출마자들에게 보냈고, 10월 구 의회가 열리면 도서관 예산안 처리가 어떻게 되는지 지켜볼 계획이다. 이 같은 움직임에 대해 도서관 측도 긍정적이다. 오지은 사서과장은 '도서관 예산이 넉넉지 못한데 주민들이 도서관의 주인을 자처하고 나서 운영을 도와줘 큰 힘이 된다.' 고 말했다[참고: 중앙일보, 2006년 8월 1일자].

45 여성의 의석이 30% 이상인 나라들은 스웨덴(42.7%), 덴마크(37.4%), 핀란드(36.5%), 노르웨이(36.4%), 네덜란드(36%), 아이슬란드(34.9%), 독일(30.9%) 등이다.

46 물론 여성의 취업기회가 확대되면서 1999년도의 여성 실업률은 5.1%로 전년보다 0.5% 포인트 낮아졌지만 여성들이 취업의 대가로 받는 임금(1998년)은 남성의 61.7% 수준에 머무르고 있다. 10년 전과 비교하여 50인 이하 기업의 여성고용은 증가한 반면, 100인 이상 중 · 대규모 기업의 고용은 감소하였다. 이는 소규모 서비스업에 여성 진출이 증가하고 대규모 제조업의 생산설비 자동화로 여성 인력이 감소한 결과다. 100대 기업의 여성 근로자에 대한 기업의 인식은 60% 이상이 남성 근로자와 비교하여 차이가 없거나 낫다고 생각하고 있으며, 80% 이상이 여성 인력을 적극적으로 활용할 계획을 가지고 있다고 대답해 여성 인력의 적극적인 활용에 대한 인식이 많이 달라지고 있음을 알 수 있다. 그러나 전통적으로 여성을 많이 고용하고 있는 금융, 서비스, 도소매 숙박업을 제외하고는 아직도 차별적인 관행이 완전히 해소되지 않고 있다. 채용에서는 100대 기업 중 63.9%만이 모든 직종에서 대졸여성에게 개방하고 있다. 직무 배치에서도 68.3%만이 개방할 방침이라고 응답해 차별적

요소가 여전히 존재하고 있음을 알 수 있다.

47 여성이 외부에서 임원으로 곧장 입사한 경우를 제외할 경우는 기간이 더욱 늘어났다. 신입사원으로 입사하여 지금의 위치에 오르기까지 100대 기업 여성 임원의 경우 22.8년, IT 전문기업의 경우 17년이 각각 걸렸다. 평균연령도 100대 기업 여성 임원의 경우 46.1세를 기록해 IT 전문기업(42.2세)보다 약간 높았다. 이들 중 71%는 '여성을 위한 별도의 리더십 교육이 필요하다.' 고 응답했으며, 후배 여성들에게 조직에서 성공하기 위한 조언으로 대인관계 사회활동 · 사교활동(33%), 문성 업무능력 확보(25%), 자신만의 스타일 확보(16%) 등을 주로 들었다[참고: 조선일보, 2006년 10월 9일자].

48 2001년에는 여성 교장 비율이 7.3%, 여성 교감 비율이 9.5%였다. 전체 교원 중 여성 교원의 비율이 초등 72%, 중학 63%, 고교 39.1%인 점을 감안하면 여성의 교장 · 교감 비율이 매년 높아지고 있지만 여전히 낮은 수준인 것으로 분석되었다. 여성 교장 · 교감 비율은 중학교가 15.2%로 높았고 초등학교는 12.8%, 고교는 5.6%였다. 지역별로는 서울이 24.8%로 가장 높았고 부산 23.4%, 경기 18.4%, 대구 17.6%, 광주 12.6% 순이었다. 강원 4.9%, 전남 5.7%, 경북 6.8%, 경남 7%, 충북 7.6%, 충남 7.8% 등은 평균을 크게 밑돌았다. 장학관(연구관), 장학사(연구사) 등 교육전문직 가운데 여성의 비율은 24.4%로 나타났다. 장학관 906명 가운데 여성은 98명으로 10.8%였고, 장학사 2,997명 중 여성은 854명으로 28.5%였다. 지역별로는 부산이 34.5%로 가장 높았고 서울 31.9%, 전남 29.6%, 광주 28.7%, 강원 26.2% 순이다[참고: 연합뉴스, 2006년 10월 8일자].

49 여성이 취업을 하면, 만약 남편과 이혼할 경우 재산권 분할에서도 남편과 동등하게 50%를 요구하게 된다. 지금과 같이 여성들이 보통 가정주부로 있으면 재산권 분할에 불리하기 때문이다. 서울가정법원은 1999년 3월 이혼 판결 107건을 분석한 결과, 이혼 여성의 88%가 재산분할을 받았고, 분할의 비율은 30~40%가 33건으로 가장 많았다고 밝혔다. 재산분할 제도는 개정 전의 민법에 따르면 무용지물이었다. 재산이 누구의 명의로 되어 있느냐에 따라 소유자가 정해져 있었고, 동시에 대부분의 남편이 그들의 명의로 재산을 소유하여 여자는 이혼을 해도 한 푼도 못 받는 경우가 많았다. 현행법은 당사자들이 협력으로 이룩한 재산의 액수와 기타 사정을 참작해 분할의 액수와 방법을 정한다고 규정하고 있는데, 법원 판례는 가사와 육아를 전담하는 전업주부의 경우 부부 재산의 30%를, 맞벌이 부부의 경우 50%를 나눠 받도록 하고 있다. 서울고법에서는 1998년 9월 맞벌이 부부에 대해 아내의 재산 형성 기여도를 남편보다 높게 평가하여 전체 재산 1억 7,000만 원 중 60%에 이르는 1억 원을 아내가 갖도록 판결하기도 했다.

50 일반적으로 여성 취업률은 남성의 경우에 비해 저조한 형편이다. 일주일에 단 한두 시간이라도 취업의 경험이 있는 여성 노동참가율은 남성의 경우에 비해 2/3 수준을 밑돌고 있다. 남성의 경제활동 참가율이 75% 정도인 데 반해 여성의 경제활동참가율은 49% 정도다. 여

성의 노동임금 수준도 남성에 비해 60% 정도에 지나지 않는다.

51 여성가족부의 주요 기능은 여성정책 수립 · 조정, 여성에 대한 폭력 방지업무 강화, 여성 인적자원 개발업무 확대, 여성정보화 능력 증진, 종합적 가족정책 개발 · 수행, 대내외 교류 · 협력업무 확대 수행, 차별구제 기능 업무 강화, 여성시민(사회)교육 강화 등에 집중되어 있다. 이에 대해 여성계는 여성부 탄생을 진심으로 환영한다. 그러나 한정된 업무로 각 부처에 흩어져 있는 여성 관련 업무의 통합관리와 집행이라는 신설 목적에 위배되고, 특히 아동복지와 여성 사회참여 확대에 따른 지원업무가 배제되었다고 지적했다. 즉, 강력한 여성부로 출발해 보건복지부 청소년부의 관련 업무를 이관집행할 것으로 기대한 데 비해 너무나 작은 부처가 됐다는 것이다. 한국여성단체연합 측은 이와 관련해 저소득층 부모가정 지원, 영유아 보육정책, 요보호 아동의 건전육성, 직장과 가정의 양립지원 업무 등을 보강할 것을 요구했다. 또 현재의 6개 부처 외에 모든 부처에 여성 정책담당관제를 확대하고, 여성정책의 보다 강력한 집행력 확보를 위해 지방자치단체까지 조직력을 갖추고 시 · 도 지방단체장 산하에 차별개선위원회를 설치할 것도 제안했지만, 앞으로 여성부가 해야 될 일은 더 두고 볼 일이다.

52 현재 18개 정부투자기관 중 4개 기관에서는 신규채용 시 여성 가산점제를 통해 면접 시 여성의 불이익을 배제하기 위한 노력을 하고 있지만 이것만으로는 부족하다.

제9장

취약계층

들어가는 말

자전거 세계여행을 마친 두 청년이 오프라 윈프리 쇼에 출연했다. 사지가 절단된 짐 맥클라렌과 가나의 외발이 청년 마누엘 엠마누엘이었다. 질문이 쏟아졌다. 그들 각각의 삶이 어떤 의미를 갖는지 묻는 질문들이었다. 엠마누엘은 자전거로 아프리카를 달렸고, 맥클라렌 역시 외발로 철인경기에 나갔다. 그들은 달리고 달렸다. 그들이 무한질주를 하며 서로를 의지하고 앞으로 달려 나간 것은 그들 자신을 위한 것이 아니었다. 그들은 삶을 위해 달렸고, 희망을 위해 달렸다. 그들의 노력은 유별난 것이 아니었다. 그저 희망을 위한 삶은 아무런 변명도 필요 없는 살아 볼 만한 절대적인 것임을 알리는 것, 그 때문에 그들은 외다리로, 사지가 절단된 모습으로 달렸던 것이다. 인간 승리의 원형을 보는 순간이었다. 그들은 삶을 달리며 삶의 의미를 배워 나갔다. 그들에게 배움을 위한 사적인 공간은 처음부터 존재하지 않았다.

우리에게도 그런 이들이 어엿하게 존재한다. 영화 〈말아톤〉의 실제 인물인 배형진 군은 자폐아였지만, '백만 불짜리 다리' 를 보여 준 불굴의 마라토너이자 영화 〈포레스트 검프〉의 주인공처럼 달리기 왕이었다. 이희아 양 역시 장애인 피아니스트다. 그녀는 태어날 때부터 한 손에 두 개씩 네 손가락밖에 없는 선천성 사지기형 1급 장애아다. 적절한 훈련과 교육 아래 그녀는 훌륭한 피아니스트로 자신의 삶을 살아가고 있다. 그들의 눈물겨운 의지와 노력은 인간의 의지가 무엇인지, 인간에게 배움이 무엇인지를 극적으로 보여 준다. 또한 따뜻한 시선과 교육자본이 제대로 전달되었을 때 장애인 역시 배움의 즐거움을 경험할 수 있는 배움의 존재들임을 보여 준다. 그들은 삶과 배움에 '변명은 없다.' 는 말이[1] 무엇인지, 취약계층을 위한 교육자본의 필요성이 무엇인지를 극명하게 보여 준다.

취약계층에게도 교육자본이 필요하다. 그들에게 필요한 교육적 공간은 일반인이 기대하는 사적인 공간과는 속성이 다르다. 그들에게 제공되는 공적인 공간은 언제나 사적인 공간으로 대체되도록 되기 때문이다. 어떤 공동체든 취약계층에게는 신뢰의 공간이다. 지역에 참여할 수 있는 모임이 있다면, 그런 공동체가 존재한다는 자체가, 『관계의 연금술』의 저자 딘 오니시(Dean Ornish)가 지적한 것처럼 믿음과 안심의 근거를 제공하게 된다. 왜냐하면 안정된 공동체나 이웃, 친척 등과 같은 그물망은 그 사람들이 나를 잘 알고 있고 어떤 유형이든 나와 관계를 가짐을 뜻하기 때문이다.

'사람들은 내 비밀을 알고 있다. 잡담이나 뒷공론은 모든 사람의 비밀을 이웃 간에 퍼뜨리는 사회적 방법이지만, 사람들이 알고 있다는 사실을 나도 알고, 그들이 알고 있다는 사실을 내가 알고 있음을 그들도 안다. 그래도 그들은 여전히 나를 믿어 준다. 그들은 여전히 내 이웃이고 여전히 내게 말을 건넨다. 그것은 굉장히 위안이 된다.' 오스카 와일드는 1891년에 도리언 그레이의 초상에서 이런 말을 했다. '사람들 입에 오르내리는 것보다 더 나쁜 게 꼭 한 가지 있다. 다른 사람들 입에 오르내리지 않는 것이다.' 이런 모임에서 사람들은 비판적인 눈이 아니라 사랑하는 눈으로 서로의 영혼을 볼 수 있게 된다. 처음에는 물론 차이점을 본다. 우리가 사람들을 분류하는 온갖 방식은 그들을 차별화하는 수단에 지나지 않는다. 이런 차별들은 믿음의 신뢰관계가 생기기 시작하면 사라지기 시작한다. 공동체는 처음에는 정말 같이 있고 싶지 않은 사람이 나타나는 곳처럼 보이지만, 바로 공동체험이 그렇게 강한 치유력을 갖게 된다. 우리 자신이 싫어하고 피하는 사람과 자신이 얼마나 공통점이 많은가를 알게 되기 때문이다. 시간이 흐르면서 모인 사람들은 자신들의 감정에 대해 이야기하기 시작한다. 그들은 정말로 서로를 신뢰하기 시작한다. 그들은 서로 솔직해지고 마음을 열기 시작한다. 그들은 자신들에게 있는 사회는 다를지라도 정신적으로는 비슷한 감정, 욕망, 두려움, 희망, 소원, 꿈을 갖고 있다는 것을 깨닫기 시작한다. 배려의 본질—이것은 곧 치유의 본질이기도 하다—은 우리가 인간적 체험에서는 서로 그다지 다르지 않다는 것을 깨닫게 만드는 것이다. 사람들은 누구나 모두 행복해지기를 원하고 고통을 피하고 싶어 한다. 가장 효과적인 경우에 모임은 차이점만 보지 않고 상호 관련성을 보고 느끼고 이해함으로써 영적인 체험이 된다. 상호 관련성은 명상이나 기도를 통해 직접적인 방법으로 체험할 수도 있지만, 모임을 통한 이러한 인간적 차원에서의 상호 관련성 체험은 상당히 심오하고 경이롭다. 나는 지원모임을 수백 번 지도했지만 이 과정이 전개되는 것을 지켜보면 언제나 마술과도 같다. 헨리 워즈워드 롱펠로가 말했듯이, '우리 적(敵)이 갖고 있는 그 비밀스러운 역사를 알면, 우리 역시 모든 사람의 삶에서 슬픔과 고통을 발견하여 모든 적개심을 버리게 될 것이다.'[2]

취약계층의 배움력

인간은 살아가는 동안 누구나 예외 없이 삶의 질을 향상시키는 경험을 하며 그 경험은 일생에 걸쳐 반복된다. 삶은 인간에게 주어진 배움의 본능을 생애에 걸쳐 실현하는 앎의 과정이기도 하다. 배움의 본능이[3] 한 인간의 생애 동안 실현되기 위해서는 여러 가지 학습경험을 통해 배움이 이루어져야 한다. 이 점에서 인간의 배움은 통생애적이며 공생애적이고 동시에 범생애적인 활동이다. 다시 말해 개인의 삶은 출생부터 임종의 순간까지, 첫째 모든 생애에 걸쳐 '통생애(lifelong)'적으로 학습활동의 질적 향상이 필요하다. 둘째, 일상생활 속에서 삶의 지혜를 받아들이는 '공생애(lifewide)' 적인 학습활동이 필요하다. 마지막으로 읽고 쓰고 셈하는 단순한 기초학습에서 인간의 존재방식에 이르기까지 보다 복잡한 방식으로 자기 삶의 의미를 찾아 그것으로부터 새로운 삶을 이끌어 내기 위해, 즉 '범생애(lifedeep)' 적으로 삶의 쓰임새를 높이기 위한 학습활동의 질적 향상이 지속적으로 이루어져야 한다.

배우는 동물로서 한 인간이 평생에 걸쳐 일구어 나가는 학습활동은 교육자본의 토대 위에서 할 수 있다. 배움에 대한 욕구는 인간에게는 하나의 본능이기에 누구나 배움에 대한 열망을 갖는다. 신체적이든, 정신적이든, 경제적이든 간에 교육결손이 있는 취약계층에게도 배움의 본능은 한결같다. 적절한 교육자본이나 교육환경이 제공된다면 그들 역시 나름대로의 배움의 본능을 발현하고 학습결손을 보상할 수 있다.

그들의 학습결손을 더욱더 부채질하는 것은 학습에 대한 두려움과 무기력이다. 즉, 배워도 소용없다든가, 배워서 뭐하느냐든가, 배우는 것이 다 부질없다는 식의 배움에 대한 사회적 편견과 거기서 길들여진 '학습된 무기력' 이다. 그래서 그들의 학습에 대한 두려움은 정상인에 비해 더 크기 마련이다. 올리버 색스(Oliver Sacks)는 시각장애인이었으나 적절한 안과적 조치로 시력을 회복한 버질의 사례를 예로 들어 이런 점을 설명하였다. 맹인이었던 버질은 시각을 되찾은 후에도 시각의 의미를 상실했던 예전의 무기력증을 그대로 지니고 생활하고 있었다. 그는 이미 오래 전부터 도전이나 호기심은 자기와 아무 상관이 없다는 식으로 배움력을 상실하다시피 하여, 더 이상 배움에 대한 새로운 호기심을 보이지 않았다. 버질의 행동을 연구하던 인류학자 색스는 다음과 같이 그의 관점을 정리하였다.[4]

보고 느끼고 인식하는 것은 독립적으로 일어나지 않는다. 지각은 늘 행동이나 움직

> 임, 경험과 긴밀한 공조관계를 맺는다. 앞에서 말했다시피 버질은 실인증에 걸렸을 뿐 아니라 앞을 보려는 의지가 부족했다. 즉, 시각적인 '행동'이 부족했다. 폰 센덴(Von Senden)의 저서에는 어렸을 때부터 눈에 붕대를 감고 있던 두 아이의 이야기가 실려 있는데, 두 아이는 다섯 살 때 붕대를 풀었는데도 시각장애인처럼 아무런 반응을 보이지 않았다. 여타의 감각과 행동을 통해 이미 나름대로 세계를 구축한 터라 눈을 쓸 줄 몰랐던 것이다. 줄곧 정상인으로 지내다 뒤늦게 시력을 잃은 사람도 본다는 행위 자체를 잊어버릴 수 있다. 존 헐(John M. Hull)이 자서전 격인 『바위를 더듬으며(Touching the Rock)』에서 밝혔다시피, 그는 40대 중반까지 정상인으로 살았지만 시력을 잃은 지 5년 만에 사람을 '마주 본다'는 개념과 상대방을 '바라본다'는 개념을 잊어버렸다.

취약계층은 그들이 속한 상황 속에서 이런저런 이유로 배움에 대한 행동을 상실한 사람들일 수 있다. 이런 취약계층을 사회적으로 분류하는 양식과 분류 양태는 신체장애자에서 학습기회 상실에 이르기까지 다양하게 발전되어 왔다. 하지만 중요한 것은 그들에 대한 분류가 아니라 그들에 대한 지원방식의 다양화다. 정신장애자, 경제적 소외계층, 교육기회 손실계층 등 모두가 한 삶을 살아가는 동안 하나의 존재로서, 그리고 사회 구성원으로서 서로 간의 의식소통이 필요하다. 그들 역시 배움의 즐거움을 경험하고자 하지만 그들은 교육 취약계층일 뿐이다.

경제적인 측면에서 본다면, 그들 대부분이 국민소득계층의 최하위를 차지하고 있다. 국민의 소비지출 비중 가운데 교육비 지출의 경우(2005년) 소득에 따라 10개 분위로 나누면, 최저소득층인 소득 1분위가 8.5%인 반면에 최고소득층인 소득 10분위는 13.4%다. 소득계층별 월평균 교육비 지출의 경우, 소득 1분위가 7.8만 원인 데 반해 소득 10분위는 52.3만 원이다. 하위 소득계층과 중위 소득계층 간의 커다란 격차는 사회 양극화로 이어지며, 하위 소득계층은 삶에 대한 희망을 포기한 채 하루를 살아간다.

교육 취약계층은 어떤 식으로든 정상인에 비해 학습기회를 여러 가지 이유로 제대로 보존받지 못하는 계층이다. 그들을 위한 학습활동과 교육을 사회통합의 원동력으로 보려는 노력은 일련의 국제회의에서도 중요한 안건이 되어 왔다. OECD를 비롯한 국제적 규모의 교육회의들은 바로 평생교육의 새로운 발전과 가능성을 위한 전략을 만들어 낸 지난날의 노력들이다. 지난 2000년 5월 아프리카의 세네갈에서 유네스코의 주관 아래 열린 '모든 이를 위한 교육(Education for All)에 관한 국제회의' 는 그런 노력을 세계적으로 알리는 국제회의였다. OECD 국가들은 이미 모든 이를 위한 교육의 국가적 비전을 가지고 하나의 평생교육 정책으로 구체화시켜 왔다. 물론 그들이 추구한 취약계층을 위한 교육공간의 의미는 어떤 특수성보다는 보편성을 지닌 일반론이기는 했지만, 취약계층의 배움에 국가적으로 관심을 가졌다는 사실 자체가 새로운 의미를 가진다.

교육 선진국은 교육과 배움을 위한 교육자본을 구축하는 일이 사회발전을 주도하고 사회변화를 유도하는 핵심임을 인식하고, 교육을 받아 변화에 대응할 수 있는 지식인으로서 국민능력을 배양하기 위한 평생교육정책을 실시해 왔다. 유네스코는 각국의 평생교육과 그들의 이해관계를 조절해 온 세계기구로, 국제적인 평생교육의 이념과 그 실천전략을 제시하여 각 국가들이 평생교육을 설정하는 데 커다란 방향을 제시해 왔다. 유네스코 주도로 1949년 성인교육에 관한 첫 국제회의가 열린 후, 1960년 몬트리올, 1972년 도쿄, 1985년 덴마크의 헬싱괴르, 파리에서 회의가 있었는데, 모두 '모든 이를 위한 평생학습사회 실현' 을 주장하였다.

그중에서도 1972년 에드가 포르(Edgar Faure)가 의장으로 교육개발 국제위원회(International Commission on Development of Education)를 주도한 '모든 이를 위한 평생학습사회 실현' 의 노력은 매우 중요하다. 특히, 회의의 이름을 '삶의 교육(Learning to be): 세계교육의 오늘과 내일' 로 정하면서 각국은 평생교육을 더욱더 구체화하였다. 이어 자크 델로스(Jacques Delors)가 의장이 되어 주창한 21세기를 위한 교육국제위원회의 역시 '일생을 걸친 학습' 에 대한 아이디어를 제안하였는데, 그것이 바로 각국이 교육의 네 가지 초석을 다지는 운동의 출발이 되었다. 이는 취약계층에게도 있는 그대로 필요한 것들로서, 첫째 바로 알기 위한 학습, 둘째 행동으로 옮기기 위한 학습, 셋째 더불어 살기 위한 학습, 마지막으로 생존하기 위한 학습이다. 취약계층을 위한 교육자본 역시 범세계적인 수준에서 보면 이런 네 가지 평생학습의 범주를 벗어나기는 어렵다.

취약계층을 위한 정책

'인간은 어떻게 태어났느냐가 중요한 것이 아니라 어떻게 사느냐가 중요하다.' 이는 얼마 전 우리나라를 방문한 일본인 오토다케 히로타다(乙武洋国) 씨가 남긴 말이다. 양팔과 양다리가 없는 중증장애자인 그가 정상인들에 못지않은 밝은 삶을 살아가는 데는 그만의 낙천적이고 긍정적인 성격이 큰 영향을 미쳤을 것이 분명하다. 그보다 중요한 것은 우리나라가 본받아야 될 일본의 훌륭한 장애인 정책과 장애인에 대한 편견 없는 시민의식이다.

장애인에 대한 시민의 성숙한 인식이 오늘의 일본 복지사회를 건설하게 한 것이라면, 우리의 경우는 그들의 사회복지에 비해 장애인을 위한 사회복지정책이 질적으로 너무 후진적이다. 우리나라의 장애인이 가장 힘들어 하는 것은 복지대책 이전에 주변의 곱지 않은 시선이다. 이런 것을 바로잡아 줄 수 있는 근본적인 대책은 장애인을 이해하는 열린 성인교육뿐이다. '누구든지 장애인이 될 가능성을 100% 갖고 있다.' 는 정서 아래, 어렸을 때부터 장애인에 대한 편견을 없애고 그들을 이해할 수 있는 장애인 이해교육 프로그램을 학교 교육과정에 투입해야 한다. 그 형태는 안전교육부터 체육교육에 이르기까지 광범위할 수 있다. 학교 교육과정에 장애에 대한 충분한 예방교육 프로그램을 포함하고, 특수학교나 특수학급과 자매 결연을 맺어 캠프나 수업, 체육대회 등 장애인을 대할 기회를 늘려, 그들과 함께 어울리게 함으로써 장애인에 대한 그릇된 인식에서 벗어나게 해 줄 수 있다.

기존의 교육자본 속에서 장애인에 대한 그릇된 인식을 바로잡는 일은 시간이 오래 걸리는 일이다. 이런 시민운동적인 교육 캠페인과 더불어 정부는 장애인들의 능력을 키우고, 정상인들과 비슷한 수준으로 삶의 맛을 느낄 수 있는 가시적인 장애인 복지정책을 세워야 한다. 그러나 우리의 장애인을 위한 평생교육정책은 아직 그 정도로 성숙한 수준이 못된다. 더군다나 장애인을 위한 문화와 교육정책은 장애인 복지정책보다도 더 뒤처져 있다.

평생학습은 모든 이를 위한 교육권이며 학습권이기에, 장애인이 이런 배움의 즐거움과 학습권에서 예외가 되어서는 안된다. 장애인이든 아니든, 인간이 기본적으로 가지는 조건은 하나다. 바로 인간이라면 누구든 배우는 동물이라는 운명을 가진다는 것이다. 인간은 삶과 죽음 사이의 것들을 서로 배우고 익히는 문화를 통해서 서로가 서로에게 나누어 갖는 존재며, 그것을 본능적으로 실천하는 존재다. 인간이 이런 일을 더불어 하는 것은 본능적으로 배우는 동물이기에 그런 것이다.

배움은 인간에게 본능이며 자연처럼 쉽게 할 수 있는 활동이다. 신경세포가 작동하는 한 인간에게 학습은 자연처럼 끊임없이 일어난다. 삶이 바로 학습이며, 삶이 바로 인간의 과정이다. 페스탈로치의 말처럼 인간은 그 삶 속에서 사람으로 형성되는 것이다. 여기에서 확실하게 지적해 두어야 할 점은 인간은 무엇인가 부족하거나 결핍한 존재 혹은 '장애 존재' 로 태어나기 때문에 학습하는 것이 아니다. 인간에게 무엇인가 결핍되거나 부족해서 그것을 메워 가기 위해 배움이 필요한 것이 아니라는[5] 의미다. 인간은 배움에 관한 본능을 가지고 태어나기에 누구든 배우고 익히도록 되어 있을 뿐, 생물학적인 조건으로도 결핍 존재는 아니다. 오히려 인간은 태어나서부터 무엇인가 하나둘씩 결핍해 가는 존재며, 이런 점에서 인간은 태어나는 순간부터 장애의 위험에 놓이게 되는, 생물학적으로 지극히 불안정한 존재다. 다른 동물의 행태와 인간의 행태를 서로 비교하면 이 점을 더욱더 분명하게 확인할 수 있다. 인간은 태어난 후부터 본능적으로 가지고 있는 동물적인 모습이나 기능을 하나둘씩 박탈당함으로써 본래의 기능을 점차 결손해 가는 존재다. 여기에서 중요한 점은 인간에게 배움은 태생 이전의 조건이고 운명이며, 심지어 그 학습의 조건은 어쩌면 유전자를 보존하려는 본능적인 성향이라고 보아야 한다는 사실이다.

이런 인간의 불안정한 장애조건을 완화시키거나 고쳐 주려는 노력의 정도와 수단의 확보 여부는 그 나라의 문명 수준이 어느 정도인지를 가늠하는 사회복지의 척도로 간주된다. 사회복지 정책 중에서도 장애인을 위한 복지 정도나 그 수준은 한 사회에서 개인이 누리고 있는 삶의 질이 어느 정도인지를 파악하는 핵심 지표로 활용된다. 장애인을 위한 복지 하나만으로 국민의 삶의 질을 평가한다면, 현재의 우리 사회는 선진국 수준과는 상당한 거리가 있다고 할 수 있다.

1) 교육 소외계층과 교육정책

교육의 평등과 공공성, 그리고 교육의 분배와 정의실현에서 별로 뚜렷한 성과를 내지 못하는 부문이 바로 교육 소외계층을 위한 교육정책이다. 예를 들어, 우리나라 6세 이상 인구 중 기초학력 미취득자가 무려 26%에 달하며, 그들 못지않게 학습결손인과 학습장애인까지 교육 소외계층으로 편입되어 가는 실정이다. 2003년 한 해만 하더라도 중학생 13,276명, 고등학생 27,630명이 학업을 중단했고, 또 고등학교에서 중퇴하는 학생은 매년 4만여 명에 이르고 있다.

이들 교육 소외계층은 노동시장에서의 '불완전 고용상황' 에서도 어려움을 겪는다. 이런 교육 소외계층은 주로 저소득층과 저학력층을 구성하고 있으며, 매년 누적되고 있는 형편이다. 현실적으로 교육 소외계층은 시대적 흐름 때문에 그 수가 더욱더 늘고 있다. 즉, 별거나 이혼, 보호자 사망이나 장애 발생에 따른 결손가정의 증가, 명예퇴직이나 노동시장의 불안정 고용 등으로 더욱더 증가되는 추세다. 인구의 급작스러운 고령화 현상 역시 성인세대를 위한 새로운 교육 수요를 발생시킨다. 물론 성인세대가 있는 그대로의 교육 소외계층에 속한다고 볼 수는 없지만, 그들 고령인구의 성인교육 수요를 그대로 방치할 경우 첨단정보사회에서 지적으로나 심리적으로 다른 세대의 학습력에 뒤처지게 된다. 그들은 끝내 이른바 디지털 디바이드와 같은 학습격차(learning devide)와 학습지체(learning lag) 증후군에 시달리게 될 것이다.

교육 소외계층에게 필요한 것은 위로의 말이 아니다. 정책적인 수사학도 불필요하다. 그들이 필요로 하는 것은 인간으로서 먹을 수 있는 '음식'과 시민으로서 살아가는 데 필요한 '직업'이다. 그들이 흘려야 할 것은 눈물이 아닌 '땀'이어야 하며, 그들이 손에 들어야 할 것은 구직원서가 아닌 '급여'여야 한다. 그들을 위한 교육복지정책은 즉각적으로 쓰일 수 있는 것이어야 하며, 일상적인 삶에 실제로 쓰임새가 강력한 것이어야 한다.

참여정부가 정치적인 구호로 내걸던 평등과 참여는 이 부분에 와서는 맥을 못 추고 있는 실정이다. 사회적 취약계층과 교육 소외계층을 위해 보건복지부가 추진하던 급식사업의 문제가 속 빈 강정이라고 말하려는 것이 아니라 교육 소외계층을 위한 교육복지정책을 말하려는 것이다. 2005년도 추운 겨울에는 불량 도시락 제공사건이 전국 곳곳에서 터지면서 보건복지부가 곤욕을 치렀다. 남의 일이 아님이 분명했다. 교육부는 2005년 1월 17일자로 국민을 향해 전자메일을 보냈다. 교육 소외계층을 위한 교육복지정책을 잘 추진하겠다는 내용이었다.

> 교육인적자원부에서는 도시 저소득지역 학생의 학력 향상, 정서발달, 건강 증진 등 교육복지 강화를 위해 현행 8개의 교육복지 투자우선지역을 2005년에는 15개 지역으로 대폭 확대할 계획입니다. 현재 시범 실시 중인 서울과 부산의 8개 지역 외에 신규로 서울과 6개 광역시를 대상으로 공모를 통해 2월 말까지 7개 지역을 추가로 선정하여 지역당 10억 원의 사업비를 지원할 예정입니다. 교육복지 투자우선지역 지원사업은 그동안 교육복지의 사각지대였던 도시 저소득 지역 학생의 교육·문화·복지 수준을 총체적으로 제고하기 위한 사업으로, 2003년부터 2년간('03~'04년) 서울 6개, 부산 2개 지역을 대상으로 시범사업을 실시하여 학생, 학부모, 교원 등에게서 상당한 호응을 얻고 있습니다. 시범사업 대상 학교교원(교사 90.8%, 교장·교감 95.3%)은 이 사업이 학생들에게 정서적 안정 및 자신감 향상, 학습결손 방지 및 학습능력 향상, 부적응 및 문제행

동 감소 등과 같은 긍정적인 효과를 미치고 있는 것으로 평가하고 있습니다. 또한 학생과 학부모(학생 95.5%, 학부모 97.4%)는 자신들의 학교가 사업에 참여하는 것에 만족하고 있으며, 교원들 대부분(교사 94.5%, 교장 · 교감 95.3%)도 이 사업이 저소득층 학생들을 위해 반드시 필요한 사업이라고 인식하고 있습니다. 우리 부에서는 지금까지의 시범사업 성과와 교육현장 및 지역사회의 의견을 토대로 교육복지 투자우선지역 지원사업을 점진적으로 확대해 나갈 계획입니다. 2005년에는 서울과 6개 광역시를 대상으로 15개 지역에서 실시하고, 2006년부터는 일정 규모 이상의 중 · 소도시를 포함, 2008년까지 40개 지역으로 확대할 계획이며, 2006년까지 교육복지 투자우선지역 사업에 대한 법제화를 통해 도시 저소득지역에 대한 교육복지사업을 안정적, 지속적으로 추진해 나갈 방침입니다.[6]

참여정부가 표방하고 있는 교육의 평등과 교육분배를 실현하기 위해 취할 수 있었던 커다란 교육정책적인 과제는 세 가지다. 즉, 참여정부가 권력유지 기간 동안 정치적 지향성을 확실히 추구하기 위해서는 대학의 평등화정책과 초 · 중등교육의 학습결과에 대한 평등화정책, 그리고 재원확보에 대한 문제를 해결하여야 한다. 이 세 가지 모두를 참여정부가 추진하고 실현하는 것은 역부족이다. 그들로서는 실현하기가 불가능한 교육평등화, 교육정의 실현의 과제들이다.

첫째, 참여정부로서도 대학의 평등화나 평준화를 강제적으로 추진하는 것은 현실적으로 어렵다. 그럼에도 불구하고 그것과 유사한 것을 추진하고자 한다면 모든 이를 위한 고등교육체제를 만드는 길일 수 있었다. 왜냐하면 대학의 평등화, 즉 모든 대학을 평준화하는 고등교육정책을 성공시킨 국가가 아직은 없기 때문이다. 그런 의욕에 차 있던 국가들 역시 모든 이를 위한 고등교육체제라는 대안을 택해 왔던 것을 보면 대학의 평등화가 그리 쉬운 일이 아님을 알 수 있다.

그런 식으로 대학의 평준화를 추진하는 일을 강행하기보다는 우회적인 방법으로 대학의 문호를 성인에게 개방하는 방법을 생각해 볼 수 있다. 즉, 내용적으로 다선형 학제로 바꿈으로써 불평등한 교육구조 때문에 교육의 불평등을 겪게 하는 것은 교육정의 실현에 어긋나는 일임을 분명하게 드러내는 것이다. 대학의 개방은 모든 국민이 여러 가지 교육 경로를 거쳐서라도 가능한 한 초급고등교육까지 무상으로 받을 수 있도록 하는 방법이다. 그중의 하나가 고등교육을 받기 원하는 사람에게 국가 재정으로 모든 전문대학 교육과정을 제공하게 하는 일이다.

이런 대학 개방은 교육 소외계층에게 고등교육 기회 제공의 보상적 조치를 함으로써 대학교육의 기회 형평성을 실현하는 일과 같다. 전문대학을 지역사회 주민을 위한 평생대학으로 개념과 제도를 바꾸어 성인의 계속교육과 보상교육, 그리고 직업능력 개발교육을 받도록 하는 일은 더욱더 의미 있는 일이 된다. 지역사회 중심 무상 초급평생대학의 성격은 평생교육의 보편화라는 관점에서 지역주민에게 고등직업교육과 생활형 여가교육기관의 성격을 가질 수밖에 없다. 그런 열린 초급고등교육기관의 예는 미국의 커뮤니티 칼리지, 일본의 단기대학과 전문학교, 영국의 FE(Further Education College)나 폴리테크닉 대학, 프랑스의 IUT와 IUP, 독일의 전문대학(Fachhochschule) 등에서도 찾아볼 수 있다.[7]

이렇게 전문대학 혹은 4년제 대학을 모든 이를 위한 평생교육대학으로 전환하는 일은 남의 일이 아니라 바로 한국의 대학계가 직면하고 있는 현실이다. 그래서 고등교육을 모든 이를 위한 교육으로 의무교육화하는 일은 추진하기 어려운 것이 아니다. 그들이 모든 이를 위한 초급고등교육기관이 될 수 있도록 참여정부가 무상고등교육 운영보조금을 지원한다면 그들은 앞 다투어 변신할 것이다. 이런 일은 참여정부가 추진하는 고등교육의 평등화정책을 추진하기 위해 해 볼 만한 일이다. 현실적으로 몇 년 뒤면 한국의 대학들 역시 다른 나라의 경우처럼 정원을 제대로 채우기 힘들어질 것을 직시하고 참여정부가 주도적으로 추진해 볼 만한 일감인 것이다. 2004학년도 입시에서 4년제 대학과 전문대의 신입생 충원율은 각각 88.3% 및 81.3%로, 4년제 대학의 경우 전국 213개 중 55개(26%)가 충원율 80%를 밑돌았다. 앞으로도 이런 충원 미달은 불가피하다. 그것은 노령인구의 급증과 청소년 인구의 감소와 더불어 나타나는 자연적인 대학인구 감소현상 중의 하나다. 대학 선택에서 청소년의 취향이 까다로워지면 이런 현상은 더욱더 악화될 것이다. 이것을 염려해서 정부가 본격적으로 대학별 충원율을 발표한다면[8] 대학들의 구조조정은 급물살을 타게 될 것이다. 사정이 이렇게 되면 정원이 채워지지 않는 대학은 그들의 기능을 전면적으로 재고할 수밖에는 없다. 그 가능한 길이 바로 지역주민을 위한 지역평생대학으로의 성격 전환이다. 대학마다 성인의 평생학습을 유도하고 학습의 장으로 유인할 수 있도록 그들의 기능을 바꿀 수밖에 없을 것이다. 그것이 바로 모든 이를 위한 고등교육에의 전환을 자연스럽게 촉진하는 길이기도 하다.

둘째, 모든 아동을 대상으로 학교교육 결과를 평등화하는 파격적인 교육정책 역시 불가능하다. 학습결과의 평등화는 정치적 이데올로기와 언설로 추진할 수 있는 것이 아니기 때문이다. 그것을 미약하기는 하지만 그래도 의미 있게 추진하기 위해서는 일단 교육 소외계층이나 학습 소외계층의 청소년을 위한 '학습결과의 평등화정책'에 박차를 가해야 한다. 이런 교육혁신정책이 가능하기 위해서는 우선 교육정책자나 교사에게 인간의 배움에 대한 철학부터 교정하고 보완하는 전국적인 정신교육과 연수활동을 전개해야 한다.

이는 배우지 못하는 인간, 배울 수 없는 인간은 있을 수 없다는 교육철학을 모든 교사에게 심어 주는 일로 시작해야 한다. 모든 인간은 학습 본능을 가지고 있기 때문이다.[9] 인간은 배우는 동물이므로 누구든 배울 수 있다. 학생들이 배우지 못하는 것은 인간의 배움에 대해 오해하고 있는 교사, 교육행정가들이 있기 때문이다. 학생들이 배우지 못하는 것은 사회경제적으로 취약계층이라서보다는 '비교육적인 학교 · 교육과정 · 교사 · 교육정책' 때문이다. 제대로 배우도록 해 주지 못하는 학교, 제대로 배우도록 해 주지 못하는 교사, 교과서, 교육행정가들이 있기 때문에 제대로 배울 수가 없는 것이다. 이런 식의 인간의 배움에 대한 새로운 철학이 교육 소외계층을 위한 학습복지정책에 철저하게 반영되어야 한다. 학교 교육과정에 학습자가 적응하지 못한 것을 학습자 개인의 탓으로 전가시키는 결과로 학습 소외자가 더욱더 양산될 것이라는 인간의 배움에 대한 철학이 학교교육에 확실하게 바로 서도록 해야 한다. '학교가 바로 문제의 진원이다.' 라는

자성이 우선하지 않는 한 학습결과의 평등화를 위한 교육정책은 언제나 제자리만 맴돌 것이다.[10]

마지막으로 참여정부가 교육평등화정책을 실현하기 위해 집권기간 동안 엄청난 규모의 교육복지 예산을 투입해야 하는데, 참여정부로서는 이 역시 결코 쉬운 일이 아니다. 교육복지 예산을 GNP의 6～7% 수준 혹은 지금의 교육예산의 두 배 수준 이상으로 책정해야 할 것이다. 네덜란드가 추진하는 수준의 교육복지정책을 추진할 수 있어야 한다. 현실적으로 한국의 GDP는 2003년 기준으로 638조 원에 이른다. 국가예산은 약 111조 원으로서 GDP 대비 국가예산 비율은 약 17.4%다. 각 분야별 예산 사용 규모는 방위비 18조 2,000억 원, 교육비 20조 2,000억 원, 사회개발비 14조 6,000억 원, 경제개발비 28조 원, 일반 행정비용 12조 3,000억 원, 지방재정교부금 13조 1,000억 원, 예비비 2조 5,000억 원, 재정융자지원 3,000억 원, 채무상환 및 기타 1조 9,000억 원 등이다. 20조 2,000억 원인 국가의 교육예산은 각 광역시·도별로 인구 수와 학교 수에 비례하여 분배되며, 학교와 인구가 많은 서울과 경기도에는 더 많이 배분된다. 이런 정부의 교육예산 외에 학부모의 부담납부금이 약 32조 원 정도다. 즉, 공교육비에서 학부모가 부담하는 것이 17조 원 규모고, 그것과 관계없이 학부모의 교육열로 투자되는 사교육비(GDP 대비 사교육비 추정규모는 2.9% 정도)가 약 25조 원 규모다. 결국 약 42조 원 가량이 학부모들의 교육열로 뒷받침됨으로써 교육예산은 62조 원 규모가 된다. 이것은 전체 GDP의 10% 이상을 차지하는 것이다. 이 정도의 교육예산이 들어가야 오늘날 우리가 직시하고 있는 교육현실이 유지될 수 있음을 알 수 있다.

사실 이 같은 한국 정부의 교육예산과 그 비율은 미국(GDP 6.4%, 1998년 기준), 일본(4.7%), 프랑스(6.2%) 등 주요 선진국보다도 훨씬 능가하는 수준이다. 교육투자 효율분석에 관한 국제비교만으로 한국의 교육예산의 교육투자 효율을 따질 때 한국의 교육투자 효율성 지수는 87점을 기록했는데, 이 점수는 OECD조사 대상 23개 회원국 중에서 19위에 해당되는 지수다. 교육투자 효율성 지수란 OECD에서 발표한 고등학교 1학년 학생의 수학 및 과학 성적 합계와 GDP 대비 교육투자비용의 비율을 지수화해 산출한 것으로, 네덜란드(132), 일본(131), 체코(121), 아일랜드(121) 등이 상위권에 올라있다. 반면, 한국의 교육투자 효율성 지수는 87로 교육비가 과다하게 소비되고 있음을 나타낸다. 이는 곧 교육재정 상태가 비효율적임을 의미한다. 이런 지수에 관계없이 교육평등과 교육정의 실현을 위한 초·중등학교에서의 학습결과의 평등화와 고등교육의 무상화를 추구하기 위해서는 마약환자에게 사회복지의 일환으로 국가가 마약을 무상으로 제공해 주면서까지 사회복지정책을 강력히 추진하고 있는 네덜란드의 교육투자[11]수준을 따라갈 정도로 공교육 예산을 증액할 수 있어야 한다.

참여정부가 교육복지 예산을 교육 선진국 수준으로 확보하는 일은 노 대통령의 임기 내에는 거의 불가능할 것으로 보인다. 모든 것을 고려하면 참여정부가 강력하게 추진하려고 하는 거시적인 의미에서의 교육평등화정책 추진은 끝내 임기 내 도달하기 어렵기만 한 교육정책 목표들이다. 그런 뜻에서 참여정부는 더욱 더 시장주의 교육경영의 방식, 말하자면 '선택과 집중' 쪽이 더 선호되는지도 모른다. 정치적으로 선택과 집중보다 오히려 선택과 분산 쪽이었던 것을 보면 그들은 지금 시간에 쫓기고 있음이 틀림없다.

현실적으로 교육부가 모든 것을 도맡아 추진하고 관리하려고 하면서 그것에 따라 다닐 비효율성과 연유될 모든 책임과 비난을 감내해야 될 이유가 없음을 확신하고 있는 중인지도 모른다. 교육부가 교육정책을 연구·개발해 내는 정책개발기관이 아닌 실행과 집행 기관인 이상, 대학과 사회의 이해관계 기관들이 내놓은 쓰임새 높은 교육정책을 선택하고 참여정부가 내세우는 교육평등화정책의 목표에 맞게 수렴함으로써 정책 추진을 분산할 필요가 있음을 절감하고 있는 중인지도 모른다. 자기들의 이해관계를 공공화한 상태에서 그들에게 그의 가능성을 점검·실천해 보게 함으로써 그 책임까지 묻는 방식의 교육정책 추진방식을 추구할 필요가 있다.

그런 의미에서 대학가에서 제기한 교육계의 현안 쟁점들, 즉 고교등급제, 대학본고사, 기여입학제 같은 교육현안을 교육평등과 교육정의 실현의 감각에서 재해석해 본다면, 그것들은 오히려 참여정부에게 교육평등과 교육정의 실현을 위해 도움이 될 정책적이고도 야심만만한 일감들이 될 수 있을 성싶다. 다만, 새로운 시각으로 선택하고 분산해서 현실적으로 쓰임새 높은 교육정책으로 해석하고 찾아내는 일은 그들에게 남아 있는 막중한 과제다. 이를 위해서는 마치 뉴턴이나 갈릴레이가 만들어 냈던 고전적 물리학의 원리를 벗어나서 물리현상에 대한 새로운 해석을 가한 후 물리법칙의 신기원인 상대성 이론을 만들어 낸 아인슈타인의 경이로운 인식의 전환, 말하자면 '파격적인 사고(思考)뭉치' 가 필요할 것이다.

2) 지체장애인과 교육복지정책

사회적인 조건의 열악성에 따라 생긴 교육 취약계층과는 달리 약 150만 명 정도에 이르는 지체장애인이 있는데, 이들은 교육 취약계층 중에서도 특히 교육적 혜택이 절실하다. 특수교육 대상자 이외의 교육 취약계층을 포함하면 약 400만여 명에 이르지만 이들의 40%인 지체장애자에게는 실질적으로 배움의 기회가 주어지지 않고 있다. 약 5만여 명의 시설장애인에게는 더욱더 그러한 실정이다. 참여정부는 교육 부문의 교육격차를 해소하기 위해 2006년 한 해 동안 1조 3,000억 원을 비롯해 향후 5년간 총 8조 원을 투입하기로 했지만,[12] 정신지체아와 같은 교육 취약계층의 교육복지를 위한 구체적인 예산편성이나 교육복지의 내용을 담은 항목은 없다.

장애인 중 89%는 선천적인 장애가 아닌 후천적인 요인으로 장애를 갖게 된 사람들이다. 장애인에 대한 복지정책은 태생적으로 장애적인 조건을 갖는 시민뿐 아니라 중도장애인을 위한 사회복지와 교육복지 문제로 재구성되어야 한다.

정상적으로 태어나 사회를 위해 시민으로서 생활하다가도 누구든 장애인이 될 수 있다는 '장애 개연성' 과 그것을 사회복지 차원에서 도울 수 있어야 한다는 '만민을 위한 장애복지정책' 이 요구된다. 왜냐하면 시민은 언제든지 중도장애인이 될 수 있다는 개연성이 늘 열려 있기 때문이다. 사실 이런 인식이 보편화된 사회일수록 장애인의 재활을 위한 각종 사회복지대책이 지역사회별로 활발하게 전개되고 있다. 장애인에 대한 사회복지정책이 보다 국가적인 차원에서 활발하게 전개되기 위해서는 장애인에 대한 인식부터 달라져야 한다.

그들 역시 그들을 위한 교육자본이 제공된다면 정상인 못지않게 배울 수 있다. 교육자본이 제대로 갖춰질 때 그들에게도 대학 졸업이 그리 어려운 일이 아니다.[13] 노숙자들도 새롭게 배울 수 있고,[14] 병원에서 병마로 고통을 받고 있는 이들 역시 배우는 기쁨을 경험할 수 있다.[15] 고아원이나 사회복지시설에서 생활하건,[16] 교도소에서 생활하건 어디에서든 배움의 가능성이 그들을 기다린다. 그들을 위한 교육자본의 토대는 그들에게 고통에 시달리는 아픔보다 희망을, 끼니보다 자긍심을 드러내도록 만들어 준다.

흔히 장애인정책은 재활을 통한 정상화를 목표로 삼는다고 한다. 원래 정상화란 장애를 가진 사람을 장애인으로 취급하는 것이 아니라 한 인간으로서 보통의 삶을 의미하는 것이다. 즉, 일반 생활환경 속에서 개인이 정상생활을 통해 자아를 실현할 수 있도록 돕는 사회정책이다. 동시에 장애인정책은 어떤 지역사회에서든 신체적, 사회적, 정신적 결함을 가진 사람이 일정 수로 존재하는 것을 전제하여야 한다. 결국 정상화는 장애인이 지역사회에서 한 시민으로서 평상시의 생활을 할 수 있도록 만드는 사회적인 노력이기에 정신적, 물리적 환경을 이루어가는 사회적인 정책실현과 그런 활동의 일상화가 핵심이 된다. 정상화는 장애인이 사회에서 일반인과 함께 살도록 하여야 한다는 통합화의 논리와 그 궤를 같이 한다. 재활은 장애인의 정상화 이념과 함께 장애인복지의 정책적 근거가 된다. 재활은 단순한 치료나 훈련이라는 기술적 개념을 넘어선다. 장애인이 한 사람의 사회인으로서 생활이 가능하도록 그들의 심리적, 신체적, 사회적 욕구를 만족시키는 종합적 접근이 재활이다. 따라서 장애인을 위한 재활활동에는 장애인이 한 사람의 인격체로서 자립할 수 있게 도와주는 사회문화 서비스의 종합화가 필수적이다.

우리나라에서 장애인을 위한 교육자본이 가능하다면, 그것은 유치원(3세)부터 고등학교(전공과) 과정까지의 특수교육 대상자를 희망에 따라 일반학급, 특수학급, 특수학교에 배치하여 교육하는 활동으로 집약된다. 우리나라 장애학생은 약 30만 명에 이르는 것으로 알려져 있다. 그중에서 특수교육 대상 장애학생이 22만 5,000명 정도에 이르지만 특수학교나 학급에서 교육을 받는 장애학생은 20% 미만에 지나지 않는다. 우리나라의 특수학교는 국립이 3개교, 공립이 34개교, 그리고 사립이 72개교다. 특수학교에서 교육을 수혜받는 총 2만 1,948명의 장애학생 중 절반 이상이 사립학교에 다니고 있어서 특수학교에 대한 사립 의존도가 66% 정도에 이른다. 이는 국 · 공립 특수학교가 946개교인 데 비해 사립 특수학교가 17개교뿐인 일본에 비하면 매우 높다고 할 수 있다. 특수학급의 설치현황을 살펴보면, 초등학교가 2,849개, 중학교 681개, 고등학교 3개 학급에 불과하여 겨우 2만 6,087명만의 장애학생만이 특수학급에 소속되어 있을 뿐이다.

유치원의 경우는 장애아동을 위한 특수학교가 오직 한 곳으로서 5～7세의 장애아동 1만 6,000명 중 오직 6%만이 특수교육을 받고 있다. 초등학교의 경우는 9만 1,000명의 장애학생 중 34%만이 특수학교나 특수학급에서 교육을 받고 있다. 중학생 연령의 장애학생 5만 8,000명 중 18%인 1만 600명, 고등학생 연령의 장애학생 6만 명 중 8%에 해당하는 5,000명만이 특수교육을 수혜받고, 나머지 대다수는 일반학급이나 가정, 사회복지시설에 방치되어 있다. 결국 5～17세 특수교육 대상자 22만 5,000명 중 약 70%인 15만 7,000명의 장애학생만이 일반학급에 편성되어 있고, 나머지 대상자는 정부의 특수교육 정책에서 소외되고 있는 셈이다. 초 · 중등교육과는 달리, 장애인 고등교육은 '장애인대학특례입학제도'에 따라 전개되고 있는데, 1995～1999년에 1,212명이 고등교육기관에 취학하였다. 정부는 이외의 장애인학습을 위해 장애인의 평생교육체제 구축방안과 재활 관련 정보 접근이 상시 가능하도록 국립특수교육원에 재활정보센터를 설치하고, 4개 지역(제주, 인천, 광주, 경주)과 원격화상 시스템을 통한 상담 및 연수 등을 실시할 수 있도록 하고 있다. 그러나 실질적인 효과는 아직 불투명하기 그지없다.[17]

단일 학습장애가 학습결손을 야기하기보다 여러 학습장애 요인이 학습결손

현상을 가속화한다는 점에서, 장애인 학습장애는 교육복지적인 차원에서 성인 학습 재활을 위해 특별하게 취급되어야 한다. 예를 들어, 청각장애자는 시각장애와 더불어 학습장애가 더욱더 악화되기 마련이지만, 노화로 생긴 청각 이상 역시 약화된 시각능력 상실과 더불어 학습능력을 약화시킨다. 따라서 여러 가지 학습장애 요소를 가지고 있는 중다장애 학습자는 학습능력을 회복시키거나 도움이 되는 중다 학습처치 또는 교육복지 서비스를 함께 받아야 한다.

취약계층을 위한 교육자본화 과제

국가가 취약계층의 교육자본을 축적하기 위해 정책적으로 적용해야 될 원칙은 오아시스라는 다섯 가지 원칙이다. 모든 이를 위한 교육자본의 '오아시스(OASIS)'란 교육 취약계층의 학습결손 문제를 처방하고 변화에 대응하는 새로운 교육전략 수립의 원리를 말한다. 다시 말해, 취약계층의 학습활동을 위한 개방성(openness), 접근성(accessibility), 공익성(sharing),[18] 혁신성(innovation), 그리고 자존감(selfhood)[19] 향상의 토대를 하나의 교육자본으로 묶어 주는 원리다. 이런 학습 수단과 방법의 토대는, 첫째 개인 참여조건의 최적화를 필요로 하며, 둘째 평생교육의 참여가 최대화되어야 하고, 셋째 평생교육 실시를 위한 최대의 지원을 요구한다.

평생학습이 본질적으로 누구든, 그리고 언제든 학습에 임할 수 있게 만드는 이념이라면, 이를 위한 교육활동이나 교육자본의 구축원칙이 있어야 한다. 모든 이를 위한 교육활동은 모든 학습자의 요구를 고려하여 학습자가 어떤 특성을 지녔든 학습 수준과 능력에 따라 학습할 수 있는 기회를 제공하기 위한 정책으로 구체화되어야 하기 때문이다. 또한 모두가 평생학습자가 되어 평생교육활동이라는 교육자본의 구축에 참여할 수 있도록 학습활동의 기회와 수단이 제공되어야 하기 때문이다. 교육자본이 모든 이의 배움을 위한 하나의 오아시스가 되어야

사 결과에 따르면, 전체 조사 대상의 8.4%가 기초문해의 최저단계인 1수준에 해당한다. 이 정도의 문자 리터러시나 산문에 대한 해독능력은 국민의 평균학력인 중 1학년에 비해 상대적으로 취약한 것으로서 국민의 문화적 질이 어느 정도로 처져 있는지를 가늠하게 만들어 준다.

국민 스스로 의약품의 설명서를 제대로 읽고 투약 양을 알맞게 결정하거나 적절한 시기를 알아내는 데도 어려움을 갖는 수준이 바로 기초문해의 1단계다. 물론 이것은 도시와 농촌 인구 간의 교육편차가 심하다는 점을 고려하지 않은 평가일 수 있다. 혹은 의약품 제조회사의 어설픈 약 광고나 낮은 산문 실력으로 기인되는 기술적인 것일 수도 있기에 기초문해의 질과 그 수준이 일률적으로 낮다고 평가할 수는 없다. 그럼에도 불구하고 우리 국민의 문해능력이 낮은 것만큼은 부인하기 어렵다. 우리의 문해능력에 비해 우리보다 평생학습의 참여율이 높은 서구인의 문해능력은 상당히 높다. 스웨덴의 경우 모든 직업현장에서 복잡한 매뉴얼을 읽고 그대로 작업할 수 있는 문해수준(level 3)을 유지하고 있다. 우리나라의 문해율이 낮은 것은 우리 성인이 고등학교 이후의 성인학습활동에 상대적으로 소홀히 한다는 증표일 수도 있다. 기초문해의 부실은 경제적 활동에서 생산성 저하를 야기할 뿐만 아니라 공동체의 삶살이 속에서 민주적인 참여를 저하시키므로 정부가 진지하게 재검토해야 할 것이다.

현재 평생교육법, 독학사 관계법, 학점은행제 관계법이 성인에게 기초학력을 높여 주기 위한 제도적 장치라고 볼 수도 있다. 그러나 이는 고등교육법을 모법으로 하는 것으로 사회적 쓰임새가 제한된 학위증 남용이 오히려 학습자의 가슴을 멍들게 하고 있다.[24] 이런 일들로 정부는 기대하지 않았던 학력 인플레이션을 오히려 조장하고 있다는 비난도 감내해야 될 처지가 되었다.

행자부가 운영하고 있는 주민자치센터를 어떠한 방식으로든 모든 지역주민을 위한 평생교육의 거점이나 센터로 틀을 바꾸는 일이 필요하다. 지역 주민자치센터가 취약계층이 자유롭게 활용할 수 있는 공간이 되어야 한다. 주민자치센터는 1999년 7월부터 전국 도시지역 278개 동을 대상으로 시범 실시를 거쳤다. 2000년

7월부터는 전국의 94개 자치구 및 일반 시의 동 1,655개소를 대상으로, 2001년 10월부터는 138개 도 · 농 복합시 및 군의 읍 · 면 · 동 1,858개소를 대상으로 확대 · 시행되었다. 이는 사실상 모든 지역주민을 위한 평생학습터다.[25] 이런 주민자치센터가 지역주민에게 의미 있는 성인학습의 기회를 제공하기 위해서는 교육부가 추진하고 있는 평생교육의 우산 아래에서 역할과 기능이 재구성될 수 있도록 행정적 조정기능과 프로그램이 업그레이드되어야 한다. 평생교육 정책을 효율화하기 위해 일반행정과 교육행정 사이에 연계 시스템이 마련되어야 한다는 것은 더 이상 숨길 일도 아니다. 예를 들어, 평생교육법에는 중앙에 평생교육센터, 시 · 도 단위에 지역평생교육정보센터, 시 · 군 · 구 단위에 평생학습관을 운영하도록 되어 있다. 이들 기구는 교육인적자원부 장관과 교육감에게 운영권을 부여하고 있으나, 다른 부처 및 단체에서 운영하는 평생학습시설과는 행정적인 연계장치를 갖지 못하고 있다. 지방행정의 각 부처, 지역 내의 각종 교육 관련 기관 및 단체 간에 유기적인 관계를 맺지 못하여 역할분담이나 연계가 이루어지지 않고 있다. 그리고 평생학습관 운영을 교육감의 책무로 규정하고 있어 지방자치단체와 소속기관의 자율적인 협력이 미비하다. 또한 지방자치단체와 교육청의 협력관계도 미비하다. 교육청과 지방자치단체가 긴밀한 협력관계를 구축하도록 하기 위해서는 지방자치단체의 장에게 지역 평생교육에 대한 관심과 책임이 부과되도록 해야 한다.

셋째로 정부는 취약계층을 위한 평생교육시설 확충을 교육자본의 토대 구축의 관점에서 실천해 나가야 한다. 현재 평생학습 대상에서 소외되고 있는 취약계층은 약 300만 명 정도로 추산되고 있다. 그들은 주로 장애인이나 학습기회의 적기를 놓친 사람들이다. 이 인구는 앞으로 약 1,000만 명 정도로 늘어날 전망이다. 왜냐하면 미래의 평생학습 취약계층은 다양한 인구로 구성될 것이기 때문이다. 외국의 사례에서 볼 수 있듯이, 앞으로는 은퇴인구, 노인인구, 여성인구, 산재 대상자들, 생애과정 중 중도에서 생기는 사고로 인한 장애자들도 이런 평생학습 취약계층의 잠재인구로 포함될 것이기 때문이다.[26] 그들이 평생학습 참여에 대한 폭발적인 욕구를 가지고 있음은 서구의 사례를 통해 알 수 있다. 물론 평생학습에 참여하고자 하는 욕구 및 분야는 취약계층의 학력에 따라 다소 차이는 있지만, 전체적으로 참여에 대한 요구가 높은 것은 사실이다. 높은 학습 욕구와는 별도로 그들의 평생학습 참여율은 연령대별로 서로 다르다. 2000년 통계청의 사회통계조사 보고서에 따르면 만 15세 이상 인구의 평생학습 참여율은 초졸 이하 4.5%, 중졸 7.5%, 고졸 16.8%였다. 이에 비해 대졸 이상은 39.6%로 나타나고 있다. 한마디로 학력 간에 평생학습의 참여율이 크게 차이가 나고 있음을 알 수 있다.

그간 정부는 평생학습의 취약계층을 지원하기 위해 여러 가지 프로그램을 현장에 투입하기도 했다. 취약계층 평생교육 프로그램 지원사업으로 정부는 각 연도별 사업비로 2억 원을 책정한 것이다. 이를 토대로 2001년도에는 20개 프로그램을 선정하여 각 프로그램에 각각 1,000만 원씩 지원하였으며, 2002년도와 2003년에는 25개 프로그램을 선정하여 400~1,000만 원씩을 지원했다. 2003년도에는 지역종합계획으로 최대 2,000만 원까지 지원하였다. 재정적 지원의 높고 낮음에 관계없이 그들을 위한 프로그램은 특별한 고려가 요구되는 부분이다. 취약계층에 대한 개념 파악부터 프로그램의 구성에 이르기까지 새로운 교육적 시각이 필요한 부분이다.

2) '러닝 리스타트(learning restart)' 운동

취약계층을 위한 학습사회를 실현하기 위해 추구해야 할 배움의 목표와 이를 위한 프로그램 개발은 세 가지 정도가 될 것이다. 첫째는 '모든 취약계층을 위한 평생학습 능력개발' 을 어느 수준, 어느 정도, 어떤 방법으로 실현해야 할 것인가의 문제다. 둘째는 '모든 이를 위한 평생직업 능력개발' 의 실천과 지원을 국가적인 수준에서 어느 정도로 추진해야 할 것인가의 문제다. 마지막으로 평생학습사회 실현의 마지막 목표인 '모든 이를 위한 평생 여가문화 능력개발' 을 위한 프로그램을 요람에서 무덤에 이르기까지 어느 정도로 추진해야 하는가의 문제들이 개인 수준과 지역사회 수준에서 진지하게 논의되어야 한다.

평생학습사회 실현을 위한 세 가지 목표를 달성하기 위해서는 무엇보다도 먼저 '모든 이를 위한 배움정신'을 우리의 정신적, 문화적 토대와 접목시켜야 한다. 우리는 원래 배움을 즐기는 민족이기에 인간으로서의 배움권이 보장되면 누구나 배움을 즐기도록 되어 있다. 모든 이를 위한 평생배움이 가능하기 위해서는 취약계층을 위한 '러닝 리스타트(learning restart)' 운동, 말하자면 배움력의 회복운동을 지역적으로 전개해야 할 것이다. 지역주민이 지역 배움공동체를 이루고 '한 번 더 배움으로!'를 구호로 강한 배움회복운동에 적극적으로 참여할 때, 비로소 평생학습사회 실현의 가능성은 더욱 커질 것이다.

배움의 인간이 모이는 곳이면 어디에서든 서로가 배우고 즐기며 성장하게 만드는 것이 러닝 리스타트 운동이다. 인간의 배움 본능을 다시 일깨워 줌으로써 각자적인 배움력 회복에 도움을 줄 수 있다. '배우는 법'을 공유하는 러닝 리스타트 운동에 불이 당겨지기만 한다면, 모든 지역사회는 배움의 공동체인 동시에 교육자본의 토대로 변신할 것이다. 한 지역사회에 시민이 산다는 것 자체가 앎의 시작이고, 그곳이 배움의 시작이라는 것을 수용하는 것이다. 이런 '한 번 더 배움'으로 초대하는 러닝 리스타트 운동은 유네스코에서 제창한 평생학습의 네 가지 초석, 즉 알기 위한 학습, 행동하기 위한 학습, 더불어 살기 위한 학습, 생존하기 위한 학습의 시작과 같다.[27]

러닝 리스타트가 교육 취약계층에게도 실질적으로 가능하기 위해서는 그들을 위한 학습환경을 재정비해야 한다. 그들을 위한 교육자본을 제공하기 시작하면 그들 역시 국가발전을 위한 인적자본으로서 기능을 발휘할 수 있게 된다. 그들에게도 러닝 리스타트가 필요하지만, 실질적으로 현실에서 장애인을 위한 러닝 리스타트는 그리 쉽지 않다. 예를 들어, 장애인 특례입학제도가 1955년부터 시행되고 있지만 전국 국·공립대 가운데 장애인 특례입학을 실시하는 학교는 아직까지 20%도 채 미치지 못하고 있다. 교육대학들은 초등교사의 특수성을 이유로 장애인 학생의 특례입학을 거의 실시하지 않고 있는 상황이며, 국·공립대의 장애인 편의시설 역시 미흡하기 그지없어 최하위등급 수준이다. 장애인 편의시설을 설치하는 것은 장애인에게 필요한 학습환경 조성에서 기초적인 작업이다. 학습지원 시스템을 마련하는 것도 시급한데, 장애인 학생의 장애 유형을 고려하여 점자 프린터와 듣기 보조장치를 마련하고 도우미제도가 도입되어야 그들 역시 러닝 리스타트 운동에 참여할 수 있을 것이다.

3) 맞춤형 직능개발

장애인을 위한 직능교육은 전환교육을 의미한다. 장애인의 의존도를 줄이고 지역사회 서비스에 참여할 수 있는 자립생활 능력을 높여 주기 위한 것이 장애인이나 취약계층을 위한 직능교육이다. 이런 직능교육을 통해 장애인은 사회생활뿐 아니라 직업생활에 참여할 수 있으며, 학교, 지역사회 서비스기관, 민간단체, 가족을 잇는 효율적인 협력체제와도 긴밀한 관계를 가질 수 있다. 모든 장애인을 위한 전환교육은 장애인을 위한 진로교육의 총체적인 서비스 활동으로, 학령기 전체를 통하여 삶의 모든 공간에서 전인격적인 접근이 이루어져야 보다 효율적이다.[28]

모든 취약계층을 위한 평생직업 능력개발은 개인적인 수준에서 결정될 수 있는 것이 아니다. 평생직업 능력개발을 촉진하기 위해 보다 중요한 것은 정부의 노력과 쓰임새 있는 정책의 개발이다. 모든 이를 위한 평생직능 개발은 개인의 취업을 도와주는 동시에 국가의 생산력을 높이는 기본 토대이기 때문이다. 이를 위해서는 학교교육의 틀을 넘어, 일시적인 '복지' 중심의 현재 수준을 넘어서는 국가적 차원의 직능개발 정책이 필요하다. 말하자면 모든 이를 위한 직능개발의 큰 틀과 정책개발이 필요한 것이다.

예를 들어, OECD 국가는 모든 이를 위한 맞춤형 직능개발의 정책을 실천하고 있다. 기본적으로 공공 부문의 직능개발훈련과 사적 부문의 직능개발훈련 간의 질적 차이를 줄이는 정책을 추진해 왔다.[29] 청년만을 위한 특별 맞춤형 실업대책이 그중 하나인데, 독일은 1999년부터 실업기간이 3개월 이상 되는 청년을 대상으로 '점프(JUMP)' 라는 맞춤형 프로그램을 실행해 오고 있다. 프랑스도 1998년부터 16~25세 실업자들을 위한 '트레이스(TRACE)' 라는 프로그램을 통해 18만 명을 교육시켰으며, 그중 절반인 9만 명이 직장을 구했다. 영국은[30] 2003년 3월 현재 전체 실업률이 G7 국가 중 가장 낮다. 영국 정부가 1998년부터 실시한 '뉴딜(New Deal)' 정책이 실업률을 낮추는 데 1등 공신 역할을 했기 때문이다. 특히, 청년층만을 위한 '맞춤형 대책' 인 '청년 뉴딜(New Deal for Young People: NDYP)' 프로그램을 도입한 것이 가장 좋은 평가를 받고 있다. 영국 정부는 18~24세 청년 실업자 중 6개월 이상 구직수당을 청구해 온 사람들을 강제로 뉴딜에 가입하게 했다. 뉴딜 가입자들은 크게 3단계에 걸쳐 훈련을 받는다. 1단계에서 직업을 탐색하고 취업에 관한 기초교육을 받은 후, 그래도 직장을 구하지 못하면 점차 2, 3단계로 올라간다. 무엇보다도 가장 큰 강점은 구직자 개개인과 주 1회씩 만나며 밀착상담을 하는 '지도교사' 들이다. 지도교사는 취업에 필요한 기본교육을 시키는 것은 물론이고, '돈이 없다', '빚에 시달린다' 등의 문제와 같은 일반상담까지 해 준다. 집에서 먼 지역으로 인터뷰하러 가는 가난한 청년에게 차비도 지원해 준다. 결국 지도교사는 청년이 직장을 구해 완전히 자리를 잡을 때까지 그의 인생을 함께 걸어 주는 셈이다.

취약계층을 위한 직능개발을 위해서는 외국의 취약계층에 대한 선진화된 직능개발 정책을 벤치마킹할 필요가 있다. 장애인을 위한 외국의 재활정책은 크게 세 가지로 분류된다. 재활장애인 생활안정지원책과 직업재활책, 그리고 생활시설 장애인보호책이다. 그중에서도 장애인의 안정된 생활기반 조성은 장애인의 재활을 위해 매우 중요한 정책이다. 정부와 민간기구는 보다 적극적인 방법으로 장애인의 재활을 위해 노력해야 한다. 예를 들어, 우리나라의 경우 2006년 의원입법을 통해 개정된 「장애인고용촉진 및 직업재활법」에 따라 2006년부터는 교직에도 장애인 의무고용제도가 적용되지만, 고용할 수 있는 장애인 전문인력이 절대적으로 부족한 형편이다. 현재 전국의 교원정원은 31만 3,914명으로 장애인 의무고용 비율인 2%를 맞추기 위해서는 6,287명이 있어야만 한다. 그러나 2005년 말 현재 징애인 교원은 1,327명에 불과하여 의무고용 미달 인원이 4,960명 정도에 이른다. 장애인이 교육대, 사범대학 등에 입학하기 어려운 현 상황에서 교원 선발시험에서 장애인을 구분·모집하는 것만으로는 무의미할 수도 있기에 장애인교사 고용촉진 방식 역시 바뀌어야 한다는 점이 분명해진다. 현실적으로 교육대학과 사범대학에 재학 중인 장애인 학생이 총 185명뿐인데, 이들 모두가 교원이 된다고 해도 의무고용 비율에는 턱없이 모자라는 형편이다. 장애인을 위한 두 번째 정책은 장애인의 심각한 장애를 예방하고 장애서비스의 내실화를 추진하는 정책이다. 그리고 세 번째 정책은 장애인의 문화, 교육, 사회 참여를 증진시키는 대책이다. 이는 편의시설을 확충하고, 장애인의 문화와 여가활동을 증진시키며, 장애에 대한 사회적 인식을 제고시키는 등의 정책이 그 내용의 중심이 된다.

평생학습과 직능개발을 잘 연계하고 있는 호주나 일본의 직능개발정책은 우리에게 도움이 된다. 호주가 채택하고 있는 직업교육 훈련체제는 우리에게 시사하는 것이 많다.[31] 호주 직업교육 훈련제도의 특징은 무엇보다도 먼저 직업능력 중심의 훈련을 강화하고 있다는 점을 꼽을 수 있다. 직업현장에서 유용한 기술과 지식을 습득할 수 있도록 하는 데 초점을 맞춘 것이다. 이런 직업능력의 향상은 훈련 제공기관 간의 경쟁을 촉진시킨 후 더욱더 가능하게 되었다. 성과별로 재정지원을 강화한 것이 직업훈련기관에게 책무성을 제고한 것이었다.

호주는 장애인을 포함한 모든 이를 위한 호주우수훈련제도(Australian Quality Training Framework)를 도입해서 맞춤형 직능개발에 상당할 정도로 성공하고 있다. 이 제도는 등록절차를 거친 훈련기관을 대상으로 5년간 훈련평가 사업을 실시하고 국가가 인정하는 자격을 발급할 수 있도록 하여, 등록된 기관의 사업 수행능력을 감시하고 이를 위한 감사표준이 호주 전역에서 일관되게 통용될 수 있게 하였다. 이 제도는 직업능력 중심의 접근법을 반영한 것으로 훈련의 방식보다는 훈련의 결과에 초점이 맞춰져 있다. 아울러 호주는 피훈련자들의 학습진로를 개선하는 노력도 보이고 있는데, 피훈련자들의 선행학습을 학점으로 인정하는 제도를 도입한 것이다. 이는 교육과 학습의 불필요한 중복을 막고 자격취득에서의 기회의 평등을 제고하기 위한 것이었다. 특정 교육기관에서 이수한 학점을 타 교육기관에 진학하였을 때 인정해 주는 학점이전제도(Credit Transfer Arrangement) 역시 같은 기능을 발휘한다.

호주 직업교육훈련에서 가장 혁신적인 것은 새로운 도제제도다. 이 제도는 현장훈련과 현장 외 훈련의 비율을 유동적으로 조정하는 제도로서 소비자의 선택을 융통성 있게 허용한다. 일본의 기업 역시 그들 나름대로 모든 일본인의 직능개발을 위해 '커리어 형성 촉진지원제도'를[32] 활용하고 있다. 이 제도는 기업 내에서 근로자의 전직이나 퇴직을 대비하여 그들의 커리어를 효과적으로 촉진하기 위한 제도다. 이 제도는 직업능력개발 촉진법에 의거해서 실시되고 있으며, 일단은 성공적인 제도로 평가되고 있다. 우리 역시 이런 커리어 촉진지원제도를 법적으로 강제할 필요가 있다. 근로자의 평생학습 차원에서 자기주도적인 직업능력개발이 가능해야 모든 이를 위한 평생직능 개발이 가능하기 때문이다. 평생직능개발의 책무성과 직능개발의 쓰임새를 높이기 위해서는 우리 역시 맞춤형 직능개발의 방향으로 정책 변화가 있어야 한다.

4) 특수교육과 정보교육

장애인을 위한 교육재활정책을 강화하기 위해서는 무엇보다도 장애인의 평생학습을 위한 특수교육 지원체계를 강화해야 한다. 지역 교육청의 특수교육 운영위원회를 상시화하여 특수교육 대상 학습자의 진단 및 평가, 학습지도, 가족지원 등에 필요한 각종 정보와 자료 제공이 원활해야 한다. 이를 위해 장애아동의 경우 특수교육 대상자를 보다 적극적으로 일반학급에 배치하는 방안을 생각해 볼 수 있다. 일반 초등학교, 중학교, 고등학교에 장애인들이 이용할 수 있는 편의시설을 설치하고, 일반학교의 특수학급에 특수교사 배치 및 일반교사에 대한 전문교육을 실시하여 장애학생의 통합교육을 실시하는 방안이 검토될 수 있다.

우리 역시 법을 개정해 통합교육의 기틀을 마련하고는 있지만, 통합의 강도는 미약하다고 볼 수밖에 없다. 장애인 교육에 앞서 가는 나라에서 '일반교육 주도

원리'에 따라 장애학생 교육을 위한 일반교육을 과감하게 추진하고 있는 것과 비교하면 더욱더 그 점을 확인할 수 있다. 예를 들어, 캐나다의 일부 주와 이탈리아에서는 특수학교를 완전히 없앴으며, 일본 역시 특수학교 줄이기를 강력하게 실천하고 있다. 미국에서는 장애학생의 93.2%가 일반학교에서 일반학생들과 더불어 일반교육을 받는 것으로 나타나고 있다. 이들 국가들은 장애학생이 일반학생에게 접근해 가는 방식이 아니라 일반학생들도 장애학생을 올바르게 이해하고 동등한 인격체로 받아들이는 진정한 통합교육을 실천하고 있다.

장애학생 교육과 일반교육의 통합이 미약한 현실을 시정하기 위해서는 무엇보다도 장애인 평생교육 및 복지 지원체계를 구축하고 그들을 위한 전문인력을 양성해야 한다. 시·도 교육청별로 원격특수교육 방송망을 설치하고 교육부, 보건복지부, 노동부가 정보공유망을 구축하여 장애인의 보건, 교육, 재활, 고용 등 전 생애에 걸친 관련 정보에 대한 접근이 용이해야 한다. 현실적으로 성인 장애자를 위한 고등교육과 평생학습 혹은 성인교육 시설의 부족과 교육기회 접근성의 부족은 상당할 정도로 심각하다.

둘째, 장애인을 위한 사회기술을 촉진하고 장애인이 성공적인 관계를 보다 많이 가질 수 있도록 해야 한다. 사회기술은 장애인이 다른 사람들과의 성공적인 관계 맺기나 적절한 대인관계를 갖는 데 필요한 사회생존 기술을 의미한다. 장애인의 사회적 기술은 매일같이 반복적으로 일어나는 일상적인 생활과 사람들과의 관계에서 더욱더 제 기능이 발휘되어야 한다. 그러나 중도장애 성인의 경우, 그들이 장애 이전에 보여 주던 사회기술과 장애 이후의 사회기술에는 여러 가지 차이가 있을 수 었다. 장애자 본인의 심리적인 위축으로 그럴 수도 있지만, 장애에 대한 사회적 인식이나 사회문화가 장애자와의 사회적인 접촉을 제한할 수 있다. 이런 점까지 감안해서 장애인이 필요로 하는 사회기술 개발이나 훈련 프로그램이 체계화되어야 한다. 여러 가지 사회적인 상황에서 구체적으로 쓰임새가 있는 사회적인 기술의 교환법이나 장애자 자신의 능력과 사회적인 관계를 겉으로 드러내 줄 수 있는 사회기술의 훈련이 필요하다.

셋째, 장애인을 위한 평생학습활동에는 자조훈련 같은 지역사회봉사 조치가 포괄적으로 포함되어야 한다. 중증 이상의 장애자인을 위한 사회봉사 대책으로 채택되어야 할 평생학습 촉진 사회봉사 프로그램은 장애인에게 독립심과 독립적인 생활을 할 수 있도록 해 준다. 이 프로그램은 지역사회 내에서 활동하는 비영리기관 간의 연결망을 제공해 줌으로써 장애인이 그들의 능력을 발휘하는 데 최대한의 도움을 준다. 선진 외국의 경우 이런 프로그램은 장애인의 거처지에서 10km 이내에 위치한 각종 지역사회 봉사기관에서 운영하고 있다. 이런 지역사회 봉사기관은 장애인을 위한 계속교육이나 평생학습 교육 프로그램도 운영하고 있으나, 그들의 학습활동은 기초적인 교육적 재활 정도에 그치고 있다. 더 본격화된 장애인 교육이나 학습은 대학이나 고등교육기관에서 실시하는 정규교육 프로그램 속에서 보다 전문화되고 있다.

넷째, 장애인을 위한 고등교육 프로그램이나 계속교육 프로그램을 보다 체계화하여야 한다. 서구 선진사회에서는 장애인만을 위한 고등교육 프로그램을 잘 운영하는 동시에 일반대학에서도 장애인을 위한 갖가지 교육 프로그램과 학습 편의시설을 제공하고 있다. 이들 성인교육 프로그램 모두가 중앙정부나 지역정부의 재정지원으로 이루어지며, 장애인의 수준과 정도에 따라 설립·운영되고 있다. 예를 들어, 갤로뎃 대학(gallaudet college)이나[33] 청각장애인을 위한 국립기술대학(the national technical institute for the deaf)은 청각장애인을 대상으로 한 특수 고등교육기관으로서 성인 장애자을 위한 모범적인 성인교육 고등기관이다.

물론, 우리나라에서도 장애인의 교육권, 특히 고등교육권을 보장하기 위한 여러 노력이 있어 왔다. 교육인적자원부가 1995년부터 장애인 특례입학제도를 마련한 것이 그것인데, 각급 대학은 교육부의 조치에 따라 장애자인 위한 교육을 본격화하기 시작했다. 그러나 아직도 그들에게 교육기회를 보장하는 일과 실질적인 교육활동을 보장하는 일 사이에는 상당한 괴리가 남아 있다. 즉, 장애인 특례입학제도가 장애인의 교육기회를 확대시켰다는 긍정적인 평가보다는 교육환경 개선 없이 법을 시행했다는 비판을 받고 있다. 그래서 장애학생은 대학에서 자유롭게 생활하는 데 대한 어려움과 불편을 호소하고 있다. 이론적으로는 장애학생들에게 바람직한 교육환경을 제공해 주기 위해 물리적인 편의시설을 보완하고 심리적 · 학업적 적응을 도와주는 일이 더 필요하다고 할 수 있다. 그러나 현실적으로 장애인이 학업을 제대로 수행하기에는 여러 가지 문제점이 도사리고 있다.

장애인에게 더욱더 필요한 것이 바로 정보화인데도 그들을 위한 정보화 교육자본은 형편없이 열악하다. 그들의 정보화기기의 활용도 일반인에 비해서 훨씬 낮은 형편이다. 휴대전화를 제외한 장애청소년의 정보통신기기 보유율은 전체 장애인에 비해 높은데도 정보화 활용률은 상대적으로 저조한 편이다. 컴퓨터 활용의 경우 장애 청소년 중 약 38%만이 활용하고 있으며, 특히 PC통신은 장애인 중 약 22%만이 활용하고 있다. 컴퓨터는 시각장애인의 68.1%가 보유하고 있고, 지체장애인의 51.7%가 보유하고 있지만, 효율적인 활용은 일반인에 비해 상대적으로 낮다. 자기의 평생학습을 위해 인터넷이나 컴퓨터를 제대로 활용하는 성인 장애인은 20% 미만이다. 현실적으로 교육기관에의 접근이나 활용의 기회가 제한된 장애인에게 이런 정보화 기제는 그들의 평생학습에 보다 효율적이다. 정보화가 그들에게 제대로 무장되기만 한다면, 일반인에 비해 정보기기를 그들의 평생학습활동에 활용할 가능성이 훨씬 더 크기 때문이다.

우리나라 국민 모두가 취약계층의 배움을 위해 지역사회 곳곳에 널려 있는 각종 교육 시설과 공간의 교육자본화를 위해 다시 음미해 봐야 할 것은 「헌법」 제31조 제1항의 정신이다. 「헌법」 제31조 제1항은 '모든 국민은 능력에 따라 균등하게 교육을 받을 수 있는 권리를 가진다.' 고 규정하고 있다. 이것은 단순히 통합교육의 당위성을 이해하는 것만으로는 부족하다. 말하자면 장애인과 비장애인이 함께 어울려 서로 배우고 서로 즐기며 서로 성장하게 도와주는 배움과 학습활동을 말한다. 통합교육은 장애인은 장애인끼리, 비장애인은 비장애인끼리 모여 공부하는 것이 교육에 도움이 된다는 기존의 교육관을 타파하고, 새로운 관점에서 장애인 교육과 비장애인 교육을 하나로 묶어 준다. 그러나 교육이론을 개발하는 것만으로는 부족하다.

장애인을 위한 배움과 교육자본의 구축이 절대로 예외가 될 수 없음을 정책적으로 구현하여 통합교육이 가동될 수 있다. 이 점은 우리 모두가 잠재적 취약계층이며 잠재적 장애인이라는 점을 깨달을 때 가능해진다. 우리 모두는 언제라도 쉽게 설명할 수 없는 이유로 중도장애인이 될 수 있기 때문이다. 중도장애인이 된다하더라도 그들에게서 배움의 본능을 박탈해 갈 수는 없다. 인간은 태어날 때부터 배움을 즐기도록 운명 지어진 배움의 동물, 즉 호모 에루디티오이기 때문이다. 그동안 이 사회가 그들에게 보여 준 것은 인간의 본능인 배움의 본능을 박탈하는 장애인 구별교육이었다. 장애인과 비장애인 사이에 지적 · 정서적 편견을 심어 놓는 교육이었다. 이 사회에 널려 있는 수많은 교육자본은 그들에게 늘 경원과 차별의 꼭지점이었을 뿐이었다. 그렇기 때문에 취약계층에 대한 사회적 양극화와 고질적인 교육 '장애' 가 그치지 않았다. 어떤 취약계층에게든 배움은 삶을 이어가는 '생명' 과 같다.[34] 자아실현과 바깥을 바라볼 수 있는 사회 구성원의 역할을 수행하기 위한 유일한 통로가 바로 배움이기 때문이다.

미주

1 '변명은 없다.' 는 말은 카일 메이나드라는 청년이 보여 준 불굴의 힘을 상징하는 말이다. 그는 1986년 선천성 사지절단증이라는 희귀한 병을 안고 태어났다. 양팔이 없고 다리는 짧으며 키는 120cm 정도였지만, 그는 NFL 최고의 쿼터백을 꿈꾸며 풋볼선수가 되려고 한다. 그는 5학년 때부터 풋볼선수 생활을 시작했다. 포지션은 디펜시브 라인맨이었는데, 출전 기회가 좀처럼 오지 않았다. 팀이 유리할 때 어쩌다가 출전해 보는 정도였다. 실망한 그는 시즌에 구애받지 않고 싸울 수 있는 스포츠를 생각했다. 풋볼 시즌이 끝난 후 그는 체력훈련의 일환으로 레슬링을 시작하고 시합에 출전해 보았으나 성적은 전패였다. 7학년 풋볼 연습 도중 부상 때문에 그는 풋볼이 그에 맞지 않는 스포츠라고 생각했다. 그래서 그는 레슬링에 집중하기로 결심하고 체력을 연마하며 시합에 출전했으나 35연패의 기록으로 끝난다. 그렇지만 그는 커다란 깨달음을 얻는다. 만만하게 보았지만 주 챔피언이었던 상대 선수에게 무참히 진 후 얻은 큰 깨달음이었다. 사람을 외모로 판단해서는 실패하기 꼭 알맞나는 깨날음이었다.

이후 레슬링에 더욱 정진하였다. 마침내 그윈네트 카운티 레슬링 챔피언십에서 35연패를 깨고 첫 우승의 감격을 얻었다. '비록 일반인에 비해 짧은 팔다리를 가지고 태어났음에도 불구하고 열등한 인간으로 태어난 것은 아니다. 나는 성공하기 위해 태어났고 신체적 한계가 꿈을 이루기 위한 여정에 방해가 되도록 내버려 두게 할 수는 없다.' 는 그에게 그 후부터의 레슬링 시합은 승승장구의 연승의 경험을 주었다. 모든 레슬링 경기에서뿐만 아니라 지역 토너먼트 우승, 주 토너먼트 우승마저 거머쥐었다. 이제 주 챔피언만 남아 있었다. 소원이었던 청소년 대표 주 챔피언십에서는 5위에 그쳤지만, 2학년이 되면서 그는 주 소년 대표 챔피언십에서 우승을 하며 청소년 주 대표선수로 발탁되었다. 카일은 우연한 기회에 버터플라이 프레스라는 역도경기에 참가하여 360파운드를 들어 올림으로써 세계청소년 신기록을 세우기도 했다. 고교 대표선수로서 마지막 경기인 조지아 주 토너먼트 예선 2차전 최종전에 참여했던 카일은 코가 깨져 피가 목으로 넘어가는 상황에서도 그해 전승을 기록한 선수를 상대로 포기하지 않고 불굴의 의지를 보여 주었다. 물론 그는 패했지만 그 어느 선수보다도 더 열심히 경기에 임했기에 청중에게 끊임없는 기립박수를 받았다. 그해 카일은 장애인 최고 선수에게 주는 ESPY 최우수 선수가 되었고, 스포츠 인도주의자 명예의 전당에서 대통령상도 수상했다. 조지아 주립대학에 진학하여 방송뉴스학을 공부하며 레슬링을 계속하고 있는 카일은 오프라 윈프리 쇼와 같은 미디어 방송을 통해 삶에 대한 그의 철학, '변명은 없다.' 를 전하고 있다.

인정하든 인정하지 않든, 장애를 가진 사람들은 열등하다는 견해를 많은 사람이 가지고 있음을 안다. 그들의 눈에 비치는 장애인은 아무 소용없고 가치도 없으며 인생을 허비하기만 하는 '비탄에 잠긴' 존재지만, 장애가 없는 인간은 없다. 모든 인간은 인격과 개성의 장애를 포함한 여러 가지 장애가 있다고 믿는다. 나의 장애는 다른 어떤 것보다 시각적으로 조금 더 드러나는 것일 뿐이다. 나의 철학은 간단하다. '변명은 없다!' 내가 경험을 통해 배운 것은 이기고자 하는 의지와 욕망이 있으면 우리 자신을 얼마나 많이 확장할 수 있는지 알지 못한다는 것이다. 승리를 거두고 매트에서 내려올 때마다 자신과 승리를 지켜본 모든 사람에게 내가 진실이라고 믿고 있는 사실을 증명했다. 불가능이란 없다[참고: Maynard, K. (2006). 변명은 없다(역)].

2 딘 오니시는 그의 책에서 이런 모임이나 공동체는 지역주민의 건강에도 직접적인 영향력을 끼치고 있다는 사실을 밝히고 있다. 미국의 티컴세 지역 건강연구팀은 약 3,000명의 남녀를 9~12년간 연구했다. 조사 대상자들을 나이와 다양한 사망위험 요인에 따라 분류한 후에 조사해 보니, 사회적인 관계와 활동 정도가 높은 것으로 답한 남자들은 연구기간 동안 사망률이 현저하게 낮았다. 사회적인 관계는 친구의 수, 친척들과의 친밀도, 단체활동 등을 포함한 것이었다. 이러한 사회적 관계가 깨지거나 감소되면, 그 후 10~12년 동안 심장병, 뇌일혈, 암, 관절염, 폐질환을 포함한 질병 발생률이 두세 배 더 높아졌다. 알라메다 지역 연구에서와 마찬가지로 이 결과는 나이, 직업이나 혈압, 콜레스테롤, 심전도 결과 등을 포함한 건강 상태와 무관했다. 베타 차단제 연구에서도 이런 사실이 밝혀졌다. 연구자들은 심장발작을

일으키고도 살아남은 2,300여 명의 남자를 조사했다. 유전적인 특질, 흡연, 식습관, 알코올, 운동, 체중 등의 다른 예후인자들을 감안해도, 사회적으로 소외되고 생활의 스트레스가 높은 사람으로 분류된 사람들은 스트레스나 소외 정도가 낮은 사람보다 사망 위험이 네 배 더 높았다. 어떤 다른 원인에 의한 죽음이든, 심장병으로 인한 갑작스런 죽음이든 사망 위험의 증가는 스트레스와 사회적 소외와 관련이 있었다. 이러한 사회심리적 영향은 베타차단제 시약실험보다 조기사망에 훨씬 더 강력한 영향을 미쳤다. 많은 심장병 전문의들이 사회심리적 요인들은 무시하고 베타차단제를 널리 처방하고 있지만 말이다[참고: Ornish, D. (2004). 관계의 연금술(역), pp. 64-65].

3 모든 개인이 가지고 있는 개인의 배움 본능은 생애 동안 누려야 될 삶을 풍요롭게 하고, 그로부터 행복을 누리기 위해서 거의 예외 없이 기본적으로 익혀야 될 네 가지 학습을 통해 서서히 그 모습과 형식을 결정해 간다. 인간 스스로 자기의 생활에 도움을 주거나 자기가 직면하고 있는 문제를 풀어나가는 데 도움이 되는 정보나 지식 혹은 기능들을 ① 알기 위한 학습, 일단 익히고 배운 학습내용을 삶의 현장에 구체적으로 실천해 보는 ② 행동으로 옮기기 위한 학습, 익히고 배운 것을 가정에서나 직장에서 혹은 지역사회에서 다른 사람과 나누고 익힘으로써 ③ 서로 더불어 살기 위한 학습, 그리고 자기 자신의 삶에 관한 목표와 삶의 가치에 따라 자신의 삶을 결단하며 새로운 삶을 위해 자기의 행동을 반성함으로써 나날이 새로운 삶을 영위해 나가는 ④ 생존하기 위한 학습이 필요하다(Delors, J. et al., 1999). 이런 주장은 21세기를 위한 국제교육위원회에서 결정된 것으로, 이 위원회가 주장한 '일생에 걸친 학습' 의 중요성에 대한 평생교육적인 인식은 지난 1999년 함부르크에서 열린 제5차 세계성인교육대회의 논의주제로 이어졌다. 위원회의 보고서인 『학습: 내면의 보물(Learning: The Treasure Within)』에 따르면, 평생교육과 평생학습활동은 인간 스스로 배울 수 있는 능력과 익힐 수 있는 학습권의 회복을 의미한다. 그동안 인간은 그들 스스로 만들어 놓은 학교라든가 교육이라는 '사회적 발명품' 때문에 오히려 인간 본연의 학습권과 학습주도 능력을 억눌러 왔다. 모든 이를 위한 학습으로서 평생교육은 그런 인간 특유의 학교종속 혹은 학교중독증의 문제를 극복하게 도와주는 실천적인 학습의 대안이다[참고: Delors, J. et al. (1999). Learning: The treasure within Report to UNESCO of th International Commission on Education for the Twenty first Century].

4 참고: Sacks, O. W. (2006). 화성의 인류학자(역).

5 아놀드 겔렌(Arnold Gehlen) 등 인간학을 주장하는 학자들은 인간의 결핍성을 강조한다. 인간은 결핍 존재로 태어나기에 그 결핍을 채우지 못하면 생존이 위험하고 끝내는 자연의 세계에서 자연적으로 다른 동물에게 희생되는 자연 선택의 길에 서게 되는 존재라는 것이다(Gehlen, 1962). 겔렌 등이 주장하는 인간의 결핍 존재설이나 결핍 출생설은 인간에게 학습이 중요함을 엿볼 수 있는 주장이기는 하나, 그들의 주장은 몇 가지 점에서 비판적으로 검토되어야 한다. 첫째, 그들이 꼭 그렇게 주장한 것은 아니더라도, 생물의 생존경쟁이나 자연

선택을 폭좁게 이해하고 있음이 분명하다. 원래 자연 선택을 이야기한 찰스 다윈은 자연 선택과 생존경쟁을 한 종을 위한 다른 종의 희생이나 약육강식만을 의미하는 것으로 보지 않고, 한 종의 번식이나 생물 간의 의존성에 관한 넓은 의미의 공존문제로 파악했다. 따라서 인간의 생물학적 완전성이나 불완전성의 여부는 엄밀하게 말해서 다윈이 말하는 생물의 자연 선택의 범위를 인위적으로 벗어날 수 있는 그런 생존조건이 되지 못한다. 이런 의미에서 생물의 본능을 제대로 유지하는 종들은 다른 종에 비해 더 강력한 생명력이나 생존력을 갖는다. 이런 조건으로 겔렌이 주장하는 인간의 '결핍존재론'을 살피면, 그의 결핍존재론은 인간에게 부당하기조차 하다. 왜냐하면 생물의 생존조건상 결핍이라는 말은 '자동사(自動詞)'로 쓰이는 단어가 아니라 '타동사(他動詞)'로 쓰여야 하기 때문이다. 둘째, 겔렌의 주장은 인류의 발달과정상 인간 생존의 기술을 너무 과소평가하는 감도 있다. 인간은 두 발로 걸어다니는 존재임을 스스로 알아차리기 훨씬 이전부터 종의 번식을 위해 자식을 낳고 길렀다. 그들 역시 다른 동물들 속에서 살았고 죽어 갔다. 여기에서 중요한 사실은 인간도 원숭이들처럼 그들의 후손을 낳았지만, 키우는 방식은 '인간적'인 방식이었다는 점이다. 인간에게만 허락된 인간 유전인자의 인간 생존방식이었다는 점이다. 태어날 때부터 이미 인간은 무엇인가 결핍된 존재가 아니라 다른 동물처럼 생명 가능한 완전한 존재로 태어났으며, 그렇게 태어나지 않으면 인간은 생물학적 조건으로 보아 생존 자체가 불가능했다. 이것이 바로 인류 생존의 역사다. 인도에서 발견된 늑대소년의 이야기도 한 예가 되는데, 인간에게 새끼를 키우는 방식의 발전은 본능적인 것이 아니라 인간 특유의 후천적인 문화적 발명품이다. 셋째, 겔렌 등의 주장은 결핍 존재의 학습을 보충해 주기 위한 학교와 같은 교육기관이 설치되어야 함을 시사하는데, 이런 교육기관은 끝내 인간에게 결핍된 그 무엇을 회복시켜 주거나 치료해 주기 위한 치료기관으로 작동해야 한다. 결국 인간은 영원히 교육기관 때문에 치료 대상자로 전락하게 되며, 그 정신적이고도 문화적인 '처치'가 유효하다고 인정되는 한 학교 같은 교육기관의 정신적이고도 문화적인 폭력성은 자연스럽게 승인된다. 우리 교육은 바로 이런 학교 교육기관의 과잉 '교육진료'와 과잉 교육처치에 시달리고 있는 하나의 본보기다[참고: Gehlen, A. (1978). Der Mensch, seine Natur und Seine stellung in der Welt; Darwin, (1979). The origin of species].

6 참고: 교육인적자원부, 2005년 1월 17일자 전자메일.

7 예를 들어, 일본의 단기대학들은 성격상 우리에게도 참고가 될 수 있는 점이 많이 있다. 물론 그들은 수강생에게 상당한 액수의 등록금을 받고 있지만, 이들 단기대학들이 열린 대학을 지향하고 있는 초급고등교육기관에 속한다는 점만큼은 우리에게도 본보기가 될 수 있다. 그들은 교육활동에 빛 좋은 개살구 같은 방송통신대학의 교육활동이나 학위수여 중심적인 사이버대학과는 그 교육과정의 운영이 다르다. 일본의 단기대학들이 제공하는 공개강좌 개설 및 과목 이수생 제도 등도 강조하지만, 그들의 교육활동은 실용적이고 실천적이며 체험적인 것을 강조함으로써 교육의 쓰임새를 높여 준다는 점에서 교육활동과 질적인 차이가 있

다. 그들은 수강생들에게 보다 융통성 있는 교육과정을 제공하기 위해 과목 이수생 제도를 운영하고 있다. 지역사회인을 위한 특별선발제도를 설치하거나 주야 개강제를 도입하는 단기대학도 늘고 있다. 이에 따라 단기대학에서 배우는 사회인 학생 수는 계속 증가하고 있다. 최근에는 졸업생들의 재귀교육현상도 늘어나고 있다. 이들을 위해 단기대학은 생애교육센터나 지역주민을 위한 평생학습개방센터 등을 추진하고 있다. 단기대학은 4년제 대학이 가지고 있지 않은 몇 가지 메리트를 가지고 있다. 하나는 단기 집중형 교육이 가능하다는 점이고, 다른 하나는 단기대학이 지방의 중소도시까지 분포되어 있어 지방의 교육기관, 행정기관, 기업 등과 생활형 교육과정을 제공하는 지역공동체 중심의 교육활동이 그 어느 4년제 대학에 비해서도 강하다는 점이다. 지역주민 친화적이고 지역 밀착적이며 평생학습 지향적이기에 학생의 능력이나 학습이력에 따라 기본적 수준부터 철저히 교육시키는 열린 학습방법이 수강생들에게 의미 있게 다가오고 있다. 결론적으로 이야기해서, 단기대학은 지역주민에게 삶과 밀착된 기초적인 고등교육의 능력을 육성함으로써 평생교육사회의 토대 구축에 중요한 역할을 하고 있다.

8 교육인적자원부는 2006학년도 정원감축 규모가 지금까지 가장 컸던 2005학년도의 1만 5,701명(대학 6,104명, 전문대 9,597명)을 웃돌 것으로 내다보고 있다. 한 대학 관계자는 '대학 간 통폐합 등 대학 구조조정이 활성화될 경우 2006학년도 정원 감축규모는 2만 명을 훨씬 넘을 가능성이 높다.' 고 진단했다. 이런 대학의 정원감축에 대비해 교육부는 미리 각 대학별 충원율을 공개하기로 했다. 이것은 대학 구조조정을 촉진하기 위한 방안 중 하나다. 이에 따라 각 대학은 2006학년도 입학정원 감축에 적극 나서고 있다. 충원율이 형편없는 일부 지방대의 경우 그 사실이 공개되면 학생들의 외면이 더욱 심해질 수밖에 없기에 대학들은 충원율을 끌어올리기 위해 정원을 줄일 수밖에 없다.

9 참고: 한준상(1999c). 호모 에루디티오; 한준상(2001b). 학습학.

10 한준상(2003a; 1999b)은 저서에서 학교교육에 대한 맹신과 학교교육의 허구성, 그리고 그것을 극복하기 위해 필요한 몇 가지 알고리즘에 대해 심도 있게 논의하고 있다[참고: 한준상(1999b). 청소년학 연구; 한준상(2003). 이 교육]

11 네덜란드는 국내 총생산의 6% 정도를 교육에 투자하고 있는 교육복지국가다. 공립과 사립을 불문하고 모든 학교가 국가나 지방자치단체의 보조를 받고 있다. 초등학교와 중학교는 사립학교일지라도 전액 국가보조를 받는다. 네덜란드는 1997년부터 미래의 정보화사회를 위한 컴퓨터 교육을 위해 네트워크 구축을 끝냈다. 의무교육기간은 7~16세의 10년간이다. 초등교육은 9년(4~12세), 중등교육은 7년(13~18세)이다. 그 다음으로 전문교육, 고등교육이 있다. 초등학교 과정에서는 상급부터 영어와 프랑스어를 가르친다. 중등과정에는 일반학교, 대학진학학교, 직업학교의 세 종류가 있는데, 이 중 6년간의 대학진학 과정을 마친 사람만이 대학에 입학할 자격이 주어진다. 대학에는 입학시험이 없다. 다만, 졸업시험

이 매우 어렵다. 대학 졸업자는 희소가치가 있어서 반드시 법학사(Mr.), 공학사(Ir.) 등의 칭호를 이름 앞에 붙인다. 국립대학의 교수는 국왕이 임명하고, 시립대학의 교수는 시의회가 임명한 다음 국왕이 인가한다. 그래서 교수 칭호가 박사학위보다 우선한다. 국립 · 사립대학들은 모두 정부의 자금만으로 운영된다. 대학은 4년과 2년의 2단계로 나누어져 있다. 학생들은 최고 6년까지 대학에 재적할 수 있다. 제1단계를 마칠 때 시험을 치르며, 제2단계에서는 박사학위 취득을 위한 전문적인 수업과 연구가 행해지는데, 이 단계로 진학하는 학생의 수는 한정되어 있다.

12 이 돈은 참여정부가 취약계층을 위한 교육 양극화 해소대책, 말하자면 교육 취약계층을 위한 교육안전망(edu-safety net) 구축방안의 일환이다. 교육안전망은 무엇보다도 4만 명에 달하는 학업중단 청소년, 660만 명에 달하는 중졸 미만의 저학력 성인, 탈북자 자녀, 국제결혼가정 자녀, 외국인 근로자와 그 자녀 등 교육 소외계층에 대한 실질적인 교육기회를 제공하기 위한 것이다. 둘째, 대도시와 중소도시의 저소득 취약계층, 농 · 산 · 어촌의 서민들의 교육을 위한 교육안전망을 구축하여 지역 간의 교육격차를 해소하기 위해 농 · 산 · 어촌마다 1군 1우수 고등학교를 지원하여 지역 명문고를 육성하는 정책도 포함된다. 전국적으로 평생학습도시 15곳을 새로 지정, 1도시 1특성화를 유도함으로써 총 48개의 학습도시에서 지역주민의 취업과 성인 재교육의 기회를 제공하는 계획도 세워 놓고 있다. 내년부터는 바우처 제도를 통해 농 · 산 · 어촌 지역과 도시 저소득층 자녀의 수강료를 지원함으로써 저소득층도 원하는 교육을 선택할 수 있게 하였다. 셋째, 저소득층 자녀에 대한 취학 전 만 5세아에 대한 무상교육비 지원규모를 14만 2,000명으로 대폭 늘려 작년보다 약 75%를 증가시켰다. 이와 병행하여 만 3～4세아에 대한 차등교육비 역시 5만 5,000명으로 그 대상을 획기적으로 확대하여 저소득층 자녀라도 교육에서만큼은 소외받지 않도록 하였다. 마지막으로 저소득층의 대학생들에게는 연인원 50만 명 정도에게 혜택이 돌아갈 수 있도록 학부모 장학금 대여제도를 확충하기로 하였다.

13 4년 동안 장애인 아들을 휠체어에 태워 등하교시킨 어머니가 명예졸업장을 받았다. 주인공은 지체장애 1급인 서강대 컴퓨터공학과 4학년 김진석(25) 씨의 어머니 박미라(49) 씨. '고등학교 졸업한 지 27년 만에 대학졸업장이란 걸 받는 거예요. 아들 덕에 제가 호강하네요.' 2000년 2월 21일 열린 졸업식에서 박 씨는 명예졸업장과 함께 학사모를 쓴 사진이 실린 졸업앨범도 받았다. 박 씨는 진석 씨가 대학에 입학한 2000년 함께 '등교'를 시작했다. 진석 씨는 10살 때 근육이 위축되고 힘이 빠지는 근무력증에 걸렸다. 고 3때까지는 친구 부축을 받으며 걸어다녔지만, 대학교에서는 끝내 휠체어를 타야 했다. 어머니는 한 손에는 도시락 2개를 들고 다른 손으로는 휠체어를 능숙하게 밀며 캠퍼스를 누볐다. 박 씨는 새벽에 일어나 기도를 하고 도시락을 싸며 하루를 시작했다. '면역력 약한 진석이가 이상한 것 먹고 배탈 날까 봐' 도시락은 필수였다. 아들이 강의실에 들어가고 나면 어머니는 교내 장애인 동아리방을 찾았다. 수업 종료 20분 전 어머니는 아들을 데리러 다시 강의실로 향했다. '교정

한쪽에 자리 잡고 아들이랑 도시락을 먹는 점심시간이 가장 행복했어요. 다른 부모들은 아들과 함께 캠퍼스에서 도시락 까먹는 기분 모를 거예요.' 그 세월이 만 4년이다. 아픔이 없을 리가 없다. 2003년 충북 옥천집에 혼자 있던 남편이 병석에 누웠다. 아들은 휴학을 하고 세 가족이 함께 지냈다. 하지만 이듬해 아버지는 하늘나라로 떠났다. 간암이었다. 한이 맺혀 아들 학교를 포기할까도 했다. 하지만 '아들이 당당하게 학교 다니고 졸업장 받는 모습을 남편이 하늘에서 보면 다 용서해 줄 거라고 믿고 힘을 냈어요. 지내고 보니 얘랑 꽃 피고 낙엽 휘날리는 캠퍼스를 누비고 대학 졸업장까지 덤으로 받고. 다른 엄마들이 못하는 걸 누렸잖아요? 나보다 더 행복한 사람은 세상에 없을 거예요.' 오는 23일 모자의 등교가 다시 시작된다. 진석 씨는 같은 학교 대학원 컴퓨터학과에 진학했고 그날이 개강일이다. '진석이가 공부를 마치고 더 이상 도움이 필요 없는 마지막 순간까지 곁에 있고 싶어요.' '27년 만에 졸업장을 받은 엄마' 가 말했다[참고: 조선일보, 2006년 2월 15일자].

14 예술과목을 담당하는 김종길(37, 경기문화재단 전문위원) 강사가 교실로 들어섰다. 학생들과 일일이 눈을 맞추고 목례를 나눈 김 강사는 출석을 부르기 시작했다. '선생님.' '예.' 학생들에 대한 깍듯한 존칭으로 수업은 시작되었다. '오늘은 1학기 마지막 수업이 있는 날입니다. 아무런 준비물도 필요 없습니다. 하얀 종이에 자신의 생각과 꿈을 표현하세요.' 모두가 도화지에 고개를 푹 숙이고 골몰했다. 옆 사람의 그림을 흘깃흘깃 훔쳐보는 모습은 영락없는 초등학교 교실의 풍경이었다. 19일 오후 서울 중구 정동 대한성공회 서울교구 대성당 프란시스 홀에서 열린 마지막 수업은 학생들에게는 새로운 시작을 의미했다. 노숙인 지원기관인 '다시서기 지원센터' 와 삼성코닝이 공동으로 마련한 '성프란시스 대학 인문학 과정' 을 듣기 전까지만 해도 이들은 사회의 '낙오자' 였다. 노숙인을 위해 인문학 과정이 만들어진 것은 이번이 처음이다. 21명의 수강생으로 9월 시작된 강의는 17명이 마지막까지 자리를 함께했다. 40여 분이 지나 자신의 그림을 발표하는 시간이 되었다. 달팽이 등과 비슷한 모양을 그리고 세 부분으로 나눠 빨강, 파랑, 노랑으로 색칠한 윤모(48) 씨가 발표자로 나섰다. '가장 힘들었던 시간이 빨간색 부분입니다. 빙글빙글 돌아 인문학 강의를 들으며 파란색 부분으로 들어섰죠. 저는 이제 노란색 부분으로 나아가려 합니다. 새로운 출발선상에 서 있는 거죠.' 박수갈채 속에서 한 동료가 농담을 건넸다. '내가 볼 땐 골뱅이 안주 같은데…….' 윤 씨가 곧바로 손사래를 쳤다. '이제 절대 술 안 마십니다.' 3년 전부터 서울역 등에서 노숙생활을 한 윤 씨는 하루하루를 술에 절어 살아왔다고 말했다. 1학기 강의는 철학과 예술, 작문으로 꾸며졌다. 수강생들은 일주일에 3번 강의를 듣고 나머지 시간은 동사무소에서 공공근로를 했다. 동사무소에서는 수업시간도 공공근로 시간으로 인정해 주어 매달 38만 원씩을 수당으로 지급했다. 4년간 노숙생활을 한 이모(57) 씨는 '책을 읽고 독후감을 써 오라는 작문숙제를 하기 위해 밤을 새운 적이 있다.' 며, '내가 무엇인가에 몰두해 다시 밤을 지새울 수 있다는 생각은 꿈에도 해 본 적이 없었다.' 고 감격스러워 했다. 다시서기지원센터의 임영인(林永寅, 46) 신부는 '많은 사람이 노숙인 문제를 해결하기 위해 먹을거리, 잠자리, 일자리를 줘야 한다고 말하지만 사실 노숙인에게 가장 필요한 것은 자신을

사랑하는 방법을 깨닫는 일' 이라고 말했다. 다시서기지원센터는 다시 인문학 과정 2학기를 시작한다. 이어 1, 2학기 수료자를 대상으로 1년 과정으로 취업과 창업을 위한 자활교육을 시작할 예정이다[참고: 동아일보, 2005년 12월 21일자].

15 예를 들어, 전남대병원에 소아암을 앓고 있는 초등학생들을 가르치기 위한 '학교' 가 신설된다. 전남 도교육청에 따르면, 화순전남대병원 내에 가칭 '병원학교' 가 개교했다. 병원학교는 소아암을 앓고 장기입원치료 중인 초등학생들을 대상으로 수업을 한다. 현재 화순전남대병원에는 7~8명의 초등학생이 입원, 치료 중인 것으로 알려졌다. 도교육청은 교실은 병실과 별도로 설치하며, 특수교사 1명을 파견해 개별 지도하고 학교운영비 등을 전액지원한다. 도교육청 관계자는 '오랫동안 입원한 이유로 아이들이 학습 의욕을 잃지 않고 공부할 수 있는 기회를 제공해 주는 차원에서 병원 내에 교실을 설치하게 되었다.' 고 말했다.

16 충남 천안시가 겨울방학을 맞아 사설학원에 다닐 엄두를 못 내는 3곳의 사회복지시설 어린이들을 위해 영어와 한문 과외선생을 보내 주기로 했다. 시는 2006년 1월 5일부터 다음달 16일까지 운영하는 대학생 동계 아르바이트에 영어 부문 3명과 한문 부문 3명 등 모두 6명의 대학생을 뽑아 어린이 사회복지시설인 익선원과 신아원, 삼일육아원 등에 영어와 한문 과목 교사로 배치해 어린이를 대상으로 '과외공부' 를 시켜 준다는 계획이다. 천안시가 지난해 겨울방학에 사회복지시설 어린이 정서안정과 미술공부 지도를 위해 이 분야 대학생 5명을 선발해 투입한 결과 반응이 좋아, 지난 여름방학에는 12명으로 늘렸으며 겨울방학에는 영어와 한문 과외를 시켜 주었으면 좋겠다는 학생들의 바람이 있어 확대하게 되었다. 과외선생 선발은 영어 분야의 경우 토익과 토플, TEPS 성적이 높은 지원자 6명을 1차 선발한 뒤 3명을 최종 선발하였다. 한문 선생도 한자능력검정시험의 급수가 좋은 지원자를 2배 수로 뽑아 면접을 통해 최종 선발하기로 하였다. 선발된 대학생 과외선생은 오전 9시부터 오후 6시까지 해당 사회복지시설에서 어린이들과 함께 생활하며 공부를 가르친다. 아울러 시는 사회복지시설 어린이들에게 인기를 끌었던 캐리커처 부문에도 12명을 선발해 관련 시설에 투입한다. 시 관계자는 '4일 최종 선발 때 실력과 인성을 모두 겸비한 지원자를 뽑을 방침' 이라며 '올해 처음 실시하는 과외공부 프로그램의 반응이 좋으면 내년에 확대 시행할 계획' 이라고 밝혔다.

17 우리나라의 장애인을 위한 교육과는 달리, 미국의 교육성은 학습장애를 보다 상당히 교육적으로 체계화하고 있다. 미국은 학습장애를 다섯 가지 정도로 나누고 있다. 첫째, 학습장애(Learning Disabilities: LD), 둘째, 학습불능(Learning disabled), 셋째, 특수학습장애(Specific Learning Disabilities), 넷째, 인지력손상(Perceptually Impaired), 다섯째, 인지적 의사소통의 이상 징후(Perceptual Communication Disorders) 등으로 나누어 놓고, 각각에 해당되는 교육복지정책을 펴고 있다. 이 모두는 정상인의 학습활동에 비해 절대적인 학습결손과 학습성취가 방해되거나 지체된 상태의 학습활동을 지칭하는 것들로서 서로 다른 개별화된 교육재활이 필요하기 때문이다. 미국의 교육성은 장애자 교육의 체계를 잡기

위해 1975년「모든 장애아를 위한 교육법(The Education for All Handicapped Children Act of 1975: PL94-142)」을 공표했다. 이 법에서 학습장애아를 다음과 같이 분명하게 정의하고 있다. '학습장애아(Children with Specific Learning Disabilities)란 말이든 글이든 관계없이 언어 사용이나 언어 이해에 연관된 한 가지 이상의 심리적인 과정에서 이상 징후성을 지니고 있는 아동을 지칭한다. 그 과정에서 드러나는 이상 징후란 듣고, 말하고, 쓰고, 생각하고, 셈하는 과정 속에서 자연스럽게 표출되는 비정상적인 특징을 말한다. 그런 특징들은 여러 가지 조건 속에서 나타난다. 말하자면 인지장애, 두뇌손상, 뇌기능의 이상 징후, 읽기장애(Dyslexia), 발달단계의 이상 징후로부터 나타나는 실어증(Aphasia) 증세 등이다. 그러나 한 가지 분명한 점은 학습장애들이 일반적으로 학습문제아에게 발견되는 특징들, 말하자면 시력 약화나 청각 약화 혹은 신체적 결손 혹은 정신적인 지체, 정서적 지체, 문화적·환경적 결손이나 경제적 손실에서 야기되는 학습결손 속성과는 질적으로 다르게 구별된다.' 물론 학습장애에 대한 이런 미 교육성의 정의는 아동에 관련시킨 학습장애에 대한 서술과 설명에 지나지 않는다. 학습장애에 대한 설명이 성인 학습장애자에게까지 적용될 수 있을지는 불분명하다. 그럼에도 불구하고 학습장애에 대한 제한된 개념 파악 자체는 성인 학습장애자의 교육재활을 도와주는 데 도움을 줄 수 있다. 원래 학습장애란 아동에게 적용되든 성인에게 적용되든 간에 학습의 이상 징후를 일컫는 개념으로서 학습결손과는 구별되어야 한다. 다시 말해, 학습결손현상 역시 학습장애의 한 속성인데도, 그런 학습결손은 학습장애자들이 보여 주는 학습장애와는 교육적인 치료와 교육적인 조력에서 구별되며 사회복지 차원에서도 서로가 차별화됨을 알 수 있다. 예를 들어, 학교를 보낼 수 없는 경제적 형편을 가진 가정의 학생이 겪는 인지적 학습결손현상과 장애인들의 학습장애는 구별되어야 한다는 것이다. 가정의 경제적 어려움으로 생겨난 학습결손과 태생적으로 말더듬이가 되었거나 맹인이 되어 겪는 학습장애 간에는 질적인 차이가 있기에 개념적으로 구별된다고 볼 수 있다. 성인도 마찬가지지만, 노화라든가 중도장애자들이 겪는 학습장애로서의 학습결손, 태생적으로 학습결손아가 성인이 되어서도 지속적으로 겪는 학습장애는 질적인 구별이 필요하다.

18 평생교육의 비전은 평생교육의 결과에 초점을 둔 공익성이 어느 정도로 실현되느냐에 따라 서로 다르게 나타난다. 평생교육은 개인의 차원만이 아니라 사회적, 국가적 차원에 이익을 주는 것이어야 한다. 평생교육의 공익성은 학습의 결과를 집단 간에 공유하는, 말하자면 개인의 능력 향상이 사회능력과 국가능력 모두를 향상시키는 파급효과를 갖는 것이어야 함을 의미한다. 개인과 사회, 국가능력을 향상시키는 평생교육은 다양한 개인과 집단 혹은 조직의 학습 요구를 반영하여 제공되는 것이라야 한다. 평생교육 비전의 실천전략으로서 공익성은 곧 다양하고 방대한 규모의 평생교육활동에 대한 평가가 수반된다. 평생교육은 공교육제도와 달리 막대한 규모의 인적, 물적 자원이 투자되고 다양한 자원이 활용됨으로써 행해지는 학습활동이다. 평생교육활동의 결과에 대한 공익성은 평가를 통해 효율적인 자원의 사용과 개선이 이루어진다.

19 학습인으로서 자존감 형성은 무엇보다 학습자들이 스스로 학습하는 의미를 파악하고, 그것을 자기 스스로 관리하는 동시에 자기주도학습 능력을 발휘하는 것부터 시작된다. 21세기 정보화 사회에서 지식과 학습은 환경적 변화에 대응하는 기본 목표다. 개인이 삶을 지속하는 동안 학습 역시 지속되어야만 생존 가능하다. 학습자가 평생교육에 참여하는 과정에서 자신의 정체를 파악하고 자존감이 형성될 때 비로소 평생학습인은 국가발전의 종합자본으로 기능한다. 지식사회 혹은 정보사회에서의 평생학습인의 존재 확인은 결국 학습을 통해서다. 지식과 학습된 내용의 유효기간이 갈수록 짧아짐에 따라 평생을 통한 계속적 학습의 필요성이 제창된 것이 평생교육의 기본적 틀임을 전제할 때, 배우는 법을 배우는(learn to learn) 것은 21세기 사회에서 학습의 주체로서 주도적인 자신의 삶을 영위하는 핵심요소다. 한국 평생교육에서 배우는 방법을 배우기 위해서는 의미 혹은 중요성을 학습자 스스로 인식해야 한다. 학습자 스스로 자신의 학습행위에 대한 의미의 발견과 반성의 여지는 학습자가 주체적으로 사유할 수 있는 능력을 요구한다. 즉, 평생교육의 참여자인 학습자는 그러한 참여를 통하여 스스로 계속적인 학습활동의 필요성을 인식하고 자율적으로 학습하는 주체적 학습주도자가 되어야 한다. 이를 위해 개인의 평생학습의 경험은 그 참여자에게 의미있는 것이어야 하며, 의미를 갖는 학습이 되기 위해서는 학습자가 자율적으로 결정하고 참여한 학습이어야 한다. 다시 말하자면, 학습이 학습자에게 자율적 권한의 부여와 자기주도학습 관리의 경험 축적을 위한 것이 되어야 한다.

20 참고: 한준상(2003). 이 교육.

21 교육인적자원부는 2006년 7월부터 노인, 장애인, 저학력층, 저소득층 등 사회적으로 교육에 대한 접근기회가 부족했던 우리 주변의 이웃을 대상으로 한 평생교육 프로그램 운영을 강화하기로 하였다. 이러한 평생교육 프로그램에 대한 지원은 학력별로 평생교육 프로그램 참여율이 낮은 이들 소외계층에게 평생교육 참여율을 높이는 데 크게 기여할 것으로 기대된다. 올해 전국 100여 개 기관 총 108개 평생교육 프로그램에 대해 400만 원에서 최고 3,000만 원까지 총 7억 2,000만 원을 지원한다. 이 사업은 지난 2001년부터 매년 실시해 오고 있는 것으로, 지난 해 4.9억 원에서 올해는 7.2억 원으로 예산투자를 늘려 지원 대상을 확대한 것이다. 이런 평생교육 프로그램은 대학부설 평생교육원, 평생학습관(도서관), 구민회관, 문화시설 및 사회복지시설 등 지역 내 다양한 평생교육시설에서 제공되고 있다. 소외계층 대상 시민교육 프로그램 외에도 취업 및 창업 프로그램, 가족공동체 형성을 위한 프로그램 등도 다수 포함되어 있으며, 이들 기관에서는 교육부 지원으로 무료로 소외계층 학습자들에게 교육기회를 제공한다. 금년에 선정된 프로그램을 유형별로 분석해 보면, ① 사회통합 증진을 위해 지역공동체 의식을 함양하는 시민교육 프로그램, ② 한부모 가정을 위한 가족대상 프로그램, ③ 노인들의 자활을 위한 프로그램 등으로 나누어 볼 수 있다.
① 사회통합 증진을 위한 시민교육 프로그램: 사회통합 증진을 위해 소외계층에게 학습 멘토링을 통해 공동체의식을 형성하는 '더불어 살아가는 교육공동체 만들기', 대인관계훈련

을 통해 지역사회의 일원으로 참여를 유도하는 '사회적 통합 증진을 위한 장애인 평생교육 프로그램' 등이 있다. 그 밖에도 생활 속의 법률을 배움으로써 각종 법률문제 해결과 시민의식을 키워 줄 수 있는 '생활법률교실', '당당한 시민으로 거듭나기' 등의 시민교육 프로그램들도 눈에 띈다. ② 한부모 가정을 위한 가족대상 프로그램: 가족해체문제가 확대됨에 따라 가족갈등을 해결하기 위한 상담 제공과 의사소통훈련 등을 하는 '나의 생각 변화로 건강해지는 가정', '가족기능 강화 프로그램', '서로 기대어 함께 서기' 등의 가족대상 프로그램이 있다. 이혼율 증가로 한부모 가정이 늘어나면서 '저소득 모자가정 가족기능 강화를 위한 통합서비스 지원 프로그램' '한부모 가정을 위한 참되고 좋은 부모 되기 교육 프로그램' 등이 대표적이다. ③ 노인들의 자활을 위한 프로그램: 고령화 사회를 맞아 제2의 인생을 준비하는 노인의 건강한 정신생활과 자활능력 증진을 위해 '노인 자서전 쓰기', '젊음이 꽃피는 교실, 어르신 대학' 등의 다양한 프로그램이 개설된다.

22 참고: 한준상(2005). 국가과외; OECD(2001). Education Policy Analysis 2001.

23 이런 교육 취약계층을 위해 정부는 여러 가지 활동을 전개하고 있다. 교육인적자원부와 보건복지부, SK그룹, 부스러기사랑나눔회와 '소외계층 교육 · 복지 격차해소를 위한 해피존 사업' 협약을 체결하였다. 해피존 사업은 소외 청소년들의 보호 및 자립기회 제공을 위한 지원센터를 설립하고, 저소득층 청소년을 위한 다양한 방과 후 학교 프로그램 및 자립 · 상담 프로그램과 함께 급식도 제공하는 종합적인 교육 · 복지 지원사업이다. 이번 사업을 위해 교육인적자원부는 '농 · 산 · 어촌 방과후학교 지원사업' 으로 7월 말에 선정될 15개 군에 우선적으로 해피존을 설치하도록 하고, 교육청 및 지자체 · 대학의 참여와 지원을 통해 방과 후 학교 프로그램을 운영하고 있다. 보건복지부에서도 Happy Zone 운영비 및 학생들의 급식비 등을 지원하고, SK그룹은 사업 기획 및 운영을 총괄하면서 시설 · 운영비(2년간 총 104.6억)를 투자하여 시설을 구축하고, 프로그램 운영에 임직원 등 자원봉사를 연계한다. 부스러기사랑나눔회는 저소득층 학생을 대상으로 다양한 방과 후 학교 프로그램 운영 및 자립 · 상담 프로그램 개발, 전문가 연계, 운영인력 선발 · 교육 및 관리 등을 담당한다. 교육인적자원부는 사회적 양극화 완화를 위해 추진해 온 방과 후 학교 활성화, 대학생 멘토링 제도를 확대하고 있다.

24 학점은행제 수강생들은 교육부총리 인증 학사학위의 무용론을 들고 나오고 있다. 학점은행제로 수여되는 '학위' 는 「고등교육법」 제35조 제1항의 규정에 의한 학사학위 또는 동법 제50조 제1항의 규정에 의한 전문학사학위와 법적으로 동등한 효력을 가지도록 되어 있다. 그러나 학점은행제를 통한 학위수여자가 대학(교) 졸업자와 동등한 사회적 대우를 받지 못하는 경우가 빈번하게 발생하고 있다. 이런 것을 시정하기 위해 교육인적자원부가 기업체 인사담당관과 대학교 입학담당관에게 송부한 '학점은행제와 독학학위제 홍보 및 협조 요청' 이라는 공문을 통해 편입학, 대학원 입학, 취업 및 인사관리에서의 문제를 시정하기를 요청하였으나, 대학이나 기업현장에서는 학점인정제 학위의 사회적 효용성을 부인하고 있

다. 어느 졸업생은 이에 대한 절규를 피를 토하듯 호소하고 있다.

사례 1 학점은행제로 대학졸업장을 받고 그냥 지내다가 중소기업보다도 작은 곳에 취업을 하고자 이력서를 쓰는데, 최종학력에 무어라고 써야 하는지를 몰라서 그냥 대졸이라고 썼더니 면접 때 황당한 일이 벌어졌습니다. 저는 학점은행제로 대학을 졸업하였으며 복사해 간 졸업장이 그 증명서라고 하였더니 웃기지 마라며 세상에 그런 대학이 어디 있냐면서 통신으로 하는 대학은 방송통신대학이라고 하는데 그러면 학점은행대학이라고 하면 되지 그렇게 못하는 이유가 뭐냐고 하는데 할 말이 없었습니다. 앞으로도 평생 동안 졸업한 학교 명칭도 없이 지내야 하는 심정을 입장 바꾸어 생각해 보셨는지요? 학점은행제 관리하시는 선생님들께서도 학점은행으로 대학졸업장 받으셔서 이력서를 써 보셔야 저희들 심정을 아실 것입니다. 취업할 때 망신을 당해 보시면 아마도 당장 학점은행대학 등의 명칭으로 바꾸실 것입니다. 이 문제는 아마 학점은행을 담당하시는 책임자 분들께서 직접 당해 보셔야만 비로소 그 심각성을 느끼실 것입니다 제가 이렇게 글로서 경험담을 이야기해 보아야 자신의 일이 아니므로 그냥 별것 아닌 것으로 웃어넘길지도. …… 대개 우리나라의 공직자들이 그러니까요. 괜히 일을 만들어서 피곤하니 그냥 가만히 있는 것이. …… 아마 앞으로 이것이 큰 문제가 되리라고 봅니다. 점차 불만이 쌓여 가고 있습니다. 가르쳐 주십시오. 이력서에 무슨 학교 졸업한 것으로 써야 하는지를.

사례 2 A대학교 교육대학원에서 필기시험을 치고 면접시험에 응시하게 되었습니다. 면접시험장에서 교수 왈 '학점은행? 얼마 만에 졸업했어요?' 옆에 있던 교수랑 비웃음이 가득하더군요 '자격증 100개 따도 우리 과에선 졸업이 안 됩니다.' '교육대학원은 현 교사들을 업그레이드시키는 과인데, 여긴 올 과가 아닌데 왔네요.' 그렇다면 현직 교사선생님들만 원서를 받아야 되는 것 아닙니까? 대학원 시험에 무슨 나이 제한이 있습니까? 학점은행제 졸업자가 A대 교육대학원에 응시할 자격이 없다면 원서조차 받지 말아야 되지 않습니까? 물론 필기 50%, 면접 50%라고 하더군요. 그럼 당연히 떨어졌겠지요. 제가 말씀드리고자 하는 것은 면접시험에서 이렇듯 제가 조롱거리가 될 것이라고는 상상조차 못했다는 것입니다. 학점은행제가 아직은 방통대보다 인정을 못 받고 있음을 알지만 그래도 면접시험에서조차 당사자한테 그런 식으로 모욕을 준다면 학점은행제가 왜 존속해야 하는지 정말 의심스럽습니다.

25 이런 주민자치센터의 증가와 그들을 위한 교육 프로그램이나 기타 교육복지 프로그램 역시 취약계층을 위한 교육복지 중 하나다. 교육 취약계층을 포함한 모든 취약계층의 복지 대책과 방안을 개괄적으로 알기 위해서는 정부의 취약계층 복지방안을 참고한다[참고: 유경준(2004). 복지정책의 방향연구].

26 미국에서는 7,600만 명에 달하는 전후 베이비붐 세대들이 정년을 맞고 있다. 그들을 평생학습 취약계층으로 간주하고 있다. 이제는 그들이 바로 평생학습의 주 고객이며 대학의 주요

수입원이 되고 있다. 이런 노인들은 대학 부근에 공동체 공간을 마련해 몰려들고 있는데, 이제는 양로원과 연계된 대학의 캠퍼스가 전국적으로 60개도 넘는다. 미시간 대학, 아이비리그의 코넬, 다트머스 대학을 비롯, 라젤 대학 같은 조그만 대학에도 이러한 프로그램이 개설되어 있다. 어떤 경우는 대규모 개발업자가 노인공동체를 만들기도 한다. 펜실베이니아 주 케넷 스퀘어에 있는 비영리단체인 캔달 법인은 다트머스와 오블린 칼리지, 리 대학, 버지니아 육군대학 근처에 양로원을 운영하고 있다. 오하이오 그랜빌에 개발 중인 캔달의 프로젝트는 데니슨 대학과 제휴할 계획이고, 뉴욕 주의 슬리피 할로우에 개발 · 계획 중인 노인 주거공간은 지역대학과의 가능한 연결고리를 찾고 있다. 하얏트 법인도 하얏트 호텔을 통해 스탠퍼드 대학에 인접한 22에이커의 땅에 조만간 노인시설을 짓기로 했다. 하얏트는 완벽한 간병 서비스를 갖춘 특실을 비롯해 다양한 공간을 제공한다는 계획이다. 60~390만 달러의 입주금 외에 매달 일정 경비를 내야 하지만, 이미 388개 중 307개가 분양됐다. 그동안 대학과 결연관계에 있는 노인공동 거주지역은 대체로 거주자가 그 대학 졸업생, 교직원이 보통이었다. 어떤 공동체는 대학과 밀접한 관계가 없지만 대학과 제휴한 공동체에서는 거주자가 대학의 건강서비스와 노인학 전공자들에 대한 각종 문화행사에 참여할 수 있도록 한다. 이 밖에 활기찬 학생들과 더불어 배우며 살아갈 수 있는 기회가 주어진다. 노인들에게 이런 활동을 벌이는 대학 역시 혜택을 받기는 마찬가지다. 미시간 대학에서는 학생들이 공동체 거주자들과 미식축구를 하기도 하고 학교 음악회에 초청하기도 한다.

27 우리보다 평생학습사회 실현에 앞장서 있는 나라들은 '러닝 리스타트' 운동의 일환으로 학습마을 가꾸기 등을 전개하고 있다. 그들이 추구하는 학습도시 또는 학습지역 건설운동은 학습공동체 형성을 위한 도시 재구조화 운동들이다. 이는 지역사회의 모든 교육자원을 기관 간, 지역사회 간, 국가 간 연계함으로써 학습공동체를 구축하려는 지역사회 교육운동이라고 할 수 있다. 이상주의적 학습사회론에 근거한 학습도시와 경제주의적 학습사회론에 근거한 학습지역은 비록 그 배경은 다르지만 모두 지역 차원의 학습공동체 건설을 목표로 하고 있다. 이를 위해 지역사회 전체의 학습과 관련된 자원을 연계하고 재구조화한다. 이를 통해 개인의 학습과 성장, 그리고 지역사회의 발전을 도모한다. 이렇게 볼 때 학습도시 또는 학습지역의 건설은 기존의 학교중심의 지역사회 학교운동을 한 차원 넘어선 것이다. 동시에 지역사회 학습망 구축의 핵심적인 기초를 제공한다. 학습동아리(study circle) 역시 전문가들 사이에서는 학습을 위한 더욱더 구체적이고 현실적인 대안으로 자리 잡고 있다. 그것은 일정한 인원의 성인들이 자발적으로 모임을 구성하여 정해진 주제에 대한 학습과 토론을 위해서 정기적으로 만나는 모임을 지칭한다. 결론적으로 학습동아리는 지역사회 안에서 사람들 사이의 사회적 관계 형성을 통해서 학습이 이루어지는 구체적인 하나의 학습망 조직이며 이들을 위한 조직의 배움 네트워크는 사회학습망의 핵심적인 '연결점(node)'이 된다. 사이버 학습공동체는 앞의 세 가지 학습공동체와는 달리 지역적인 한계를 극복한다. 또한 사이버 공간은 전통적인 공동체나 면대면 학습공동체와는 다른 새로운 특색을 가지는 학습공동체를 형성한다. 사이버 학습공동체는 개인의 학습문제를 세계의

차원에서 해석하도록 해 주고, 세계의 문제를 개인의 생활 속에서 인식하도록 해 줄 수 있는 기술적 고리다. 이런 연결이 단순한 정보에 그치지 않고 그 정보를 해석한 사람들과의 연결로 나아가게 되면 하나의 공동체가 탄생한다.

28 1997년 개정된 미국 장애인법(IDEA: PL105～117)에서는 전환교육 대상이 14～22세로 연령이 하향 조정되었으며, 개별화 교육계획(IEP)에 반드시 전환교육계획(ITP)을 포함하도록 규정하고 있다. 전환교육은 다음의 원리가 지켜질 것을 강조하고 있다. 첫째, 모든 고등교육은 전환교육으로 이루어져야 한다. 둘째, 전환교육이 모든 고등교육의 기반이 되어야 한다. 부차적이거나 보충적인 것이 되어서는 안 된다. 셋째, 학생이 필요로 하는 선호도, 필요능력, 취미를 기반으로 해야 한다. 넷째, 모든 교육목표는 고등학교 졸업 후 사회로의 전환에 관련된 것이어야 한다. 다섯째, 반드시 학생을 포함한 전문가와 협의해야 한다. 장애인들을 위한 전환교육을 성공적으로 실천하기 위하여 ① 통합교육 경험 제공, ② 학생중심(개인의 흥미, 선호, 적성 반영), ③ 협동체제 구축(교육계 외의 전 영역: 기업가, 대학 사회서비스 관련 기관, 기타 정부기관 및 지역사회) 등이 만들어져야 한다.

29 유럽 선진국은 개인의 고용과 사적인 교육투자 간의 높은 상관성에 주목한다. 이것은 취약계층에게도 예외가 아니다. 국민에게 공공적으로 투자하고 있는 교육경비만으로는 개인의 고용률을 그리 높여 주지 않는다. 개인이 국가의 공공투자에서 얻게 되는 것은 시장성이 낮은 저급 기술이나 업무에 관한 기초지식이다. 그런 기초지식이나 직능 획득으로 고용의 기회를 얻는 사람들은 일반적으로 전체 고졸생들의 20% 미만에 지나지 않는다. 따라서 상당수의 사람들은 고급직능이 요구되는 시장에서 고용의 기회를 갖기 어렵게 된다. 그로부터 미취업자들이 속출하는 상황에서 일부만이 취업기회를 갖는다. 고용의 기회는 배움에 사적인 투자를 확대한 사람들에게 자연스럽게 돌아간다. 민간 취업시장은 성격상 경쟁적이기에 그들의 취업기회를 당연히 고급기술을 가지고 있는 사람에게 넓혀 놓을 수밖에 없다. 기업은 이윤을 추구하는 영리조직이기 때문이다. 따라서 기업현장에서 고부가치를 가지고 있는 선진 · 고등기술을 소유한 사람은 고용 가능성이 높아진다. 반대로 시장에서 필요로 하지 않은 일반기술을 가진 사람은 경쟁력 높은 고용시장에서는 취업기회가 제한된다. 이런 고용의 기회가 양극화될 때, 개인에게 고용기술을 훈련시켜 주는 직능개발을 위한 학습시장도 함께 분할된다. 즉, 고용기준선 밑에 맴도는 실직자들에게는 공공 부문 주도의 저급기술훈련이 강화된다. 반대로 고급기술 소유자들은 공공 부문의 직능개발훈련을 피해 그들의 직능개발을 위한 민간 부문의 평생직능 개발시장에 자발적으로 참여한다. 그래서 평생직능 개발시장은 더욱더 양극으로 분할된다. 이로부터 미취업자와 취업자 간의 학습격차, 공적 투자 직능개발 시장과 사적 투자 직능개발 시장 간의 학습 격차는 더욱더 악화된다. 일이 이쯤 되면 공적인 직능개발 투자시장과 사적 직능개발 투자시장 간의 격차를 단숨에 줄이기는 어려울 수밖에 없다. 그래서 이런 평생직능 개발시장의 분할을 줄이고, 미취업자와 취업자 간의 평생직능 개발학습의 격차를 완화하기 위해서는 정부 스스로 평생직능

개발학습을 위한 투자 우선순위를 대폭적으로 조정해야 한다. 동시에 평생직능 개발학습선을 따라 개인이 지속적으로 직능을 개발해 나갈 수 있도록 지역공동체 중심의 직능개발 평생학습 프로그램을 국가발전 전략의 관점에서 제대로 강화해야 한다[참고: Heger, R. et al. (2000). Further training funds as an impulse for new models of lifelong learning-integrated funding concepts].

30 물론 영국의 평생학습정책 가운데 어이없이 실패한 정책도 있다. 영국이 야심적으로 추진한 개인학습계좌였는데, 우리 정부는 그들의 개인학습계좌가 실패한 원인을 눈여겨 보아야 한다. 개인학습계좌 정책은 1997년 5월 노동당 선언에서 시작되었다. 당시 노동당은 집권하게 되면 100만 개의 개인학습계좌를 개설하고, 개인학습계좌 개설자들에게 공공자금 1억 5,000만 파운드를 투자할 것이라고 발표하였다. 이후 노동당이 집권하자 1999년 4월 훈련기업협의회(TEC)가 개인학습계좌 시범사업을 실시하였다. 2000년 상반기에는 계속교육재정협의회(FEFC)도 학습비를 인하해 주는 방안의 시범사업을 실시하였다. 2000년 9월부터는 잉글랜드 전역에서 개인학습계좌 사업을 실시하였다. 사업의 목표는 100만 개의 계좌를 개설하는 것이었는데, 목표일은 2002년 3월이었다. 그러나 실제로는 2001년 5월에 100만 개 계좌가 개설되어 버렸고, 종료시점인 2001년 11월까지 개설된 계좌는 260만 개에 달하였다. 개인학습계좌를 가진 사람들은 계좌번호나 계좌카드를 이용해서 등록된 학습공급자의 과정을 등록한다. 이후 학습공급자들은 계좌번호를 이용하여 정부에 신청한다. 각 계좌는 개인이 25파운드를 내며, 정부에서 인정된 프로그램에 대하여 150파운드를 지원받는다. 인정된 프로그램에서는 취미활동과 관련된 과정, 예를 들어 스키나 다이빙 과정은 제외된다. 150파운드를 지원받을 수 있는 사람은 초기 100만 계좌 가입자에게 적용되었고, 이후 가입자는 과정당 20% 할인, IT나 수학 관련 과정 80% 할인의 혜택을 받아서 개인당 약 200파운드의 혜택을 받을 수 있었다. 행정관리는 교육기술부를 대표하여 카피타(Capita)라는 민간기구가 담당하였다. 개인뿐만 아니라 학습공급자도 카피타에 등록하였다. 이런 개인학습계좌 사업은 세 가지 목표, 즉 ① 일반 성인학습의 제고, ② 취약계층(자격 미보유자 등) 학습의 제고, ③ 개인의 학습에 대한 투자를 제고하자는 것이었다. 그러나 개인학습계좌는 실제로 일반성인과 학습계좌의 필요성을 인정받은 성인에 대한 동시적 지원체계로 사용하기가 어려웠던 것이다. 일반성인의 학습참여를 확대하는 것과 학습계좌가 필요한 사람을 같은 정도로 지원하거나 프로그램의 질을 보증하는 일이 어려웠다. 게다가 개인학습계좌제는 학습비 부담문제 때문에 점점 인기가 떨어졌다. 수요자들은 개인부담이 많아질수록 중도탈락을 택했는데, 그중에서도 취약계층이 더 심했다. 또 행정관리의 비효율성도 문젯거리였다. 개인학습계좌의 사기를 제대로 관리하지 못해 경찰이 개입하기 시작하였다. 제일 많은 사기행위는 개인 당사자들도 모르는 가공의 계좌를 누군가 만들어 악용하는 것이었다. 가을 한 철에 5,732명의 사기사건이 발생했다. 이는 데이터베이스의 취약에서 기인한 것이었다. 한마디로 정책과 실행 간의 괴리에서 생겨난 문제였다[참고: Fletcher, M. (2003). 개인학습계좌(Individual Learning Accounts)(역).

31 참고: Kamel, T. (2002). 호주의 직업훈련.

32 일본의 커리어 형성 촉진지원제도는 여러 유형으로 세분화된다[참고: 이의규(2002). 일본 재직근로자의 커리어 형성 촉진지원].

33 세계 최초로 설립된 청각장애인을 위한 고등교육기관이 바로 갤로뎃(gallaudet)이다. 미국의 수도인 워싱턴 북동쪽 플로리다(街)의 켄달 그린에 자리 잡은 갤로뎃 대학은 순수 청각장애인만을 위한 4년제 정규대학이다. 갤로겟은 이미 1857년에 설립되어 150년의 역사를 지니고 있다. 문학, 물리학, 전자공학 등 50여 개 전공과정이 개설되어 있고 교육학, 특수언어학, 심리학 분야는 석사 및 박사 과정까지 갖추고 있다. 이 대학은 설립 당시 9명으로 시작했다. 이제 2,000명을 넘어섰고, 12만 평의 캠퍼스에는 부속 초등학교와 고교까지 들어서서 장애자의 교육재활을 위한 종합 서비스의 총체적인 모습을 보여 주고 있다. 갤로뎃 대학에서 이루어지는 모든 강의는 기본적으로 수화로 진행된다. 장애인의 학습을 위해 문화방송을 포함한 보조 시각자료들이 최대한 활용된다. 교수진과 교직원은 채용 후 수화교육을 철저히 받으며 모두가 일상적으로 수화로 대화한다. 대학총장을 포함해 교수진의 35%가 청각장애인이어서 학생들의 고충을 누구보다 잘 이해하고 있다. 행정당국자들의 일상적인 경험이 곧바로 장애대학생의 학습개선을 위해 대학 교실현장에 즉각적으로 반영된다. 강의실 좌석도 전면을 향해 있는 일반대학과 달리 배치되어 있다. 좌석은 교수와 학생 간 혹은 학생 간 수화 의사소통이 원활하게 이루어지도록 일대일 대면식 또는 이동식으로 배치되어 있다. 정보화 시대에 들어서면서 갤로뎃 대학은 컴퓨터와 인터넷의 발달을 활용한 청각장애 학생 교육의 하드웨어 설치와 소프트웨어 개발을 최대한도로 시도하고 있다. 컴퓨터를 활용한 강의 및 정보수집 교육을 강조하고 있으며, 자체 근거리통신망(LAN)을 통해 학생들이 강의실은 물론 기숙사와 휴게실에서도 컴퓨터통신을 할 수 있게 도와주고 있다. 이미 1만 3,000명에 이르는 갤로뎃 졸업생은 대부분 전문직으로 진출, 정상인 못지않게 활발한 사회활동을 하고 있다.

34 이런 배움의 본능이 장애인에게도 예외 없이 가동하고 있다는 것을 보여 준 한국인이 바로는 강영우 박사다. 그는 자신의 처지를 불가능, 구제불능, 아무 곳으로도 나아갈 수 없는 그의 상황인 절망의 'nowhere' 를 바로 이곳에서, 바로 지금부터 가능하다는 원칙인 희망과 가능성의 'now here' 로 개조한 인물이다. 일간신문은 그의 활약을 이렇게 소개하고 있다. '한국에서 맹인은 안마와 점쟁이밖에 할 수 없었지만 지금 나는 4성 장군에 해당하는 미국 연방정부의 공직자로 여기에 섰습니다.' 백악관 국가장애인위원회 정책차관보인 강영우 박사가 지난 2006년 10월 3일 퍼스트 레이디 로라 부시의 초청으로 한국인으로는 처음으로 백악관에서 연설을 했다. 이날 조지 부시 대통령이 백악관 인디언트리티룸에서 로라 여사, 강 박사, 일레인 차오 노동부장관과 전국 고교의 장애자 학생 등 30여 명이 모인 가운데 역대 대통령의 관례에 따라 10월을 장애자고용 인식의 달로 선포한 뒤 강 박사의 연설이 이어졌다. 그는 10대 소년 시절 한국에서 실명했으나 역경을 이겨내고 한국인으로는 최고위직

미국 공무원이 된 점 때문에 로라 여사가 그를 장애자의 역할모델로 내세워 연사로 초청한 것. 강 박사는 이날 백악관에 오기 전 월터 리드 육군병원을 방문, 교목실장인 그레이그 와일리 대령으로부터 '정식으로 경례를 드립니다.' 라는 말과 함께 거수경례를 받은 일화부터 이야기를 시작했다. '어떻게 인생의 바닥에서 여기까지 올 수 있었을까요?' 그는 자신의 성공요인으로 굳센 신앙심과 끈기, 시각장애인이면서도 컴퓨터로 인터넷 서핑과 이메일을 할 수 있는 능력, 자신의 재능을 인정해 준 주위 사람들의 배려 등 세 가지를 꼽았다. '여러분도 용기와 비전을 잃지 말고 효율적으로 자기 기량을 펼칠 수 있도록 기술을 익히고 발전시켜야 하며, 어느 고용주에게도 인정받을 수 있도록 노력해야 합니다.' 그는 이어 자신이 만든 지도자가 되기 위한 역설적 10계명을 소개했다. '정직하고 솔직하면 불이익을 당할 수도 있으나 언제나 정직하고 솔직하라.', '세상 사람들은 오로지 강자만을 따른다. 그러나 소수의 약자를 위해 투쟁하라.', '당신이 가진 가장 좋은 것을 세상에 주고도 발로 차일 수 있으나 항상 당신이 가진 최선의 것을 세상에 주라.' 등이다. 강 박사의 연설이 끝나자 참석자의 우레와 같은 박수가 터진 뒤 장애인 학생들이 그에게로 몰려가 함께 기념사진을 찍었으며, 워싱턴 주립 맹인학교 관계자는 그를 내년 5월 졸업식 연사로 즉석에서 초청하였다. 한편, 이날 행사에서 부시 대통령은 강 박사가 연설하기 전 자신이 강 박사에게 보내는 편지를 오디오북으로 들려 줬다. 부시 대통령은 서한에서 '명예로운 강영우 박사' 라고 호칭한 뒤 '장애인들에게 가로놓인 장벽을 제거하는 데 최선을 다하는 헌신적인 노력에 감사한다.' 고 밝혔다[참고: 조선일보, 2006년 10월 07일자].

참고문헌

13평 '동네 책방' 인문학 명소되다. (2006. 1. 5). 중앙일보.

15억 투입 강원인터넷대학 5년 만에 사실상 폐교 상태. (2003. 7. 25). 한겨레신문.

2002년 교육계 10대 뉴스. (2002. 12. 24). 한국교육신문.

2003년 교육계 10대 뉴스. (2003. 12. 18). 한국교육신문.

21세기 음악회 & EarPort. (2003. 9. 18). Music Theater: 백남준 예찬, 그리고 미래주의 본질 XXX [음악회]. 토탈미술관, 서울.

46대 교육부장관 안병영의 정책역량과 추진에 대한 평가. (2005. 1. 5). 문화일보.

강남학원들 베이징에 잇단 진출. (2006. 4. 24). 매일경제, p. A2.

강상진, 장원섭, 김주아, 장지현, 김양분, 윤종혁, 류한구, 남궁지영, 남명원. (2005). 고교 평준화 정책효과의 실증분석연구(기본연구보고서 No. RR2005-02). 서울: 한국교육개발원.

강수돌. (2006). 한국노동조합운동 얼마나 건강한가? 인용: 한국민주노동조합총동맹, http://www.3win.org

강영혜, 윤종혁, 이혜숙, 김남걸. (2005). 고교 평준화 정책의 적합성 연구(기본연구보고서 No. RR2005-01). 서울: 한국교육개발원.

곽호성. (2006. 7. 27). 왜 이리 사는 것이 힘들까. 시사서울. 인용: http://www.sisaseoul.com/news/articleView.html?idexno=2281

광명시평생학습원. (2003). 아름다운 지역 만들기: 지역통화 워크숍 자료집. 경기: 광명평생학습센터.

경기도 내 학원생 수 최고 30% 감소. (2004. 6. 2). 중앙일보.

경쟁 외치다 평등에 빠진 교육부총리. (2006. 3. 15). 중앙일보.

고액학원 '민생사범' 으로 단속, 학원가 반발. (2004. 9. 14). 동아일보.

고액학원비 단속, 학원가 흉흉. (2004. 12. 4). 동아일보.

교육개발원. (편). (2005). 평생학습도시 최고지도자 유럽연수 결과보고서. 서울: 한국교육개발원.

교육부 2007년까지 연도별 추진계획. (2004. 1. 9). 한국교원신문.

교육인적자원부. (2005. 1. 17). 교육복지 투자우선지역 확대.

박경실. (편). (2006). 이름 있는 학원들의 학원 경영 이야기. 서울: 미디어 숲.

박래영. (1995). 세계화를 위한 노동교육의 이념과 역할. 세계화를 위한 노동교육의 이념과 발전과제(pp. 44). 서울: 한국노동교육원.

박성호. (1994). 프로네시스의 실천적 조건으로서의 헥시스. 철학논총 10. 인용: http://www.saehanphilosophy.or.kr/10/1008.htm

박소진. (2003). 한국의 교육열과 모성: 신자유주의적 변화 속에서 본 어머니들의 자녀교육지원의 계층적 다양성. 강원대 교육연구소 주최, 교육열 국제학술회에서 발표된 논문.

박영만, 송민영. (2003). 통합교육과정과 전인교육: 21세기 교육의 홀리스틱 패러다임. 서울: 학지사.

박원희. (2001). 장애성인교육의 제 영역과 형태. 한국장애성인교육의 새로운 모형과 과제에 관한 한국성인교육학회 2001년 춘계학술대회에서 발표한 논문, 단국대학교, 서울.

박장화. (1990). 학원의 역할과 기능에 관한 연구: 서울특별시 강남 · 서초구의 실태를 중심으로. 석사학위논문, 명지대학교 사회교육대학원.

박제균. (2006. 8. 17). 역발상과 '어때주의'. 동아일보.

박종열. (2002). 평생교육기관으로서의 학원의 실태분석과 활성화방안에 관한 연구. 석사학위논문, 명지대학교 사회교육대학원.

박태웅. (2004. 10. 21). 무릎은 피해자다[독자칼럼]. 내일신문.

박혜경. (1999. 7. 8). 스웨덴 산별노조의 교육활동. 노동사회.

박희봉. (2002). 조직 내 사회자본 형성요인에 관한 연구. 지방정부연구 6(1), 221-237.

박희봉. (2004). 사회자본이 교육성과에 미치는 영향 분석: 시론적 연구. 지방행정연구, 통권 8-4호, 322-339.

박희봉, 강제상, 김상묵. (2003). 조직 내 사회자본과 지적자본의 형성 및 조직성과 관리에 대한 효과. 한국행정연구 12(1), 3-35.

변용찬. (2001). 장애청소년 실태와 직업재활. 장애인고용, 39, 4-23.

빌게이츠 "빈민지역에 학교 세워주오" 뉴욕市에 610억 기부. (2003. 9. 19). 동아일보.

사교육 학원산업 환란 이후 최악. (2004. 5. 25). 조선일보.

사교육분야 취업자 1년 새 19만 명 늘어. (2003. 8. 15). 조선일보.

사교육비 절감 특기적성교육 인기. (2003. 6. 30). 경향신문.

사교육비 편차. (2003. 10. 11). 국민일보.

서덕희. (2003). '교실붕괴' 기사에 대한 비판적 담론 분석: 조선일보를 중심으로. 교육인류학연구, 6(2), 55-89.

서승목 교장 자살사건에 대한 각계각층의 규탄. (2003. 4. 10). 한국교육신문.

소빅스문고 오픈. (2006. 9. 5). 이데일리. http://www.edaily.co.kr/news/stock

손낙구. (편). (2001). 한국노동교육 현황과 과제. 다섯 나라 노동교육 사례와 한국노동교육 과제 연구(pp. 245-289). 미출판 연구자료집, 전국민주노동조합총연맹.

송태수. (2004). 국민노동교육의 필요성과 과제. 한국노동교육원 창립 15주년 기념 세미나: 국민의 노동의식 구조와 노동 교육적 과제, 81-116.

신도철. (1999). 교육서비스시장에서의 소비자주의 확충방안. 건국대학교 한국문제연구원(편). 교육과 삶의 질(pp. 417-456). 서울: 건국대학교 출판부.

신동호, 최윤영. (진행). (2006. 7. 17). 스타강사 이범의 학원중독증에 대한 양심선언. 생방송 오늘 아침 [MBC TV 시사프로그램].

신옥희. (1998). 한국 여성의 삶의 맥락에서 본 여성주의 윤리학. 제14차 추계 한국여성학회자료집, 3-24, 한국여성학회.

아! 어머니, 장애아들 4년 동안 휠체어 등교시켜. (2006. 2. 15). 조선일보.

안병영. (2005. 7). 안병영 전 교육부총리의 긴급 제언[시론]. 신동아, 통권 550호, 82-97.

안병직 교수, 참여정부는 건달정부. (2005. 11. 4). 동아일보.

안우환. (2005). 가족 내 사회적 자본과 학업성취와의 관계. 파주: 한국학술정보원.

안우환, 김경식. (2005). 가족 내 사회적 자본을 통한 학부모교육열 탐구. 중등교육연구, 53(1), 29-50.

양근만. (2005. 10. 23). 김진표 교육부총리의 성적표. 조선일보.

양정호. (2003). 중학생의 과외참여 요인에 관한 연구: TIMSS-R의 위계적 일반화선형모형 분석. 한국교육, 30(2), 261-283.

양정호. (2004). 공교육산업과 사교육산업의 발전방향. 교육산업과 한국교육의 발전과제에 관한 한국산업교육학회 2004년 추계학술대회 발표 원고, 서울.

역사학 연구소. (편). (2005). 노동자, 자기역사를 말하다. 파주: 서해문집.

역주행 교육정책은 그만하라. (2006. 6. 5). 조선일보.

영국전기공학연구소, "학교 20년 내 사라진다." (2000. 6. 12). 동아일보.

온라인 교육시장도 구조조정중. (2003. 7. 14). 매일경제.

원창희. (2004). 노동에 대한 사회의식 조사. 한국노동교육원 창립 15주년 기념 세미나: 국민의 노동의식 구조와 노동교육적 과제, 40-41.

유경준. (2004). 복지정책의 방향연구. 취약계층 보호정책의 방향과 과제(pp. 25-58). 서울: 한국개발연구원.

유석춘(2005). 한국의 사회자본: 전통사회와 현대사회의 비교. 연세대학교 사회발전연구소.

유석춘, 장미혜, 배영. (2002). 사회자본과 신뢰: 한국, 일본, 덴마크, 스웨덴 비교연구.

동서 연구, 41(1). 101-135.

유시민, 중앙일보는 불량식품이다. (2005. 10. 19). 연합뉴스.

윤구병. (2000). 잡초는 없다. 서울: 보리.

윤석철. (2005.10.25). 도요타 배우면 살고 GM 따르면 망한다. Economic Review, 283. 인용: http://www.ermedia.net/news/viewbody.php?ver=&uid=5477&ho=283 & category=5

이계진, 대통령, 총리, 검찰, 교육부, 우리당 주말에 몹시 바빴다. (2006. 1. 8). 조선일보.

이규연. (2006. 1. 8) 지식인의 오버액션[중앙포럼]. 중앙일보.

이상오. (2001). 장애성인교육의 철학적 관점. 한국장애성인교육의 새로운 모형과 과제에 관한 한국성인교육학회 2001년 춘계학술대회에서 발표한 논문, 단국대학교, 서울.

이순애. (1999). 사회교육기관으로서의 사설학원과 그 정책에 관한 연구: 서울특별시 소재 사설학원을 중심으로. 석사학위논문, 고려대학교 교육대학원.

이오덕. (2004). 아이들에게 배워야 한다. 서울: 길.

이의규. (2002). 일본 재직근로자의 커리어 형성 촉진지원. 직업과 인력개발, 5(5), 83-90.

이인식. (2006. 6. 6). 부부 성교 잦아야 '신뢰 사회' 된다? 시사저널, 867.

이정선. (2001a). 가정-학교-지역사회의 사회・문화적 관계: 콜먼의 사회자본을 중심으로. 교육인류학연구, 4(2), 147-181.

이정선. (2001b). 초등학교에 있어서 학업성공과 사회자본의 관계: 문화기술적 연구. 교육인류학연구, 4(3), 253-288.

이정선. (2005). 사회자본 구축을 통한 농어촌 학생의 학업격차 개선방안. 농업교육과 인적자원개발, 37(1), 131-150.

이창기. (2004). 사회자본 형성을 통한 교육공동체 협력증진 방안: 학교현장의 교육력 제고를 중심으로. 한국행정연구, 15(1), 435-448.

이태영. (2003. 6. 25). 공교육 수준 올라가면 사교육 줄어들까? [독자칼럼]. 조선일보.

임어당. (1992). 생활의 발견(이재헌 옮김. 원제: *The importance of living*). 서울: 삼중당. (원저 1937 출판).

작년 과외 수강료 10조 육박, 5년 만에 2배. (2004. 3. 24). 중앙일보.

장원섭. (2006). 일의 교육학. 서울: 학지사.

전 교육분야 정책참모가 말하는 노 대통령의 교육정책. (2005. 1. 18). 주간동아.

정문성. (2003). [논평, 홀리스틱 교육과 사회과학과의 대화(한준상)]. 홀리스틱 교육학회 2003년 연차대회, 인천.

정숙경. (1999). 페미니즘 문화의 새로운 가능성. 석순, 16, 18-35. 서울: 고려대학교 석순 편집위원회.

정운찬 총장, 정부가 이래라 저래라… 대학 자율성 참담. (2005. 10. 16). 동아일보.

정의채 신부, 집권여당은 무지 · 무능 · 무모. (2006. 10. 30). 동아일보.

정희재. (2003). 티베트의 아이들. 서울: 꿈꾸는 돌.

조영복. (2004). 기업조직의 사회자본 증진에 대한 연구: 조직몰입과의 관계를 중심으로. 석사학위논문, 부산대학교.

조우현. (1993). 희랍 철학의 문제들. 서울: 현암사.

조인수. (2001). 7차 특수학교 교육과정과 장애학생의 직업전환교육. 장애인고용, 39, 24-42.

졸속, 과욕, 김진표의 자살골? (2006. 6. 23). 조선일보.

청와대 '황-PD수첩' 중재 시도했었다. (2005. 12. 17). 동아일보.

초 · 중고등학교 임원 중 여성 비율. (2006. 10. 8). 연합뉴스.

초등학교 교육 여건, 고교 절반도 안 돼. (2005. 10. 12). 동아일보.

최돈민. (2004). [토론, 한국의 교육산업의 현황과 발전방향(권대봉)]. 교육산업과 한국교육의 발전과제에 관한 한국산업교육학회 2004년 추계학술대회, 서울.

최동규. (2006. 7. 3). '멀티플렉스' 학교가 필요하다[독자칼럼]. 조선일보.

최샛별. (2002). 상류계층 공고화에 있어서의 상류계층 여성과 문화자본: 한국의 서양고전음악전공여성 사례. 한국사회학, 36(1), 113-144.

페미니즘의 새로운 방향. (2003. 7. 3). 문화일보.

하광호. (2005). 한국 학원교육의 발전추이. 박사학위청구논문, 동국대학교 대학원.

학벌 철폐의 공론화. (2004. 4. 7). 중앙일보.

한 달 사교육비, 상위 20% 837,000원 하위 20% 98,000원. (2006. 1. 28). 동아일보.

한국 청소년 과학 1위, 수학 3위. (2003. 7. 2). 조선일보.

한국노동사회연구소, 프리드리히 에베르트재단. (2002). 평생교육과 노동교육. 서울: 한국노동사회연구소.

한국노동사회연구소, 한국노동교육원. (2005. 11). 노동교육 실태 조사 연구. 서울: 한국노동사회연구소.

한국여성연구회 여성사분과. (편). (1992). 한국여성사. 서울: 풀빛.

한국학원총연합40년사편집위원회. (편). (1997). 한국학원총연합회 40년사. 서울: 한국학원총연합회.

한석수. (2005). 교육평등주의와 능력주의의 갈등: 2008학년도 대학입학제도 개선방안을 중심으로. 대학교육, 133, 99-104.

한준상. (1985). 교육사회학 이론과 연구방법론. 서울: 문음사.

한준상. (1994). 한국교육개혁론. 서울: 학지사.

한준상. (1996. 11). [지정토론, '96 노동교육 세미나 종합보고서: 참여와 협력을 위한 노동교육프로그램 방안 모색]. 한국노동교육원 '96 노동교육세미나, 서울.

한준상. (1999a). 장애인 정책의 문제와 장애성인교육정책의 개발과제. Andragogy Today, 2(3), 147-178.

한준상. (1999b). 청소년학 연구. 서울: 연세대 출판부.

한준상. (1999c). 호모 에루디티오: 성인교육학의 사상적 토대. 서울: 학지사.

한준상. (2000). Lifelong education: 모든 이를 위한 안드라고지. 서울: 학지사.

한준상. (2000. 2). 나누지 않으면 나뉜다. 샘터.

한준상. (2000. 6. 24). 냉전교육에서 평화교육으로. 문화일보.

한준상. (2001a). 평생교육의 쟁점. 서울: 교육과학사.

한준상. (2001b). 학습학. 서울: 학지사.

한준상. (2003). 이 교육: 우리 교육의 지평을 찾아서. 서울: 아침이슬.

한준상 외. (2003). 지역공동체문화발전론. 서울: 정민사.

한준상. (2005). 국가과외: 누가 한국교육을 죽이는가. 서울: 학지사

황 교수 2004년 논문 내용과 쟁점. (2004. 12. 17). 매일경제.

황금중. (2000). 朱子의 工夫論硏究. 박사학위청구논문, 연세대학교.

황순희. (1993). 학력의 사회적 기능: 아이덴티티의 준거 · 사회적 자본의 축적. 교육사회학연구, 3(1). 157-177.

新郁男. (1982). 學習社會論. 東京: 第一法規出版社.

Althusser, L. (1971). *Lenin, philosophy and other essays.* London: New Left Books.

Althusser, L. (1977). *Politics and history.* London: New Left Books. (Original work published 1972)

Aristotle. (2005). 서양사상에 큰 영향을 준 니코마코스 윤리학(최명관 옮김. pp. 81-82). 서울: 훈복문화사.

Badescu, G., & Uslaner, E. (Eds.). (2003). *Social capital and the transition to democracy.* London: Routledge.

Bagnall, R. G. (2000). Lifelong learning and the limitations of economic determinism. *International Journal of Lifelong Education. 19*(1), 20-35.

Bailey, K. D. (1978). *Methods of social research.* New York: Free Press. (Original work published 1969)

Bailey, R. (2004). *Transhumanism: The most dangerous idea?* Retrieved February 20, 2006, from http://www.reason.com/rb/rb082504.shtml

Bastin, A., Fruchter, N., Gittell, M., Greer, C., & Haskins, K. (1986). *Choosing equality: The case for democratic schooling.* Philadelphia: Temple University Press.

Baudrillard, J. (1991). 소비의 사회: 그 신화와 구조(이상률 옮김. 원제: *La société de consommation: Ses mythes, ses structures*). 서울: 문예출판사. (원저 1970 출판)

Becker, G. S. (1989). *Human capital revisited.* Chicago: Chicago University Press.

Beer, U., & Muller, U. (1993). Coping with a new reality: Barrier and possibilities. *Cambridge Journal of Economics, 17,* 281-294.

Belenky, M., Clinchy, B., Goldberger, N., & Tarule, J. (1986). *Women's ways of knowing: The development of self, voice, and mind.* New York: Basic Books.

Bellah, R. N., Madsen, R., Sullivan, W. M., Swidler, A., & Tipton, S. M. (1985). *Habits of the heart: Individualism and commitment in American life.* Berkeley: University of California Press.

Bernstein, B. (1974). *Theoretical studies towards a socilolgy of language.* London: Routledge & K. Paul.

Billett, S., & Seddon, T. (2004). Building community through social partnerships around vocational education and training. *Journal of Vocational Education and Training, 56*(1), 51-68.

Blakely, E. J., & Synder, M. G. (1997). *Fortress America: Gated communities in the United States.* Washington, DC: Brookings Institution Press.

Bolick, C. (2003). *Voucher wars* (Report of Cato Institute No. 02-1315). Retrieved from http://www.cato.org

Bookchin, M. (1998). 사회생태주의란 무엇인가: 녹색 미래로 가는 길(박홍규 옮김. 원제: *Remaking society: Pathways to a green future*). 서울: 민음사. (원저 1990 출판)

Bourdieu, P. (1977). *Outline of a theory of practice.* Cambridge: Cambridge University Press.

Bourdieu, P. (1984). *Distinctiion: A social critique of the judgement of taste.* Cambridge, MA: Harvard University Press, 1984.

Bourdieu, P. (1986). Forms of capital. In J. G. Richardson (Ed.), *Handbook of theory and research for the sociology of education.* New York: Greenwood Press.

Bourdieu, P. (2005). 구별짓기(최종철 옮김. 원제: *La distinction: Critique sociale du jugement*). 서울: 새물결. (원저 1979 출판)

Bourdieu, P., & Passeron, J. C. (1977). *Reproduction in education, society and culture.* London: Sage Publication.

Bourdieu, P., & Passeron, J. C. (2000). 재생산(이상호 옮김. 원제: *La Reproduction: Éléments pour une theorie du système d'enseignement*). 서울: 동문선. (원저: 1970 출판)

Brary, M. (1999). *The shadow education system: Private tutoring and its implications for planners.* Paris: Unesco, International Institute for Educational Planning.

Bruce, J. (1989). Home divided. *World Development, 17*(7), 979-991.

Cahn, E. (2005. 9). "인적자원"에 대한 대안적 관점 세우기와 평생학습. '미래를 향한 약속, 사람중심의 평생학습사회'에 관한 제4회 전국평생학축제 국제학술심포지엄에서 발표한 논문, 광명시.

Capra, F. (1998). 생명의 그물: 생물시스템에 대한 새로운 과학적 이해(김용정, 김동광 옮김. 원제: *The web of life: A new scientific understanding of living systems*). 서울: 범양사. (원저 1997 출판)

Capra, F., & Steindl-Rast, D. (1991). *Belonging to the universe: Explorations on the frontiers of science & spirituality.* San Francisco: Harper San Francisco.

Carey, K. (1996). *The third millennium: Living in the posthistoric world.* San Francisco: Harper San Francisco.

Chancer, L. S. (1998). *Reconcilable differences: Confronting beauty, pornography, and the future of feminism.* Berkely: University of California Press.

Chodorow, N. (1974). Family structure and feminine personality. In M. Z. Rosaldo & L. Lamphere (Eds.), *Women, culture, and society*. Stanford: Stanford California Press.

Chodorow, N. (1978). *The reproduction of mothering*. Berkeley: University of California Press.

Clark, T. (1991). Environmental education as an integrative study. In R. Miller (Ed.), *New directions in education: Selections from holistic education review*. Brandon, VT: Holistic Education Press.

Code, L., & Canadian Research Institute for the Advancement of Women. (1991). *Is feminism ethics possible?* Ottawa, Ontario: CRIAW/ICREF.

Colaiaco, J. A. (2005). 소크라테스의 재판(김승욱 옮김. 원제: *Socrates against Athens: Philosophy on trial*). 서울: 작가정신. (원저 2001 출판)

Coleman, J. S. (1988). Social capital in the creation of human capital. *American Journal of Sociology, 9*(4), 95-120.

Coleman, J. S. (1990). *Foundations of Social Theory*. Cambridge, MA: Belknap Press of Harvard University Press.

Coulet, C. (1999). 고대 그리스의 의사소통(이선화 옮김. 원제: *Communiquer en gréce ancienne: Écrits, discours, informations, voyages*). 서울: 영림카디널. (원저 1996 출판)

Dale, A., & Onyx, J. (2005). *A dynamic balance: Social capital and sustainable community development*. Vancouver: UBC Press.

Darwin, C. (1979). *The origin of species*. New York: Gramercy Book. (Original work published in 1859)

De Botton, A. (2005). 불안(정영목 옮김. 원제: *Status anxiety*). 파주: 이레. (원저 2004 출판)

Dekker, C., & Uslaner, E. (2001). *Social capital and participation in everyday life*. London: Routlege.

Delors, J. (1996). *Learning, the treasure within: Report to UNESCO of the International Commission on Education for the Twenty-first Century*. Paris: UNESCO.

Diller, A. (1996). The ethics of care and education: A new paradigm, its critics, and its educational significance. In A. Diller, B. Houston, K. P.

Morgan & M. Ayim (Eds.), *The Gender question in education: Theory, pedagogy, and politics.* Boulder, CO: Westview Press.

Dinnerstein, D. (1977). *The mermaid and the Minotaur: Sexual arrangement and human malaise.* New York: Harper & Row.

Dryden, G., & Vos, J. (1999). *The learning revolution.* Rolling Hills Estates, CA: Jalmar Press.

Edwards, B., & Foley, M. W. (1998). Civil society and social capital beyond Putnam. *American Behavioral Scientist, 42*(1), 124-139.

Ehrhardt, U. (2000). 날마다 조금씩 못된 여자가 되는 법(신교춘 옮김. 원제: *Und jeden Tag ein bisschen böser*). 서울: 북하우스. (원저 2000 출판)

Fages, J. B. (1981). 구조주의의 이해(소두영 옮김. 원제: *Comprendre le structuralisme*). 서울: 숙명여자대학교 출판부. (원저 1968 출판)

Faris, D. (2004, August). Lifelong learning, social capital and place management in learning communities and regions: a Rubic's cube or a kaleidoscope? Retrieved Observatory-PASCAL from http://www.obs-pascal.com/reports/ 2004/Faris.html

Feyerabend. P. (1965). On the meaning of scientific terms. *Journal of Philosophy, 62*, 266-274.

Feyerabend, P. (1975). *Against method.* London: Verso.

Feyerabend, P. (1987). *Farewell to reason.* London: Verso.

Field, J. (2005). *Social capital and lifelong learning.* Bristol: Policy Press.

Field, J., Schuller, T., & Baron, S. (2000). Social Capital and Human Capital Revisited. In Baron, S., Field, J., & Schuller, T. (Eds.), *Social capital: Critical perspectives* (pp. 243-263). Oxford: Oxford University Press.

Field, J., & Spence, L. (2000). Social capital and informal learning. In F. Coffield (Ed.), *The necessity of informal learning* (pp. 32-42). Bristol: Policy Press.

Firestone, S. (1970). *The dialectic of sex: The case for feminist revolution.* New York: Morrow.

Flax, J. (1978). The conflict between nurturance and autonomy in mother-daughter relationships and within feminism. *Feminist Studies, 4*(2), 171-189.

Fletcher, M. (2003). 개인학습계좌(Individual Learning Accounts): 잉글랜드 사례의 시사점. 직업과인력개발, 6(3), 54-57.

Foucault, M. (1988). *Technologies of the self: A seminar with Michel Foucault*. Amherst: University of Massachusetts Press.

Fraser, H. (2005). Four different approaches to community participation. *Community Development Journal, 40*(3), 286-300.

Frickekr, M., & Hornsby, J. (Eds.). (2000). *The Cambridge companion to feminism in philosophy*. London: Cambridge University Press.

Fukuyama, F. (1995). *Trust: The social virtues and the creation of prosperity*. New York: Free Press.

Fukuyama, F. (1999a). *Social capital and civil society*. Washington, DC: International Monetary Fund, IMF Institute.

Fukuyama, F. (1999b). *The great disruption: Human nature and the reconstitution of social order*. New York: Free Press.

Füredi, F. (2005). 그 많던 지식인들은 다 어디로 갔는가(정병선 옮김. 원제: *Where have all the intellectuals gone?: Confronting 21st century philistinism*). 서울: 청어람미디어. (원저 2004 출판)

Gajdusek, L., & Gillotte, H. (1995). Teaching to the developmental needs of nonmainstream leaders. *New Directions for Adult and Continuing Education, 65*, 45-52.

Gallos, J. V. (1992). Educating women and men in the twenty first century: Gender diversity, leadership opportunities. *Journal of Continuing Higher Education, 40*(1), 2-8.

Gallos, J. V. (1993). Women's experiences and ways of knowing: Implications for teaching and learning in the organizational behavior classroom. *Journal of Management Education, 17*(1), 7-26.

Gamble, S. (2000). *The Routledge critical dictionary of feminism and postfeminism*. New York: Routledge.

Gawande, A. (2003). 나는 고백한다, 현대의학을: 불완전한 과학에 대한 한 외과의사의 노트(김미화 옮김. 원제: *Complications: A surgeon's notes on an imperfect science*). 서울: 소스. (원저 2002 출판)

Gehlen, A. (1978). *Der Mensch, seine Natur und seine Stellung in der Welt.*

Wiesbaden: Verlagsgesellschaft Athenation.

Giroux, H. A. (1983). *Theory and resistence in education: A pedagogy for the opposition.* South Hadley, MA: Bergin & Garvey.

Gleick, J. (1987). *Chaos: Making new science.* New York: Viking.

Gordon, T. (2005. 11. 7). 한국 IT 기술력 놀랍지만 미래 연구가 별로 없다[인터뷰]. 중앙일보.

Grant, J. (1993). *Fundamental feminism: Contesting the core concepts of feminist theory.* New York : Routledge.

Green, A., & Vryonides, M. (2005). Ideological tensions in the educational choice practices of modern Greek Cypriot parents: The role of social capital. *British Journal of Education, 26*(3), 327-342.

Greer, G. (1999). *The whole woman.* London: Doubleday.

Grootaert, A. (2002). *The role of social capital in development: An empirical assessment.* New York: Cambridige Uiversity Press.

Hacking, I. (2005). 표상하기와 개입하기: 자연과학철학의 입문적 주제들(이상원 옮김. 원제: *Representing and intervening: Introductory topics in the philosophy of natural science*). 파주: 한울. (원저 1983 출판)

Haines, R. (Director). (1986). 작은 신의 아이들(원제: *Children of a lesser god*) [Motion Picture]. United States: Paramount.

Hanson, A. (1996). The search for a separate theory of adult learning: Does anyone really need andragogy? In R. Edwards, A. Hanson & P. Raggatt (Eds.), *Boundaries of adult learning.* London: Routledge in association with The Open University.

Hawkins, D. (2002). 의식혁명(이종수 옮김. 원제: *Power vs. force*). 서울: 한문화멀티미디어. (원저 1995 출판)

Hayes, E. R. (1989). Insights from women's experiences for teaching and learning. *New Directions for Continuing Education, 43,* 55-66.

Hayes, E. R., & Flannery, D. (1995). Adult women's learning in higher education: A critical review of scholarship. *Initiatives, 57*(1), 29-39.

Hayes, E. R., & Smith, L. (1994). Women in adult education: An analysis of perspectives in major journals. *Adult Education Quarterly, 44*(4), 201-221.

Heger, R., Flottorp, K., Feiler, L., Spaninks, L., Carmarinha-Matos, L., McVeigh, P., Warmerdam, J., Wijgaerts, D., Sorensen, J., & Delanote, L. (2000). Further training funds as an impulse for new models of lifelong learning-integrated funding concepts (CORDIS Socio-econimic Research Project No. PL98/0212).

Herek, S. (Director). (1995). 홀랜드 오퍼스(원제: *Mr. Holland's opus*) [Motion Picture]. United States: Walt Disney.

Heywood, L., & Drake, J. (1997). *Third wave agenda: Being feminist.* Minneapolis: University of Minnesota Press.

Hjerppe, R. (2003). Social capital and economic growth revisited. *Government institute for economic research* (VATT Discussion Paper No. 307). Retrieved from http://www.vatt.fi/julkaisut/k/k307.pdf

Hilty, C. (2004). 카알 힐티 행복론(박현석 옮김. 원제: *Carl Hilty Glück*). 서울: 예림미디어. (원저 1894 출판)

Hite, S. (2000). 여자와 여자: 친구인가, 라이벌인가(김성기 옮김. 원제: *The loyalty taboo between women*). 서울: 롱셀러. (원저 1997 출판)

Holms, M. (2000). Second-wave feminism and the politics of relationships. *Women's Studies International Forum, 23*(2), 235-246.

Hooks, B. (1995). Toward a revolutionary feminist pedagogy. In S. B. Merriam (Ed.), *Selected writings on philosophy and adult education.* Malabar, FL: Krieger Publishing Company. (Original work published 1984)

Horgan, J. (1997). 과학의 종말(김동광 옮김. 원제: *The end of science*). 서울: 까치글방. (원저 1996 출판)

Hughes, J. (2002). *The politics of transhumanism.* Retrieved February 26, 2006, from http://www.changesurfer.com/Acad/TranshumPolitics.htm

Huxley, A. (1970). *The Perennial philosophy.* New York: Harper & Row. (Original work published 1945)

Hyde, J. S. (1995). *Half the human experience: The psychology of women.* Lexington, MA: D.C. Heath. (Original work publshed 1976)

Inglehart, R., et al. (2000). *World values surveys and European values surveys, 1981-1984, 1990-1993, and 1995-1997* [computer file]. ICPSR version. Ann Arbor, MI: Institute for Social Research [producer]. Ann Arbor, MI:

congenital amputee who became a champion in wrestling and in life). 서울: 가야넷. (원저 2005 출판)

Mies, M., & Shiva, V. (2000). 에코페미니즘(손덕수, 이난아 옮김. 원제: *Ecofeminism*). 서울: 창작과비평사. (원저 1993 출판)

Miller, J. P. (2000a). 홀리스틱 교육과정(김현재 옮김. 원제: *The holistic curriculum*). 성남: 책사랑. (원저 2000 출판)

Miller, J. P. (2000b). *Caring for new life: Essays on holistic education*. Brandon, VT: Foundation for Education Renewal.

Miller, J. P., & Nakagawa, Y. (Eds.) (2002). *Nurturing our wholeness: Perspectives on spirituality in education*. Brandon, VT: Foundation for Education Renewal.

Myers, I. B., & McCaulley, M. H., (1985). *A guide to the development and use of the Myers-Briggs type indicators*. Palo Alto, CA: Consulting Psychologists Press.

Myerson, G. (2003). 하이데거, 하버마스, 그리고 이동전화(김경미 옮김. 원제: *Heidegger, Habermas and the mobile phone*). 서울: 이제이북스. (원저 2001 출판)

Nahapiet, J., & Ghoshal, S. (1998). Social capital, intellectual capital, and the organizational advantage. *Academy of Management Review, 23*(2), 242-266.

Narayan, D. (1999). *Bonds and bridges: Social capital and poverty* (Policy Research Working Paper No. wps2167). Wahington D.C.: World Bank, Poverty Reduction and Economic Management Network, Poverty Division.

Nasr, R. J. (2001). 전인교육의 이론과 실제(강선보, 정윤경, 고미숙 옮김. 원제: *Whole education: A new direction to fill the relevance gap*). 서울: 원미사. (원저 1994 출판)

Nicholson, L. J. (Ed.). (1990). *Feminism/postmodernism*. New York: Routledge.

Noddings, N. (2002). *Educating moral people: A caring alternative to character education*. New York: Teachers College Press.

O'Brien, M. (1981). *The politics of reproduction*. Boston: Routledge & Kegan Paul.

OECD. (2000). *Human & social capital & sustained growth & development, reconciling new economics & societies: the role of human & social capital*. Paris: OECD.

OECD. (2001). *Education Policy Analysis 2001*. Retrieved from http://www1.oecd.org/publications/e-book/9601031e.pdf

OECD. (2002). *Education at a glance: OECD indicators*. Retrieved from http://www.oecd.org/linklist/0,2678,en_2649_34515_2735794_1_1_1_1,00.html

OECD & Statistics Canada. (2000). *Literacy in the information age: Final report of the International Adult Literacy Survey*. Paris: OECD.

Ornish, D. (2004). 관계의 연금술: 관계의 친밀함이 빚어내는 치유의 기적(김현성 옮김. 원제: *Love & survival: The scientific basis for the healing power of intimacy*). 파주: 북하우스. (원저 1998 출판)

Paechter, C. (1998). *Educating the other: Gender, power and schooling*. London: Falmer Press.

Pearson, C. (1992). Women as learners: Diversity and educational quality. *Journal of Developmental Education, 16*(2), 2-4, 6, 8, 10, 38-39.

Pegis, A. C. (1948). *Introduction to St. Thomas Aquinas*. New York: Modoern Library.

Perelman, L. J. (1992). *School's out*. New York: Avon Books.

Perkinson, H. J. (1984). 오류가능성의 교육적 의의(장상호 옮김. 원제: *The possibilities of error: An approach to education*). 서울: 교육과학사. (원저 1984 출판)

Perry, W. G. (1970). *Forms of ethical and intellectual development in the college years: A scheme*. New York: Holt, Rinehurt and Winston.

Peters, O. (1998). *Learning and teaching in distance education*. London: Kegan Page.

Podeschi, R. L. (1987). Andragogy: Proofs or premise? *Lifelong Learning, 11*(3), 14-16, 20.

Polanyi, M. (1958). *Personal knowledge: Towards a post-critical philosophy*. London: Routledge & Kegan Paul. (Original work published 1958)

Polanyi, M. (1966). *The tacit dimension*. Garden City, NY: Doubleday.

Polanyi, M., & Prosch, H. (1992). 지적 자유와 의미(김하자, 정승교 옮김. 원제: *Meaning*). 서울: 범양사. (원저 1975 출판)

Putnam, R. (1993). The prosperous community: Social capital and public life. *The American Prospect, 4(3)*. Retrieved from http://www.prospect.org/print/V4/13/putnam-r.html

Putnam, R. (1995). Bowling alone: America's declining social capital. *Journal of Democracy, 6*(1), 65-78.

Putnam, R. D. (2000). 사회적 자본과 민주주의(안청시 옮김. 원제: *Making democracy Work: Civic traditions in modern Italy*). 서울: 박영사. (원저 1992 출판)

Quigley, B. A., & Kuhne, G. W. (Eds.) (1997). Creating practical knowledge through action research: Posing problems, solving problems, and improving daily practice. In *New directions for adult and continuing education*. San Francisco: Jossey-Bass Publishers.

Rathgeber, E. M. (1990). WID, WAD, GAD: Trends in research and practice. *Journal of Developing Areas, 24*(4), 489-502.

Rich, A. (1995). *Of woman born: Motherhood as experiences and institution*. New York: W. W. Norton & Company.

Rorty, R. (1979). *Philosophy and the mirror of nature*. Princeton: Princeton University Press.

Rotberg, R. I. (2001). *Patterns of social capital: Stability and change in historical perspectives*. Cambridge: Cambridge University Press.

Rothschild, K. W. (1993). Like a Lehrstuck by Brecht: Notes on the German reunification drama. *Cambridge Journal of Economics, 17*, 259-266.

Ryan, M. (1989). Classrooms and contexts: The challenge of feminist pedagogy. *Feminist Teacher, 4*(2-3), 39-42.

Sacks, O. W. (2005). 화성의 인류학자: 뇌신경과의사가 만난 일곱 명의 기묘한 환자들(이은선 옮김. 원제: *An anthropologist on Mars: Seven paradoxical tales*). 서울: 바다출판사. (원저 1995 출판)

Scheffler, I. (1985). *Of human potential: An essay in the philosophy of education* (2nd ed.). New York: Routledge & Kegan Paul.

Schug, M. C., & Beery, R. W. (1984). *Community study, applications and opportunities*. Washington, DC: National Council for the Social Studies.

Schuller, T. (2002). *Integrating human/knowledge capital and social capital*. Paper presented at the OECD/DfES/OCA/ESRC seminar on Knowledge

Management in Education and Learning, Oxford University. Retrived from http://www.oecd.org/ dataoecd/47/36/2074416.pdf

Schuller, T., & Bynner, J. (2001. 9). *Measuring the benefits of learning: Theoretical and conceptual considerations.* Paper presented at the European Society for Research on the Education of Adults (ESREA) conference on the Wider benefits of learning: Understanding and monitoring the consequences of adult learning, Lisbon, Portugal.

Schuller, T., Bynner, J., Green, A., Blackwell, L., Hammond, C., Preston, J., & Gough, M. (2001). *Modelling and measuring the wider benefits of learning: A synthesis* (Wider Benefits of Learning paper No. 1). London: Institute of Education.

Schuller, T., Preston, J., Hammond, C., Brassett-Grundy, A., & Bynner, J. (2004). *The benefits of learning: The impact of education on health, family life and social capital.* London: Routledge Falmer.

Segal, L. (1997). Generations of feminism. *Radical Philosophy, 83,* 26-36.

Serow, R. (1994). *Social foundations of American education.* Durham, NC: Carolina Academic Press.

Seyfang, G. (2004). Time banks: Rewarding community self-help in the inner city? *Community Development Journal, 39*(1), 62-71.

Sheehy, G. (1998). *Understanding men's passages: Discovering the new map of men's lives.* New York: Random House.

Shorris, E. (2006. 1). 인문학과 민주주의. 성공회대학교 평생학습사회연구소 주최, 가난한 이들을 위한 희망수업을 위한 얼 쇼리스 초청 국제 세미나에서 발표한 논문, 국립박물관.

Shorris, E. (2006.). 희망의 인문학(고병헌, 이병로, 임정아 옮김. 원제: *Riches for the poor: The Clemente course in the Humanities*). 서울: 이매진. (원저 2000 출판)

Sloterdijk, P. (2005). 냉소적 이성 비판(이진우, 박미애 옮김. 원제: *Critique of cynical reason*). 서울: 에코리브르. (원저 1987 출판)

Social Capital Interest Group. (1998, April). *Social capital: An international conference bridging disciplines, policies and communities.* East Lansing, MI: Michigan State University.

Sommers, C. H. (2000). *The war against boys.* New York: Simon & Schuster.

Spence, L., Habisch, A., & Schmidpeter, R. (2005). *Responsibility and social capital: The world of small and medium sized enterprises*. New York: Palgrave Macmillan.

Stolle, D. & Hooghe, M. (2003). *Generating social capital: Civil society and institutions in comparative perspective*. New York: Palgrave Macmillan.

Tavris, C. (1999). 여성과 남성이 다르지도 똑같지도 않은 이유(히스테리아 옮김. 원제: *The mismeasure of woman*). 서울: 또하나의문화. (원저 1992 출판)

Tisdell, E. J. (1993). Feminism and adult learning: Power, pedagogy, and praxis. *New Directions for Adult and Continuing Education, 57*, 91-103.

Tisdell, E. J. (1995). *Creating inclusive learning environments for adults: Insights from multicultural education and feminist pedagogy* (Information Series No. 361). Columbus, OH: ERIC Clearinghouse on Adult, Career, and Vocational Education.

Tisdell, E. J. (1998). Poststructural feminist pedagogies: The possibilities and limitations of a feminist emancipatory adult learning theory and practice. *Adult Education Quarterly, 48*(3), 139-156.

Tobias, S. (1997). *Faces of feminism: An activist's reflections on the women's movement*. Boulder, CO: Westview Press.

Toffler, A., & Toffler, H. (2006). 부의 미래(김중웅 옮김. 원제: *Revolutionary wealth*). 서울: 청림출판.

Tolle, E. (2001). 지금 이 순간을 살아라(노혜숙, 유영일 옮김. 원제: *The power of now: A guide to spiritual enlightenment*). 서울: 양문. (원저 1999 출판)

Tong, R. (1989). *Feminist thought: A comprehensive introduction*. Boulder, CO: Westview Press.

Unger, D. (1998). *Building social capital in Thailand: Fibers, finance, and infrastructure*. Cambridge: Cambridge University Press.

Warren, K., & Rheingold, A. (1993). Feminist pedagogy and experiential education: A critical look. *Journal of Experiential Education, 16*(3), 25-31.

Weiler, K. (1988). *Women teaching for change: Gender, class & power*. South Hadley, MA: Bergin & Garvey Publishers.

Winkler, I. (Director). (1999). 사랑이 머무는 풍경(원제: *At first sight*) [Motion Picture]. United States: MGM.

Wolf, N. (1993). *Fire with fire: The new female power and how it could change the 21st century.* New York: Random House.

Woolcock, M. (1999, April). *Social capital.* Paper presented at the seminar of the Multi Disciplinary on Social Capital: Global and Local Perspectives, Helsinki.

World Bank (n.d). *What is a social capital?* Retrieved November 15, 2004, from http://web.worldbank.org/WBSITE/EXTERNAL/TOPICS/EXTSOCIAL DEVELOPMENT/EXTTSOCIALCAPITAL/0,,contentMDK:20185164~menuPK :418217~pagePK:148956~piPK:216618~theSitePK:401015,00.html

World Bank. (2000). *New paths to social development: Community and global networks in action.* Washington, DC: World Bank.

Yamit, M. (2000). *Towns, cities and regions in the learning age: A survey of learning communities.* London: LGA for the DFEE.

Zizek, S. (1995). 삐딱하게 보기: 대중문화를 통한 라캉의 이해(김소연, 유재희 옮김. 원제: Looking awry: *An introduction to Jacques Lacan through popular culture*). 서울: 시각과언어.

Zizek, S. (1997). 당신의 징후를 즐겨라!(주은우 옮김. 원제: *Enjoy your symptom!: Jacques Lacan in Hollywood and out*). 서울: 한나래.

Zizek, S. (2002). 이데올로기라는 숭고한 대상(이수련 옮김. 원제: *The sublime object of ideology*). 고양: 인간사랑.

Zucker, L. G. (1986). Production of trust: Institutional sources of economic structure, 1840-1920. In B. M. Staw and L. L. Cummings (Eds.), *Research in organizational behavior* (pp. 53-111). Greenwich, CT: JAI Press.

찾아보기

인 물

내 용